U0052836

·三版·

簡明佛學概論

于凌波 著

東大圖書公司

陳　序

　　于凌波醫師以二年時間完成七百頁之《簡明佛學概論》，是佛學界四十年來之重要成果。

　　這本書，必將成為「佛學入門」的翹楚之作。

　　由於近代中國之佛學研究始終停滯在「草莽初創」時期，對於初窺佛學門徑的知識分子，面靚浩瀚無涯之佛典，實在無從推介一本眾所認同的好書，因此使他們望洋興歎；而「概論書」，除大陸時代蔣維喬之《佛學綱要》與黃懺華之《佛教各宗大綱》，可說別無他作。一九五〇年後，雖然臺灣的佛學領域有很大的擴展，但迄無可供藏之名山，像唐君毅先生《哲學概論》那樣「大」的「佛學概論」。今天欣見凌波兄以豐贍的熱力與鍥而不捨的精神，完成這部從「佛史、佛義、佛道」三方面深入淺出、簡明扼要、涉獵廣泛、使大家都能了然於懷的《簡明佛學概論》，我相信徘徊在佛學十字路口的人們，一定可以找到一個「直入佛法堂奧」的門徑。

　　這本書所以沒有從俗稱之為「佛學概論」，而名之曰《簡明佛學概論》，旨在它有別於坊間「不是失之於菲薄、便是失之於晦澀」、時代稍嫌陳舊的前人著述，或是廣度稍嫌不足的今人翰墨。本書之份量、周延，遠過時賢，而簡明、透徹、易於接受，則為昔所未有。

　　數十年來私衷深感佛學界沒有一種完善、足資接引有心入佛而無門的朋友所需要的「佛學書」為憾，今有凌波兄的大著問世，可謂此願已了。

　　復次，因為這本書涉及面廣泛而不繁瑣，義深而表達面清晰可讀，這將成為佛學界一本好書，則毋庸置疑！

　　曹丕有言,「文章乃經國之大業,不朽之盛事」,何況,為眾生度脫生死海洋之佛學大著。

　　凌波兄一生從事良醫工作,在為人群解除疾苦之際,仍能埋首佛典,皈從佛義,尤其對佛經會通之慧敏與從事佛學著述之專注與暢達,均非學淺如我者望塵可及。

　　今以欣逢本書面世前夕,爰草浮章,用申隨喜,並致敬佩之忱!

陳慧劍　敬序

一九九〇年十二月十九日臺北市

佛教、佛學、佛法（自序）

　　一九八六、八七兩年，我於寫完《般若心經蠡解》、《中國歷史上的白蓮教》兩本書後，接著想寫一部文學掌故的文字，所擬定的題目是：《古今藝文誌趣》、《古今人物誌奇》、《古今博物誌異》、《古今笑料誌諧》，以上四本書，只寫完了第一、四兩種，正著手寫第二種時，八八年有一天，當時主持慈濟文化中心的陳慧劍師兄到我書齋相訪，他看到我案頭的書稿，喟然嘆曰：「人生光陰有限，你把寶貴光陰浪費在這些文字上，豈不可惜？」

　　我怵然惕息，才發覺個人積習難除，沉迷於文字遊戲，而離正道日遠。我敬謹謝過，告訴他說我將把這些遊戲筆墨收起來，潛心在佛學上下功夫。他建議說：「現在市面上，佛學概論一類的書，多是早年的舊作，或失之於艱澀，或失之於簡略。你若以現代的語言文字，深入淺出的寫一本簡明的佛學概論，也是一件功德。」

　　我敬諾，並說：「說功德是不敢，只是『溫故而知新』，借著寫書的機會，來多讀一點經論，以充實自己。」以上這一段經過，是我寫本書的緣起。

　　一九八九、九〇兩年，我的全部精神投入這本書中。原來預計二十餘萬字的一本書，脫稿時竟將近四十萬字。後來經文友黃國鐘、梁隆惠兩先生的建議，把各宗宗史專章敘述，這樣就又增加了數萬字。九〇年夏，本書脫稿，承東大圖書公司劉董事長振強樂於出版，可以說全是增上的助緣，這是本書問世的經過。

　　在本書中，我以佛教篇來寫其史傳，以佛學篇來寫其哲理，以佛法篇來寫其修持，或有問曰：這佛教、佛學、佛法三個名詞，可有什

麼區別嗎？有。待我分述如下：

佛教二字，做名詞用時，是宗教名稱。中華版《辭海》的解釋是：「佛教，是世界五大宗教之一，印度釋迦牟尼為開（創）祖，以明心見性，得無上正覺，普度眾生為宗旨。……」佛教開創迄今，為時兩千五百餘年，信徒遍及世界各地。在這漫長的時間及廣大的空間中，佛教由原始佛教遞傳至小乘佛教，由部派分裂而大乘思想興起，而演變為大乘佛教，而至於弘傳於世界各地，這其間演變、弘傳的過程，學佛的人不能不知，是以有佛教史傳篇之作。

佛法，是釋迦牟尼佛所說的教法。佛說的法，即法界之真理。佛說法的目的，是要人「轉迷成悟，離苦得樂。」即所謂「明心見性，得無上正覺。」而轉迷成悟也好，明心見性也好，都是由修持而證得的，不是聽得、看得、或說得的。而修持，有修持的法門、修持的步驟次第，不能「瞎修盲練」、誤入歧途。是以有佛法修持篇之作。

至於「佛學」二字，老實說，這是一個新詞彙，佛經中沒有，辭書裡也沒有，這是近年才流行使用的名詞。顧名思義，這是以佛經義為對象，來探討研究的一門學問。不過，對於一個佛教徒來說，應該只有「學佛」，而無所謂「佛學」。因為釋迦牟尼佛說法，是將他親身自證的明心見性、成無上正覺的方法告訴我們，希望我們依法修學，也能明心見性，成無上正覺。並不是希望我們拿他的教法，當作一門學術來研究的。

但是，佛教是智信的，不是迷信的宗教，佛教重修持，但也主張解行並重。即所謂信、解、行、證——由起信而研究，由理解而實行，由修持而證果。因此，研究佛學，也並不違背佛教的教義。尤其是現代的智識分子，如果不能在理論上使他信服，他是不肯輕易盲信的。佛教的經義，即是法界——宇宙間的真理，真理如實如常，千古不變。

只是筆者鈍根劣智，不能以語言文字充分表達而已。此為佛學理論篇所作之緣由。

　　佛學博大精深，概論牽涉尤廣，疏漏之處，在所難免，敬祈通家，不吝珠玉，指其瑕疵，無任感激。

于凌波

一九九○年十二月序於中和書齋

簡明佛學概論

目次

陳　序
佛教、佛學、佛法（自序）

上篇　佛教史傳篇

中篇　佛學理論篇

下篇　佛法修持篇

本書主要參考書目

佛教史傳篇

上篇

第一章　釋迦牟尼傳略

一　古印度的文化與宗教背景

　　印度，古稱天竺，是世界四大文明古國之一。而今日遍及世界各地的佛教，是西元前六世紀的時候，由北印度迦毘羅衛城(Kapilavatthu) 的釋迦牟尼所創立的。

　　在西元前六世紀的時候，五印度並未統一，各地群雄割據，形成了許多部族式的小國，有如中國的春秋戰國時代。那時，由於社會的階級制度不平，貧富差距懸殊，以致一般人民生活極度貧困，社會風氣腐敗，社會亦動盪不安。而思想界更是百家雜陳，邪說充斥，直到釋迦牟尼出世，他以悟證所得的真理，糾正了思想界的錯誤；以眾生平等的觀念，打破了桎梏人心的階級制度；他以緣起及因果法，說明了宇宙萬有生滅變異的理則；以四聖諦和八正道，指示出眾生轉迷成悟，由凡入聖的途徑，這才予苦海眾生以光明和希望，也予印度文化以革新和充實，並由此而產生了世界上五大宗教之一的佛教。

　　要探討佛教的誕生，應先對釋迦牟尼的生平和思想有所了解；要探討釋迦牟尼的生平和思想，應先對古印度的文化與宗教背景有所認識。現在我們就先自古印度的文化與宗教說起：

　　印度位於亞細亞南端的半島，北部有世界第一高山的喜馬拉雅山——雪山。南面以三角形伸入印度洋。在現代來說，巴基斯坦、尼泊

爾、錫蘭等國都是獨立的國家，但自歷史的觀點來看，這些地方早期都概括在印度的範圍之內。所以在歷史上來看印度，它是一個歷史悠久、土地遼闊、人口眾多，且種族、語言、以及氣候都頗為複雜的地方。唐三藏玄奘在《大唐西域記》中稱印度是：「三垂大海，北背雪山。」由於國土四周為山海所圍繞，故和其他國家完全隔離。它國內的地勢，依照自然形勢分為四個區域：即雪山平原、恆河平原、南部平原、信度河平原。它的面積經緯各佔三十度，其遼闊可知。而其歷史尤其悠久，早在西元前兩千五百年——時當中國黃帝軒轅氏時代——就在印度河流域形成了古代的文明社會。此一時代，在歷史上稱為印度青銅器時代的文明。

青銅器時代的歷史遺跡，以印度河流域的哈拉巴城最著，所以此一時期又稱為「哈拉巴文化」。這一段文明延續了千年之久，傳說是由於雅利安 (Aryan) 人的入侵而予以破壞。雅利安人的入侵是事實，但哈拉巴文化是否因此而破壞和滅絕，歷史上尚無定論。並且，有形的物質文明可遭破壞，而無形的精神文化，可能對侵入者的雅利安人亦發生了影響。從歷史上的遺跡顯示，哈拉巴文化時代，土著民族間有對地母的崇拜，以及對動物及樹木的崇拜，這可能與後世的婆羅門教有密切的關係。

雅利安人，原是和古代波斯人為同一民族。Aryan 一詞，意為「高貴的」、「神聖的」之義。該民族早先住在中亞細亞，在西元前三〇〇〇年時，由於受到世界人口移動的影響，從中亞細亞移居於印度的西北角。到了西元前一五〇〇年前後，雅利安人發動戰爭，自印度的西北方南下，侵入印度。

雅利安人本來是逐水草而居的游牧民族，族人強悍好戰，入侵印度後，征服了土著，在信度河上游的五河地方定居下來，由游牧而進

入以畜牧及農業為生的時代。

　　信度河平原，土地肥沃，生產豐富，所以雅利安人選擇此一地區定居。繼之興起了雅利安式的文化。由雅利安人入侵到西元前六世紀前後釋迦牟尼出世，其間已有了一千年雅利安式繁衍的文明，這種歷史背景，對釋迦牟尼的思想體系有著密不可分的影響。

　　雅利安人未侵入印度之前，已有了相當的文化，那時已脫離雜婚，建立家族單位。以父親為家族之長，構成父系家長制的部族。部族的酋長是該部之王，王位世襲。

　　雅利安人的宗教，為崇拜自然，包括了天、空、風、雨、雷、電。宗教的核心為祭祀主義，如上述的部族生活中，為了希望家畜的繁殖、農作的豐收，以及種族的繁盛和平安，所以把祭祀當作最重要的大事。祭祀時供以牲品，唱以讚歌，以祈求降雨、豐收、消災、長壽。祭祀和唱讚歌有專業的僧侶主持，就是「司祭者」，稱做「婆羅門」，這種祭祀儀式隨著時代而逐漸複雜化，乃因祭祀儀式的規定，讚歌和祈禱文的解釋而形成了「吠陀文獻」，而婆羅門也成了世襲的專職。西元前一○○○年前後，雅利安人屢屢發動戰爭，征服土著，並從五河地方漸次東移，到達五河東南的恆河平原，並在這一地區建立了許多國家。在當時流傳下來的敘事詩上，可見到拘盧 (Kuru)，般遮 (Panchala)，拘薩羅 (Kosala)，迦尸 (Kasi) 等許多國名。而印度民族的宗教婆羅門教，也在這個時代和地區成立。

　　恆河平原土地肥沃，氣候適宜，使雅利安人社會結構起了變化。先是畜牧業的沒落，農業的發達，人民成立了以小聚落為單位的氏族制度農業社會。其次是社會階級逐漸固定化，職業成為世襲——世代相傳，終於形成了世襲的四姓制度。

　　所謂四姓制度，一是婆羅門，是以司祭做世職的僧侶；二是剎帝

利，是掌理軍國之事的王侯武士；三是吠舍，是從事農工商業的庶民階級；四是首陀羅，是被征服的土人，從事低下職業的賤民。

社會分為四個階級，人的一生也被分為四個時期，作為修行、服務、退休、歸隱的理想生活。此種生活是上三姓——特別是婆羅門姓的生活歷程，而不適用於賤民階級的首陀羅族姓。所謂四個時期，一是梵行期，上三姓的少年，到了一定年齡——八至十二歲不等——要出家就師，學習吠陀 (Veda)，經過一定年限，學成歸家；二是家居期，結婚、生子、服務；三是林棲期，即盡完家庭及社會義務，再出家隱居，修持思惟；四是遁世期，是老年時期的遊行生活。

在這四個階級之中，首陀羅是賤民，叫做一生族，禁止進入宗教的生活。其他三姓是再生族——依宗教生活可獲得新生命的高等氏族。在四姓之中，婆羅門高高在上，就是婆羅門教。

婆羅門教的經典，有「四吠陀」及《奧義書》，而以大梵天為崇拜的對象。所謂吠陀，是智識的意思，意指以宗教智識為內容的聖典。依照印度古代的傳說，這是古時聖者受神的啟示所誦出的讚誦，這些都是神聖的叡智所發現的，故稱吠陀。吠陀，是梵語的音譯，《翻譯名義集》稱：

韋陀，亦名吠陀，此云智識，由此生智。

吠陀又義譯為「智論」、「明論」。《唯識述記》曰：

明論者。先云韋陀論，今云吠陀論，吠陀者，明也，明諸事實故。

這種神所啟示的讚誦，古時為三種，後來列為四種：
一、《梨俱吠陀》(Rig-Veda)：這是在祭祀時候，獻給諸神的讚歌，內容是由一〇二八首詩篇所構成。製作的年代，大約是以西元前一

二〇〇年為中心。

二、《傞馬吠陀》(*Sama-Veda*)：是歌詠「明論」的讚歌，據說有一五四九首聖歌。其實多是預祝豐年的歌詠。

三、《夜柔吠陀》(*Yajur-Veda*)：是祭祀用的讚歌。其實多是預祝勝利的祈禱。

以上三種，即古之「三吠陀」，後來又增加：

四、《阿闥吠陀》(*Atharva-Veda*)：又稱為禳災明論，據說有二十卷，三七一首偈，其實就是禳災的咒語。

以上四吠陀，都是韻文式或咒偈式的歌辭。在那個時候，印度尚沒有書寫的工具，自然也沒有書籍，用韻文式的咒偈或歌辭，以口口相授的方式傳下來。以上即印度文化史上的「吠陀時代」。

在此一時代，由於神話的發達而成為多神世界。這些神，有祭祀儀式上抽象概念神格化的神，也有自然現象擬人化的神，例如天界的太陽神、空界的風神、地界的河神。而其主要的主神，則為因陀羅 (Indra)、阿耆尼 (Agni)、婆樓那 (Varana) 等，因陀羅軀體巨大，長於勇武，率領眾神與雅利安人的敵人達沙 (Dasa) 作戰；次於因陀羅的，是阿耆尼——火神，具有破除黑暗，消滅惡魔的力量。對火神的崇拜是雅利安民族的傳統，雅利安人與古代的伊朗人為同一民族，古代伊朗的祆教——即俗名拜火教者，即視火為最高的主神，故雅利安人亦保持這項傳統。婆樓那是蒼空神格化的神，是自然界秩序的守護者，如四季循環、日月運行，均由婆樓那神司之。

吠陀時代之後，是所謂「淨行書時代」。

婆羅門教是以「四吠陀」為主要經典，主張吠陀天啟，祭祀萬能，婆羅門至上。而《淨行書》，就是把祭祀明論——《夜柔吠陀》的特質更加以發揮，其內容仍是以祭祀為中心，並把神——啟示四吠陀的神

的名稱由來、祭祀的由來、及天地開闢的由來等，加以神話式的說明。

《淨行書》時代的神，主要是「生主神」，生主神是宇宙的最高原理，是祭祀的主神，這是「四吠陀」時代讚誦明論——《梨俱吠陀》讚誦的主神。《淨行書》繼承其思想，把生主看做是宇宙創造的原理，也是宇宙支配之神，生主生天空地三界；生支配三界的太陽神、風神、火神；生三吠陀，生三光明，更生人類及生類——其他動物。生主從祂的口、胸、股、足等處，生出不同的神、人。總之、生主是宇宙萬有的本源，也是宇宙支配之神。

在《淨行書》的中期，生主神漸次失去了最高地位，代之而起的是「梵」——梵天。當然這其中尚經複雜的演變，最早，梵是隸屬於生主的，叫做「初生梵」；後來演變到梵和生主合一，所謂生主是梵；更進而梵佔到最高的地位，成為梵生諸神，梵是宇宙本源，梵是世界之主，天地由梵所護持。至此，梵就取生主的地位而代之，具有創造神兼主宰神的地位。此時的梵稱為「自存梵」。到了《奧義書》時代，就演變為「梵我不二」、「梵我一如」的理論。《奧義書》時代的開始，約在西元前六〇〇一前五〇〇年。這時雅利安民族更由恆河平原南進，由南部平原發展到錫蘭島。由《奧義書》的興起，印度的思想又進入一個新的時代。

《奧義書》梵語 Upanisad，音譯優波尼沙陀，有「近侍」、「侍坐」之義，意指在師徒對坐之間所傳的秘密教義。《奧義書》不是一個時代完成的，也不是少數人的作品。初期的《奧義書》是西元前六世紀的作品，以散文為主；中期的《奧義書》是西元前四〇〇一前二〇〇年的作品，以韻文為主；後期的《奧義書》是西元前二〇〇年至西元後二〇〇年間完成的，也是以散文為主。

《奧義書》內容包括讚誦明論以來所有的哲學思想。也繼承《淨

行書》末期萌芽的「梵我不二」之說，而充實完成之。所謂「梵」是宇宙的原理；而「我」是個人的原理——個人的精神原理。因此，梵的本性與我的本性同一不二，也就是在個人的我以外，建立大我——梵。而有情界和物質界，則是梵的顯現。梵是大我，個人是小我。梵是遍在的，而個體的我是「嘗蜜」的命我——嘗蜜，乃是攀緣外境的意思。

由於梵是宇宙的原理——本源。所以宇宙萬有、地、水、火、風、空的物質界，和天、人、動物的有情界，都和梵有主從的關係。梵是主觀的原理，是因陀羅、是生主、是一切的主神。而宇宙萬有、地、水、火、風、空五大，和胎、卵、濕、化生的人、象、牛、馬等全是唯心所造。

由於上述的哲學理論，而逐漸成立了業與輪迴的思想。《奧義書》上說，人從欲而有，從欲而生意向，從意向而有業，從業而有果，有情的生命，以業而分做兩個方向進行。一個方向是照現象化繼續，就是輪迴；一個方向是回到本體——梵界，就是解脫。

輪迴又有三條途徑，一個人如果能恭謹的行禮如儀去祭祀，則死後便能由天道而生於太陽的世界，獲得永恆的幸福；反之，如果不能恭謹的行禮祭祀，死後則經由祖道而生於月的世界，再由月的世界轉生為人，如此輪迴不已。而行惡者則生於第三道——即獸道或地獄。

在初期的《奧義書》出現之後，印度的思想界進入了自由思想興起，呈現「百家爭鳴」的時代，自由思想的勃興，也有其時代背景。一方面是社會結構的變化，由於恆河流域物產豐富，除了農業之外，手工業及商業亦日趨發達，因此出現了許多以工商業為主的都市。都市生活者以經濟力為後盾，有否定傳統權威的傾向。另一方面，當時的婆羅門種姓，挾其神秘繁瑣的祭祀儀式，高居四姓之上，道貌岸然

的勸人為善；而實際上卻過著放逸宴安、奢靡淫穢的生活，這種情況不僅使人失望，同時也使人反感。為了反抗舊有傳統，因而產生了一些以自由的立場思索、修行，欲求解答宗教上及哲學上的問題的修行者。這種修行的人，在當時為數頗多，社會上稱這種人為「沙門」(Samana)，而出生於西元前六世紀的佛陀——釋迦牟尼，就是當時出家修道的眾多沙門中的一個。

二 悉達多太子的誕生

西元前六世紀的時候，在中印度的北端，喜馬拉雅山的南麓，有個釋迦族的小部族國家。這個小國夾在其他許多強大王國之間，其都城設在迦毘羅衛城。

迦毘羅衛城，以今日地理位置來說，是在尼泊爾境內的泰來地區。由此處遠眺，可以遙遙望到喜馬拉雅山白色的山峰。喜馬拉雅是梵語，意譯為雪山。雪山積雪融化，匯集成許多條河流。其中有一條羅泊提河，南流入印度的第一大川——恆河，而迦毘羅衛城，即位於恆河北方，羅泊提河西岸的一片土地上。

當時印度尚未統一，東、南、西、北、中五印度，各地群雄割據，有如中國的春秋戰國時代，單單一個中印度就有十六個國家，而迦毘羅衛這種部族小國並不在十六強國之列。它是十六強國之一的拘薩羅國的屬國。

根據聖嚴法師所著的《世界佛教通史》上說，這個釋迦族的王國，面積約三百二十平方公里，在這片土地上有十個小城邦，各城有各城的城主，再由十位城主之中，推出一個有德威有聲望的人作為他們的王——類似聯邦制的主席，而那時聯邦的主席，就是迦毘羅衛城的城

主淨飯王。

　　淨飯王，梵語 Suddhodana，他所屬的釋迦族，或許不是雅利安族，頗有可能是西藏系的民族——地理學家李學曾的《亞洲種族地理》中分析，不丹、錫金、尼泊爾都是蒙古西藏的民族。西藏與尼泊爾只隔一座喜馬拉雅山，所以釋迦族與西藏民族有血緣關係，不是無此可能。

　　歷史上最偉大的思想家——釋迦牟尼佛陀，就是迦毘羅衛城淨飯王的王子。

　　按，佛陀二字，梵語 Buddha，也有譯作浮陀、浮圖、休屠、勃陀等，義譯為「覺者」或「智者」。《宗論述記》曰：「佛陀梵語，此云覺者，隨舊略語，但稱曰佛。」《南山戒本疏》一曰：「佛、梵云佛陀，或云浮陀、佛馱、步他、浮圖、浮頭，蓋傳者之訛耳，此無其人，以義翻之為覺。」簡單的說，佛陀，就是覺悟的人。

　　釋迦牟尼，並不是佛陀的名字，那只是「尊稱」，或者說是「尊號」。釋迦是種族名，義譯為「強勇」——就是強勇之族。牟尼義譯為「寂默」、「能仁」，合起來說，就是釋迦族的賢人，或釋迦族的聖者。而佛陀的姓名，姓喬答摩，舊譯作瞿曇，名悉達多，義譯一切義成，就是具備了一切德行的意思。

　　關於佛陀出生的年代，歷來爭議最多，有些資料的記載，前後竟相差數百年之久，不過一般多公認佛陀滅度是在西元前四八六年，佛陀住世八十歲，由此往上推算，佛陀降生是在西元前五六五年。

　　寫佛陀傳，最大的困難是原始資料的欠缺。因為印度是個素不重視歷史的國家，並且佛陀住世時代，印度還沒有書寫的工具，當然也沒有書面的記載，以後佛弟子歷次結集，都是在佛陀滅度以後的事。兩千多年下來，佛教經論，可以說是汗牛充棟，但經典中有關佛陀出生的記載，卻是微乎其微。翻閱《大藏經》，能找到佛傳資料的，也只

有《過去現在因果經》、《本生經》、《佛所行讚》、《佛本行集經》，以及小乘中一切有部的經典。

而這些資料，由於佛陀滅度後，弟子們對於佛陀的崇敬與懷念，對佛陀的事蹟，不但聖化，並且加上神話，這一來，許多記載走了樣，失去了佛陀本來的面目，拉遠了佛陀與眾生的距離。佛陀是由人而成佛的——由人而證得覺悟，所以我們不得不把這些原始資料加以過濾，汰去過分聖化和神話部分，以人間立場，如實的寫出佛陀的一生。

在羅泊提河的東岸，是釋迦族的胞族拘利族——胞族，是由一個部落繁殖出來的部族。他們採取近親聯婚制度，以保持其部族的血統。拘利族的都城天臂城，有一釋迦種的豪貴長者，名叫善覺。而淨飯王的夫人——佛經上稱為摩耶夫人者，就是善覺長者之女。

摩耶夫人溫和賢淑，夫婦和好，但夫人婚後多年不曾生育，以一個王位世代相傳的國王來說，未免美中不足，也使淨飯王心中留下一團陰影。

直到摩耶夫人四十五歲那一年，夜夢一人乘六牙白象撲向懷中，自左脅進入腹內。夫人大驚而醒，乃把夢境告知淨飯王，淨飯王也覺得不可思議，而為時未久，夫人懷孕的喜訊就傳遍了王宮。

夫人懷孕期滿，按照當時頭生子要回娘家分娩的習俗，淨飯王派了宮女侍從，護送夫人歸寧。夫人一行尚未到達目的地，途經城郊的藍毘尼園的時候，可能因旅途勞頓，驚動胎氣，就在園中生下了孩子。

《根本說一切有部毘奈耶雜事·二十》，有這樣的記載：

摩耶夫人往藍毘尼林，攀無憂樹枝暫時佇立，便於右脅誕生菩薩，爾時大地六種震動，放大光明與入胎無異。菩薩生時帝釋親自手承置蓮花上、不假扶持、足蹈蓮花行七步已，遍觀四方手指上下作如

是語，此即是我最後生身，天上天下唯我獨尊。梵王捧傘天帝執拂，於虛空中龍王注水，一溫一冷灌浴菩薩。初誕生時於其母前，自然井現香泉上涌隨意受用。

　　以上這一段記載，就是聖化之外再加上神話。印度古代本來就是神話國家，偉大如佛陀者這樣一位聖哲降生，自不免有許多神話式的渲染。中國歷史上也不乏這種例子，史書上記載著，凡是帝王降生，多數是紅光滿室，或異香終日不散，所以文中的帝釋接生、龍王注水、梵王捧傘、天帝執拂等，也可作如是觀。

　　至於說佛陀是右脅生，這也有其根據，在古印度的「四吠陀」及《淨行書》時代，生主神從祂的口、胸、股、足等處生出不同的神和人。到後來演變成婆羅門種是口生的，剎帝利種是脅生的，吠舍種是腹生的，首陀羅種是腳底板生的。所以說釋迦是脅生的，那是一般性的傳說。

　　還有一點，就是中譯的經論上，對佛陀出生之後，稱為太子，這也是聖化式的渲染。因為照中國的傳統，皇帝生子稱皇子，太子是要經過正式冊立儀式的，並不是生下來就是太子。至於迦毘羅衛這種幅員狹小而偏僻的小國，國王之子，習慣上應稱王子——許多書上稱佛陀的國家是富強康樂、物阜民豐的大國，那是根據聖化的資料未加考證而來的。本文為了從俗，文中也稱為太子。

　　我所以這樣說，對佛陀絕沒有絲毫不敬或貶抑之心，佛陀的光輝，也絕不是世俗間任何褒貶之詞能使之增滅。佛教是智信的宗教，是求真理的宗教，所以我大膽的以求真求實的態度，來記述佛陀的一生。

　　照佛經記載，悉達多太子出生之後七日，摩耶夫人病逝——以今日醫學眼光來看，是否因在樹林中生產而得了產褥熱？這時淨飯王命

摩耶夫人的妹妹摩訶波闍波提——照《佛本行集經》記載，摩訶波闍波提也是淨飯王的妃子——來撫育太子。摩訶波闍波提夫人，於悉達多太子，是姨母，也是繼母，她愛護太子，有如己出。

在這段時間，佛經中還有這麼一段插曲。說是在南方大山中，有一位名望素著的古仙人名叫阿私多的，到王宮謁見淨飯王，聲稱要為太子占相。淨飯王命人抱出太子，請阿私多仙人觀看，阿私多觀察良久，最後嘆息著說：「大王啊！照太子的相貌看來，在人間找不出第二個。將來長大，他若在家，一是為轉輪聖王；他若出家，可成就一切智慧，利益天人。但據我觀察，太子將來必定出家學道，轉大法輪，可惜我老了，恐怕將來看不到這些情形了。」說罷嘆息著告辭而去。

這裡要特別加以說明的，文中所說的仙人，並不是真的成了仙的人，而是當時對宗教中有學問的長者的一種尊稱，以後太子出家修行時，在苦行林中還會遇到了許多仙人。

太子在姨母撫育之下，轉眼七歲，到了接受教育的年齡。

在兩千五百年前的印度，既沒有書寫的工具，又沒有課本，太子所受的是什麼教育呢？照《過去現在因果經》中所載，淨飯王請了一個名叫跋陀羅尼的婆羅門，來為太子授書。在那個沒有書本的時代，所謂授書，自然是出於口授。口授些什麼呢？自然是「四吠陀」——即《梨俱吠陀》、《娑馬吠陀》、《夜柔吠陀》、及《阿闥吠陀》。除了宗教上的學問四吠陀之外，還有實用的學問「五明之學」——所謂明，是闡明之意，開闡其理而證明之，曰明。這五明是：

一、聲明：是語文方面的學問。古印度雅利安人的語言為吠陀語，以後演化為梵語，而當時的印度，各地方言有兩百餘種之多，這種語文教育，可能對以後佛陀遍及中印度傳教大有助益。

二、工巧明：這是工藝方面的知識。

三、方明：這是醫藥方面的學問。不過那時印度還是巫醫不分的時代，料想醫藥不會怎麼發達。不過在《瑜伽師地論》及《根本說一切有部毘奈耶雜事》集中，佛對難陀說法，說到受胎及胎兒住胎的情形，有如現代基礎醫學上的胚胎學似的詳細，不知與這方明教育是否有關。

四、因明：因明是論理學方面的學問。這是考定正邪，詮釋真偽之理法，是哲學性的，這對於佛陀以後的思維真理，弘傳教法當大有幫助。

五、內明：這是宗教性的。佛陀所受的教育，是婆羅門老師傳授的，當然是以「四吠陀」為主，但這也能使佛陀了知「四吠陀」的理論，有助於他建立自己的理論體系。

《過去現在因果經》中記載，悉達多太子到了十歲的時候，開始學習武術——釋迦族義譯為強勇之族，太子習武，這是理所當然的事。經中說，淨飯王召集了國內五百名釋種童子，其中包括著太子的弟弟難陀——太子姨母摩訶波闍波提所生；太子的堂弟提婆達多和阿難——都是太子叔父白飯王的兒子，與太子一起在武師指導下練習武藝。太子天資聰穎，對文學武技，舉一反三，悉皆通達。加以精擅擊技、神力過人，可以說是文武兼全，智勇悉備。

太子一生沒有動武或作戰的記錄，但太子證道後，行腳天下，弘化度人。世壽八十，始歸涅槃——在地處熱帶的印度，國人平均壽命甚短。八十歲，可說是上壽，這不能說不與幼年練武的根基有關。

三　太子出家

悉達多太子日漸成長，他相貌殊勝，風度脫俗；勇武聰敏、智勇

悉備，淨飯王自然對之鍾愛萬分。惟太子卻不愛人間欲樂，而性喜沉思冥想。有一次同父王郊遊，看到田中的農夫，赤體裸背，在烈日之下耕作，那老牛拖著犁奮力前進，還被鞭打得皮破血流。又見田中被犁翻出的小蟲蚯蚓，被鳥雀競相啄食，慘痛萬分。太子看到這一幅活生生的生存競爭圖，心中感到無限哀痛，不覺就在道旁的閻浮樹下，端坐沉思。淨飯王見狀，問他為何如此，他說：

> 看到世間眾生，爭相吞食，心生哀憫，故而沉思。

淨飯王勸慰了一陣，帶他回宮。這時淨飯王想到早年阿私多仙人的預言，深怕太子離俗出家，自思若早日為他成婚，或可打消他出家之念。

關於悉達多太子的婚姻，種種說法不一，一般佛傳上，只提到耶輸陀羅王妃。但在早期的佛典中，有載為有兩個妃子者——耶輸陀羅和瞿毘耶。也有說太子有三位妃子者——一為耶輸陀羅，二為喬比迦，三為鹿野。我想這並不關緊要，一位王儲有三位妃子，也事屬尋常。

太子結婚的年齡也有兩種說法，一說是十七歲，另一說是十九歲，這在早婚的印度來說，並不算太早。淨飯王為了防範太子出家，特找工匠為他建了冬天住的暖殿，夏天住的涼殿，春、秋住的中殿，復在園中廣造池臺，栽種花木，並以許多名婇女宮娥隨侍，以此來羈絆太子。

《十二遊經》中說：「太子父王為立三時殿，殿有二萬婇女，三殿凡有六萬婇女……。」這是誇大渲染之詞，以迦毘羅衛蕞爾小國，未必有六萬名適齡的少女。如果真有的話，賢明如淨飯王，也不會全徵選到宮中隨侍太子。

許多佛傳上，把佛陀未出家的生活，說成王宮是如何的窮極壯麗，

生活是如何的奢侈豪華，這是不實在的。《中阿含經‧柔軟經》中有一段記載，說是佛陀在對比丘眾講道時，說到他未出家前的生活，大意說宮中的家具都是檀木所製，穿的衣服，都是迦尸所產的布帛——迦尸，是當時印度的經濟中心——一般人家吃的是糟糠和鹽粥，而宮中則吃的是米和肉。這是近乎實情的生活。

　　與一般人民相比，太子的生活當然是既富且貴，對於一個普通人來說，有著這樣的生活和地位，又是未來的國王，他可能就安於現狀，等待著繼承王位了。無奈悉達多太子具有超人的宿慧，悲天憫人的性格，和「老吾老以及人之老，幼吾幼以及人之幼」的胸懷，在世間多數人生活於階級森嚴的社會制度之下，過著貧困痛苦的生活時，也許王宮中的生活愈是奢侈豐厚，愈會引起他內心的憎厭。畢竟世俗的聲色之娛，填不滿這個未來聖哲心靈的空虛。

　　一般資料上對於太子出家的年齡，也有不同的說法，有謂十九歲，有謂二十九歲者，經史家考證，應該是十九歲結婚，二十九歲出家。婚後十年，是在王宮中過著富貴榮華的王儲生活。但他是受過「四吠陀」教育的人，「四吠陀」雖然不是究竟的真理，但無可避免的要說到人生生老病死的問題，我想太子婚後十年的王宮生活，並不是沉迷在輕歌妙舞的聲色之娛中，而是在體念生老病死的問題，思維自己應走的道路。

　　在《過去現在因果經》中，有所謂「四門遊觀」的記載，說太子出家的因緣。經文大意是說太子聞宮中妓女歌詠城外園林花果茂盛，啟告父王，欲往園林遊觀，淨飯王敕臣下整治園中景觀，清潔所經道路。並由官屬導從，陪侍太子出遊。第一次經過迦毘羅衛城的東門，淨居天王化作老人，「頭白背傴，柱杖羸步。」令太子見之。第二次經過南門，淨居天王復化作病人，「身瘦腹大，喘息呻吟，骨消肉竭，顏

貌痿黃，舉身戰掉，不能自持，兩人扶腋，在於路側。」令太子見之。第三次經過西門，淨居天王復化為死人，令太子見之。最後一次經過北門，到城外園所，經文中說：

> 太子下馬，止息於樹，除去侍衛，端坐思惟，念於世間老死病苦。時淨居天，化作比丘，法服持缽，手執錫杖，視地而行，在太子前，太子見已，即便問言，汝是何人？比丘答言，我是比丘，太子又問，何謂比丘？答言：能破結賊，不受後身，故曰比丘，世間皆悉無常危脆，我所修學，無漏聖道，不著色聲香味觸法，永得無為，到解脫岸，作是言已，於太子前，現神通力，騰虛而去……
>
> 太子既已見此比丘，又聞廣說出家功德，會其宿懷厭欲之情，便自唱言，善哉善哉，天人之中，唯此為勝，我當決定修學是道。作是語已，即便索馬還歸宮城。
>
> 於是太子，心生欣慶，而自念言，我先見有老病死苦，晝夜常恐為此所逼，今見比丘，開悟我情，示解脫路。作是念已，即自思惟方便，求覓出家因緣。

出家，對悉達多太子來說，畢竟是一件大事。因為他不是首陀羅種，不是吠舍種，他是剎帝利種，並且是釋迦族的王儲，他有繼承王位、治理國家的責任。他不能像一般人一樣，一走了之。

但是，生老病死的煩惱，解脫之道的探索，本來是太子時時繫念於懷的問題，固不必待「四門遊觀」之後才有所覺悟。出家修道，也是他心中籌思已久的計劃。關於出家的問題，對於一個十九歲的少年王子來說，固然拿不定主意，但到了二十九歲——行將而立之年，思想日趨成熟，胸中已有主見，他自然能決定他自己應走的方向。

太子出家之前，耶輸陀羅為他生下了一個小王子——羅睺羅，羅

睺羅梵語的意義，是日蝕或月蝕，也就是日月的覆障，所以有些經上譯「月障」。但也有一說，說是悉達多太子在小王子出生時，嘆息著說：「唉！又多了一重障礙。」因此命名「月障」。

　　不管怎麼說，有了小王子，對淨飯王也是一個交代。所以太子在羅睺羅出生後，下了出家學道的決心。佛經上說，在二月初八日的中夜，太子決心出走，他到耶輸陀羅的寢宮，對熟睡中的嬌妻和愛兒看了最後一眼，斷然潛出寢宮，喚醒他的隨身侍者車匿，騎上他的駿馬健陟，出宮門後，策馬出城。出了北門，回顧宮城，發誓言道：「我若不斷生老病死憂悲苦惱，終不回宮；我若不得阿耨多羅三藐三菩提，又復不能轉於法輪，要不還與父王相見。」

　　太子策馬疾走，天亮後到得一處苦行林中停了下來，命車匿帶馬回宮。車匿哭著求太子一同回去，太子說：「你代我奏知大王，世間的生離死別，無有定期，我的出家，正是為求這些解脫之道。」

　　說罷他摘下髮上的明珠以奉還父王，脫了身上的瓔珞以奉還姨母，然後拔劍割斷了長髮，改扮成沙門模樣。車匿見太子道心堅切，不肯回宮，無奈牽著駿馬健陟，懷抱著太子服飾，大哭而返。

　　太子在林中見一獵戶，身著袈裟，問獵戶何以著此寂靜之服，獵戶稱身著袈裟以誘鹿群，太子以身上的華服與獵戶交換，自披袈裟，步入林中去尋訪修道之人。

　　這裡要把前文中的「出家」與「苦行」略作說明。在兩千五百年前，印度思想界雖然思想紛歧，學派林立，但真正具有宗教形式的，似乎只有婆羅門教，婆羅門的司祭者是職業僧侶，更往上推溯一千多年，當時的司祭者是由職業——為國王主司祭祀——而形成宗教，進而形成一種階級性的種姓——由歷代子孫繁延而形成一種階級，他們的職業是世襲的，婆羅門種的子弟，在青少年時期，要與教師共住，

修習「四吠陀」等明論。其實就是學習宗教的祈禱儀式和咒偈，學習時期結束，返回家庭，擔任司祭或教師，並且結婚生子。服務若干年後，再捨離妻、子，「出家」從事宗教上的實踐修行。到了老年，進入「遊行期」，托缽徒步，遍遊四方，或「林居」遁世再去潛修。

婆羅門種姓的人，高高在其他的三種姓之上，以掌握《四吠陀》經典祭祀祈禱的權力，藉著神意壓迫人民。他們這一種姓，生活放逸晏安，極盡奢靡，而僧侶們卻裝作道貌岸然，寡廉鮮恥的勸人為善。這種情況不但使民間不滿，即其教內也展開了對於祭祀萬能主義的反抗，而民間的好學深思之士，也不甘受傳統思想的拘束，因而自由思想家輩出，他們也「出家」──離開家庭出外尋師訪友，或到林中修「苦行」。這種人，當時稱為「沙門集團」──沙門，又譯作娑門、桑門，義譯為息，息心、淨志，即是勤修息煩惱之義，這在當時，是對修行人的總稱。

所以，那時的出家，只是離開家庭，到林中去尋師訪友、切磋學問，或林中靜居，寂默思考──將與師友口口相授的學問、反覆思考自修而已。這有點像中國科舉時代「遊學」的性質，並不是後世的「捨親割愛、剃度出家。」

那麼，「遊學」或淨修，為什麼要到林中去遊或修呢？因為印度地處熱帶，在兩千多年之前，尚未加以開發，除了城郭和小村的聚落外，遍地皆是闊葉樹的樹林。印度酷熱，林中涼爽，修行者當然都在樹林中。但印度每年夏天有三個月的雨季，在雨季時仍要回到房子中──或者林中就有避雨的房子，所以那時候就有「夏安居」這個名稱。

至於修道者所著的袈裟，在現在來說：所謂袈裟者，是比丘之法衣，有大、中、小三件，避開青、黃、赤、白、黑五正色而用其他雜色。但在那個時候來說，袈裟其實就是平民或沙門的衣服──其實那

只是一塊方形的布，既可以披在身上蔽體，又可以折疊起來當做坐時的敷具，也可當做睡覺時的被褥。一物三用，簡便之至。

至於「苦行」，是那時許多外道修行的方法，大概他們以為，生前修苦行，死後生天上，為解脫法門，《止觀輔行》上說，苦行有六種：一、自餓，二、投淵，三、赴火，四、自墜，五、寂默，六、持雞犬等戒，《本行集經‧二十四》稱：「或有踝形，或臥棘上，或臥板上……或臥塚間，或蟻蛭內，猶如蛇居……或復有用沙土煙塵，以塗全身，正立而住，或不梳洗頭首面目，髮如螺髻，拳攣而住，或復拔髮，或拔髭鬚。」

說到「外道」，不能不把悉達多太子「出家」時，當時外道的情形加以解說。其實「外道」二字，是以後佛教的說法，這是以佛教為本位，指佛教以外的哲學派系那些修道者為外道。以佛教的立場來說，那是「為邪法而在真理之外者。」外道的種類，說法不一，《大乘論》有「四外道」之說，《涅槃經》有「六師外道」之說，《唯識論》有「十三外道」之說，《瑜伽論》有「十六外論師」之說，《大日經》謂有「三十種」，《大智度論》謂有「九十六種」。不過一般都以「六師外道」作為外道的代表，茲介紹此六師的思想見解如下：

一、富蘭那迦葉 (Purna-Kasyapa)：此人思想偏激，一生裸體，是徹底的倫理懷疑論者，否認君臣父子忠孝之道，也否定業報思想，他有一段話說：

斫伐殘害，煮灸切割，惱亂眾生，愁憂啼哭，殺生偷盜，淫佚妄語，踰牆劫賊，放火焚燒……非為惡也。若以利劍臠割一切眾生，以為肉聚，彌滿世間，此非為惡，亦無罪報，於恆水（即恆河）南岸臠割一切眾生亦無有惡報，於恆河北岸為大施會，施一切眾生，利人

等利，亦無福報。

像這種否定業報、否定善惡，破壞社會道德的思想，在當時居然頗為風行，為許多人所信受。也許是當時的婆羅門教高高在上，自己過著奢侈放逸的生活，卻勸別人佈施為善，使社會秩序處於迷失混亂狀態所招致的一種反抗吧！

二、末伽梨瞿舍離 (Makkholi-Gosala)：他是主張無因論的，他認為眾生之苦樂，非由因緣，惟由自然者，他有一段話：

人之善惡淨穢，悉由命定，非由戮力懈怠而得故。世間無因果業報，非自體，非他教作，非精進所致，非自由意志，一切悉由命定。吾人之命運、環境，天性可別為黑、青、紅、黃、白、純白等六種，由此而受苦樂。賢與不肖等於歷八百四十大劫長時輪迴，自得解脫。為善為惡持戒精進，無由轉此輪迴，既定之苦樂，於輪迴中，不增不減，猶若絲球，絲解盡後，方得消失。

這種主張，當時亦有相當多的附和者，後來佛陀批評這種思想，有如用毛髮編成的衣服，夏不吸汗，冬不保暖，不但全無用處，相反的給社會帶來迷惑與傷害。所以稱這一派為「邪命派」。

三、阿夷多翅舍欽婆羅 (Ajita-Kesa Kambali)：相傳此人身著弊衣，五熱炙身，以苦行為道，否定靈魂與業報輪迴。他說：

受四大人，取命終者，地大還歸地，水還歸水，火還歸火，風還歸風；悉皆壞敗，諸根歸空，若人死時，床舁舉身，置於塚間，火燒其骨，如鴿色，或變為灰土。若愚若智，取命終者，皆悉壞敗，為斷滅法。

這一派，可說是徹底的唯物論者。不承認物質之外有所謂精神或靈魂的存在，這在當時稱為「順世派」。

四、婆浮陀伽旃延 (Pakudha-Kaccayana)：這也是一個唯物論者，也否認善惡業報。他主張：

一切眾生，身有七分，何等為七，地、水、火、風、苦、樂、壽命，如是七法，非化非作，不可毀壞。如伊師迦草。安住不動，如須彌山，不捨不作，猶如乳酪。各不爭訟，若苦若樂，若善不善，投之利刀，無所傷害。何以故？七分空中無妨礙故，命亦無害，何以故，無有害者及死者故。無作無受，無說無德，無有念者，及以教者。

五、刪闍耶吠羅胝子 (Sanzaya-Belatthiputta)：這是一個既不肯定也不否定的詭辯論者。他認為，善行惡行的果報，可以說是有，也可以說是無，又可以說是有無，也可以說是非有非無。這是一種不甚解的心理所產生的詭辯。

六、尼乾陀若提子 (Nigantha-Nataputta)：他就是當時相當有影響力的耆那 (Jina) 教教祖大雄 (Mahavira)，也是六師之一。大雄，原是王族之子，三十歲才出家為沙門，經過了兩年的苦行冥想，此後更裸體苦行，前後十二年，達到「全知者」的境界，因而被尊為大雄——偉大的英雄。又被稱為耆那——完成修行的人，因此他的教團也被稱為耆那教，他到七十二歲逝世，不但當時有許多信徒，耆那教在印度流行了兩千多年，到現在印度還有耆那教的信眾。
　　耆那教的理論是二諦說——就是「二元論」者。此二諦，一是精神原理的生命——有命、靈魂；一是物質原理的非生命——無命、非靈魂。這二者是絕對對立的，所謂生命，是生活體的原理，所謂非生命，是生命以外的一切。非生命又分做四種，即虛空、法、非法、物

質。這四種加上生命合稱五實在體。這五者，是構成宇宙的主體。

耆那教的修行，是以嚴格苦行而求解脫——如在烈日下裸體冥想等。此教的信徒須守五戒，即不殺生、不妄語、不偷盜、不邪淫、不持有（財物）之五戒，而對不殺生戒特別重視。

以上六師，只是當時印度紛歧思想界中的代表人物。此外尚有所謂「六十二見」——六十二種不同的見解；「三百六十三論師」——三百多位在思想界著名的辯論家，這就是當時印度思想界的情形。

四　六年苦行成等正覺

悉達多太子在苦行林中前進，到得一處許多外道沙門修行之處，此處是一位跋伽仙人所領導的修行團體，跋伽仙人上前相迎，太子見眾沙門所修的苦行，或著草衣，或衣樹皮，或翹一腳，或臥塵土，或臥於荊棘之上，或臥於水火之旁；再詢問之下，這些人或食草木，或食水果，或一日一食，或二日三日一食，行自餓法，太子乃問跋伽仙人曰：

汝等修此苦行，欲求何等果報？

仙人答道：

欲求生天。

王子道：

諸天雖樂，報盡則苦。不出輪迴，終是苦聚。凡求果報，終不離苦。

再與眾沙門反覆問答，知道這些人所修的終是苦行，不是真正解脫之

道，便欲告辭離去。仙人挽留，太子曰：

非是汝等有失賓主之儀，但汝所修，增長苦因，我今學道，為斷苦
本，以此因緣，是故去耳。

仙人見不可強留，語太子曰：

所修道異，不敢強留，若欲去者，可向北行，彼有大仙，名阿羅邏
伽羅摩，仁者可往就其語論⋯⋯

太子辭別仙人，出林而去。

　　另一方面，淨飯王在宮中聞知太子出家，忙到內宮探視，太子姨
母摩訶波闍波提，和妃子耶輸陀羅，都傷心萬分。淨飯王雖說心中早
有此預感，但愛子情深，要親自出城去尋訪太子回宮。王師大臣聞知，
同來勸阻，聲稱願代大王去尋回太子，淨飯王應允，王師大臣等忙率
侍從人等，出城去追趕太子。

　　一行人出得北門，追尋了一陣子，果然遙見太子，在路側樹下，
端坐思惟，王師與大臣急到太子面前，恭謹行禮，殷殷挽勸，惟太子
求道心堅，不為所動，眾人無奈，只得密留下憍陳如等五名侍者，暗
中伺察太子去向，眾人回宮去向淨飯王覆命。

　　太子由迦毘羅衛南行，渡過恆河，進入摩揭陀 (Magadha) 國，摩
揭陀國是當時的新興國家，為印度十六大國之一，國都王舍城，與當
時另一強國拘薩羅國國都舍衛城，為當時中印度的兩大文化中心：這
兩處人文薈集，學術風氣很盛，太子出家的目的在尋師求道，自然先
到此處看看。

　　太子此時是以沙門身分，托缽徒步走向王舍城的。到達城郊，且
不進城，先到靈鷲山覓得一巖洞作為棲止之所，然後每日到王舍城乞

食，並「觀光」市面。

說到「乞食」，這裡要特別加以說明。乞食之制，不自佛教始，這是古印度社會的「傳統」，古老的婆羅門教，把婆羅門種人的人生分為四個時期，就是所謂梵行期、住家期、林棲期、遊行期。也就是人到老年，遍遊四方，於人世間托缽徒步，這就是「比丘」——乞士。而婆羅門教也有以食物衣具布施比丘，布施者可得功德果報之說，這自然是由業報思想而來的。加以印度地處熱帶，烹調過的食物不易保存，如有剩餘食物，供養乞士，也是功德。所以托缽乞食在印度本是古老的習俗。到後來沙門集團出現，也依此托缽遊行，照樣有人供養，而悉達多太子，當時割髮剃鬚，身著袈裟，以沙門身分出現，自然也依照習俗，托缽徒步，入市乞食了。

悉達多太子身著袈裟，手持食缽，法相慈悲莊嚴，步履沉著穩健，進得王舍城，就引得市民圍觀，並有人心生景仰而頂禮膜拜。他經過摩揭陀國頻婆娑羅王的王宮前，正值頻婆娑羅王在宮中高樓上遠眺，看見市民圍著一個相貌殊勝、風度脫俗的沙門。心中奇怪，就差遣一名侍臣去察看，未久侍臣回報，稱那沙門是迦毘羅衛國淨飯王的太子，名叫悉達多，因一心求道，不惜拋棄王位，出家修行，現在是路過王舍城，暫住在靈鷲山山洞中。

頻婆娑羅王聞報，對太子生了敬仰與好奇之心，隔日乃輕車簡從，到靈鷲山去親訪太子。

靈鷲山，梵語者闍崛山，因山形似鷲，且山上多鷲，故譯名靈鷲山。此山在王舍城的舊城，舊城為五山包圍的盆地，五山以靈鷲山為首，距新都王舍城僅有數里。玄奘大師的《大唐西域記》上有此山的記載。

頻婆娑羅王到得靈鷲山，見太子「於一石上，端坐思惟」，經文中

有一段國王與太子的對話：

王……前坐問訊太子，四大悉調和不？我見太子，心甚歡喜，然有
一悲，太子本是日之種姓，累世相承，為轉輪王，太子今者轉輪王
相，皆悉具足，云何捨之，未入深山？踐藉沙土，遠至此耶，我見
是故，所以悲耳，太子若以父王今在故，欲不取聖王位者，我當以
國分半治之，若謂為少，我當捨國盡以相奉臣事太子，若不復取我
此國者，當給四兵，可自攻伐取他國也，太子所欲，其不相違。
爾時太子，聞頻婆娑羅王說此語，深感其意，即答王言：王之種族，
本是明月，性自高涼，不為鄙事，所為所作，無不清勝，今發言，
未足為奇，然我觀王，中情懇至，佫於前後，王今便可於身命財修
三堅法，亦不應以不堅之法勸獎餘人，我今既捨轉輪王位，亦復何
緣應取王國，王以善心，捨國於我，猶尚不取，何緣以兵伐取他國
也！我今所以辭別父母剃除鬚髮捨於國者，為斷生老病死苦故，非
為求於五欲樂也。
世間五欲，如大火聚，燒諸眾生，不能自出，我今所以來此者，有
仙人名阿羅邏伽羅摩，是求解脫最上導師，欲往彼處求解脫道，不
宜久停於止也。……作此言已，太子即起，而與王別。

頻婆娑羅王一番誠意，要讓國於太子，沒想到太子婉謝，並即時離開
暫為棲止的靈鷲山，這不能不使頻婆娑羅王感到失望，他「深大惆悵，
合掌流淚，而作是言：初見太子，心大踴躍，太子既去，倍生悲苦，
汝今為於大解脫故，而欲去者，不敢相留，唯願太子，所期速果，若
道成者，願先見度。」

　本來，「志士入山恐不深，人知已是負初心。」太子捨親割愛，出
家求道，求的是「解脫之道」。如今驚動了國王，並且以國相讓，惟一

的辦法就是即時離開，以免再節外生枝，招惹障礙。

前段對話中，國王稱太子是「日之種姓」，太子稱國王：「王之種族，本是明月。」按，日種，是釋迦族五姓之一，意謂太陽之裔。月種，是剎帝利族之一姓，相傳為月之子孫，均出自印度神話。

且說太子離開靈鷲山，找到阿羅邏仙人修道之處，向仙人請教「解脫之道」，經文中也有一段太子與仙人的對話：

（太子）即答之曰：我聞汝言，極為歡喜，汝可為我說斷生老病死之法，我今樂聞。

仙人答言，若欲斷此生死本者，當先出家修持戒行，謙卑忍辱，住空閒處，修習禪定，離欲惡不善法，有覺有觀，得初禪。除覺觀，定生入喜心，得第二禪。捨喜心，得正念具樂根，得第三禪。除苦樂，得淨念，入捨根，得第四禪。……

爾時太子，聞仙人言，心不喜樂，即自思惟，其所知見，非究竟處，非是永斷諸結煩惱。……

爾時太子，復問仙人！汝年至幾而出家耶？

仙人答言，我年十六，而便出家，修梵行來，一百四年。

太子聞已，而心念言，出家以來，乃如是久，而所得法，正如此乎？

於時太子，為求勝法，即從坐起，與仙人別。

這一次的拜訪，結果並不圓滿，太子心想：修持了上百年，而仍滯於「偏空」，這不是究竟的解脫之道啊！

太子又去拜訪了一位郁陀伽羅摩仙人，郁陀伽羅摩仙人修的是「非想非非想處」——這也是禪定上的術語，是四禪天最高一層天。但縱修到非想非非想處，亦不是「究竟」解脫，於是辭別郁陀伽羅摩仙人，繼續他尋師訪道的行腳。

　　早期資料中，多謂太子在訪問過阿羅邏與郁陀伽羅摩二仙人後，即到尼連禪河邊的伽闍山苦行林中修苦行，一修就是六年之久。我想實情或不如此，太子出家，目的在「尋師訪道」，他必是托缽徒步，各方行腳，去造訪各派的學者──即所謂仙人、沙門、修道者之流，聽取諸家之言，來作為自己的參考。外道所修的雖非究竟解脫之道，但他山之石，可以攻錯。太子必須廣為接觸，了解諸家理論，加以綜合審辨。他雖然接觸了許多外道的思想家，但在佛經上能夠找到名字的，只有前面所說的三位。

　　在六年中的後一段時間，應該是在苦行林中「修苦行」的時間了。但所謂「苦行」，絕不是當時外道所修的那種苦行──或臥塵土、或臥荊棘、或臥水火之旁等等。太子所修的，只是「自修」──把訪問所得的種種理論見解，審辨正謬，去蕪留菁，來作為自己思想體系的參考。因為那個時候，沒有書寫工具和書籍，有關宗教或哲學上思想的溝通，惟有雙方討論，記憶下來，最後自己再潛修思惟，綜合研判。

　　太子二十九歲出家，「參訪」數年，最後到伽闍山苦行林中，應該是三十四、五歲的年齡了。語云：「三十而立，四十而不惑」，太子此時，廣聽諸家之言，思想日趨成熟，已有了自己思想體系的輪廓，所以他到苦行林中，潛修靜思，勇猛精進，以求思想上的突破──悟證真理。

　　《過去現在因果經》上說：

> 爾時憍陳如等五人，既見太子，端坐思惟，修於苦行，或日食一麻，或日食一米，或復二日、乃至七日，食一麻米。

憍陳如等五個人，原是太子初出家時，奉王師大臣之命，伺察太子行蹤的，這時也到林中會合，隨侍太子。

由上段經文，可知太子所修的苦行，只是「端坐思惟」──思考探索各家理論的正誤得失，並建立自己的思想體系，至於經文中說：「或日食一麻、或日食一米。」我想是不是佛經輾轉抄譯之誤？因為日食一麻一米，絕不能維持一個人的生命，如果說日食一餐麻飯，或日食一餐米飯，就較為合理。因為太子最初在跋伽仙人苦行林中所見，那些修苦行者，也是「或一日一食，或二日三日一食。」一食，應是指一餐而言，不至於是一麻一米。

當一個偉大的思想家如釋迦牟尼者，在他思想體系漸有輪廓，全神貫注於思想突破之際，他絕沒有閒暇心情去注意飲食的美惡，或一天吃幾次，所以日食一餐，或數日一餐，自是事實。但長時期苦修，終於影響到健康，以至於「身形消瘦，有如枯木」。甚至於後來到尼連禪河洗浴，洗浴後因身體羸弱，爬不上河岸。

太子出家前後六年，由四方行腳、尋師訪道，到林中苦修，靜坐思惟，終於有一天，他的思想體系已有端緒，他有預感，也有信心，「悟道」只是短時間以內的事了。他要調養一下身體，鬆弛一下精神，然後再作思想上最後的一段衝刺。經文上說：

> 爾時太子，心自念言，我今日食一麻一米，乃至七日食一麻米，身形消瘦，有若枯木，修於苦行，垂滿六年，不得解脫，故知非道，不如昔在閻浮樹下，所思惟法，離欲寂靜，是最真正，今我若復以此羸身，而取道者，彼諸外道，當言自餓是般涅槃因，我今雖復節節有那延力，亦不以此而取道果，我當受食，然後成道。作是念已，即從坐起，至尼連禪河，入水沐浴，洗浴既畢，身體羸瘠，不能自出。天神來下，為按樹枝，得攀出池。時彼林外，有一牧牛女人，名難陀波羅……即取乳糜，至太子所，頭面禮足，而以奉上，太子

即便受彼女施……

　　許多佛書上都常說，太子苦修六年，不得解脫，最後在菩提樹下，睹明星而悟道，似乎說六年苦行，全是白費。事實不然，如果沒有六年的漸修——四方行腳，聽取各家的理論見解；靜坐苦思，建立自己的思想體系——何來一時的頓悟？至於說，太子接受了牧牛女的一餐乳糜，立即「身體光悅，氣力充足」，此點亦值得商榷。一餐乳糜，不能使一個羸瘠的人立即康復，必是以乳糜調養了一陣子，身體才漸漸的恢復了健康。

　　由於太子接受牧牛女所奉的乳糜，引起了在林中侍奉太子的憍陳如等五個人的驚異，他們以為太子道心退轉，心懷不滿，來了個不辭而別，離開太子而去。

　　太子體力逐漸恢復，神志清朗，胸有成竹，他要選擇一個適當的地方，把已具端緒的思想體系作最後一番整理。他找到了一株熱帶習見的大畢波羅樹，以草鋪敷，再鋪以敷具——就是把袈裟折疊起來作為坐墊，然後「結跏趺坐」端坐思惟，經文上也說：

　　　　菩薩獨行，趣畢波羅樹，自發願言，

　　　　坐彼樹下，我道不成，要終不起。

畢波羅樹，梵語 Pappala，音譯畢波羅，是熱帶習見的常青樹，葉子闊大、綠蔭蔽天，因太子在此樹下成道，故中國佛經意譯為「菩提」樹。玄奘大師《大唐西域記》上稱：「金剛座上菩提樹者，即畢波羅樹也，昔佛在世高數百尺，屢經殘伐，猶高四五丈，佛坐其下成等正覺，因而謂之菩提樹焉。」

　　「結跏趺坐」就是一般坐禪者的盤腿打坐，有單盤雙盤之分，視

個人功夫而定,這種坐法,安穩而不疲勞。

太子在菩提樹下坐了多久而得道,經典上說法不一。有說是七日,有說是四七日,有說是七七日者。事過兩千多年,這是無從考證的。而值得探討的是,在靜坐期間「降魔」這件事。經文上說,太子在菩提樹下坐到第六天:「魔王宮殿,自然動搖,於是魔王心大懊惱,精神躁擾,聲味不御,而自念言:沙門瞿曇,今在樹下,捨於五欲,端坐思惟,不久當成正覺之道,其道若成,廣度一切,超越我境,及道未成,往壞亂之。」

魔王名叫波旬,他有三個美麗的女兒,一名染欲,一名悅人,一名可愛樂。三女問其父何故憂愁,魔王說:「世間今有沙門瞿曇,身被法鎧,執自在弓,鏃智慧箭,欲伏眾生壞我境界,我若不如,眾生信彼,皆悉歸依,我土則空,是故愁耳。」

魔王帶著魔子魔孫,趕到畢波羅樹下,先禮後兵,首先以權力欲誘惑太子,勸他放棄修道,重為轉輪聖王;次則以上昇天宮及天上五欲之樂相誘,太子如放棄修道,他願以天位相讓;再次以色欲相誘,命他三個女兒以半裸之體嬌媚歌舞,以淫穢之詞挑逗引誘;太子道心堅定,不為所動。魔王最後發動魔軍攻擊,魔軍或以弓箭、或以劍戟、或以金杵、並雜以獅虎猛獸、風火煙塵,向太子進攻,太子怡然,不驚不動,魔王心生慚愧,無功而還。

魔,梵語 Mara,音譯波旬,意指能障礙人之善事者。《注維摩經‧四》上說:「什曰波旬,秦言殺者,常欲斷人慧命,故名殺者。」

其實所謂「魔」,並不是外來的,而是潛伏在我人內心深處的種種煩惱──包括著權力、貪、愛、情欲等種種欲望。情欲,是動物的基本欲望;權力欲,於人類尤為強烈。所謂「降魔」,就是內心的鬥爭──惡念與良知的鬥爭,超越與墮落俗化的鬥爭。魔軍進攻,是暴力威脅;

太子怡然，是威武不屈的表現。太子「身被法鎧，執自在弓，鏃智慧箭」，降服了天宮的五欲之樂，人間的權力之欲，以及染欲、悅人、可愛樂種種情欲貪婪，而超越淨化，成等正覺，這是一種象徵與對比的筆法，來描述人生的矛盾，而突出太子的道心與智慧。

還有一點，魔王以箭射太子，箭到太子座前，化做蓮花；三魔女以色相誘惑太子，太子諭以因果，三魔女則失去魔性。這象徵什麼？是不是指染淨善惡原是一體，「煩惱即菩提」，在世俗的煩惱中，來淨化我人的心識，除去愛欲貪婪，即可獲致菩提之果實？

聖淨的蓮花是自污泥中生長出來的；堅實的黃金是自沙土中淘鍊出來的；菩提的聖果是自煩惱中悟得的。所以後來的禪宗六祖慧能說：

> 佛法在世間，不離世間覺，離世覓菩提，恰似覓兔角。

經文上說：

> 爾時菩薩，以慈悲力，於二月七日夜，降伏魔已，放大光明，即便入定思惟真諦……第三夜分，破於無明，明星出時，得智慧光，斷於習障，成一切種智。

太子成道了，成道後的太子，被尊稱「佛陀」(Buddha)——覺者。

五　初轉法輪與四方弘化

佛教典籍中常用的一句話：「釋迦世尊菩提樹下睹明星悟道」，世尊悟的是什麼道呢？簡單的說，世尊悟的是十二緣生之道，萬法緣起之道。緣生與緣起，說起來簡單，事實上卻是有情眾生生老病死，宇宙萬法生滅變異的基本法則——宇宙間的真理。

　　釋迦世尊所處的時代，是一個思想混亂、邪說盛行的時代。當時的六師外道，六十二見，各有各的理論與學說。而這些邪說，善惡不分，是非不辨；撥因無果，否定業報，也否定人生努力的價值。這不僅破壞社會的道德秩序，同時也扼殺個人努力上進的意志。這種種邪說如果繼續傳播、深植人心，必將使人生趨於絕望，世間充滿黑暗。

　　當時的印度社會，不只是思想混亂、邪說充斥，並且是群雄割據、互相攻伐；社會階級制度不平，廣大的人民被踏在上三種姓的腳下──照婆羅門教說，首陀羅族本來是腳底板生的，本來是賤民，被摒棄於祭祀之外──經濟分配不均，上者放逸奢靡，下者貧困飢餓。當時印度的政治、經濟、宗教、文化，就是處於這樣混亂、迷失的狀態之下。

　　就在這種混亂不安的時代，偉大的釋迦牟尼世尊出世了，以他正覺的智慧之光，照亮了苦難眾生的心靈；以他悟證所得萬法緣起的真理，糾正了婆羅門教和各種外道的錯誤思想；以眾生平等、皆可成佛的妙義，打破了人間的階級制度。以苦集滅道四聖諦，指示出苦之由來，和離苦得樂的方向。佛陀悟證所得的真理，我們在〈佛學理論篇〉再為敘述，此處仍先自世尊悟道說起。

　　世尊悟道之後，為自己未來的行止，頗為躊躇。究竟是深入人間，宣揚真理，去普度眾生呢？還是潔身自好，明哲保身，來自享法樂呢？經文中於此也有一段說明：

　　大梵天王，見於如來聖果已成，默然而住，不轉法輪，心懷憂惱……勸請如來，為諸眾生轉大法輪。爾時世尊，答大梵天王及釋提桓因等言，我亦欲為一切眾生轉於法輪，但所得法，微妙甚深，難解難知，諸眾生等不能信受，生誹謗心，墮於地獄，我今為此故默然耳。

其實，佛所得法，微妙甚深，難解難知，固是原因之一，但另一方面，

當時的客觀環境，也是世尊考慮的主要因素。據後來佛經所載，當時反傳統的自由思想家，有所謂六師外道、六十二種異端思想、三百六十三個著名的辯論家，這些人各逞己見，自以為個人所知就是真理。再者，當時的婆羅門教雖已沒落，但潛在勢力仍大，階級制度仍在。在這種環境下，為根性鈍劣，思想頑固的眾生，宣說微妙難解的真理——改變眾生的思想觀念的真理，能行得通嗎？

佛滅度後千餘年，十二世紀之初，由突厥系的回教徒在印度所建立的古爾 (Ghur) 王朝，出兵席捲北印度，印度佛教因以滅亡。相反的由婆羅門教所演變而來的印度教反而延續下來，可知世尊當時的困惑躊躇，不為無因。

世尊經過一番躊躇思考之後，終於還是決定向人間弘傳真理。在中國，是「天不生仲尼，萬古如長夜。」而在世人所處的娑婆世界、五濁惡世，若沒有佛陀正覺的真理之光來照耀，眾生永遠也找不到解脫的道路。

世尊自思：弘傳真理，由誰開始呢？若論聰慧易悟，首推阿羅邏仙人。當年與仙人分別時，仙人曾有「汝若道成，願先度我」之語。按說應該先去度化阿羅邏仙人，可惜他已謝世了。其次，郁陀伽羅摩仙人，利根明了，亦應先度，而郁陀伽羅摩仙人也隨阿羅邏仙人之後命終了。再其次呢？苦行林中陪侍我的憍陳如等五人，皆悉聰明，他們現在在波羅捺國的鹿野苑中，我還是決定到波羅捺國先為此五人說法吧！

世尊林中苦修及悟道的地方，是在王舍城西南伽耶 (Gayo) 附近的優婁頻羅村，此村在恆河正南，恆河有條支流南下流過伽耶，那就是尼連禪河。而憍陳如等五人離開世尊，卻到波羅捺國國都迦尸的郊外鹿野苑修苦行去了。波羅捺國在恆河上游的北岸，由伽耶到波羅捺，

行程約在五百華里以上。世尊為選擇說法的對象，托缽徒步，不遠千里跋涉，可見弘法之難。

憍陳如等五個人，在世尊六年苦行期間，居於配角地位，所以經文中多以「憍陳如等五人」一筆帶過。但在世尊弘法之初，這五個人卻相當重要，他們是最早認同世尊思想的一批人，所以這五個人的身分，有加以探討的必要。

《佛學辭典》「五比丘」條下稱：「佛最初所度之五個比丘，皆為佛之姻戚：一、憍陳如；二、額鞞；三、跋提；四、十力迦葉；五、摩男俱利。出《法華玄義》六下。」

這五人是世尊什麼樣的姻親呢？唐玄奘大師《大唐西域記》上有一段記載：「太子踰城之後，棲山隱谷，忘身殉法，淨飯王乃命家族三人，舅氏二人曰：我子一切義成捨家修學，孤遊山澤，獨處林藪，故命爾曹，隨知所止。」

文中所謂「舅氏」，出自何經，不得而知，不過根據以上片斷資料，加以推測，可知這五個人：一、他們都是釋迦族，都與淨飯王有點親屬關係，且年紀較世尊為長；二、他們可能都是宮中有職事的官員；三、他們都是「智識分子」；四、他們都有宗教信仰——信仰婆羅門教。釋迦族是王族，太子幼年，淨飯王為太子請婆羅門為教師，憍陳如等五人既為王族，自然也是信婆羅門教，婆羅門教也有種種苦行，所以他們離開太子，到鹿野苑修苦行。

世尊終於到達了波羅㮈國的鹿野苑，為這五個人說法——這在佛經上稱做「初轉法輪」。關於這一段，我們留在後文〈四聖諦〉章中再為詳述。此處我們只就世尊弘法的行程作一說明。

對於五個已有宗教信仰，意見與世尊不合，年齡較世尊為長的「尊親屬」，要說服他們談何容易？那必是經過長久而反覆的解說、討論、

甚至於爭辯，最後五個人終於在真理之前低頭。他們認同了世尊的思想——世尊思想體系中最基本的部分——苦、集、滅、道「四聖諦」。

初轉法輪，在佛教史上是一件大事。由這時開始，有了佛——釋迦牟尼；有了法——四聖諦；也有了僧——五比丘。佛經上說此五人皈依了世尊，成為最初的僧伽。佛教由此誕生了，雖然只是初具雛型。

世尊在鹿野苑這段時間，還有一個重要的插曲。

在波羅捺國的國都迦尸城，有一個「大富長者」俱梨迦。俱梨迦有一個兒子名叫耶舍，已年長成人，這耶舍自幼一副花花公子的習性，終日徵歌逐色，在女人堆裡打滾。他家中畜有歌妓，一日聽歌飲酒，酩酊大醉，夜闌醒來，看那些歌妓在枕蓆間橫七豎八的沉睡，脂粉零落，口涎直流，使他有如置身死人堆中的感覺。他一陣厭惡，披衣而起，出城奔向郊外，口喊「煩惱呀！我煩死了。」

無巧不巧，他正奔到鹿野苑，這時世尊恰在林中經行——坐禪疲倦時起來散散步，謂之經行——時已黎明，見一青年衣衫不整，口喊煩惱，就攔住他一問究竟。耶舍向世尊訴說經過，世尊聽罷說：「你跟我來，這兒有安靜處，寂滅會脫離煩惱。」世尊帶他到住處，反覆開導，為他說法，耶舍恍然大悟，皈依世尊座下，出家修道，成為世尊的第六個弟子。

事情到此並沒有完，耶舍的父親俱梨迦長者，見兒子失蹤，自然要尋找，後來聽說兒子在鹿野苑出家了，他找到鹿野苑，想像中總是會有一番爭論，可是結果俱梨迦長者也被世尊感化了，他也皈依在世尊座下——他因年老不能出家，而成為在家修行的「近事男」——梵語優婆塞 (Upasaka)，佛經上稱他是「優婆塞第一人」。

後來，耶舍的母親也皈依了世尊，成為第一位在家的「近事女」——梵語優婆夷 (Upasika)。

耶舍還有五十多個朋友，由於耶舍出家，他們也去親近世尊，受到世尊的感召，都皈依到世尊座下，這時世尊的弟子已有六十個人了。

世尊教團的發展，在初期可說是相當順利，但是下一步如何進行呢？這使他想到摩揭陀國的王舍城，和伽耶附近的優婁頻羅村。前者，頻婆娑羅王當初曾有「若道成者，願先見度」之約；後者，伽耶地區的人民淳樸善良，值得他去度化。再者，在尼連禪河附近的樹林中，有一個事火外道優樓頻羅迦葉，有五百弟子，如去為他說法，能使眾多人獲得利益。經文中也說：

> 爾時世尊……便作是念，於此摩揭陀國……時有外道，名優樓頻羅迦葉，老年一百二十，有五百弟子，在尼連禪河邊林中住，修習苦行，時摩揭陀國一切諸人，皆生恭敬尊重供養，為勝福田如阿羅漢，我今往彼為說妙法，令眾多人獲大勝利……。

由鹿野苑到伽耶，仍是五百多里的路程，世尊是一個人到伽耶去的，何以未帶弟子隨侍，經中沒有說明。世尊行到中途，天氣炎熱，坐在林中休息，這時又有一段插曲。他先是看見一個年輕女人提著包袱匆匆走過，過了一陣見一群年輕人追過來，問世尊有沒有看到一個女人走過，世尊問尋她何事，帶頭年輕人指著另一年輕人說：「我們一群人中，只有他沒有娶妻。我們幫他找了一個，誰知道是個妓女，沒過幾天就偷竊東西逃跑了。」

世尊對那個失妻的年輕人說：「你現在找的不是她，你所要找回的應當是你自己。」

於是世尊要那一批年輕人坐下，開導他們，為他們說法，這批年輕人也皈依在世尊座下，成為世尊的在家弟子。

在《根本說一切有部毘奈耶破僧事·六》中說，事火外道優樓頻

羅迦葉，有五百名弟子。他有兩個弟弟，一名都提迦葉，一名伽耶迦葉，也各有二百五十名弟子。世尊到了尼連禪河畔樹林中，以借宿為名，和優樓頻羅迦葉接近。這位老迦葉招待世尊住在一個石窟中，並告知世尊窟中還有一條噴火的毒龍。世尊以神通力調伏了毒龍，也以他的德威調伏了這位老迦葉。老迦葉帶著五百名弟子皈依了世尊，他的兩個弟弟也各帶兩百五十名弟子皈依了世尊，一同出家修道。

總之，世尊現在所率領的，是一個上千人的團體，不再是單身一個托缽徒步了。下一步行程，世尊決定到王舍城去。到王舍城，可能有幾個原因。一來與頻婆娑羅王有道成見度之約；二來，到都市中有較多的說法機會，普度眾生；三來，也許與經濟有關，一個人可以托缽乞食，上千人在樹林中，上何處去托缽乞食？佛教中的布施，有財施，法施，無畏施之別。出家人對在家者施之以法──說法；在家人對出家者施之以財──供養。畢竟出家人也要生活下去，才能說法度眾啊！

世尊率領眾弟子，步向王舍城，到得城郊，在一處地名杖林的地方停下來，在《佛說初分說經》中說：

> 時頻婆娑羅王，初聞有如來、應供、正等正覺、明行足、善逝、世間解、無上士、調御丈夫、天人師、佛世尊，十號俱足，出興於世。於諸天、人、梵、魔、沙門、婆羅門大眾中，以自智力，而成正覺，宣說諸法……是佛世尊今日欲入王舍大城，其王即敕修治王城內外，街巷道陌，悉令清淨，燒眾名香，散諸妙華，張設珠瓔，樹立幢蓋，如是普遍處處麗麗，乃至城中，一切人民，發歡喜聲，互相得聞。時頻婆娑羅王，被新妙衣，著眾寶屨，嚴整四兵，與無數眷屬，出城向遠，漸近世尊，王乃下車，徒步而進。

所有的經，即佛說過的話，最初都是以口傳口，於佛滅度後由後世弟子所追記的。在後世把世尊聖化之後，難免有鋪張誇大之處。以如來的十種尊號來說，決不是在世尊成道不久，初到王舍城就已具備的。那是四十五年弘法，以及滅度之後，後人給加上的。例如善逝二字，以俗語來說，是「得好死」，文雅一點，說「壽終正寢」。《書經·洪範》篇有所謂洪範五福，是「富、壽、康寧、修好德、考終命。」考終命，就是善逝。但當時世尊正是三十五、六歲的壯盛之年，誰會想到把這個尊號加到世尊頭上？

不過頻婆娑羅王對世尊的友善與尊敬則是事實。古籍上說，頻婆娑羅王小世尊五歲，他們第二次見面，頻王是三十而立之年，他們兩位可以說是惺惺相惜，互相欣賞對方。見面的結果，是頻王皈依了世尊──他是國王，也是富貴中人，他不能像世尊一樣捨國學道，他只做一名世尊的在家弟子，他在王舍城西南郊區，為世尊造下了「竹林精舍」，安頓世尊及一眾弟子定居下來。

到現在，世尊的僧團有了駐錫之所，也解決了食和住的問題。在此我們把「精舍」二字略加說明。說到精舍，給我們印象一定是精美的房舍，其實不然，精舍的正確意義是：「精舍者，為精行之所居，非精妙之謂也。」所以，精舍是修行的處所。至於竹林精舍，是頻婆娑羅王指定城郊一片竹林，並由一位迦蘭陀長者出資──或由他出面募捐建造起來。古經上說：「六十精舍，一日而成。」這種急造建築，也許是竹木所建，不會精美到那裡。

世尊在竹林精舍安居，有兩件頗值一記的大事：

第一件，是舍利弗和目犍連的皈依世尊座下。

原來王舍城中，住著一位修習外道的思想家，就是六師外道之一的刪闍耶吠羅胝子。他是詭辯派的大師，在當時名氣頗大。世尊駐錫

竹林精舍時，刪闍耶已經逝世。由他的兩個大弟子舍利弗和目犍連主
持他這一派。這兩個人的智慧、學問，都是第一流，刪闍耶逝後，他
二人相約，「若先有所證，必相告語。」《佛說初分說經》中記載說：

> ……後於一時，有尊者烏斯西那，食時著衣持缽，入王舍城，次第
> 乞食，時舍利子（舍利弗名稱的異譯），見尊者自遠而來，諸根調寂，
> 威儀整肅，即作是念：今此尊者威儀進止，希有最上，念已前詣問
> 言：「尊者汝師何人，復說何法？」
> 烏斯西那答言：「我師是大沙門，於大眾中，決定宣說無屈服伏力廣
> 大法門。」
> 舍利子言：「汝今可能於彼法門，若少若多，為我宣說？」
> 烏斯西那言，我師所說，緣生法者，謂一切法從因緣生從因緣滅，
> 復以是義，說伽陀（偈）曰：
> 若法因緣生，法亦因緣滅，是生滅因緣，佛大沙門說。時舍利子聞
> 是法已，遠塵離垢，得法眼淨……

這以後是舍利弗和烏斯西那分別，逕自去找到目犍連，敘述他和烏斯
西那相會的一段奇遇，第二天他們各帶著自己的一百名弟子，同到佛
所，請求皈依世尊，出家修道。

舍利弗和目犍連，以後成了世尊弘法最重要的兩個助手。二人名
列「十大弟子」之首。舍利弗是「智慧第一」；目犍連是「神通第一」。

繼舍利弗和目犍連之後，大迦葉也來皈依世尊了。大迦葉是婆羅
門種，住在王舍城外的摩訶沙羅陀村，家資富有，且博聞強記，世尊
每在竹林精舍說法的時候，他必定前往聽講。一日他聽講後回家，途
中經過王舍城多子塔附近，見世尊在一棵大樹下端坐，他十分驚奇，
上前合掌頂禮。世尊說：「迦葉，你知道嗎？今日是你得度的日子。」

迦葉頂禮說：「佛陀，請接受我的皈依，我願隨佛陀出家。」

佛弟子中名叫迦葉的很多，因此世尊叫他摩訶迦葉 (Mahoka)，意譯大迦葉。他在世尊十大弟子中「頭陀第一」，後來傳佛心印，成為天竺初祖。

這時世尊的僧團已相當健全，優樓頻羅迦葉帶進了弟子一千人，舍利弗和目犍連帶進了弟子二百人，早先鹿野苑的數十名弟子也來會合，這樣就有了一千兩百多人。所以後來結集的佛經中，一開始就說：

如是我聞，一時，佛在某某處，與大比丘僧，一千二百五十人俱。

這一千二百五十位大比丘僧，是這樣來的。

僧團有了定居之所，僧伽人數也到了一千多人，世尊就以這恆河南岸的經濟文化中心——王舍大城，作為他弘揚教法的根據地。以後數十年，世尊有三分之一的時間都住在王舍城。

根據《僧伽羅所集經》上所記，世尊成道後，第一年的「雨安居」是在波羅捺國的鹿野苑度過的，而第二、三、四年的雨安居是在竹林精舍與靈鷲山度過的。

雨安居，是印度特有的習俗，印度每年以四月十五日至七月十五日為雨季，是安居期。在苦行林中修道的，雨季來臨，各自星散。而世尊的僧團有了定居的精舍，所以雨安居就居住精舍中，仍過著團體生活。

大約是世尊駐錫竹林精舍的第二年，由於偶然的機緣，世尊的僧團有了第二處精舍。機緣是這樣，王舍城中的迦蘭陀長者，他因承受世尊教化，發心辦一次齋宴，請世尊到他家中應供。他有一位親戚，是拘薩羅國國都舍衛城的須達多長者，這時到他家作客。

關於長者一詞，在佛經中屢屢出現，此處也要加以說明。長者，

梵語音譯為疑叻賀缽底，佛經上註釋為「積財具德者」。這在古印度的社會中，是一種身分特殊的人。他們應該是「吠舍」種——工商階層。在政、教兩方面都沒有地位，但因社會變遷，工商業發達，他們這一階層，有一些人因而賺了大錢，成為富翁。

　　佛陀住世時的印度社會，早已由游牧社會進入農業社會，一部分大城市更進入工商社會。像中國的戰國時代，陶朱公因經商致富，呂不韋也是「陽翟大賈」。印度的大城市如王舍城、舍衛城等，就產生了不少這一類特殊身分的人物。他們有財，這一點是可以確定的，至於有沒有德，那倒不一定。他們之中，富而好施的固然不少，富而慳吝的也不會沒有。但出現在佛經中的長者，都是對僧團有所貢獻的人，所以稱他們是「積財具德者」。

　　須達多長者，為人樂善好施，經常濟助貧困孤獨的人，所以地方上都稱他為給孤獨長者。他在迦蘭陀長者家中，見一家人像辦喜事似忙上忙下，詢問之下，才知道竹林精舍住著一位佛陀，明天要到迦蘭陀家中應供，迦蘭陀長者並把佛陀的來歷，原原本本的說給須達多長者聽。

　　須達多長者聽說佛陀以太子身分出家學道，六年苦行，證悟真理，講經說法，普度眾生，心中深為感動。第二天在迦蘭陀的引見下拜謁世尊，更為世尊莊嚴慈悲的威儀感召，使他既惶恐又興奮，他當時向世尊說出他的心願，他請求世尊到拘薩羅國的首都舍衛城去說法，度化那邊的眾生。並且他想在舍衛城也建一座精舍，以供世尊及弟子們安居；有關僧團的衣服、飲食、臥具、湯藥等，全由他來供養。世尊對他的發心殊為嘉許，他向世尊頂禮告退，興沖沖的返回舍衛城，開始他建精舍的計畫。

　　須達多長者在舍衛城南郊找到了一處園林，很適合蓋精舍，但是

打聽之下，那座園林是祇陀王子的，他去向王子情商，希望王子把園林賣給他。王子一口回絕，須達多長者一再請求，王子開他個玩笑說：「好吧！你如一定要買，就拿金子把園林鋪滿，我就賣給你。」

沒想到須達多長者有最大的決心和誠意，真的照王子的條件辦到了。王子詢問之下，原來須達多長者買這塊土地是給佛陀蓋精舍的，他也深受感動。他說：「好吧！這一件功德就讓我們兩個人來做吧！」

所以這座精舍蓋好後，名稱就叫做「祇樹給孤獨園」（簡稱，祇園精舍）。

世尊成道後，遊行各國，說法四十五年，在各地建了不少精舍——當然是信徒們捐獻的——佛經上有「五精舍」之說。就是王舍城的竹林精舍、舍衛城的祇樹給孤獨園、王舍城靈鷲山的鷲嶺精舍、跋耆國毘舍離城的菴羅樹園、和獼猴池精舍。除上述五精舍外，經中所見到的，在波羅捺國迦尸城外還有鹿林精舍，在毘舍離城還有大林重閣講堂，以及世尊故鄉迦毘羅衛城的尼拘律園等。

六　晚期教化與進入涅槃

祇樹給孤獨園建造完成，須達多長者到王舍城去迎接世尊，世尊見機緣成熟，於是帶著弟子們到了舍衛城。

舍衛城，是拘薩羅國的國都，位於恆河北岸，雪山之下，迦毘羅衛城的西方，是當時恆河北岸的大都市。拘薩羅國的國王波斯匿王，和世尊同歲，才就位一年，他聞知釋迦牟尼——釋迦族的聖者到了他的都城，住在祇樹給孤獨園，他不知佛陀何以有這麼大的感召力，贏得人民對他如此崇敬。有一天，他帶著臣屬，親自到祇樹給孤獨園訪晤世尊，這位大王年輕氣盛，見世尊年歲和他相仿，一開口就以不太

信任的語氣說：「聽說你已悟證得道，這是真的嗎？」

《雜阿含經‧三》上記載著世尊答覆他的話：

> 佛言：大王！世有四事，小不可輕。何者為四，一者王子雖小，最
> 不可輕。二者龍子雖小，亦不可輕。三者火雖小，亦不可輕，四者
> 比丘雖小，亦不可輕。

這是一個軟釘子，把波斯匿王的話碰了回去。

波斯匿王又提出了當時六大思想家——即六師外道的理論和世尊
辯論，最後終於為世尊所折服，他皈依了世尊，以後也和世尊建立了
深厚的友誼。在《雜阿含經‧四十二》上，有一段世尊勸波斯匿王節
食的記載，十分有人情味：

> 一時，佛住舍衛國祇樹給孤獨園，時波斯匿王，其體肥大，舉體流
> 汗，來詣佛所，稽首佛足，退坐一面，氣息長喘。爾時世尊，告波
> 斯匿王：「大王身體極肥盛。」大王白佛言：「如是！世尊，患身肥
> 大，常以此身極肥大故，慙恥厭苦。」爾時世尊，即說偈言：
> 人當自繫念，每食知節量！是則受諸薄，安消而保壽。

這以後，波斯匿王特命一個小僮，每當他吃飯時就為他誦這一首偈，
使他有所節制，果然他體重漸輕，身材減細，為此他特別向世尊道謝。

世尊四十五年行化各國，會見了不少的國王，但關係最密切的，
應該就是頻婆娑羅王和波斯匿王。

在世尊成道後的第六年或第七年，第二次返回他的故鄉迦毘羅衛
城——世尊一生曾多次返鄉。第一次返鄉是在成道後的第二年，在王
舍城竹林精舍時代。這一次，是由舍衛城返回的，原因是世尊得到消
息，淨飯王臥病在床，日益沉重。

　　照佛經上記載來推測，悉達多太子出生的時候，淨飯王約在五十歲左右，是所謂「晚年得子」，世尊二十九歲出家，三十五歲成道，又過了六七年，淨飯王高齡已在九十以上了。九十多歲老人病逝，在中國的說法是「壽終正寢」、「福壽全歸」。所以世尊返鄉，為淨飯王送終後，又帶著弟子們遊行說法。而迦毘羅衛國的國政，淨飯王遺命由王室中的大將摩訶那摩繼承。

　　寫佛傳，最大的困難是資料欠缺。雖然許多原始佛經上都有片斷的記載，但那是歷經數百年「口口相傳」之後，才由文字記錄下來，這其間，經過聖化和訛傳，究竟能保持幾分真實情形，殊成疑問。再有一點，印度素不重視歷史，且當時沒有書寫工具，所以關於年代的記載，幾乎無從確定。例如悉達多太子出家，一說十九歲，一說二十九歲，這其間相差十年。這一來使小王子羅睺羅的年齡也相差了十歲。再者，佛經中有所謂「七王子出家」——世尊家族中七個少年子弟，同時隨佛出家，如果是同時出家，在年齡上湊不起來。一說是世尊姨母摩訶波闍波提夫人，在淨飯王逝世後即行出家，且是由阿難尊者向世尊說的人情，但也有經上說，阿難陀小佛三十歲，此時僅十一二歲，怎能成為阿難尊者呢？總之，年代久遠，資料欠缺，這些都是無從考查的事。

　　「七王子出家」，大約是在世尊成道後十年左右的事，這七個王子的來歷是這樣。淨飯王是師子頰王的長子，下有三弟，為白飯王、甘露飯王和斛飯王。白飯王有子提婆達多和阿難陀，甘露飯王有子阿那律，斛飯王有子跋提和婆娑。

　　在出家的諸王子中，提婆達多後來叛逆僧團，給世尊帶來了極大的困擾。事實上，世尊四十五年弘法，並不全是所到之處人天擁護、爭相皈依那麼順利。他也遭遇過無數困擾和艱難，據原始經典所載，

有一次世尊在摩揭陀國的五葦村沿門托缽，連一粒米也沒有要到；有一次在末羅族的一個聚落中經過，村民不給他水喝；在摩揭陀國的一葦村遊行時，村民問他們為什麼不自耕而食。

而最大的困擾，是正法和婆羅門教及外道在思想上的衝突，遭遇到婆羅門教和外道的嫉妒和抵制，像祇樹給孤獨園建成時，世尊帶領僧團進駐之前，這時一些外道出面阻止，通知須達多長者，要和世尊開一次辯論會。後來此事由舍利弗出面與外道辯論，把外道折服。

由於思想之爭，最後引起摩揭陀國的政變，這件事要由提婆達多身上說起。提婆達多從世尊出家之後，最初頗為精進，學識增長，但他的領袖欲特強，日久之後，野心漸熾，他在僧團中製造派系，拉攏黨羽，在有了相當勢力後，他竟公然向世尊提出，謂世尊年事已高，應該退休，僧團由他來領導。他的分化伎倆，世尊早有所悉，惟世尊一生以德服人，只想感化他，使他悔改，甚至於在他公開提出爭取領導權時，世尊對他也未加制裁，只以訓戒了事。

這時大約是世尊成道後二十年前後的事，這時世尊駐錫王舍城的竹林精舍，僧團內部分裂，正給敵方製造機會。外道——包括婆羅門教在內——勢力和提婆達多結合，以物資接濟他，使他拆散僧團。

摩揭陀國的頻婆娑羅王和世尊的交誼深厚，一向是維護僧團的。提婆達多自然知道這一點，於是他去誘惑頻婆娑羅王的太子阿闍世。阿闍世另為提婆達多建造了僧院，提婆達多帶著五百黨羽脫離了竹林精舍，另立門戶。

早期佛經上記載，提婆達多曾用種種方法謀害世尊。他曾派刺客去行刺；他曾用一頭大象去衝撞世尊；他曾自山頂推落巨石去壓砸世尊，結果都未得逞。

這時摩揭陀國發生政變，阿闍世太子囚禁了頻婆娑羅王，他自己

登位——有一說政變是提婆達多和外道策動的。後來阿闍世王悔悟，捨棄了提婆達多，而提婆達多帶走的五百僧眾，也被舍利弗說服又回歸僧團，提婆達多氣得吐血而死——又一說是為大地吞沒。

至於阿闍世王的悔改，《長阿含經‧二》上有一段記載可資證明：

……時阿闍世王命婆羅門（按此係指其出身種姓而言）大臣禹舍，而告之曰：爾詣耆闍堀山，至世尊所，持我名字，禮世尊足，問訊世尊之起居……。

自此之後，終世尊有生之年，阿闍世王對世尊都是相當尊崇。世尊滅度後，第一次結集經律，也是阿闍世王所支持的。

提婆達多叛逆，僧團一度分裂，固然有其外在因素，但僧團內部也有其值得檢討之處。世尊對於皈依出家的僧伽，一向是持眾生平等，有教無類的態度。以後僧伽日多，分子複雜，難免有行為踰矩的人。例如淨飯王的倖臣優陀夷，出家後名迦留陀夷，因行為失檢，為人殺害，屍體埋在大樹下面；比丘尼中的偷蘭難陀，經中說她「喜行惡法」，其實就是長舌婦行徑。僧團中雖說訂有戒律，但那是自律重於管理。而世尊心地慈悲，德高於威，到了世尊老年，健康衰退的時候，團體的紀律就逐漸鬆弛了。

世尊三十五歲成道，八十歲滅度。此中四十五年之間，四方行腳，弘化度眾——當然也會派遣弟子，甚至於由弟子們組成「佈道小組」到各地宣說世尊的教法——但在垂暮之年，卻遭受到一連串無情的打擊，世尊是悟證真理的聖者，當然不會為這些打擊而頹喪，但世尊的教法本來就是「悲智雙修」。智是理智，悲是情感，如果說世尊對這些打擊無動於衷、毫無悲愴之念，那就有違世尊說法的本懷了。

第一件打擊，是世尊祖國的滅亡。

　　早在拘薩羅國的波斯匿王未皈依世尊以前，曾向釋迦族求婚，釋迦族懾於拘薩羅國的國力，不敢拒絕，但又不願把王族的女子嫁到別族，後來王族中的摩訶那摩——就是後來繼淨飯王為王的——想出以桃代李之計，把家中的女奴末利偽稱是自己的女兒——女奴，自然是賤族人家的女孩子——嫁給了波斯匿王。

　　這女奴成了波斯匿王的寵妃，生了一子，是為後來的琉璃太子。琉璃太子八歲時，波斯匿王命他到迦毘羅衛學騎射，那時是世尊第二次回國之前，族人特建了一座大講堂供世尊說法。這講堂被視為聖地，不許閒雜人入內。

　　琉璃太子年幼無知，一時好奇，就走了進去，事為釋迦族人所見，認為女奴之子褻瀆了聖地，立即將琉璃太子所經之處，挖地換土。八歲的琉璃太子認為是莫大的侮辱，發誓說：「有一天我要滅掉迦毘羅衛國，殺盡釋迦族。」

　　約在世尊滅度前數年，琉璃太子強迫父王遜位，自己繼位為王，對迦毘羅衛發動了侵略戰爭。世尊知道這是因果與業力，但為了拯救祖國，不能不勉盡人事。琉璃王向迦毘羅衛國進兵時，世尊獨自一人，在大軍必經的路上，端坐在一株枯樹之下。

　　琉璃王率軍行進間，前哨回報世尊坐在道旁枯樹下，他本來對釋迦族人深懷恨意，但對已成為覺者的世尊仍相當尊敬。他下馬趨前，向世尊問訊：

世尊，那邊有很多枝葉繁茂的大樹可以遮蔭，你為何坐在枯樹下呢？

世尊神色蕭穆的說：

不錯，枝葉繁茂的大樹可以遮蔭，但是親族之蔭更勝樹蔭。

世尊是說，拘薩羅國與迦毘羅衛本是親族之邦，為何要自相殘殺呢？

琉璃王雖然暴戾，但也為世尊的比喻所感動，他心想為了敬重佛陀，還是暫時收兵，以後再來吧！

世尊見琉璃王大軍折返，他在枯樹下慢慢站起來，沒有興奮，也沒有歡喜。他仰望長天，心知這是因果法則上的定業。他落寞的、默默的走返回去。

佛經上說，世尊對於祖國的淪亡，如是作了三次營救，但琉璃王第四度出兵，他不能再去阻擋了。琉璃王大軍包圍了迦毘羅衛城，在兵力懸殊下，迦毘羅衛無以抵抗，群議不如投降。摩訶那摩王悲痛萬分，自覺愧對族人，他挺身出城，獨自去見琉璃王，說道：

> 拘薩羅國與迦毘羅衛誼屬姻親之邦，在名義上我是你的外祖父，你要殺釋迦族人洩憤，但城中幾萬人一時也殺不完，我要求你讓我潛到水中，在我升出水面以前，允許城中人逃離，等我潛出水面而仍未逃離的人，就任你殺戮。

琉璃王答應了這個條件，摩訶那摩王就縱身躍入一水塘中，琉璃王就下令准許城中居民逃離，當城中人逃走的所剩無幾時，琉璃王奇怪摩訶那摩王何以還不潛出水面，就命人潛入水塘察看。不多久，入水察看的人悲痛的向琉璃王回報：「他不會再浮出水面了，他以頭髮縛結在樹根上，早已死亡多時了。」

摩訶那摩王就這樣悲壯的以身殉族，而迦毘羅衛國也就此滅亡了。

世尊晚年的另一打擊，是幾個大弟子的先世尊而入涅槃——死亡。

在早期經典中，世尊門下有十大弟子的記載。這十大弟子是：智慧第一的舍利弗、神通第一的目犍連、說法第一的富樓那、解空第一的須菩提、論議第一的迦旃延、頭陀第一的大迦葉、多聞第一的阿難

陀、天眼第一的阿那律、持律第一的優婆離、和密行第一的羅睺羅。

　　這其中，羅睺羅是世尊的獨生子，也是世尊的弟子，但卻逝世的相當早。約在出家十多年後，不到三十歲的年紀就逝世了。而世尊的左右兩大助手，舍利弗和目犍連，卻是在世尊垂暮之年圓寂的──舍利弗是在故鄉摩揭陀國的那羅村病逝的。而目犍連卻是在出外弘法途中，為外道所襲，自山頂推落石塊砸死的。這當然是宗教與思想上的鬥爭，而使出的暴力手段。

　　舍利弗和目犍連的逝世，約是在世尊涅槃前不太久的事，這時世尊已八十高齡，健康衰退，且患風濕痛──佛經中屢次提到世尊「告阿難陀、我今背痛，汝可……」世尊要阿難把袈裟折疊作四重，墊在背下以減輕疼痛。

　　世尊最後的一次弘化行程，是率領弟子們由王舍城出發，渡過恆河，並沿途佈道，到達跋耆國的毘舍離城。時值雨季，駐錫城外的大林精舍，適逢當地災荒饑饉，世尊便遣散大眾，獨與阿難安居其處。這時世尊已罹重疾──下痢，惟弟子們多不在身邊，不宜涅槃，遂強自支持。

　　雨季結束，弟子們又重新集合。世尊勉強到毘舍離城重閣講堂又說了一次法，然後率弟子們北行。毘舍離城是在恆河北岸，再往北走，可通到恆河北岸經濟文化中心的舍衛城。舍衛城是當時僧伽團體在恆河北的弘法中心，也是祇園精舍（即，祇樹給孤獨園的簡稱）的所在地。世尊北行，也許目的地就是趕到舍衛城的祇園精舍。但是世尊病中身體衰弱，途中行程很慢。一天下午，一行人托缽徒步走到末羅族聚居的拘尸那城的城郊，世尊長途跋涉，體力不支，表示要休息一下。

　　一行人就在城郊的一片樹林中停下來暫為休息。阿難隨即在兩株沙羅樹下面，為世尊鋪上了墊褥。世尊即躺下來，頭向北，身體向西

側臥，向阿難表示要就此進入涅槃。

　　阿難與一眾弟子，傷心之餘，想到未來正法久住的問題，眾人提出四個問題，公推阿難向世尊請示，這就是《大涅槃經》、《集法經》及《大智度論》上所記載的「四問」。這四問是：

一、佛陀滅度後，我等依誰為師？

二、佛陀滅度後，我等依何法住？

三、佛陀滅度後，惡比丘如何調伏？

四、佛陀滅度後，經典結集，如何叫人取信？

世尊答：第一、佛陀滅度後，你等依波羅提木叉為師（即以戒為師）；第二、佛陀滅度後，你等依四念處安住（四念處，即觀身不淨，觀受是苦，觀心無常，觀法無我之四念住法）；第三、佛陀滅度後，對難調伏之惡比丘，應默擯置之；第四、佛陀滅度後，一切經典前加「如是我聞」四字。

　　世尊答過四問，又為一個老比丘須跋陀羅說法，這須跋陀羅年已百歲，成為佛住世時最後的弟子。至此，一代聖者，溘然長逝，時為西元前四八六年，當中國周敬王三十三年。

　　世尊滅度，消息傳到拘尸那城，滿城人同感哀痛，城中推出代表長者，到城外沙羅樹林，協助眾弟子將世尊遺體移靈到末羅族廟堂——拘尸那城是末羅族——經過喪祭禮儀，最後「荼毘」——火化，荼毘後的舍利，為拘尸那城的末羅族人所得，佛住世時所教化過的其他國家不服，幾經調解，由摩揭陀國阿闍世王主持，將舍利分為八份，由八國各自迎回，建塔供養。

第二章　印度佛教流傳史

一　佛住世時的原始佛教

依照佛教早期經典的記載，多謂釋迦牟尼世尊在菩提樹下睹明星成道。到鹿野苑初轉法輪，為憍陳如等五侍者說苦、集、滅、道四聖諦法，五侍者皈依世尊，出家修道，成為最早的五位比丘。至此，佛、法、僧三寶俱備——佛，指釋迦牟尼世尊。法，指四聖諦。僧，指五比丘。謂此即佛教誕生之始。

事實上，僧伽團體初具規模，應該是在伽耶山的三迦葉兄弟，率千名弟子皈依世尊，並進住頻婆娑羅王在王舍城所建的竹林精舍以後的事情。繼之舍利弗、大目犍連皈依世尊，成為世尊左右助手，僧團才日益壯大而趨於健全。

上千比丘，聚居一堂，這在古印度是一項創舉。那時，婆羅門教的祭司，都是有家庭的；在苦行林修行的外道沙門，都是散居的。每年三個月的雨季，苦行林中的人也要各找各的安居之所。是以竹林精舍中，上千人聚居修道，除了房舍、講堂外，衣服、臥具、飲食、湯藥，這些生活所需，都不是一件簡單的事情。所以，僧伽團體——早期的佛教，其典章制度，是一點一滴建立起來的。

首先，加入佛教——僧伽團體的，要有個「三皈依」的儀式，就是「皈依佛、皈依法、皈依僧」。如《演道俗業經》中說：

> 何謂三自皈，一曰皈佛，無上正覺。二曰皈法，以御其心。三曰皈
> 眾，聚眾之中，所受廣大，猶如大海，靡所不包。

在佛教經律中，解釋三皈依的文字很多，並且到了後世，演變成為「皈依三寶」——在家信徒皈依佛教的手續。而最初的意義，應該是出家比丘的「三自皈」，由「皈眾」二字可知，這三自皈若以現代的觀念語言來解釋，皈依佛，就是認佛做老師；皈依法，就是信仰老師的教法；皈依眾，就是服從團體生活。

上千人聚居在一個大園子裡，總要有一套管理的辦法，於是首先訂了一套生活公約——六和敬。舊譯本《仁王經》曰：「住在佛家修六和敬，所謂三業，同戒，同見，同學。」《大乘義章‧十二》曰：「六名是何，一身業同，二口業同，三意業同，四同戒，五同施，六同見。」《祖庭事苑》上說：「六和，一身和，共住。二口和，無諍。三意和，同事。四戒和，同修。五見和，同解。六利和，同均。」

關於六和敬，其他的解釋尚多，但若簡單的說，六和敬就是身和敬、口和敬、意和敬、戒和敬、見和敬、利和敬。它所代表的意義是：

一、身和敬：服從團體生活，共同進修佛道。

二、口和敬：互相尊重對方，不起無謂爭執。

三、意和敬：比丘意見和諧，維持團體紀律。

四、戒和敬：共同遵守戒律，同心精進修道。

五、見和敬：信仰佛陀真理，摒棄外道見解。

六、利和敬：生活平等一致，所需平均分配。

這一套生活公約，我推想是世尊的大弟子舍利弗、目犍連等所制訂的。

最初的僧伽團體中，只有男眾——比丘，沒有女眾。到後來世尊的姨母摩訶波闍波提夫人，帶領五百名釋迦族女子出家，佛教中才有

了女眾——比丘尼。再以後，世尊的獨子羅睺羅出家，因為年紀幼小，做了沙彌。這就演變成以後的「出家五眾」——比丘、比丘尼、式叉摩那、沙彌、沙彌尼。如果加上在家二眾——優婆塞、優婆夷，就稱為「佛門七眾」。《大智度論》稱：「佛弟子七眾，一比丘，二比丘尼，三式叉摩那，四沙彌，五沙彌尼，六優婆塞，七優婆夷。」

世尊住世時，教化的區域愈來愈廣，信奉或皈依的人也愈來愈多，僧團中人數增多，分子複雜，只靠「六和敬」是約束不住的，於是漸漸的有了「戒律」的制定。

最早的戒律，是在毘舍離國獼猴河邊的重閣講堂制定的。原來僧團中有一名須提那比丘，是毘舍離國迦蘭陀村的一位長者之子，初出家時，頗為精進，僧團中的人對他十分敬佩。後來毘舍離國發生饑饉，僧團糧食補給困難，須提那稟明世尊，帶了一部分比丘回迦蘭陀村就食。到了家鄉，他父母堅欲他回家看看，他回到家中，禁不住嬌妻的柔情挑逗，破了戒體。事後深為懊悔，回到重閣講堂時，向世尊懺悔。世尊為僧團前途著想，感到有制定戒律的必要，乃開始制定戒律。

戒律的制定，是佛成道後第五年開始的。在此之前，舍利弗曾要求世尊預先制定出戒律。世尊卻說：

> 舍利弗，我此眾中，未曾有法；我此眾中，最小者得須陀洹果。諸佛如來，不以未有漏法而為弟子結戒。

世尊的意思是，在弟子們沒有犯過失以前，如果先訂出一套限制別人行為的戒律來，是對弟子們人格的不信任和不尊重，所以戒律的制定，是在僧團成立五年以後的事情。事實上，佛所訂的戒律並非一成不變，如為事實需要，在大眾要求下，仍可請求修正。僧團中有「羯磨」之制，就是僧團中的事務，以會議方式來決定。普通事務，向大眾宣告

即可，稱為「單白」。重要事務，是先予宣告，再徵大眾同意，稱為「白二」。更重要的事，是宣告之後，再三宣告，徵詢大眾意見，稱為「白四」。這是一種民主的議事方式。

戒律，是出家修道者修身治心的規範，也是止惡修善的總稱，即所謂「諸惡莫作，眾善奉行，自淨其意，是諸佛教。」諸惡莫作是止惡，眾善奉行是修善，自淨其意是淨心，以上三點，就是諸佛所教。戒律的條文甚多，主要的是五戒、八戒、十戒、具足戒、三淨戒等等。

五戒是一切戒的根本，就是戒殺、戒盜、戒淫、戒妄、戒酒。若與中國的社會道德觀比較，不殺近於仁，不盜屬於義，不淫是為禮，不妄是為信，不飲酒保持理智清醒，是為智。此五種根本戒，一切戒條都依之而立。

五戒以外再加上不坐高廣大床戒、不觀聽歌舞戒、不過中食戒，就是八戒，又稱八關齋戒。八戒之外，再加上不著華鬘好香戒、不捉金銀財寶戒，就是十戒，這後二種戒——八戒、十戒，是對出家人說的，出家人要少欲知足，不貪圖物質享受，不持金銀錢財。

世尊為僧團先後制定的戒律，除上述三種外，尚有四波羅夷，十三僧殘，二不定，三十尼薩耆波逸提，九十波逸提，四波羅夷提舍尼，七滅諍，百重學比丘戒律，以及比丘尼的三百四十八戒，菩薩的十重四十八輕戒等等。這些戒律，在世尊涅槃後，大迦葉主持第一次結集時，由優婆離尊者以八十次誦出，結為律藏，是為八十誦律。以後迦葉、阿難、末田地、商那和修、優婆鞠多五人相繼領導僧團。百年之間，僧伽團體對戒律未有異見。優婆鞠多有弟子五人，並傳律藏，乃分為五部，即曇無德傳《四分律》，薩婆多傳《十誦律》，彌沙塞傳《五分律》，迦葉遺傳《解脫戒》，婆蹉富羅部《律本未傳》是為小乘佛教的五部律。

　　世尊四十五年行腳教化，是以王舍城的竹林精舍、和舍衛城的祇園精舍為兩大據點——王舍城是恆河南岸的根據地，舍衛城是恆河北岸的據點。世尊一生十九次到祇園精舍，以當時徒步行腳的情形來說，可謂往返奔波。當然，僧伽團體，不是專為趕路，而是在恆河兩岸各村落去佈道——說法，另外各地還有許多精舍，那是佈道期間的落腳之處。

　　僧團的生活，平時各地弘法——除世尊本人外，座下弟子們還要分為若干小組，分地施行。平時弘法，自然是托缽乞食。雨季則集中精舍安居，事實上是接受世尊的集中教化。雨季自然不能出外乞食，生活所需可能是由大富長者及在家信徒供應。

　　此外，世尊訂有「布薩」之制。就是在平常的時候，每半個月——每月的十五日、二十九日或三十日，集合眾比丘說戒經，用意是使眾僧住於淨戒中，增長善法。

　　眾比丘出家修道，修的是四聖諦、八正道。而修持的方法，則在於戒、定、慧三學。戒，已如前述，在於止惡修善，且依戒而資定；定，是坐禪，是息緣靜慮，依定而發慧；由慧而破惑證真——依慧而證果。

　　世尊一代說法，教化眾生，其態度真摯，不騖空想。其所昭示於人者，是隨機施教，平實易解。世尊說法，用當時最通俗的語言，甚至加上方言、俚語。那時沒有書寫的工具，所以說法時，除了「說」以外，並且用「偈」或「讚」，以韻文唱出來，以增加聽者的記憶。並且不時加上譬喻、寓言和一些小故事，以增進聽者的了解——佛是「覺者」，佛法也只是要人覺悟的道理，所以世尊說的法，沒有巫卜符咒，沒有神話迷信。甚至於，一月兩次的「布薩」，也沒有祭祀儀式等繁文縟節，佛住世時的初期佛教，可說是佛教最純淨的時代。

　　佛說過的「法」，佛滅後四次結集，結為經、律、論三藏。前後四次結集，結出來的就是後世所稱的「小乘經典」。佛的思想和教義，散見於最早的「四阿含經」——《長阿含》、《中阿含》、《雜阿含》和《增一阿含》。

　　佛說的法，平實易解，沒有深奧艱澀的地方，佛的基本教法是四聖諦、八正道。在《阿那律八念經》中，有關於八正道的記載：

何謂道諦，謂八直道。正見、正思、正言、正行、正治、正命、正志、正定。

何謂正見？正見有二：有道有俗。知有仁義，知有父母，知有沙門梵志，知有得道真人，知有今世後世，知有善惡罪福；從此到彼，以行為正，是為世間知見。已解四諦苦習盡道，已得慧見空淨非身，是為道正見。

正思亦有二：思學問，思和敬，思誠慎，思無害，是為世間正思；思出處，思忍默，思滅愛盡著，是為道正思。

正言亦有二：不兩舌，不惡罵，不妄言，不綺語，是為世間正言；離口四過，講誦道語，心不造為，盡無復餘，是為道正言。

正行亦有二：身行善，口言善，心念善，是為世間正行；身口精進，心念空淨，消蕩滅著，是為道正行。

正治亦有二：不殺盜淫，不自貢高，修德自行，是為世間正治；離身三惡，斷除苦習，滅愛求度，是為道正治。

正命亦有二：求財以道，不貪苟得，不詐紿於人，是為世間正命；已離邪業，捨世間占候，不犯道禁，是為道正命。

正志亦有二：不嫉妒，不恚怒，不事邪，是為世間正念；離心三惡，行四意端，清淨無為，是為道正志。

正定亦有二：性體淳調，守善安固，心不邪曲，是為世間正定；得四意志，惟空，無想，不願，見泥洹原，是為道正定。是為道諦。

　　世尊特重孝道及倫理，契經中這類記載很多，如：

夫善之極者，莫大於孝。惡之大者，其惟害親乎。長幼相事，天當祐之；豈況親哉。──《未生冤經》

凡人事天地鬼神，不如孝其親，二親最神也。──《四十二章經》

人有父母，不可不孝；道不可不學。濟神離苦，後得無為，皆由慈孝學道所致。──《菩薩睒子經》

夫為人子，為以五事敬順父母。云何為五？一者供奉能使無乏。二者凡有所為，先曰父母。三者父母所為，恭順不逆。四者父母正令，不敢違背。五者不斷父母所為正業。……父母復以五事，敬親其子。云何為五？一者制子不聽為惡。二者指授示其善處。三者慈愛入骨澈髓。四者為子求善婚娶。五者隨時供給所需。──《長阿含經》

夫之敬妻，亦有五事。云何為五？一者相待以禮。二者威嚴不褻。三者衣食隨時。四者莊嚴以時。五者委付家內。善生，以此五事敬待以事。妻復以五事，恭敬於夫。云何為五？一者先起。二者後坐。三者和言。四者敬順。五者先承意旨。──《善生經》

夫為人者，當以五事，親敬親族。云何為五？一者給施。二者善言。三者利益。四者同利。五者不欺。善生，是為五事親敬親族。──《善生經》

　　在立身處世方面，世尊昭示我們：

當自勉修，隨其教訓；己不被訓，焉能訓彼。──《出曜經》

千夫為敵，一夫勝之；未若自勝，為戰中上。──《法句經》

惡行危身，愚為最易；善最安身，愚人謂難。——《中本起經》

人所作善惡，有四神知之；一者地神知之。二者天神知之。三者傍人知之。四者自意知之。——《罵意經》

何謂道德？信為道，制身、口、意為德。——《三慧經》

當求精進，譬如小水常流，則能穿石。若行者之心，數數懈廢，譬如鑽火，未熱而息，雖欲得火，火難可得。——《遺教經》

多欲之人，多求利故，苦惱亦多。少欲之人，無求無欲，則無此患。——《遺教經》

飲酒有六失：一者失財。二者生病。三者鬥爭。四者惡名流布。五者恚怒眾生。六者智慧日損。——《長阿含經》

惡友親復有四事，云何為四？一者飲酒時為友。二者戲時為友。三者淫逸時為友。四者歌舞時為友。

　　像這些質樸平實的「法」，哪一句不是顛撲不破的真理？無奈人心好高騖遠，尤以我中國人為甚，中國一向以「大乘佛國」自居，輕視小乘。佛門徒眾，開口弘法，閉口度眾，試問不能自度，何以度人？不學做人，焉能學佛？現在佛教中流通的經典，不是金剛，就是般若；不是法華，就是楞嚴；甚至於或華嚴、或唯識，以此言含萬象，字包千訓，義理幽玄，深奧精微的妙理，有幾多人能體會出其中的真義？

　　因此建議有志學佛的朋友，研究經教，不妨先自小乘經教研究起。修持佛法，也不妨先自世間法修持起。所謂登高者必自卑，行遠者必自邇。度人先要自度，如果連機車都騎不好的人，驟然去開大巴士，這就超出了他的駕駛能力了。

二　三藏結集與部派分裂

釋迦世尊住世時，說法四十五年，他是以他悟證所得，啟示弟子。換句話說，世尊一生，只是「說法」，並未著書。因為那時印度尚沒有書寫的工具，所以世尊並沒有留下一言一語的文字記錄。

世尊滅度後，傳說有一痴比丘說：「佛在世時，時時以戒律約束我們，使我們不得自由，今後我們可以隨心所欲了。」

這話被大迦葉聽到了，十分憂心，他恐僧團戒律廢弛，「如來甚深妙法成灰燼」。應該以佛的遺教，制為成典，庶可永久做弟子的指導，於是大迦葉就發起「結集」。

結集的經過，記載在《根本說一切有部毘奈耶雜事‧四十》中。這本是很容易說明白的事，但一變為經典文學，經過經文的聖化與鋪張，加上翻譯的種種規則與限制，夾雜著梵語音譯的術語，且經文洋洋萬言，就使人有愈看愈糊塗的感覺了。

簡單的說，結集一事，是大迦葉發起的。此事得到摩揭陀國阿闍世王的認可與支持，阿闍世王指定王舍城南的畢波羅窟——事實上是一所精舍，並非是山窟——為結集之所，並供養參與結集者的飲食用具。阿闍世王選了五百位上座高僧，由大迦葉主持，從事世尊遺教的整理工作，這在當時名之曰「結集」。

結集，給我們的印象有「編輯」的意思。其實不是，結集，梵語Samgiti，是合誦或讚誦的意思，世尊說法的時代，印度尚沒有書寫工具，當然也沒有書面記錄。並且那時印度主要的語文有十多種，而地方方言在百種以上。世尊說法，是觀機逗教，視聽者的程度，以說理、譬喻、寓言、故事等方式說出來，用的語言，有時以雅語——當時語

言的一種，中國稱之為梵語——但也可能加上俗語和方言。又因為無
「講義」可閱，所以說法是除了散文外，再加上韻文式的讚、偈，揚
聲唱出來，以便於聽者記憶。像這樣以口傳耳的相傳，傳來傳去，難
免傳的走了樣。因此，所謂結集者，就是集合大眾，由一人當眾把他
記得佛說的法誦出來，由眾人校正有無謬誤。

這一次結集，時在西元前四八五年，佛滅度後的九十天時，由大
迦葉任「主席」，先結毘尼——毘奈耶 (Vinaya)，就是律藏。這是以持
律第一的優婆離為上座，大迦葉以戒律的各條目提出來質問優婆離，
優婆離應答，誦出各條目的內容，及制時、制處、因緣、對機、制規、
犯戒等等，再由五百大眾合誦，證實無誤，算是「定稿」；次結達摩
(Dharma)，就是法，也就是經藏。由多聞第一的阿難為上座，大迦葉
就達摩的條目提出質問，阿難應答，具答說時、說處、因緣、對機、
說法、領解等，經大眾合誦，認定是佛所說，算是「定稿」。

這一次結集，前後歷時七個月，結出毘奈耶、達摩二集——就是
律、經二藏。經藏結出的，是今日所傳的「四阿含經」，阿含是梵語，
譯為「無比法」。意思是沒有可以與此類比的妙法。四阿含的名稱是一、
《長阿含經》，二、《中阿含經》，三、《增一阿含經》，四、《雜阿含經》。

「四阿含經」是佛教最根本的原始經典。其內容概要，在《長阿
含》是破斥當時婆羅門教邪見的經典；《增一阿含》是說善惡因果——
眾生在世修造善因，來生可獲轉生天道人道的善果；《中阿含》是說眾
生在世能修出世的善因，可獲超脫生死大海、進入涅槃的妙果；《雜阿
含》是說世間禪定之修持。

律藏方面，當時結出的是《八十誦律》。因為優婆離誦律時，每日
升座誦出戒條，前後八十次誦讀完畢，故名《八十誦律》，這是日後一
切戒律的根本，以後律部學者自此根本律推演開展為《四分律》、《五

分律》，《八十誦律》就不存在了。

這次結集，是佛入滅後首次結集，後來稱此為第一結集或窟內結集，亦稱五百結集，或上座部結集。

何以稱為「上座部」呢？這是後來與「大眾部」相對而言的。原來當時的五百結集，參與斯選的，都是學德並重的長老。而未被選入的眾比丘，約有千人之數，亦別為集會，以婆師迦為上首，另行結集，結出了經藏、律藏、論藏、雜藏、禁咒藏五種，因為這次結集，是大眾同聚一處而誦出的，所以稱為「大眾部結集」，亦稱窟外結集。

世尊滅度後，僧伽團體由大迦葉領導。大迦葉苦行第一，以身作則，且齒德俱尊，眾無異言。二十年後，大迦葉傳法於阿難，阿難這時已七十多歲，他多聞第一，眾人翕服；其後阿難傳法於末田地，末田地傳法於商那和修，商那和修傳法於優婆鞠多，百年之間，五師相傳，僧伽團體，尚維持著世尊住世的教風。

而這百年之中，中印度的政局，也起了極大的變化。在恆河流域的摩揭陀國，於阿闍世王逝世後，由於國勢日強，併吞了鄰近的小國，中印度地區其他各國也動亂不已，互相吞併，這以後百年之間，在此一地區相繼出現了幾個強大的王朝——首先出現的是訶梨揚卡王朝，繼之是塞醯那竭王朝，接下來的是難陀王朝。

第一次結集之後，百年之中，四眾遵守，無有異議。在佛入滅滿百年時，由於毘舍離城和跋耆城僧侶違背戒律的「十事非法諍」，而導致第二次結集。

在毘舍離城的北方是跋耆城，這兩城的僧侶，往往做出許多違背戒律的事，尤以僧侶於每月八日、十四日、十五日，持缽盛水，入市向路人募化，口稱：「凡是投錢入水者，可獲吉祥。」路人有投錢者，亦有非議出家人不該貪取金錢者。時有長老耶舍巡遊至此，見狀不以

為然，因為佛的戒律，出家人不該受蓄錢財，而在家人也不可以錢財施予出家人，於是當面對雙方加以勸誡，眾多僧侶，不但不聽勸告，反而共逐耶舍。

事實上，這些僧侶違律的行為不止這一件，總計有十條之多，《五分律》中記載有「十事非法諍」的名稱：

一、鹽薑合共宿淨：照戒律，比丘托缽乞食，以維持生命，若有膡餘，就應轉施別人，不應貯食過夜。這些比丘主張，鹽和薑合共的食物，可以留到第二天再吃。

二、兩指抄食淨：照戒律，比丘過午不食，謂之「非時食戒」。這些比丘以為，過了正午，日影偏斜僅兩指時，還可以再吃。

三、復坐食淨：照戒律，一次吃過後，不得再吃第二次。這些比丘以為，吃過後可以再吃一次。

四、越聚落食淨：照戒律，吃過飯以後，若出外經村落中，村人若又供食，應該照餘食法轉施他人。這些比丘以為，既然村人供食，可以再吃一次。

五、酥油蜜石蜜和酪淨：照戒律，比丘過午不食，午後再食，犯非時食戒。這些比丘以為，以酥油蜜、石蜜加上乾牛乳（酪）做飲料，是飲而不是食，不算犯戒。

六、飲闍樓伽酒淨：照戒律，比丘不許飲酒。這些比丘以為：飲釀而未熟的酒釀——梵語闍樓伽——不算犯戒，

七、作坐具隨意大小淨：照戒律，製作坐具，大小有一定尺寸。這些比丘以為座具大小，可隨意製作。

八、習先所習淨：照戒律，出家比丘過去所學習的事——大約指樂器棋藝等——應該捨棄。這些比丘認為不妨照做。

九、求聽淨：照戒律，凡一切儀式作法，當隨僧眾全體共同行之。這

些比丘以為，不妨在另一處單獨行之，然後求僧眾允許。

十、受蓄金銀錢淨：照戒律，比丘不許受蓄錢財。這些比丘認為不妨
　　受而蓄之。

以上十條「淨」，淨是清淨的意思，照戒律說，這些事都是不清淨
的，這些比丘以為是「淨」，就是化非法為合法。這些事在今日看來不
算大事，但當時佛滅未久，竟有這種主張，使上座部的耶舍長老既驚
且悲，耶舍長老奔走各地，親訪諸長老說明此事，中印度西部的諸長
老均遙相譴責這些比丘的非法，而東部比丘也遙相聲辯，於是就形成
了東西對峙的局面，而西部譴責的都是上座長老，東部則是毘舍離城
和跋耆城的大眾僧侶。

後來兩方協議，雙方在毘舍離城的重閣講堂，重新召開結集大會，
重誦戒律，以論決是非。這次結集，與會者七百人，由耶舍長老主持，
雙方各舉代表四人作為審辨，會中誦出戒律，逐事問辯，會議數月，
結果斷定毘舍離和跋耆城眾僧侶為非法，應加擯斥，於是上座諸長老
獲得勝利，然而兩城僧侶少年進取者居多，於是別成團體，名大眾部。
由於這次結集，使佛教開始分裂。

這一次結集只是結集律藏，後世稱此為七百結集或第二次結集。

第三次結集，是在世尊滅度後二百三十餘年時舉行的。這時是印
度孔雀王朝時代——西元前三二七年，亞歷山大大帝入侵印度，兵達
印度河，然後引兵西返。這一來，在伊朗高原和中亞細亞一帶，出現
了許多希臘人的殖民地。十年後，即西元前三一七年，旃陀羅笈多推
翻了難陀王朝，建立了印度史上有名的孔雀王朝，並出兵把希臘人的
勢力驅逐到西方，而統一了北印度。到了西元前二六八年，旃陀羅笈
多的孫子阿育王繼位，他更四出征伐，擴大版圖，國土南至印度南端，
北至喜馬拉雅山，西至阿富汗及阿拉科西，成為印度史上最大的帝國。

　　阿育王即位之初，凶逆無道，後來皈依佛法，施行仁政並獎勵佛教，他曾親赴各地朝拜佛住世時的聖蹟，近代考古學家發現，在現代尼泊爾的迦毘羅衛城舊址處，遺留有刻有銘文的石柱，就是阿育王朝拜佛誕生地時所立的。

　　由於阿育王崇信並保護佛教，所以佛教在此一時代，十分隆盛，王對僧伽的供養十分豐厚，致一般外道窮於衣食者，乃改換僧服，混入僧伽團體中，一方面獲得衣食供養，另一方面把外道的教義混入佛教經義中，破壞佛教，而佛徒被誘入邪見者甚眾，這一來，遂使佛教陷入混亂狀態，而混亂的中心是在摩揭陀國的雞園大寺，蓋因此寺中僧伽最多，由於外道混入，導致紛爭不已，也波及到其他各地。

　　在佛教內部紛爭期間，僧伽團體中最重要的說戒儀式——布薩，也中斷了七年之久不能舉行，阿育王有鑑於此，想辨別邪正，淘汰外道，乃有第三次結集之舉。據《善見律‧二》記載：

> 王白諸大德，願大德布薩說戒，王遣人防衛僧眾；王還入城。
> 王去以後，眾僧即集眾六萬比丘，於集眾中，目犍連子帝須為上座，能破外道邪見徒眾，眾中選擇知三藏、得三達智者一千比丘，一切佛法中清淨無垢。
> 第三次結集法藏，九月日竟，名為第三次結集。

第三次結集，是在波叱利弗城舉行，由目犍連子帝須主持，與會比丘千人，均精通三藏，得三神通，見知純正，能破外道邪見，歷時九個月，整理經、律、論三種經典，經、律、論三藏，至此始具備。

　　在第一次結集的時候，結的只是經與律，第二次結集，只是重誦律藏，既沒有經，也沒有論。論藏，是第三次結集時才有的。

　　佛住世時代，誠然沒有論，但似已有了對「法」的說明或解釋，

佛滅度後，上座長老，對於「法」加以種種說明，或加以分析，這就是論的先聲。再以後，長老們把佛的教法，加以整理與註解，論，是由此因緣下漸漸形成的。

傳說在第三次結集的時候，阿育王曾作議論千章，駁斥邪見，惟未見流傳下來。

第三次結集後二年，阿育王為使佛法廣為弘傳，先後派遣出傳道師九人，各率屬從人員，分赴國內外各地傳教，即佛教史上所稱的「九師傳道」。這九師之中，有五批是優婆鞠多的門下五師——即曇無德、薩婆多、彌沙塞、迦葉遺、婆蹉富羅等五人的派下弟子。由於五人派下弟子，分赴五個地方傳道，這就使兩百多年來一脈相傳的律藏，在五個地方各自發展，遂分裂為五部。即曇無德門下的曇無德部；薩婆多門下的摩訶僧祇部；彌沙塞門下的彌沙塞部；迦葉遺門下的迦葉遺部；婆蹉富羅門下律本今無傳。

在九師傳道中，有一批影響最大的，是南下師子國的一批，這一批是王子摩哂陀和王女僧伽蜜多率領，南下師子國（即錫蘭島）傳教。由於孔雀王朝國力強盛，師子國是印度屬國，所以不到一年之間，師子國就成為佛化國家。

摩哂陀王子當初傳教時，用的是何種語言，已無從得知，但根據錫蘭的傳說，摩哂陀王子入錫蘭弘法，約為西元前二五〇年前後，當然當時錫蘭也沒有書寫工具以記錄，自然是以傳統的以口傳口的說誦。二百餘年後，即西元前末年，才筆錄下摩哂陀王子傳去的口誦三藏——中國的紙是西元一〇〇年前後發明的，紙以前往上推，是絹帛、竹簡、甲骨，西元未開始前，錫蘭島用何種書寫工具，不得而知——再過了數百年，即西元五世紀中葉，中印度的大學者佛音到了錫蘭，把錫蘭語的三藏本文和註解，譯為巴利語——巴利語，是古代南天竺地方語

的一種——並加上一部分他自己的註解，這就是南傳佛教至今日的巴利語聖典。

在阿育王時代，由於阿育王的崇信佛法，使佛教隆盛一時；由於阿育王的整頓僧團，淘汰魔僧，促成第三次結集。由於阿育王派遣九師傳道，使佛教傳佈遍及於印度全境，其中南傳錫蘭的一系，成為後世的南傳佛教。但也就在阿育王時代，由於「大天五事」之諍，造成佛教徹底分裂，也造成了北傳佛教的北進。這些事件的影響，都不是當時始料所及的。

關於「大天五事」之諍及佛教徹底分裂，在下節中再為詳述。

三　小乘佛教的演變

佛滅後一百年至一百一十年間，由於毘舍離和跋耆城僧侶的「十事非法諍」，而召開第二次結集，重誦律藏，雖然上座部長老獲得勝利，僧團形式上仍歸統一，但實際上大眾部與上座部已分裂為兩個集團。到了阿育王時代，在第三次結集之後，發生了「大天五事諍」事件，由此使佛教正式分裂，上座部長老且退出中印度，北走迦濕彌羅。

大天五事諍，在小乘佛教時代是一件大事，在唐三藏玄奘大師的《大唐西域記》上，有概略的敘述，《大唐西域記》稱：

摩揭陀國無憂王（按即孔雀王朝阿育王），以如來涅槃之後，第一百年命世君臨（按此說有誤，阿育王在位年代為西元前二六四─前二二六年），威被殊俗，深信三寶，愛育四生，時有五百羅漢僧，五百凡夫僧，王所敬仰，供養無差。

有凡夫僧摩訶提婆，唐言大天，闊達多智，幽求名實，潭思作論，

理違聖教，凡有聞知，群從異議。無憂王不識凡聖，因情所好，黨援所親，召集僧徒赴克迦河欲沉深流，總從誅戮，時諸羅漢既逼命難，咸運神通，凌虛履空，來至此國（指迦濕彌羅），山棲谷隱。

按，大天梵語 Mahadeva，出生年代不詳。他於華氏城雞園寺出家，為人聰穎，辯才無礙，頗受信徒敬仰，也為阿育王見重，並常到宮中說法，《大毘婆沙論・九十九》稱：

大天聰明，出家未久，便能誦持三藏說法，自稱阿羅漢，上下歸仰。後一夜起染心，夢失不潔污衣，使弟子洗之，弟子曰：阿羅漢盡一切煩惱，緣何猶有斯事？大天曰：天魔所擾，阿羅漢亦不能免不淨漏失。是第一惡見也。又欲使弟子歡喜，矯記別某為預流果，乃至某為阿羅漢果，弟子曰：我聞阿羅漢等有智證，如何我等都無知？大天曰：阿羅漢雖無染污無知，猶有不染污無知，故汝等不能自知。是第二惡見也。時弟子曰：曾聞聖者已離疑惑，如何我等於四諦實理猶懷疑惑？大天曰：阿羅漢煩惱障疑惑雖已斷，猶有世間疑惑。是第三惡見也。弟子曰：阿羅漢有聖慧眼，自知解脫，如何我等不自證知？大天曰：如舍利弗目犍連猶佛若未記，彼不自知，汝鈍根何能自知？是第四惡見也。然彼大天雖造眾惡，而未斷盡善根，故後於中夜自悔責重罪，憂惶所迫，數數呼苦哉，弟子聞之怪而問師，大天曰稱苦者呼聖道也。是為第五惡見也！大天遂造偈曰：「餘所誘無知，猶豫他令入，道因聲故起，是名真佛教。」

所謂大天五事，也包括在這首偈中。那就是：

一、餘所誘：謂阿羅漢為餘魔所誘，得有漏失不潔之事。

二、無知：謂阿羅漢有不染污無知。

三、猶豫：謂阿羅漢得有處非處疑。

四、他令入：謂阿羅漢但由師令證入，不能自知。

五、道因聲故起：謂聖道須因唱苦聲而起。

以上這種說辭，後世論師也有認為並非惡見，分別來說，各有其理，這就成了理論上的見解之諍了。

　　客觀的說，佛教自第二次結集後，已分為前進的和保守的兩派。保守派稱上座部，進取派稱大眾部，而阿育王時代的大天，是大眾部的進取分子。他認為佛教僧團中墨守成規的戒律，故步自封的教義，都和時代脫節，應該提倡自由寬大的學風以求進步。於是倡種種異論，成為新派領袖。上座部長老，對種種異說，大不謂然，自此這前進與保守兩派，在雞園寺鬥爭不息。

　　阿育王聞知此事，曾到雞園寺親為調解，而雙方各持己見，不相上下。這時大天提議說：「戒經中所載滅諍的方法，應該依多數人的意思。」阿育王應允依此方式取決。

　　而當時兩派中，保守派年高者多，而人數較少；進取派中，年高者少，而人數卻多，表決結果，進取派自然獲得勝利，由此上座、大眾兩部徹底分裂。這是兩部最初的分裂，在早期經典上稱為「根本分裂」。

　　至於失敗的上座部，並沒有人為阿育王所殺害，是上座部長老相率自動離開雞園寺，遠走北印度的迦濕彌羅城。阿育王深感惋惜，遣人到迦濕彌羅城，堅請眾比丘重返雞園寺，眾比丘不允，阿育王遂遣人在迦濕彌羅另建了一座雞園寺，以供養上座部比丘。遂使上座部的教化盛行於北印度。

　　第二次結集的「十事非法諍」，諍的是戒律上的問題。而「大天五事諍」，諍的是教理上的問題，這是上座部與大眾部分裂的根本原因。

　　根本分裂後，教團暫時維持了一段時間的平靜狀態。但大眾部的比丘，凡俗者多，學德俱佳者少，且思想趨於進取，故與上座部分裂後，未及百年，以學理見解不同，因之又分裂出「一說部」、「說出世部」、及「雞胤部」。

　　一說部的教義，謂世出世法，為一假名，無有實體，以說唯一假名，故名一說部；說出世部，謂世間法但有假名，出世間法則皆真實，故名說出世部；雞胤部，梵語憍矩胝部，係從部主之姓以立名。

　　數十年後，大眾部中先後又分出了多聞部和說假部。多聞部係從部主的學德立名，意謂部主廣學三藏，深悟佛旨，故名多聞部；說假部，謂世出世法中，皆有少分是假，故名說假部。再過數十年，大眾部中又分出了制多山部、西山住部、北山住部，此次分裂原因，係一部分大眾部比丘，聚居於制多山，一日重論「大天五事」，再起辯論，遂分為三部。辯論佔優勢者，仍居制多山。其餘二部，一遷西山，一遷北山。至此，大眾部共分為八部，如下表所示：

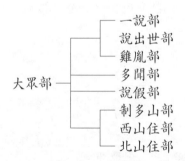

上座部本來是繼承大迦葉的遺教，首弘經教，次弘律論。時上座部比丘迦多衍尼子，倡首弘論藏，經、律為次，遂與上座部分裂，稱為說一切有部。而原來的上座部，仍遵迦葉遺教，先經後律，以後因遷入雪山之故，轉名雪山部。

　　至佛滅後第三百年中期，又從說一切有部中分出犢子部，未幾又從犢子部中分出四部，名法上部、賢冑部、正量部、密山林部。

　　犢子部乃以部主之姓立名，教義獨說「有我」。後世稱之為附佛法外道。法上部係以部主名稱立名，謂為法中之上，名法上部。賢冑部亦是部主名稱，係賢阿羅漢之裔，故稱賢冑部。正量部者，謂自立的法義，審量無邪，故名正量部。密山林部，係以居處立名。

　　若干年後，說一切有部中又分出化地部，未幾又自化地部中分出法藏部。化地部主，原是國王捨國出家，弘揚正法，化其所統之地，故名化地部。法藏部，係以部主之名立名。此部謂法藏有五：一經、二律、三論、四明咒、五菩薩。

　　佛滅後第三百年末，復從有部中分出一部名飲光部，亦以部主名稱立名。最後又自有部分出經量部。此部教義，惟以經為正量，不依律、論，凡所引據，以經為證，從其所宗宗法，故名經量部。

　　上座部這樣屢經分裂，勢力大衰，其弘化的地區遂為說一切有部所取代，乃轉移入雪山，轉名雪山部。也就是上座本部。

　　上座部分裂的情形，如下表所示：

上座、大眾部的一再分裂，始自西元前二百餘年的阿育王時代，直到西元開始之前，前後二百餘年，上座部加本部分裂為十一部；大眾部

加本部分裂為九部，合稱小乘二十部。上座部最初分出的是說一切有部，學者多認為，說一切有部的教義，是小乘時代思想的代表。

說一切有部分出的原因，是由佛滅後三百年出世的迦多衍尼子而起，上座部原本思想較為保守，繼承原始法燈，以經藏為本位，而迦多衍尼子為對抗當時的大眾部盛倡新說，強固本部理論根據，主張以論藏為本位。他造《阿毘達摩發智論》，組織有部教義，是為有部的開祖。而《發智論》亦為有部的基本理論，除此以外，尚有六論，亦為有部之所依。這六論是：

一、《阿毘達摩集異門足論》，相傳是舍利弗所造。

二、《阿毘達摩法蘊足論》，相傳是目犍連所造。

三、《阿毘達摩施設足論》，相傳是大迦多衍那所造。

四、《阿毘達摩識身足論》，相傳是佛涅槃後一百年中，提婆設摩——天寂所造。

五、《阿毘達摩品類足論》，相傳是佛滅後三百年世友尊者所造。

六、《阿毘達摩界身足論》，亦為世友尊者所造。

以上六論，都論有部法義，後代論師以「六論」為足論，以《發智論》為身論，足者助成之義，此六論助成發智論，此七論，為一切有部的根本。後來到迦膩色迦 (Kaniska) 王時代，有部學者以「六足論」做旁依，細釋《發智論》，編纂成《阿毘達摩大毘婆沙論》。

有部的學說，建立在多元的實在論上，把宇宙現象界的事物，分做五法。這五法是：

一、色法：有形象的物質統謂色法。

二、心法：即我人主觀的心識，有眼耳鼻舌身意六識。

三、心所法：從屬心識而發生的作用。

四、不相應行法：非色非心的有為法。

五、無為法：宇宙萬有的本體，即無作為不生不滅之法。無為法有三，
　　即虛空、非擇滅、擇滅三種無為。

　　後來世親論師造《俱舍論》，建五位七十五法，即源此而來。

　　有部把修道的次第，分為見道、修道、無學道三道。用智慧力知
見四聖諦理，斷一切見惑，是為見道。更用慧力修習四聖諦理，斷一
切修惑，是為修道。這樣每一斷惑，得一擇滅，斷盡一切煩惱，即證
得涅槃，此時更無可修學，是為無學道。

　　至於大眾部的教義，是建立在批評的實在論上。有部的理論，以
為諸法的自體三世恆有。而大眾部則以為：一切現象的事法，是「念
念生滅」，因此，過去諸法體用已滅，未來諸法體用未生，故已滅、未
生，都不是實法。只有現下一剎那體用具存，而此一剎那可以看做實
有。換句話說，就是過去、未來諸法是空，現下一剎那的諸法是有。

　　有部立三種無為法，大眾部立九種無為，除虛空、擇滅、非擇滅
三無為與有部相同外，另立空無邊處、識無邊處、無所有處、非想非
非想處、緣起支性、聖道支性六者亦為無為法。此外，大眾部亦立六
識，心所等法的分類，亦與有部相近。

　　對於心性的看法，有部以為眾生的心性本來不淨，修道使之轉成
清淨；大眾部則以為自性本來清淨，為外來的客塵煩惱所染，說成不
淨，修道去客塵煩惱，本來清淨的心性就可顯出來。以上為上座、大
眾兩部學說之差別。

　　世尊滅度後五百餘年，是印度貴霜王朝迦膩色迦王時代，迦王崇
信佛法，曾日請一高德比丘入宮說法，聞同一經題，說者多有相異之
處，王以此問脅尊者。脅尊者答稱：「去佛日遠，諸事漸以己見滲入佛
典，現當重新結集以正其義。」

　　迦膩色迦王深然其說，乃招集大德尊者五百人，在家優婆塞五百

人，於迦濕彌羅結集，從事三藏註釋，時為西元第二世紀初期，這是第四次結集。

這次結集，歷時十二年，先後造出《優婆提舍》十萬頌以註釋經藏；《毘奈耶毘婆娑》十萬頌以註釋律藏；《阿毘達摩大毘婆娑論》十萬頌以註釋論藏。這其中，經、律兩藏的註解《優婆提舍》和《毘奈耶毘婆娑》已失傳，《大毘婆娑論》現存。

第四次結集，與前三次有不同之處，這次結集已有了文字記載，傳說是刻鏤於金片之上，封存於石函之中，不許妄傳國外。

四　大乘佛教的興起

大乘佛教的興起，是佛入滅後五百年的事。

大乘，梵語摩訶衍 (Mahayana)，小乘梵語希那衍 (Hinayana)。小乘這個名稱，並不是早期佛教自稱為小乘，而是大乘佛教興起後，所加給早期佛教的一種貶抑性的名稱。所謂「乘」，是載運的意思，意謂乘了釋迦牟尼的教法，可以自煩惱的此岸，渡到清涼的彼岸。小乘有如鹿車羊車，只能自載。大乘有如牛車象車，自載兼以載人。這譬喻小乘行者目的只在自度——自求解脫，大乘行者目的在自利利他——自度兼以度人。

早期的小乘行者，修四聖諦——知苦、斷集、慕滅、修道，求破我執以斷煩惱，此為早期世尊所說的「我空法有」之教。而大乘佛教則認為「我法俱空」，以至於「真空妙有」的「中道」，破遣「我」、「法」二執，以求覺行圓滿，悟入實相。

小乘之所以為小乘，主要在於思想保守——墨守成規。對經典的解釋一本舊說，對戒律的守持一成不變。而所謂大乘行者，是一些思

想進步之士的理念。他們認為：與其詮釋經典文字表面的意義，毋寧去探討文字背後的精神，這是大乘思想興起的原因。

大乘佛典最早出現的時間，在西元第一、二世紀，最早出現的是《大般若經》，繼之《華嚴經》、《法華經》，以及淨土經典陸續出現。而西元一世紀時阿濕縛窶沙──即馬鳴菩薩的《大乘起信論》問世，提倡大乘思想，為大乘佛教拉開了序幕。西元第二世紀龍樹菩薩出世，三至四世紀世親、無著兄弟相繼出世。而經典方面又繼續出現了《大涅槃經》、《勝鬘經》、《解深密經》、《楞伽經》，這就使大乘佛教進入了隆盛時代。

大乘佛經出現，是在佛滅後五百年以後的事，這些大乘經，其內容及其思想精神，與小乘經典全不相同，文章的文體也與小乘經典有別，而在語言方面，用的不是佛說法時的俗語，而是當時婆羅門階級使用的梵語，尤其是量的方面，唐三藏玄奘大師譯的《大般若經》，二十萬頌，六百四十萬言，與早期的小乘經典，不啻有天壤之別。而這些佛經，或說出之於鐵塔，或說出之於龍宮，而經發現或發掘而來的，這就使後人懷疑，這些大乘經典，是不是佛親口所說──即後世諍論的「大乘非佛說」的問題。

釋迦牟尼世尊住世說法時代，印度尚沒有書寫的工具，世尊說法，全是以口傳耳，所以「四阿含」中收集的全是簡短的小品經。若說二十萬頌，六百萬言的《大般若經》、或八十卷的《大華嚴經》，由聽者以口傳耳的傳之於後世，應為不可能的事。若說當時就以「經書」藏之於某處，數百年後始行發現，則更不可能，因為當時根本沒有書寫的工具。貝葉經是在佛入滅後數百年始出現的，所以大乘佛經的確不是佛親口所說。

大乘佛教不是佛說，那麼是由何而來的呢？許多學者認為，這是

大眾部中的開明之士——思想進步的學者，對於當時小乘行者與世隔絕、自求解脫的自利主義的不滿，乃進而追求佛說的「法」，其語言文字背後的真義，進而揭示出以利他犧牲為本願的菩薩思想。並以集體創作的方式，逐漸形成的經典。並冠以「佛說」——冠以佛說，並不是出於偽作或贗造的意識，而是他們充滿信心的認定，惟有這樣，才是世尊的本懷。

當然，這些後出的經典其思想淵源，仍是來自小乘經典，在早期的小乘經中，不但有「大乘」二字，且已涵育了大乘思想。所以後世的一些思想開明進步之士，本於此思想淵源，來探討世尊的本懷，而在精神理想方面加以發揮。

本來，佛法不一定須由佛親口所說。因為，宇宙間本然的、必然的、普遍的理則，是本來如此，並不是因佛出世而創造或制定的。佛常說：「如來出世，若不出世，諸法法性法住，法界安住。」佛說的法，是宇宙人生的真理。凡能證得此理者，皆得解脫。凡證得此理而再宣說出來，也就是佛法。所以佛弟子與佛所證的真理，只有程度上的差別，而真理的本質並無不同。佛弟子以其悟證的真理對眾宣說，也就是在說佛法。因此，佛經中也載有佛法係由五種人所說，即佛說、佛弟子說、天人說、神鬼說、化人說。

再者，對佛法的鑑定，有所謂「四依」：

一、依法不依人：人為情有之假者，法為「法性自爾」之軌模。依法而可入道，人何關於實行？假令其人為凡夫外道，而所說契於法，亦可信受奉行。假令現佛身之相好，而所說不契於法，亦可捨而不依。

二、依了義經不依不了義經：三藏中有了義經，有不了義經。明示中道實相之義者，為了義經，否則為不了義經。

三、依義不依語：語是言說，用以詮法，若盡依言語，徒增疑惑諍論。義乃中道第一義，不是言語所能及者。

四、依智不依識：識為妄想之心，因六塵而起；智乃本心照之德，可與法性契合。

此外，經典之是否契於佛說，亦可以三法印和一實相印來加以印證。小乘經典，凡契合於「諸行無常，諸法無我，涅槃寂靜」之理者，為了義經；大乘經典，凡契合於諸法實相之理者，是了義經。因此，大乘經典，縱然不是佛親口所說，但以「四依法」來說，它確是「契於法」——是契合於諸法實相的了義經，所以多數學者認為應該視為佛說。

在西元一、二世紀大乘經典先後出現之際，首先發表大乘思想，倡導大乘佛教的人，是馬鳴菩薩。

馬鳴菩薩，梵語阿濕縛窭沙 (Asvaghosa)，是貴霜王朝迦膩色迦王時代的人。他原本是天竺摩揭陀國的出家外道，世智聰辯，善通論議，他曾公開宣言，約僧伽團體的比丘辯論，眾比丘皆為所屈。

時北天竺比丘長老脅與之議論，外道稱負者當斷其舌，長老脅稱不可，負者但為對方弟子，外道問誰先發言，長老脅稱：「吾年邁，且遠來，吾應先語。」外道言可。長老脅言：「當令天下太平，大王長壽，國土豐樂，諸無災患。」外道無以辯駁，乃拜長老脅為師，以後乃博通眾經，明達內外，才辯蓋世，四輩敬伏，後來迦膩色迦王兵伐摩揭陀國，攜以俱歸。

傳說一次菩薩說法，國王先以七匹馬餓了六日，於說法時王攜馬與會，以草與之食，馬垂淚聽法，無貪食之想，於是眾人乃知馬通其音，號馬鳴菩薩。《摩訶摩耶經》稱：

佛涅槃後六百年，已有九十六種諸外道等，邪見競興，破滅佛法，
有一比丘，名曰馬鳴，善說法要，降伏一切諸外道輩。

馬鳴菩薩著有《佛所行讚》、《金剛針論》，而最重要的著作是《大乘起信論》，弘揚大乘，為大乘佛教展開了序幕。

馬鳴菩薩是最早提倡大乘運動的人，但真正使大乘佛教自成體系，完成大乘佛教的人，則是龍樹菩薩。

龍樹菩薩出生於西元第二世紀中葉，生卒年代約為西元一五〇至二五〇年左右。梵語那伽阿周陀那 (Nagarjuna)，生於南印度的婆羅門家庭，自幼於婆羅門的經典無所不通，及長，又遍學天文地理及一切技藝，後來皈依了佛教出家，盡誦三藏經典。他可能是馬鳴菩薩的再傳弟子，照《付法藏傳‧五》稱：迦毘摩羅原先本是外道，後來屈服於馬鳴的議論，乃禮馬鳴為師，在南印度弘法，後來付法於龍樹。

龍樹早先誦的是小乘經典，後來自迦毘摩羅處所學的是大乘經典。他感於佛法深微精妙，而其中未發明的道理尚多，於是興起了革新佛教的志願，創作出許多大乘論釋，敷演諸大乘經典，發揮其中真義，弘揚大乘佛教。由於他的著作極多，古來有「千部論主」之稱。而諸論中尤以《中論》、《十二門論》二書，破內外大小之教理異執，顯無所得空，及非有非空的中道。後來被稱為空宗——中觀哲學思想體系的始祖，亦被尊為「八宗祖師」，他是確立大乘佛教理論基礎的偉人。

尚有一說，謂龍樹遊歷各國時，曾遇到一位大龍菩薩，把他接入龍宮，授給他大量的大乘經典，他在龍宮中受讀九十日而通解甚多，這就是《大般若經》的來源。一般學者認為，最早出現的《般若經》是在南印度成立的，而龍樹亦住在南印度，或許他就是《般若經》的編纂者之一。

龍樹不但創立大乘顯教，同時也是秘教的開祖，傳說昔時南天竺的鐵塔中，有一部《大日經》，龍樹啟塔發現取出，而傳授弟子龍智，此《大日經》不是釋迦如來應身佛所說，而是大日如來法身佛所傳，所以真言宗——即密宗是大日如來說法，佛教教理以後也發展為不是釋迦如來一佛，而是十方三世諸佛，日後的真言宗，即係依據《大日經》而建立的。

與龍樹同時弘揚大乘的，有他的弟子提婆 (Deva)，提婆是南天竺師子國——錫蘭島人，生卒年代約為西元一七〇年至二七〇年間，婆羅門種。他博學才辯，擅名諸國，後入龍樹門下，學大乘法，他並周遊印度各地，用大乘教義，破折小乘，降服外道。他著作有《百論》、《外道小乘四宗論》、《外道小乘涅槃論》等，發揚龍樹的學統。他的《百論》，是繼承龍樹在《中論》、《十二門論》所主張的思想體系，弘傳實相論，以破邪顯正，《百論》和《中論》、《十二門論》合稱三論，為「三論宗」所依據的理論。

在龍樹歿世之後的一百餘年，第二期大乘佛教推動弘揚者無著和世親兄弟相繼出世，建立了唯識一系的有宗大乘佛教。

無著論師，梵語阿僧伽 (Asanga)，生卒年代約西元三九五至四七〇年，他出生於北印度犍陀羅國的富婁沙富羅城，出身婆羅門家庭，成長後捨棄婆羅門教，入佛教化地部出家，修學小乘，後來讀誦大乘經，大有所得，傳說他曾師事彌勒菩薩為師，但彌勒是否為歷史上實有人物，殊成疑問。傳說彌勒自兜率天內院降臨中印度阿瑜陀國講堂，為無著說五部大論——《瑜伽師地論》、《金剛般若波羅經論》、《大乘莊嚴論》、《辨中邊論》、《分別瑜伽論》。有學者以為此或係無著所著，此外無著尚著有《攝大乘論》及其他著述。其中的《顯揚聖教論》，係闡述《瑜伽師地論》的教理。《攝大乘論》係說阿賴耶緣起。

　　世親論師，梵語婆藪槃豆 (Vasubandhu)，生卒年代約為西元四二
○至五○○年，他是無著之異母弟，出生於富婁沙富羅城，他也是先
從小乘的說一切有部出家，博通小乘經典，他匿名到迦濕彌羅學習阿
毘達摩一系哲學，回鄉後為諸人講說，隨講隨寫，著成一部《俱舍論》，
後來成為中國俱舍宗所依據之論典。

　　世親原在北印度宣揚小乘，後來其兄無著把他召到阿瑜陀國，對
他示以大乘經典，世親讀誦之後，深悔從前弘揚小乘的錯誤，要割去
自己的舌頭，以謝先前誹謗大乘的罪過，無著對他說：「你既然用舌頭
誹謗大乘。現在應以舌頭讚揚大乘，何必要割去呢？」這樣世親乃捨
小入大，著造許多論釋，以宣揚大乘，古來亦有千部論主之譽，就中
以《唯識二十頌》、《唯識三十頌》闡述唯識哲學；《大乘五蘊論》、《百
法明門論》說明宇宙諸法，《佛性論》闡明一切眾生悉具佛性，及《無
量壽經優婆提舍》──即《淨土論》說淨土教義，他又註解《華嚴》、
《法華》、《般若》、《涅槃》、《維摩》、《勝鬘》諸經。此後二百餘年，
無著、世親一系的學說，成為印度大乘佛教的主流。

　　在西元五世紀初，印度佛教在笈多王朝的支持下，建立了那爛陀
寺 (Nalanda)，以後那爛陀寺發展成為印度大乘佛教中心。西元六二九
年（唐太宗貞觀三年）自長安出發的玄奘大師，抵印度後曾在那爛陀
寺戒賢法師座下，學習梵書及鑽研經論，前後有五年之久。西元六七
一年（唐高宗咸亨二年），自海路西行求法的義淨，留印二十餘年，亦
曾在那爛陀寺學習。

五　大乘的經典與空有二系的論典

　　在西元第一、二世紀，大乘思想初興起的時候，最早出現的大乘

經，是般若一系的經典。

般若二字，梵語 Prajna，音譯般若，義為智慧，《大智度論》云：「般若者，秦言智慧，一切智慧中，最為第一、無上無比無等，更無勝者。」

般若一系的經典，卷軼浩繁，洋洋數百萬言，其中譯為中文的，依《頻伽藏》所收，凡二十九部，七百四十七卷，而以六百卷的《大般若經》為主，《大般若經》是略稱，全名是《大般若波羅蜜多經》，凡六百卷，十六會，是唐三藏玄奘大師所譯，其內容概要如下：

一、根本般若部分，初會至第五會：

- 《大般若經》初會、十萬頌。
- 《大般若經》第二會、二萬五千頌，即《大品般若》。
- 《大般若經》第三會、一萬八千頌，含《放光般若》、《光讚般若》。
- 《大般若經》第四會一萬頌、第五會八千頌，含《道行般若》、《小品般若》、《大明度經》、《摩訶般若鈔經》、《佛母出生般若》等。

二、雜部般若部分，第六會至第十六會：

在根本般若部分，出世最早的，是八千頌的《小品般若》，出現時間約在西元前第一世紀，後來逐漸增加，匯集成洋洋十餘萬頌的《大般若經》。

事實上，歷代流通的許多般若系經典，多是《大般若經》各品會的別譯，列舉如下：

- 《摩訶般若波羅蜜多經》：二十七卷，姚秦鳩摩羅什譯，為《大般若經》第二會之別譯。
- 《金剛般若波羅蜜經》：一卷，姚秦鳩摩羅什譯，為《大般若經》第九會之別譯。
- 《金剛頂瑜伽理趣般若經》：一卷，唐金剛智譯，為《大般若經》

第十會之別譯。

・《仁王護國般若波羅蜜經》：二卷。

此外，由《大般若經》之別行與分譯者，尚有《放光般若經》、《光讚經》、《道行般若經》、《大明度經》等等，不下數十種，其中尤以《般若波羅蜜多心經》，短短兩百數十字，盡攝《大般若經》的菁華，可說是「辭約理著，言簡義豐。」這些早期出現的《大般若經》，在哲學思想方面，與小乘經典有何不同之處呢？其不同處，在於它所包含的大乘思想，在初期的般若經典——即《小品般若》中，所包含的大乘思想如下：

一、六度思想。

二、般若波羅蜜思想。

三、無所得空的思想。

四、真如思想。

五、菩薩一詞意義上的變化。

六、三乘的分別。

在以上幾點中，以「空」的思想最為重要，不僅有為法空，無為法亦空，於是遣空之後而有無性自性空，蓋空不遣則空亦成有，故於遣有遣無之後，亦遣其所遣也。

繼《般若經》之後出現的大乘經典，是《華嚴經》。

《華嚴經》全名是《大方廣佛華嚴經》，傳說是龍樹菩薩在龍宮獲得的，據說菩薩以上、中二部《華嚴》，非凡力所能修持，故誦出下本《華嚴》十萬偈、四十八品，流傳於世。

漢譯的《華嚴經》，有三種譯本：

一、《大方廣佛華嚴經》：六十卷、東晉佛陀跋陀羅譯。

二、《大方廣佛華嚴經》：八十卷、唐實叉難陀譯。

三、《大方廣佛華嚴經》：四十卷、唐般若譯。

以上三種《華嚴》，前者又稱「舊譯華嚴」，中者又稱「新譯華嚴」，後者又稱「後譯華嚴」。般若經典主要思想是無所得空，經過「真空」而出現的世界，是「妙有」世界，而《華嚴經》就是述說這妙有世界的經典。事實上，《華嚴經》是經過長久歲月而集成的叢書，因其出現先後不同，自然就有「單經」的存在，而其中最重要的單經，是《十地經》和《不可思議解脫經》。《十地經》是述說菩薩修道的理論，而《不可思議解脫經》——即〈入法界品〉，是描述菩薩求道的情形，以偉大的願力，發菩提心，行菩薩道，利人即所以自利，度人也所以自度。而《大華嚴經》更說明宇宙萬象，皆由淨心而起，而此一心，是形成無窮無盡連帶關係之根本。因此，一草一木皆是無限，一剎那即是永恆，一即一切，一切即一，而此相入相即的原理，全在於一心，而此一心，必須經過「空」才能顯現。

與《華嚴經》同一時代出現的，是《法華經》。《法華經》又稱《妙法蓮華經》，漢譯本是鳩摩羅什所譯，七卷二十八品。此外，蕭齊曇摩伽陀耶舍譯的《無量義經》、《佛說觀普賢菩薩行法經》等亦是法華部一系的經典。

妙法蓮華者，是形容此經所謂之法，此經前十四品說一乘之因，後十四品說一乘之果，一乘之因果，對三乘之麤法言，謂之妙法，蓮華是一種譬喻，蓮華必華與實同時而存，以表示一乘之因果為同時也。天台宗稱此妙法，為十界十如權實之法。九界之十如為權，佛界之十如為實，此權實之法，悉為實相，而即空即假即中，故謂之妙，而蓮華則喻此權實之關係。蓋華如權法，佛之說權法，是為欲說實法之方便，猶如華之為實而開，此謂之為實施權；而華開實現，一乘之實法顯出，則實法之外無權法，猶如實成而華落，謂之華落蓮成，故稱之

謂《妙法蓮華經》。

本經中的聲聞授記、龍女成佛、觀音救苦等，都是方便思想的表現，而火宅、三車、窮子、化城等譬喻，也是開權顯實、開跡顯本的說教。

淨土一系的經典，起源甚早，而淨土思想，是經由《華嚴經》而後才大成的，淨土本非一處，如彌勒菩薩的兜率天淨土，出自《彌勒上生經》及《下生經》；阿閦佛的妙喜淨土，出自《阿閦佛國經》；阿彌陀佛的西方淨土，出自《阿彌陀經》、《無量壽經》、《觀無量壽經》。

阿彌陀佛所表達的思想有三方面：一、以利他的修行為本願；二、由現實的穢土而求理想的淨土；三、由現實的有限個體而求永遠、絕對的佛身——無量光、無量壽，永久絕對的生命人格。

《維摩詰所說經》是以般若空性的立場，而彈呵小乘聲聞，讚揚大乘。在此一立場，並無出家在家、或在世出世間的差別，而唯有「煩惱即菩提」的絕對境界——此為絕對之心物一元論。即所謂不二法門、絕待之謂。蓋有對待即為二，二則為心與物。二者俱泯，心物不分，始謂絕待。故曰：「求法皆應無所求」、「菩提無住處住，是故無得者。」即物不累心，是以無住；物我一體，是以無得。《金剛經》之無住生心，《心經》之無智亦無得，與此同一意義。

在初期大乘時代，出現有禪定方面的經典，如《般舟三昧經》、《菩薩念佛三昧經》、《首楞嚴三昧經》等，這是把三昧——定加以大乘化的經典，在此一時代，密教思想亦頗發達，如身、口、意三密的說明，倡說陀羅尼及咒法等，而後始有《大日經》、《金剛頂經》的出現。

自龍樹菩薩以後，到無著、世親兄弟時代——約為西元二〇〇至四〇〇年間，是中期大乘經典出現的時代，如《大涅槃經》、《勝鬘經》、《解深密經》、《楞伽經》等，都是在這一時代出現的。

　　《大涅槃經》是繼承般若一系空觀思想，及《法華經》的一乘思想而成立的，此經中出現三種思想：

一、法身常住說：已入滅的釋迦佛，是應化身——應救度眾生而出現的佛身，而其本來的體性，是與生死無關、常住不變的法身。

二、眾生悉有佛性說：一切眾生，悉有佛性，佛與眾生，在於有無修證，而根本並無差別，眾生如無佛性，釋迦也不能成佛。

三、一闡提成佛說：一切眾生悉有佛性，即斷絕善根的惡人，在引導生起信心時，亦應該會成佛。

　　《勝鬘經》全名是《勝鬘師子吼一乘大方便方廣經》，此經中出現「如來藏」思想，如來藏是佛性的異名，佛性為煩惱所覆，就是我人的妄心，佛性與妄心，猶如水之與波浪，是一體兩面的東西，所以妄心是含攝於佛性——如來之中，故名如來藏。如來藏說，來自《華嚴經》三界唯心說，再經由《般若》、《法華》、《涅槃》等思想綜合而有的理論。

　　《解深密經》為唯識思想的先驅，因本經的中心思想，為以後唯識學派立論的依據。本經的中心思想為：

一、阿賴耶識思想：本經〈心意識相品〉說「一切種子識」，即是阿賴耶識，此識是生死輪迴的主體，此識含一切種子，能生一切法，而亦為一切法所生，互為因果。

二、三相三無性說：本經〈一切法相品〉，說一切法有下三相：

　　㈠偏計所執相：一切法本來空無自性，凡夫妄立種種名相，而成為我執法執。

　　㈡依他起相：萬法是因緣和合而有，無實體自性。

　　㈢圓成實相：一切法之平等實相。

上列三相，是由眾生心識而立，故再說三相無性：

㈠相無性：偏計所執相是眾生妄心所立之假法，故無自性。

㈡生無性：依他起相是因緣所生法，故無自性。

㈢勝義無性：圓成實相是勝義法——法之究竟，故無自性。

《楞伽經》又名《入楞伽經》，此經內出現許多大乘佛教的主要原理，經中也涉及外道的學說，可知此經是在大乘學理與外道競爭時代成立的。

本經的中心思想，是「唯心說」。是把如來藏和阿賴耶識合而為一，即如來藏有淨、染二面，淨者是如來藏——即真如、實相、法身、空性。如來藏無生滅，如如不動，而染的一面是阿賴耶識，此識有生滅，萬法皆此識所現。

八識之說也在本經中出現。眼、耳、鼻、舌、身是五種感覺識，即五根對五境而生的五識。第六識意識，是前五識的感覺中心。第七識曰「意根」，即末那識。第八識是阿賴耶識。此外，本經尚立有五法——名、相、妄想、聖智、如如。三性——妄計自性、緣起自性、圓成自性。及二無我——人無我、法無我諸說。

在大乘經典相繼出現之後，接下來是大乘「論」的時代。這正如阿毗達摩哲學之與阿含經一樣，論是來註釋經典，且使經典系統化。最初，是經典與論典同時出現的時代，到後來成了論典獨立的時代，大乘經典出現的時代，是具有創造性的時代；大乘論典的時代，是一種組織化、系統化的時代。在此一時代，大乘佛學分為「空」、「有」二宗——即中觀學派和瑜伽學派，亦即中國所稱的法性宗和法相宗。

被稱為空宗的中觀學派，是依龍樹菩薩的《中論》建立的，龍樹的著作很多，重要的除《中論》外，尚有《十二門論》、《大智度論》、《十住毘婆沙論》、《大乘二十頌論》等等，而其中以《中論》為此宗立論的根本。

龍樹的《中論》學說，主要有三方面：

一、破邪顯正：為駁斥當時小乘和外道錯誤的理論，顯示正確的理論。
原來當時印度的婆羅門教和其他外道，以及小乘諸派別，各執一
種自以為是的理論，以致互相駁斥，是非紛紜，莫衷一是。龍樹
以為，宇宙真理，不是我人有限的智識所能確認的。以我人有限
的相對的智識，去討論無限的絕對的真理，無論說得如何美妙，
總是妄想，故要認識真理，就先要除去自己的妄想，妄想果然除
掉，真理自然顯現。

二、真俗二諦的差別：真理是捨棄名相，無關乎語言文字，但我們為
了顯示真理，仍不得不借重於語言文字，因此這叫做正詮，正詮
從兩方面說，一者「體正」，二者「用正」。體正是超越真俗之諦
的真理，用正就是真俗二諦。由於俗諦，佛宣說諸法因緣生起；
由於真諦，乃說諸法普遍相待、緣起性空。此二諦，係以俗諦而
說「假名有」，但以破眾生執著，而以真諦說明「畢竟空」。

　　原來客觀世界的現象，全屬因緣所生法，生滅變異，幻化無
常。而與客觀世界相對的，是我人主觀的心識。然此心識念念生
滅，全屬妄想。而我人偏要用自己主觀的念念生滅的妄想，去分
別客觀生滅變異的現象，這不過是夢中說夢，妄上加妄罷了，因
此，既知主觀的心識和客觀的現象全是虛妄不實，空無自性，則
惟有除去妄想，方能超出有限的分別，體認無限的真理，而達到
和宇宙實體冥然符合的境界。

三、八不中道：「八不」，是八種否定的理論。是《中論・破因緣品》
開端的一首偈——後人稱為「八不偈」：

　　　　不生亦不滅，不常亦不斷。

> 不一亦不異，不來亦不出。
>
> 能說是因緣，善滅諸戲論。
>
> 我稽首禮佛，諸說中第一。

八不，事實上只是全盤否定。八不縮之為一不，增加為百不千不，意義相同，八不，是指「空」而言，空是緣起的形容詞，惟性空始能緣起，雖緣起仍是性空。事實上，只有「性空」，才能有生滅變異，如果諸法「實有」，則一切生滅均將凝滯。

而所謂「空」，只是「性空」而非「相空」。宇宙萬有，生起存在，是不可否認的事實。因此，《中論・觀四諦品》有偈稱：

> 眾因緣生法，我說即是空。
>
> 亦為是假名，亦是中道義。

現象界的森羅萬象，固為事實，但皆為因緣所生之法，無實體及自性，自真諦觀之，故說為空，但真諦依俗諦而立，無俗諦則真俗不能顯現，故依俗諦說，現象界各立以假名。而離開真俗二諦，就是中道——相對於空有兩端的中道。

總之，龍樹所說的空，一是現象界的空，即妄念相續的主觀之心識，和虛幻顯現客觀的現象，全是因緣所生法，全屬空幻；一是絕對界的空，是超越我人的思慮，也超越語言文字的真實境界。這種真實境界是不可思慮和言說，故也具稱為空。這和現象界的「緣起性空」意義全然不同。這種絕對的境界，佛學上稱之為「真如」。

真如者，真是真實、如是如常，真如在體性上一法不立，在相用上萬法全彰。所以，真如即是諸法實相，亦即是宇宙萬有的本體。

與空宗中觀學派相對的，是有宗的瑜伽學派——亦稱為唯識學派。

龍樹的空宗，由他的弟子提婆所繼承，提婆著《百論》，與龍樹的《中論》、《十二門論》合稱三論，三論宗即依此而立。提婆之後有羅睺羅，再後有婆藪、青目等，但到了西元四世紀的時候，空宗大乘教一轉而為無著、世親的有宗大乘教所取代。

有宗立論依據，有六經十一論之說，六經以《華嚴經》、《解深密經》為主；十一論以《瑜伽師地論》、《攝大乘論》、《十地經論》、《二十唯識論》、《阿毘達摩雜集論》為主；由之建立「萬法唯識」的唯心說。此說驟看起來與龍樹的空無相說處於相反的地位，實際上也並不衝突，蓋龍樹學說，謂客觀的現象和主觀的心識，都是我人的妄想所現，若掃除心識上的妄想，則真如實相自然顯露出來，真如實相的本體，是真實存在，如如不動；而無著、世親的萬法唯識說，就是說明這如如不動的本體，何以能現出妄想分別的主觀心識，和森羅萬象的客觀世界？窮究其根本，原來真如的「體性」，是不生不滅，如如不動，而其「體相」，又名「如來藏」。如來藏本身不生不滅，而卻為有生滅之「阿賴耶識」之所依。

阿賴耶識，是我人生死輪迴的根本，它含藏著萬法種子，此種子遇緣則起現行，因此就有了主觀的心識和客觀的世界，這種理論，稱做「阿賴耶緣起論」。

此派學說，建立「五位百法」，即心法八種，心所有法五十一種，色法十一種，心不相應行法二十四種，無為法六種，而心法八種，又稱八識。前六識——即眼、耳、鼻、舌、身、意六識，構成感覺意識（前五識是感官，第六識是感覺中心），第七識是思想（立足於自我中心的基礎上去思想，事實上就是「我執」），第八識是阿賴耶識，又名藏識，就是萬法種子的儲藏中心。

萬法皆由心識而生——存在是由識而來，而由識而有的存在，依

其原始質性分為三類。即：一、遍計所執性，這是一種想像的存在；二、依他起性，這是因緣和合生起的存在；三、圓成實性，這才是本體的存在。本體的存在不能作正面的說明，只能說捨去前二者，才顯現後者。

　　以上「三性」，是依照「有」的觀點來分類。若自「非有」的觀點來看，三性就成了「三無性」：一、相無性，即我人以念念生滅的妄心，去計度因緣所生的事物，而生我有法有之法相，此謂偏計所執性。而此相如鏡花水月，並非實有，故名相無性。二、生無性，一切諸法的生起，必由因緣和合而生，此即依他起性。而依他起之法，並無自性實體，故名生無性。三、勝義無性，真如為圓為常，為一切有為法之本體──實性，故謂之圓成實性。圓成實性為絕待之法，在最妙勝的究竟上也是無自性，名勝義無性，圓成實性，也就是真如。

　　自上述三類法的互相關係上去說，偏計所執法是不存在的，所以是「空」。依他起法是存在的，所以是「有」。而中道是「非空非有」的，因此，圓成實性就是超越了空與有的中道。

　　圓成實性超越了空與有，是非空非有，也是真空妙有，而「真空」與「妙有」，都不是我人有限的智識所能了解的。我人如能依法修持，增長智慧，修行圓滿，則「轉識成智」──眼、耳、鼻、舌、身的前五識轉為成所作智，第六識意識轉妙觀察智，第七識末那識轉為平等性智，第八識阿賴耶識轉為大圓鏡智，具此四智，就證得佛果了。

六　印度晚期佛教與佛教滅亡

　　佛滅度後，印度佛教有兩度極為隆盛的時代，一為西元前三世紀，孔雀王朝的阿育王時代。一為西元後第二世紀，貴霜王朝的迦膩色迦

王時代。

在阿育王時代，由於阿育王崇信佛法，保護佛教，而有第三次結集，而有九師傳教，他盛建塔寺，傳說建有八萬四千塔。他刻法敕於石柱，迄今尚有存在者。但亦以「大天五事諍」事件，使上座部與大眾部分裂。

阿育王歿後，孔雀王朝國勢日衰，代之而起的是巽伽 (Sunga) 王朝，巽伽王朝也未維持多久，印度再度陷入分裂狀態。在西元前二世紀中葉，希臘人建立的大夏王國，擴張勢力至北印度的犍陀羅國與五河地方。北印度是上座部小乘佛教的根據地，希臘人受到同化，乃有許多人信奉了佛教。漢譯的《那先比丘經》，在巴利文經典中名《彌蘭王問經》，就是希臘人諸王之一的彌蘭陀 (Menadros) 與佛教比丘那先 (Nagasena) 之間的問答。

在西元前一世紀至西元後一世紀之間，塞種人與安息人也入侵印度，在印度西北方取代了希臘人的勢力。這些人也受到佛教的同化。之後，由大月氏人建立的貴霜帝國侵入西北印度，建立貴霜王朝，貴霜王朝的第三代就是迦膩色迦王。

在迦膩色迦王時代，時為西元第二世紀的前半期，舉行過佛經的第四次結集。而小乘部派佛教的教理由此而體系化，《大毘婆沙論》即於此一時期完成。貴霜王朝持續到西元第三世紀，為薩珊 (Sasan) 王朝所滅，印度分裂。但在貴霜王朝時代內，佛教有著蓬勃的發展，如大乘佛教的興起，大乘經典相繼出世。而出現在這一時代的龍樹菩薩，他弘揚大乘，確立了大乘佛教的理論基礎，也開創了中觀學派。另一方面，佛教美術——開鑿石窟，造作佛像，菩薩像也於此一時期蔚然成風。迦膩色迦王治世時，被稱為犍陀羅美術時代。同時，閻牟那河畔的秣菟羅國也成為佛教美術的中心。

　　造像風氣很快傳到南印度的師子國。晉安帝義熙二年（西元四〇六年）錫蘭王致送高四尺二寸的白玉佛像，安帝供之於建康瓦官寺。未久法顯由印度求經歸國，也攜回了數尊佛像，由此展開了中國的造像風氣。由南北朝至唐代，鑿窟造像盛行一時，如敦煌的莫高窟、山西的雲崗石窟、洛陽的龍門石窟，均為此一時代之作品。

　　貴霜王朝衰微之後，印度的許多小國又恢復了互相對立的狀態，後來出生於中印度摩揭陀國的旃陀羅 (Candragupta)——漢譯為月護者，平定了中印度，建立了笈多王朝（時為西元三二〇年）。繼之其三子謨陀羅笈多 (Samudragupta)——漢譯為海護，四出征伐，統一印度全境。此以後國內安定、農工業均發達，文化宗教也呈現隆盛氣象。而無著、世親兄弟的唯識學派，也於此一時代建立及完成（西元四〇〇至四八〇年內）。而由婆羅門教演變而來的印度教也獲得社會人士支持，與佛教同時創立的耆那教也在印度傳佈。

　　印度佛教，以世親在世時為最高點，此後即無以為繼，而漸趨衰頹。世親以後，雖也出現許多論師，但並無獨創性的學說，而流於註譯、訓詁的傾向。

　　西元五世紀末，笈多王朝衰微，繼之崩潰，印度又處於各小國對立的狀態。到了七世紀初，印度戒日王統一全印，然其統治前後僅四十年（西元六〇六－六四七年）而崩潰，印度再度分裂。

　　在這一段時間中，中國的玄奘大師到了印度。玄奘是唐太宗貞觀三年（西元六二九年）由長安出發，經西域抵印度的，主要是在那爛陀寺戒賢論師座下，以唯識思想為學習重心。西元六四五年返國，纂成《唯識論》，開創了發揚唯識理論的法相宗。

　　義淨是唐高宗咸亨二年（西元六七一年），由廣州走海道到印度求法的，他也在那爛陀寺學習，西元六九五年返回長安，離國前後二十

五年。

　　生卒於西元六〇〇年至六五〇年的月稱論師，是印度中觀學派的繼承者，他著有《淨名句論》、《入中論》等著作，重振中觀學風。與月稱同時代的尚有法稱，著有《量評釋》等論多種，稱為「法稱七論」。他是將經量與瑜伽綜合，以經量部的理論應用於瑜伽，完成了「有相唯識說」理論。

　　密教在這一時代也盛行起來，本來印度自古就有招福消災的咒文，至此發展為具有冥想與願力的咒文，以透過秘密的儀式，實現與宇宙精神合一為目的。當時中觀學派與唯識學派的人，甚至於婆羅門教與其他外道，很多都綜合了密教的修行方式，這在當時成為一種風尚。

　　戒日王歿後，印度再度陷入混亂局面。佛教也跟著衰微。到了西元第八世紀中葉，波羅 (Pala) 王朝興起於孟加拉。到了九世紀時，波羅王朝的勢力達到恆河上游地區。波羅王朝對佛教頗為保護，先後為佛教興建了高岩寺、超戒寺等僧院，規模雄偉壯觀，成為當時的佛學中心。然而當時發展盛行的，主要是密教系統。

　　事實上，印度佛教如果以時間來作區分的話，佛住世時的佛教可稱為根本佛教時代，佛入滅後一百年內，可稱為原始佛教時代。佛入滅後一百年至四百年前後——約為西元開始之前，是小乘部派佛教時代。佛入滅後四百年至一千二百年——西元一至八世紀，是大乘佛教時代。而西元八世紀至十二世紀，可稱為是密教時代。

　　印度密教的起源，婆羅門教自古就有招福消災的咒文，在佛教中最早可追溯原始經典中的《大會經》或《阿達那抵耶經》中的諸神崇拜，律部中亦載有守護咒的使用等，但真正成為宗派，則是西元第七世紀間的事。

　　傳說法身佛大日如來，於金剛法界宮，自受法樂，恆常演說此真

言密教，上首金剛薩埵，遂結集成《大日經》、《金剛頂經》，藏之於南天竺鐵塔之中，佛滅後七百年——西元二世紀，龍樹菩薩出世，開鐵塔親禮金剛薩埵，承受大法，傳之於弟子龍智，龍智化行於南天竺及師子國，壽七百歲傳法於善無畏、金剛智——善無畏及金剛智是七世紀人，善無畏於唐玄宗開元四年（西元七一六年）來華，二年後金剛智亦來華，展開了中土的密教。

印度方面，在六、七世紀間，密教經典相繼出世，主要的代表經典仍是《大日經》與《金剛頂經》，《大日經》六卷三十一品，其根本思想是「即事而真」——現實事相即是真理的教法，重菩提心，行大悲行，使人於現實事相中能直觀宇宙的真理。自此即以《大日經》為中心而形成真言乘，這在後來被稱為右道密教，《大日經》代表密教理論的一面。

《金剛頂經》較《大日經》出現較晚，其思想是引瑜伽學派理論，由心識之說以組織其教理。而其中包括有「大樂思想」，此一系統被稱金剛乘，或被稱為左道密教。

真言乘以理論為主，在實修方面進步較緩；而金剛乘以實修為主，而其實修的方式，後來又與由婆羅門教演變成的印度教中的性力派相結合——印度地處熱帶，人民發育成熟甚早，性慾需要極強。古時的婆羅門教，即設有「廟妓」，以供祭司慾樂。印度教承襲此風，將男女交合名之曰雙身法，認為是修持的一種方法。左道密教與此派結合，亦將男女交合視為瑜伽的最高境界之實踐，設立種種醜穢的行法，行女性崇拜或魔鬼崇拜。以極端的肉慾主義，與至真的妙理結合，將不淨物使用於神聖的行事，這就使佛教逐漸失去其本來面目，而墮落於邪道。

在八、九世紀的時代，由於波羅王朝諸王的保護，是密教的全盛

時代。十世紀以後，波羅王朝勢力逐漸衰退。波斯的回教徒有組織的入侵印度。十二世紀中葉，波羅王朝第十七代的馬達那波羅王，為來自南方的印度教徒所推翻，其第十八代的瞿賓達波羅王被趕到中部的孟加拉。繼之突厥系回教徒所建立的古爾王朝，其軍隊席捲北印度，在西元一二〇二年到達孟加拉。西元一二〇三年當時密教中心超戒寺被燒毀，僧侶四散，印度佛教至此就告滅亡了。

第三章　中國佛教弘傳概要

一　佛教由西域傳入中國

　　佛教起源於印度，由釋迦牟尼世尊最初的僧伽團體，演變成為後世所稱的佛教。釋迦世尊生前教化的區域，在中印度恆河流域。佛滅度後二百餘年，印度孔雀王朝阿育王時代，由於阿育王崇信佛法，且有「九師傳道」之舉。是以佛教內則遍於印度全境，外則南及於錫蘭，北及於中亞細亞、西域諸國，其後更由西而東，傳入中國。

　　佛教傳入中國之年代，眾說紛紜，莫衷一是，向來為世人所公認者，謂在漢明帝永平十年，即所謂「漢明求法說」。西晉時王度〈上石季龍奏章〉稱：「漢明感夢，初傳其道。」唐韓愈〈諫迎佛骨表〉云：「漢明帝時，始有佛法。」此事亦見於正史。《後漢書·十》：

> 初明帝夢見金人，長大，項有日月光，以問群臣，或曰：西方有神，其名曰佛，陛下所夢，得無是乎。於是遣使天竺，問其道術，而圖其形像焉。

由於史書所載，此說遂為世人所傳誦。然在永平十年之前，宗室楚王英「好為浮圖齋戒祭祀事」亦載之史冊，此事發生於永平八年，時當西曆紀元六十五年。《後漢書·光武十王列傳》載：

英少時好游俠，交通賓客，晚節更喜黃老學，為浮圖齋戒祭祀。（明帝永平）八年，詔令天下死罪，皆入縑贖。英遣郎中令奉黃縑白紈三十四，詣國相曰：「託在蕃輔，過惡累積，喜歡大恩，奉送縑帛，以贖愆罪。」國相以聞，詔報曰：「王誦黃老之微言，尚浮圖之仁祠，潔齋三月，與神為誓，何嫌何疑，當有悔吝？其還贖，以助伊婆塞桑門之盛饌。」因以班示諸國。

按，楚王英，為光武少子，明帝異母弟，建武十五年封楚公，十七年晉爵為王，以母許氏無寵，國最小。建武二十八年就國，都彭城（今徐州），有縣七，建武三十年益以取慮昌陽二縣。全部轄地約跨今之蘇、皖、豫三省各一部分，在淮河南北岸。其後英大交方士，作金龜玉鶴，刻文字以為符瑞。永平十三年，男子燕廣告英與漁陽王平等造作圖書，有逆謀事，下案驗，有司奏英招聚姦猾、造作圖讖、擅相官秩、置諸侯王公將軍二千石，大逆不道，請誅之。帝以親親不忍，乃發英丹陽涇縣，仍加優遇。明年（明帝永平十四年），英至丹陽自殺。

永平八年，明帝報楚王英詔書中有浮圖（佛陀）、伊婆塞（優婆塞）、桑門（沙門）、仁祠（仁慈）等譯名及佛教術語。楚王英且有齋戒祭祀的儀式，當時佛教的流傳，已遍及於洛陽彭城各地。二十餘年後，張衡作〈西京賦〉，文中也有桑門譯名。漢桓帝延熹九年，襄楷上書桓帝，有：「聞宮中立黃老浮圖之祠」《後漢書・襄楷傳》。以上數者，或見於詔書，或見於辭賦，或見於奏牘，當係事實，非後世傳說附會可比。

然由永平八年往上追溯，早在六十餘年前，即漢哀帝年間，即有佛教來華之記載。魚豢《魏略・西戎傳》載有：

昔漢哀帝元壽元年，博士弟子秦景憲，從大月氏王使伊存口受浮圖經。

　　漢哀帝元壽元年，為西元前二年，在印度為貴霜王朝。時在迦膩色迦王第四次佛經結集前百二十餘年。早在西元前二百五十年前後，孔雀王朝阿育王時代——約與中國秦始皇同時——阿育王派出九師傳道，佛法已由北印度的罽賓國國都迦濕彌羅——即今之喀什米爾向中亞細亞傳布。二百五十年後，中國人由大月氏人口授佛經，不無可能。要了解此事經過，須自中國與大月氏的關係說起。

　　大月氏本是中國甘肅敦煌附近的游牧部族，在西漢初年，為匈奴所迫，經新疆西徙，越過葱嶺北麓，佔領了大夏的國土，建立了一個新國家。《漢書·西域傳》載：

> 大月氏本行國也，……隨畜移徙，與匈奴同俗，控弦十餘萬，故彊輕匈奴，本居敦煌祈連間，至冒頓單于攻破月氏，而老上單于殺月氏以其頭為飲器，月氏乃遠去，過大宛，西擊大夏而臣之。

又，《後漢書·西域傳》載：

> 大月氏國居藍氏城，……初，月氏為匈奴所滅，遂遷於大夏，分其國為休密、雙靡、貴霜、肹頓、都密，凡五部翎侯，後百餘歲，貴霜翎侯丘就卻攻滅四翎侯，自立為王，國號貴霜，侵安息（今之伊朗）取高附地，又滅濮達、罽賓，悉有其國，丘就卻年八十餘死，子閻膏珍代為王，復滅天竺，置將一人監領之，月氏自此之後最為富盛，諸國稱之皆曰貴霜王，漢本其故號，言大月氏云。

至此，我們就明瞭大月氏的西徙與興起。原來印度的貴霜王朝，就是大月氏人所建立的。貴霜翎侯丘就卻滅四翎侯，自立為王，滅罽賓國，再滅天竺——即印度，建貴霜王朝，國都迦濕彌羅——喀什米爾，第四次佛經結集，就是在迦濕彌羅舉行的。而崇信佛法的迦膩色迦王，

可能就是閻膏珍本人，或是閻膏珍的兒子。貴霜翎侯丘就卻統一大月氏，是西元開始之前的事，時當中國漢武帝時，而貴霜王朝的國都迦濕彌羅，又是北傳佛教的根據地。後世考證，丘就卻時代遺留的金幣上，刻有佛像及「正法之保護者」文字，故於西元一世紀初，大月氏通使漢朝，使者伊存口授博士弟子秦景憲浮圖經，是十分自然而又可能之事。

迦膩色迦王時代的貴霜王朝，領地極廣，西及大夏，東達恆河，北總蔥嶺，南及信度河口，約當今日俄屬土耳其斯坦、阿富汗、巴基斯坦、及北印度與中印度，那時中國新疆喀什噶爾一帶的國家，且為其保護國。

關於印度，《後漢書・西域傳》也有記載：

> 天竺一名身毒，在月氏之東南數千里……其人弱於月氏，修浮圖道，不殺伐，隨以成俗，……有別城數十，城置長，別國數十，國置王，雖各小異，而俱以身毒為名，其時皆屬月氏，月氏殺其王而置將，令統其人。

如果由漢哀帝年代更往上追溯，則在傳說中，早在孔子之世，已知西方有佛。唐道宣撰《廣弘明集》，引用《列子》一書「西方有聖者之說」。按，《列子・仲尼第四》載有：「丘聞西方有聖者焉，不治而不亂，不言而自信，不化而自行，蕩蕩乎人無能名焉。」唐道宣據此而謂：「據斯以言，孔子深知佛為大聖。」

然《列子》這本書，舊題為周列禦寇撰，但後世學者考證（如宋濂《諸子辨》，胡應麟《四部正偽》，姚際恆《古今偽書考》等），斷定是魏晉時的偽作。所以在六朝人士論佛的著作中，多不引用此說。再者，孔子雖與釋迦牟尼同時（釋迦生於西元前五六五年，入滅於西元

前四八五年；孔子生於西元前五五一年，卒於西元前四七九年），但以當時的交通與「資訊」而言，孔子不可能知道西方有釋迦牟尼。故此說不能成立。

另外，宋釋志磐撰《佛祖統記》，載有：

> 秦始皇四年，西域沙門室利防等十八人，齎佛經來化，帝以其異俗，囚之，夜有丈六金神破戶出之，帝驚稽首稱謝，以厚禮遣出境。

此一傳說，於隋費長房撰《歷代三寶記》中亦有記載。秦始皇四年，為西元前二四三年，時當印度阿育王時代，阿育王所主持之第三次佛經結集為西元前二五一年。此後雖曾派遣「九師傳道」，然當時中國與西域未通，且第三次結集仍在以口朗誦時代，沒有書寫工具，所以齎經來化之說，亦不能成立。

晚於上說者，謂霍去病討匈奴獲金人之說，出於《魏書・釋老志》，載佛教流通之由，其說謂：

> 案漢武元狩中，遣霍去病討匈奴，至皋蘭，過居延，斬首大獲，昆邪王殺休屠王，將其眾五萬來降，獲其金人，帝以為大神，列於甘泉宮。金人率長丈餘，不祭祀，但燒香禮拜而已。此則佛道流通之漸也。

此說亦見於《史記》、《漢書》，《史記・匈奴列傳》載：

> 其明年（元狩三年，西元前一二○年）春、漢使驃騎將軍霍去病，將萬騎出隴西，過焉支山千餘里，擊匈奴，得胡首虜騎八千餘級，破得休屠王祭天金人。

《史記・衛將軍驃騎列傳》載：

轉戰六日，過焉支山千有餘里，合短兵，殺折蘭王，斬盧胡王，誅全甲執渾邪王子，及相國都尉首虜八千餘級，收休屠王祭天金人。

按，匈奴習俗，以祭天為大事。《史記‧匈奴列傳》曰：

歲正月，諸長小會單于庭，祠。五月大會龍城，祭其先、天地、鬼神。

匈奴單于致漢文帝書：

天所立匈奴大單于敬問皇帝無恙。

《後漢書‧南匈奴傳》載：

匈奴俗歲有三龍祠，常以正月、五月、九月戊日祭天。

據此，霍去病所獲的金人，只是祭天的金人，而不是佛像。並且，印度此時還沒有造像的風氣。

《魏書‧釋老志》中還載有「張騫聞有浮圖」之說：

及開西域，遣張騫使大夏，還，傳其旁有身毒國，一名天竺，始聞有浮圖之教。

張騫使西域，見於《史記‧大宛列傳》、《漢書‧張騫傳》，張騫使大月氏，道經匈奴，為匈奴所留，後間道至大宛，經康居國而還，言及：「身毒在大夏東南可數千里，其俗土著與大夏同，而卑濕暑熱，云其人民乘象以戰，其國臨大水焉。」傳中並未言及浮圖之教。

《後漢書‧西域傳》亦謂：「至於佛道神化，興自身毒，而二漢方志，莫有稱焉，張騫但著地多暑濕，乘象而戰。」

　　由上述種種記載，則魏收（北齊尚書右僕射，撰《魏書》一百一十四卷）稱「張騫……始聞浮屠之教」云云，實係臆測之詞。唐時《廣弘明集》引魏收之說，更竄改為：「及開西域，遣張騫使大夏，還云身毒天竺國有浮屠之教。」所改雖微，而去史實愈遠，此說不足採信。

　　如果以上諸說不能成立，那麼佛教究在何時傳入中國呢？這要自中國與西域交通說起。

　　中國秦代疆域，西不過臨洮──今甘肅臨洮縣，與西域並無交通，西域交通，始於漢武帝時張騫奉使大月氏。原來中國古代北方部族，有匈奴、烏桓、鮮卑諸族，其中以匈奴最為強盛。自戰國以來，便為中國大敵。秦始皇滅六國統一天下，使大將蒙恬將大兵數十萬北擊匈奴，收復黃河以南河套地方，緣河為塞，築四十四城，又起臨洮至遼東，築萬里長城以守之。到了楚漢相爭之際，中國大亂，邊城破壞，戍卒皆散，於是匈奴復盛。漢高祖初定天下，匈奴冒頓單于乘北方空虛，於高祖七年攻下馬邑、進逼太原，高祖親率大軍征伐，為匈奴圍於平城白登山（今山西大同附近），後高祖突圍，匈奴亦引兵北還。

　　後來歷經惠帝、文帝、景帝前後數十年，匈奴仍屢為邊患，漢武帝即位，使衛青、霍去病將師北擊匈奴，前後十餘年，驅匈奴於大漠之北，出塞置朔方郡（今綏遠境），又收復河西之地，置酒泉、武威、張掖、敦煌四郡。由於武帝出兵擊匈奴，想聯絡為匈奴所敗的大月氏國聯盟，才有張騫奉使西域之事。

　　西域一詞始於漢代，係泛指敦煌以西諸國。其範圍包括天山南北路，遠及於蔥嶺以西，今日巴基斯坦、伊朗等地。當時西域諸國，地當要衝的國家有鄯善、莎車、烏孫、姑墨、溫宿、大宛；而與佛教有關的國家，為于闐、龜茲、疏勒、姑師、大月氏、安息、康居、罽賓。

　　張騫第一次使西域，是在武帝建元年間（西元前一三七年）出隴

西，為匈奴所獲，留置了十餘年，張騫得間西去，抵大宛、康居。由康居國遣使大月氏，為述漢皇帝聯盟共擊匈奴之意。這時大月氏已在大夏立國，居民安樂，已無意再向匈奴報復，張騫無功而還。張騫第二次使西域，是在武帝元狩二年（西元前一二一年），目的在聯絡西域諸國，出兵以斷匈奴右臂。這次張騫到烏孫國，並遣副使到大宛、康居、大月氏諸國，烏孫諸國也遣使與騫同赴漢報聘，由此時起，開通了長安與西域的管道。

武帝之後，昭、宣之世，傅介子、常惠、鄭吉、馮奉世等，迭建功於西陲。宣帝時鄭吉為西域都護，天山南北路及蔥嶺以東諸國皆屬之。漢元帝時，康居國驕慢，庇護匈奴致支單于。漢命陳湯為將，率兵討伐。漢兵踰蔥嶺，破康居國，振旅而還。

漢通西域，是以軍事為目標，西域諸國與漢通使，多係貪漢之財物賞賜，其結果卻促成了貿易的發達和文化的交流。甚至於使臣出使，也兼及貿易。如〈張騫傳〉中稱：「其使皆縣官齎物，欲賤市以私其利也。」那時中國的絲織品曾由西域販賣到大秦（羅馬）──即所謂絲路，而大秦的特產亦經絲路運到中國。如漢樂府〈羽林郎〉篇有句：「頭上藍田玉，耳後大秦珠。」可知大秦寶珠在當時已為高級仕女所佩用，而今日所稱的胡琴、胡桃、胡麻、胡蘿蔔，亦係當時由西域輸入的。

由張騫通西域到東漢明帝八年，楚王英信奉佛教，其間為時一百八十餘年，西域佛教早經由絲路傳入中國，而傳佈於中國內地──東漢都洛陽，楚王英都彭城──固不必待永平十年，明帝感夢，遣使西行求法也。蓋文化宗教的流傳，是在自然而然的情形下輸入發展的，到了記載入官方文書的時候，那已是相當長久以後的事情了。

根據以上的史料，我們推斷佛教是在張騫使西域之後，在「絲路」

通暢的時候，隨著胡使、胡商——西域諸國的使臣和商人——而傳入中國。所以西元二年，大月氏王使伊存，口授博士弟子秦景憲浮屠應有其可信度，且在此事之前——即西元開始前，已經由胡商傳入中國民間。

相反的，「永平十年明帝求法」之說，事或有之，而時間不在明帝永平十年，應該在明帝永平十六年以後。何以不在永平十年？留待下節再述。

二　漢魏時代佛經的傳譯

一般所稱的永平十年明帝求法之說，見於宋釋志磐的《佛祖統記》。《歷代三寶記》亦略謂永平七年，明帝夜夢金人，飛行殿庭，且以問群臣，太史傅毅對以：「西方有神，其名曰佛，陛下所夢，得無是乎？」帝乃遣中郎將蔡愔等十八人使西域求之。十年，愔等於大月氏國，遇沙門迦葉摩騰、竺法蘭，得佛像經卷，載以白馬，共還洛陽，帝為立精舍以居之，名白馬寺，此為中土有沙門及寺院之始。於是迦葉摩騰、竺法蘭譯出《四十二章經》，亦為中土有佛經之始。

此事《後漢書》有載，惟未說明年代，亦無二沙門來華譯經事，《後漢書·十》載：

> 初明帝夢見金人，長大，項有日月光，以問群臣，或曰：西方有神，其名曰佛，陛下所夢，得無是乎？於是遣使天竺，問其道術，而圖其形像焉。

《後漢書·西域傳》載：

世傳明帝夢見金人，長大，項有光明，以問群臣，或曰，西方有神，其名曰佛，其形長丈六尺，而黃金色。帝於是遣使天竺，問佛道法，遂於中國圖畫形像焉。

漢明帝遣使求法之事，或誠然有之，惟年代不可能在永平七年遣使，十年返朝。何以故？蓋那時中國與西域諸國交惡，交通中斷，此事是西漢末年王莽引起的。《後漢書・西域傳》稱：

王莽篡位，貶易王侯，由是西域怨叛，與中國遂絕，並復役屬匈奴……永平中，北虜乃脅諸國，共寇河西郡縣，城門晝閉。十六年，明帝乃命將師北伐……遂通西域……西域自絕六十五載，乃復通焉。

王莽篡漢，與西域諸國交惡，致交通中斷，這段時間內不可能派遣使臣遠赴天竺，中國與西域諸國交惡，是西元一世紀初，西元十年前後的事，五十餘年後，明帝永平年間，正是匈奴脅迫西域諸國侵擾河西諸郡的時候，明帝不可能在此時遣使西行。這件事，在《資治通鑑・漢紀・三十》中記的較詳細：

王莽天鳳三年（西元十六年）是歲遣大使五威將軍王駿、西域都護李崇、戊己校尉郭欽，出西域，諸國皆郊迎，送兵穀，駿欲襲擊之，焉者詐降而聚兵自備。駿等將莎車、龜茲兵七千人，分為數部，命郭欽及佐帥何封別將居後，駿等入焉者，焉者伏兵要遮駿，及姑墨、封犁、危須國兵為反間，還共襲駿，皆殺之。欽後至焉者，焉者兵未還，欽襲擊，殺其老弱，從車師還入塞。莽拜欽為填外將軍、何封為集胡男，李崇收餘士還保龜茲。及莽敗，崇歿，西域遂絕。

《資治通鑑・漢紀・三十七》，載西域復通的經過：

永平十六年，遣竇固、耿忠率酒泉、敦煌、張掖甲卒，出塞伐匈奴，固等至天山擊呼衍王，取伊吾盧地，後固遣假司馬班超與從事郭恂俱使西域，定鄯善、于實二國，諸國皆遣子入侍，西域與漢絕六十五載，至是復通。

由上述史料看來，永平七年遣使赴天竺，十年還朝之說不能成立。

至於說迦葉摩騰、竺法蘭共譯的《四十二章經》，亦有疑問。就《四十二章經》內容觀之，行文流暢，辭句優美，與漢代譯經，文辭質樸者有所不同。在譯名上，漢人譯經，譯佛曰浮圖或浮屠，譯沙門曰桑門，譯小乘四果之須陀洹、斯陀含、阿那含、阿羅漢為道跡、為往來、為不還、為無著。而本經所見者，則曰佛、曰沙門、曰須陀洹、斯陀含、阿那含、阿羅漢。由此看來，此經非漢世譯筆。

再者，此經首見於梁僧祐所撰之經錄《出三藏記集》，而僧祐之前，道安所撰的《綜理眾經目錄》，於經錄中為最早，錄中無此經之名，可見此經出世較晚。

事實上，在隋費長房的《歷代三寶記》中，在本經條下的記載，對本經性質已有解說。費記曰：

舊錄云：本經是外國經抄，原出大部，撮要引俗，似比《孝經》十八章。

《開元釋教錄》中亦稱此經是：「且撮經要，以導時俗」。

由此看來，此經非自梵本譯出，而是撮取群經精要，別撰成篇，至於出世年代，可能在漢末或兩晉。

不過，不管這本經是譯本或撰本，並不影響本經的價值。本經內容，義理平易明晰，文辭流暢優美，實是初學佛者一本入門的經書。

如果《四十二章經》不是中國最早譯出的佛經，則中國佛經的翻譯，應始於東漢末季，桓靈二帝時代。桓靈之世，西域譯經師相繼東來，於佈教之餘，並從事佛經翻譯。這其中，當以沙門支婁迦讖與安世高為最早。

安世高，名清，世高其字。原是安息國王子，幼以孝行見稱，志業聰敏，克意好學。次當嗣王位，乃讓國於叔，出家修道。博學經藏，尤精於阿毘曇學，諷持經論，備盡其妙。既而遊方弘化，遍歷諸國，於漢桓帝建和二年（西元一四八年）抵洛陽。世高才悟機敏，未久即通習華語，於是宣譯眾經，於桓帝建和年至靈帝建寧中，二十餘年間，譯出佛經三十餘部，主要者如《四諦經》、《轉法輪經》、《八正道經》、《安般守意經》、《大小十二門經》等。《高僧傳》稱他譯經：「義理明析，文字允正，辯而不華，質而不野。」又云：「先後傳譯，多致謬濫，唯高所出，為群經之首。」

靈帝末年，中原擾亂，《高僧傳》稱世高避亂江南，傳佈佛教，行跡曾至九江、豫章、廣州等地，後卒於會稽。因而，或謂江南佛教，自世高始。

稍後於世高來華者，為支婁迦讖。支婁迦讖，又稱支讖，大月氏人，於漢桓帝末年來華，居洛陽，於靈帝光和中平年間（西元一七八－一八九年）譯出《般若道行品》、《般舟三昧經》、《首楞嚴經》等多種。《高僧傳》稱他：「操行深純，性度開敏，稟持法戒，以精勤著稱。」晉道安校定經籍，精尋文體，謂《阿闍世王經》、《光明三昧經》、《寶積經》等十餘部經，似亦支讖所譯。

支讖所譯的經，與安世高有所不同。世高所譯者，多屬小乘。且以關於實際上禪觀修行者為多，罕涉理論，故世高可稱為小乘禪觀行者。如道安《般若守意經·序》云：「昔漢末之世，有安世高者，博聞

稽古，持專阿毘曇學，其所出經，禪數最悉……。」而支讖所出經典，多屬大乘。所以中國大小乘經典的傳譯，當以安、支為始。而安、支二公所譯出的經典，對後世也有重大的影響。

安、支二人譯出佛經的數目，諸經錄上所載各異。安世高所譯者，《出三藏記》上僅載三十四部四十卷。而《歷代三寶記》則謂一百七十六部一百九十七卷。支讖所譯者，《出三藏記》僅載十三部二十七卷。《歷代三寶記》則載二十一部六十三卷，《開元釋教錄》則載二十三部六十七卷。這些記載互異的原因，雖可謂部分譯品係後人漸次發現，故後出之經錄記載較多，但傳言附會，及名稱混淆者，亦實有之。

漢代末季，由西域來華的譯經師，除了安世高和支婁迦讖外，在史籍上可考者，尚有竺朔佛、支謙、安玄、支曜、康巨、康孟詳等人。

竺朔佛，天竺人，漢靈帝時，齎《道行般若經》梵本來華，抵洛陽，於熹平年間譯《道行經》為漢語。《高僧傳》稱其所譯的《道行經》：「譯文時滯，雖有失旨，然棄文存質，深得經意。」晉道安於《道行經》序中稱其：「敬順聖言，了不加飾。」蓋謂其直譯也。竺朔佛又於光和年間，在洛陽譯出《般舟三昧經》。

安世高、支婁迦讖以後的譯經大家，實為支謙。支謙，大月氏人。漢靈帝時，大月氏有六百餘人歸化中國，其中有支謙的父親在內，故支謙生於中國，他天資穎悟，通六國語言。桓帝時來華譯經的支婁迦讖，有弟子支亮。而支謙從支亮受業，於支讖為再傳弟子，時人稱為「三支」，有「天下博知，不出三支」語。漢獻帝末年，支謙避亂江南，後孫權建吳國，拜支謙為博士——謙本未出家。謙為人細長黑瘦，眼多白而睛黃，時人稱為：「支郎中眼中黃，形體雖細是智囊。」

支謙感於大教雖行，而經多梵語，在翻譯上不夠信達，於是廣收眾經舊本，譯為漢文。自吳黃武元年至建興中，前後三十餘年，譯出

《維摩經》、《阿彌陀經》、《首楞嚴經》、《本業經》等大小乘經約三十部。辭旨文雅，深得聖意。並將自譯之《了本生死經》等加以註解。為註經之始。

漢靈帝末年，在洛陽譯經的，還有安息國優婆塞安玄。在西元世紀開始之初，安息國是貿易大國，其國人從事商賈者，以車馬舟船出國經商，往往馳行於數千里之外，安玄是於靈帝末年，以遊賈身分到了洛陽，諺云：「多財善舞，長袖善賈。」安玄在靈帝朝還有一個「騎都尉」的功號。不過其為人則溫恭肅靜，常以弘揚佛法為己任。他來華後練習漢語，志在弘宣經典。他時與沙門講論經義，時人稱其議論為「都尉玄」。安玄與漢土沙門嚴佛調共譯《法鏡經》，三國初康居國來華沙門康僧會為之註解，並序曰：

> 騎都尉安玄，臨淮嚴佛調二賢者，年在齠亂，志弘聖業，鈎深志遠，窮神達幽。……都尉口陳，嚴調筆受，言既稽古，義又微妙。

嚴佛調曾撰《沙彌十慧章句》。祐錄《沙彌十慧章・序》，題曰：「嚴阿祇梨佛調所造」。阿祇梨，即阿闍黎。義謂軌範師，是出家人的稱號，佛調是漢人中出家之最早者，與此同時，尚有沙門支曜譯出《成具光明經》，康巨譯出《問地獄事經》，康孟詳與曇果共譯《中本起經》。

是時黃巾賊張角作亂，董卓入洛陽，立陳留王協為帝，卓總專朝政。繼之袁紹在河北起兵討董卓，董卓挾漢獻帝遷都長安。六年之後，獻帝為河內太守張揚等迎歸洛陽，繼之曹操專政，挾天子以令諸侯，遷獻帝於許昌。獻帝建安二十五年，曹操卒，是年十月曹丕篡漢，國號魏。而孫權建吳國於江南，劉備稱漢帝於四川，歷史進入三國時代。

三國時代，佛教傳佈於中原之魏與江南之吳，而西蜀一地，獨無佛教流傳。是時魏都洛陽，承漢末之餘緒，嘉平年間（西元二四九－

二五三年），中天竺的曇摩迦羅——又稱曇柯迦羅，譯曰法時者，來到
洛陽。這時魏境早有佛法傳佈，而道風訛替，眾僧未稟歸戒，迦羅有
見於此，於白馬寺譯出僧祇戒心之律文。又由梵僧立羯磨法而授戒，
這是中國有戒律及受戒之始。

　　繼之正元年中（西元二五四－二五五年），安息國沙門曇無諦來洛
陽，曇無諦亦善律學，於白馬寺譯出《曇無德羯磨》、《摩訶僧祇律》、
《曇無德部四分律》等。嘉平末年，天竺沙門康僧鎧——梵語僧迦婆
羅者到洛陽，在白馬寺譯出了《郁伽長者所問經》等。一般認為現存
之《無量壽經》，亦為僧鎧所譯。又有沙門帛延，於魏甘露初抵洛陽，
在白馬寺譯出《無量清淨平等覺經》等凡六部。

　　魏甘露二年，穎川朱士行詣曇無諦出家受戒。士行出家後，以大
法為己任，嘗於洛陽講竺朔佛所譯的《道行般若經》，感到文句簡略，
意義未周，深嘆此經為大乘要典，而譯理不盡，發願西行求法。乃於
甘露五年，自雍州西度流沙，抵西域于闐國，果寫得般若梵書正本，
於晉太康三年——士行西行之第二十二年，遣弟子弗如檀等十人送回
洛陽。士行在于闐，年八十而卒，是為華人西行求法之第一人。士行
送回之經本，於晉惠帝元康元年，由河南信士竺叔蘭，與于闐沙門無
羅义，在陳留倉垣之水南寺譯出，稱《放光般若》。

　　至於漢末及三國時佛法之流傳，不特民間有信奉者，且已傳至宮
中，漢桓帝即是崇奉者之一。《後漢書・西域傳》稱：「楚王英始盛齋
戒之祀，桓帝又修華蓋之飾。」襄楷上書，亦稱：「聞宮中立黃老浮屠
之祠」，是為證明。

　　江南譯經事業，以支謙始。吳大帝赤烏四年（西元二四一年），康
居國沙門僧會經海道至建康，營立茅茨，設像弘法。僧會原為康居人，
世居天竺，其父時移居交趾，故由海道至。吳國初無沙門，初見僧會，

疑其矯異，吳大帝孫權聞之，召僧會入宮，詰問佛有何靈驗，傳說僧會潔齋靜室，燒香禮請，感得舍利。孫權信服，遂為建塔造寺。寺名建初寺，由是江南佛法遂盛。僧會曾在建初寺譯出《六度集經》，又註解《安般守意》、《法鏡》、《道樹》等三經，並制經序。

至於民間傳布的情形，由「笮融事佛」一事可見一斑。笮融事佛，出《吳志・劉繇傳》。略謂笮融，丹陽人，其時江淮間迭經變亂——那時正是黃巾之亂的時候，笮融於獻帝初平年間，聚眾數百，往依徐州牧陶謙。謙使融督廣陵、下邳、彭城運糧，融遂把持三郡運輸，《吳志・劉繇傳》稱：「乃大起浮圖祠，以銅為人，黃金塗身，衣以錦采，垂銅槃九重，下為重閣，閣道可容三千人，悉讀佛經，令界內及旁郡人，有好佛道者聽受道。復其他役，以招致之。由此遠近前後至者，五千餘人戶，每浴佛，多設酒飯，布席於路，經數十里，民人來觀及就食，且萬人，費以巨億計。」

笮融不是正信之士，他只是一個亂世的野心家，他藉事佛之名為號召，頗似後世邪教「燒香聚眾」的手法。後來他帶著徒眾走廣陵，殺廣陵太守趙昱，放兵大掠；又殺豫章郡守朱皓，入據其城，最後為揚州刺史劉繇所破，走入山中，為人所殺。

不過由笮融事佛一事，可知佛教在江淮間已相當流行。彭城原是漢明帝時楚王英的封國之地。楚王英事佛，事在西元六十餘年，而笮融事佛，事在西元一九〇年，可知佛教在江淮間已流行百餘年之久了。

三　兩晉南北朝佛教的發展

佛教之傳入中國，約在西元世紀開始前後。其間歷經東漢十二帝一百九十四年，西元二二〇年曹丕篡漢，三國分裂，至西元二六五年

司馬炎篡魏，歷史進入西晉時代，但直至西元二八〇年，晉滅蜀、吳，全國始再告統一。

兩晉南北朝時代的佛教，要分做四階段來敘述，自西元二六五年至三一六年，是西晉時代，是自晉武帝司馬炎、至愍帝司馬業，歷時五十二年；自西元三一七年至四一九年，是東晉時代，自元帝司馬睿、至恭帝司馬德文，歷時一〇三年，是時中原有五胡十六國，戰亂不已。西元四二〇年，劉裕篡晉，建國曰宋，進入南北朝時代。南方歷宋、齊、梁、陳四朝，北方歷北魏、東魏、西魏、北齊、北周，至西元五八八年，隋滅南朝之陳，全國始在隋文帝楊堅手中重歸統一。現在先自西晉說起：

西晉時代的佛教，仍繼續漢魏的餘緒，以譯經為主要事業。而西晉的譯經師，首推自西域來華的竺法護。

竺法護，梵語曇摩羅剎，其先本大月氏人。本姓支，故亦稱支法護，世居敦煌郡，八歲從外國沙門竺高座出家，故稱竺法護。法護日誦經萬言，過目不忘，篤志好學，操行精苦，後隨其師遍歷西域諸國，通達三十六國語文。西晉泰始二年，大齎梵本，自敦煌至長安，後入洛陽，永嘉亂起，轉赴江左。自泰始中至永嘉二年，數十年譯經不輟。共譯出《光讚般若經》、《正法華經》、《寶積經》、《修行道地經》等約一百五十部，佛經之廣在中土流傳，法護貢獻至鉅，時人有稱之為敦煌菩薩者。

晉武帝末年，法護在長安，曾於長安青門外立寺，精勤弘化，從者數千人，居士聶承遠、陳士倫、虞世雅等，助其譯講，垂二十年，有弟子竺法乘、竺法行、竺法存等，山棲屢操，知名於世。

與法護同時者，有于法蘭、于道邃。于法蘭，高陽人，十五歲出家，以精勤為業，研諷經典，求法問道，日以兼夜。後道振三河，名

流四遠。嘗居長安山寺，永嘉亂起，與法護避亂江左，居剡縣，因感於「大法雖興，經道多闕」，欲遠適西域求法，至交州，因疾卒於象林。

于道邃，敦煌人，年十六出家，為法蘭弟子。竺法護嘗稱其高簡雅素，後隨法蘭適西域，亦卒於交州。

晉惠帝時，河南籍沙門帛法祖，於長安建寺，以講經弘道為業，從者千人，曾譯《惟逮弟子本經》、《五部僧經》等經，並註釋《首楞嚴經》。祖每與道士王浮，爭辯道佛邪正，王浮屢屈，乃作《老子化胡經》以誣謗佛法。

晉懷帝永嘉年，西域高座法門帛尸梨密多羅，自海路抵建康，止建初寺，譯出《大孔雀王神咒經》、《孔雀王雜神咒經》，以往江東未有咒法，此為密教聖典譯出之始。

西晉末年，由於賈后亂政，八王之亂興起，同室操戈，兵亂相尋，繼有五胡十六國之亂，以致中原糜爛，民不聊生。僅江南半壁，為東晉所偏安。這時在中原行化者，以佛圖澄、道安、慧遠三人最著。東晉時代之佛法，由道安而盛，而道安為佛圖澄之弟子，道安門下，有弟子慧遠、慧永、慧持、法遇等，而以慧遠最著。此諸大士，與在長安之鳩摩羅什，共為佛教史上劃時代之人物，茲先自佛圖澄說起。

佛圖澄，西域高僧，似為龜茲人，他幼年出家，清真務學，誦經數百萬言，善解文義，雖未讀中國經史，而與諸學士辯論疑滯，無能屈者。他曾到罽賓，受誨於名師，學習密宗，善誦神咒，復善方技，又解深經，於晉懷帝永嘉四年（西元三一〇年）抵洛陽，欲在洛陽建寺，以世亂未果。是時五胡十六國之後趙石勒屯兵葛陂，佛圖澄觀石勒殘暴，憫念蒼生，欲以佛道感化石勒，乃詣石勒軍門，因大將郭黑略引見石勒，石勒見師，大為禮敬。後石虎繼位，尤傾心師事之。澄每有所言，石虎雖不能盡用，然亦少斂其殘忍之習性。

　　佛圖澄教化既行，民間多奉佛，相競出家，其中難免有人為了逃避兵役賦稅，因而出家以佛寺為庇護之所者，石虎下詔，以百姓得事佛否，徵詢朝臣意見。詔書曰：

> 佛號世尊，國家所奉，里閭小人無爵秩者，為應得事與否……今沙門甚眾，或有奸宄避役，多非其人，可料簡詳議。

著作郎王度奏稱：

> 佛出西域，外國之神，功不施天，非天子諸華所應祠奉，往漢明感夢，初傳其道，唯聽西域人得立寺都邑……其漢人皆不得出家，魏承漢制，亦循前軌……國家可斷趙人悉不聽詣寺燒香禮拜……其趙人為沙門者，還從四民之服。

朝臣意見皆同王度所奏，然石虎以佛圖澄故，且其自身亦出自邊戎（石虎本羯人），佛是戎神，正所應奉，並聽任百姓事佛，下詔曰：

> 朕出自邊戎，忝君諸夏，至於饗祀，應從本俗。佛是戎神，所應兼奉，其夷趙百姓，有樂事佛者，特聽之。

由於佛圖澄對石虎的影響力，減少了石虎的殘暴殺戮，也保護了佛教的發展。佛圖澄德高望隆，追隨受業者常數百人，前後門徒愈萬，其中以釋道安、竺法汰、釋法和、竺法雅、竺法首、竺法祚、法常、法佐、僧慧等最著名。

　　道安，常山扶柳人，本姓衛氏，生於晉永嘉六年（西元三一二年），十二歲出家，神性聰敏，而形貌甚陋，不為師之所重，驅役田舍，三年無怨言。一日啟師求經，師與《辯意經》一卷，約五千言，安於田園中因息就覽，暮歸以經還師，更求他經，復與《成具光明經》一卷，

約萬言，暮復還師，師執經按之，不差一字，師大驚嗟，而敬異之。後為之受具足戒，並鼓勵其遊學。至鄴城入中寺，遇佛圖澄，澄見而嗟嘆，與語終日，眾人見其形貌不稱，咸共輕怪，澄曰：「此人遠識，非爾儔也！」安因事澄為師。

後更遊學四方，備求經律，後因避亂隱於護澤，從竺法深之弟子竺法濟及支曇學，聽《陰持入經》，並至飛龍山從康僧淵之弟子僧先、道護等研究佛理，所悟尤多，從乃建塔寺，開講筵，徒眾數百人。後於西元三六四年入長安，聲譽益著。

西元三四九年，後趙石虎卒，諸子爭立，趙國大亂，石虎養子漢人冉敏，乘勢而起，大誅胡羯，建國曰魏。是時關中紛亂不已，道安乃率徒眾轉徙，將南投襄陽，行至新野，為廣傳教法，乃與徒眾分途，令竺法汰詣揚州，竺法和入蜀，而自率弟子慧遠等四百餘人入襄陽，止於白馬寺，再弘宣佛法。

竺法汰在新安與道安分別時，謂道安曰：「法師儀軌西北，下座弘教東南，江湖道術，此馬相望矣！」乃與弟子曇壹、曇二等，沿江東下，入建業，止於瓦官寺，東晉簡文帝對之深相敬重，請講《放光般若經》，開講之日，道俗成群，極一時之盛。

竺法和後自蜀入襄陽，與道安詳定新經，參正文義。道安以白馬寺狹隘，更創立檀溪寺。時襄陽高士習鑿齒，往訪道安，自稱：「四海習鑿齒」，道安應口而答：「彌天釋道安」，時人以為名對。

道安在襄陽十五年，每歲講《放光般若經》，未嘗廢闕，東晉孝武帝司馬曜，欽仰道安風德，遣使通問。西元三七八年，建國長安的前秦主苻堅，遣苻丕攻陷襄陽，得道安及習鑿齒送往長安，苻堅喜曰：「朕以十萬之師取襄陽，惟得一人半，安公一人，習鑿齒半人也。」

道安入長安，住五重塔寺，僧眾數千，大弘法化，與竺法和共同

參與西域沙門僧伽提婆、曇摩難提、及僧伽跋澄等之譯經事業。安聞得西域有鳩摩羅什者，思共與講析經論，每勸苻堅迎羅什，以後始有呂光伐龜茲迎羅什來華之舉。

道安曾創著經錄，總集自漢、魏至晉眾經名目，表其時代與譯主，名曰《綜理眾經目錄》，是眾經錄中之最古者。又制定僧尼規範，條為三例。一曰行香定座上經上講之法；二曰常日六時行道飲食唱時法；三曰布薩差使悔過法。道安之由襄陽入長安時，見當時沙門，多隨師姓。以為師莫如佛，故沙門應以釋為姓。及後來《增一阿含經》至華譯出，經中果云：「四河入海，無復河名，四姓出家，同稱釋氏。」這是今日佛門出家四眾皆冠釋姓之所本。

又，中土淨土法門的弘通，亦以道安為嚆矢，安著有《淨土論》六卷，後其弟子慧遠，於廬山結社念佛，盛弘淨土，當即承此。道安於西元三八九年歿於長安。

慧遠，雁門樓煩人，生於晉成帝咸和九年（西元三三四年）俗姓賈，幼年讀儒書，尤邃於周易老莊之學，二十一歲與弟慧持，共就道安出家，既入道，精思諷持，以夜續晝，常欲總攝綱維，以大法為己任。道安嘗讚嘆他：「使道流東國者，其在遠乎？」晉哀帝興寧三年，遠年三十二，從道安南投襄陽，越十二年，苻丕寇襄陽，道安為襄陽太守朱序所留，不得去，乃遣散徒眾，各隨所之，慧遠與師別，與弟子數十人，南適荊州，將去羅浮，抵潯陽，見廬山幽靜，足以息心，乃廬於山陰。時同學慧永，居廬山之西林寺，為請於江州刺史桓伊，伊乃為遠復於山東更立房殿，名東林寺。

慧遠於寺內奉祀無量壽佛（即阿彌陀佛像）。欣求往生西方淨土，並與在家出家二眾一百二十三人，結成白蓮社念佛，其中如彭城劉遺民、新蔡畢穎之、南陽宗炳、雁門周續之等一時知名之士，咸與其列。

　　慧遠在廬山弘揚淨土三十餘年，年六十後，足不出山，而四方靡然從風，使廬山成為南方佛教中心。遠嘗命弟子法淨、法領等遠尋眾經，於于闐獲《華嚴經》梵本，得以傳譯，天竺沙門佛馱跋多羅，在西域以禪律馳名，後至長安，得見鳩摩羅什，並止於石羊寺教授禪法，門徒數百人，名僧如智嚴、寶雲、慧叡、慧觀皆從之修業，後為羅什門下流言所傷，乃與弟子慧觀等四十餘人南下廬山依慧遠，應遠之請，譯出《達摩多羅禪經》、《摩訶僧祇律》、《泥洹經》等，慧遠著有〈法性論〉、〈沙門不敬王者論〉等文，及詩序銘讚凡十卷，曰《廬山集》。後卒於晉安帝義熙十二年（西元四一六年），年八十三，其弟子之知名者，有慧觀、僧濟、法安、僧徹等，與其同時出家之弟慧持，亦同時居廬山。

　　東晉時代另一位劃時代的人物，是鳩摩羅什。

　　羅什，天竺人，其家世為國相，父鳩摩羅炎，棄相位出家，東度蔥嶺，投止龜茲，龜茲王有妹耆婆，才悟明敏，過目成誦，王逼羅炎以成婚，生子羅什，耆婆後亦出家。羅什之名，具足應云鳩摩羅什婆，蓋合父母之名而稱之也。

　　羅什年七歲隨母出家，學毘曇義，九歲隨母入罽賓，就名德法師槃頭達多，學《雜藏》、《中阿含》、《長阿含》等，十二歲與母共還龜茲。尋又至疏勒，習誦《阿毘曇六足論》及《增一阿含》等，並師事須利取跋陀兄弟，受誦《中論》、《百論》、《十二門論》。龜茲北界溫宿國有一道士，善辯，羅什與論議破斥之，於是名聲大著，龜茲王親往溫宿迎羅什還國。二十歲受具足戒，次從卑摩羅又學《十誦律》，自後在龜茲廣說大乘諸經，四方宗仰，東土亦聞其名聲。

　　先是，道安在長安，曾勸苻堅迎羅什，前秦建元十八年（西元三八二年），苻堅遣呂光伐龜茲及烏耆諸國，西元三八四年，呂光破龜茲，

得鳩摩羅什，返至涼州，前秦已亡。呂光遂建國稱帝，史稱後涼，羅什羈留於後涼凡十八年，韞其經法，無所宣化，後秦弘始三年（西元四○一年）姚興遣將討後涼，迎羅什入長安，後秦主姚興待以國師之禮，優遇備至，羅什留長安十三年，西元四一三年逝世，在長安十餘年中，「法鼓重覆於閻浮，梵輪再轉於天北。」法筵之盛，古今罕有。

由於羅什之來華，遂使中國佛教面目一新，使佛教學理大為充實，羅什以前的譯經，多為一二人之私人事業，而羅什在長安，大開譯場，有規模有組織的傳譯，中國之譯經，前有羅什，後有玄奘。言舊譯者，必稱羅什；言新譯者，必推玄奘。玄奘所譯之卷帙雖較羅什為多，而羅什所譯之範圍則較玄奘為廣。大乘佛教，不外空有二宗，空宗以三論宗──在印度稱中觀宗者為代表；有宗以法相宗──在印度稱瑜伽宗者為代表，而羅什所弘者為中觀法門，玄奘所弘者為瑜伽法門，故佛學兩大系統，實由二位大師所肇始。

羅什在長安，譯經三十五部，二百九十四卷，此在〈佛經翻譯〉章再為詳述。由於羅什的弘化，長安佛法大盛，出家僧尼以萬數，後秦主姚興特設僧正僧錄以統之。

羅什弟子，無慮千百，其中以道生、僧肇、道融、僧叡為最著，有羅什門下四哲之稱，尤以僧肇，所作〈物不遷論〉、〈不真空論〉、〈般若無知論〉，融會中印義理，於體用問題，有深切之證知，為佛教哲學上最有價值之著作。

東晉末年，尚有一件佛教流通的大事，是法顯西行求經事，中土沙門西行求法的，以潁川朱士行為最早，朱後西行者，有慧常、慧辯、進行、于法蘭、于法邃等，而最有成就者則為東晉法顯。此於〈佛經翻譯與藏經編修史〉章再詳述。

西元四二○年，劉裕篡晉，建國曰宋。之後元魏統一北方，歷史

進入南北朝時代，至西元五八九年，隋師滅陳，南北重歸統一，其間歷時將一百五十年。

南方歷宋、齊、梁、陳四代，朝野多皈依佛教，劉宋之初，佛馱跋陀羅在建康譯《大方廣佛華嚴經》，法顯譯出《大般泥洹經》，宋文帝時，西域沙門畺良耶舍至建康，譯出《觀無量壽經》，為淨土三經之一，又罽賓沙門曇摩密多，由海道至建康，文帝遣使迎接郊勞，甚為優遇，密多在祇洹寺、東安寺諸處，集義學沙門七百人，前後譯出《雜阿含經》、《大法鼓經》、《過去現在因果經》，及《眾事分阿毘曇論》等凡百餘卷，在建康講《華嚴經》數十遍。

宋文帝時，有沙門慧琳者，以才學得幸與文帝，並參決政事，時號黑衣宰相，是為沙門參政之始。

宋文帝之後孝武帝，亦頗厚於佛教，大明元年，有羌人高闍謀反，累及沙門曇標，武帝曾下詔有司，精汰沙門，非戒行精苦者，並令還俗，詔雖嚴重，而未施行。

西元四七九年，蕭道成篡宋建國曰齊，蕭齊之對佛教亦頗優遇。齊高帝蕭道成，平時恆持《般若經》、書寫經論、鑄佛金像。即位之後，幸莊嚴寺聽法達法師講《維摩經》，造陟岵、正觀二寺，齊武帝蕭賾，敕沙門元暢、法獻二人為僧主，分任江南北僧務，武帝並於華林園設八關齋戒會，時司徒竟陵王蕭子良，篤重佛法，招僧講經，親供食水，遵法之盛，江左未有，子良著有《淨住子》二十卷及《三寶記》等書。

西元五○二年，蕭衍篡齊，建國曰梁。梁武帝為歷代帝王中最厚於佛教者。武帝初崇奉道教，於天監二年四月八日，率道俗兩萬餘人，升重雲殿，親製文發願，乞憑佛力，永棄道教，自後崇信佛教，曾皈依於智藏、法雲、僧旻諸大師，依慧約法師受戒，並自註《大品般若經》。天監三年，沙門雲光講經於建康法雲寺，天雨寶花，後遂名其地

曰雨花臺——即今日南京之雨花臺。

　　武帝曾於大通元年捨身同泰寺，群臣以錢一億萬奉贖回宮。太清二年，西天竺沙門真諦三藏來建康，武帝迎之於寶雲殿竭誠供養，真諦欲傳譯經教，值侯景之亂不果，乃往富春，與沙門寶瓊等共譯《十七地論》，以後又譯出《金光明經》、《無上依經》、《攝大乘論》、《俱舍論》等。

　　梁武帝一生造寺寫經度僧，不可勝記，晚年因納北齊叛將侯景，侯景復叛武帝，至建康攻陷臺城，帝竟以憂飢致死。武帝曾著有《般若》、《淨名》諸經義記數百卷，終梁之世，梁境內有寺兩千八百餘所，僧尼八萬三千餘人。

　　西元五五七年，陳霸先篡梁，建國曰陳。陳武帝亦崇信佛教，即位次年，於大莊嚴寺設無遮大會，捨身供佛。武帝以下之文帝、廢帝、宣帝等，亦皆恭敬沙門。宣帝大建元年，智顗大師、慧思大師，均曾於建康講經，宣帝迎養慧思於棲霞寺。

　　在北地方面，西元四三九年，魏太武帝滅北涼統一北地，與南地之劉宋相對，成為南北二朝。魏太祖道武帝建國，初未聞及佛法，及與晉通聘，方知致信，至明元帝繼位，亦遵先業，京邑四方，建立圖像，並令沙門輔導民俗，至太武帝即位，初亦崇信佛法，後得道士寇謙之，信行其術，並納司徒崔浩誹毀佛教之言，對佛教已存成見，及至太平真君七年（西元四四六年）二月，蓋吳在關中作亂，太武帝至長安，見佛寺中藏有兵器，疑與蓋吳通謀，命誅闔寺沙門，閱其財產，得釀酒之具及州郡富人所寄財物，又為窟室以匿婦女，於是盡誅長安沙門，焚毀經像，並下詔誅天下沙門，時太子晃監國，屢諫不用，乃緩宣詔書，使遠近豫聞，各得為計，沙門多亡匿獲免，或收藏經像，惟魏境之塔廟則多為折毀，此為三武一宗之厄的第一次法難。

　　後太武帝為常侍宗愛所弒，其孫文成帝襲位，下詔興復佛法，天下風承，往時所毀塔寺經像，並還修復，又以罽賓沙門僧賢為僧統，此太武帝死後七年之事。文成帝並應沙門曇曜之請，於平城（今山西大同）武周山右崖開鑿窟龕五所，內鎸佛像各一，高七十尺，次六十尺，雕飾奇偉，冠於一時。

　　至孝文帝時，遷都洛陽，宣武帝、孝明帝時，復於洛陽伊闕營建石窟、鎸雕佛像，以上二者，即世稱雲岡石窟與龍門石窟。在魏宣武帝時，北天竺菩提流支三藏來朝，帝迎居於洛陽永寧寺，譯《十地經》、《淨土論》等。宣武帝通達教理，對弘揚佛教不遺餘力。故西域沙門來華者多至二千餘人，國內佛寺多至一萬三千餘所，沙門總數逾二百萬，是北地佛教最盛時代。

　　西元五三四年，北魏分裂為東魏西魏，西魏文靜帝誦經持齋，常行信施，供僧造寺，極為篤誠。越二年，以道臻為帝師、魏國僧統，臻大立科條，嚴加整飭，由是西魏僧律轉趨清靜，信譽大立。而西魏丞相宇文泰，亦於長安立陟岵、大乘等六寺，度僧千人。

　　此一時代，有曇鸞法師者，盡力弘化念佛法門，法澤遠被四方，著有《淨土論註》、《讚阿彌陀佛偈》等。沙門慧文於河南為慧思講三觀口訣，天台宗由是漸行。慧思為天台三祖，於南朝陳宣帝太建年間，曾至建康說法。

　　西元五五〇年，東魏高歡篡立，建國北齊，傳國二十七年，子高洋、高演並為暴虐。至西元五七七年，北周滅齊，北周武帝廢齊國佛教，北方佛教再一度遭到危難。周武帝初亦信佛，後以讖云「黑衣當王」，乃心忌沙門，並信道士張賓之言，於滅北齊後，乃令僧眾二百萬人還俗，寺四萬區入官，毀像所得之金銅無算，兩年後周宣帝繼位，詔復佛教，並於東西二京，立寺置僧，佛教於二度遭厄之後，又漸次

復甦。

在晉室南遷，南北對峙期間，有一特殊現象，即北地高僧輩出，而南方則士大夫階級中通達佛理者頗多，如道安、法顯，固在北方弘化，即慧遠、慧叡等，亦皆北僧而南下者。然在南方，若王導、謝安、郗超、王羲之、王垣之、陶潛，以至於與慧遠結社念佛的劉遺民、註《安般經》的謝敷、著〈神不滅論〉的宗炳、治南本《涅槃經》的謝靈運，是皆朝野名流而通達佛法之人也。

四　佛教的黃金時代

自漢末桓靈之世，黃巾亂起，其後歷經曹魏篡漢，三國分裂，晉武統一，八王之亂；以至於五胡亂華，晉室東遷，劉宋篡晉，南北對立。直到隋文帝篡周滅陳，南北始告統一。由漢末至隋初，前後約四百餘年。這一段時間，是中國歷史上最為紛亂不安的時代，而佛教就在這種紛亂不安的環境中，由輸入、而弘傳、而建設充實，以至於發揚光大。到了隋唐統一，國威重振，佛教也由輸入建設而進入黃金時代。這段時間，自隋文統一至唐武毀佛，為時約二百五十年。

隋文統一之前，佛教中已成立或已肇其端緒的宗派，在東晉者，有以《中論》、《百論》、《十二門論》為依據的三論宗；以《成實論》為依據的成實宗；以淨土三經為依據的淨土宗。在南北朝時代者，有以修禪為主的禪宗；以《攝大乘論》為依據的攝論宗；以《涅槃經》為依據的涅槃宗；以《十地論》為依據的地論宗。到隋唐之世，新宗派如天台、法相、俱舍、華嚴、律、密等宗相繼成立，新教義組織也次第完成，這一時期中建設完成的宗派及教義，實為中國佛教的精華。然而佛教有此黃金時代，亦與時代背景有關，茲先自隋文帝說起。

　　隋文帝楊堅，一生篤信佛法，尊崇三寶，即位之後，即以沙門曇延為昭玄統，法猛為大統三藏法師，命各地興建大興國寺，並敕沙門明瞻住大興善寺譯經。開皇七年，親詣沙門法經受菩薩戒，敕沙門於大興善寺每月講論一切經文。在位期間，曾詔天下聽任出家，令地方計口出錢，營造經像。故隋一代佛經的流布，多於儒經數十倍。

　　其時佛門高德倍出，著者首推智顗、嘉祥二大師。智顗、嘉祥二師，為天台、三論二宗之集大成者也，茲先述天台：

　　先是，北齊慧文禪師，以法華教觀法門傳於慧思，慧思率徒眾於南岳廣行教化，世稱南岳大師，而智顗則為慧思之衣缽弟子。智顗十八歲出家，二十三歲從慧思學，後慧思入南岳，智顗詣金陵，居瓦官寺，講《法華經》、《大智度論》。居瓦官八載，聞天台幽勝，於陳太建七年，率弟子二十餘人入天台山，創草菴安居。在山九年，應陳後主之請，復詣金陵，居靈曜寺，說大教於宮中。禎明三年，隋兵滅陳，大師避亂荊湘，轉居廬山。隋開皇九年，師由廬山轉赴江陵。開皇十一年，應晉王楊廣之請，詣揚州，為晉王授菩薩戒，晉王尊崇備至，奉號為智者大師。翌年辭還，至荊州玉泉山造寺，說《法華經》，道俗稟戒聽講者，至五千人。開皇十五年，再受晉王之請，入金陵，為撰《淨名義疏》。開皇十七年圓寂於石城，歸葬天台佛隴，世壽六十。

　　由北齊慧文傳於慧思，智顗繼承慧思，以《法華經》為依據，一心三觀、圓融無礙之法門，至智顗集大成而發揚之。因智顗居天台，世稱天台大師，故亦稱此宗為天台宗。天台大師著述豐富，主要者為《法華玄義》、《法華文句》、《摩訶止觀》等。

　　嘉祥大師本名吉藏，其先本安息國人，故以安為氏。梁太清三年生於建康，七歲時依三論宗之法朗出家，專學三論，研鑽不倦，年三十三歲時法朗圓寂，越七年隋兵攻建康，師避亂越州嘉祥寺，開講筵，

問道者常千人，世稱嘉祥大師。隋煬帝大業三年，詔師居揚州慧日寺，後京師日嚴寺成，又延師往彼居之，於是道振中原，僧俗為之雲集。唐高祖李淵入長安建國，聞師德望，又加殊遇，於高祖武德六年圓寂，年七十五。師生平講三論百餘遍，主要著述有《中論述》、《百論疏》、《十二門論疏》等四十餘部，世稱師為三論宗之集大成者。

　　文帝開皇十四年，詔法經等二十高德撰《眾經目錄》。十七年，翻經學士費長房進《開皇三寶錄》十五卷。長房先為沙門，北周武帝法難，汰僧返俗。隋興，入朝預譯經事，另著有《歷代三寶記》十五卷。

　　唐高祖武德年間，醞釀出了一場爆發未果的法難。高祖李淵本亦崇信佛教，武德元年，曾於朱雀門建道場，設無遮大會，二年，下詔制佛齋日不得行刑屠釣，永為定制。並捨其晉陽舊宅為興聖寺，在京師造靈仙寺。武德四年，太史令傅奕上疏請除罷佛教。傅奕本為道士出身，及位居太史令，亟思排斥佛教。以後數年之間，疏前後七上，言詞皆激切。高祖頗惑其言，以疏付群臣共議。群臣皆言佛法興自累朝，弘善遏惡，理無廢棄。惟太僕卿張道源附會奕說，稱其奏合理。大臣蕭瑀曾廷斥傅奕曰：「地獄正為此人設也！」

　　傅奕又集晉魏以來駁佛教理者，輯為《高識傳》。同時道士李仲卿著〈十異九迷論〉，劉進善著〈顯正論〉，與傅奕呼應，排擊佛教。武德七年，高祖幸國子監，命博士徐曠講《孝經》，沙門慧藏講《心經》，道士劉進善講《老子》，命陸德明評其優劣。次年又詔三教學者辯論，結果沙門慧秉辯勝。武德九年，傅奕第七次上疏請罷佛教，高祖乃下詔並淘汰二教，諸僧尼、道士、女冠，精勤修行守戒律者，並令就大寺觀居住，供給衣食。其律行虧闕或為圖避徭役者，並令罷道、各還鄉梓。京師留寺三所、觀二所，其餘天下諸州各留一所，餘皆拆除。這是武德九年五月的事。詔下未幾，宮中發生玄武門事變，秦王李世

民取得政權，大赦天下，前淘汰二教的詔書也就停止了。

李世民繼位，是為太宗，貞觀之治，世所稱道，其時名德輩出，佛法日隆，太宗高宗之世，著名的弘法大師有法順、智儼、賢首、道綽、善導、道宣等。而華嚴、法相、俱舍、禪、律、密、淨諸宗，亦次第建立。而在此段時間特別值得稱述者，則為西行求法的玄奘大師。

玄奘，河南偃師人，生於隋文帝開皇二十年，俗姓陳名褘，有兄長捷先出家，在洛陽淨土寺，師十三歲亦至淨土寺出家，就慧景聽《涅槃經》，於嚴法師受《攝大乘論》。武德元年，與兄共入長安，尋赴成都，就道基、寶遷二師，學《攝論》、《毘曇》，就震法師聽講《發智論》。武德五年，受具足戒，再入長安，就道岳學《俱舍論》。時有法常、僧辯二大德講《攝大乘論》，師又就聽之，以諸師各異宗途，聖典亦有隱晦，不知適從，乃欲西行天竺以明之。表請不許，師不為屈，乃就蕃人學書語，貞觀三年乃私發長安，求法西域。

奘師經蘭州，出玉門關，涉流沙，備嘗艱苦，輾轉因循，達高昌境，受高昌王麴文泰殊禮供侍，尋西行經阿耆尼等國，度蔥嶺，至素葉城，謁突厥葉護可汗，遂度鐵門西進，至貞觀七年始抵印度。曾至阿瑜陀、憍賞彌、舍衛諸國，後至摩揭陀國王舍城，入那爛陀寺，禮戒賢論師學《瑜伽論》，戒師為之講瑜伽，同聽者數千人，閱十五月講畢，重為申講，九月方畢。又聽講順正論、顯揚、對法、因明、聲明及中、百二論。如是鑽研五年，然後南遊巡禮聖跡，並訪各地論師，參學數年，返那爛陀寺，以其和會中觀、瑜伽二宗造所之《會宗論三千頌》，以呈戒賢論師，師大善之。

時戒日王致書戒賢，請差大德四人，善大小內外者，共烏荼國之小乘論師對論，奘師亦受是命，以〈制惡見論〉破得烏荼國小乘論師之〈破大乘義七百頌〉，由是聲名益起。鳩摩羅王、戒日王相繼禮請，

戒日王於曲女城設大會，與會者有十八國王，大小乘僧三千餘人，那爛陀寺僧千餘人，婆羅門及外道二千餘人，奘師受請登寶床為論主，稱揚大乘，序作論意，即有名之〈真唯識量頌〉。竟十八日，無一人能破者。會罷，首途東歸，途經中亞細亞，入玉門，抵長安。由西行至東返，前後十七年。

貞觀十九年正月二十四日，歸至長安。道俗出迎者數十萬人。二月謁太宗於洛陽，帝迎慰甚厚，詔於長安弘福寺禪院從事翻譯。以後再入大慈恩寺譯經，貞觀二十三年太宗崩，高宗即位，奘師受帝禮遇如昔，並奉敕陪帝至洛陽，住積翠宮譯經。後隨帝還長安，住玉華宮譯經，至高宗麟德元年二月五日（西元六六四年）圓寂，壽六十四。

師所譯出之經論，有《大般若波羅蜜多經》六百卷、《解深密經》五卷、《般若波羅蜜多心經》一卷、《阿毘達摩大毘婆沙論》二百卷、《阿毘達摩俱舍論》三十卷、《瑜伽師地論》一百卷、《攝大乘論》三卷，以及《唯識三十論頌》、《唯識二十論》等眾經論凡七十五部，一千三百三十五卷。

奘師又揉合印度十大論師——護法、難陀、安慧、親勝、火辨、德慧、淨月、勝友、最勝子、智月——所造的《唯識三十論頌》之釋論，而纂成《成唯識論》十卷，之後由門下窺基承傳其學，著《成唯識論述記》、《唯識掌中樞要》、《瑜伽略纂》等疏，開創了源自印度瑜伽學派的法相宗。

太宗高宗時代，華嚴、法相、俱舍、以及律、密、禪、淨各宗亦次第建立，茲先述華嚴。華嚴宗旨，乃依《大方廣佛華嚴經》，顯示法界緣起，事事無礙之妙旨，由杜順大師開其端緒，由賢首大師完成之。

杜順本名法順，因俗姓杜，故又稱杜順。生於陳武帝永定元年，十八歲出家，事因聖寺僧珍受業，後居終南山，弘揚華嚴。至唐貞觀

年間，太宗聞其賢，詔請入大內，隆禮崇敬，賜號帝心。師於貞觀十四年圓寂，年八十四。著有《法界觀門》、《五教止觀》等。師一生專弘《華嚴》，後世尊為華嚴初祖，傳其學者為其弟子智儼。

智儼著有《搜玄記》，為華嚴二祖，然大成其宗者，乃是賢首大師法藏。

法藏者，康居國人，來居長安，往侍智儼，盡得其傳，玄奘大師由印度歸國開譯場時，師曾充筆受、證義、潤文等職。至武則天朝，為譯場之首，與實叉難陀共譯新本《華嚴經》八十卷，武后賜號賢首大師。師著有《華嚴探玄記》、《華嚴問答》等六十餘部，後世尊為華嚴三祖。

律宗建立於道宣律師，道宣之前，有智首大師開其端緒，道宣之後，有文光道岸繼其道風。

漳濱智首，生於周武帝天和二年，髫年從相州雲門寺智旻出家，二十二歲受具足戒，後從道洪學律，同學七百人，莫尚於首，隋文帝於長安建大禪定道場，首隨智旻入關，止於同寺，大開講肆。又考定三藏諸經，著《五部區分鈔》，又比較諸律之同異，定其廢立，製《四分律疏》。爾後弘揚律學三十餘年，承其學者為南山道宣。

道宣俗姓錢，隋開皇十五年生於長安，十六歲出家，二十歲從智首受具足戒，研鑽律部，以三衣一缽為行持。唐武德七年入終南山，居紵麻蘭若，製《四分律刪繁補闕行事鈔》，貞觀元年，製《四分律拾毘尼義鈔》。並出遊四方，廣求諸律之異傳。貞觀十九年，玄奘大師於弘福寺開譯場，道宣被召掌綴文，明年復還終南山著述。高宗永徽三年長安西明寺落成，詔道宣充上座，於高宗乾封二年入寂。

道宣於終南山弘通戒律，集律之大成，故世稱南山律師，稱其宗曰南山律宗。宣著述等身，以《行事鈔》、《戒疏》、《學疏》、《拾毘尼

義鈔》、《比丘尼鈔》，合稱南山五大部。此外，所著之《大唐內典錄》、《續高僧傳》、《廣弘明集》，均為佛教史上之重要資料。

道宣弟子甚多，以文綱、大慈等為著。文綱傳弟子道岸，於江淮之間弘《四分律》。道岸弟子行超、玄儼等，亦能傳其道風。

淨土宗者，為以淨土三經為依據，仰仗佛力念佛求生西方之方便法門也，東晉慧遠大師，於廬山東林寺結白蓮社，同修念佛三昧，為淨土法門流行之始。東魏曇鸞大師，承菩提流支之教，盛弘念佛法門，自行化他，流彌弘廣。而上繼曇鸞淨土一系者，是唐之道綽大師。

道綽，晉陽人，北齊天保十三年生，十四歲出家習經論，特精《大涅槃經》，後住汶水玄中寺，寺原為曇鸞所立，寺中有碑，具載鸞於其寺久修淨業，及入寂時之種種奇瑞。遂捨涅槃宗而專修淨土，日誦阿彌陀佛名號七萬聲。入唐以後，為化有緣道俗，講《觀無量壽經》二百遍，從之者甚眾。綽圓寂於貞觀十九年，年八十四，承其傳者為臨淄善導。

善導生於隋大業九年，初出家時誦《法華》、《維摩》諸經，貞觀年間，赴西河玄中寺謁道綽，聽講《觀無量壽經》，大喜曰：「此真入佛之津要也！」於是精篤勤苦，專修念佛三昧。後遁跡終南山，時入長安為四眾說法。善導行持精嚴，一生專弘淨土，道俗從其化者甚眾，高宗永隆二年入寂，年六十九。著有《觀經疏》、《法事讚》、《觀念法門》、《往生禮讚》、《般舟讚》，曰五部九帖。其弟子有懷感、懷惲、淨業等。懷感曾求善導決念佛求生西方之疑，導曰：「子若信之——至心念佛，當有證驗。」懷感乃入道場精心念佛三年，果證念佛三昧，感撰有《決疑論》七卷。

禪宗，為教外別傳，不立文字，直指人心，見性成佛之法門。此宗流源，由鳩摩羅什譯《坐禪三昧經》、《禪祕要法經》、《思惟略要法》，

及佛馱跋陀羅譯出《達摩多羅禪經》，而促成大乘禪流行之端緒。羅什一系之禪法，由道生禪觀等傳於南方。而佛馱跋陀羅亦曾在長安大弘禪業。而後世所稱之禪宗，係指梁武帝時，由南天竺來華之菩提達摩一系而言。宋道源撰《傳燈錄》，載有：

……菩提達摩者，南天竺香至國王第三子也……汎重溟、三周寒暑，達於南海，實梁普通八年丁未歲九月二十一日也。廣州刺史蕭昂具主禮迎接，表於武帝，帝覽奏，遣使齎詔迎請，十月一日至金陵……

達摩至京，與梁武帝相晤，談不契機，乃飄然過江，抵洛陽，寓止於嵩山少林寺，面壁而坐，終日默然，後傳衣缽於慧可，慧可傳僧璨，僧璨傳道信。道信弟子中，有黃梅弘忍、牛頭法融。道信傳衣缽於弘忍，以上五師，是禪宗五代祖師。而牛頭法融則傳法於智巖，智巖傳慧方，慧方傳法持，法持傳智威，智威傳慧忠，世稱此法系為牛頭禪，自法融至慧忠，世稱牛頭六祖。

五祖弘忍，在蘄州黃梅山弘化，於唐高宗咸亨二年傳衣缽於曹溪慧能。禪至慧能而大放異彩，慧能弘化於南方，稱南頓派。弘忍之首座弟子神秀弘化於北方，稱北漸派。至宋代更為五家七宗，盛極一時。

在中土，成立最晚的一個宗派是密宗。有關密教經典，雖然早在東晉時代就已輸入翻譯，如帛尸梨密多羅譯出的《孔雀王經》，但尚沒有設壇傳道的人。唐玄宗開元年間，天竺沙門善無畏、金剛智、不空三藏先後來華，譯出了《大日經》、《金剛頂經》、《藥師如來觀行儀軌法》、《大日經略攝念誦隨行法》等密部經法，並建曼荼羅，開壇灌頂，才開創了中土秘教——真言宗。此宗在中唐曾盛極一時，但到了晚唐就逐漸衰微，以後就完全失傳了。

五　佛教的保守時期

唐代末年，藩鎮割據，戰亂頻仍，五代十國，王朝交迭，此時也，佛寺荒廢、經籍散佚。隋唐時代鼎盛三百年之佛教，至此零落殆盡，盛唐之際完成或興起之各宗，至此亦莫不衰敗。惟禪宗一宗，以其多構居深山大壑，標榜教外別傳，故自六祖慧能以後，兩幹開基，五華結實，獨盛於世。

在此紛擾戰亂的時局中，地處江南之吳越王錢鏐、錢俶獨尊崇佛教，故吳越一地，佛法獨盛，尤以天台山位於吳越境內，故天台一宗，尤盛於斯地。吳越王俶，禮沙門德韶為國師，德韶與沙門義寂共致力於天台教法之弘揚，曾遣弟子遠赴高麗，請回智者大師遺著多種。由是天台人才輩出，開有宋一代昌明之局。

五代末年，後周世宗，天性不喜佛教，即位未幾，於顯德二年四月下詔，禁私度僧尼，敕廢天下無敕額之寺院。九月，敕令除縣官法物軍器，寺觀鐘磬鈸鐸之類聽留外，自餘民間銅器佛像，五十日內悉令輸官，給其值，過期不輸者，五斤以上其罪死。

並敕男子年十五以上，誦經百紙或讀五百紙、女子十三以上誦經七十紙或讀三百紙、陳狀出家，本郡考試以聞，詞部給牒方得剃度。在這一年之中，周境之內，毀廢佛寺三千三百三十六所，並以所沒收的佛像法器，用以鑄錢。此即佛教史上三武一宗法難的「一宗之厄」，時距會昌法難一百十年，於是六朝隋唐諸高德之章疏，大半散佚。

唐末五代，後梁、後唐、後晉、後漢、後周五朝，歷經五十四年之混亂紛擾後，至西元九六〇年，趙匡胤陳橋兵變，代周而有天下，建國曰宋，廟號太祖，統一中原，結束了五代十國的混亂局面。

　　宋太祖志在振興文教，即位之初，詔敕諸路，後周世宗所廢而未毀之寺院，聽存。既毀之寺，所有經像，許移置留存。是年九月，立建隆寺，命沙門道暉為主持。乾德四年，詔遣沙門往天竺求法，僧伽應徵者一百五十七人，各賜製裝錢三萬。時有河南進士李藹者，造《滅邪集》以毀佛教，事為太祖所聞，敕刺配沙門島，以為誑惑百姓者戒。乾德五年，沙門文勝奉敕編修《大藏經》。編修完成，齎賜有加，繼之開寶四年，太祖遣張從信往益州雕《大藏經》版，至太平興國六年始竣工，計十三萬版。印製藏經，每部凡四百八十一函，五千四十八卷，此為中國藏經刻版之嚆矢。

　　太宗當國，亦厚佛教，太平興國二年，下詔普試天下童子，給牒剃度。前後八年之間，度僧凡十七萬人，是時西域沙門來華者頗眾，太祖時曾有曼殊室利來自中天竺，至此，施護、法天、法遇、天息災等相繼東來。太宗乃於太平興國寺側建譯經院以居之，於是中斷百八十年之譯經事業，至此復告恢復。後太宗賜名譯經院為傳法院，並於傳法院西側建印經院，譯畢之經，即在院雕版印刷，太宗復應天息災等之請，選童子惟淨等五十人，入譯經院學習梵語，以便譯經事業不至斷絕。惟淨者，南唐後主李煜之族姪，研究梵章，深通奧義，未幾任梵學筆受，賜號光梵大師，惟淨於梵學頗有發明，譯經亦甚夥。

　　是時吳越臣服於宋。兩浙僧正讚寧隨王入朝。賜號通慧大師，讚寧著有《宋高僧傳》三十卷、《三教聖賢事蹟》一百卷、《內典籍》一百五十卷。

　　真宗之世，並隆三教，亦崇佛法，時天竺沙門法護來華，住譯經院譯經多卷，帝並以宰輔詞臣兼為潤文。自太平興國以來，所譯經律論計四百三十卷，悉編入《大藏》。

　　至宋徽宗時，稍有排佛之舉。宋徽宗是北宋昏庸之主，信奉道教，

禮道士徐知常，並自稱教主道君皇帝。政和七年，信道士林靈素之言，命全國州縣置神霄宮，或即以佛寺改充之，致經像法器多損毀散失。宣和元年，又詔改佛名為大覺金仙、僧稱德士、尼稱女德士。並俱留髮持笏，改寺為宮、院為觀。其意在使佛教從道教之制，而使佛道合而為一也。此時左街香積院沙門永道，上書切諫，徽宗大怒，敕流道州。然至翌年，徽宗又降詔自洗，謂向緣姦人建議，改釋氏之名稱，深為未允，前旨改德士女德士者依舊稱為僧尼，未久又下詔，大復天下僧尼，敕還貶流道州的永道，復僧形服，然佛像經籍之毀散，不可勝計。

　　西元一一二六年，金兵陷汴京，虜徽、欽二帝北去，宋室南渡，康王趙構立於南京，是為南宋高宗。南宋九帝一百五十二年，佛教事業無可稱述者；有之，則政府財政困窘，竟至出賣度牒，敕天下僧道納丁錢——宋高宗紹興年間，一牒收錢二百緡，僧道丁錢，一年自十千至一千三百凡九等，而民丁一年之賦止三百緡，為僧反不獲齒於齊民。紹興二十八年，鑄錢未能及額，大斂民間銅器及寺觀佛像鐘磬，每斤收算二十文。

　　就在高宗紹興年間，江南出現了一種結社念佛的宗派，叫做「白蓮宗」。這是平江崑山人茅子元所創立的，白蓮宗後來變了質，滲入了道教驅神役鬼的符籙，及彌勒下生的邪說，終至演變成元朝末年的白蓮教。此留待後文再述。

　　南宋未亡以前，北方的遼、金諸主，亦多崇佛，《遼史・道宗本紀》稱道宗：「一歲而飯僧三十六萬，一日而祝髮三千」，如今者遼寧遼義縣的奉國寺，山西大同的華嚴寺，皆為遼代舊剎，而金世宗之真儀皇后，於大定十年（西元一一七〇年）出家，敕建垂慶寺，度尼百人，賜田二百頃，並赦免天下僧寺役稅。金章宗明昌年，金主迎萬松長老

行秀內殿說法，帝后親迎，建普度會，歲以為恆。

宋代之佛教，各宗皆衰，惟禪宗獨盛。禪宗在唐代，至慧能神秀，分為南頓北漸二派，神秀之法系，有五台巨方、嵩山普寂、京兆義福等，各弘傳其所承。

慧能門下弟子有四十餘人，其中以青原行思、南嶽懷讓、荷澤神會、永嘉玄覺、南陽慧忠五人最著，稱慧能門下五大宗匠，並分傳甚盛，惟至唐末，亦莫不寥落，惟南嶽懷讓、青原行思二師的流派繁衍於後世，其在懷讓法系者，懷讓傳馬祖道一，道一傳百丈懷海，懷海門下分為兩支，一為黃檗希運，希運傳臨濟義玄，是為臨濟宗的開祖，一為溈山靈祐，靈祐傳仰山慧寂，是為溈仰宗的開祖。

其在行思法系者，行思傳石頭希遷，希遷傳天皇道悟、及藥山惟儼，惟儼傳雲巖曇成，曇成傳洞山良价，良价傳曹山本寂，是為曹洞宗；而道悟則傳龍潭崇信，崇信傳德山宣鑑，宣鑑傳雲峰義存，義存之下又分為兩家，一為雲門文偃，是為雲門宗；二為玄沙師備，師備傳羅漢桂琛，桂琛傳法眼文益，是為法眼宗。此即所謂禪宗五家。到了宋代，臨濟宗門下，又分出楊岐、黃龍二派，合前五家，號為七宗。

趙宋一朝，禪宗亦只臨濟一宗弘傳最盛，餘宗多數衰微或絕滅。及到宋朝末年，曹洞宗又臻隆盛，而臨濟門下的黃龍一派，數傳即絕，仍恢復臨濟舊稱，故禪宗遞流至今的，只有臨濟、曹洞二宗。

宋初，有永明延壽禪師者，住杭州永明寺，係法眼宗之高德，以禪師而兼修淨業，著有《宗鏡錄》百卷。高麗國王覽其教言，遣僧三十六人從師受法，歸國後各化一方，於是法眼一宗盛行於海外，而中國遂絕。

天台宗方面，由於義寂的弘傳，並由高麗請回天台典籍，故吳越一地，天台獨盛。義寂的弟子有義通、宗昱，義通有弟子四明知禮，

知禮的弟子有南屏梵臻、廣智尚賢、神照本如等二十七人，再有知禮的同門淨覺仁岳，義寂的同門慈光志因，志因的弟子慈光悟恩等，由於對天台大師《金光明玄義》真偽認定的不同，而演出「山家」、「山外」之爭，這兩派諍論者都是學者，各自著書立說，做為諍論依據，所以天台宗一時頗為隆盛。

華嚴宗方面，自唐代圭峰宗密之後，宗風衰微，至長水子璿出，宗風再振，子璿生於宋太祖乾德三年，初從天台宗悟恩的弟子洪敏學《楞嚴經》，繼從瑯琊慧覺學禪而悟，慧覺謂子璿：「汝宗不振久矣！宜勵志扶持。」於是子璿乃住長水，說《華嚴》，作《楞嚴經義疏》，門下徒眾近千人。子璿有弟子晉水淨源，繼師之志，大弘《華嚴》，著有《妄盡還源觀鈔補解》、《原人論發微錄》等，有華嚴「中興教主」之稱，淨源有弟子義天，高麗人，弘本宗於海外。

其在淨土方面，宋代結社念佛之風頗盛，宋太宗朝，先有昭慶省常大師，刻彌陀像於西湖、結社念佛，士大夫與會者百二十三人，宰輔文正公王旦為首，比丘及信眾常千人與會。宋真宗朝，四明知禮亦發起念佛施戒會，宋名臣文彥博，與淨嚴禪師，於京師建淨土會，結僧俗十萬人念佛，此為念佛會規模之最大者。

成吉思汗興起於蒙古，四傳至忽必烈，西元一二七九年滅宋而統一華夏，是為元世祖。元世祖設宣政院，專掌釋教僧徒。然元代所崇信者，實為西藏之喇嘛教，與中國漢魏六朝唐宋相傳之宗派迥異，且喇嘛教因受政府特殊之保護，其徒眾病國殃民，無所不至其極，中土僧眾，唯有「摳衣接足，丐其按顱摩頂」而已，故有元一代，實為中國佛教最黯淡之時期。

元人之崇信喇嘛教，始於其入主中原以前，先是元世祖忽必烈在藩邸時，奉憲宗之命征西藏，以懷柔政策，偕西藏喇嘛八思巴還。喇

嘛教，是西藏佛教的異稱，是「無上教」的意思。自是喇嘛教大行於蒙古及滿洲，及世祖即位，定喇嘛教為國教，尊八思巴為國師，授以玉印，任中原法王，至元元年，為元世祖授秘密戒，至元六年，升號帝師大寶法王，更賜玉印，統領諸國釋教。至元十一年請還西藏。同年，世祖遣專使迎還，至元十七年寂，年四十二。世祖聞訃震悼，敕諡「皇天之下，一人之上，宣文輔治，大聖至德，普覺真智，佑國如意大寶法王、西天佛子、大元帝師。」於京師建塔奉藏舍利，輪奐金碧，古今無儔。

八思巴的弟子沙羅巴，幼年依八思巴薙染，習諸部灌頂法，後奉世祖命，譯中國未備顯密諸經若干部，詔賜大辯廣智法師之號，嘗為江淮福建等處釋教總統。

又有必蘭納識理者，通三藏及諸國語言，於成宗大德年間，代帝出家，並受命翻譯諸梵經典。

元武宗朝，有法光喇嘛者，奉命與西藏、蒙古及中國之學者，共譯西藏經為蒙古語。

元世之英宗、晉宗、明宗、文宗、順宗等，亦相次厚信喇嘛教，保護喇嘛僧，元代諸帝皆置帝師，而帝師又皆是來自西藏的喇嘛。到元順宗時，伽璘真為帝師，他專以淫樂秘術授帝，致順帝荒淫，不理國政。由於元朝諸帝崇信喇嘛，保護喇嘛僧，喇嘛僧成為特權階級，恣其權勢，專橫一時，遂為元朝亡國原因之一。

元人入主中國，以戰勝者自居，將全國人民分為四種階級：一為蒙古人，又稱「國人」。二為色目人，為西域各部族。三為漢人，即北方之漢人原受遼金統治者。四為南人，即南宋的亡國之民。蒙古之王公貴戚及功臣，以漢人南人為奴隸，且橫征暴斂、壓榨民財，終至到了元順帝年間，漢人中的豪傑之士，紛紛揭竿起義、反元暴政。而起

義人士，卻是利用與佛教有關連的民間秘密宗教彌勒教、白蓮會，及由波斯傳來的明尊教結合而成的「香軍」，推翻了蒙古人的大元帝國，建立了漢人的大明皇朝。

彌勒教，是中國佛教史上的一股逆流。在姚秦鳩摩羅什大師譯經時代，譯出了一卷《彌勒下生經》，是說在「閻浮提歲數五十六億萬歲」之後，彌勒菩薩自兜率天下生閻浮提世界成佛之事，在此經中有一段經文說：

> 時閻浮提地極為平整，如鏡清明，舉閻浮提內，穀食豐賤，人民熾盛，多諸珍寶，諸村聚落雞鳴相接，是時弊華果實枯竭，穢惡亦自消滅，其餘甘美果樹，香氣殊好者，皆生於地。爾時時氣和適，四時順節……爾時閻浮提內，自然生粳米，亦無皮裹，極為香美，食無患苦，所謂金銀碑碌瑪瑙真珠琥珀，各散在地，無人省錄。是時人民手持此寶，自相謂言：昔者之人由此寶故，自相傷害，繫閉在獄，受無數苦惱，如今此寶，與瓦石同流，無人守護……時閻浮提內，自然樹上生衣，極細柔軟……爾時人壽極長，無有諸患，皆長八萬四千歲……。

總之，在彌勒下生到這個世界時，那時沒有災荒戰爭，大地平坦，自然生出粳米，樹上生出衣服，人們沒有疾病煩惱，壽命極長，那真是一個安和豐樂的世界。

而中國兩晉南北朝時代，由八王之亂到五胡亂華，十六國分立，南北對峙，可說是災荒戰爭不斷，人命朝不保夕的時代。由於《彌勒下生經》的流傳，給野心家找到了藉口。野心人士曲解經文，利用亂世人心盼望太平的心理，宣揚彌勒提前下生，到世界上來在龍華樹下說法度眾。野心家以彌勒的名義吸收信徒，到力量壯大時，就驅策群

眾從事叛亂活動，這種以彌勒下生之說蠱惑人心的團體，在歷史上叫做「彌勒教」。而這種邪教，卻是披著佛教的外衣出現。

由南北朝到隋、唐、宋、元，彌勒教聚眾起事代有所聞，而歷代政府也一直查禁這種邪教。另有一種在唐代由波斯傳入中國的「摩尼教」──這是與波斯拜火教有關連的宗教，在唐武宗「會昌法難」時也遭到唐政府的查禁，摩尼教轉入地下，與政府對抗。同時在宋、元兩朝，也有過起兵造反的記錄。摩尼教傳到中國後改稱明尊教。

再有就是南宋紹興年間，崑山人茅子元創立的白蓮宗，到後來變了質，與彌勒教混合，也倡言彌勒下生之說，到元朝末年，這白蓮宗系下的社、會，遍布南北各地。到了元順帝年間，起兵抗元的野心家，就是利用上述這幾種秘密宗教吸收信徒，組織軍隊，反元抗暴。這些野心的革命人士，推出白蓮會首領韓山童為領袖，立為「明王」。韓山童死後，立韓山童的兒子韓林兒為小明王。他們組織的軍隊，在當時稱為「香軍」──這種軍隊在軍中也燒香、點燈、禮拜、吃素，這是混合了彌勒教、明尊教、白蓮會等傳統而訂出的教儀。

南北並起的許多股香軍，經過了十多年的混戰，最後朱元璋這一系香軍把元人趕入大漠，朱元璋建立了大明皇朝，他自己成為明朝的太祖皇帝。

六 明清兩代的佛教

明太祖朱元璋，是濠州鍾離縣——安徽鳳陽——人，幼年家貧，隨父耕作為生，元順帝至正四年，元璋十七歲。濠州鬧災荒瘟疫，他的父母與大哥先後數日內染上瘟疫去世，他貧無所歸，到皇覺寺出家為沙彌——未受過具足戒。數月後寺中存糧吃完，全寺僧人也丟下寺廟到他鄉逃難，元璋也隨著逃荒人群，到外鄉去當遊方和尚。遊蕩數年，他加入了當時民間的秘密宗教——明尊教。

至正十一年，明尊教首領劉福通在潁州起兵抗元，繼之郭子興——也是明尊教的首領——在濠州起兵響應。朱元璋到濠州投入「香軍」郭子興麾下，充當「十夫長」。

由於朱元璋在軍中才幹出眾，作戰勇敢，數年之間，他由十夫長而鎮撫、而總管，成為獨當一面的大將。又經過了上十年的混戰——香軍與元軍戰，不同系派的香軍互相併吞混戰。最後朱元璋蕩平群雄——陳友諒、張士誠、方國珍、陳友定等。到至正二十七年，朱元璋任命徐達、常遇春為征北大將軍及征北副將軍，把元人趕回蒙古，而建立了「大明」皇朝。

元朝末年，各地利用秘密宗教起義的人士，喊的口號是「反元復宋」。最早起義的劉福通且建立了「大宋」王國。朱元璋在江南削平群雄，曾建「吳國」，稱吳王。但後來何以要用「明」為國號呢？原因在於他出身「明尊教」，投效明尊教的香軍，他曾是「小明王」韓林兒的臣屬，由於天下是明尊教的徒眾打下來的，他為了安撫天下明尊教的教眾，不得不定國號曰「明」。

而在元末各地起義的「香軍」，都是藉民間秘密宗教彌勒教、明尊

教、白蓮會等徒眾組軍起義的,到後來惟朱元璋一系獲得最後勝利,這一系的從龍之士,固已高官厚祿,身居要津;而在野的失意者,尤其是被朱元璋蕩平的失敗者,難免不心懷怨恨,伺機反抗。所以朱元璋在位三十一年,各地秘密宗教的餘黨不時聚眾作亂,與大明朝廷糾纏不已,而朝廷為了鞏固政權,也不惜以最激烈的手段來鎮壓民間秘密宗教。這一來,不但民間秘密宗教受到鎮壓,連帶著也壓抑了佛教的發展,所以有明一朝,佛教各宗各派,幾乎全是乏善可陳。

在「玄覽堂叢書」的《明朝小史》中,記載有明太祖鎮壓反對者的手段:

> 帝(明太祖)既得天下,惡勝國頑民竄入緇流,乃聚數十人,掘一泥潭,埋其身於泥中,特露其頂,用大斧削之,一削去頭數顆,名曰鏟頭會。

文中的「勝國頑民」,指的是民間的反對分子。「緇流」,指的是和尚團體。因鎮壓反動分子而殃及和尚,可見佛教之處境。事實上,民間反動者,因朝廷查禁過嚴,難免有人溷跡寺廟以藏匿者。在洪武年間頒布的「大明律」上,有查禁秘密宗教的條文:

> 凡師巫假降邪神,書符咒水,自號端公、太保、師婆及妄稱彌勒佛、白蓮社、明尊教、白雲宗等所,一應左道亂正之術,或隱藏圖像,燒香聚眾,夜聚曉散,佯修善事,煽惑人民,為首者斬,為從者各杖一百,流三千里。

為了鎮壓反動分子,對於僧道的防範也極為嚴密。如《太祖實錄》上記載:

詔以女子四十以上始得為尼，府州縣存大寺觀一所，併其徒而處之。

詔民二十以上，不許落髮為僧，年二十以下至求請度牒，俱令在京諸寺試事三年，考其廉潔無過者，始度為僧。

敕曰：今天下僧道，凡各府州縣寺觀雖多，但存其寬大可容眾者一所，併而居之，毋雜處於外，與民相混。

命禮部榜示天下僧寺道觀……其一二人於崇山深谷修禪及學全真者聽，三四人勿許。

三四人勿許，是怕人多了聚眾謀反。

明太祖時，京師設僧錄司，掌天下僧教事。府置僧綱司，州置僧正司，縣置僧會司，分掌其事——這與其說是重視佛教，不如說是嚴密管制，因為僧錄司曾造周知冊頒給天下寺觀，凡僧尼到處，即核對周知冊，其父母籍貫告度月日等，如對答不符，即為偽僧，扭之送官。

由於朝廷的種種限制，有明一代，佛教寺觀冷落，諸宗多半失傳，禪宗亦唯臨濟、曹洞二宗尚存。直到明朝末年，開國時的諸禁令鬆弛下來，雲棲袾宏、憨山德清、靈峰智旭諸大師相繼出世，或倡禪淨一致，或說性相融會，或論佛儒接合，乃使冷落了兩百餘年的佛教，有一番復興氣象。

雲棲袾宏，世稱蓮池大師，杭州仁和人，初為諸生，以學行稱著。三十二歲出家，歷遊諸方，隆慶五年，結茅於杭州雲棲山，教化遠近。師倡導淨土，痛斥狂禪，著有《阿彌陀經疏鈔》等三十餘種，為明末佛門巨擘。

德清大師，字澄印，晚號憨山老人，全椒人，嘉靖二十五年生，十二歲禮報恩寺西林永寧為師，習經教，修儒學。十九歲剃度，參遊

諸方。萬曆二十三年，坐「私創寺院」律，謫雷州，二十四年經曹溪，禮六祖肉身乃抵戍所。時雷州饑屬，師為掩骼埋胔者數以萬計。旋建普濟道場，就地弘化。三十四年遇赦還，四十五年於廬山五乳峰，效慧遠大師之六時刻漏，專修淨業。天啟三年入寂，世壽七十有八。著有《觀楞伽經記》、《法華經通義》等。

智旭大師字藕益，生於萬曆二十七年，少以聖學自任，嘗作闢佛論數十篇，十七歲閱蓮池大師之〈自知錄序〉及《竹窗隨筆》，乃取先作諸論焚之。天啟二年師二十四歲，從憨山大師之弟子雪嶺剃度，在徑山坐禪，翌年豁然有省，天啟四年受具足戒，五年遍閱律藏。崇禎元年至金陵，見禪門流弊，乃決意弘律。晚年歸老於杭州靈峰，明永曆九年圓寂，世壽五十有七，世稱靈峰藕益大師，師生平著述豐富，以《閱藏知津》最著。

明代尚有一事足資稱述者，即紫柏大師改刻梵篋藏經為方冊，僧俗皆可按價購買，使藏經普及流通，則與宋元刻藏，以藏之名山大剎者迥異。

自東漢末年，佛法傳入中土後，千餘年來，中國的佛教只是大德高僧、文人名士的佛教，民間信佛，目的只在求福報，與如來的解脫法門根本是兩回事。這種情形，尤以明、清之季，民俗宗教盛行後為然，而民俗宗教又多披著佛教的外衣出現，農村愚夫愚婦，不辨真偽，趨之若鶩。所以民間「信佛」的愈多，而去佛之道愈遠。

明朝中葉以後，民間出現了許多新興的宗教，主要的是羅教、龍華教、金幢教。但其支胤繁多，名稱不一，如無為教、大乘教、混元教、涅槃教、頓悟教、圓頓教、達摩教、淨空教等等，這些教派，或為舊有彌勒教、白蓮會的支胤，或新立教義、新創教名，但後來多為野心分子滲透，吸收或附會新興宗教的教義，來散播白蓮教的思想——

「彌勒下生、白陽普度」、「真空家鄉、無生父母」等。而其外表則設佛堂，拜佛拜菩薩，農村愚民，不明所以，因而入教，而實不知已誤入歧途了。

朱元璋起兵抗元，是藉著民間秘密宗教的力量組軍起事的。而建立明朝後，又鎮壓秘密宗教，連帶著也限制了佛教。但明朝各代，秘密宗教聚眾起事與朝廷抗爭的，此仆彼繼，史不絕書。著者如永樂年間唐賽兒之亂，景泰年間的趙玉山之亂，天啟年間的徐鴻儒、于宏志、趙大等之亂。到了這些亂事稍平，接著到了崇禎初年，陝西流寇四起，未久明祚也就告終了。

滿清入關之後，以其部族固有的傳統，亦崇信喇嘛教。元、清之崇信喇嘛，主要是懷柔藩部，故對喇嘛寺院之配置，僧侶之階級，廩餼之額數，皆有定制。清制，喇嘛分駐京喇嘛及蒙古西藏各部喇嘛，而皆受前藏達賴喇嘛之管轄。其駐京喇嘛，設掌印札薩克大喇嘛以管理之。清廷的內務府三旗、東陵隆福寺、西陵永福寺，皆設置定額的喇嘛。此外熱河、盛京、五台山、歸化城、多倫諾爾等處，亦設置定額喇嘛，其缺額升轉，亦皆有定制。

西藏地方，達賴與班禪，分主前後兩藏，乾隆年間，理藩院造冊統計，前藏達賴，轄市廟三千一百五十餘所，喇嘛三十萬二千五百餘人。後藏班禪，轄寺廟三百二十七所，喇嘛一萬三千七百餘人。

清廷入關，雖以部族傳統，崇信喇嘛教，然對中土佛教，亦頗示尊崇，保護備至。順治年間，定僧道制，朝廷設僧錄司，左右善世、闡教、講經、覺義，以掌釋教之事。各省、府設僧綱司，置都綱、副都綱各一人。州屬曰僧正司，縣屬曰僧會司，各掌地方釋教之事。

清廷對於寺觀庵院之建立，及民間薙度出家，各有法令限制。如對寺觀之建立，「大清律」中規定：「凡寺觀庵院，除現在處所外，不

許私自刱建增置，違者杖一百……民間有自願刱建寺觀者，須呈明督撫具奏。奉旨，方許營建。」

其對民間輒度出家者，須由官給度牒，不許任意出家。「大清律」中亦有規定：「若僧道不給度牒，私自簪薙者，杖八十；若由家長，家長當罪；寺觀住持，及受業師私度者，與同罪，並還俗。」

朝廷限制雖嚴，然年代久遠之後，遂成具文，僧徒隨意出家，甚至於貧乏不能自存者則為生活而出家，違法犯紀者亦藉寺廟為藏匿之所，至是佛門清淨之地，分子就變得複雜了。

清初諸帝，多一改其專崇喇嘛之舊習，而崇信佛教。順治十四年，帝狩南苑，因幸海會寺，延見主持憨璞性聰和尚，奏對稱旨，復召入禁苑，問佛法大意，自此皈依禪宗，頗致力於參究。特遣使迎臨濟宗玉林禪師入京，於萬善殿昇座說法。後迎入西苑，時時問答。玉林辭還，留其首座弟子苃溪行森侍帝，帝賜玉林號大覺普濟禪師，苃溪為明道正覺禪師。

順治帝嘗於座右大書：「莫道老來方學道，孤墳盡是少年人。」以自警惕，可見其參禪必有心得也！

康熙為清初一代明主，他於振興儒教之餘，對於佛教亦特加維護。歷次南巡，均到名山大寺拈香禮佛。他曾發帑重修普陀山普濟寺，親製碑記，有云：「海寇猖狂，寺宇梵剎，皆為灰燼；自康熙二十二年，蕩平臺灣，海波永息，朕時巡浙西，特遣專官，虔修清供，敬書題額，永鎮山門；復發帑重修寺宇，上為慈闈延禧，下為蒼生錫祉。」

雍正於禪門頗有造詣，自號圓明居士，他曾輯古來禪師語錄中之特提向上，直指真宗者，編為十九卷，名曰《御選語錄》。其中第十二卷為其自己與人問答之語，如云：「學人初聞道，空境易，空心難；究竟則空心易，空境難。空境而不空心，到處為礙；空心而不空境，觸

途成滯；應知心外復何物可空；物外復有何心可空。所以云：『我自無心於萬物，何妨萬物常圍繞』，少有分別心，則非第一義；若不如是，必不能守。」

雍正精研禪理，惟鑑於禪門說空之弊，又極力提倡淨土，示學人以腳踏實地之修行，他對於淨土諸師，特尊崇蓮池大師，他在《御選語錄》中，採其要語，別為一卷，自製序文曰：

達摩未到梁土以前，北則什公子弟，講譯經文；南則蓮社諸賢，精修淨土；迨後直接心傳，輝映震旦，宗門每以教典為尋文解義，淨土為著相菩提；置而不論，不知不覺，話成兩橛。朕於肇法師語錄，已詳言宗教之合一矣！至淨土之旨，又豈有二……及明蓮池大師，專以此為家法，倡導於浙之雲棲，其所著《雲棲法彙》一書，皆正知正見之說，朕欲表是淨土一門，使學人宴坐水月道場，不致岐而視之，誤謗般若，故擇其言之融會貫通者，刊為外集，以示後世。

雍正晚年，開藏經館，修訂《大藏經》，事未竟而崩殂，乾隆繼之，至乾隆三年竣工。《彙刻書目》第十九冊卷首〈釋藏部〉註云：「我朝雍正十三年，特開藏經館，收奇黜妄，整理編刊，命和碩莊親王等董其事，至乾隆三年竣工，頒發各省寺院，誠鉅典也。」

明朝藏經有四種版本，最後一次刊於萬曆十七年，雍正、乾隆年間雕刊的《大藏經》，是將萬曆以後佛門大德的著述，增入藏中，計一千六百六十九部，七千二百四十七卷，名曰《大清重刊三藏聖教目錄》，即世所稱《龍藏》。

嘉慶年間，「川陝楚教匪之亂」起，蔓延五省，糜爛州縣百餘，清廷出動官兵鄉勇數十萬，追剿七年餘，耗費用費兩萬萬兩，才粗告平定，而國勢亦因之中衰，繼之太平天國洪秀全起事，以耶穌教為號召，

師行所至，無論佛寺道觀及民間祠廟，既行焚燬，佛像經卷，亦破壞無遺，佛教所受的影響，不下於三武一宗法難。

清朝還背有一個傳統的包袱，即由明季遺留下來的民間秘密宗教，遍布民間，順治三年，吏科給事中奏請查禁，奏疏中稱：「近日風俗大壞，異端蜂起，有白蓮、大成、混元、無為等教，種種名色，以燒香禮懺，煽惑人心……」而尤其難堪者，這些邪教多披著佛教的外衣，設佛堂，拜佛菩薩，而骨子裡卻是「彌勒下生、白陽普度」、「真空家鄉、無生父母」。這種邪教在民間蔓延發展，使正統佛教幾無容身之地，如前文所稱的「三省教匪之亂」，繼之又發生的「天理教之亂」，都是這些秘密宗教的傑作，以至於清朝末年，招致八國聯軍的義和團之亂，都和這些邪教有連帶關係。

所幸者清末民初之際，佛教人才輩出，比丘如諦閑、虛雲、太虛、印光諸大師，居士如鄭學川、楊文會、丁福保、蔣維喬諸大德，提倡弘佈，不遺餘力，使正法不絕如縷，乃至有復興氣象，皆得諸先德之力也。

第四章　佛教宗派概述

一　佛教宗派的發展與演變

釋迦世尊住世之時，廣說諸部經法，本來是應機說教，隨類施化，初無所謂大小乘，亦無所謂宗派。

世尊滅度後，歷代諸師，各因內證的不同，當機的有別，各標勝義，這就逐漸形成了宗派，在小乘佛教時代，由於大眾部與上座部分裂。其後兩部並一再分裂，以至形成小乘二十部的諍論。大乘佛教興起，以理論見解之不同，亦有中觀學派與瑜伽學派的分歧。

東漢初年，佛法東傳。漢、魏、西晉，佛經翻譯未周，宗派亦未形成，由東晉以至南北朝兩百餘年間，經典傳譯大備，諸大譯經師譯出經典，或由師弟傳承，自成一系；或因修持相近，研習相同，逐漸形成派別，這就是以後各種宗派形成的先聲。迨至隋、唐，各宗派次第建立，而有小乘二宗，大乘八宗之說。事實上，在宗派發展的過程中，大小宗派有十四個之多。這十四個宗派，有為源自印度學風而立的，有為國人新創的。宗派的命名，有以所依的經典而立名，有以創宗的地點而立名，亦有以創宗者之名而立名。

如早期譯經時代，依印度阿毘曇學說而形成的「毘曇宗」；姚秦時代鳩摩羅什大師譯出《中論》、《百論》、《十二門論》形成的「三論宗」；什師譯出《成實論》而形成的「成實宗」；由慧遠大師在廬山結社念佛，

以後形成的「淨土宗」；由曇無讖譯出《大般涅槃經》，以後形成的「涅槃宗」；梁代菩提達摩所傳不立文字，直指人心，見性成佛的「禪宗」。菩提流支譯出《十地論》後形成的「地論宗」；陳代真諦三藏譯出《俱舍論》形成的「俱舍宗」；譯出《攝大乘論》形成的「攝論宗」；隋代智者大師依《法華》、《智度》等經論成立的「天台宗」；賢首大師依《華嚴經》成立的「賢首宗」；南山道宣律師以弘傳《四分律》所成立的「律宗」；唐玄奘大師譯《解深密經》、《瑜伽》、《唯識》等經典，所成立的「法相宗」；以及善無畏、金剛智所傳的「真言宗」。

　　以上十四宗派，歷經發展演變，如毘曇宗後為俱舍宗所取代；涅槃宗後併入天台宗；地論宗唐以後歸於華嚴宗；攝論宗唐以後歸入法相宗。這樣在中土佛教黃金時代，即唐代所並存的，有大小乘十個宗派，今列表如下：

宗　名	開創者	印度源流	起始至衰微
成實宗	鳩摩羅什	小乘薩婆多部學者訶梨跋摩	由東晉末至中唐
俱舍宗	真諦三藏	說一切有部——阿毘曇一系、世親	由南朝陳末至晚唐
三論宗	嘉祥大師吉藏	龍樹、提婆一系的空宗中觀學派	由東晉末年至中唐
法相宗	慈恩大師窺基	無著、世親一系的瑜伽學派	由盛唐至晚唐
律　宗	南山律師道宣	曇無德部四分律	由盛唐至元以後
淨土宗	善導大師	馬鳴、龍樹、世親	由南北朝迄今
密　宗	不空三藏	龍樹、龍智	由盛唐至晚唐
天台宗	智者大師智顗	龍樹	由陳隋至晚唐以後
華嚴宗	杜順大師	馬鳴、龍樹	由盛唐至晚唐以後
禪　宗	菩提達摩	馬鳴、龍樹、提婆	由南北朝至今

以上十宗，於後文再分章詳述。現將併入他宗的四個宗派——毘曇、涅槃、地論、攝論四宗概述如下，茲先述毘曇宗：

中國早期譯經時代，漢桓帝年間大譯經師安世高即譯出《阿毘曇五法行經》、《阿毘曇七法行經》、《阿毘曇九十八結經》等印度阿毘曇一系的經典。

此後，竺法深之弟子竺法友繼承阿毘曇學，竺僧度著《毘曇旨歸》，僧伽跋澄以苻秦建元十七年抵長安，共道安等譯出《鞞婆沙論》。僧伽提婆於苻秦建元十九年抵長安，與竺佛念共譯出《阿毘達摩八犍度論》。後數年，提婆博明漢語，方知先出之經，多有乖失，乃更譯出《阿毘曇心論》及《鞞婆沙論》。以後法顯自天竺歸中土，將其得自中天竺的《雜阿毘心論》六千偈，與佛陀跋陀羅共譯出，成十三卷。

劉宋元嘉年間，西域沙門伊葉波羅，在彭城譯《雜阿毘曇心論》，未竟而輟，後由求那跋摩續譯而成十三卷。又後三年，僧伽跋摩亦於宋都長干寺，與法雲共譯出《雜阿毘曇心論》。今惟此譯本留存，前譯者盡失。

此外尚有沙門道泰，因遊歷西域，得《大毘婆沙論》梵本十萬偈，東歸涼州，與佛陀跋摩、沙門智嵩道朗等共譯出為一百卷，後北涼為魏太武帝所滅，此經散佚，僅存六十卷。

由於阿毘曇學諸論著譯出頗早，且由道安、慧遠等之倡導，僧伽提婆亦於建康敷講，一時學者頗眾。如慧遠之弟慧持，及道猛、道慧、僧遠、慧集、法護、智藏、辯義、道岳等，都先後弘傳此學。這一系的學者，在當時被稱為「毘曇宗」。

到了南北朝末年，真諦三藏譯出《俱舍論》，原有的毘曇學為《俱舍論》的流行所掩，由是毘曇宗之名漸改為俱舍宗——關於毘曇宗的宗義，併入俱舍宗中敘述。

涅槃宗，係依《大般涅槃經》，研鑽倡導一切眾生悉有佛性，如來常住無有變易之宗派。

在《大般涅槃經》未傳入中土之前，法顯自中天竺華氏城寫此經初分的梵本，返國後，於晉義熙十三年（西元四一七年），與佛陀跋陀羅在建康道場寺共同譯出，名曰：《大般泥洹經》，凡六卷。世稱六卷《泥洹》，而與此同時，中印度曇無讖在北涼亦譯《大般涅槃經》初分十卷，後來又譯出中分後分，計四十卷十三品，世稱《大本涅槃》。此《大本涅槃》於宋元嘉年——西元四二四至四四三年間，傳至江南，宋文帝令慧嚴、慧觀、謝靈運等，依六卷《泥洹》修訂之，修訂為三十六卷二十五品，世稱《南本涅槃》，而曇無讖原譯為《北本涅槃》。

在《大本涅槃》未南傳之前，六卷《泥洹》在建康流布，經中說：「泥洹不滅佛有真我，一切眾生皆有佛性。」惟經中又稱：「除一闡提，皆有佛性。」羅什弟子彭城道生時在建康，剖析經義，謂闡提含生之類，何得獨無佛性？此經未盡耳！乃倡闡提人皆得成佛之說。然舊學僧黨，以此為背經邪說，把他擯出僧眾。道生入吳，至虎丘山，有聚石為徒講《涅槃經》的傳說：「至闡提處，則說有佛性，且曰：如我所說，契佛心否？群石皆為點頭。」（《佛祖統記》）後《大本涅槃》傳到建康，果稱闡提皆有佛性，與道生之說符合，道生後入廬山，講說《涅槃》。

《大涅槃經》來自北涼，而道生在江南昌明其學，故南方涅槃學者多屬道生系統，知名者有寶林、法寶、道猷、道慈、僧瑾、法瑗、僧宗、慧超、慧朗、敬遺、法蓮等，其中寶林著有《涅槃記》、林之弟子法寶著《金剛後心論》、僧宗著《涅槃義疏》、法朗著《大涅槃經集註》。

然在南方，亦有曾在北方學涅槃而不屬於生公一系的學者，如慧靜、法瑤、曇斌、慧亮、僧境、超進、法安、寶亮、法雲、慧約、曇

準、僧遷等。其中寶亮是齊、梁間的涅槃學大師，在建康中興寺講《涅槃經》八十餘遍，僧俗弟子三千餘人，並撰《涅槃義疏》，由梁武帝親為作序。

北方的涅槃學者，則有慧嵩、道朗，均預曇無讖譯場，筆受《涅槃》，分別撰有《義記》、《義疏》，後有慧靜著《涅槃略記》，流傳於北地。關內人道憑，也擅長《涅槃》。羅什的弟子彭城僧嵩，原本奉持《大品般若》，晚年也專研《涅槃》，之後自北魏中葉至隋朝初年，以《涅槃》知名的，有道登、曇度、曇無最、圓通、寶象、僧妙、道安、曇延、慧藏等。

曇延，蒲州桑泉人，少年聽僧妙講《涅槃》，深悟經旨，因而出家。著有《涅槃經義疏》，北周武帝授為國統。後武帝廢佛，延諫不從，乃隱於太行山，及隋文建國，延奏請度僧，興復周廢之伽藍，隋代三寶再弘，延之力也！延之弟子慧海、童真、慧誕、法常、道洪等，亦多善《涅槃》。

北地在魏、齊年間，地論宗興起。地論一系學者，無不兼習《涅槃》。隋文帝統一南北，就當時佛教義學立為「五眾」，而涅槃居首。惟入唐以後，北地之涅槃與地論入於華嚴，而南方之涅槃融入天台，以後就沒有此宗之名了。

中國自北魏到唐初的一段時間，有許多精通並弘揚《十地經論》的學者，這些人當時並沒有傳宗定祖之說；本不成為一個宗派，但後世學者也給加上一個宗派的名稱，稱之為「地論宗」。

《十地經論》，是世親論師的著作，也是印度大乘瑜伽學系的重要典籍。世親初學小乘，後聞其兄無著講《十地經》有省，因而改小入大，學習大乘，並撰寫《十地經論》以讚揚大乘。其中有許多大乘教義的解釋，而主要是主張如來藏緣起的理論。

北魏宣武帝永平年間，菩提流支與勒那摩提，合譯出《十地經論》十二卷，以後研究者漸盛，不過由於二人以往所習並不盡同，因之從他二人傳習《地論》的也因傳承不同而生異解，這就形成《地論》的南北二派——所謂南北，係以鄴都為中心，在鄴都南者為南派，北者為北派，不是以大江南北而說的。

南派地論傳自勒那摩提，勒那摩提譯為寶意，是中天竺人。北魏宣武帝正始年間到洛陽弘法，譯出《十地經論》、《寶性論》等二十餘卷。傳其地論之學的，是他的弟子慧光。

慧光，定州長廬人，幼年依少林寺佛陀扇多出家，曾參預《十地論》的譯場，在洛陽任過國僧都，後轉鄴城國統，他撰有《十地論疏》，並著《四分律疏》，後世尊為四分律宗的開祖。由於慧光的弘傳，地論得以傳佈，他門下高弟很多，而傳其《地論》之學的是法上。

法上，朝歌人，十二歲從道樂禪師出家，後入洛陽從慧光受具足戒。講《十地》、《地持》、《楞伽》、《涅槃》諸經，並著有《文疏》。魏、齊二代，歷任僧都、國統四十年。門下弟子有慧遠、法存、融智等，以慧遠最著名。

慧遠，敦煌人，十三年投澤州僧思出家，後依法上受具戒，即專從法上受學，後周武毀法，遠獨抗不屈，隱居汲郡西山。隋興，授洛州沙門都，後奉詔入長安，住淨影寺，撰《十地疏》十卷、《大乘義章》十四卷，傳其學者為其弟子靈璨，靈璨深明《十地》、《涅槃》，先後在淨影寺、大禪定寺講授。慧遠其他弟子慧遷、智徽、玄鑒、道顏、智嶷、寶安等，亦皆講敷《十地》、《涅槃》。

此外，慧光的弟子曇遵、道憑，各傳弟子曇遵、靈裕等，也各以弘講《十地》著名。

北派《地論》學者以道寵為著。道寵學《十地》於菩提流支，他

隨聞而出疏，名揚鄴下。他門下的弟子甚多，但除一志念外，餘均無傳可考。志念是冀州信都人，依道寵學《十地經論》，著有《迦延雜心論疏》及《廣疏》各九卷盛行於世。

　　北派《地論》師人數較少，在傳播上不如南派之盛，加以當時《攝論》盛行，《地論》遂為《攝論》所掩，逐漸融成一派，到了唐代，華嚴宗盛行，而《十地經》原是《華嚴經》的一品，此宗也就融入華嚴宗了。

　　最後還有一個攝論宗。這是依印度瑜伽學派無著論師所造的《攝大乘論》，主張無塵唯識之義，兼立九識，倡對治阿賴耶識，以證入第九阿摩羅無垢識的一派。

　　《攝大乘論》在中土有三種譯本。一為後魏佛陀扇多的譯本，一為陳末真諦的譯本，一為唐代玄奘的譯本。而倡導攝論成為一宗的，是真諦大師。真諦於陳天嘉四年，應廣州刺史歐陽紇之請，譯《攝大乘論》，門人慧愷筆受，十月而成，計本論三卷、釋論十二卷、義疏八卷，書成後五年、慧愷早逝，越年真諦亦寂，故弘傳攝論的，是真諦的弟子道尼。

　　道尼，九江人，曾親炙於真諦，後歸九江，開講《攝論》，知名海內。隋開皇十年，奉詔入長安，使真諦之學大行於京師，他這一系傳承，有道岳、智光、慧休。

　　法泰原住建康定業寺，在梁代早已知名，後赴廣州從真諦，入譯場任筆受垂二十年。後復回建康，開講《攝論》與《俱舍》。後來弟子靖嵩受學弘傳《攝論》。

　　曹毗是慧愷的堂弟，隨慧愷至廣州，從真諦受學《攝論》，晚年住江都白塔寺弘揚《攝論》，他這一系的傳承，是傳弟子僧榮、法侃。僧榮傳慧璉，法侃傳道撫。

　　法淮，從真諦學《攝論》，綱細章句並通，並依解製節，廣流章疏，他傳學於淨願。

　　靖嵩是法泰的弟子，他先在鄴城從融智學《涅槃》與《地論》。周武滅佛，他南下建業，從法泰學《攝論》與《俱舍》。後北歸彭城，住嵩聖寺，講《攝論》，著有《論疏》六卷，及「九識」、「三藏」等玄義。到隋代，隋文帝封泰山，關中義學沙門從過徐州，均到嵩聖寺聽講受業，因之門下興盛，所撰章疏也大行於世。他門下傳《攝論》的弟子有智凝、道基、道因、法護等。

　　傳《攝論》之學於北方的，除道尼、靖嵩二系外，還有曇遷一系。

　　曇遷的《攝論》，全無師承。他是博陵饒陽人，早年留心莊易、歸意佛經，二十一歲出家，歷諸講肆，不以經句涉懷，後周武滅佛，他逃至江南，偶至桂林，在刺史蔣君之宅獲《攝大乘論》，專心鑽研。隋文建國，他回到彭城，住慕聖寺，開講《攝論》，後來又至江都開善寺講《攝論》，隋開皇七年，奉詔入長安，於大興善寺講《攝論》，撰有《攝論疏》十卷，及《楞伽》、《起信》、《唯識》等疏，大業三年寂。門下弟子弘傳《攝論》的有道哲、靜琳、玄琬、道英、明馭、靜凝等。

　　《攝論》自靖嵩、曇遷兩系再傳之後，逐漸衰微，及至玄奘、窺基一派的法相宗興起，此一《攝論》學派就歸入法相宗了。

二　我空法有的俱舍宗

　　俱舍宗所據以建立的經典，是世親論師所著的《俱舍論》。《俱舍論》是略寫，全名是《阿毘達摩俱舍論》。

　　阿毘達摩俱舍是梵語。阿毘 (Abhi) 譯為「對」，對是對向，亦有「更上一層」的意思。達摩 (Dharma) 譯為「法」，合而言之，阿毘達摩是

「對法」、或「上等特殊之法」。俱舍譯為「藏」，為庫藏之意，言俱足含藏一切諸法。

佛滅後三百年，在印度小乘佛教部派分裂時代，自上座部中分裂出說一切有部，說一切有部的部主迦多衍尼子，為對抗當時的大眾部盛倡新說，強固本部理論根據，造出《阿毘達摩發智論》，是為有部的基本理論。此外尚有《異門足論》、《法蘊足論》、《施設足論》、《識身足論》、《品類足論》、《界身足論》等六論，亦為說一切有部理論之所依。後來到迦膩色迦王時代，有部學者以六論為旁依、註釋《阿毘達摩發智論》，編纂成《阿毘達摩大毘婆沙論》。此論不但代表了說一切有部的學說，亦代表了小乘佛教的學說。後世論師，更以《大毘婆沙論》為中心，造出了許多入門書或綱要書，如尸陀槃尼造的《鞞婆沙論》、塞建地羅造的《入阿毘達摩論》、法勝造的《阿毘曇心論》、法勝造的《雜阿毘曇心論》等──阿毘曇，是阿毘達摩的縮寫。

佛滅後九百年，世親論師出世，他是犍陀羅國人，出家於說一切有部，後學經量部，懷有改善有部教義的大志。時《大毘婆沙論》盛行於迦濕彌羅，且有不許妄傳國外的律條，世親乃匿名變裝入迦濕彌羅，遊學四載，精通阿毘曇學義蘊，返國後為眾講《大毘婆沙論》，以一日所講，便造一偈，含婆沙的宗義，成六百頌，後並依照偈頌加以解釋，全部九品八千頌，詞義明析，理論精微。當世稱之為「聰明論」，此即有名於世的《阿毘達摩俱舍論》。

世親弟子中傳他俱舍之學的，首稱安慧。安慧著有《俱舍論實義疏》（現存漢譯殘本五卷），此外，後世的德慧、世友、陳那、稱友等，也各有註釋。

西天竺沙門婆羅末陀，譯名真諦三藏，應梁武帝之請，遠齎經篋，於太清三年（西元五四八年）抵建業，欲翻譯經教，值侯景之亂未果，

既而流寓各地，輾轉徙遷，而其間譯筆未輟，譯出《十七地論》、《金光明經》、《攝大乘論》等數十部。晚年應廣州刺史歐陽紇之請，於陳文帝天嘉四年，譯出《俱舍論》二十二卷，譯名為《阿毘達摩俱舍釋論》，並作《義疏》五十三卷，及《論偈》一卷。天嘉七年並應請重譯，至陳廢帝光大元年譯畢，前後兩譯，皆由弟子慧愷筆受。越年餘，真諦圓寂。門下弟子傳其俱舍之學的，有慧愷、智激、法泰等。

慧愷俗姓曹，初住建業阿育王寺，在梁代早已知名，後與法泰先後至廣州從真諦受業，住顯明寺，助譯《俱舍論》。後在智慧寺講《俱舍論》，未竟而卒，年五十一，時在真諦圓寂前一年。真諦聞悉，異常悲慟，恐《俱舍》、《攝論》之學失傳。與弟子智激、法泰、道尼等，發誓弘傳此二學。

智激是循州平等寺沙門，先廣聽名師，對《成實》、《婆沙》、《中論》等都有心得。後至廣州，真諦譯《俱舍論》，激得預譯席。慧愷講此論時，激與道尼等二十人，並綴拾文疏，於堂聽受。真諦寂後，激住建業，後又為廣、循二州僧正，所到之處，依師遺教，弘傳《攝》、《俱》二論。

法泰先住建業定林寺，知名梁代，及真諦在廣州，泰不憚艱險，至廣州從諦，入譯場為筆受，垂二十年。助譯經論五十餘部，並著有《義記》。陳太建三年，法泰還建業，攜回真諦新譯之經典，大開講筵，創開義旨，驚異當時。

惟後來在長安弘傳俱舍之學的，則是慧愷的私淑弟子道岳。

道岳，洛陽人，幼年依僧粲出家，後來從志念、智通習《成實論》、《雜阿毘曇心論》，並就道尼學《攝論》，後道尼圓寂，他住長安覺明寺，閉戶五年，專治《俱舍》，洞達論旨。他以未見真諦義疏為憾，託人尋訪，在廣州訪得慧愷的《俱舍論義疏》及《十八部論記》，他乃隱

居終南山太白寺，研讀數年，始出山弘傳。唐貞觀初年，他在長安講《俱舍論》。有梵僧波頗與他辯論《俱舍》大義，他對答如流，波頗折服，稱之為「智慧人」。道岳著《俱舍論疏》三十餘卷，今失傳。

道岳門下，從其學《俱舍》的，為上首弟子僧辯、玄會等。

僧辯，南陽人，幼年出家，尋究經論。隋煬帝大業初年，應召入大禪定寺弘法，後從道岳學《俱舍》，隨聞隨記，出鈔三百餘紙，為隋唐間的義學名僧。

玄會，樊川人，早年專志《涅槃》，著有《義章》四卷，從道岳學《俱舍》，知名當時。

與道岳同時的《俱舍》學者，有常山慧靜。慧靜幼年出家，初習《大智度論》，繼從志念習《雜阿毘曇心論》、《大毘婆沙論》，著有《雜阿毘曇心論玄義》三十卷。後以《俱舍》詞旨宏富，精研覃思，著註疏三十餘種。此外有雍州智實，住大總持寺，曾聽道岳講《俱舍》，洞明深義。

唐玄奘法師，早年曾在長安從道岳學《俱舍》，後西行求法，曾以《俱舍》疑義與天竺高僧討論，並就戒賢論師決疑，都得到精闢的解答。返回中土後，以真諦所譯《俱舍釋論》：「方言未融，時有舛錯」（《俱舍論記‧五》），因於唐高宗永徽五年，在大慈恩寺翻經院，重譯世親的《俱舍論》，名《阿毘達摩俱舍論》三十卷，後世稱此譯本為「新俱舍」。此外奘師又廣譯小乘聖典，與《俱舍論》相輔流行，一時之間，學者至多，小乘教之流傳，以此時為最盛。

玄奘門下精於《俱舍》的頗多，如神泰作《俱舍論疏》三十卷，普光作《俱舍論記》三十卷，法寶作《俱舍論疏》三十卷，世稱為《俱舍》三大家。窺基也有《俱舍論疏》十卷，已佚傳。後來神泰的《論疏》殘缺，只有普光的《論記》和法寶的《論疏》流行，世稱此為「俱

舍二大疏」。

自從玄奘的「新俱舍」譯出，取代了真諦、慧愷、道岳一系的「舊俱舍」，「舊俱舍」的許多註疏因而失傳。

唐玄宗朝，中大雲寺圓暉，精研《俱舍》，以普光的《俱舍論記》過繁，乃以普光的《論記》為本，並參照法寶《論疏》的義蘊，節撰為十卷的《俱舍論頌疏》，流行於世。

嗣後又有慧暉著《俱舍論頌疏義鈔》六卷；遁麟作《俱舍論頌疏記》二十九卷，世稱「頌疏」二大釋家。

在唐代，和俱舍宗有關的學者，有懷素、曇一、義忠、神楷、神清等。

懷素，京兆人。初入玄奘門尋究經論，後來學律，著《四分律開宗記》二十卷、《俱舍論疏》十五卷。

曇一，是懷素的再傳弟子，曾依崇聖寺檀子法師學《俱舍論》，通達深義。

義忠，襄垣人，幼年從淄州慧沼出家，從窺基聽講《俱舍論疏》五年，精通俱舍之學。

神楷，是玄奘門下明恂的弟子，穎悟異常，少年時即登講席講《俱舍論》。

神清，綿州昌明人，著有《有宗七十五法疏》，及《俱舍義疏》。

中唐以後，學者日少，此宗的傳持就漸趨衰微了。

俱舍宗的宗義，是闡明色、心諸法，都以因緣和合而生起，以破遣外道凡夫所執持的「我執」之見，以令斷惑證理，脫離三界的繫縛。

俱舍宗的宇宙觀，是建立「五位」、「七十五法」，在空間上說，宇宙萬有，皆由此五位七十五法的集合離散而生滅。所謂五位，即是把宇宙萬有現象分做五類，其中一類是「無為法」——非因緣所生法。

四類是「有為法」——即因緣所生之法。這五位七十五法的名種如下：

一、有為法、四位七十二種：

　　㈠色法、十一種：眼、耳、鼻、舌、身，色、聲、香、味、觸、
　　　無表色。

　　㈡心法、一種。

　　㈢心所有法：

　　　　1. 遍大地法、十種：受、想、思、觸、欲、慧、念、作意、勝
　　　　　解、定。

　　　　2. 大善地法、十種：信、勤、捨、慚、愧、無貪、無瞋、不害、
　　　　　輕安、不放逸。

　　　　3. 大煩惱地法、六種：無明、放逸、懈怠、不信、昏沉、掉舉。

　　　　4. 大不善地法、二種：無慚、無愧。

　　　　5. 小煩惱地法、十種：忿、覆、慳、嫉、惱、害、恨、諂、誑、
　　　　　憍。

　　　　6. 不定地法、八種：惡作、隨眠、尋、伺、貪、瞋、慢、疑。

　　㈣心不相應行法、十四種：得、非得、同分、無想果、無想定、
　　　滅盡定、命根、生相、住相、異相、滅相、名身、句身、文身。

二、無為法、三種：

　　㈠虛空無為。

　　㈡擇滅無為。

　　㈢非擇滅無為。

　　在以上七十二種有為法中，「色法」包括了我們所稱的「物質」在
內。前五種色法指的是五種感官——根；以次五種色法是感覺對象——
境。而「境」中也包括了四大元素——地、水、火、風，還有一個「無
表色」——未曾顯露在外的色法。此留待後文再詳解。

　　俱舍宗又以歸納的方法，把七十二種有為法歸之為五蘊、十二處、十八界。此亦留待後文再詳解。

　　俱舍宗對時間的解釋。認為這世界有「成、住、壞、空」四個時期。這四個時期周而復始，循環不絕，而其根本原理的五位七十五法，一一的法體自有始以來，存在於宇宙間，自過去、現在、未來，常住不變。此即「三世實有、法體恆有」理論。對人來說，以人為五蘊和合、假名為人，生老病死、無常無我，以證「人空」。故華嚴宗賢首大師，稱此宗為「我空法有宗」。

　　以上五位七十五法是彼此分離的，須在因緣和合的情況下始有諸法的生起，故俱舍宗又建立了「十因說」——也叫「六因」、「四緣」說。這六因是能作因、俱有因、同類因、相應因、遍行因、異熟因；四緣是因緣、等無間緣、所緣、增上緣。關於這些理論，在後文〈佛學理論篇〉中再詳加詮解。

三　我法皆空的成實宗

　　成實宗，是以《成實論》為立論依據的宗派。《成實論》係釋成如來所說三藏實義，以明我法二空之理的論著，為中天竺沙門訶梨跋摩所造。

　　訶梨跋摩，與世親同為佛滅後九百年間出世之人物，訶梨跋摩為中天竺婆羅門之子，薩婆多部——即說一切有部沙門鳩摩羅陀的上足弟子。跋摩初學於有部，後入大眾部。他的思想多持空觀，每嫌其師見解淺鄙，嘗慨然感嘆：「吾聞佛旨虛寂，迥絕各相，今當造論明述，厥號成實。」於是乃採取諸部派理論之長，造《成實論》十六卷，發揮其空無的思想，鼓吹小乘空觀，以與有部的宗義相頡抗。這在當時

的印度，可謂別開生面的論著。

　　《成實論》在印度似乎並沒有成為一個宗派，《成實論》問世後，印度也沒有發現關於此論註釋的著作。不過在中國此論經鳩摩羅什譯出弘布後，有不少論師為之作註疏，弘傳兩百數十年，並成為一個宗派——「成實宗」。

　　一代譯經大師鳩摩羅什，於姚秦弘始十三、四年（西元四一一－四一二年）譯《成實論》，由其弟子曇晷筆受、曇影整理，計十六卷二百零二品。羅什大師平生譯作，著重於《般若》一系經典，而《成實論》發揮空觀，以破毘曇之有，其旨趣與《般若》相應，此或為什公譯出此論之原因。什公門下《成實》名師，除曇影、曇晷、僧叡等外，造詣最深，影響最大的則為僧導與僧嵩。

　　釋僧導，長安人，早為秦主姚興欽重。什公譯經，僧導參議詳定。並著有《成實三論義疏》、《空有二諦論》等。宋高祖劉裕西伐長安、平關中，留其幼子義真鎮長安，並以義真託之於僧導。後義真為赫連勃勃所逼，因僧導之力得免，以此因緣而至江南，於壽春八公山立東山寺，弘傳《成實》，從學者千人。宋孝武帝迎之於建業，於瓦官寺開講《維摩經》，宋帝親臨。旋辭還壽春，續弘《成實》，使壽春成為南方《成實》之重鎮。僧導年九十六圓寂。僧導門下法匠，以《成實論》而知名者，有僧因、僧威、慧勇、曇濟等。而其中成就最著者，則為道猛。

　　道猛，西涼人，曾遊歷燕趙，已聞《成實》之奧，後止於壽春，從僧導學《成實》，造詣最深。於是弘化江西，從學者眾，宋元嘉二十六年至建業，居東安寺。太始初年，宋明帝建興皇寺，敕道猛於寺中講《成實論》。猛卒於西元四七五年，年六十五。其門下弟子中，有道堅、道明、道慧、惠鸞、惠敷、法寵等，均長於《成實》。

曇濟，河東人，十三歲即從僧導住壽春八公山東山寺，讀《成實論》、《涅槃經》，夜以繼日，洞達精義，聲譽日起。宋孝武帝迎往京師，住中興寺，濟著有《七宗論》。

僧鐘也是僧導的弟子，善講《成實》、三論、《涅槃》、《十地》等經，後至建業，止於中興寺。

此外，法寵弟子慧開，從法寵學《阿毘曇》和《成實論》，齊建武中，在上京道林寺開講，為學徒所推重，法寵的另一弟子慧勇，從法寵研學《成實論》，三十歲自開講席，前後講十餘遍。

以上所列舉者，均為僧導一系的弟子，僧導居壽春弘傳《成實》，影響江南，後世稱此為壽春系。鳩摩羅什之另一弟子僧嵩，弘傳《成實》於彭城，風化南北，影響較僧導尤大。

僧嵩在長安學《成實論》於鳩摩羅什，後居彭城——即徐州之白塔寺講《成實》，其弟子中以僧淵成就最著。僧淵亦設教於彭城。其門下知名者有曇度、慧記、道登、慧球等四人。

曇度嘗少遊建業，備貫眾典，尤善三論、《涅槃》、《法華》、《維摩》諸經，後西遊彭城，從僧淵受學《成實》，通達精要，北魏孝文帝聞風徵請，時北魏都平城，度至平城，大開講席，法化相續，學徒聞風而至者千餘人，度撰有《成實論大義疏》八卷，盛行北土。度以魏太和十三年卒。

慧球是荊州竹林寺道馨的弟子，後到彭城學《成實論》於僧淵，三十二歲復回荊州，開講《成實》，從學者甚眾。

道登俗姓芮，先至徐州從僧藥學《涅槃》、《法華》、《勝鬘》諸經，後從僧淵學《成實論》，譽滿北土，時北魏遷都洛陽，登至洛陽，極為孝文帝所重。時侍帝左右，登卒於魏太和二十年，帝詔書有謂：「朕師登法師奄至殂背，痛悼摧慟，不能已，比藥治慎喪，未容即赴，便準

師義，哭諸門外。」

慧記，與道登同為魏孝文帝所重。記兼通數論，嘗開講席於平城郊外之鹿苑。

北魏太和十九年，孝文帝幸徐州白塔寺，顧謂諸王及侍官曰：「此寺近有名僧嵩法師者，受《成實論》於羅什，在此流通，後授淵法師，淵法師授登、記二法師，朕每翫《成實論》，可以釋人深情，故至此寺焉。」道登、慧記之見重於魏主者若是。

當道登、慧記之傳《成實論》於北土之時，而僧柔、慧次亦弘揚此宗於建業。僧柔為洛陽弘稱的弟子，二十歲登講席，後東遊會稽，住靈鷲寺講學，南齊之世，僧柔受請至建業，住上定林寺講經。柔精勤戒品，委曲禪慧，方等眾經，大小諸部，俱盡玄要，卒於齊延興元年。

慧次先受業於法欽，後受學於彭城法遷，年十八即通解經論，名貫徐土，頻講《成實》及三論，齊永明八年卒。弟子中知名的有智藏、僧旻、法雲等。

僧柔、慧次二公，見重於南齊，時文惠太子、竟陵王子良等皆師事之，竟陵王命僧人鈔《成實論》，周顒為序云：

> 齊永明七年十月，文宣王招集京師碩學名僧五百餘人，請定林僧柔、謝寺慧次法師於普弘寺迭講……令柔、次諸論師鈔此《成實》，簡繁存要，略為九卷……

自羅什大師譯出《成實論》後，中土分裂，南北對峙。其在南朝者，僧導駐錫於壽春，僧猛弘傳於建業；其在北朝者，僧嵩、僧淵弘化於彭城。道登、慧記講經於北土，風氣所及，學者景從。歷劉宋、蕭齊兩朝，至蕭梁之世，《成實》一宗極盛。如宣武法寵、光宅法雲、莊嚴僧旻、開善智藏、皆一時名宿，而精於《成實》。法寵受學於道猛，

系出壽春，法雲、僧旻、智藏等均受學於僧柔、慧次，系出彭城。

法寵俗姓馮，南陽人，從道猛、曇濟學《成實論》，後在建業弘化，講《成實論》及阿毘曇，梁武帝尊為上座法師，梁普通五年卒，年七十四。門下弟子慧開、慧勇，皆能繼承師學，講經於建業。

法雲俗姓周，義興陽羨人，初為僧成、玄趣、寶亮的弟子，齊永明年間，僧柔在道林寺講經，法雲諮決累日，詞旨激揚，為大眾所嘆異。梁天監二年，著《成實論義疏》四十二卷，梁武帝敕就妙音寺開講三遍，後敕為光宅寺主，梁大通三年卒，年六十三。

僧旻俗姓孫，吳郡富春人，早年為虎丘西山寺僧廻的弟子，後住建業莊嚴寺，與同學法雲等稟學僧柔、慧次二公經論，往返諮詢，不避炎雪，齊竟陵王子良，請柔、次二公於普弘寺共講《成實論》，旻於末席論議，詞旨清新，聽者傾屬。永明十年，旻二十六歲，於興福寺講《成實論》，聽者千餘，先輩法師亦多往聽講，他著有《成實論義疏》十卷，梁太子蕭綱為作序。旻卒於梁大通八年，年六十一，門下弟子有慧韶、道韶、寶淵、僧喬等。

智藏，俗姓顧，吳人，少事定林寺僧遠、僧祐，天安寺弘宗。後從僧柔、慧次二公受學，後遊會稽，應慎法師之請，在虎丘講學，梁武帝時召還，敕居開善寺。智藏性梗直，嘗上正殿，御法座，與帝抗爭。敕於彭城寺講《成實論》，著有《成實論大義記》、《成實論義疏》。梁普通三年卒，年六十五。智藏弟子中，以僧綽最為有名。他住龍光寺，和時住建初寺的法寵，為當時有名的佛教學者，洪偃和慧勇都曾從他學《成實論》。

蕭梁天監以後，《成實論》師亦復不少，以龍光、莊嚴、建初、彭城諸寺為中心，其中多有僧柔、慧次之再傳弟子。由梁末至陳代，成實宗學者以智嚼為最著。

　　智嚼，其承學系統不明，住丹陽莊嚴寺，史稱其《成實》之美，名實騰湧，獨步江表。智嚼之學，不因襲前人，時人謂之新成實論宗。其門下弟子，有智脫、智琰、惠稱、智聚等。除智嚼一系外，他如建業之警昭、道超、洪偃、慧勇；江都之法申、惠命、遠法師、強法師、解法師；會稽之法開等，並皆以《成實》著名。

　　其在北朝者，北齊一朝的《成實》學者，以彭城慧嵩、并州靈詢、鄴西道憑、鄴下道紀等最為著名。

　　慧嵩高昌國人，元魏末年入北朝，從智遊受學毘曇及《成實》，以後在鄴城洛陽弘法，高齊天保年間移居徐州，在彭、沛間弘化。隋代《成實》學者志念即出於慧嵩一系。靈詢少年出家，於《成實論》和《涅槃經》最有成就，曾於《成實論》中輯要成卷，流行於世。道憑、道紀，都以講《成實論》著名。

　　隋代的《成實論》學者，有智脫與慧暅。智脫七歲出家，為鄴下穎法師弟子，後從智嚼學《成實論》，隋煬帝建慧日道場，智脫入住，應煬帝之命，在道場中著《成實論義疏》四十卷，並刪定梁代琰法師的《成實論義疏》十七卷，曾講《大品》、《涅槃》、《成實》等多遍。門下弟子有慧詮、道灌等。慧暅，初從龍光寺僧綽聽《成實論》，後又從眾師受業，並從舒法師學《成實》，後開講壇，曾講《成實玄義》數十遍。除二人外，慧日道場的道莊、法論、敬脫，及慧暅的弟子慧隆、智琳等，都是成實一宗的學者。

　　唐代精通《成實論》的學者，在北方有長安大莊嚴寺的保恭、慧因、和慧定；勝光寺的慧乘和道宗；普光寺的道岳和法常；玄法寺的法琰，崇義寺的慧頵等。在南方有蘇州虎丘山的智琰和法恭，通玄寺的慧旻，南武州的智周，常州弘業寺的道慶等。玄奘大師西行求法，留印期曾在缽伐多國從正量部學《成實論》，惟奘師返國後，對此未加

弘傳。

　成實一宗，始於鳩摩羅什大師之譯《成實論》，盛於宋、齊、梁、陳諸朝。在當時三論、《涅槃》、禪學各系學者間有相當廣泛的影響，至隋代宗風漸衰，入唐以後，諸新宗派競起，此一學派就逐漸消失了。

　成實宗的宗義，是以訶梨跋摩的《成實論》為所依，此論闡明我、法二空之理，釋成如來所說三藏中的實義，故名曰成實。

　此宗立二種觀以明「二空」。一曰「空觀」，謂五蘊聚散，皆由因緣，隨緣生滅，並無自體。五蘊之中，無人無我，不見有假名眾生，此觀又名「人空觀」；二為「無我觀」，謂五蘊諸法，皆為假和合者，但有假名，無有實體，不見有法，故又名「法空觀」。

　此宗以為，人由色、受、想、行、識等五蘊所組成，沒有實體，沒有個體的「自性」，故曰「人空」；宇宙雖由八十四法——元素、本宗立八十四法——組成，但此法亦沒有永恆不變的實體，所以「五蘊」、「四大」，全是無常之法，僅有一時的假名，故曰人、法二空。

　本宗的理論，認為一切的存在都會趨向寂滅，而只有「空」是最後的真理。要體認此「空」，由放棄執著入門——放棄對假名的執著、對諸法的執著、以至於對空自身的執著，因為一切事物的生起存在，都是由因緣和合而有的，因此它們只有假名，無有實體，但如果不立以假名，則我人即不能指出其存在及變異，所以此宗也承認「二諦」——真諦和俗諦。

　放棄對「自我」的執著，因為「自我」亦是假名；放棄對諸法的執著，並去體認諸法後面的「空性」，因此而證得「空」，但亦不能執著於「空」的觀念。對於空的執著，可以在進入「滅盡定」、或進入涅槃時而消除掉。

　《俱舍論》的學者認為「三世實有」——宇宙間的業力不滅，因

之萬法皆是實有。而本宗則與之相反，主張過去未來無實體，唯有現在實有，而終歸於「法我皆空」。

　　此宗立八十四法，以攝教理，此八十四法，為色法十四、心法五十、非色非心法十七、無為法三，如下表所示：

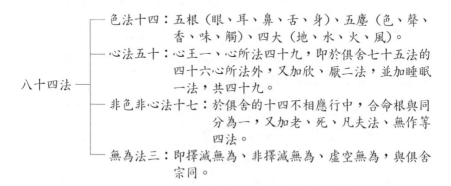

八十四法
　　色法十四：五根（眼、耳、鼻、舌、身）、五塵（色、聲、香、味、觸）、四大（地、水、火、風）。
　　心法五十：心王一、心所法四十九，即於俱舍七十五法的四十六心所法外，又加欣、厭二法，並加睡眠一法，共四十九。
　　非色非心法十七：於俱舍的十四不相應行中，合命根與同分為一，又加老、死、凡夫法、無作等四法。
　　無為法三：即擇滅無為、非擇滅無為、虛空無為，與俱舍宗同。

　　本宗以灰身滅智，入無餘涅槃為目的，其修持的方法，包含戒、定、慧三學，而後二者尤為嚴肅修持的方法。

四　源自印度中觀學派的三論宗

　　三論宗，是依《中論》、《百論》、《十二門論》三論立宗，故名三論宗。

　　三論中的《中論》、《十二門論》是龍樹的作品。《百論》是龍樹的弟子提婆的作品。《中論》又稱《中觀論》，是根據《般若》一系經典，以「八不」之說為中心，發揮諸法性空緣起的中道之理，以駁斥小乘、外道的謬誤；《十二門論》，是以十二種論說解釋一切有為、無為諸法皆空之義；《百論》是由百偈組成，內容主要在駁斥婆羅門教的外道思想。這三者，都是在闡明真俗二諦之理，以「破邪顯正」。

印度一代大哲龍樹，在佛教史上是一位劃時代的人物，他著作豐富，古來有「千部論主」之譽，又被尊稱為「八宗祖師」。尤以《中觀論》一書，建立了空宗中觀學派的理論基礎。而其弟子提婆，以《百論》一書，與龍樹的《中論》、《十二門論》合稱三論，也就是三論宗所據以建立的論典。

提婆傳法於羅睺羅，羅睺羅著有一部《中觀論》的註解，此書今已佚傳，羅睺羅後又傳法於青目，青目著有《中觀論釋》，今所流傳的《中論》內的長行，便是青目所釋。

後來青目傳此學於莎車王子須利耶蘇摩，須利耶蘇摩又傳於龜茲國的鳩摩羅什，此宗的教法，因鳩摩羅什之來華而傳入中土。

東晉譯經大師鳩摩羅什，於後秦弘始三年（西元四〇一年）入長安，為後秦主姚興禮為國師，住逍遙園譯經，他譯出《大品般若》、《小品般若》、《金剛般若》、《大智度論》、《中論》、《百論》、《十二門論》等一系列般若性空的經典；盛倡龍樹、提婆之學，因而開創了中國的三論宗。什師門下，精於三論者，有僧肇、道融、道生、僧叡、僧導、曇影諸哲。其中尤以僧肇為最，吉藏〈百論疏序〉，稱「僧肇在羅什門下為解空第一」。

僧肇初好老莊之學，後讀《維摩經》而入佛教，廣讀經論，遍通三藏，鳩摩羅什為呂光迎至姑臧，肇往從之，後隨羅什入長安，於逍遙園助羅什譯經。羅什譯出《大品般若經》後，肇著〈般若無知論〉呈什，什讀之稱善。後又著〈不真空論〉、〈物不遷論〉、〈涅槃無名論〉，並前之〈般若無知論〉合稱「肇論」，而〈不真空論〉發揮諸法緣起性空之理，而確立了三論宗義。

道融十二歲出家，三十歲往長安依羅什，在逍遙園參正詳譯，什譯《中論》，始出二卷，融即就此譯文，剖析文言，預貫始終，什又令

講新譯之《法華經》，為之讚嘆「佛法之興，融其人也」，融後回彭城講經，著有《法華》、《大品》、《金光明》、《十地》、《維摩》等義疏，今皆失傳。

道生幼年隨竺法汰出家，曾在廬山幽棲七年，參預慧遠的白蓮社，後與慧叡、慧嚴、慧觀等入長安師事羅什，具受其學，還建康住青園寺，他通達龍樹、提婆之學，乃校練空有，研思因果，立善不受報及頓悟義。著〈二諦論〉、〈佛性當有論〉、〈法身無色論〉及〈佛無淨土論〉、〈應有緣論〉等，道生諸論與「肇論」在當時同為有名的論著。

僧叡十八歲出家，嘗聽僧朗講《放光般若經》，屢有質難，獲朗讚賞，姚秦弘始三年羅什入長安，叡往依之，從受禪法，且請譯出《坐禪三昧經》。叡日夜修習，精練不懈。其後著《大智度論》、《中論》、《十二門論》等序。羅什譯經，叡並參正，什譯《法華經》，至〈受決品〉，以竺法護本有「天見人，人見天」句，叡曰：「將非人天交接，兩相得見？」什喜曰：「實然」，乃用其文，羅什譯《成實論》成，令叡講之，叡善攝威儀，弘讚經法，並迴此諸業，願生淨土。

僧導，長安人，十歲出家，學《法華經》，十八歲博讀諸典，後入逍遙園助什譯經，著有《成實論疏》、《三論義疏》、及〈空有二諦論〉等。後於壽春建東山寺講經，受業者千餘人，門下弟子曇濟後在建康中興寺弘法，著〈七宗論〉。

曇影原為正《法華》及《光讚般若》之學者，後入關中從羅什，著有《法華義疏》，註《中論》，指出青目註釋之四失。

羅什門下諸哲，雖然講習三論，惟多兼重其他經論，少有專研三論者，故其研鑽不精，學統不醇。其專致力三論，且將此宗自北方傳播於江南者，則為遼東僧朗。

僧朗，遼東人，劉宋時入關中，研習三論，得羅什、僧肇之義理，

後至江南，住鍾山草堂，遇隱士周顒，乃授以所學。顒因著《三宗論》。當時江南盛行成實宗，三論少有弘傳，僧朗非難《成實》諸師，並破斥視三論與《成實》為一致的舊說，唐湛然著《法華玄義釋籤》中稱：

> 自宋朝已來，三論相承，其師非一，並稟羅什。但年代淹久，文疏零落，至齊朝已來，玄綱殆絕，江南盛弘《成實》，河北偏尚毗曇。於時高麗朗公，至齊建武，來至江南，難《成實》師，結舌無對，因茲朗公，自弘三論⋯⋯。

僧朗後入攝山，遊於棲霞寺法度門下，並繼承了法度的法席。到了梁代天監年間，梁武帝遣僧懷、慧令、智寂、僧詮等十人，到攝山從他受三論大義，其中以僧詮最有成就。

僧詮受梁武帝之命，入攝山就僧朗學三論，學成後住攝山止觀寺，盛弘其道。僧詮門下，有興皇寺法朗、長干寺智辯、禪眾寺慧勇、棲霞寺慧布得其傳，時人稱為詮公四友。僧詮一生只講三論和《摩訶般若》，他以《中論》是般若的中心正解。繼承攝山學統的是興皇法朗。

在三論學統中，法朗也是重要人物。法朗，徐州沛郡人，二十一歲出家，從置良耶舍的弟子、大明寺寶誌和尚習禪，從該寺彖律師學律。以後又學《成實》、毗曇，漸著聲譽，以慕龍樹學風，從僧詮受《智度論》、《中論》、《百論》、《十二門論》及《華嚴經》、《大品般若經》。到陳代永定二年，奉敕住揚都興皇寺，以後二十年，講四論及《華嚴》、《大品》等各二十遍，講肆頗盛，常眾千餘，教化弘廣，門人遍全國，知名弟子多人，有二十五哲之稱。而以慧哲、智炬、明法師、吉藏四人最著，朗於陳太建十三年寂，年七十五。

繼承僧詮、法朗之學，而發揚光大者，是嘉祥寺吉藏大師。吉藏，安息國人，生於金陵，幼從真諦受學，七歲出家，依法朗住興皇寺，

受具戒後，遊學各地。三十三歲時法朗圓寂，時當陳末隋初，江南兵亂，僧徒四散，寺廟荒蕪，吉藏於各廢寺中廣搜文疏，瀏覽涉獵，學力大進。隋朝統一，吉藏住會稽嘉祥寺，大開講筵，問道者常千餘，以此世稱嘉祥大師。隋煬帝大業三年，受請住揚州慧日寺，後又移住長安日嚴寺，所到之處，敷揚三論，盛弘本宗，入唐後住實際、定水、延興諸寺，著有《三論疏》、《三論玄義》、《大乘玄論》、《二諦義》等及其他經疏百餘卷，其門下弟子有慧遠、智凱、碩法師等，而以慧遠最著。

慧遠繼吉藏之後，敷傳法化。《續高僧傳》稱其：「依承侍奉，俊悟當時，敷傳法化，光嗣餘景。」他後來移住藍田悟真寺，仍時到長安講經。智凱在餘姚小龍泉寺、會稽嘉祥寺講三論，四方學者雲集。碩法師著有《中論疏》十二卷，已佚傳，《三論遊意義》一卷現存。碩法師門下弟子有元康者，於唐太宗貞觀年間，奉詔入長安安國寺講三論，著《三論疏》解釋中觀義，已佚傳，《肇論疏》三卷尚存。

吉藏一系弘揚三論時期，始而天台宗盛行，繼之法相宗崛起，中唐以後，此宗即漸次衰微了。

三論宗的宗義，也就是龍樹中觀學派的理論，即破邪顯正，真俗二諦的差別，及「八不中道」。

在破邪顯正方面，一是破執有實我之外道；二是破執有實法的小乘阿毘曇的理論；三是破執遍空的《成實論》；四是破一般執有所得的見解。

在印度早期的思想界，外道執持「實我」；毘曇有部執持「諸法實有」；成實宗以空為正理而執於情見；大乘教以中道為真理而固持不捨，這些都是「有所得」的迷見。此宗對於內外大小，凡有所得一概破斥，破斥之後，有所得的迷見既去，即是言亡慮絕無所得的境界——空，

故破邪即所以顯正。

在真俗二諦方面，自真諦而言，「諸法因緣生」，因緣所生之法，唯是假名，假名無體無性，是假有，故亦是無所得。但自俗諦而言，諸法雖無體性，卻有相用，故有是空之有，故言非有；空是有之空，故言非空，在無所得的妙理中，有因緣所生諸法，而互不相礙，因立二諦之說，故世界萬法，自俗諦來說，一切法是假名有；但以破眾生執著，自真諦來說，一切法皆畢竟空。

至於「八不中道」，「八不」見於《本業瓔珞經・佛母品》：「二諦義者，不一亦不二，不常亦不斷，不來亦不去，不生亦不滅。」《涅槃經》有十不：「十二因緣、不出不滅、不常不斷、非一非二、不來不去、非因非果。」龍樹引用於《中論》，曰：「不生亦不滅、不常亦不斷、不一亦不異、不來亦不出。」是以八不與二諦互相關連，若八不不立，二諦無得其正。八不的反面是「八迷」——八種迷執之見，即「有生有滅、有斷有常、有一有異、有來有去。」所以「八不」也是破斥——全盤否定，破斥八迷。

諸佛說法，不出真、俗二諦。自俗諦說，生滅斷常、一異去來，而有宇宙萬法，三界六趣；自真諦言，不生不滅、不常不斷、不一不異、不來不出，而有般若菩提，出世三乘。故嘉祥大師有「五句三中」之說，即「不生不滅者」，實是破斥有關生滅的迷見，而不生不滅之見亦要破斥。不生不滅是不離生滅，生滅是不生不滅中的生滅——即假生假滅；不生不滅是生滅中的不生不滅——即假不生假不滅；生滅亦是不生滅的生滅。所以生滅亦非生滅，不生滅亦是生滅的不生滅，故不生滅亦非不生滅——即非生滅非不生滅。即以此五句——生滅、不生不滅、假生假滅、假不生假不滅、非生滅非不生滅——拂去一切生滅的見解，而契合無所得而行於中道。生滅如此，其餘常斷、一異，

來出亦是如此，故《中觀論・觀四諦品》稱：

> 眾因緣生法，我說即是空，
> 亦名是假名，亦是中道義。

三論宗的真俗二諦觀，八不中道，大意如此。

五　源自印度瑜伽學派的法相宗

法相宗是論究諸法性體相狀的宗派，故名「法相宗」，又以闡明萬法唯識之妙理，又名「唯識宗」。在中土，由於此宗係由大唐慈恩寺玄奘、窺基二師所弘傳，故又名「慈恩宗」。

在印度佛教史上，佛學思想有兩大學派。一為建立空觀思想的龍樹一系，以本體論為中心，即中觀學派；一為建立有宗思想的世親一系，以現象論為中心，即瑜伽學派——此派根本經論之一是《瑜伽師地論》，故有瑜伽派之名。

傳說佛滅後九百年頃，彌勒菩薩應無著論師之請，在中天竺阿瑜陀國瑜遮那講堂，講出《瑜伽師地論》、《分別瑜伽論》、《大乘莊嚴論》、《辨中邊論》、《金剛般若論》等五部論典，這就成了此法相唯識法門的基本論典，而尤以《瑜伽師地論》為此宗之所正依。

無著承彌勒之說，造《攝大乘論》、《大乘阿毘達摩論》、《顯揚聖教論》等論著，廣說法相唯識的妙理。而其弟世親論師，更造《大乘五蘊論》、《百法明門論》、《唯識三十頌》、《唯識二十頌》等論著，以宣揚大乘有宗的教義。其中尤以《唯識三十頌》，為集唯識義理的大成，這就形成了大乘有宗的瑜伽學派。

其後陳那造《集量論》、《正理門論》，而成印度論理學上的新因明

學，護法造《成唯識論》以解釋《唯識三十頌》；安慧造《唯識三十頌釋》、《大乘廣五蘊論》；調伏天造《唯識三十頌》及《唯識二十頌》的釋論，以至於玄奘大師留學印度期間，在那爛陀寺講學的戒賢論師，都是無著、世親一系瑜伽學派的學者。

在中國，佛滅後一千年前後，中國南北朝時期，菩提流支譯出《十地經論》，以後真諦三藏譯出《大乘起信論》、《攝大乘論》，在當時形成了「攝論宗」，這是法相宗的先聲。

玄奘法師在未西行求法前，他在長安「遍謁眾師，備餐異說，詳考真理，各擅宗途，驗之聖典，亦隱現有異，莫知適從，乃適遊西方，以問所惑。並取《十七地論》以釋眾疑，即今之《瑜伽師地論》也」（《大唐慈恩三藏法師傳》）。此時恰逢印度學者波頗多密來華，向玄奘介紹了當時印度那爛陀寺宏大的講學規模，以及戒賢論師所授的《瑜伽師地論》，就更促成玄奘西行的決心，乃於二年後，唐太宗貞觀三年（西元六二九年），首途西行，歷盡艱險，終於到達印度。除了在那爛陀寺受學於戒賢論師五年，受《瑜伽論》及《十支論》外，並依杖林山勝軍學「唯識抉擇」二年，又在印度各地參學，遍通大小乘學說，歷時十七年始歸國。

奘師歸國後，廣譯經論一千數百卷，又揉合護法、難陀、安慧、親勝、火辨、德慧、淨月、勝友、最勝子、智月等十大論師所造的《唯識三十頌》之釋論，而纂成《成唯識論》十卷，其中以護法所造的釋論為主體，而開創了中土的法相宗。

玄奘盛弘瑜伽一系的法相唯識之學，門下受教者頗多，就中以神昉、嘉尚、普光、窺基四人為最，有奘門四哲之稱。

神昉，新羅人，通大小乘經論，有大乘昉之稱，他參預玄奘譯場，擔任筆受，著有《十論經錄》、《成唯識要集》、《種性差別章》等，今

皆佚傳。

　　嘉尚，在奘師門下深得《瑜伽》、《佛地》、《成唯識》諸論義趣，玄奘譯《大般若》時，尚充證義綴文，並於武則天朝，同薄慶、靈辯等，參預日照之譯場充證義。

　　普光，又稱大乘光，師事玄奘。精苦恪勤，為同列所不及。玄奘所譯之大小乘經論，十之七八由光任筆受，光所著《俱舍論記》，與法寶、神泰之《俱舍論疏》，合稱《俱舍論》三大疏，又著有《俱舍論法源章》、《大乘百法明門論疏》等。

　　奘師門下紹傳唯識之學而能發揚光大者，則首推窺基。窺基，又稱大乘基，長安人，為元魏尉遲部後裔，玄奘歸國後四年，基十七歲師事玄奘，學五天竺語言，受唯識、因明之學，二十八歲參譯《成唯識論》，作疏百本，世稱百本疏主，為法相宗開宗之祖。窺基著有《成唯識論述記》、《大乘法苑義林章》、《唯識掌中樞要》、《瑜伽略纂》等。此宗規模，因基而具備，基寂於高宗永淳元年，年五十一。

　　基師的弟子慧沼，稟承師說，作《唯識了義燈》，楷定諸師的異解；又著有《能顯中邊慧日論》，匡持正義。

　　沼師的弟子智周，復著《唯識論演秘》，以解釋《唯識論》述記，此外並著有《大乘入道次第章》，以明此宗修行的位次。

　　玄奘門人中精通唯識之學的，除窺基一系外，尚有圓測、道證、勝莊、太賢等，由於宗述玄奘思想，與窺基述作有所出入，通常不列在慈恩宗嫡傳之內。

　　在盛唐中唐，法相唯識的宗風甚盛，晚唐以後，漸次衰微。五代、宋、元，少有人研究。明代末年，有明昱、智旭兩大師，對此宗頗有著述。近代學術界以此宗經論系統分明，切合科學，研究者增多。

　　此宗是以「六經」、「十一論」為立宗理論，六經者，《華嚴經》、

《解深密經》、《如來出現功德莊嚴經》、《阿毘達摩經》、《楞伽經》、《厚嚴經》；十一論者，《瑜伽師地論》、《顯揚聖教論》、《大乘莊嚴論》、《集量論》、《攝大乘論》、《十地經論》、《辨中邊論》、《分別瑜伽論》、《二十唯識論》、《觀所緣緣論》、《阿毘達摩雜集論》。

以上六經中，以《解深密經》為此宗所正依的本經；十一論中，以《瑜伽師地論》為本宗所正依的本論。此外還有玄奘大師糅合護法等十大論師之言所成的《成唯識論》，為本宗樹立綱維要點。

本宗要義，有萬法唯識、五位百法、三科、阿賴耶緣起、四分、三類境、三性等，分述如下：

一、萬法唯識：本宗依《解深密經‧一切法相品》，論判宇宙萬有之體性相狀，謂宇宙萬有，皆為心識動搖所現出之影像，內界外界、物質非物質，無一非唯識所變，而所謂能變之識，則為眼、耳、鼻、舌、身、意、末那、阿賴耶八識，又名八識心王。所變之法，則森羅萬相，故《解深密經》謂：「諸識所緣，唯識所現。」《唯識論》說：「是諸識轉變，分別所分別，由此彼皆無，故一切唯識。」

所謂「諸識」，即八識心王。及從屬心王之心所，所謂轉變，謂從此心王所之自體分，轉變慮知分別之能緣作用，即「見分」；又轉變所分別之色心萬差諸法，即所緣之「相分」，由此離諸識之轉變，都無外色等實法──關於諸識轉變，「相分」、「見分」，在〈佛學理論篇〉再為註解。

二、五位百法：宇宙萬有，其數無量無邊，在佛經上名之曰「萬法」。《瑜伽師地論》歸之為六百六十法，《百法明門論》歸之為百法，更束之為五位。

五位者，五類之謂，即心法有八，心所有法五十一，色法十一，心不相應行二十四，無為法六，此五位百法，是本宗對宇宙

萬有的總分類。——此五位百法，在〈佛學理論篇〉中再為註解。

三、三科：根據以上五位百法，本宗建立「三科」——「五蘊」、「十二處」、「十八界」以統攝之，此一部分亦在佛學理論篇中註解。

四、阿賴耶緣起：宇宙萬有，皆八識種子所變現，如青黃赤白之色境，為眼識種子所變現；悅耳刺耳的聲境，為耳識種子所變現；香境味境觸境法境，為鼻、舌、身、意諸識之種子所變現；乃至末那識，恆以阿賴耶識為對象，變現「實我」、「實法」之影象。故內界外界、物質非物質，無一非唯識所變，除心識外，則無別法。

　　然諸識之轉變，有因變、果變。即因能變、果能變二種。一因能變，謂阿賴耶識中所攝藏的諸法種子，能轉變而現起諸法，故亦稱生變，對此種現行，稱種子為因，就因立能變之義；二果能變，謂從阿賴耶識中所攝藏之種子現起之八識，由緣慮之作用，於其識內，變現所緣之境，以之為對象，故亦稱緣變。果之能變，云果能變。

　　總之，八識通稱能變者，是果能變之義，非因能變，故從諸識之所緣境，必於其識內，變現為其對象之種種影像言之。故所謂心外無別法，但緣心內法。

　　宇宙萬有，不過是能緣識與所緣境之相對，諸識對各自之境，有能變義。而對於所變境之本質，並心識其物之實體，無能變義，故能變之實義者，因能變，惟在第八識——阿賴耶識。即阿賴耶識中之種子，轉變為主觀之「根身」、客觀之「器界」。而眼、耳、鼻等識，即以此從阿賴耶識變現之實境為對象，轉變而緣，故對此第八阿賴耶識與七轉識而言，則能變中之能變，唯第八阿賴耶識，而七轉識，亦為第八阿賴耶識中之種子現行，不過是所變中之能變。因之八識皆稱能變識，而獨就第八阿賴耶識，立阿賴耶

緣起之名。

此宗更分能變心及心所法之認識作用為「四分」，類別心心所之所變境為「三類境」。

五、四分：四分者，相分、見分、自證分、證自證分。相者，萬物之相狀形態，此相狀與心識中之見分相對，投射反映到心識上，就是見分中的影相，而由見分去見照、認識。見分也就是主觀的認識作用，此主觀的認識作用，再證知見分有無錯誤，就是自證分，自證分再度證知，就是證自證分，詳解見〈佛學理論篇〉。

六、三類境：三類境是性境、獨影境、帶質境。

性境之性，是「實」義，即真實之境界，色是真色，心是真心，從實種子生，即自有能生之種子，如外境有本質，並如本質顯現，以主觀心識對之，以現量知彼境之自相者，如五種感覺之對象──色、聲、香、味、觸之五境，如其本質而被感覺者。

獨影境，謂唯能緣心，以強分別力所變之境界，亦即此境並非真實存在之影像，係以人想像而有者，此只在第六識──意識，即感覺中心有此作用。

帶質境，其境相雖有本質，當主觀心識緣客觀境時，而不按其本質而知覺者。譬如第七末那識，視第八阿賴耶識的主觀作用（見分）為自我，第八阿賴耶識的見分自有其本質，但卻不是末那識所見之境相。故末那識視之為「自我」或「實我」者，只是一種幻相。蓋阿賴耶識之見分並不是「自我」。

七、三性：本宗又立有「三性」，總括一切諸法之體性相狀。即遍計所執性、依他起性、圓成實性。

遍計所執性者，乃我人以妄情計度一切以因緣假合而生的事物，分別執著於其名相，妄認為實我實法，例如我人行於山野，

見草繩而誤以為蛇，非有蛇之實體，但我人妄情迷執以為蛇。此謂遍計所執性。

依他起性，乃是依因緣和合而生起的諸法——包括一切色、心諸法，本無實體，不過依於因緣和合而生起，此雖非迷情上所現的妄相，然其為因緣所生之有為法，只有假相，並無實性，如草繩係由草編成，並無繩之實體，此謂依他起性。

圓成實性者，乃圓滿成就諸法的實性，遠離於一切分別言說，而顯證於不思議的境界，即是依他起法的實性，亦即一切有法的本體。此即法性，亦曰真如。

三性之中，遍計所執性為妄有，依他起性為假有，圓成實性為實有；又，遍計所執性為理無，依他起性為無實，圓成實性為無相。

針對以上三性，從「無」的方面建立「三無性」，曰相無性，即遍計所執的相，非是實有，故謂相無性；生無性，謂依他起性的法，是因緣所生，故謂生無性；勝義無性，謂圓成實性，是真空無相不可思議的體性，故曰勝義無性，此三無性依於三性而立。

唯識學理，是佛學中最深遠、最精微的理論，此處所述，不過略敘概要，在〈佛學理論篇〉中尚有進一步詮述。

六　源自印度曇無德部的律宗

中土的律宗，是依印度五部律中的曇無德部《四分律》所建立的一個宗派。此宗至唐代道宣而大成，道宣在長安終南山弘傳此宗，故此宗亦稱南山律宗。

釋迦世尊住世時，因事制律，隨機散說，並沒有系統組織，世尊

滅度後，第一次畢波羅窟結集，由優婆離誦出《八十誦律》，結集為律藏，其時由大迦葉領導僧團，二十年後，大迦葉傳法於阿難，阿難傳法於末田地，末田地傳法於商那和修，商那和修傳法於優婆鞠多。

優婆鞠多尊者領導僧團時，距佛滅度已百年，尊者總持三藏，化益甚廣，座下有高足弟子五人，於毘奈耶——律之見解不一，遂將律藏分為五部：曰曇無德部、薩婆多部、彌沙塞部、迦葉遺部、婆蹉富羅部，是為律部分派的同世五師。

上述五部律，以後傳於中土的有四部，即曇無德部的《四分律》、薩婆多部的《十誦律》、彌沙塞部的《五分律》、及婆蹉富羅部的《僧祇律》。四部律中，以《四分律》在中土弘傳最盛，以後且據此以立宗。

《四分律》的起源，是優婆鞠多尊者高足弟子曇無德，以《八十誦律》為依據，再加上他自己的見解演述而成的，由於由他誦出時經四次始完成，所以稱《四分律》。

中土之翻譯戒律和比丘受戒，始於曹魏嘉平年間。時中天竺沙門曇摩迦羅，譯名法時者，來到洛陽，見中國比丘雖剪髮落鬚，而無稟皈受戒之制，乃於洛陽白馬寺譯出《僧祇戒心》——即摩訶僧祇部的戒本，又請梵僧建立羯磨法——即受戒規則，創行受戒，這是中國有戒律及受戒之始。以後歷兩晉南北朝兩百餘年，《十誦律》等四部廣律也在中土先後譯出，並譯出了解釋廣律的論著，其中主要者為「四律五論」，其名稱如下：

一、《十誦律》：即薩婆多部律，姚秦時弗若多羅、鳩摩羅什共譯，六十一卷。

二、《四分律》：即曇無德部律，姚秦時佛陀耶舍、竺佛念共譯，六十卷。

三、《摩訶僧祇律》：東晉時佛陀跋陀羅、法顯共譯，四十卷。

四、《五分律》：即彌沙塞部律，劉宋時佛陀什、竺道生譯，三十卷。

五、《毘尼母論》：曇無德部，八卷，譯人佚名。

六、《摩得勒伽論》：薩婆多部，十卷，劉宋時僧伽跋摩譯。

七、《善見論》：南方曇無德部，十八卷，南齊時僧伽跋摩譯。

八、《薩婆多論》：薩婆多部，九卷，譯人佚名。

九、《明了論》：正量部，一卷，陳時真諦譯。

以上諸律譯出後，流行於南北各地，初以《十誦律》流傳最廣，如齊梁之際，撰《弘明集》、《出三藏記集》、《釋迦譜》之僧祐，即《十誦》名匠，慧皎《高僧傳》論曰：「雖復諸部皆傳，而《十誦》一本，最盛東國。」創立南山律宗之道宣，在《續高僧傳》論中亦謂：「自律藏久分，初通東夏，則薩多《十誦》一本，最廣弘持。」

《僧祇律》之傳雖不如《十誦》，然亦為律學之主流，至南北朝中葉，由於慧光律師的弘通，《四分律》才逐漸盛行，降及隋、唐，《四分律》遂壓倒諸律。

慧光為北魏末葉人，初就佛陀扇多出家，尋參預《十地經》之譯場，撰《十地論疏》，發揮論文之奧旨。又註釋《華嚴》、《涅槃》、《維摩》、《勝鬘》諸經，著《四分律疏》，後世尊為四分律宗之開祖。弟子眾多，而繼承《四分律》學者，以道雲、道暉為最。

道雲奉慧光遺命，專弘律部，撰有《四分律疏》九卷。道暉又把雲疏加以整理，略之為七卷。名僧如曇隱、洪理、慧遠，皆出道暉門下。而道雲門下，則有洪遵、道洪。當時關中一地，流行《僧祇律》，洪遵入關中，獨說《四分》。《續高僧傳》稱他：「開導《四分》，一人而已；迄至於今，《僧祇》絕唱。」洪遵門下的律師，有洪淵、法礪、慧璀、玄琬等。

道雲門下另一弟子道洪。道洪的弟子智首，則是為《四分律》建

立基礎的人物。

智首，漳濱人，幼年從相州雲門寺智旻出家，二十二歲受具足戒，後列道洪之律席，同學七百人，以首為最，年未三十，頻開律筵，隋文帝朝，隨智旻入長安，止大禪定道場，他有感於當時五部律多有相混者，乃研核各部同異，撰《五部區分鈔》二十一卷，為《四分律》立下基礎。又以道雲的《律疏》為本，製《四分律疏》，後世稱為「廣疏」。與慧光疏、法礪疏，並稱律部三要疏，智首弘傳律學三十餘年，知名當代。

智首之弟子有道宣、道世、慧滿、道興、智興等，而大成南山律宗的，則為道宣。

道宣，俗姓錢，吳興人，十五歲依長安日嚴寺智頵受業。隋大業八年十七歲披剃，越三年從弘福寺智首受具足戒，研鑽律學。唐武德年間，以修行定慧，乃靜坐山林，以三衣一食為行持。後入終南山居紵麻蘭若，製《四分律刪繁補闕行事鈔》，貞觀元年，製《四分律拾毘尼義鈔》，九年，到魏郡訪《四分律》學者法礪，諮決疑滯，後又著《四分律刪繁補闕隨機羯磨並疏》、《四分律比丘含注戒本並疏》。貞觀十九年，玄奘西行求法歸來，於長安弘福寺譯經，被召列譯場，掌筆受潤文，備受推重。是年，又撰《四分比丘尼鈔》。

道宣於高宗乾封二年圓寂，年七十二，以其在南山弘律，後世稱為南山律師。宣著述豐富，除律部外，他如《集古今佛道論衡》、《大唐內典錄》、《續高僧傳》、《廣弘明集》等，為中國佛教史上重要史料。

道宣門下弟子眾多，著名者有大慈、文綱、弘景、周秀、靈嶨、融濟等，眾人各有傳承，歷久不衰。

在道宣之南山宗盛行時，與之並弘《四分律》的，尚有相州日光寺法礪所開的「相部宗」，西太原寺東塔懷素所開的「東塔宗」，與南

山宗並稱律宗三家。

　　法礪是洪遵門人洪淵的弟子，他是冀州趙郡人，初師事靈裕，後從靜洪學《四分律》，更往恆州依洪淵學《四分律》及往江南學《十誦律》，後還鄴都，隨緣教化，前後講《四分律》四十餘遍，於唐武德年間，作《四分律疏》十卷，即相部宗之本典，又著《羯磨疏》三卷，已佚傳，弟子繼承其學的有滿意、懷素。

　　滿意，初專究律學，武德末聞法礪作《四分律疏》弘相部宗，遂往投之，後弘講律學三十年，傳其學於觀音寺大亮，亮傳會稽開元寺曇一，曇一承法礪疏，與道宣疏對照，自著《發正義記》十卷，以明南山相部兩宗之相異。滿意之弟子除大亮外，尚有嵩山、定賓等，華嚴宗之法藏，亦嘗列其座下。

　　懷素，京兆人，初入玄奘門下，承經論；尋從道宣習《行事鈔》，後又從法礪學《四分律疏》。於唐高宗永淳年成《四分律開宗記》二十卷，破法礪十六大義，世稱素疏為新疏，稱法礪疏為舊疏，後又著《新疏拾遺鈔》二十卷，《四分僧尼羯磨文》兩卷，《四分僧尼戒本》一卷。懷素在長安，奉詔住西太原寺東塔，故懷素一系稱為「東塔宗」，懷素有弟子法慎。

　　法慎，初受具戒於道成，學律於懷素，講新疏，弟子甚多，有靈一、懷一、如淨、義宣等，曇一亦為其弟子。

　　中唐以後，相部、東塔兩宗漸衰，至唐末終至廢絕。惟南山一宗獨盛，綿延至元代而宗勢不衰，故後世所稱的律宗，殆指南山宗而言。

　　南山道宣門下，文綱一系的傳承，有淮南之道岸，蜀川之神積，岐隴之慧頵，京兆之神慧、思義、紹覺、律藏、恆暹、崇業五十餘人。

　　大慈的一系，《高僧傳》稱其「受法傳教弟子，可千百人。其親度、曰大慈律師，授法者、文綱等。」

靈崿於唐高宗乾封年間,於西明寺躬預南山宣師法席,然其不拘常格,或近文綱,或近大慈,皆為求益,在諸師前,隨講隨收採所聞,輯之為記,又撰有《輕重訣》,失傳。

融濟一系,融濟傳律學於玄儼,玄儼後還江左,遍行四方,著《輔篇記》十卷、《羯磨述章》三篇,並傳律學於大義。

還有弘景一系,弘景傳律學日本鑒真,鑒真傳律學於日本,成為日本律學之祖。

繼承南山道宣律學的,主要是周秀的一系,周秀以次傳遞於道恆,恆撰有《行事鈔記》十卷。恆傳省躬,躬撰《行事鈔順正記》十卷。再以次有慧正、玄暢,暢世稱法寶大師,撰有《行事鈔顯正記》。元表,表撰有《行事鈔義記》五卷。守元、元解、法榮、處元,元撰有《拾遺記》三卷。擇悟,悟撰有《義苑記》七卷。允堪、擇其、元照,律宗至允堪、元照而再盛。

允堪,錢塘人,嘗主持西湖菩提寺,專弘律學。宋慶曆、皇佑年間,在杭州大昭慶寺、蘇州開元寺、秀州精嚴寺建立戒壇,每年度僧傳戒,著有《行事鈔會正記》、《戒本疏發揮記》、《羯磨疏正源記》、《拾毘尼義鈔輔要記》、《教誡儀通衍記》等十部,世稱十本記主。

元照,餘杭人,晚生於允堪五十年,初依祥符寺慧鑒律師出家,專研律學,後研鑽天台教觀,而以律為本,晚住杭州靈芝寺,講說律學三十年,著有《行事鈔資持記》、《戒本疏行宗記》等一百餘卷。

堪、照之後,律宗又衰,元明之際,法系幾乎無聞。到明末清初,才有如馨在金陵靈谷寺傳戒說法。其弟子傳承,有寂光、讀體、德基、書玉、真義、福聚等。福聚於清雍正年間在北京法源寺弘律,著有《南山宗統》等書。

戒律的教義,在於止惡修善,此又稱為「止持」與「作持」,止持

是止惡門；作持是修善門。在止持門中，又分僧、尼二戒。此止作二持，廣攝一切戒律。

中土律宗源自印度曇無德部的《四分律》，今將《四分律》內容分析如下：

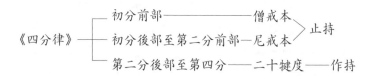

《四分律》
- 初分前部————僧戒本
- 初分後部至第二分前部—尼戒本 止持
- 第二分後部至第四分——二十犍度——作持

以上四分，分止持、作持二部分。止持部分，有僧戒本與尼戒本，即是比丘與比丘尼所受的戒律，名曰俱足戒，略稱具戒。比丘有二百五十戒，比丘尼有三百四十一戒，再加七滅諍，便成三百四十八戒。

比丘的二百五十戒中，包括四波羅夷、十三僧殘、二不定、三十捨墮、九十單提、四提舍尼、百眾學法、七滅諍；比丘尼的三百四十八戒中，包括八波羅夷、十七僧殘、三十捨墮、百七十八單提、八提舍尼、百眾學法、七滅諍。以上是四分律的前半部，即止持門。

後半部解釋受戒、說戒、安居、自恣、皮革、衣、藥、迦絺那、拘睒彌、瞻波、呵責、人、覆藏、遮、破僧、滅諍、比丘尼、法、房舍、雜等二十犍度——犍度，意譯為聚，也就是類的意思，即作持門。然而止持與作持之間，作中有止，止中有作，互相為用，不可偏廢。再者，這止作二持，有總有別，總則一切諸善皆屬二持，別則僅就戒律而言。

僧尼的戒量，有廣有略，所謂比丘二百五十戒、比丘尼三百四十八戒，這也是且設其數，應緣而受的意思。比丘之戒，略則為二百五十戒，中則有三千威儀、八萬細行，廣則無量；比丘尼戒，略則為三百四十八戒，中則有八萬威儀、十二萬細行，廣則無量。因之比丘比

丘尼受戒時，並得受無量無邊等戒，故曰具足戒。

佛門有七眾，戒亦有四位。四位者，五戒、八戒、十戒、具足戒，若再加六法，即是五位。五戒是在家二眾優婆塞、優婆夷所持；八戒又稱八齋戒，乃是在家二眾，受出家戒一日一夜，以種出世的正因；十戒是沙彌、沙彌尼所持；六法為式叉摩那——即學法女所持；具足戒為比丘、比丘尼所持。以上比丘、比丘尼、式叉摩那、沙彌、沙彌尼，是為出家五眾；優婆塞、優婆夷為在家二眾，合稱佛門七眾。

五戒、八戒、十戒、六法等，皆是從具戒中擇其切要，以應受戒者的機類而設；而佛門七眾，亦即依於各種不同的戒律而建立。

除上述諸宗外，還有依據佛說《阿彌陀經》、《無量壽經》、《觀無量壽經》，及世親造《往生論》三經一論所建立的淨土宗；及依據《大日經》、《金剛頂經》所建立的真言宗——又稱密宗，留在〈佛法修持篇〉中再為介紹。

第五章　具有中國特色的宗派
——天台華嚴與禪宗

一　三諦圓融的天台宗

在中國的許多大小乘宗派中，多數是繼承印度的學統而建立的。到了南北朝末期，中國佛門大師自創宗派，建立了自己的理論體系。中國人所建立的宗派，有天台、華嚴兩宗。還有一個禪宗，雖然早期也是源自印度，甚至於禪宗初祖達摩也是印度來的，但到了唐宋以後，禪宗完全變成了中國式的禪宗，與早期的禪觀法門完全不一樣，所以這三者，可稱之為「具有中國特色的宗派」。現在先自天台宗說起。

天台宗是依山為名所立的一個宗派。六朝時智顗大師居天台山，倡立一宗的教觀，後世稱天台大師，因之稱他所創立的一宗為天台宗。又因此宗以《妙法蓮華經》為正依的經典，所以也稱「法華宗」。

此宗以《妙法蓮華經》為正依，建立一宗的宗義，並以《大般涅槃經》為扶疏，以《大品般若經》為觀法，以《大智度論》為指南，更引諸經以增信，引諸論以助成，是為此一宗的教觀法義之所立。

《法華經》是印度大乘佛教興起的時候，在較早期約與《華嚴經》同時出現的經典。《大涅槃經》的出世較晚於《法華經》，約在西元二〇〇年至四〇〇年時代。而《大般若經》則是印度大乘思想興起後，最早出現的經典。《大智度論》是龍樹的著作。其傳入中土的譯人如下：

- 《妙法蓮華經》：七卷，二十八品，姚秦鳩摩羅什譯。
- 《大般涅槃經》：四十卷，十三品，北涼曇無讖譯。
- 《摩訶般若波羅蜜多經》：二十九卷，九十品，姚秦鳩摩羅什譯。
- 《大智度論》：一百卷，龍樹造，姚秦鳩摩羅什譯。

天台宗始於北齊的慧文禪師，慧文於北齊之世，在江淮間力闡禪觀，他讀《大智度論》，有「三智（道種智、一切智、一切種智）實在一心中得」之說；又讀《中論》，有「因緣所生法，我說即是空，亦名是假名，亦是中道義」一偈，恍然大悟，認為宇宙萬法，皆是因緣所生，而此因緣所生者，有不定有，空不定空，空有不二，是為中道。據此立「一心三觀」的觀法，為天台一宗奠下基礎。

慧文在北齊時代，聚徒眾數百，專講大乘。當代諸師，無與競比。後來他以此「一心三觀」法門，傳授給座下弟子南岳慧思。

慧思俗姓李，武津人，生於北魏延昌三年（西元五一四年）。他於北魏永安二年，十五歲出家，受具戒後，專誦《法華》，二十歲後，歷訪北齊之諸大禪師，專務修禪，從慧文禪師學，文授以三觀之法，晝夜研磨，發得《法華》三昧。由《法華經》義旨構成諸法實相論，於是一心三觀和諸法實相遂為此宗的主要思想。他在北齊，日間談義理，夜間禪觀思維，名行遠聞。

慧思的學說，是依大小乘中的定學——即禪定——和慧學的義理而建立的。蓋當時南北學風，北方僧人惟重坐禪，不重義理；南方僧人惟重義理，不重坐禪。慧思提倡定慧雙修，因定發慧，目的在貫通南北，實際上卻導致南北兩地僧徒的反對。他三十四歲時，在河南兗州，被惡比丘毒害，垂死復生。三十九歲時，在淮南鄆州，被惡僧飲以毒藥，幾瀕於死。他四十歲入河南光州，居大蘇山，四十二歲三度遇險，幾為惡論師所害。南陳光大二年，他五十四歲，率弟子四十餘

人往南岳，居之十年，陳太建六年，六十四歲圓寂。因其曾居南岳，故世稱南岳禪師。

慧思的著述，有《大乘止觀法門》、《法華經安樂行義》、《諸法無諍三昧法門》等，慧思弟子甚多，其中以天台智顗最為傑出。

完成天台宗理論體系的，是天台大師智顗。智顗，荊州華容人，梁大同四年（西元五三九年）生，十八歲出家，尋就慧曠學律藏，兼通方等諸經，以後又誦《法華經》及《無量義經》、《普賢觀經》等，三部究竟。陳天嘉元年，二十三歲，至光州大蘇山從慧思，思為說四安樂行，顗於山中行此《法華》三昧，因而開悟。此後思常令代講，前後七年。後慧思入南岳，顗受其付囑，詣建康，於瓦官寺開講《法華經》、《大智度論》、次第禪門等，歷時八年，因聞天台幽勝，乃於陳太建七年，三十八歲時，與弟子慧辯等二十餘人，入天台山，於佛隴山南螺溪源建草菴居之。翌年，陳宣帝賜號修禪寺，並詔割始豐縣租稅以充眾費，師在山講《淨名經》及《金光明經》。在山九年，應陳後主之請入金陵，於太極殿講《大智度論》及《仁王般若經》，後於光宅寺講《法華經》，禎明三年，隋兵滅陳，顗以時方喪亂，巡遊荊湘，緬懷慧遠遺風，居於廬山。隋開皇十一年，晉王楊廣為揚州總管，迎師至揚州，師為授菩薩戒，廣尊崇之，奉名為智者大師。

師翌年辭還廬山，同年歸荊州，於當陽玉泉山建寺，並在寺講《法華玄義》、《摩訶止觀》。開皇十五年，晉王自長安還揚州，再迎師至金陵，師為撰《淨名義疏》，晉王入朝，師辭歸天台。開皇十七年十一月，晉王歸藩，遣使入山迎奉，行至山東石城山，有疾，乃遺書晉王，屬以大法。令侍者唱《法華經》題，又聽《無量壽經》竟，乃遺誡門人，端坐而寂，年六十歲。

智顗大師的著作，都是由他口述，由弟子灌頂筆錄成書，最著者

為《法華玄義》二十卷、《法華文句》二十卷、《摩訶止觀》二十卷，以上三種，稱為天台三大部。

另有《觀音玄義》二卷、《觀音義疏》二卷、《金光明玄義》二卷、《金光明文句》六卷、《觀經疏》二卷，合稱天台五小部。此外尚有《金剛般若經疏》、《仁王般若經疏》、《維摩經玄疏》、《維摩經疏》、《阿彌陀經義記》等數十卷。

智顗大師之弟子甚盛，傳法者三十二人，得法自行者約千人，上首弟子中，以章安大師灌頂最著。灌頂亦為開創天台之重要人物。智顗大師之著述，大半由灌頂記錄成書。灌頂之著述亦富，如《大般涅槃經疏》三十三卷、《大槃涅槃經玄義》二卷、《觀心論疏》五卷、《天台八教大意》一卷，並撰有《天台大師別傳》。

灌頂，臨海章安人，生於陳文帝天嘉二年（西元五六一年），七歲就章安攝靜寺慧拯出家，二十歲受具足戒，從慧拯受《涅槃經》。慧拯寂後，往天台山修禪寺謁智顗，稟受天台教觀。陳至德元年，從智顗至金陵，於光宅寺研釋觀門。並聽智顗講《法華文句》。智顗講述，灌頂筆錄，後隋兵滅陳，隨智顗歷遊荊湘，同入廬山。隋開皇十一年，智顗應晉王楊廣迎赴揚州，灌頂隨侍，開皇十二年，隨智顗入荊州玉泉寺，聽智顗講《法華玄義》，十四年，從智顗受《摩訶止觀》，十五年復隨智顗至揚州，翌年還天台，十七年智顗寂。灌頂住天台山，智顗之著述，多由灌頂筆錄編輯而成書，乃成一宗之典籍。

隋文帝仁壽二年，灌頂應皇太子召，齎《法華玄義》入長安，繕寫校勘，於宮廷弘闡之，煬帝大業十年，撰《大般涅槃經玄義》，其他著述亦於此後完成。灌頂晚年，住會稽之稱心精舍，講說《法華》，盛弘師說，顯揚宗風，唐貞觀六年八月寂，年七十二。

承灌頂之法統者，為其上首弟子智威，智威傳弟子慧威，慧威傳

弟子玄朗。以上三人，皆守成之賢者，玄朗之下，有荊溪湛然。而湛然是中興天台宗的大師。

湛然著有《法華玄義釋籤》、《法華文句記》、《止觀輔行傳弘訣》，此三者為「天台三大部」的註釋。此外尚著有對抗華嚴宗和唯識宗義的《止觀義例》和《金剛錍》，又有《止觀搜玄記》、《始終心要》、《止觀大意》、《五百問論》等，天台宗義，至湛然而條理化。

湛然傳法要於道邃、行滿，日僧最澄偕弟子義真，於唐德宗貞元二十年來華，在天台依道邃、行滿學天台宗教義，此宗遂傳到日本。

道邃之下有廣修，修寂後數年，有會昌法難，繼之唐末五代，兵燹不息，遂使此宗教典，湮滅殆盡。僅在觀行方面，有物外、元琇、清竦、義寂師弟相承而已。五代之際，吳越王錢俶崇信佛教，問天台宗義於義寂，義寂請吳越王遣使高麗訪求天台教典，高麗沙門諦觀送回了若干此宗的著述，因而使天台教典，由湮滅而重現。

義寂有高麗人弟子義通，義通傳四明知禮，由知禮再興天台教觀，此後賢哲代出，南宋有志磐禪師著《佛祖統記》五十四卷，為本宗重要史籍。元明以來，有懷則、大佑、一如、傳燈諸師紹繼弘揚。明末蕅益智旭大師，雖不以天台一宗學者自居，然其所著《法華經會義》十六卷、《玄義接要》二卷、《法華經綸貫》一卷、《大乘止觀釋要》四卷等書，於天台教義頗有發揮。

天台宗的宗義，以諸法實相論為中心，謂宇宙萬法之森羅萬象，當體，即是實相的妙體，所謂一色一香，無非中道，純一實相，更無別法。實相之妙體，圓具三諦，因立「三諦圓融」、「一念三千」說明此義。

一、三諦圓融：智顗大師的三諦圓融說，主要在說明即空、即假、即中的統一精神。空諦、假諦、中諦，又名真諦、俗諦、中諦，天

台教觀，即以說此三諦之圓融為本旨。

宇宙萬有，星羅棋佈，繁雜萬端，如山河大地，房舍器物，鳥飛魚躍，桃紅柳綠，構成我人心目中的花花世界。惟這世界上的一切，皆是因緣和合所生起，只有千差萬別的形相，而無永恆不變的實體，我人不能執為實有。故《中論》偈云：「因緣所生法，我說即是空」。此即謂之空諦。

因緣所生之法，以其無永恆不變之實體，故謂之「自性空」，然其在因緣和合期間，生起存在，有相有用，且立以假名，因此始有山河大地，房舍器物，牛馬鳥魚，樹木花草，構成此宇宙萬有。惟此萬有仍屬因緣和合、無實體、無自性之假有，故稱之為「假名有」，亦即中論偈所稱之「亦名為假名」，此即謂之假諦。

宇宙萬法，自俗諦的立場來看，一切法是「假名有」。自真諦的立場來看，一切法是「自性空」、惟世尊說法，立真俗二諦，原為引導眾生趨向中道，執空執有，全是一遍之見，故而《中論》偈云：

> 因緣所生法，我說即是空。
> 亦名為假名，亦是中道義。

而「中道」——亦即中諦，並不是在空、假兩諦之外另有一個中諦，亦不是折中於空、假二者之間的是中諦，而是空諦的本身就是假諦和中諦；假諦的本身也就是空諦和中諦；而中諦的本身也就是空諦和假諦，故三諦一一皆圓融相即。所謂空，不離假中；所謂假，不離空中；而所謂中，亦不離空假，如此則三諦互具互融，空諦即假即中，假諦即空即中，中諦即空即假。即三各具三，三三相即，三諦而一諦、一諦而三諦，故謂之「三諦圓融」。

二、一念三千：所謂一念三千者，是一念心具三千諸法之意。此宗將
　　有情世間，分為六凡四聖的「十法界」。六凡是天、人、阿修羅、
　　地獄、餓鬼、畜生；四聖是聲聞、緣覺、菩薩和佛。這「十法界」，
　　各具有「十如是」──即如是相、如是性、如是體、如是力、如
　　是作、如是因、如是緣、如是果、如是報、如是本末究竟。

　　　　又，世間有三，即五蘊世間、有情世間、器世間。有情世間
　　之六凡四聖十法界，各具這三種世間，即三十法界。又六凡四聖，
　　並非固定不移。六凡可以向上到達佛的地位，而佛也可以現身於
　　六凡之中。這樣，十法界互相具備，就是三百法界，三百法界又
　　各具十如是，就具有三千法界。而三千一詞，並不是指一種數量
　　或實體的無限，而是採諸法互相融攝，和整個宇宙的究竟。故所
　　謂六凡四聖，乃至三千法界，整個宇宙，在本宗宗義來說，都不
　　過是「介爾一念心」的產物。沒有這「介爾一念心」，也就沒有了
　　這客觀的世界。這就是本宗的「一念三千」。

　　　　本宗的觀行，是在實修「一心三觀」的修法。

三、一心三觀：一心三觀者，於自己內界之心識上，觀念修習三千三
　　諦之妙理。宇宙萬法，皆三千三諦。三千三諦，皆自性所具，故
　　色、心、因、果，總皆是一種三千；心、佛及眾生，是三無差別，
　　同圓具三千諸法。《天台觀經疏》曰：「一心三觀者，此出釋論，
　　論云，三智實在一心中，得祇一觀而三觀，觀於一諦而三諦，故
　　名一心三觀。類如一心而有生住滅，如此三相，在一心中，此觀
　　成時，證一心三智。」

　　　　又，《摩訶止觀》曰：「一空一切空，無假中而不空，總空觀
　　也。一假一切假，無空中而不假，總假觀也。一中一切中，無空
　　假而不中，總中觀也。即《中論》所說不可思議一心三觀。」

概略言之，本宗依《中論》偈，而立空、假、中三觀，為本宗宗義與觀行根本。空觀者、順於真諦，假觀者、順於俗諦，中觀者、順於第一義諦。此三觀，從假入空、從空入假、從空假入於中道，此謂之次第三觀。又一空一切空，假中皆空；一假一切假，空中皆假；一中一切中，空假皆中，此謂之通相三觀。又於一念心中，三觀具足，圓滿互具，融通無礙，此即謂之一心三觀。

二　法界緣起的華嚴宗

此宗是依《大方廣佛華嚴經》以建立其宗義，故名「華嚴宗」。又以此宗是中國唐代高僧賢首大師法藏開創，故又名「賢首宗」。又因此宗係發揮「法界緣起」的旨趣，亦稱為「法界宗」。

傳說釋迦牟尼世尊於初成道的三七日間，為文殊、普賢等大菩薩，說此一乘圓滿的最上法門，而二乘劣機，莫能領解，世尊滅度後五百年，馬鳴菩薩出世，造《大乘起信論》，宣揚大乘法門，與此經顯示的義理頗能契合。

又傳說佛滅後七百年間，南天竺龍樹菩薩入龍宮中，見有此《華嚴經》三本，上、中二本，不是凡力所能持解，乃傳誦出下本《華嚴》十萬偈、四十八品，而流傳於世。

事實上，《華嚴經》是在佛滅後五百年，大乘思想興起以後，諸大乘論師的集體創作，也是經過長久歲月而集成的一部叢書。集成的年代，約在西元第一、二世紀之間，在集成以前，應該已有各品的單刊本存在。從這些單刊本裡，可看出其成立的新舊先後之別。這其中，最重要的是《十地經》和《不可思議解脫經》──即《華嚴經・入法界品》，這是在龍樹以前即已出現的單經。

　　在中國早期譯經期間，即有《華嚴》的單經譯出，如西晉時代的譯經大師竺法護，其所譯出的《漸備一切智德經》——即《華嚴‧十地品》的異譯，不過最早譯出《華嚴經》的人，是東晉時代的佛陀跋陀羅。

　　佛陀跋陀羅，譯曰覺賢，亦稱佛賢，北天竺那呵利城人，少以禪律馳名，以晉義熙二年抵長安，鳩摩羅什倒屣相迎，常共論法相，振發玄微。後以羅什弟子所擯，乃與弟子慧觀四十餘人南下，先入廬山，應慧遠請，譯出《達摩多羅禪經》，後至建康，住道場寺，於義熙十四年至宋永初二年，譯出《大方廣佛華嚴經》，《華嚴經》之譯出，為中國佛教史上之大事，以此肇後華嚴宗之端緒。

　　中土之《華嚴》，有三種譯本：

一、《大方廣佛華嚴經》：六十卷，三十四品，晉佛陀跋陀羅譯。世稱「舊譯華嚴」。

二、《大方廣佛華嚴經》：八十卷，四十一品，唐實叉難陀譯。世稱「新譯華嚴」。

三、《大方廣佛華嚴經》：四十卷，唯〈入法界品〉一品，唐般若譯。世稱「後譯華嚴」。

以上三種《華嚴》，本是一本異譯，僅有詳略之分，其中以實叉難陀之譯本最為完整。此外尚有二十五部單經，計五十三卷，皆是《華嚴經》各品各會之別譯，如《佛說菩薩本業經》為〈淨行品〉別譯；《佛說菩薩十住經》為〈十住品〉別譯；《文殊師利發願經》為〈普賢行品〉別譯等是。

　　自佛陀跋陀羅譯出《華嚴》後，不少學者或為敷講、或作章疏，弘通斯經；如晉末南林寺法業，助跋陀羅譯《華嚴》擔任筆受，著有《華嚴旨歸》二卷，為此經之綱要；北齊玄暢製《華嚴經疏》，隨文作

釋，後魏靈辨造《華嚴論》一百卷，演義釋文，窮微洞奧；北齊慧光，研鑽《華嚴》深悟精致，著疏四卷，立頓漸圓三教，以判群典。以《華嚴》為圓教，自慧光始，亦為此宗初祖杜順之所祖述。然開華嚴宗立宗端緒的，則為杜順。

杜順，原名法順，雍氏萬年縣人，生於陳武帝永定元年，十八歲出家，師事因聖寺僧珍受持定業。後住終南山宣揚《華嚴》，大張教綱，教化道俗，著《華嚴法界觀門》、《五教止觀》。前者分觀法為真空觀、理事無礙觀、周偏含容觀三重，闡明事事無礙之幽致；後者約小、始、終、頓、圓五教，各明止觀，以此始定一宗之基礎，為東土華嚴初祖。

杜順有弟子智儼、動意、達法師等，唯智儼獨傳華嚴奧旨。

智儼，居終南山至相寺，故又稱至相大師。他十二歲從杜順入終南山，十四歲出家，後就曇遷的弟子法常聽《攝大乘論》，不數歲而洞解精微，二十歲受具足戒後，學《四分律》、《成實論》、《十地經》、《涅槃經》等。後從至相寺智正聽此經，乃專研鑽《華嚴》，作《華嚴經略疏》五卷，後人稱為《華嚴搜玄記》。儼晚年講說《華嚴》及《攝論》，化導不倦，而宗風大振。唐總章元年入寂，年六十七。著作除《搜玄記》外，並作《華嚴孔目章》、《華嚴一乘十玄門》、《華嚴五十要問答》等，華嚴一宗，至智儼而教相與觀行具備。儼有弟子懷齊、義湘、法藏等，而大盛華嚴之教者，則為法藏。

法藏，俗姓康，其祖先是康居國人。於唐貞觀十七年生於長安。十七歲辭親求道，閱方等諸典數年，後聞智儼於雲華寺講《華嚴經》，往投智儼為弟子，深通《華嚴》玄旨。總章元年智儼將入寂時，法藏二十六歲，尚未剃度出家，儼乃以法藏託於道成、薄塵二人，且曰：「此賢者注意於華嚴，蓋無師自悟，紹隆遺法，其惟是人。幸假餘光，俾沾剃度。」咸亨元年二十八歲時，武后捨其亡姊榮國夫人宅為太原

寺，成、塵連狀薦舉，奉敕同入太原寺，至此始剃髮，奉旨於太原寺、雲華寺講《華嚴經》，敕命京城十大德為藏受具足戒，自此參加翻譯，從事講說，努力著述，大成華嚴宗。

法藏於晉譯《華嚴》，每嘆缺而不全，永隆元年，中天竺法門地婆訶羅——即日照三藏齎《華嚴經・入法界品》梵本至，藏與對校，果獲善財求天主光等十善友之文，乃請譯出補《華嚴經・入法界品》兩處脫文。

武后證聖元年，實叉難陀於大遍空寺翻譯《華嚴經》，法藏任筆受，聖曆二年新《華嚴經》譯成，奉敕於佛授記寺講解，並為武后於長生殿講六相十玄義。

法藏前後講新舊《華嚴》三十餘遍，著有《華嚴探玄記》、《華嚴一乘教義分齊章》、《華嚴遊心法界記》、《華嚴經旨歸》、《華嚴經文義綱目》、《華嚴三昧觀》、《華嚴經傳記》等。晚年著《新譯華嚴經略疏》，至第十九卷，未竟而寂，時為先天元年，年七十。

法藏字賢首，或云賢首為賜號，故世稱賢首大師。法藏有弟子宏觀、文超、智光、宗一、慧英、慧苑等，其中惟慧苑見《宋高僧傳》，其他事蹟不詳。

慧苑是法藏門下高弟，特精《華嚴》，法藏製《新譯華嚴經略疏》，至第十九卷，書未成而圓寂，慧苑繼其後，作《續華嚴略疏刊定記》三十卷，然刊定記之內容，意旨多與法藏相反，如法藏之五教——就天台之藏、通、別、圓四教，加頓教為五教。慧苑則謂加頓教不妥，應別由實性論立四種教。即迷真執異教，為凡夫之教；真一分半教，即聲聞緣覺之教；真一分滿教，即大乘初門說凝然真如者；真具分滿教，內分理事無礙門，及事事無礙門二種。

法藏立十玄緣起，慧苑則改為兩重十玄緣起，即萬有而分德相、

業用兩重。古來學《華嚴》者，則認此為異說。

其後唐代宗大曆年間，錢塘天竺有法銑者，著《刊定記纂釋》，解釋慧苑的《刊定記》，法銑可能是慧苑的門下弟子。法銑門下弟子有太初、正覺、神秀、澄觀等，而澄觀是華嚴宗的中興人物。

澄觀，越州山陰人，十一歲出家，早年到處參學，從法銑學《華嚴》深通玄旨，後在五台山開講新譯《華嚴》，作《華嚴經大疏》六十卷、《隨疏演義鈔》九十卷。唐德宗貞元十二年，應召入長安，參加般若三藏的譯場，譯出《四十華嚴》並作疏十卷。此外他著有《華嚴經綱要》三卷、《華嚴法界玄鏡》二卷、《大華嚴經略策》、《三諦圓融觀》等。他在《大疏》及《演義鈔》中，力破慧苑的異說，弘揚法藏的教義，使華嚴宗得以中興。澄觀有弟子宗密、僧睿、法印、寂光等。其中由宗密繼承澄觀之法統。

宗密，果州西充人，二十八歲從荷澤宗道圓出家。後從澄觀學《華嚴》，隨侍數載，深得旨趣，入終南山南圭峰蘭若誦經習禪，後世稱為圭峰禪師。著有《華嚴綸貫》五卷、《普賢行願品別行疏鈔》六卷，及《註華嚴法界觀門》、《華嚴原人論》各一卷。

宗密圓寂後，值唐武宗會昌法難，及後周世宗毀佛，經論散佚，寺廟頹傾，華嚴宗與其他宗派相似，同受打擊，法運衰頹。

宋代初年，長水子璿出，再振華嚴宗風，子璿有弟子晉水淨源繼其後，大振法化，淨源有弟子義天，乃高麗王子，辭榮出家，元祐初來中土，受法於淨源。返國後盛弘華嚴，使本宗大行海外。此後有道亭、觀復、師會、希迪等各有著述，世稱宋代四大家。入元代後，喇嘛教、禪宗盛行，本宗衰微。

華嚴宗的根本宗義，是「法界緣起」，按「法界」有二義，一指真如實性本體的相狀；一指現象世界。現象世界不僅指我人所居的世界，

乃是總括宇宙萬有，而宇宙萬有，雖然森羅萬象，但皆為諸緣依持，相即相入。此一物為其他萬物之緣，其他萬物亦為此一物之緣，自他互相對待，互相資持，圓融無礙，此即華嚴之根本宗義。

在佛教諸宗派中，華嚴、天台二宗，為中國佛教之精華，天台宗義諸法實相，華嚴宗義法界緣起，天台講性具，華嚴論性起，是以華嚴宗義，性海圓融，緣起無礙，一多相即相入，一即一切，一切即一，有如因陀羅網，重重無際，微細相容，主伴無盡，此即法界緣起。而闡述此事事無礙法界之無盡緣起者，則為四法界、六相、十玄等法門。

四法界，是事法界、理法界、理事無礙法界、事事無礙法界。所謂法界，即總括宇宙萬有之一心。此心攝四法界：

一、事法界：宇宙萬有的事相，即總括一切生住異滅的心物現象，而此林林總總的心物現象，各有各的相狀，各有各的特色，千差萬別，各有分齊，此謂事法界。

二、理法界：宇宙萬有的理性——也就是一切諸法所依的真理，稱為「法性」，亦即「真如」。我們這個世界，自事相一面看，雖然千差萬別；但若自其實體理性一面看，其實是同一體、同一性。譬如波浪相狀雖千差萬別，但其本體，唯是一水，此謂理法界。

三、理事無礙法界：理是宇宙萬有的理性，事是宇宙萬有的事相。而生滅變異的事相，皆從真如之理體而緣起——也就是從理性本體上所顯現出的事相。因此，即理是事，即事是理。理不礙事，事不礙理。理事相即相融，不一不異，故而真如即萬法，萬法亦即真如，真如與萬法無礙融通，即謂理事無礙法界。

四、事事無礙法界：宇宙萬有，千差萬別的事法，相即相入，無礙自在。由前理事無礙法界觀之，萬法的本體就是真如，故萬法中的一一事物也就是真如。也就是所有的事事物物，皆是真如法性。

　　因此，故事事互不相礙，一即多，多即一，舉一則一切隨之，舉一切一亦隨之，互相融即，無障無礙，即謂事事無礙法界。

　　四法界之說，原先散見於法藏的著述中，到了澄觀，才加以有系統的組織。

　　六相者，是總相、別相、同相、異相、成相、壞相。宇宙萬法，無不具足此六相，互相圓融，無障無礙。故又謂「六相圓融」。六相圓融義，出自《華嚴經‧初地十大願》中，法藏《五教章》中釋六相的名義，謂：

一、總相者，一含多德故。

二、別相者，多德非一故，別依止總，滿彼總故。

三、同相者，多義不相違，同成一義故。

四、異相者，多異相望，各各異故。

五、成相者，由此諸義，緣起成故。

六、壞相者，諸義各住自法，不移動故。

以上的解釋，使人不易了解，茲再語釋如下：

一、總相：總相是諸法各部分的總合，如每一人身各具足五蘊。

二、別相：是構成整體的各部份，如人皆有感官，而各人的感官，在各個人獨特的性質或能力的感覺下，各有其「別相」。

三、同相：所有別相在構成總體時，具有同等和諧的能力。如人之感官，在同一有機體間，有互相關係的感覺。

四、異相：雖然感官在同一有機體間有互相關係，但仍保有它個別的特性。

五、成相：感官雖各保有其特性，但均為完成一總體而存在。

六、壞相：雖然由諸別相組成了總相，但仍不失它們原有的個別性質。如以一幢房舍為例：房舍，是總相。磚、瓦、梁、柱，是別相。

由磚、瓦、梁、柱之和合，成一房舍，是同相。而此磚、瓦、梁、柱，又各有各的形相，是異相。又，依此磚、瓦、梁、柱的各個作緣，成一房舍，是成相。雖成一房舍，而磚、瓦、梁、柱各不失其本來的面目，是壞相。房舍如此，一大宇宙亦是如此。事事物物，互有差別，互相融合，成為一體不離之關係。而一塵一法，亦各具足法界諸法，是總相。雖一塵一法，亦各具足法界諸法，然色、心、理、事等各有差別，是別相。宇宙萬有，雖千態萬狀，而相依相待，同成一體，是同相。雖同成自緣起，而各自形類、相望差別，是別相。宇宙萬有，雖無量無盡，而各自作緣而成一法，是成相。雖成一法，而各住本位，保有本來相狀，是異相。

　　六相圓融，是說沒有一法是單一獨立存在的，每一法內都含有六相。由於六相，要進一步瞭解「十玄門」。

　　十玄門，是謂宇宙萬有，一切諸法，各具足十玄門，無礙涉入，成一大緣起，故又稱十玄緣起，或十玄緣起無礙法門，這十玄門是：

一、同時具足相應門：即一微塵中，同時具足一切諸法，遍滿相應，成一緣起。意謂緣起法相，應無先後。

二、多入相容不同門：謂一一法中，各具一切法，容攝無礙，不相隔離。亦即一中有多、多中有一，一多相入無礙。此約理說。

三、諸法相即自在門：是說諸法融通，相即自在。此約用說。

四、因陀羅網境界門：即一一法中，有無量法，重重顯映，無有窮盡，此指緣起交互涉入的比喻而言。

五、微細相容安立門：指微塵與國土，雖大小相異，而互相容入，彼此同時安立無礙。此約萬法之相而言。

六、秘密隱顯俱成門：指一法即一切法，或隱或顯，成隱顯二相，俱時成就，此亦指緣起說。

七、諸藏純雜具德門：是指六度萬行，或純或雜，而法法交徹，功德互具，此約行——六度之行說。

八、十世隔法異成門：此謂一一法能通十世，前後久暫，不相隔離。十世，指過去、現在、未來三世，又各有過去、現在、未來三世，即為九世。然此九世，迭相即入，攝為一念，前九為別，一念為總，總別合論，故云十世。此約時說。

九、唯心迴轉善成門：謂法界無礙功德，都由此心迴轉，具足成就。此約心說。

十、託事顯法生解門：是說塵塵法法，事事無礙，隨一事理，能顯諸法實相。此約智說。

三　禪學的起源與發展

印度古老的文化和宗教傳統，向來就有修習禪定的習慣，釋迦牟尼未成道前，以悉達多太子身分出家學道時，即曾和阿羅邏伽羅摩仙人和郁陀伽羅摩仙人學禪定。所以釋迦牟尼成道後，領導僧團，四方弘化，而修習禪定，也就成為佛教中修持的一部分。

佛法本來就是解脫道，目的在修行證果，修行之道在於戒、定、慧三學。而戒、定為慧之所依，如果戒、定不修，而徒侈言義理者，那是捨本逐末，殊失原旨，故釋迦世尊成道說法，首說苦、集、滅、道四聖諦，使人知苦、斷集、慕滅、修道。

所謂修道，是修八正道。八正道可攝入戒、定、慧三學；故八正道中的正念、正定是定學，也就是禪定。世尊一生說法，說了許多有關禪定的經典，這就是禪學的起源。

禪學之傳入中土，為時甚早，在東漢末年桓、靈之世，西域安世

高來洛陽，宣譯眾經，改梵本為漢語，他所譯出的經典，多屬小乘，且以實際禪觀修行者為多。

　　世高所出之經，屬於禪觀方面者，有下列多種：

一、《大安般守意經》二卷。

二、《禪行法想觀》一卷。

三、《大十二門經》一卷。

四、《小十二門經》一卷。

五、《禪行三十七品經》一卷。

六、《禪行方便次第法經》一卷。

七、《禪法經》一卷。

八、《五門禪要用法經》一卷。

九、《思惟要略經》一卷。

十、《禪經》二卷。

繼安世高之後，三國東吳的支謙譯出《禪秘要經》四卷，康僧會譯出《坐禪經》一卷。西晉的竺法護譯出的眾經中，有《法觀經》一卷、《修行道地經》七卷。東晉佛陀跋陀羅譯出《達摩多羅禪經》二卷。以至於一代譯經大師鳩摩羅什，譯出的眾經中有《禪秘要法經》三卷、《坐禪三昧經》二卷、《禪法要解》二卷、《思惟略要法》一卷、《禪要經》一卷。

　　後涼沮渠京聲，譯出有《治禪病秘要法》二卷、《禪法要解》二卷。劉宋時曇摩密多譯出《禪秘要經》三卷、《五門禪經要用法》一卷。求那跋陀羅譯出《迦蘭若習禪經》二卷。以至於陳真諦譯之《修禪寶經》一卷。禪學經典之傳譯，略如上述。

　　上述諸禪經中，安世高所譯者，屬於小乘禪。且卷冊極少，或說明五停心、四念處；或說明三十七道品，俱排列數字。故稱為禪數之

學。至於鳩摩羅什譯的《坐禪三昧經》、佛陀跋陀羅的《達摩多羅禪經》屬於大乘，故稱為菩薩禪。

中土禪法，始於安世高，而吳之康僧會，亦頗注重禪之傳習。晉代道安，亦深禪悅，至鳩摩羅什及佛陀跋陀羅所譯的禪經流行，長安、江南兩地禪法大興，習者日眾，並由早期的小乘禪進入大乘禪。

鳩摩羅什雖然弘傳空宗，但是也重視禪法，羅什弟子僧叡、道生、慧觀等從羅什受禪法，道生、慧觀並把羅什系統的禪法傳到南方，佛陀跋陀羅本來是北天竺的禪師，他到長安曾弘傳禪業，後來到建康瓦官寺，也教習禪道，其弟子中妙通禪法者，有智嚴、玄高等人。

廬山慧遠也重視禪法。他曾派遣弟子到西域求禪經戒律，又請佛陀跋陀羅譯出禪經。南宋初年，佛陀跋陀羅在建業授禪法，而曇摩耶舍在江陵授禪法，門下來學者三百餘人。另有曇摩密多亦特精禪法，自涼州經蜀到江陵，於長沙寺建造禪閣，晚年在建業授禪，學者雲集，號曰大禪師。原在西涼的沮渠京聲，宋初亦到過建業授禪。元嘉年間，僧伽達多及僧伽羅多哆，亦在建業授禪。故晉末宋初，南方習禪者頗盛，如建業、江陵、蜀郡，均為禪法流傳的地區。

其在北方者，東晉末年，涼州本是禪法最盛的地方，時在西涼的曇無讖，本來就是白頭禪師的弟子。西涼國主的從弟沮渠京聲，曾到西域從禪學大師佛大先學禪。佛陀跋陀羅的弟子寶雲在涼州講授禪法，號稱涼州僧。西行求法的智猛，亦曾住涼州，後入蜀授禪，後來到建業授禪的曇摩密多，亦曾在涼州授過禪法。還有西涼的名禪師玄高，並把禪法弘傳到北魏，玄高曾在長安受禪法於佛陀跋陀羅。

洛陽東南的嵩山，在北魏未遷都洛陽以前，已成為禪僧集居之所。最早到嵩山坐禪的是僧周。其後有生禪師者，在嵩山南麓建了嵩陽寺。到了北魏遷都洛陽以後，太和十九年孝文帝為佛陀禪師在嵩山少室建造

了少林寺。此少林寺，就是後來達摩禪師面壁九年，傳法於慧可，成為達摩一系「禪宗」的發源地，也是歷史上傳說以武術著名的少林寺。

在《續高僧傳》上說，佛陀禪師是天竺人，在魏文帝未遷都以前，到魏都平城，孝文帝對之至為敬重，後隨孝文遷都洛陽，敕設靜院以居之。因其性愛幽棲，屢往嵩岳，乃敕於嵩岳少室山為之造寺，即少林寺。

按魏孝文時的天竺禪師，為佛陀扇多，如《菩提流支傳》云：「又有北天竺僧佛陀扇多，魏言覺定……」又，〈慧光傳〉云：「往佛陀禪師受三歸……會佛陀任少林寺主，勒那初譯《十地》，至後合翻……」與勒那摩提合譯《十地經論》的是佛陀扇多。所以「佛陀」和「佛陀扇多」就是一個人。由於佛陀扇多的弘傳禪法，自此嵩山少室就以禪法馳譽國內。

佛陀的弟子除慧光外，尚有道房，道房有弟子僧倜，是北魏、北齊時代的禪學大師。僧倜有弟子曇詢、智舜、僧邕。智首之師僧旻，亦是僧倜的弟子。

魏晉南北朝時所流行的禪觀法門，概略言之，有下列多種：

一、念安般：此法由《安般守意經》而流行。釋道安曾言：「茲乃趣道之要徑」，謝敷曰：「此《安般》典，其文雖約，義關眾經，自淺至深，眾行具舉，學之先要，孰踰此乎？」經中有六妙門，曰數息、相隨、止、觀、還、淨，此六者，即所以治六情。

二、不淨觀：《達摩多羅禪經》云：「入佛法有二甘露門，此二者何，一念安般、二不淨觀。」不淨觀法，可對治三毒。蓋貪慾、瞋恚、愚痴三者，為迷之根；欲斷貪欲，則觀我身不淨可厭。貪欲既去，則瞋恚愚痴自隨之而去。道安《十二門經‧序》有云：「死屍散落自悟。」並謂坐禪在「解色防淫」，均指修不淨觀而言。

三、念佛三昧觀：此門為淨土宗之所依，漢支讖譯有《般舟三昧經》。三昧即「三摩地」，譯為「定」，即息慮凝心，心定於一處而不動意。《三昧經》謂：「欲生佛國，當念佛三十二相、八十種好。」《坐禪三昧經》亦謂：「將至佛像所，或教令自往諦觀佛像相（三十二相）好（八十種好），相相明了，一心憶持，還至靜處。」《坐禪三昧經》並教人由觀形像而觀法身：「是時便得見一佛二佛乃至十方無量世界諸佛色身，以心想故，乃得見之。既得見佛，又聞說法言，或自請問佛，為說法，解諸疑綱。既得佛念，當復念佛功德法身，無量大慧，無崖底智，不可計德。」

念佛三昧，初步觀法，先自佛像自頂至足觀之，終至閉目開目，常瞭然如佛在眼前而修行之。

四、首楞嚴三昧觀：這是大乘最重要的禪定。鳩摩羅什譯《首楞嚴三昧經》云：「首楞嚴三昧，非初地二地三地四地五地六地七地八地九地菩薩之所能得，唯有住在十地菩薩，乃能得是首楞嚴三昧。」蓋此即當於小乘禪法之金剛喻定。《金剛心位經》謂：「一切禪定、解脫、三昧、神通、如意、無礙、智慧、皆攝在首楞嚴中。」

五、法華三昧觀：此以《法華經·見寶塔品》為觀者，所說釋迦佛與多寶如來坐七寶塔中，以十方分身化成佛，遍滿眾生國土之中，欲證實法，出其舌相，音聲遍滿十方世界，宣說《法華經》，惟一大乘，無二無三，所謂無生無滅，畢竟空相，習如是觀者，即得禪定。

四　菩提達摩一系的禪宗

　　相傳釋迦牟尼世尊，晚年在涅槃會上，拈花示眾，眾皆默然，惟獨大迦葉尊者破顏微笑。世尊讚大迦葉曰：「吾有正法眼藏，涅槃妙心，付囑於汝，汝其善護持之。」這就是禪宗以心傳心的起源。

　　在《付法藏因緣傳》中，謂大迦葉傳法於阿難，阿難傳商那和修……乃至優婆鞠多、提婆多、彌遮迦、婆彌密、佛陀難提、伏馱密多、脅尊者、富那夜奢、馬鳴、迦毘摩羅、龍樹、羅睺羅、迦那提婆、僧迦難提、伽耶舍多、鳩摩羅多、闍夜多、婆修盤頭、摩拏羅、鶴勒那、師子、婆舍斯多、不如密多、般若多羅。般若多羅傳菩提達摩，菩提達摩是印度的二十八祖。

　　菩提達摩，南天竺人，本名菩提多羅，後以隨般若多羅尊者出家，改名菩提達摩。他聞解曉悟、心存大乘，侍奉般若尊者四十年，其師示寂後，他立志弘化中土，於梁武帝普通七年（西元五二六年）渡南海抵廣州。州刺史以聞，武帝遣使迎入金陵。與武帝對答，以機緣不契，於是渡江入魏境到洛陽，入嵩山少林寺，面壁而坐，終日默然，時人稱為壁觀婆羅門。達摩門下有弟子道育、慧可，達摩傳法於慧可。後世推達摩為此一系統禪宗的初祖，慧可為二祖。《續高僧傳》中記載達摩、慧可師弟授受的情形：

釋僧可，一名慧可……年登四十，遇天竺沙門菩提達摩遊化嵩洛，可懷寶知道，一見悅之，奉之以為師，畢命承旨，從學六載，精究一乘……初達摩禪師以四卷《楞伽》授可曰：「我觀漢地，惟有此經，仁者依行，自得度世。」可專附玄理，依前所陳。遭賊砍臂，以法

御心，不覺痛苦……每可說法竟，曰：此經四世之後，變成名相，一何可悲。

然《景德傳燈錄》所載，謂慧可斷臂求法，達摩以正法眼藏付慧可，並授袈裟為法信，與《續高僧傳》所記不同：

時有僧神光者，聞達摩大士，住止少林……乃往彼晨夕參承，師常端坐面牆，莫聞誨勵。光自惟曰：昔人求道，敲骨吸髓，刺血充飢，布髮掩泥，投崖飼虎，古尚如此，我又何人？其年十二月九日夜，天大雨雪，光堅立不動，遲明積雪過膝，師憫而問曰：汝久立雪中，當求何事？光悲淚曰：惟願和尚慈悲，開甘露門，廣度群品。師曰：諸佛無上妙道、曠劫精勤，難行能行，非忍而忍，豈以小德小智，輕心慢心，欲冀真乘，徒勞勤苦。光聞師誨勵，潛取利刃，自斷左臂，置於師前。師知是法器，乃曰：諸佛最初求道，為法忘形，汝今斷臂吾前，求亦可在。師遂因與易名曰慧可。光曰：諸佛法印，可得聞乎？師曰：諸佛法印，非從人得。光曰：我心未寧，乞師與安。師曰：將心來，與汝安。曰：覓心了不可得。師曰：我與汝安心竟。

在同錄的後段說：

最後慧可禮拜後，依位而立。師曰：汝得吾髓。乃顧慧可而告之曰：昔如來以正法眼付迦葉大士，展轉囑累，而至於我。我今付汝，汝當護持。並授汝袈裟，以為法信。各有所表，亦可知矣……內傳法印，以契證心，外付袈裟，以定宗旨……師又曰：吾有《楞嚴經》四卷，亦用付汝。

在《續高僧傳》上的記載，說慧可有弟子僧那，僧那有弟子慧滿，共常齎四卷《楞伽》，以為心要，隨說隨行，不爽遺委。然依《傳燈錄》所載，傳慧可正法眼藏並達摩信衣者，為三祖僧璨，《景德傳燈錄》云：

> 有一居士，年踰四十，不言名氏，聿來設禮，而問師曰：弟子身纏風恙，請和尚懺罪。師曰：將罪來，以汝懺。居士良久云：覓罪不可得。師曰：我為汝懺罪竟，宜依佛、法、僧住……曰：今日始知罪性不在內，不在外。不在中間，如其心然，佛法無二也。大師深器之，即為剃髮云：是吾寶也，宜名僧璨……執侍經二載，大師乃告曰：菩提達摩，遠自竺乾，以正法眼藏，密付與吾，吾今授汝，並達摩信衣，汝當守護，無令斷絕。
>
> 僧璨大師者，不知何許人也！初以白衣謁二祖，既受度傳法，隱於舒州之皖公山，屬後周武帝破滅佛法，師往來太湖縣司空山，居無常處，積十餘載，時人無知者……後適羅浮山，優於二載，卻旋舊址，逾月，士民奔趨，大設檀供，師為四眾廣宣心要訖，於法會大樹下，合掌立終。即隋煬帝大業二年丙寅十月十五日也。

傳僧璨衣法的，是四祖道信，道信於隋文帝開皇十二年，入皖公山謁僧璨，言下大悟，侍奉九載，僧璨授以衣法。《景德傳燈錄》記載：

> 至隋開皇十二年壬子歲，有沙彌道信，來禮師曰：願和尚慈悲，乞與解脫法門。師曰：誰縛汝？曰：無人縛。師曰：更何求解脫乎？信於言下大悟，服勞九載，後於吉州受戒，傳奉尤謹。師屢試以玄微，知其緣熟，乃付衣法……
>
> 道信大師者，姓司馬氏，世居河內，後徙於蘄州之廣濟縣。師生而超異，幼慕空宗諸解脫門，宛如宿習，既嗣祖風，攝心無寐，脅不

至席者六十年。隋大業十三年，率徒眾抵吉州……唐武德甲申歲，
師返劫蘄春，住破頭山，學侶雲臻……後貞觀癸卯歲，太宗響師道
味，欲瞻風采，詔赴京師，上表遜謝，前後三返，竟以疾辭。第四
度命使曰：如果不起，即取首來，使至山諭旨，師乃引頸就刃，神
色儼然。使異之，迴狀以聞，帝彌加歎慕……迄高宗永徽辛亥歲閏
九月……安坐而逝，壽七十有二。

　　道信的弟子，有黃梅弘忍、牛頭法融。後來弘忍承傳了道信的衣
法，為禪宗五祖，在蘄州黃梅山弘傳其道，並發揮《金剛》、《般若》
之義旨，座下聽眾常越七百，時稱東山法門。《景德傳燈錄》記載道信
弘忍師弟授受的情形：

……一日往黃梅縣，路逢一小兒，骨相奇秀，異乎常童，師問曰：
子何姓？答曰：姓即有，不是常姓。師曰：是何姓？答曰：是佛性。
師曰：汝無姓耶？答曰：性空故。師默識其法器，即俾侍者至其家，
於父母所，乞令出家。父母以宿緣故，殊無難色，遂捨為弟子，名
曰弘忍。以至付法傳衣……
弘忍大師者，蘄州黃梅人也，姓周氏，生而岐嶷……後遇信大師得
法，嗣化於破頭山……至上元二年（唐高宗）乙亥歲，忽告眾曰：
吾今事畢，時可行矣！即入室安坐而逝，壽七十有四。

　　道信的另一弟子法融，潤州延陵人，以隋開皇十四年生，年十九，
博通經史，尋閱《般若》，知儒道世典非究竟法，遂入茅山，從三論宗
之靈法師出家，後入金陵牛頭山北石室枯坐，後道信聞之，往尋訪，
付以所受於僧璨之頓教法門，自爾法席大盛，後世稱之為牛頭禪。唐
永徽中，於建初寺講《大般若經》，聽者雲集。顯慶二年正月二十三日

圓寂，年六十四。

　　達摩的學說，主要在於「二入」、「四行」。《續高僧傳·十六》稱：

……然則入道多途，要唯二種，謂理、行也。藉教悟宗，深信含生
同一真性，客塵障故，令捨偽歸真，凝住壁觀，無自無他，凡聖等
一，堅住不移，不隨他教，與道冥符，寂然無為，名理入也！行有
四行，萬行同攝。初報怨行者，修道苦至，當念往劫，捨本逐末，
多起愛憎，今雖無犯，是我宿作，甘心受之，都無怨懟。經云，逢
苦不憂，識達故也。此心生時，與道無違。體怨進道故也。二隨緣
行者，眾生無我，苦樂隨緣，縱得榮譽等事，宿因所構，今方得之，
緣盡還無，何喜之有，得失隨緣，心無增減，違順風靜，冥順於法
也。三名無所求行，世人常迷，處處貪著，名之為求。道士悟真，
理與俗反，安心無為，形隨運轉，三界皆苦，誰而得安？經曰：有
求皆苦，無求乃樂也！四名稱法行，性淨之理也！

　　達摩一系的禪宗，是所謂「教外別傳、不立文字、直指人心、見
性成佛」的法門。而達摩的二入四行之說，是他把入道的途徑，分為
「理入」和「行入」兩種。行道的方法，分做「報怨行」、「隨緣行」、
「無所求行」、「稱法行」四種，此即謂「二入」、「四行」。茲先述二入：

一、理入：憑藉經教的啟示，深信眾生本具同一的真如佛性，這真如
　　　佛性為客塵妄想所覆蓋，不能顯現。但能修心如壁、堅住不移，
　　　遣蕩一切客塵煩惱，與真如佛性之理相符，則自然達到寂滅無為
　　　的境界。

二、行入：即根據理入之理，而入於行，泯去怨親愛憎，苦樂得失。
　　　茲再述四行：

　　㈠報怨行：修道之人，若受冤苦時，當念：我在往昔劫中，捨

本逐末，流浪諸有，多起怨憎。如今雖然無犯，但是以往昔
宿殃惡業之因，而有今日冤苦之果，作如是想，甘心忍受。
此心生時，與理相應，是體冤進道，名報怨行。

㈡隨緣行：經云：「四大苦空、五蘊無我」。人生際遇，皆隨業
轉，遇緣則起現行。如果遭受勝報榮譽之事，也不過是過去
宿因之所感，到緣盡則無，有何可喜之處？如此則得失隨緣，
心不增滅，這就是隨緣行。

㈢無所求行：世人長迷，執實法實我，處處貪求，永無休止。
而修道者悟得諸行無常、諸法無我之理，安心無為，萬有皆
空，順道而行，無所希求，此謂無所求行。

㈣稱法行：自性清淨之理體，名之為法。此法體無慳貪，故順
之而行布施；乃至於法體明朗而無痴闇，則順之而行般若，
如此稱法而行六度，名為稱法行。

禪宗不是與經論全然無關，如與經論全然無關，達摩祖師就不會
以《楞嚴經》四卷付給慧可了。不過達摩在《楞嚴經》中，所採的是
「唯心觀」——三界唯心與自覺聖智的境界。

三界，即欲界、色界、無色界，亦即六道眾生所賴以居住的世界
——物質世界，惟一切外境皆由我心而起，如無主觀的能認識的識體
——心的存在，則客觀的所認識的對象——外境、物質世界亦不存在。
故曰：「三界唯心」。

自覺聖智境界，是說自心悟知而達到的真正境界。這境界超越形
相，超越語言文字，惟是自心悟知的境界，這就是禪的究竟。

此外，《金剛般若波羅蜜經》與《維摩詰所說經》亦為本經支柱，
前者在於其「應無所住而生其心」——即心空處是正覺；後者在其「不
二法門」——超越有無自他生死涅槃等的相對，而成「絕待」的不二

法門。

五　南頓北漸——慧能與神秀

以菩提達摩為初祖的禪宗，由達摩傳慧可，慧可傳僧璨，僧璨傳道信，道信傳弘忍。但道信的另一弟子法融，在金陵的牛頭山幽棲寺弘法，世稱此法系為牛頭禪。法融傳法於弟子智巖，智巖傳慧方，慧方傳法持，法持傳智威，智威傳慧忠。世稱此為牛頭六祖。

弘忍居黃梅縣雙峰山東禪寺，成立了東山禪風。座下弟子常數百人。弘忍平日「緘口於是非之場，融心於色空之境。」唯常勸人誦《金剛經》。

慧能俗姓盧，父名盧行瑫，唐初被貶官，流竄到新州——今廣東省新興縣。慧能生於唐太宗貞觀十二年（西元六三八年），生後三歲喪父，母寡居。慧能稍長，賣柴養母。他偶在市下聽店鋪中人誦《金剛經》，乃詢問從何處學來此經，誦經人告以弘忍禪師勸人誦此經，說誦此即得見性成佛。以此他常留心佛教經義。唐高宗咸亨年間，慧能已三十多歲，他聽女尼劉氏讀《涅槃經》，已能講解經義，後來到樂昌縣，依附智遠禪師，談論禪理，說出他的心得，智遠認為他理解非凡，勸他到弘忍處求印證，慧能去見弘忍，答弘忍問，稱「唯求作佛」。弘忍令他先入碓坊作務，他在碓坊劈柴椿米，經過了八個多月。

一日弘忍召集弟子，命各人根據自己的見解各作一偈，如偈語深透者，將據以傳衣付法。門人都推崇上座神秀，不敢作偈。神秀乃於夜間在弘忍前廊下，寫了一首偈：

身是菩提樹，心如明鏡臺，

時時勤拂拭，勿使惹塵埃。

次日弘忍見偈，喚神秀來，謂曰：「你作此偈，只到門前，還未入門，回去思考，再作一個來，如入得門，我付法衣給你。」神秀回房苦思數日，作不得新偈。

時有一童子於碓房經過，口中唱神秀之偈，慧能一聽偈意，乃知未見本性。乃請童子領其到偈前禮拜。慧能不識文字，因口誦一偈，請人代寫壁上，偈曰：

菩提本無樹，明鏡亦非臺，
本來無一物，何處惹塵埃。

弘忍看到慧能這首偈，稱：「亦未見性」，乃拂袖而去。然後他密示慧能，於當夜三更到方丈室，秘密傳以衣法。傳法已，誡之曰：「從此以後，衣止不傳。」

慧能得法南歸，隱居十五年，後來在廣州法性寺剃髮受戒。繼至曹溪，住寶林寺，應請在韶州大梵寺說摩訶般若波羅密法，傳授「無相戒」，化行於南方，世稱南宗禪。而神秀後來亦承五祖的教法，化行於北方，世稱北宗禪。南宗主頓悟，北宗主漸修，故有南頓北漸之稱。

神秀，是河南開封府尉氏人，生於隋煬帝大業初年（約西元六〇五一六〇六年），初習儒學，博學多聞，唐高祖武德八年，受具足戒於天宮寺。後遇五祖弘忍，在其會下為首座。五祖弘忍命弟子各以己意作偈時，見神秀「身似菩提樹」偈，乃讚嘆曰：「後代依此修行，亦得勝果。」

五祖弘忍入寂時，曾對眾說：「東山之法，盡在秀矣！」

其後神秀住荊州度門寺，盛弘北宗，道譽遍天下。但二師座下諸

弟子互為誹謗，神秀誨誡弟子曰：「彼得無師智，深悟上乘，吾莫如之。且其親傳五祖衣法，豈徒然哉？吾恨不能遠去親近，虛受國恩：汝等諸人勿再滯此，須往曹溪參決。」

唐則天皇帝久視元年（西元七〇〇年），則天召師入京師，肩輿上殿，親跪禮，這是沙門受王者禮敬，古來希有之事。京邑士庶禮謁者日以萬計，中書令張說嘗問法執弟子禮，退謂人曰：「禪師身長八尺，龐眉秀目，威德巍巍，王霸之器也！」師入京，與慧安國師同住內道場，受帝室供養。

中宗神龍元年（西元七〇五年），帝召請慧能入京之御書中有云：「朕延安（慧安）秀（神秀）二師宮中供養，每究一乘，二師並推讓曰：南方能禪師密授忍大師衣法，應就彼問。」由此可見神秀之謙德。

神龍二年，神秀入滅於洛陽天宮寺，賜號大通禪師，葬於龍門。送葬之日，帝賜羽儀法物，親送至便橋。中書令張說奉敕撰製碑文。師享壽百歲，僧臘八十，為一代師表。

神秀一系的系統，略如下表：

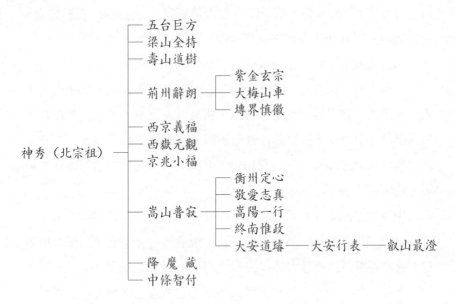

神秀的禪風，是繼承達摩一系的二入四行之說，以「時時勤拂拭，勿使惹塵埃」為修持方法，而其漸修方法，又以四卷《楞伽經》為法要。如張說撰的碑文有云：「開示法要，忘念而息想，極力攝心。其入也，品無凡聖，其到也，行無前後，趣定之前，萬緣盡閉；發慧之後，一切皆如，持奉《楞伽》，以為法要。」

神秀開示大眾偈亦曰：「一切佛法，自心本有，將心外求，捨父逃走。」此說與慧能的「佛向自性作，莫向身外求」者相同。

慧能在曹溪——今曲江南華寺弘傳南宗禪，唐玄宗開元元年（西元七一三年），於八月三日示寂，壽七十六。唐憲宗元和十年，敕諡大鑑禪師，因其受五祖弘忍衣法，是為禪宗六祖。

慧能門下有弟子四十餘人，其中以青原行思、南嶽懷讓、荷澤神會、永嘉玄覺、南陽慧忠五人最著，號稱慧能門下五大宗匠，並各有傳承，而其中以懷讓和行思兩支，到唐末特別繁盛。在行思一支，到

後來分為曹洞宗、雲門宗和法眼宗；在懷讓一支，到後來分為臨濟宗和潙仰宗。而臨濟宗以後又分為黃龍派和楊岐派，這在後人稱為「一花五葉」，也叫做五家七宗。

行思，吉州廬陵人，出家受戒後，往曹溪謁慧能，問答相契，為會下上首，得法後，回到吉州，在青原山靜居寺弘化，同門希遷、神會，均於慧能入寂後到青原參禮行思。行思於唐玄宗開元二十八年（西元七四〇年）入寂，敕諡為洪濟大師，由弟子希遷傳其法系。

懷讓，金州安康——今陝西漢陰人，少年出家，繼往曹溪謁慧能，執侍左右十五年，得法要後，住南嶽般若寺，闡化三十餘年，道譽甚盛。入室弟子九人，而以道一為最著，懷讓入寂於唐玄宗天寶三年（西元七四四年），壽六十七歲，由弟子道一傳其法系。

神會，本姓方，襄陽人，通達儒教及老莊之學，讀《後漢書》知有浮圖之事，十四歲乃出家投國昌寺從顥元出家，後到曹溪謁慧能，隨侍左右。慧能入寂，神會先到南陽，繼在洛陽大弘南宗禪法，當時長安洛陽，盛傳神秀的北宗禪，神會乃在滑臺大雲寺設無遮大會，論定達摩一宗的法統，並樹立南宗的頓悟法門，又在洛陽楷定宗旨，著〈顯宗論〉、〈南宗定是非論〉，指出達摩法統在南而不在北，自此神秀法系漸趨寂寞。唐德宗時，令皇太子召集諸禪師楷定禪門宗旨，以神會為禪宗七祖，神會於唐肅宗上元元年（西元七六〇年）入寂，由弟子法如傳其法系。

玄覺，溫州永嘉人，髫年出家，初就天台宗慧威學止觀法門，後往曹溪謁慧能，得其心印，一宿而告歸，故世稱「一宿覺」。他著有〈證道歌〉、〈觀心十門〉，後人輯為《永嘉集》。他入寂於唐玄宗開元元年，有弟子惠操、惠持、等慈、玄寂等傳其法系。

慧忠，越州諸暨人，他從慧能受心印後，歷遊名山，後入南陽白

崖山靜居，凡四十餘年，唐玄宗天寶末年，奉詔入洛陽，歷受玄宗、肅宗、代宗的禮遇，於唐代宗大曆十年（西元七七五年）入寂，諡為大證禪師。

禪宗的本旨，本來在「明心見性」，但慧能特重「自見本性」。因此他常說：「佛向自性作，莫向身外求，識自本心，見自本性。」又說：

自性能含萬法，諸法在諸人性中。

三世諸佛十二部經，在人性中，本自具有，

若識自性，一語即至佛地。

一切般若智，皆從自性出，不從外入。

菩提只向心覓，何勞向外求玄。

識自心眾生，見自心佛。

萬法盡在自心中，何不從自心中，頓見真如本性。

其實所謂「頓見真如本性」的「頓悟」，應該仍是由「漸悟」而來的。蓋宇宙萬法，生滅變異，而這「變」，全是由「漸變」而至「突變」，決非無端突變。所以「明心見性」，也非無端「頓見本性」。慧能幼年賣柴養母，所謂幼年，總應在十餘歲的年齡，有謂他二十四歲聽人誦《金剛經》，詢知係弘忍禪師勸人誦讀此經，即可見性成佛，所以這部《金剛經》，早不知在他心中讀誦了幾千萬遍。

唐高宗咸亨初年，他聽女尼劉氏讀《涅槃經》，他已能講解經義，他在幼年時立志作佛，佛經義理，在他心中已醞釀了多少年了！後來他到樂昌縣，與智遠禪師談禪理，智遠勸他到弘忍處去印證，他於咸亨二年去見弘忍時，年已三十五歲，答弘忍問，稱：「唯求作佛」。足見他為求作佛，已探索了十餘年之久。王維撰〈能禪師碑銘〉，說他聽弘忍說法，默然受教，足見他在弘忍處並不全是劈柴樁米。

　　慧能不識字，一般人認為「知識」是由文字中得來的，一個不識字的樵夫突然能作偈，一定是頓悟，事實上「明心見性」用的是「智慧」——般若，而非知識，慧能於聽女尼劉氏讀《涅槃經》時，曾說：「諸佛理論，若取文字，非佛意也！」由此可見他於佛意早已了然於胸，他的「菩提本無樹」一偈，與其說頓悟，不如說是積十餘年之探索，由漸悟積來的「頓悟」——其實，法無頓漸，而人有利鈍，以今日我輩的鈍根劣智，還是腳踏實地來漸修的好。

　　因為慧能確已明心見性，所以他一空傍依，獨來獨往。他說：「勸善知識，皈依自性三寶，佛者覺也，法者正也，僧者淨也。」他又說：

迷為眾生，覺即是佛，若言皈依佛，佛在何處？

從今日起，稱覺為師。

菩提自性，本自清淨，但用此心，直了成佛。

不悟，佛是眾生，一念悟時，眾生是佛。

凡夫即佛，煩惱即菩提，前念迷，即凡夫，後念悟，即佛，前念著境，即煩惱，後念離境，即菩提。

覺即是佛，慈悲即是觀音，喜捨名為勢至，平直即是彌陀。

　　本來，「佛」者「覺」也！《金剛經》有偈云：「若以色見我，以音聲求我，是人行邪道，不能見如來。」又云：「凡所有相，皆是虛妄，離一切相，即名諸佛。」慧能的南宗禪，是佛教的一大革命，禪至慧能，成了具有中國特色的禪宗，而不是源自印度的禪宗了。

　　國學大師錢穆說：「佛教中有禪宗，實在可說是中國的宗教革命。」

六　一花五葉——唐宋兩代的禪宗

禪宗自慧能神秀時，分為南宗禪與北宗禪，北宗主漸修，南宗主頓悟，稱為「南頓北漸」。北宗禪於神秀之後即漸衰微，而南宗禪慧能門下的五大宗匠：神會、玄覺、慧忠三系未久亦衰微。獨南嶽懷讓、青原行思兩支蓬勃發展。自懷讓一系中以後分出臨濟宗和潙仰宗，自行思一系中以後分出曹洞宗、雲門宗和法眼宗。此稱作「一花五葉」，亦稱作「兩幹開基，五華結實」，其演變過程如下：

唐玄宗開元天寶之世，懷讓在南嶽般若寺闡化，入室弟子中，以馬祖道一最為傑出。

道一，俗姓馬，故後世稱馬祖，漢州什邡人，幼年出家，開元中到南嶽傳法院，常日坐禪。懷讓往問曰：「大德坐禪，圖什麼？」道一答：「圖作佛」。讓乃取一磚，於彼庵前石上磨之。道一問：「師作什麼？」讓曰：「磨作鏡」。一曰：「磨磚豈能成鏡？」讓曰：「磨磚不能成鏡，坐禪豈得成佛？」

道一聞示誨，如飲醍醐，自是依懷讓，侍奉十年，深得玄奧，同參九人，惟道一密受心印。既而住建陽之佛迹嶺，遷至臨川，次至南康龔公山，唐代宗大曆中，住鐘陵開元寺，四方學者雲集，唐德宗貞元四年二月四日寂，壽七十九，元和八年，憲宗敕諡大寂禪師。法嗣有百丈懷海、廬山智常、南泉普願、盤山寶積等一百三十九人，各為一方宗主，禪宗至此大盛。

百丈懷海，是道一座下上首弟子，受印可後，在洪州百丈山——在今江西省新縣境內——接化，禪眾雲集。懷海創立禪院，並制定禪門規式，即後世所謂「百丈清規」。勵禪門之戒行，為一宗之洪範。他

寂於唐憲宗元和九年，壽九十四，座下弟子甚多，其中以溈山靈祐與黃檗希運最著。

　　靈祐，福州長溪人，十五歲依建善寺法常律師出家，在杭州龍興寺受戒，二十三歲到江西參謁百丈懷海，居眾參之首。一日，懷海問：「汝撥爐中有火否？」祐撥過稱：「無火」，懷海下座自撥，撥到灰淡處得一火星，曰：「此不是火？」靈祐大悟禮謝，自述其悟解。海曰：「欲識佛性義，當觀時節因緣，時節既至，如迷忽悟，如忘忽憶，方省己物不從他得。」元和末年，他遵懷海之囑，到溈山開法建寺，二十餘年後禪風大振，僧眾達一千數百人，他於唐宣宗大中七年入寂，壽八十二，法嗣四十餘人，而以仰山慧寂為上首。

　　慧寂，韶州懷化人，出家後未受具戒即各處參學，後到溈山參靈祐，祐問：「汝是有主沙彌、無主沙彌？」寂答：「有主。」祐問：「主在什麼處？」慧寂從西邊走到東邊站著，靈祐知道他是法器，便加以開示。既而慧寂問：「如何是真佛住處？」靈祐曰：「以思無思之妙，返思靈焰之無窮，思盡還源，性相常住，事理不二，真佛如如。」慧寂於言下頓悟，從此執侍左右，前後十五年，後率徒眾到仰山，學徒奔湊，由此開出溈仰一宗。

　　在禪家五宗中，溈仰宗興起最早，以後慧寂傳西塔光穆，光穆傳資福如寶，如寶傳資福貞邃，貞邃傳首嚴智閑，智閑傳南塔光湧，光湧傳芭蕉慧清，前後一百餘年，以後此宗遂絕。

　　臨濟宗，系出懷讓門下，懷讓傳馬祖道一，道一傳百丈懷海，懷海門下分為二支，一支為溈山靈祐，一支為黃檗希運。

　　希運，福建人，在百丈門下為首座，後掛單某寺，宰相裴休至寺，見有古德遺像，因問：「遺像在此，古德何在？」人不能答，運呼曰：「裴休」，裴亦諾，運曰：「即這是」，裴欣然領悟，因禮運為師，而開

創臨濟宗的義玄，是希運系下弟子。

　　義玄，山東曹州南華人，出家後廣究經論，既而到各處參學。後謁洪州黃檗山的希運禪師，問：「如何是佛法大義？」三度發問，三度被棒打，於是向希運告辭，希運叫他到高安灘頭去見大愚禪師。義玄見大愚，訴說三問三打經過，並問：「不知有過無過？」大愚說：「黃檗憑麼老婆心切，為汝得徹困，猶覓過在。」義玄大悟曰：「佛法也無多子」，乃又回黃檗處，黃檗云：「汝回太速」，義玄曰：「只為老婆心切」。黃檗云：「那大愚老漢待見與打一頓。」義玄曰：「說什麼待見，即今便打。」遂打黃檗一掌，黃檗哈哈大笑，印可義玄得悟。

　　唐宣宗大中八年，義玄到鎮州，在滹沱河邊建立臨濟院，廣接徒眾，門風峭峻，盛於一代，自此開出臨濟一宗，他於唐懿宗咸通八年示寂，敕謚慧照禪師，門下弟子二十餘人，門業極其繁盛，而後臨濟法系，則是出自他的弟子興化存獎一系。

　　義玄接引學人，有「三玄」、「三要」、「四料簡」——即三原則、三要點、四種簡別，這四料簡是：「有時奪人不奪境，有時奪境不奪人，有時人境俱奪，有時人境俱不奪。」臨濟宗開宗以後的法系，其直系大致是：

　　臨濟義玄——興化存獎——南院慧顒——風穴延沼——首山省念——汾陽善昭——石霜楚圓——翠巖可真——大潙慕喆——智海道平——淨因繼成。

　　青原行思的一系，行思傳石頭希遷，希遷傳藥山惟儼，惟儼傳雲巖曇成，曇成傳洞山良价，而良价和其弟子本寂，先後在江西高安縣的洞山、吉水縣的曹山闡揚一家宗風，後世稱此為曹洞宗。

　　良价是慧能一系的第六代弟子，他是會稽諸暨人，自幼出家，諸方參學，曾參謁過南泉普願、潙山靈祐，最後到湖南澧陵參謁雲巖曇

成，因問：「無情說法什麼人得聞？」有所領會，後在洞山闡化，倡〈五位君臣頌〉，立「向、奉、功、共功、功功」五種法門，撰有〈三昧歌〉、〈玄中銘〉、〈新豐吟〉、〈綱要偈〉等偈頌。座下弟子有雲居道膺、曹山本寂等二十六人。

本寂是泉州蒲田人，十九歲出家，往高安參良价，良价問他名字，他答「本寂」，价曰：「向上更道！」寂答：「不道」，价問：「為何不道？」寂說：「不名本寂。」良价很器重他，自此入室，隨侍良价數年。後住曹山，闡說良价的〈五位君臣頌〉，另講〈五相頌〉、〈四禁頌〉。他曾註《寒山子詩》，文辭遒麗，盛行於世。法嗣有曹山慧霞、鹿門處真等十四人。惟曹山法系，四傳而絕，傳曹洞宗的，是良价的另一弟子雲居道膺。

道膺居洪州雲居山，入寂於唐昭宗天復元年（西元九〇一年），敕諡弘覺大師。他的法系是——同安道丕——同安觀志——梁山緣觀——大陽警玄——投子義青——芙蓉道楷。道楷是在宋徽宗年代，道楷以後，曹洞宗又盛行了一長段時間。

出自青原行思系下的另一宗派，是雲門宗。行思傳石頭希遷。希遷一傳藥山惟儼，一傳天皇道悟，悟傳龍潭崇信，信傳德山宣鑑，鑑傳雪峰義存，存傳雲門文偃，而開出雲門一宗。

道悟，婺州來陽人，初參徑山國一，繼參馬祖道一，最後參石頭希遷，始獲悟證，後往荊州天皇寺。

德山是四川人，初是義學法師，善《金剛經》，他曾受過點心婆的點化——他行腳途中向老嫗買點心，嫗問：「過去心不可得，現在心不可得，未來心不可得，未審師欲點那個心？」山無以對——復以龍潭崇信之啟發，因獲澈悟。後往德山，以呵佛罵祖出名。

雪峰，初參洞山良价未悟，繼參德山宣鑑始悟，後在福州開道場

弘化，常住千餘人，禪風極盛。

文偃是蘇州嘉興人，出家後學律學教都很精進，初參道縱，繼參雪峰。他在雪峰處，一日遇升堂，有僧問：「如何是佛？」，峰曰：「蒼天蒼天」，文偃聞後，忽釋所疑，契會宗要。晚年住雲門山光泰禪院，恢弘法化。一日上堂說：「函蓋乾坤，目機銖兩，不涉世緣，作麼生承當？」座下無人對答，乃自曰：「一鏃破三關。」他常顧視學人曰：「鑒」！待人家將要對答時，則又嘆曰：「咦」！因此，被傳為雲門的「顧鑒咦」，文偃的法嗣有香林澄遠、德山緣密、白雲子祥等六十一人，而以香林澄遠為上首，後世稱文偃這一法系為雲門宗。

雲門宗的傳承是雲門文偃──香林澄遠──智門光祚──雪竇重顯──天衣義懷──圓通法秀──佛國惟白──慧林慧海。旁支繁多，不及備載。

雲門宗在五代時興起，入宋時與臨濟宗並盛，及金人入侵，宋都南遷，這一宗就入於衰微了。

法眼宗也是青原行思法系下的宗派。法眼宗起自清涼文益，由於文益圓寂後，南唐中主李璟謚為大法眼禪師，後世因稱此系為法眼宗。

文益出自雪峰義存系下，義存的弟子玄沙師備，師備的弟子羅漢桂琛，文益是桂琛的門下，桂琛是五代時人，居漳州城西之石山地藏院，後遷羅漢院，故稱羅漢桂琛，他卒於後唐莊宗天成三年。

文益，餘杭人，七歲依新定智通院全偉禪師出家，後到明州育王寺從希覺禪師學律，後到各地參學，於漳州地藏院參謁桂琛。桂琛問他：「到什麼地方去？」益答：「行腳」，琛問：「行腳事作麼生？」益答：「不知」。桂琛說：「不知最親切。」後桂琛指庭下石又問：「上座尋常說三界唯心、萬法唯識，且道此石在心內、在心外？」文益答：「在心內」，桂琛曰：「行腳人著什麼來由，安片石在心頭。」文益無

以對，即放下衣包依桂琛求抉擇，月餘後，見琛呈見解，琛曰：「佛法不憑麼。」益云：「某甲詞窮理絕也。」桂琛云：「若論佛法，一切現成。」文益於言下大悟，後來在臨川崇壽院開堂接眾，後為南唐國主李昇迎至金陵，先住報恩禪院，既而遷清涼寺，開堂說法，諸方叢林都遵循他的風化。他於後周世宗顯德四年入寂，南唐中主李璟諡為大法眼法師，他座下弟子六十三人，而以天台德韶為上首。

德韶是處州龍泉人，十五歲出家，諸方遊參，後至臨川謁文益而開悟，後住天台山，時吳越錢俶為天台刺史，延師問道。後錢俶繼吳越王位，遣使迎請，遵為國師，他曾勸王遣使新羅，取回散落的天台教籍，後住通玄峰頂，有偈示眾曰：「通玄峰頂，不是人間，心外無法，滿目青山。」文益聞之曰：「即此一偈，可起吾宗。」他於宋太祖開寶五年示寂，有法嗣四十九人，以永明延壽為上首。

延壽，餘杭人，二十八歲出家，既而往天台謁德韶，盡受玄旨，後住明州雪竇山闡化，學人雲集。宋建隆元年，應吳越王錢俶之請，住杭州永明寺，參學的大眾有二千餘人，他著有《宗鏡錄》一百卷，闡揚文益的萬法心造之旨。高麗國王慕其學德，遣僧三十六人來受道法，由是法眼宗盛行於海外。延壽住永明寺十五年，度弟子一千七百人，於宋太祖開寶八年入寂，法嗣有富陽子蒙、朝明院律等。

法眼宗為禪家五宗最後創立的宗派，但僅文益、德韶、延壽三世宗風隆盛，此後逐漸衰微，到宋代中葉就法脈斷絕了。

臨濟宗傳到石霜楚圓的時候，楚圓的弟子黃龍慧南、楊岐方會，又分出黃龍、楊岐兩派，這兩派當時都頗為興盛，不過黃龍法脈不數傳而絕，後來楊岐也恢復了臨濟的舊稱。

禪宗自菩提達摩起，是以二入四行之學，直指本心，以《楞伽經》印證。四祖道信更標明「河沙妙德，總在心源。」五祖弘忍以《金剛

經》教人，而六祖慧能更著重於「自見本性」，他說：「道在心悟，豈在坐也。」「住心靜觀，是病非禪。」自此以後，禪風丕變，由超佛越祖，進而到呵佛罵祖。由早期的「如來禪」，演變到後來成為「祖師禪」，禪宗至此，完全成了具有中國特色——糅合有老莊意識、魏晉玄學、以及儒家思想的新禪宗，這與早期禪學已經沒有什麼相干了，但這種新禪宗，正與中國傳統的士大夫習性吻合，所以能流傳千餘年而不衰。

　　不過，由禪宗極盛時的五宗二派，傳至今日，惟有出自南嶽的臨濟宗，與出自青原的曹洞宗法脈不絕，其他宗派，早已衰微絕跡。《宋明教評》有幾句話說得中肯：

其盛衰者，豈法有強弱乎？蓋後世相承，得人與不得人耳！書不云乎：苟非其人、道不虛行。

第六章　佛經翻譯與藏經編修史

一　漢魏時代的私家譯述

佛教之傳入中國，約在西元世紀開始前後，佛教之所以能在中國弘傳流佈，成為世界上最主要的佛教國家，端在佛經的翻譯與流通。由於佛典自印度、西域傳入中國，歷經千百位譯經師的忘身徇道、盡心翻譯，以及中土古德西行求法，前仆後繼，這樣才促成中印文化交流，佛教在中土發揚光大。甚至於在印度佛教滅亡之後，中國成為佛教的第二祖國，再由中國向世界各地傳播，使佛教得以延續與發展。

要說佛經翻譯，必先自經典的流傳說起。在兩千五百年前，釋迦牟尼住世之時，一生行化四十五年，但只是「說法」，並未「著書」。因為那時印度還沒有書寫的工具，是以世尊滅度，眾弟子恐佛說的教法湮沒失傳，所以在佛滅後九十日，即有第一次「結集」之舉，以至於在佛滅度後的五百年間，前後四次結集，將佛說的法加以整理，結為「三藏」——佛說的「法」，稱為「經」。佛訂的「戒」，稱為「律」。後世弟子註解經義，或依經義加以發揮之作，稱為「論」。這就是三藏、《大藏經》的由來。

說到「結集」，也許我們以為就只是編輯，把資料加以整理編列，就是結集，其實不然。世尊說法，只是「以口傳耳」的說——不單只是說，還包括唱、唱偈與唱頌。這是為使聽者便於記憶而然，其實這

也是印度古老的傳統。婆羅門教的「四吠陀」——《梨俱吠陀》、《偔馬吠陀》、《夜柔吠陀》、《阿婆吠陀》，就全是歌頌神明，祭祝豐年，以及慶祝戰爭勝利的歌讚，婆羅門祭司主持祭祀，除了繁雜的儀式外，主要就是唱這些歌讚。所以世尊說法，也依照傳統，除了「說」以外，加上韻文的偈與讚唱出來。這種方式，也延及後世，並傳到中國，就是所謂「梵唄」。《高僧傳・十三》稱：「天竺方俗，凡是歌詠法言，皆稱為唄，至於此土，詠經則稱為讀轉，歌讚則號為梵語，昔諸天讚唄，皆以韻入管絃。」

所以所謂「結集」，就是集合幾百位或上千位高僧大德，由一位長老主持，再由一位記憶力特強的人，當眾誦或唱出佛說過的法，再由與會大眾複誦，印證無誤，就算是「定本」。例如第一次結集，是由大迦葉主持，而由佛弟子中號稱「多聞第一」的阿難，誦出世尊說過的法——即後世所稱的經。

四次結集，前三次都是照上列方式進行的。直到第四次結集——西元二世紀初迦膩色迦王時舉行的一次結集，才有了文字的記錄。這次結集是在迦濕彌羅城舉行，是上座部中說一切有部的長老主持，使用的是梵語。

這裡有一個值得探討的問題，當時結出的論藏，傳說是刻鏤於金片上，封之於石函中，但在流通閱讀的時候，是寫在什麼媒體上呢？我們中國書寫工具的演變，最早是甲骨，之後是竹簡，再後是絹帛，最後才有紙的出現。而蔡倫造紙，是東漢和帝永元年間——西元一〇〇年前後的事，印度書寫媒體的演變，現在已無從查考，是否第四次佛經結集的時候，已有了貝葉經的流行？

貝葉，是印度的貝多羅樹的葉子。貝多羅樹是一種闊葉的熱帶樹，葉子經過乾燥和加工處理，切作長方形，可以書寫文字。《慈恩傳》稱：

「經三月安居中集三藏訖，書之貝葉，方徧載道。」玄奘大師留印時在西元六四○年前後，此時印度尚在用貝葉書寫時代。

這裡又有一個值得探討的問題，佛法東傳之初，西域沙門在中土譯經，最早佛經的梵本，是不是就是貝葉經呢？答案是否定的。早期的譯經師到中國來，連貝葉經都沒有，多數是譯經師背誦出來的。要知道貝葉寫經，是一項極為艱難的工作，它不像今日的印刷或影印，要多少有多少，因此，即是有了以貝葉寫經的媒體，也絕不可能廣為流傳。所以《高僧傳》中寫到西域來華的譯經師，常稱他們：「誦經幾十萬言」，足見他們學經，是背誦出來的，不是讀經本讀出來的，那時仍是口口相傳時代。所以，《魏書・釋老志》上有一段記載頗值採信：

> （漢）哀帝元壽元年，博士弟子秦景憲，受大月氏王使伊存口授浮屠經。

至於「永平求法」之說，《後漢書》上只說：「……於是遣使天竺，問其道術，而圖其形像焉。」而《佛祖統記》據此加以渲染，稱：「……十年，蔡愔等於中天竺大月氏，遇迦葉摩騰、竺法蘭，得佛倚像梵本經六十萬言，載以白馬，達洛陽，以沙門服謁見，館於鴻臚寺。」這一點使人不敢相信，因為在此三百多年後，法顯西行求法（西元三九八－四一六年），印度還多是在以口相傳時代，經本並不普遍，所以漢明帝永平（西元五八－七五年）年間，不可能有梵本經六十萬言以馬馱載而來，以下諸說，可為佐證，《分別功德論・上》云：

> 外國法師徒相傳，以口授相付，不聽載文。

道安《疑經錄》云：

外國僧法皆跪而口受，同師所受，若十、二十，轉以授後學。

法顯《佛國記》稱：

法顯求戒律，而北天竺諸國，皆師師口傳，無本可寫。

這種無本可寫的原因，一則是書寫媒體的不便，再則，也許還有宗教上的神秘性因素在內，以致只可口授，不可書寫。像《高僧傳》上稱安世高「諷持禪經」，稱支婁迦讖「諷誦群經」，稱鳩摩羅什「從事受經，日誦千偈」，由此可見只是口誦，並非目讀。

基於以上的史實，使我們知道早期譯經，是依口誦譯出，而非依梵本翻譯。西域沙門來到中國，先學習當時中國的語言文字，通達之後，才能「宣譯」——以口譯梵語為漢語，由助手以漢文記錄。由於有不能通達漢語者，則口誦梵經，另由助手執筆書寫梵語，再由另一人「宣譯」。如《高僧傳·二》，記《阿毘曇毘婆沙論》譯出的經過：

……由僧迦跋澄口誦經本，曇摩難提筆受梵語，佛圖羅剎宣譯，秦沙門敏智筆受為晉本。

再如鳩摩羅什在長安譯經時代，那時已開「譯場」，罽賓沙門弗若多羅口誦《十誦律》，由鳩摩羅什譯為中文。《十誦律》誦譯至三分之二而弗若多羅棄世，譯事中輟，直到一年之後，西域沙門曇摩流支到達長安，才續誦出後三分之一，由羅什翻譯完成。由此可見，如果有梵本可依，翻譯就不至於因口誦人棄世而中止了。

開譯場，是東晉時代及以後的事，而早期譯經，只是私人事業，由一兩個西域沙門對譯，或找一二位華人佛門信士相助。前者如漢靈帝年，竺佛朔與支讖共譯《般舟三昧經》，後者如安玄之與中土沙門嚴

佛調共譯《法鏡經》。

　　早期譯經，以語言文字熟練的程度，及文化背景的不同，加以當時詞彙不敷應用，這就發生兩種現象：一是直譯；一是借用老莊道家的術語。前者如竺佛朔所譯之經，《高僧傳》稱其「棄文存質，深得經意」。道安之〈道行經序〉稱其「敬順聖言，了不加飾」，其實就是直譯；後者如著《三國志》之陳壽即謂：「浮屠所載，與中國老子經而相出入。」此為早期佛經文體有類老莊之證。佛典直譯的結果，是艱澀隱晦，使後人看不懂，佛典採用老莊文體及術語，並攙雜入道家虛無思想，就使佛典變質，有違世尊說法本義。晉道安大師在〈比丘大戒序〉中曾慨然言之：

　　譯人考校者少，先人所傳，相承謂是……或殊失旨，或粗舉意……將來學者，審欲求先聖雅言者，宜詳覽焉，諸出為秦言（漢語）便約不煩者，皆葡萄酒之被水者也。

　　葡萄酒被水，就是失去了原味，變了質，雖然如此，但古德在極其艱窘的環境中譯出佛典，才使正法延續，使我們後學者今日有經典可讀，這仍是值得推崇與感戴的。

　　佛經的翻譯，概略分之，可分為三個時期，漢魏三國，可稱為早期；兩晉南北朝，可稱為中期；隋唐及以後時間，可稱為晚期。茲先自早期說起。

　　根據《高僧傳》及有關資料加以整理，東漢時代，西域來華譯經的僧俗共十人，現簡介如下：

一、迦葉摩騰：《高僧傳》載，迦葉摩騰，中天竺人，漢明帝永平年間來華，在洛陽白馬寺，與竺法蘭共譯出《四十二章經》。
二、竺法蘭：《高僧傳》載，明帝永平年間與迦葉摩騰同來華，與之共

譯《四十二章經》。

三、安世高：名清字世高，安息國（今伊朗地）王子，出家修道，博探經藏，尤精阿毘曇學，兼通禪經，既而遊方弘化，遍歷西域諸國，以漢桓帝建和二年（西元一四八年）來華，抵洛陽，未久即通習華語，乃宣譯佛經，改梵為漢。在華二十餘年，譯出小乘經百餘部，大部散失，今僅存五十五部，如《佛說四諦經》、《八正道經》、《八大人覺經》等，經名俱載《大正藏總目錄》。

　　安所譯經，多為原始佛教的小乘經典，並以實際之禪觀修行者為多。其逝世於漢靈帝建寧三年（西元一七〇年）。

四、支婁迦讖：又稱支讖，大月氏人，於漢桓帝建和二年（西元一四八年）來華，以靈帝光和、中平年間，譯出《般若道行品經》、《佛說般舟三昧經》、《佛說阿闍世王經》等二十餘部，今存於《大藏經》者十二部，二十八卷。

五、安玄：安息國優婆塞，於漢靈帝末年（西元一八九年）遊賈洛陽，以有功封號騎都尉，玄博覽群經，並通幽旨，常以法事為己任，抵洛日久，漸解漢語，與中土沙門嚴佛調共譯《法鏡經》、《十二因緣經》，玄口譯梵語，佛調筆受。佛調為漢人出家最早之沙門，曾撰有《沙彌十慧章句》一書，亦為中土沙門撰述之最早者。

六、竺佛朔：天竺沙門，漢靈帝光和年（西元一七九年）來洛陽，譯出《道行經》，《高僧傳》稱其「棄文存質，深得經意。」道安〈道行經序〉稱：「敬順聖言，了不加飾」，蓋謂其直譯也。

七、支曜：大月氏沙門，於漢靈帝中平年間，在洛陽譯出《成具光明定意經》等凡十一部，今存於《大藏經》者五種。

八、康巨：康居國沙門，曾於靈、獻二帝年間，與支曜、康孟詳等譯經洛陽，譯出《問地獄事經》一卷，已失傳。

九、康孟詳：康居國沙門，靈、獻二帝之間，在洛陽譯經六部九卷，今存於大藏經者為《佛說興起行經》二卷、《舍利弗摩訶目連遊四衢經》一卷。

十、竺大力：天竺沙門，獻帝年間東來弘法，《大藏經》中存有其所譯之《修行本起經》二卷、《中本起經》二卷。

三國時代，蜀漢無佛法傳佈，亦無譯經師，魏、吳二國，各有譯經師五人，姓名及譯述如下：

一、曇柯迦羅：中天竺沙門，於魏廢帝曹芳嘉平年間來洛陽，於白馬寺譯出《僧祇戒本》，又請梵僧立羯磨法授戒，中土之有戒律及受戒，自迦羅始。

二、康僧鎧：康居國人，於魏廢帝嘉平四年（西元二五二年）來洛陽，於白馬寺譯出《郁（瑜）伽長者所問經》十卷、《佛說無量壽經》二卷、《曇無德律部雜羯磨》一卷。

三、曇諦：又作曇無諦，安息國沙門，善律學，於魏廢帝曹髦正元元年（西元二五四年）來洛陽，於白馬寺譯出《曇無德羯磨》一卷。

四、帛延：似為龜茲國沙門，於廢帝曹髦甘露三年，在白馬寺譯《首楞嚴經》等六部八卷，今惟存《佛說須賴經》一卷。

五、安法賢：安息國沙門，西元二六五年在洛陽譯出《羅摩伽經》，今失傳。

六、支謙：字恭明，大月氏優婆塞，其父於漢靈帝時來中國，支謙出生於洛陽，一家實已漢化，十歲學書，十三學胡書，通六國語言，謙受學支亮，亮受學於支讖，故謙之於讖，為再傳弟子。漢末天下大亂，中原人士頗有避亂南遷者，而支謙亦為南遷家族之一，吳主孫權，聞謙博學，召見拜為博士。謙有感於大教雖行，而經多梵語，未盡翻譯之美，乃於吳黃武初年至建興中三十年中（西

元二二二－二五二年），譯出《大明度經》、《維摩經》、《阿彌陀經》、《首楞嚴經》、《大般泥洹經》、《瑞應本起經》大小乘經數十部，經名俱載《大藏經》目錄，凡五十種，七十一卷。

自東漢以來，佛教在中原流佈，不達江左。自支謙入吳，吳地始有佛法，謙註《了本生死經》，亦為中土註經之始。

七、康僧會：祖籍康居，世居天竺，其父因商賈移於交趾，僧會十餘歲出家，吳大帝赤烏四年（西元二四一年）由海道至建業，時江左佛教未行，僧會至，營立茅茨，設像行道。吳國初見沙門，疑為矯異，有司奏聞，稱：「有胡人入境，自稱沙門，容服非恆，事應檢察。」吳王召僧會詰問，大加嗟服，即為建寺，以初有佛寺，故名建初寺。僧會在其寺譯出眾經十四部，今存者為《六度集經》、《舊雜譬喻經》。自是江左佛法大行。僧會並註釋《安般守意經》、《法鏡經》、《道樹經》等三經，為與支謙同時釋註經典者。

八、支疆梁接：月氏沙門，於吳主孫亮五鳳年間（西元二五五年）在交州譯出《法華三昧經》，今已失傳。

九、維祇難：天竺沙門，學通三藏，遊化諸國，於東吳孫權之黃武年間（西元二二四年）與竺律炎同抵武昌，與炎共譯出《法句經》二卷，惟二人於漢語不盡通達，故所譯經「志在義本，辭近樸質」，生澀之謂也。

十、竺律炎：天竺沙門，與維祇難同至武昌，除與維祇難共譯《法句經》外，另譯有《佛說三摩羯經》一卷、《佛說佛醫經》一卷、《摩登伽經》二卷，存《大藏經》中。

按，唐代《開元釋教錄》所載，後漢時代，譯經師十二人，譯經一百九十二部，三百九十五卷。魏、吳二國，譯經師各五人，前者譯經十二部，十八卷；後者譯經一百八十九部，四百一十七卷。本文於

後漢得譯經師十人、遺漏二人，一似為西域沙門曇果，曾參與竺大力、康孟詳之譯經。另一則為中土沙門嚴佛調，與安玄共譯《法鏡經》。此期譯經總數雖有三百九十三部，八百三十卷，實為存佚真偽重出者合計之數，且其中不乏割裂重沓，各品異譯之本，故以上所述，不能認為確數也。

二　兩晉譯經與譯場組織

漢魏兩朝翻譯佛典，全是小規模的私人譯述，此一時期譯經有幾個特點：一則譯經者多是西域來華的沙門；二則，當時少有梵本經書，故此期譯經，多賴口誦，而無原本對照；三則，由於私人譯述，受人力財力的限制，是以譯出的經多是單卷或小本，所以上百卷的《大智度論》，是鳩摩羅什在逍遙園譯場譯出的，二百卷的《大毘婆沙論》，是玄奘在慈恩寺譯場譯出的，這都不是私人譯述時期人力、財力所能負擔的。

中期譯經時代，可概括兩晉南北朝（西元二六五－五八八年）三百多年，這又可分做兩期，以兩晉為中期的前期，以南北朝為中期的後期。茲先自前期說起。

兩晉，指西晉東晉兩朝而言。西元二六五年，司馬炎篡魏，建國曰晉，都洛陽。四傳到愍帝司馬業，由八王之亂繼之五胡亂華，懷、愍二帝為匈奴所擄。西元三一七年，元帝司馬睿在建業即位，史稱東晉。東晉十一傳至恭帝司馬德文，歷時一〇三年，復為劉裕所篡，合兩晉而言，共為時一五五年。

西晉時代之佛教，仍繼漢魏餘緒，以譯經為主。而譯經的方式，與早期相同，即小規模的私人譯述。但到東晉時代「譯場」出現，梵

本漸多，譯經方式為之改觀。中國之有譯場，實始自道安，道安本人不通梵語，未嘗有所譯述。但前秦主苻堅以十萬兵破襄陽，迎道安入長安，苻秦時代長安的譯經事業，實由道安主持。西域沙門僧伽跋澄、曇摩難提、僧伽提婆等，皆受道安之請，在長安譯經。即鳩摩羅什之來華，亦出於道安之建議。而安師對於經典翻譯的得失，文體的釐正，均有過人之見解，其「五失本三不易」之論，可謂切中譯經弊端──五失本三不易，後文再詳述。道安第二次入長安，主持譯經事業十年，是時已有了譯場的組織。

道安之後，譯場相繼出現，這種譯場，規模大小不一，有為私人組織者、有為國家設置者。繼承道安遺風的，為道安弟子慧遠，在廬山東林寺建般若臺，天竺沙門佛陀跋陀羅在長安為鳩摩羅什弟子所排斥，即應遠公之請入廬山在般若臺譯經。而首座由國家設立的譯場，則為姚秦時代長安之逍遙園。

西元四〇一年，鳩摩羅什至長安，館於西明閣，後秦主姚興為設置逍遙園譯場。羅什集名僧法欽、道流、僧䂮、僧遷、道恆、道標、僧肇、僧叡等八百餘人，共襄譯事，羅什在逍遙園譯出經論九十八部，合四百二十一卷。

繼逍遙園之後的譯場，在北涼有姑臧之閑豫宮，由曇無讖為譯主，在東晉有建業之道場寺，由佛陀跋陀羅為譯主，在劉宋有建業之祇洹寺，由求那跋陀羅為譯主。在蕭梁時代，梁武帝大弘佛法，而建業之壽光殿、華林園、正觀寺、占雲館、扶南館，皆為譯場。南陳時代，揚州之制旨寺、富春之陸元哲宅亦為譯場，廣州刺史歐陽頠，在廣州亦設有制旨譯場。

其在北朝者，著名者如元魏時代洛陽之永寧寺譯場，由菩提流支主之，北齊則有鄴城之天平寺譯場，由那連提耶舍主之，隋朝則東有

洛陽之上林苑譯場，西有長安之大興善寺譯場，並各置譯主、襄譯沙門、襄譯學士等職。例如著《歷代三寶記》的費長房，就是譯經學士。

　　唐代的譯場更具規模，如玄奘大師在長安的譯場，初在弘福寺，次在慈恩寺，最後在玉華宮。場中設有證義、綴文、證梵、筆受諸科。玄奘之後，有難陀、義淨先後主持的薦福寺譯場，及不空主持的大興善寺譯場。

　　而宋朝時代，太宗太平興國年間，特在京師汴梁之太平興國寺設置譯經院，以宰輔為譯經潤文使，並於譯經院側設置印經院，隨翻譯隨刻印，這應該是最完善的譯場了。

　　譯場的組織，規模大小不一，小者設置必要執事人員——如譯主、筆受、證梵、證義等等，而大規模的譯場，或數十人，或數百人，人事制度周密而健全，資格審定亦有固定之標準。以大譯場之情形來說，如鳩摩羅什之在長安逍遙園譯經，其譯《大品般若》時：

　　（羅什）手執梵本，口宣秦言，兩譯異音，交辯文旨……與諸耆舊五百餘人，詳其義旨，審其文中，然後書之……胡音失者，正之以天竺，秦言謬者，定之以字義，不可變者，即而書之，故異名斌然，梵語殆半，斯實匠者之公謹，筆受之重慎也！

由上文所記，可見大譯場情形之一斑。

　　在《佛祖統記・四十三》中，載有譯經的儀式，茲語譯錄之如下：

　　譯場之中，於東堂之內，向西作一壇場，用粉畫界，開四門，各有一梵僧主持。開譯之前，持秘密咒七日夜，借咒語的力量，使壇場清淨。

　　壇場中設一木壇，木壇圓形，上面是方形，一層層書寫佛、菩薩、天神的名稱。壇上設香、華、燈、水、及甘果之供，參與譯經的僧伽，

禮拜佛菩薩後，向右繞木壇而旋轉，冥請佛菩薩暗中保佑，以除惡魔的障害。

譯經人員，第一譯主，正坐面外，宣讀梵語。

第二證義，坐其左，與譯主評量梵語。

第三證文，坐其右，聽譯主高讀梵語以驗差誤。

第四書字，梵學僧審聽梵語，書成華字，猶是梵語（即音譯）。

第五筆受，翻譯梵語成為華言。

第六綴文，回綴文字，使成句義。

第七參譯，參考兩土（梵、華）文字，使無參誤。

第八刊定，刊削冗長，定取句義。

第九潤文官，於僧眾南向設位，參詳潤色。

僧眾日日沐浴、三衣、坐具、威儀整肅，所須受用，悉從官給。

由上文所記，凡譯一經，前後要經過九個人的手。譯主宣讀梵語的時候，證義人員在旁和他評量文字的意義，證文人員在旁證明文字的音韻，書字人寫成音譯的華文，筆受人再義譯，綴文人拿義譯華文改寫成漢文的句義，然後參譯、刊定、潤文再考證修飾成為經文，可見其過程之慎重。

在《翻譯名義集》中，載有譯場組織的情形，原文是：

譯場經館，設分官職，可得聞乎？

曰：此務所司，先宗譯主，即齎葉書之三藏，明練顯密二教者是也！

次則筆受，必言通華梵，學綜有空，相問委知，然後下筆。

西晉偽秦已來，立此員者，即沙門道含、玄賾、姚嵩、聶承遠父子。

至於帝王執翰，即興梁武太后、中宗。

次則度語，正云譯語，亦名傳語，傳度轉令生解矣！如翻顯識論、

沙門戰陀譯語是也。

次則證梵本者，求其量果，密以證知，能詮不差，所顯無謬矣。如居士伊舍羅，證譯毘奈耶梵本是也。

至有立證梵義一員，乃明西義得失，貴令華語下，不失梵義也。

復立證禪義一員，沙門大通曾充之。

次則潤文一位，員數不恆，令通內外學者充之，良以筆受在其油素，文言豈無俚俗，儻能不失佛意，何妨刊而正之。故義淨譯場，李矯、韋嗣立、盧藏用等二十餘人，次文潤色也。

次則證義一位，蓋證已譯之文所銓之義也！如譯《大毘婆沙論》，慧嵩、道朗等三百人，考證文義，唐復禮累場充其任焉。

次有梵貝者，法筵肇啟，梵貝前興，用作先容，令生物善。唐永泰中，方聞此位也！

次有校勘，如隋彥琮覆疏文義，蓋重慎之至也。

次有監護大使，後周平高公侯壽為總監檢校，唐房梁公為奘師監護，相次觀楊慎交、杜行顗等充之，或用僧員，則隋以明穆、曇遷等十人，監掌譯事，詮定宗旨也。

　　參與譯經工作，尚有資格上的認定。《翻譯名義集‧三》載有譯經人員資格審定的標準：

夫預翻譯，有八備十條：

一、誠心受法，志在益人。

二、將踐勝場，先牢戒足。

三、文銓三藏，義貫五乘。

四、傍涉文史，工綴典詞，不過魯拙。

五、襟抱平恕，器量虛融，不好專執。

六、沉於道術，淡於名利，不欲高衒。

七、要識梵言，不墜彼學。

八、傳閱蒼雅，麤諳篆隸，不昧此文。

十條者，一句韻，二問答，三名義，四經論，五歌頌，六咒功，七品題，八專業，九字部，十字聲。

　　由上述標準看來，參與譯經，豈是易事。像這樣組織周密，規模龐大的譯場，是否就能譯出最完美的佛經呢？也不一定，原因何在，下一節再作檢討。

　　兩晉時代的譯經師，在西晉五十二年間，有外國譯經師六人，中土譯經五人。在東晉一○三年間，有外國譯經師二十八人，其代表人物如下：

一、無羅義：西域沙門，以晉惠帝元康年間，在倉垣水南寺，共竺叔蘭譯出《放光般若經》二十卷。

二、竺叔蘭：天竺優婆塞，父世避難，居於河南，蘭通梵漢語，與無羅義共譯《放光般若經》。

三、竺法護：法護是西晉時代最重要的譯經大師，其先本月氏人，世居敦煌，故姓支。八歲出家，事天竺沙門竺高座為師，從師姓竺，博覽經典，志弘大道，曾隨師至西域，遊歷諸國。通西域三十六國語言，於晉武帝初年，獲梵經一百六十五部齎還華夏，沿途傳譯，終身不倦。現《大藏經》存有法護所譯《正法華經》、《彌勒下生經》、《盂蘭盆經》等九十五部，一百八十九卷。

四、彊梁婁至：天竺沙門，於晉武帝太康二年在廣州譯出《十二遊經》，今失傳。

五、安法欽：安息國法門，於晉武帝太康年間在洛陽譯經五部，今存

者有《阿育王傳》七卷、《佛說道神足無極變化經》四卷。

六、支法度：月氏沙門，晉惠帝永寧年間，在洛陽譯經四部五卷，今存者《佛說善生子經》、《佛說逝童子經》各一卷。

七、帛遠：字法祖，河南人，少年出家，從師姓，通梵語，於晉惠帝世前後譯經二十三部合二十五卷，今存者有《佛般泥洹經》、《佛說菩薩修行經》等五部六卷。

八、法立：西晉沙門，籍不詳，晉惠帝世，與法炬等在洛陽譯經，今《大藏經》中存有《大樓炭經》、《法句譬喻經》、《佛說諸德福田經》三部十一卷。

九、法炬：西晉沙門，籍不詳，晉惠帝世，初與法立共譯經，立歿後自譯，凡一百三十二部，合一百四十二卷，今《大藏經》僅存《法海經》、《佛說恆水經》、《羅云忍辱經》等二十四部，合二十四卷。

十、聶道真：西晉清信士，先於法護譯經時為筆受，護歿後遂自譯經，前後五十四部六十六卷，今《大藏經》中僅存《佛說越難經》、《菩薩受齋經》等八部八卷。

十一、若羅嚴：西域人，西晉時譯出《佛說時非時經》一卷，今存《大藏經》中。

以上為西晉譯經師，計十一人。東晉譯經師如下：

一、帛尸梨密多羅：龜茲國沙門，晉惠帝永嘉中來華，值五胡之亂，渡江南下，止建康建初寺，多羅善咒術，能梵唄，譯有《孔雀王經》等三部，今僅存《佛說灌頂經》十二卷。

二、支道根：月氏沙門，晉成帝咸康元年（西元三三五年）於建康譯《方等法華經》五卷，今失傳。

三、曇無蘭：天竺人，晉孝武帝孝武太元年間（西元三七六－三九六年）在建康譯出《佛說自愛經》、《佛說忠心經》、《玉耶經》等一

百一十一部，合一百一十二卷，今存於《大藏經》者二十六部二十六卷。

四、迦留陀伽：西域沙門，孝武帝太和元年，在建康譯出《佛說十二遊經》一卷。

五、僧伽提婆：罽賓沙門，孝武帝太和元年，在廬山般若臺譯出《阿毘曇心論》，及《三法度經》多部，西元三九七年在建康重譯《中阿含經》、《增一阿含經》等，現存於《大藏經》中者計五部一百四十八卷。同時有僧伽羅義者，罽賓沙門，與僧伽提婆共譯《中阿含經》

六、佛陀跋陀羅：天竺迦毘羅衛城人，甘露飯王之苗裔，幼年出家，博學群經，晉安帝義熙年初抵長安，後應慧遠之請入廬山，停歲餘，至建康，止道場寺，率沙門百餘人於譯場譯經。前後譯出經論一十五部，合一百二十二卷，現存於《大藏經》中者有《大方廣佛華嚴經》六十卷。及其他經、律七部五十六卷，《華嚴經》係於宋高帝永初元年（西元四二〇年）譯出。

七、竺難提：天竺優婆塞，以晉恭帝元熙元年（西元四一九年）在建康譯出《大乘方便經》等二部四卷，今存。

八、祇多密：西域沙門，於東晉末年譯出《瓔珞經》等二十五部四十六卷，今存《菩薩十住經》一卷、《如來三昧經》二卷。

九、康道和：康居沙門，東晉末於建康譯出《益意經》一部三卷，今失傳。

十、曇摩卑：天竺沙門，東晉末譯有《雜門律事》二卷，今失傳。

十一、卑摩羅叉：罽賓沙門，曾授鳩摩羅什《十誦律》，於東晉末抵長安，羅什敬以師禮，羅什歿後，改譯羅什等所譯之《十誦律》最後一誦，開為六十一卷。

　　上為東晉譯經師十一人，北地苻秦、姚秦之譯經師為：

一、僧伽跋澄：罽賓沙門，苻秦建元十七年（西元三八一年）至長安，
　　與僧伽提婆等共譯《阿毘曇毘婆沙論》等三部二十七卷，今存。

二、曇摩蜱：天竺沙門，苻秦建元十八年，與竺佛念在長安共譯《摩
　　訶般若鈔經》一部五卷。

三、曇摩難提：苻秦建元年間，在長安譯經五部一百一十四卷，今惟
　　存《阿育王息壞目因緣經》一卷，餘均失傳。

四、鳩摩羅什：羅什一代大師，與唐三藏玄奘前後輝映，奘師譯經以
　　卷帙論則多於羅什，而什公譯經之範圍則較奘師為廣。如《妙法
　　蓮華經》、《阿彌陀經》、《金剛經》、《維摩詰所說經》，以及十五卷
　　之《大莊嚴論經》、十六卷之《成實論》、十七卷之《十住毘婆沙
　　論》、二十七卷之《摩訶般若波羅蜜多經》、一百卷之《大智度論》，
　　均出什公之手，什師事蹟，見本文上章。今《大藏經》中存什公
　　譯經五十四部，合二百八十七卷。

五、佛陀耶舍：罽賓國人，十三歲出家，恆以讀誦為務，姚秦時代，
　　應鳩摩羅什之約，至長安逍遙園譯經，今存於《大藏經》者，有
　　《長阿含經》二十二卷、《四分律戒本》等四部四卷，及與竺佛念
　　等共譯之《四分律》六十卷。

六、曇摩耶舍：罽賓國沙門，姚秦時在長安譯出《樂瓔珞莊嚴方便品》
　　一卷，與曇摩掘多共譯《舍利弗阿毘曇論》三十卷。

　　苻秦、姚秦兩朝，除上述六人外，尚有外國沙門曇摩特、鳩摩羅
佛提、佛圖羅剎、弗若多難、曇摩流支、曇摩掘多等，或參與譯經，
或譯經失傳，不再贅述。

　　此外，尚有西域僧伽陀，曾在北涼譯出《慧上菩薩問大善權經》
一部二卷，今失傳，月氏沙門支施侖在前涼譯出《佛說須賴經》，今存。

西域沙門浮陀跋摩，在北涼與沙門道泰共譯《阿毘曇毘婆沙論》六十卷，今存。而在北涼譯經最多者則為中天竺沙門曇無讖。

曇無讖，中天竺人，幼年出家，初學小乘，兼覽五明，後專業大乘，北涼玄始三年（西元四一四年）至姑臧，北涼主沮渠蒙遜接待甚厚，請讖譯經，讖先學語言三年，於是譯《大涅槃經》前分。讖在姑臧譯經垂二十年，出經二十三部，合一百四十八卷，今存於《大藏經》者除《大涅槃經》四十卷外，尚有《大方等大集經》三十三卷，及《大方等無想經》等十部四十八卷。

東晉時代，中土沙門釋慧常、釋道龔、釋法眾等亦參與譯經，道龔譯《寶梁經》二卷，今存。法眾譯《大方等陀羅尼經》一部四卷，慧常譯出《比丘尼大戒》一卷，失傳，而中土沙門譯經有成就者為竺佛念、法堅。

竺佛念，涼州沙門，苻秦元年，與僧伽跋澄同至長安，初為跋澄等度語，後自譯經，前後與人共譯或自譯經一十三部，今存《出耀經》、《中陰經》等十二部合一百九十一卷。

法堅，西秦沙門，在西秦譯出《佛說賢首經》、《佛說睒子經》等十部十二卷，今存。

三　西行求法對譯經事業的影響

南北朝時代，是中期譯經的後一段時間。所謂南北朝，是自西元四二〇年，劉裕篡晉，自建宋國算起，至西元五八九年，隋兵滅陳，隋文統一為止，前後歷時一六八年，這一段時期，中國南北分裂，南則有宋、齊、梁、陳四朝二十四帝，篡弒頻仍；北則有北魏、東魏、西魏、北齊、北周五朝二十七帝，攻伐不斷；到楊堅篡周，南下滅陳，

天下復歸於統一。

在這一段分裂戰亂的時代裡，佛教譯經事業不但未曾中輟，且日益充實增長，觀本文上節南北譯場之眾多，可見一斑。在此一時代又有一特殊現象，就是自魏晉以來西行求法者日益增多，至此而達到最高潮，這些為追求正法真理的志士，前仆後繼，為法忘身，間關萬里，遠涉流沙，到西域、印度去求取經典的原本，為佛教理論充實求證，為中國文化輸入新血，寫下了可歌可泣的一頁。

說到「西行求法」，也許世人多知道「唐僧取經」——唐三藏玄奘大師西行求法的故事，智識分子，或加上晉代法顯西行求法。事實上，兩晉南北朝時代，西行求法的古德志士在百人以上。唐代西行者亦五十餘人，兩相合計共為一百數十人，除佚名者數十人外，在史籍中有名籍可考者亦不下於百人。

西行求法，有其時代的背景與個人的動機，佛教本是貴解悟而輕迷信的宗教，正法理論是建立在哲學基礎上。初期譯經，多為西域沙門口誦耳傳，梵本不具；後來雖有經篋輸入，但多從西域間接而來，或篇章不全，或傳譯失真，或者對重要浩博的經典不能窺其全貌，這就激發古德志士西行求法的雄心。為追求真理，雖歷艱冒險，在所不顧。而首肇其端者，則為魏人朱士行。

朱士行，河南穎川人，於魏廢帝曹芳甘露二年（西元二五七年）出家為沙門，深究經典，以大法為己任，嘗於洛陽講竺佛朔譯《道行經》小品之舊本，感於文句簡略，意義未周，每嘆此經為大乘要典，而譯理不盡，乃發願西行，求梵本大品。遂自雍州西行，出塞西度流沙，至于闐國。在僧祐的《出三藏記集》中稱其：

　……至于闐國，寫得正品梵書胡本九十章，六十萬餘言，以太康三

年，遣弟子弗如檀，晉字法饒送經胡本至洛陽，住三年，復至許昌，二年後至陳留界倉垣水南寺，以元康元年五月十五日，眾賢者共議晉書正寫，時執胡本者，于闐沙門無羅義。優婆塞竺叔蘭口傳，祝太玄、周玄明共筆受，正書九十章，凡二十萬七千六百二十一言⋯⋯。

　　無羅義等所譯出的，就是《大品般若》的《放光般若經》。是經譯成於晉惠帝元康元年（西元二九一年），距朱士行西行已三十一年之久。按于闐國去洛陽一萬一千七百里，為當時西域盛行大乘之國家。士行抵于闐，於二十三年後始寫得胡本送回國內。而士行之後竟死於于闐，年八十歲。真可謂以身殉道了。

　　後於朱士行求法，為東晉成帝咸和年間（西元三二七－三三四年）的慧常、慧辯、進行三人西行事，此三人《高僧傳》中無傳，道安著〈合放光光讚略解序〉云：「會慧常、進行、慧辯等前往天竺，路經涼州。」知三人有結伴西行事，再後於此三人西行者，有于法蘭、于道邃之由海路西行，二人至交州，因疾而卒，前章已有述及，此處不贅，另有慧遠弟子支法領、法淨，奉師命西行求經，在于闐國得《華嚴》前分三萬六千偈，事見〈慧遠傳〉。

　　在兩晉南北朝時期，西行求法最有成就者首推法顯。

　　法顯，俗姓龔，平陽武陽人，有三兄齠齡早折，父恐其夭逝，三歲即度為沙彌，數年後送入寺中，及長，「常慨經律舛闕，誓志尋求。」此為其西行的動機。晉安帝隆安三年（西元三九九年），在長安約同慧景、道整、道應、慧應、慧嵬等五人，出發西行，在張掖又結合了西行求經的中土沙門僧紹、智嚴、寶雲、慧簡、僧景等五人，此一行十一人的小團體，西行途中，有中道折回者，有途中分道者，有死於途中者，有留印不歸者。十五年後，求得佛經梵本回國者，惟法

顯一人。

其西行經過，據法顯所撰之《佛國記》所載：「由敦煌度流沙十七日至鄯善，又十五日至焉耆（焉者），西南行一月五日至于闐，西行二十五日至子合（葉爾羌南）⋯⋯」計在新疆境內行百二十二日，度蔥嶺，行四十五日至今阿富汗境內，再南下三十三日抵印度。因途中屢有勾留，故由敦煌至中印度，六年始達，其行程可謂倍極艱辛。

法顯在印度學梵書梵語，寫經畫像，至西元四一六歸國，去國凡十七年。回國後在建業道場寺譯經百萬言，年八十六卒，今《大藏經》中存有法顯譯經《大般涅槃經》等五部，合五十一卷。

東晉末年，尚有涼州人沮渠京聲，以北涼主之叔封安陽侯，嘗度流沙至于闐，從天竺法師佛陀斯那學禪法，譯經甚多，今失傳。又有中土沙門康法朗偕侶四人，及沙門慧叡西行事，俱見《高僧傳》。晉安帝元興二年（西元四〇三年），雍州人沙門智猛，結同志十五人，涉流沙至于闐，再西南行二千里，始登蔥嶺；九人退還，一人道死，猛與餘人共度雪山，歷罽賓天竺，前後三十七年，至南朝宋元嘉十四年始回國內。攜回梵本甚多，譯出了《僧祇律》及《大般涅槃經》為最著者，並著有《遊行外國傳》，均失傳，事見《高僧傳》。

南北朝時期西行求法者，有曇無竭、僧猛、曇朗等一行二十五人。及道普、道泰、法盛、慧覽、道藥、法獻、惠生、雲啟等，均單身西行，另有法力等三人，寶暹一批八人，事見《高僧傳》、《佛祖歷代通載》、或《開元釋教錄》。其中有成就者以曇無竭為代表。

曇無竭，漢譯法勇，幽州黃龍人，因聞法顯等躬踐佛土，慨然有西行之志，約得同志二十五人西行，度雪山時，三日方過，料檢同侶，十二人失蹤，餘十三人經罽賓入中天竺途中，八人復死於道，僅餘五人，至中天竺，曾至恆河及舍衛城，後於南天竺隨舶汎海達廣州，元

嘉末年譯出《觀世音菩薩授記經》。

隋季傳國二十九年，無人西行求法，至唐太宗貞觀三年，乃有玄奘西行求法事。

玄奘大師，為佛教空前絕後之偉人，對佛教貢獻至鉅，出國十七年，至貞觀十九年始歸，齎歸梵經五百二十六篋，六百五十七部，其事蹟見〈中國佛教弘傳概要〉，此處不贅。

求法、譯經事業，至奘師而達高峰，此後難以為繼，然奘師之後，有唐之世，西行求法有名籍可考者猶有五十餘人，惟除義淨一人外，餘者成績平平，乏善可述。

義淨，俗姓張，字文明，范陽人，幼年出家，年十五歲即有志西遊，至三十七歲（唐高宗咸亨二年，西元六七一年）始成行。初至番禺，約得同志十人，及將登舶，餘皆退縮，淨乃附波斯船，奮屬孤行，途中歷三十餘國，留學那爛陀寺十年，歸國時齎得梵本經典近四百部，至武后證聖元年（西元六九四年）始抵國門，離國前後凡二十四年，歸國後從事翻譯，所出經六十一種二百五十九卷，經名見《大藏經》。

北宋時西行求法者，有道圓、行勤、光遠三人。道圓於真宗景德三年歸國，齎回梵經四十篋。

元代無西行求法者，明代有釋智光及其徒惠便，奉明太祖敕出使西域及天竺諸國，釋宗泐亦曾到天竺，譯得《文殊經》而還。

西行求法，除齎得大量梵本經典，譯出後充實《大藏》外，另對地理學之幫助亦大。求法諸人中，十五人著有遊記，如法顯之《歷遊天竺記》、玄奘之《大唐西域記》、義淨之《南海寄歸內法傳》等皆是。

南北朝時期之譯經事業，繼兩晉之餘緒，仍蓬勃發展。不過此一時期，由於漢魏兩晉，學者致力於輸入及翻譯，至此重要典籍粗備，則致力於消化整理，及諸宗之醞釀與草創，是為此期之特點。

　　南朝方面，歷宋、齊、梁、陳四朝，合計有外國譯經師二十一人，中土譯經師五人；其在北朝者，歷北魏、東魏、西魏、北齊、北周五朝，合計外國譯經十二人，中土譯經師三人，今擇其代表人物介紹如下，茲先述南朝：

一、求那跋摩：罽賓國人，為國王少子，二十出家，誦經百萬言，時號三藏法師。宋文帝元嘉八年（西元四三一年），應文帝之請抵建業，帝迎勞殊勤，跋摩講法，帝率公卿日集座下，法席之盛，前所未有，在祇洹寺譯出《菩薩戒經》等十部，今存於《大藏經》者八部，合十七卷。

二、畺良耶舍：西域沙門，善誦《阿毘曇‧博涉律部》，宋文帝元嘉初至建業，譯出《佛說觀無量壽經》、《佛說藥王藥上二菩薩經》各一卷，今存。

三、曇摩密多：罽賓國沙門，七歲出家，博通群經，遊方諸國，由龜茲度流沙抵敦煌，西元四二四年抵蜀，順流東下抵建業，在祇洹寺譯經，今存於《大藏經》者有《佛說諸法勇王經》、《佛說眾腋經》等七部七卷。

四、求那跋陀羅：中天竺人，其家世奉外道，禁絕沙門。及求那讀佛典，深為崇信，乃捨家受具，博通三藏，既而有緣東方，乃隨舶泛海，西元四三五年抵廣州，宋文帝遣使迎至建業，先後在祇洹寺、東安寺譯經，前後譯出百餘卷，今存於《大藏經》者二十八部，合七十四卷。

五、佛陀什：罽賓國人，以宋文帝元嘉中至揚州，在龍光寺譯出《彌沙塞部五分律》三十卷、《彌沙塞五分戒本》一卷，今存。

六、僧伽跋摩：天竺人，宋文帝元嘉中至建業，譯出《分別業報略經》等四部二十三卷，今存。

七、僧伽跋陀羅：西域沙門，以齊武帝永明六年（西元四八八年），共
　　沙門僧猗於廣州竹林寺譯出《善見毘婆沙律》一部計十八卷。

八、婆羅末陀，譯名真諦，西天竺優禪尼國人，精通三藏，應梁武帝
　　之請，遠齎梵篋，於太清二年（西元五四八年）抵建業，武帝於
　　寶雲殿竭誠供養，諦欲翻譯經教，值侯景之亂而未果，乃往富春，
　　應富春令陸元哲之請，與沙門寶瓊等二十餘人共譯《十七地論》。
　　至宋簡文帝大寶年復應侯景之請，入臺城，受其供養。至宋元帝
　　即位（西元五五二年），乃止於金陵正觀寺，與沙門慧寶等二十一
　　人共譯《金光明經》，之後又至豫章寶田寺講《金光明經》，復隨
　　太保蕭勃至南康，隨方翻譯，後陳永定二年還豫章，尋止臨川晉
　　安諸郡，後以弘法非時，欲汎舶往楞伽修國，以道俗結誓請留，
　　隨止閩越，至西元五六九年卒，真諦所譯經論凡六十四部，合二
　　百七十八卷，今存三十二部一百一十一卷，經名見《大藏經》。

　　除上述八人外，在南朝之外國譯經師，尚有伊葉波羅、功德直、
僧伽跋密、竺法卷、曇摩伽陀耶舍、摩訶乘、達摩摩提、求那毘地、
曼陀羅、僧伽婆羅、婆羅末陀、月婆首那、須菩提等十三人，各有譯
述，另中土沙門譯經者，在劉宋有釋慧簡、釋法海、釋先公三人；在
蕭齊有釋曇景、釋法度二人。其譯述均見《大藏經》目錄。

　　在北朝方面，有外國譯經師十二人，其代表人物為：

一、曇摩流支：南天竺沙門，以律藏傳名，弘道為務，以北魏宣武帝
　　景明正始年間（西元五〇〇至五〇七年）在洛陽譯經，今存於《大
　　藏經》者有《信力入印法門經》五卷、《如來莊嚴智慧光明入一切
　　佛境界經》二卷。

二、菩提流支：北天竺沙門，遍通三藏，志在弘法，北魏宣武帝永明
　　元年（西元五〇八年）來遊洛陽，宣武帝敕居永寧寺譯經，七百

梵僧與俱。二十餘年間，出經三十九部，一百二十七卷。眾經錄上稱流支齎來梵經可萬篋，筆受草本，滿一間屋，今《藏經》中存有《入楞伽經》、《深密解脫經》、《金剛般若波羅蜜經》、《十二因緣論》等二十九部，一百二十卷。

三、勒那摩提：中天竺沙門，深明禪法，意存遊化，永明元年始，在洛陽譯《十地論》、《寶積經》等五部二十三卷，今存有《十地論》十二卷（助菩提流支譯）、《寶性論》等二部四卷。

四、佛陀扇多：北天竺沙門，北魏孝明帝年，在洛陽白馬寺及鄴都金華寺譯經，與流支、摩提有北魏三德之稱，今存於《大藏經》中者有《如來獅子吼經》、《攝大乘論》等九部十卷。

五、般若流支：南天竺波羅奈城優婆塞，東魏孝靜帝元眾興和年間（西元五三八至五四二年）在鄴城譯經，凡十八部九十二卷。今存者有《正法念處經》、《順中論》、《唯識論》等十六部九十卷。

六、闍那耶舍：天竺摩伽陀國禪師，以北周武帝保定四年（西元五六一年）始，於長安四天王寺譯出《定意天人所問經》等六部，今存者有《大乘同性經》等三部四卷。

　　除上述六人外，尚有吉迦夜、毘日智仙、達摩菩提、達摩流支、攘那跋陀羅、耶舍崛多等各有譯述，中土沙門譯經者，在北魏有釋曇曜、釋法場；在北齊者有居士萬天懿，其譯經俱見《大藏經》目錄。

四　隋唐譯經與譯事檢討

　　隋唐二代，為佛典翻譯之後期，認真的說，隋唐二代三百一十八年中，由唐太宗貞觀初至唐德宗貞元末，此一百七十八年，是全部譯經史上的高峰時期，在這一段時間裡，經典燦然大備，各宗次第建立，

使此一外來之宗教，卓然成為中國之佛教，而此一時期空前絕後的偉人，則為玄奘大師。

西元五八九年，隋文帝楊堅篡周滅陳，全國統一，再傳煬帝楊廣，三傳恭帝楊侑，傳國二十九年，亡於唐。

隋代二十九年中，東來譯經師七人，而以闍那崛多、那連提耶舍、達摩笈多三人為代表。

一、闍那崛多：北天竺犍陀羅國人，剎帝利種，西元五二三年生，髫齡出家，遍學三藏，以西元五五九年抵長安，止草堂寺，漸通華語，為周明帝延入後園譯經，後隨譙王文儉入蜀任僧主三年，欲歸國，道出甘州，為突厥所留，至隋文帝建國，再至長安，奉敕譯經，於大興善寺召東來沙門達摩笈多等參與，前後譯經三十九部一百九十二卷，今存於《大藏經》者為《添品妙法蓮華經》、《觀世音菩薩普門品》、《佛本行集經》等三十七部一百七十八卷。

二、那連提耶舍：北天竺烏場國人，西元五一七年生，十七歲出家，四十歲時至鄴城，為北齊文宣帝高洋所禮遇，安置天平寺，請為譯經。三藏殿內，梵本千餘篋，敕送於寺，西元五八一年隋受周禪，耶舍入長安，住大興善寺，草創翻譯，後移住廣濟寺。為外國僧主，七十三歲卒。所譯經論，存於《大藏經》者有《大悲經》、《蓮華面經》、《大方等大集月藏經》、《菩薩見實三昧經》等十六部，合計七十五卷。

三、達摩笈多：南天竺羅囉國人，二十三歲出家，尋師遍歷大小乘國及僧寺。隋文帝開皇十年抵長安，未久通華語，奉敕就大興善寺譯經。煬帝楊廣遷都洛陽，敕於洛水南濱上林園內置經館，笈多與諸譯經學士並預焉，笈多於開皇十年至恭帝年間（西元五九〇至六一七年），譯經一十八部合八十一卷，今存者有《起世本因經》、

《添品妙法蓮華經》、《攝大乘釋論》等十六部六十七卷。

此外尚有達摩般若、菩提燈、若那竭多、毘尼多流支等四人，各有譯述，經名見《大藏經》目錄。

隋代譯經，尚有兩個幕後功臣，即費長房與釋彥琮。費長房在北周之世先為沙門，西元五七七年，周武帝廢佛教、汰僧返俗，長房亦為此次法難中返俗者之一。隋文建國，崇信三寶，長房為翻經學士，參預譯事，著有《歷代三寶記》十五卷，為佛教史上重要資料。釋彥琮，俗姓李，趙郡人，深解梵語。隋文帝開皇年間，總持譯經事務，西域沙門闍那崛多、達摩笈多等所譯經典，多由彥琮鑑定，琮著有《眾經目錄》、《西域傳》等，義例嚴謹。

唐代是佛教的黃金時代，有唐二百八十九年間，東來譯經師可考者三十九人，西行求法者五十餘人，中土譯經師六人，譯經師之代表人物，為玄奘、義淨，其他可稱述者：

一、波羅頗伽羅：中天竺人，剎帝利種，西元五六五年出生，十歲出家，學習律藏，修《不捨經》十二年，南遊那爛陀寺，聽戒賢論師講《十地論》，以唐太宗貞觀元年入長安，奉敕住大興善寺譯經，前後譯出《寶星陀羅尼經》、《般若燈論釋》、《大乘莊嚴論》三部三十八卷，今存於《大藏經》中。

二、玄奘：奘師事蹟見〈中國佛教弘傳概要〉，此處不贅。奘師自貞觀十九年（西元六四五年）歸國，西元六六四年圓寂，二十年間，譯出大小經論七十五部，合一千三百三十五卷，經名見《大藏經》經目。以往譯經，初由譯主誦出梵語，書字者記錄梵語，再由主譯者執梵本誦出漢語，筆受記錄，然後由潤文者加以整理增刪，輾轉傳譯，多違原意。而奘師譯經，通梵漢語，意思獨斷，出語成章，書人隨寫即成妙文，此所以新譯有異於舊譯者也。

三、地婆訶羅：譯曰日照，中天竺沙門，戒行清高，工於咒術，唐高宗上元元年（西元六七四年）來華，調露元年上表翻譯所齎經篋。敕准照玄奘例，於兩京（長安、洛陽）東西太原寺分以別院安置，並以名德十人助譯。至武后垂拱末，十年間譯出經論十八部合三十四卷。今存於《大藏經》者，為《方廣大莊嚴經》、《大乘密嚴經》、《大乘廣五蘊論》等十九部，合三十五卷。

四、提雲般若：于闐國沙門，武后永昌元年（西元六八九年）抵洛陽，奉敕於魏國東寺譯經，今存於《大藏經》者有《佛說大乘造像功德經》、《華嚴經·不思議佛界境分》等七種八卷。

五、實叉難陀：于闐國沙門，武后以《華嚴經》舊本處會未備，聞于闐國有梵本，發使往求，並請譯人，實叉齎經篋，以武后證聖元年（西元六九五年）抵洛陽，奉敕於大偏空寺翻譯，與菩提流志、義淨同宣梵本，譯出《大方廣佛華嚴經》八十卷，後復譯出《文殊師利授記經》等多種，前後譯經十九部一百零七卷，今存於《大藏經》中者十六部，合一百零四卷。

六、阿彌真那：北天竺人，剎帝利種，幼年出家，禪誦為業，武后長壽二年（西元六九三年）抵洛陽，敕於天宮寺安置，即於其年開始翻譯，前後譯出《浴像功德經》等九種各一卷，今存。阿彌晚年不事翻譯，惟精勤禮誦，於玄宗開元九年卒，壽百餘歲。

七、菩提流志：南天竺人，淨行婆羅門種，生年十二從外道出家，洞曉聲明，尤嫻數論，兼通陰陽曆數、天文地理、以及咒術醫方等，年逾六十，方悟入佛門，唐高宗遠聞雅譽，遣使迎接，及抵洛陽，高宗已殂，武后敕令於佛授記寺譯經，又住京兆崇福寺譯經，前後譯出《大寶集經》一百二十卷、《佛說寶雨經》十卷，及《須摩提經》等二十種五十九卷。《佛說寶雨經》係以達摩流支之名譯出。

蓋彼本名達摩流支，後由武后改為菩提流志。流志於玄宗開元十五年卒於洛京長壽寺，春秋逾百歲。

八、跋日羅菩提：譯名金剛智，南天竺人，婆羅門種，父為王師。智西元六六二年生，十六歲出家，隨師於中印度那爛陀寺修阿毘達摩，又詣西天竺學小乘諸論，十餘年全通三藏，遊方二十餘國，玄宗開元七年（西元七一九年）達廣州，敕迎入長安慈恩寺，尋徙薦福寺，所至之處，必弘秘教，建大曼荼羅灌頂道場，度於四眾。東土秘教流傳，實智之力。智前後所譯之經法，今存於《大藏經》者，如《金剛頂瑜伽理趣般若經》、《藥師如來觀行儀軌法》等，凡二十四種，合三十卷。

九、戍婆揭羅僧訶：華言淨師子，義譯曰善無畏，中天竺人，剎帝利種，釋迦世尊叔父甘露飯王之後裔。父曰佛手王，十三嗣位，後讓位於兄，詣那爛陀寺出家，奉達摩掬多為師，精通禪慧，妙達總持，後至北天竺，玄宗發使迎接，於開元四年（西元七一六年），大齎梵本，來屆長安，於菩提院譯經，開元十二年入洛陽，於大福先寺譯經，開元二十三年卒，壽九十有九。善無畏所譯經論，今存於《大藏經》者，有《大毘盧遮那佛神變加持經》等二十一種，合四十一卷。

十、阿目佉跋折羅：譯名不空金剛，南天竺人，婆羅門種，西元七〇五年生，幼年喪父，隨叔父觀光中土，十五歲事金剛智為師。因兼通華梵語，常隨師譯經，及金剛智歿，不空奉師遺命往師子國（錫蘭），國王尸羅迷伽禮之甚厚，不空於普賢阿闍梨受五部灌頂，之後廣求密藏及諸經論五百餘部，於玄宗天寶五年再還長安，接受玄宗皈依，授玄宗灌頂，受賜「智藏」之號，在長安譯經。之後歷經肅宗、代宗兩朝，受兩帝優遇，封肅國公，食邑三千戶，

於代宗大曆九年（西元七七四年）圓寂。

不空所譯，如《金剛頂一切如來真實攝大乘現證大教王經》，即通稱之《金剛頂經》，及《金剛頂五秘密修行念誦儀軌》、《發菩提心論》等經論，今存於《大藏經》者凡一百五十五種，合二百零五卷，足與羅什、玄奘、真諦諸師比肩。

再者，唐高宗年間西行求法之義淨，歸國後譯出經典六十一種，合二百五十九卷，可與奘師抗衡。義淨事蹟，見〈西行求法〉，此處不再贅述。

唐代譯經師，除上述諸人外，尚有伽梵達摩、阿地瞿多、布如烏伐耶、若那跋陀羅、佛陀多羅、佛陀波利、般刺密帝、釋慧智、梵言、彌陀山、智嚴、般刺若、般若、勿提提羼魚、羅達摩、蓮華、牟尼室利、滿月、無能勝、阿質達霰、婆羅門李無諂、般若斫迦、釋玄覺、般茗力、法月重、達摩栖那、解脫師子、安藏、菩提仙、跋馱木阿等，凡三十人，各有譯述，經名見《藏經》目錄。

中土譯經師，除玄奘、義淨外，如釋智通之譯出《觀自在菩薩隨心咒經》等四部五卷，杜行顗之譯出《佛頂尊勝陀羅尼經》一卷，釋懷迪之譯出《大佛頂萬行首楞嚴經》十卷，釋法成之譯出《大乘無量壽經》等五種五卷，釋飛錫之參譯《仁王護國經》、《密嚴經》，及釋道因之參與奘師譯經、翻校梵語兼充證義等，其有所譯出者，經名均見《藏經》目錄。

譯經事業，至玄奘大師而達高峰，然奘師之後，流風未泯，如實叉難陀之重譯八十卷《華嚴》，義淨譯出說一切有部毘奈耶十一種百餘卷，菩提流志之完成《大寶積經》，不空之譯出密宗經咒四十餘種，般若之譯出《華嚴經‧普賢行願品》等，均為豐碩之成果。然自唐德宗貞元末年，至宋太宗太平興國，前後二百年間，譯經事業完全中斷。

太平興國八年雖重開譯場，以後六十年間譯經五百餘卷，然可觀者有限，故翻譯事業，至唐貞元末已大致告一段落。

譯經事業，前後約近千年，出經五千餘卷——宋代《開寶藏》收經一千零一十七部、五千零四十八卷，成果不可謂不豐；然漢譯藏經，謂之齊全則當之無愧，而在信實度方面則頗有檢討之處。同時還有個缺點，就是有些經艱深澀晦，使一般人看不懂。茲先自梵語原本說：

釋迦世尊說法四十五年，只是「說法」並未「著書」，只是口耳相傳的傳下來。佛入滅後，四次結集，最後一次是在貴霜王朝迦膩色迦王時代，上距佛入滅度已五百餘年。這次結集，有了文字記錄，傳說是刻鏤於金片之上，封之石函，然佛說法時，為了適應各地不同的環境，使用各種不同的語言，包括著當時的俗語、方言和俚語。到數百年後，再用此時的語文記下來，數百年的口耳相傳，會不會傳得走了樣呢？

事實上，佛滅不久，經文就傳誦失實。《付法藏因緣傳》上記載有下面這個故事：

阿難遊行，至一竹林，聞有比丘誦法句偈：
「若人生百歲，不見水老鶴，不如生一日，而得覩見之。」
阿難語比丘：此非佛語，汝今當聽我說：
「若人生百歲，不解生滅法，不如生一日，而得了解之。」
爾時比丘，即向其師說阿難語，師告之曰：
「阿難老朽，不可信矣！汝今但當如前而誦。」

以口耳相傳的經文，傳了數百年，最後用後代的語言文字記載下來，在遣詞用句上一定會發生困難，這就不能不定出一套規範來，這套規範就是「六離合釋」。

　　六離合釋是意譯，梵語「殺三磨婆」，若只從字面看，很難了解它的意義。其實它就是解釋法義的規範，它是這樣使用的：諸「法」有二義者，用此方法來解釋其判歸何義。即先分離開來解釋，然後再合起來解釋，稱做「離合釋」，離合釋有六種方法，故稱六離合釋。這六種方法是：

一、持業釋：體能持用，謂之持業，其義雖二，而體則一，一體一用，故名持業。

二、依主釋：從所依之體，而立能依之法，如「眼識」為依眼而生之識。

三、有財釋：此為全取其他之名而為自之名，如「覺者」是有覺悟之人，故名覺者。

四、相違釋：二體相違，而集各別義為一名，如「教觀」是合教與觀各別之名為一名。

五、鄰近釋：從鄰法之強物而立名。

六、帶數釋：是帶有數字之術語，如四大、五蘊。

　　以通俗的語言說的法——包括著方言俚語，以口傳耳傳了數百年，到用文字記錄時，用另一種語文，再經過「六離合釋」的整理，這與當初口說的時候會不會有點走樣？

　　中國的佛教是由西域傳過來的，西域與天竺的語言文字不同，西域各國的語言文字也各不同，早期各國來華的譯經師，是以「口誦」傳譯，並不是照經本傳譯。再者，中印文化背景不同，詞彙語意也不相同，在這種過程下，漢譯的經文與原經是不是又有了差距？而最大的致命傷，是中國譯經也有一套規範，那就是：「四例譯經」與「五種不翻」。

【四例譯經】

一、翻音不翻字：即譯字音不譯字義，如般若、阿耨多羅三藐三
　　菩提，及一切神咒。

二、翻字不翻音：即保留其原字，如「卍」字。

三、音義俱翻：即譯為漢文的經典。

四、音義俱不翻：如梵本經典。

【五種不翻】

一、多含不翻：含義太廣者不翻，如「婆伽梵」一字為佛之尊號，
　　含義太廣，不翻。

二、秘密不翻：如經中的神咒。

三、尊重不翻：如「般若」二字。

四、順古不翻：如「阿耨多羅三藐三菩提」。

五、此方無，不翻：如印度菴摩羅果，中土無，不翻。

所謂不翻，是不翻其字義，而譯其字音。在天竺、中土兩方面規範的
限制下，把展轉多年、多地的經文硬生生的譯過來，就難怪使沒有讀
過佛經的人，拿到佛經如看天書了。還有一個使人讀經讀不懂的原因，
就是「名詞」的不統一，例如「真如」、「涅槃」、「阿賴耶識」等名詞，
各有幾十個同義不同字的「同義語」，使人愈讀愈糊塗。或曰，讀經不
懂，可看註疏。其實不然，中國古時大德，是「以經註經」。是引證別
的經上艱奧難解的經文，來註解這本經上艱奧難解的經文，不看註解
不懂，看了註解照樣不懂。中國佛教，千餘年來只是高僧大德、名士
學者的佛教，而民間所信仰的，只是神佛不分的民俗宗教，與此不無
原因。

　　歷代譯經師，通梵語者不通漢語，通漢語者不通梵語，兩者兼通，
十不得一，是以梵語與漢文之間，譯意上是否有差距？《出三藏記集‧
九》謂：「時竺佛念筆受諸經，常疑此土好華，每存瑩飾，安公深疾，

窮校考定，務存典骨，許其五失梵本，出此以外，毫不可差。」就是一例。是以東晉道安，在〈比丘大戒序〉中曾感慨言之：

> 譯人考校者少，先人所傳，相承謂是……或殊失旨，或粗舉意……意常恨之。將來學者，審欲求先聖雅言者，宜詳覽焉。諸出為秦言便約不煩者，皆葡萄酒之被水者也！

秦言，是姚秦朝代的語言，就是漢語。葡萄酒被水，就是譯出的經失去了原味，鳩摩羅什亦嘗謂：

> 天竺國俗，甚重文製，改梵為秦，失其藻蔚，雖得大意，殊隔文體，有似嚼飯於人，非徒失味，乃令嘔噦也。

譯事之難，在於信、達、雅三義。然三者兼具，實難之又難。惟有先求信實，次求通達，再求雅馴。支敏度論舊譯《維摩經》：「或其文梵越，其趣亦乖，或文義混雜，在疑似之間。」鳩摩羅什閱《大品般若》舊譯，亦謂：「多紕繆失旨，不與梵本相應。」由此可見漢譯佛典，在信實方面確有可檢討者。

東晉道安大師，對譯經事業，有「五失本三不易」之論。五失本者：一、謂句法倒裝。二、謂好用文言。三、謂刪去反覆詠嘆之語。四、謂刪去一段落中解釋之語。五、謂刪去後段覆牒前段之語。三不易者：一、謂既須求真，又須喻俗。二、謂佛智懸隔，契會實難。三、謂去古久遠，無從博證。由以上諸點觀之，足見譯事之難。

雖然佛典翻譯上有種種缺點，然早期譯經，或限於環境，或囿於人力財力，困難實多。端賴古德千百人之努力，近千年之持續，使正法延續，使我輩後學者有佛典可讀，這仍是值得推崇與感戴的。

五　晚期譯經與經典目錄

　　佛經翻譯事業，至玄奘而達最高峰，此後即難以為繼，不過流風未泯，奘師之後，猶有義淨、實叉難陀、菩提流志、般刺密帝、金剛智、不空金剛、般若等諸大譯師，各有譯出，使佛典更為充實完備。如義淨將「有部宗」毘奈耶十一種百餘卷全部譯出，使律藏大備；實叉難陀重譯八十卷《華嚴》，為今之定本；般刺密帝譯出《大佛頂如來密因修證了義諸菩薩萬行首楞嚴經》十卷，為佛教有名之大經；菩提流志之完成《大寶積經》一百二十卷。善無畏，及金剛智、不空師徒之廣釋密部經咒，密宗於是建立。般若之譯出《華嚴經・普賢行願品》，使華嚴得以完備。以上諸師，其貢獻於佛教者，難以言宣。

　　自唐德宗貞元之後（西元八〇四年始），至宋太宗太平興國年止，為時一百八十年，譯事完全中斷。蓋在唐末以鎮藩割據，征伐不已。繼之朱溫篡唐，存勗滅朱，五代十國，戰亂頻仍，其時也，烽煙遍地，民不聊生，佛寺荒廢，經籍散佚，自然談不到什麼譯經事業了。

　　宋室統一，太祖振興文教，佛教得以復甦。乾德五年，沙門文勝等奉敕編修《大藏經》，開寶四年，敕張從信往益州雕刻《大藏經》版，為修藏雕版之始。太平興國七年，詔立譯經院於汴京太平興國寺，於是中斷一百八十年之譯經事業又復出於世。計自太宗太平興國八年起，至仁宗景祐四年止，五十六年之間，又譯出經典五百餘卷，可謂成果可觀，然亦實為譯經事業之迴光返照，自此之後，雖有譯述，則乏善可陳。

　　有宋一代，合南北宋而言，三百十九年間，譯經事業只在北宋，南宋則無，而北宋也僅於太宗太平興國至仁宗景祐（西元九六八－一

〇三七年）間數十年有之，此外則不足道。北宋時代，有外來譯經師九人，其中以釋法天、天息災、施護、法護等四人為代表。

一、釋法天：又名法賢，中天竺沙門，宋初至鄜州（今陝西境），與河中梵學僧法進共譯《無量壽經》、《尊勝經》、及〈七佛讚〉等，事聞於太祖，召見、賜紫方袍，並興譯事，以童子五十人隨之習梵書，自後譯經不輟。宋真宗咸平元年，法天進所譯新經，真宗為之製序，咸平四年示寂，諡玄覺法師，今《大藏經》中存法天譯經七十六種，合一三九卷。

二、施護：北天竺沙門，備習三藏，博覽群經，於宋太平興國五年（西元九八〇年）東來汴京，奉詔入譯經院譯經，宋真宗朝，賜施護三藏朝奉大夫光祿卿，號傳法大師。護所出經論甚多，今見於《大藏經》總目錄者，如《佛說大集法門經》、《佛說法印經》、《菩提心離相論》、《廣大發願頌》等，凡一百一十四種，合二百三十卷。

三、天息災：中印度密林寺沙門，宋太平興國五年與施護同抵汴京，與施護同入譯經院譯經，息災譯經，詞意明曉，真宗朝，詔賜三藏朝奉大夫光祿卿，號傳法大師，咸平三年示寂，諡慧辨法師。息災譯經今存於《大藏經》者，如《分別善惡報應經》、《法集要頌經》等，凡十八種，合五十七卷。

四、釋法護：中天竺沙門，聞宋室尊崇佛法，設立譯院，專待梵僧以譯經，乃結侶東來，真宗景德元年春抵汴京，奉詔入譯經院，護聰叡絕倫，五乘三學，無不貫通，前後譯經十二部，詔賜嘉號曰普明慈覺傳梵大師，授三藏銀青光祿大夫試光祿卿，以仁宗景佑三年示寂，壽九十六。今《大藏經》中存護之經，如《佛說大乘菩薩正法經》、《大乘集菩薩學論》等凡十二部，合一百三十九卷。北宋時外來梵僧，除上述四人外，尚有天竺沙門釋不動、慈賢、

西夏僧金總持、日稱、釋吉祥等五人。

中土譯經師，以惟淨成就最著。惟淨姓李，本南唐國主李煜之族姪，以童子入譯經院學梵書，歲餘後口授梵章，便解文義，乃剃度出家，與法護同譯新來諸經。計譯出《佛說海意菩薩所問淨印法門經》等五部四十六卷，今存《大藏經》中。惟淨曾蒙詔賜朝散大夫試鴻臚卿，號光梵大師。

此外尚有紹德、慧詢、翔公等，亦各有譯作。

元朝一代八十九年，外來譯經師三人，西域積寧沙門釋沙囉巴，於元世祖時來華，譯出《佛頂大白傘蓋陀羅尼經》等六種八卷，詔賜大辯廣智法師號，曾敕任江浙釋教都總統，成宗大德年回京，拜光祿大夫大司徒，仁宗延祐年示寂，面佛端坐而化。

尚有甘泉土番僧釋智慧、北庭木嚕國番僧釋識里，亦各有譯作，智慧譯有《聖妙吉祥真實名經》等三卷，今存。釋識里譯有《乾陀般若經》、《大涅槃經稱讚》等，均佚傳。

元代中土譯經師有廣福之譯《密跡力士大權神王經偈頌》，佚傳，安藏譯《聖救度佛母二十一種禮讚經》，逸林譯有《藥師壇法儀規》，均佚傳。

事實上，印度佛教，到西元第九世紀之後已日趨衰微，西元十世紀後，突厥系的回教徒入侵印度，建立古爾王朝，至一二〇二年古爾王朝軍隊席捲北印度，以殘酷的手段加害佛教沙門，毀破塔像，毀滅正法，印度本土佛教完全滅亡，自然無沙門東來，亦無佛經可譯了。

佛法東來，譯經事業自東漢起——如以迦葉摩騰、竺法蘭譯《四十二章經》為始，至宋仁宗景祐末年，釋法護示寂為止——西元六八年至一〇六三年——為時恰約千年之數，此千年之中，西域天竺來華沙門，確數無以統計，惟有所譯作，有名籍可考之譯經師，為數約一

百三十餘人；若與中土譯經師合計，為數約一百七十餘人，譯出佛經兩千餘部、七千餘卷。惟此乃存佚真偽重複等合計而言，刪去重出佚傳者，約得經千部、五千餘卷，觀宋《開寶藏》收得眾經一千零六十七部，五千零四十八卷可知。

惟若以日本大正年新修之《大正新修大藏經》計算，全藏已達二千四百九十七部，合計一萬二千五百二十三卷，以今日印刷技術言，每冊數百頁之十開大本一百巨冊，三尺闊六尺高之書架恰滿一架。若以中國古代之竹簡，或印度古代之貝葉梵篋而言，則「汗牛充棟」四字又豈足以形容？

以此三藏十二部經典，浩如煙海，如有檢閱，如何下手呢？還好，自古以來，即有「經錄」——佛經目錄的編輯。以《大正藏》而言，「目錄部」佔了四十一部，二百四十六卷，便於閱藏者的檢閱。

經錄的編製，始於東晉道安，道安於東晉孝武帝寧康二年（西元三七四年），編有《綜理眾經目錄》一卷，梁僧釋慧皎《高僧傳·五》稱道：

自漢魏迄晉，經來稍多，而傳經之人，名字弗說，後人追尋，莫測年代，安乃總集名目，銓品新舊，撰為經錄，眾經有據，實由其功。

南齊僧祐所撰之《出三藏記集》亦稱：「爰自安公，始述名錄，銓品譯才，標列歲月，妙典可徵，實賴伊人。」又稱：「大法運流，世移六代，撰注群錄，獨見安公。」

道安的《綜理眾經目錄》早已失傳，不過僧祐所撰《出三藏記集》——簡稱祐錄（編於西元四九七年），將安錄內容大部採入，所以讀祐錄則可以窺知安錄的內容，安錄的編列，是以譯人年代為次序，自東漢安世高始，到西晉末年法立止，列名經錄者十七家，譯經二百四十

七部，合計四百八十七卷，祐錄中稱：

> 總前所出，自安世高以下至法立以上，凡十七家，並安公錄所載，
> 其張騫、秦景、竺佛朔、維祇難、竺律炎、白延、帛法祖七人，是
> 祐校眾錄新獲所附。

由此可知，祐錄是以安錄為基礎，再補列上他所新發現的，和道安以後的譯經家。不過，他所新獲的七人中，張騫、秦景名下之經皆是偽書。

按照隋人費長房《歷代三寶記》、唐道宣《大唐內典錄》所載，謂漢魏兩晉南北朝間，有經錄二十餘種。但除了南齊建武年僧祐的《出三藏記集》外，其餘的均已失傳，並且，失傳的二十多種經錄，除了東晉道安的《綜理眾經目錄》確有其書，西晉時聶道真，為當時大譯經家竺法護擔任筆受，法護歿後，道真將護公所譯經二百餘部，輯為《眾經錄》外，其他經錄，可信之程度不高。

例如《歷代三寶記》中稱，最早的經錄《古經錄》，似是秦始皇時釋利防等所譯經錄；其次曰《舊錄》，似是前漢劉向校書所見的經錄；再其次者為《漢時佛經目錄》，《大唐內典錄》稱似是明帝時迦葉摩騰譯經時因即撰錄，按事實推論，這些都是不可能的事。

今日《大藏經》中所見，隋以前的經錄，只有僧祐的《出三藏記集》流傳下來。隋以後的經錄，共有十九種，存者十六種，失傳者三種。茲將包括祐錄在內，現存的十七種經錄說明如下：

一、《出三藏記集》：十五卷，南齊明帝建武年（西元四九四－四九七年），僧祐輯著。

二、《隋眾經目錄》：五卷，此錄存《藏經》中，無著者姓名及年分，前人有謂係隋文帝時中土沙門釋彥琮所撰，按彥琮於文帝時總持

譯經事務，嘗著〈辯正論〉檢討譯經得失，提出譯經者宜具「八備」之說。時西域沙門譯經，均由彥琮鑑定，謂彥琮著經錄，頗值採信。

三、《隋眾經目錄》：六卷，隋文帝開皇十四年（西元五九二年），沙門法經等二十人共撰。

四、《歷代三寶記》：十五卷，隋文帝開皇十七年（西元五九七年），翻經學士費長房撰。

五、《唐眾經目錄》：十五卷，唐高宗龍朔三年（西元六六三年），釋靜泰撰。

六、《大唐內典錄》：十卷，唐高宗麟德元年（西元六六四年），釋道宣撰。

七、《古今譯經圖記》：四卷，唐高宗時，釋靖邁撰。

八、《武周眾經目錄》：十五卷，武則天天冊元年（西元六九五年），釋明銓撰。

九、《續大唐內典錄》：一卷，唐玄宗開元十八年（西元七三〇年），釋智昇撰。

十、《續古今譯經圖記》：一卷，唐玄宗開元年，釋智昇撰。

十一、《開元釋教錄》：二十卷，唐玄宗開元年，釋智昇撰。

十二、《開元釋錄略書》：四卷，唐玄宗開元年，釋智昇撰。

十三、《續開元釋教錄》：二卷，唐德宗貞元十年（西元七九四年），釋圓照撰。

十四、《貞元釋教錄》：三十卷，唐德宗貞元年間，釋圓照撰。

十五、《續貞元釋教錄》：一卷，唐敬宗寶曆四年（西元八二八年），釋恆安撰。

十六、《至元法寶勘同》：十卷，元世祖至元末年，慶吉祥等撰。

十七、《聖教法寶目錄》：十卷，元成宗大德十年（西元一三〇六年），
　　　王古撰。

　　以上十七種，為現存之經錄，據早期資料所載，漢魏兩晉南北朝
間，共有經錄三十種，除南梁僧祐《出三藏記集》外，二十九種均已
失傳，對此略而不論。今將現存之十七種經錄，加以分析探討，具有
代表性之數種如下：

　　梁僧祐《出三藏記集》為現存最古之經錄，僧祐歿於梁武帝天監
十七年（西元五一九年），而是書撰於齊明帝建武年中——西元四九五
年前後，較梁僧慧皎之《高僧傳》猶早二十餘年（《高僧傳》書成於五
二〇年），僧祐所撰，本於道安之《綜理眾經目錄》，以續補安錄自任，
祐錄自序稱：

> 昔安法師以鴻才淵鑑，爰撰經錄，訂正聞見，炳然區分，自茲以來，
> 妙典間出，而年代人名，莫有銓貫……敢以末學，嚮附前規，率其
> 管見，接為新錄。

　　祐錄全書組織，亦見於其自述：「一撰緣記，二銓名錄，三總經序，
四述列傳……」其全書結構為：

一、撰緣記：一卷，先敘天竺佛經結集傳授之源流，次述三藏八藏等
　　名稱，再論梵漢譯經音義之同異。

二、銓名錄：共四卷，計新集經論錄、新集異出經錄一卷，新集安公
　　古異經錄、新集安公失譯經錄、涼土關中異經錄、新集律部錄合
　　一卷，續撰失譯雜經錄一卷、新集抄經錄、安公疑經一卷，新集
　　疑經錄、安公註經及雜經志錄合一卷。

三、總經序：共六卷，自《四十二章經》至《千佛名號經》之序文均
　　收入是卷，另有雜錄一卷。

四、述列傳：三卷，自安世高至法勇之傳記均收入是卷。

　　晚於祐錄的第二本經錄，是法經等二十人合撰的《隋眾經目錄》。此錄出於隋文帝開皇十四年，這一本經錄的特點，是法度嚴謹，分類明細，自縱的方面來說，分為五類：

一、大乘類：包括修多羅藏（經），毘尼藏（律），阿毘曇藏（論）。

二、小乘類：包括修多羅藏（經），毘尼藏（律），阿毘曇藏（論）。

三、抄集錄：包括西方聖賢錄、中土古德錄二部分。

四、傳記錄：包括西方聖賢、中土古德二部分。

五、著述錄：包括西方聖賢、中土古德二部分。

自橫的方面分類：

一、對於一譯——只有一種譯本者；

　　　　異譯——有二種以上譯本者；

　　　　失譯——不知譯人姓名者，則著於錄。

二、對於別生——節本別題者；

　　　　疑惑——來歷不明者；

　　　　偽妄——決定為偽書者，則僅存目。

　　稍晚於《法經錄》者，是費長房的《歷代三寶記》。這部書以博稱著，洋洋十五卷。前三卷是年表，四至十二卷是自漢至隋所譯的經典，以年代及譯人先後為序，文後並附以小傳。第十三、十四卷為大小乘入藏之目。卷十五自為序傳，並附以歷代經錄。唐道宣評這部經錄說：

> 翻經學士成都費長房，因俗博通，妙精玄理……撰《三寶錄》十五卷，始於周莊之初，上編甲子，下錄年編，並諸代所翻經部卷目，軸別陳敘，亟多條例，然而瓦玉雜糅，真偽難分，得在通行，闕在甄異。

　　費錄的缺點，是瓦玉雜糅，真偽難分，例如《法經錄》著錄的經典四千零九十四卷，並存目加上不過五千二百三十四卷，而費錄較《法經錄》晚出三年（出於隋文帝開皇十七年，西元五九七年），經典增加至六千二百三十五卷，實以長房貪多而不加鑑別，致玉石不分，真偽淆亂。

　　在眾多經錄中最完善的是唐道宣的《大唐內典錄》。此錄十卷，計分五目，其內容為：

一、唐代眾經傳譯所從錄：五卷，分為後漢，前魏南吳西晉，東晉前秦後秦西涼北涼，宋齊梁北魏北齊，後周陳隋五部分各一卷。

二、歷代翻本單重傳譯有無錄：二卷，大乘經律論、小乘經律論各一卷。

三、歷代眾經分乘入藏錄：一卷，包括大乘經一譯、重譯，小乘經一譯、重譯，小乘律，大乘論，小乘論等。

四、歷代眾經舉要轉讀錄：一卷。

五、歷代眾經有目缺本、述作註解、支派陳化、疑偽經錄、經目始終序等共一卷。

　　經錄至元代，《至元法寶勘同》及《聖教法寶目錄》二者為殿後之作。勘同錄之特點，為錄中列出原典梵語，於大乘經中，分出顯密兩部分。

　　元代之後，無經錄出現，惟明代智旭大師撰《閱藏知津》一書，所列典籍，將內容摘要錄出，對初學檢查，頗為便利。

　　宋之《磧砂藏》、清之《龍藏》、《頻伽藏》，均有《藏經》目錄，以備查閱，此為佛典目錄學之概要也。

六　大藏經編修史

佛教聖典，經過近千年的輸入與翻譯，再加上中土歷代古德的註解與撰述，為時愈久，積累愈厚，以此編纂集成，總名之曰《大藏經》。

《大藏經》的「藏」字，是梵語毘茶迦 (Pitaka) 的意譯，Pitaka 一字在梵語中的意義，原本是指竹篋之屬，可容花果之物者。佛典之集成，借此為喻。佛滅度後，弟子結集，結出經、律、論三類，稱為「三篋」。中國翻譯，易以較馴雅之詞，謂之「三藏」。至於「大藏經」一詞，是形容此三藏浩瀚無涯，故稱之曰大。

三藏，是指經、律、論三者而言。釋迦世尊所說之教法，稱之曰經；釋迦世尊所制之戒規，稱之曰律；歷代論師古德對法的註釋或引伸發揮其義者，稱之為論。

經，梵語修多羅 (Sutra)，意譯為線，是指其能貫穿的意思。謂線能貫穿花束，不令失散，意謂佛說之教理，亦以線貫穿之，不令失散，而漢譯修多羅曰「契經」。契者契合，謂上契諸佛所說之理，下契眾生可度之機。所謂契機契理，是妙合佛心，巧被根性，若但契理不契機，則有如世俗的訓典；或但契機而不契理，則有如世俗的歌曲唱詞，毫無價值，就不能稱為「契經」。修多羅本譯為契經，以中國人說話好簡略，故簡稱為經，猶如「佛陀」簡稱為佛然。

中國藏經的編修，起源甚早，根據《歷代三寶記》、《眾經目錄》、《開元釋教錄》等史料記載，早在梁武帝天監十七年（西元五一八年），就有了第一部《大藏經》的出現。不過那時的藏經有兩個特點，第一是所謂「敕修」——由政府奉旨編修的，第二是手寫本，因為那時印刷術還沒有發明——紙是早在四百年前就有了，東漢安帝劉祐時代，

宮中太監蔡倫發明了造紙術，世稱「蔡侯紙」。

　　敕修手寫的藏經，並不只一部，由梁武帝天監十七年始，到南唐保大三年（西元五一八至九四五年）止，手寫藏經有十五部之多，其順序排列為：

一、西元五一八年——梁武帝天監十七年，收集眾經一四三部，三七四一卷。

二、西元五三三年——北魏孝武帝永熙二年，收集眾經四二七部，二○五三卷。

三、西元五七五年——北齊後主武平六年，收集眾經七八七部，二三三四卷。

四、西元五九四年——隋文帝開皇十四年，收集眾經二二五七部，五三一○卷。

五、西元五九七年——隋文帝開皇十七年，收集眾經一○七六部，三二九二卷。

六、西元六○七年——隋文帝仁壽二年，收集眾經六八八部，二五三三卷。

七、西元六二六年——唐太宗貞觀九年，收集眾經七三九部，二七一二卷。

八、西元六五九年——唐高宗顯慶四年，收集眾經八○○部，三三六一卷。

九、西元六六四年——唐高宗麟德元年，收集眾經八一六部，四○六六卷。

十、西元六九五年——武則天證聖元年，收集眾經八六○部，三九二九卷。

十一、西元七三○年——唐玄宗開元十八年，收集眾經一○七六部，五○四八卷。

十二、西元七八四年——唐德宗興元元年，收集眾經一一四七部，五一四九卷。

十三、西元七九五年——唐德宗貞元十一年，收得眾經一二四三部，五三九八卷。

十四、西元七九九年——唐德宗貞元十五年，收得眾經一二五八部，五三九○卷。

十五、西元九四五年——南唐元宗保大三年，收得眾經一二一四部，五四二一卷。

　　以上十五次敕修，有的是新編修的——如梁武帝、魏孝武帝的始創編修；有的是以舊有的為基礎，再加上新譯出的合起來。如唐代的八次編修。這些手寫本的「敕修藏經」，如今早已失傳。不過清季光緒末年十九世紀之初，甘肅敦煌石窟發現大量唐人寫經手卷，這些寫本，除為法人伯希和、英人斯坦因及日本人大量運去者外，遺留之殘卷，如今保留於北京圖書館者，猶有數百卷之多。

　　隋唐之世，發明了雕版之術，但早期並不普遍。直到西元九七二年——宋太祖開寶四年，敕張從信往益州——今成都監雕《大藏經》版。到宋太宗太平興國八年（西元九八三年），雕刻完成，中國才有了第一部印刷版的《大藏經》問世。這一部《大藏經》，後世稱為《開寶藏》、《蜀版》，雕版歷時十二年，雕得木版一十三萬塊，收經一千零七十六部，五千零四十八卷，裝得四百八十函。

　　到太宗淳化元年（西元九九〇年），高麗國王遣使求藏經，詔賜一部，這就成為以後高麗刻藏的所本。

　　《開寶藏》刊印之後未久，即流行海內外，這是一項創舉，各地起而仿效，最早仿效刻印的是高麗國。該國顯宗二年（西元一〇一一年），敕崔士威監雕刻版，其間歷經德宗、靖宗，直到文宗末年（西元一〇八二年），才完成了《高麗官雕大藏經》的初雕本，這是以《開寶藏》作基礎，加上中國唐代貞元年寫本藏經中的一部分，所以總數五千九百二十四卷，較《開寶藏》多了八百七十六卷。這以後，在西元一〇八六年，高麗僧義天又集得遼、宋、日本等地佛經約四千卷，在興王寺雕版，稱《高麗續藏》；西元一二三六年，該國高宗敕相國李套報等重修藏經，雕版刊印，稱《高麗再雕版》，以後又雕刻過一次《契丹藏》仿刻本，完成年代已無可考。

　　《契丹藏》是遼國人雕造的，完成於遼道宗清寧年間（西元一〇

五五至一○六四年），相當北宋仁宗嘉祐年，這是一種梵篋本的形式，共五百七十九函，現已失傳。

　　金國也刻印過一次藏經，金熙宗皇統八年，山西天寧寺募刻《大藏經》，到金世宗大定十三年（西元一一七三年）完成，收得佛經約六千九百卷，計六百八十二函，這部藏經以後也散佚了。

　　中國方面，自《開寶藏》之後，有宋神宗朝，福州東禪寺沖真和尚等募刻的《崇寧萬壽藏》；到南宋高宗紹興年間，福州東禪寺慧明和尚等再加以修補增刻，前後合計六千四百三十四卷，五百九十五函，現已散佚。

　　宋徽宗政和年間，福州開元寺本悟和尚等募刻了一部《毘盧藏》，到高宗紹興年完成。孝宗乾道年間又追刻禪宗部，前後合計六千一百一十七卷，五百六十七函。

　　南宋高宗紹興年間，潮州歸安縣思溪大慈院淨梵和尚、圓覺院懷琛和尚、及居士王永從等募刻了一部《思溪圓覺藏》，有經五千四百八十卷，五百四十八函。

　　宋版藏經，最重要的除已失傳的《開寶藏》外，要算流傳至今的《磧砂藏》了。《磧砂藏》大約在宋理宗寶慶初年（西元一二二五年）始刻，由蘇州磧砂延聖院大藏局主辦，到元英宗至治二年（西元一三二二年）才全部完成，收得眾經一千五百三十二部，六千三百六十二卷，五百九十一函，迄今仍有《磧砂藏》影印本流通。

　　元版藏經，有兩種版本，一為元世祖至元年間，浙江餘杭南山普寧寺之釋道安、如一等募刻的《普寧藏》，有經一千四百二十二部，六千零一十卷，五百五十八函；一為元世祖至元十四年（西元一二七七年）敕大都弘法寺開雕的《弘法藏》。有經一千六百五十四部，七千一百八十二卷。

明代藏經有四種版本，太祖洪武年敕在南京刻雕的稱《南藏》；明成祖永樂年間敕在北京刻雕的稱《北藏》；明世宗嘉靖年，浙江杭縣刻過一種《武林藏》；明神宗萬曆年間，在徑山寂照庵刻的《徑山藏》。

清代藏經有三種版本，一為清世宗雍正年敕刻於北京的《龍藏》，到高宗乾隆年完成，有經一千六百六十九部，七百一十八函；一為宣統元年，上海頻伽精舍用活字排印的《頻伽藏》，有經一千九百一十六部，八千四百一十六卷，合訂四百一十四冊，裝四十函，此版藏經現仍有流通；另一種是清同治五年，楊仁山文會居士在金陵發起刻經，因集得各地之刻本經多種而彙編之，因稱《百衲藏》。

現今流通之藏經，有影印之《磧砂藏》、《頻伽藏》、及《影印續藏》三種。而編目詳盡，較為實用者，則為日本之《大正藏》。

日本編印藏經，始於日本天皇寬永十四年——西元一六三七年，中國明季崇禎十年——寬永寺排印之《天海藏》。以後有《黃檗藏》、《弘教藏》、《卍字藏》、《卍字續藏》種種版本。日本大正十一年（西元一九二二年），佛學家高楠順次郎博士發起重新編修《大藏經》，集得宋、元、明及高麗藏諸種版本及敦煌寫本等，一改以往藏經編組格局，以新的排列方式出現，並分類編目，明白實用。全名為《大正新修大藏經》。

《大藏經》的內容及組織，以歷代版本甚多，每因編修者立場之不同，致頗不一致，各有長短。大要言之，皆以經、律、論三藏為體，外加秘密藏、雜藏、撰集等，以及大小乘之區分。現將《磧砂藏》、《頻伽藏》、《大正藏》三者之組織內容列表如下：

```
              ┌─ 大乘經：五三六種
              ├─ 大乘律：二六種
              ├─ 大乘論：九三種
              ├─ 小乘經：二四一種                合計一四二九部、六三一〇卷
磧砂藏經 ──────┤  小乘律：五五種
              ├─ 小乘論：三六種
              ├─ 聖賢撰集：一一二種
              └─ 秘密經軌及其他：三三〇種
```

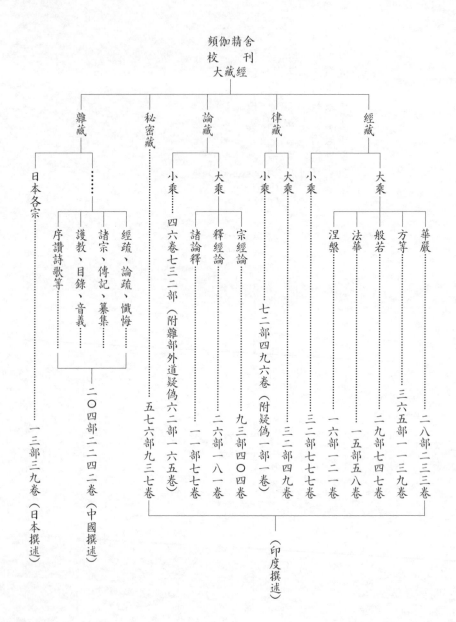

頻伽精舍
校刊
大藏經

雜藏	秘密藏	論藏	律藏	經藏
日本各宗	……	小乘 大乘	小乘 大乘	小乘 大乘

論藏
小乘……四六卷七三二部（附雜部外道疑偽六二部一六五卷）
大乘
諸論釋
釋經論
宗經論

律藏
小乘……七二部四九六卷（附疑偽一部一卷）
大乘

經藏
小乘
大乘
涅槃
法華
般若
方等
華嚴

秘密藏
序讚詩歌等
護教、目錄、音義
諸宗、傳記、纂集
經疏、論疏、懺悔

雜藏
日本各宗

一三部三九卷（日本撰述）

二〇四部二二四二卷（中國撰述）

五七六部九三七卷

一一部七七卷

二六部一八一卷

九三部四〇四卷

三二部四九卷

三二部七七七卷

一六部一二一卷

一五部五八卷

二九部七四七卷

三六五部一一三九卷

二八部二三三卷

（印度撰述）

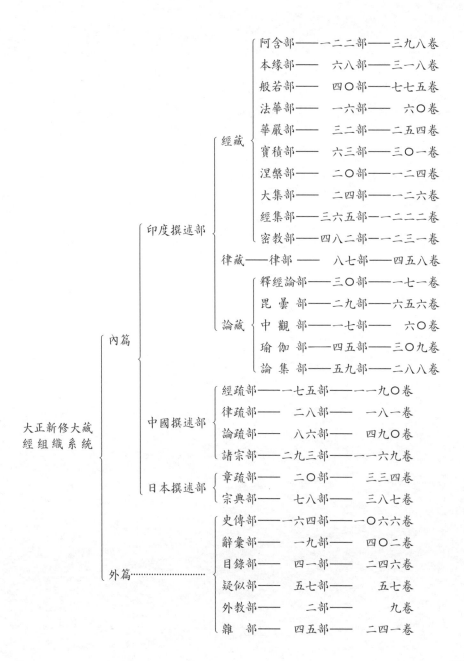

大正新修大藏
經 組 織 系 統

內篇

印度撰述部

經藏
　阿含部————一二二部————三九八卷
　本緣部———　六八部————三一八卷
　般若部———　四〇部————七七五卷
　法華部———　一六部———　六〇卷
　華嚴部———　三二部————二五四卷
　寶積部———　六三部————三〇一卷
　涅槃部———　二〇部————一二四卷
　大集部———　二四部————一二六卷
　經集部———三六五部——一二二二卷
　密教部———四八二部——一二三一卷

律藏——律部　　八七部————四五八卷

論藏
　釋經論部———三〇部————一七一卷
　毘曇　部———二九部———六五六卷
　中觀　部———一七部———　六〇卷
　瑜伽　部——四五部————三〇九卷
　論集　部——五九部————二八八卷

中國撰述部
　經疏部——一七五部———一一九〇卷
　律疏部——　二八部———　一八一卷
　論疏部——　八六部———　四九〇卷
　諸宗部——二九三部——一一六九卷

日本撰述部
　章疏部———二〇部———三三四卷
　宗典部———七八部———三八七卷

外篇
　史傳部——一六四部——一〇六六卷
　辭彙部———一九部——　四〇二卷
　目錄部——　四一部——　二四六卷
　疑似部———五七部———　五七卷
　外教部———　二部——　　九卷
　雜　部——　四五部——　二四一卷

佛學理論篇

中篇

第一章　原始佛教的基本教理
──緣起論

一　佛教創立的時空背景

　　居於世界三大宗教之一的佛教，是西元前六世紀間，印度聖哲釋迦牟尼世尊所創立的宗教。

　　現代的印度，是第二次世界大戰之後，一九四七年在英國統治下獲准獨立的國家。它的面積為三百二十八萬餘平方公里，人口八億數千萬，是世界上前幾名的大國。但從歷史上看印度，它自古就是一個歷史悠久、土地遼闊、人口眾多、種族、語言都極為複雜的地方。今日成為獨立國家的巴基斯坦、孟加拉、尼泊爾、斯里蘭卡、不丹、錫金，以及地位未定的喀什米爾等，古代都包括在印度的國土範圍之內。古代的印度，總面積有四百二十萬平方公里，立國於亞洲的南印度半島上。

　　唐玄奘三藏在《大唐西域記》中，說印度的地形是：「三垂大海，北背雪山」，大體確是如此。它西北方以利曼連峰為屏障，東北以雪山中隔鄰於西藏。下面的半島，西南望阿拉伯海，是印度河的入海口；東南望孟加拉灣，是恆河的出海處。半島尖端下面略偏東面，有一個扇墜形的海島，就是古代的師子國，後來的錫蘭（現名斯里蘭卡）。印度本土四面都為山海所包圍，與他國隔絕，所以形成它特有的歷史文

化。印度國內的地勢，如果在半島起始部分，從西面的印度河出海口，向東面的恆河出海口畫一直線，就成了上下兩個三角形。上面的三角形，由迦濕彌羅頂點再畫一條垂直線，這樣就共有三個三角形。上面西北方的三角最小，是五河地區；東南方的三角較大，是恆河平原；而下面的大三角，就是頻闍耶山以南的半島——德干高原。而印度的文明，就是依著這三個三角區的順序而發展的。

　　大約在西元前三、四千年間，本來居住在中央亞細亞地方的雅利安 (Aryan) 人，乘著世界人口移動的風潮，分別向東西移動。向西者進入歐洲，成為大部分歐洲人的祖先；向東的一部分轉向東南，越過興都克什山，可能在現在阿富汗境的哈那富瓦底河與五河的中間地帶停留過，經過了若干年後，一部分又復折回南轉到了伊朗高原，開創了波斯文明。留在原地的一部分更向前進，就是後來進入五河地區的雅利安人。先前在中亞細亞時代，稱為印度歐羅巴共住時代，略稱為「印歐時代」；後來在哈那富瓦底河與五河之間停留時代，稱為印度伊朗共住時代，略稱「印伊時代」。

　　西元前二千年至一千五百年間，雅利安人自哈那富瓦底河前進，通過興都克什山缺口——低矮的地方，到達印度西北部的五河地區。五河亦稱為七河，五與七不是定數，是表示很多的意思。顧名思義，這裡是個河川縱橫的區域，同時也是水草茂盛，土地肥沃的地方。在眾多的河川中，最大的河流就是印度河，它匯集眾流，注入阿拉伯海，全長三千一百八十公里，流域面積九十六萬平方公里。雅利安人初到此地，感於此河水勢之壯闊，稱之曰「信度」(Sindhu)，信度，是大水或海的意思。後來由 Sindhu 轉為 India，遂成為印度全境的名稱。

　　侵入印度的雅利安人，其人身高膚白，儀表雍容，為印度最優秀的種族。他們本是逐水草而居的游牧民族，以畜牧和狩獵為生，族人

勇悍好戰，他們到達五河地區，發現矮而黑的達羅毘荼人在那裡定居，於是開始了激烈的鬥爭。經過了多少年的戰爭，雅利安人終於征服了土著，建立了許多部族式的國家。而戰敗的達羅毘荼人，有的被雅利安人俘虜做了奴隸，有的被驅逐南遷，越過中印度，到印度南部的德干 (Deccan) 高原的山地。

雅利安人在該地定居下來後，由於五河地區土地肥沃，生產豐富，他們也由游牧社會逐漸進入農牧社會。雅利安人稱閻牟那河上游，一個名為「拘屢」的地方為「中國」──國家的中心地區，其他地方是化外之地。中國也稱之為「閻浮提」。閻浮提，就是後來佛經中稱的南部贍洲。而由雅利安人建立的印度文化，就是在此五河地區開始的。

大約在西元前一千年左右的時代，雅利安人自印度西北的五河地區，向東南開拓疆土，由閻牟那 (Yamuna) 河而至恆河中游，在恆河大平原定居下來，成立了氏族制的農村社會。由吠陀教演變而成的婆羅門教也於這段時間內形成。婆羅門，梵語 Brahmana，原意是「淨行」，亦是「神學的掌握者」之意。雅利安人在五河地區，就有了「種姓」的分別，不過當時只是雅利安人與土著黑人間的差別。後來有了專業的祭司，和專業的戰士，因而演變成四種種姓制度，就是專職祭祀人員的婆羅門種姓，負責軍國事務的剎帝利種姓，一般農工商平民的吠舍種姓，以及被征服者的首陀羅──奴隸種姓。

在恆河流域時代，婆羅門教三綱領──吠陀天啟、祭祀萬能、婆羅門至上的口號也出現於世。至此，作為司祭者的婆羅門，其最高地位更不可動搖。舉凡家庭與部族間的大小祭祀，結婚、喪葬，祈雨、豐收等，全離不開司祭者。他們使祭祀的儀式複雜化，神秘化，以表示其專門學識和絕對權威。

在西元前六至五世紀左右，雅利安人在恆河地區建立了許多國家。

這在當時有十六大國之說，還有許多部落式或城邦式的小國不在其中。恆河流域土地肥沃，物產豐富，人民的生產方式也起了變化，原來的畜牧業多改變為農業，手工業日漸發達，連帶著運輸業及商業亦日趨發達，這樣就出現了許多以工商業為主的城市。由於社會經濟發達，人民生活富足（奴隸族當然例外），社會風氣也日益墮落——特別是以婆羅門僧侶為甚。婆羅門何以墮落？無非是應了「權力使人腐化」這句話。司祭者的職業是世襲的，數百年他們子孫相傳，高高在上，享受特權，墮落毋寧是必然的後果。

據佛經上記載，印度古代的婆羅門——四吠陀時代的司祭者，對於印度文化有值得肯定的貢獻。他們是人民的導師，在日常生活上予人民以呵護及指導。在佛教原始經典《雜阿含》的《婆羅門經》、及巴利文《經集》中，曾把古代的婆羅門和當代的婆羅門加以比較，並且讚揚古代的婆羅門的德行。可是，遷徙到恆河流域，四姓階級確定之後，婆羅門成為特權階級以後，他們高高在上，養尊處優。一代一代傳下來，婆羅門逐漸墮落了。權力使人腐化，千古同出一轍。他們追求財富，追求享受，過著放逸宴安的生活。而卻又道貌岸然的勸人為善，勸人祭祀布施。他們使祭祀儀式複雜繁瑣，以他們解釋經典的權力，向人民勒索供物——牛、馬、羊、野羊，甚至於女人。這樣，不但使剎帝利階級難於忍受他們的束縛，也使一般民眾感到失望。

由於婆羅門的墮落，社會上興起了反婆羅門的風氣，同時也出現了許多自由思想家。自由思想家的出現，有著各種不同的原因。恆河流域的社會，與五河時代有所不同，恆河流域的土著民族，在比例上要比五河地區更多，相對的雅利安人比例就降低了。雅利安人為了鞏固其對地方土著的統治，允許土著部族的領袖，通過祭祀儀式，可以升格入剎帝利種姓。而婆羅門僧侶，又往往假借神命，限制王族的權

力，所以剎帝利王族有了反婆羅門的傾向。同時由於時序轉移，中印度恆河流域的農牧社會，手工業日益發達，連帶著商業、運輸業也發達起來，新興的大城市增多，社會上也出現了「大富長者」型的富人，這些人以經濟力為後盾，也有否定傳統的傾向。再者由於婆羅門僧侶的作為使人失望，婆羅門種姓中的開明人士，對之也起了反感。

由於以上種種原因，社會上出現了許多以自由立場思索、修行，以求解答宗教及哲學上問題的修道者。這種修道者日益增多，他們托缽行乞，棲止山林。社會上對這種托缽行乞的修道者，稱之曰「沙門」(Samana)。沙門，在當時就是指這些剃除鬚髮，止息諸惡，善調身心，勤行諸善的修道者而言。當時這些沙門集團的領袖人物，各有其理論、學說，也各有其徒眾弟子和擁護者，在社會上都能發生相當的影響。這就造成了百家爭鳴，思想混亂的時代。

後來，迦毘羅衛國的瞿曇·悉達多太子，有感於生老病死煩惱而出家修道，在其出家修道期間，也就是眾多沙門中的一個。

二、佛教與外道的不共教法——緣起

印度傳統的宗教婆羅門教，以創造支配宇宙的最高神為永恆的存在。這最高的神，雖以時代不同而名稱有所改變——如生主神、梵，但都是一元有神論的神祇。《奧義書》以哲學立場討論此一問題，以宇宙原理的「梵」與個人原理的「我」一體無別，主張「梵我一如」，以此為永恆不變的本體，這在哲學上稱為一元論。

而自由思想家的沙門集團，多是主張多元論。如六師外道中的婆浮陀伽旃延，以地、水、火、風、樂、苦、壽命等七元素為七身，此七元素是恆常不變的存在。末伽梨瞿舍離於七元素之外，更加上空、

生、死、得、失為十二種元素。尼乾陀若提子把存在分為靈魂的存在、和非靈魂的存在，靈魂的存在不但包括人和動物，甚至於連植物、地、水、火、風等無生物也是靈魂的存在；非靈魂的存在則有法（運動原理）、非法（靜止原理）、空間、物質要素四種。而此四者亦是常住不變的存在。此四者加上靈魂，共有五種實體元素，稱之為五有身。

　　形而上的本體，有一元、有多元。而本體的存在，有認為永恆的存在，有認為存在並不是永遠的，終歸於斷滅空無。佛教稱前者為常見，後者為斷見。常見者認為人有一個永恆存在的靈魂；斷見者認為人受生之時，靈魂從空無轉於肉體，肉體死亡，靈魂亦隨之消滅。這完全是唯物論的論點，肉體之外沒有靈魂的存在。阿夷多翅舍欽婆羅即是這種主張。在此常見斷見之外，還有既不屬常見又不屬斷見的，即既不肯定也不否定的，刪闍耶吠羅胝子就是這一派的領袖。

　　後來，佛教把這些不同的理論歸納起來，有六十二種之多，即所謂「六十二見論」——六十二種錯誤的謬見。這六十二見再加以歸納，就是後來佛陀所不予置評的十無記或十四無記。當時對於宇宙人生的存在、人間禍福業報的因果關係，各有其不同的主張及學說，歸納起來，約有下列五類：

一、神意說：此又稱為「自在化作因說」，這是正統教派婆羅門教的理論。他們認為梵是宇宙的第一因，是永恆不變的真理。世界和人生，都是大梵天所創造，人沒有個人的自由意志，一切均為神的意志所左右。人既然沒有個人的自由意志，那麼，人生的吉凶禍福，都是出自神的安排；而人對其一切行為，其為善為惡，也就沒有什麼責任可言了。

二、宿作因說：宿作因說是耆那教的主張。該教以為，我人今生的吉凶禍福，都是過去世為善為惡的作為之果。今生的命運，於出生

時即已註定，是無可更改的。今生的努力為善，只能改善來生的命運，而不能改變今生的命運。這是一種宿命論，耆那教的修苦行，當與這種思想有關，這就是當時的裸形外道。

三、結因說：結因說是六師中阿夷多翅舍欽婆羅和婆浮陀伽旃延的主張。他們二位都是路伽耶派的學者——就是唯物論者。他們以為世界和人生，都是由地、水、火、風等各種元素結合而成。由結合時的良窳，已決定了一生的禍福吉凶。所以，人生的命運，在元素結合時即已確定，在一生中固定不變的存續著。今生的努力或墮落，並不能改變已經確定的命運。這可說是另一種的宿命論。

四、階級因說：這是六師中末伽梨瞿舍離的主張，他以為，人生來就被區分為黑、青、紅、黃、白、純白六種階級。人的智慧、性格及其一生吉凶禍福，都是根據其階級來決定的，後天的努力，無助於一生命運的改善。這種否定個人意志，否定後天努力的主張。就是無因論，以一切事物皆不由因緣而生。

五、偶然因說：這亦稱為無因論，此派主張，人生命運際遇，吉凶禍福，既不是神意的恩賜或懲罰，也沒有什麼業力與因果。社會上不乏為善者遭遇不幸，為惡者獲得幸福的例子，因果又在何處呢？所以吉凶禍福並沒有一定的法則，沒有什麼因緣業報，一切出於偶然罷了。

以上諸說，或以為人及萬物是神所創造，人的命運由神所主宰，個人的一切努力，無由改變其命運；或者是否定善惡、否定因果、否定個人的意志，一切任由神或命運主宰。這些邪說，使世人迷失了人生的方向和價值。世間既然沒有善惡是非、沒有因果報應、個人的努力也不能改變其生活及命運，又何必去惡向善，努力向上呢？所以當時社會上人性墮落，風氣淫佚，有如黑闇的長夜。正如「三寶歌」中

所稱：「人天長夜，宇宙甚闇，誰啟以光明？」

在這百家爭鳴，邪說充斥的時代，是誰啟以光明呢？是證悟真理的佛陀釋迦牟尼。釋迦牟尼未出家之前，原是迦毘羅衛國的太子，他有感於人生生老病死的煩惱而出家修道。他曾各方參訪，以了解各宗派的理論學說；他曾隨外道仙人（齒德俱尊的耆宿）修習禪定。最後他認為那些理論和修持，都不是根本的解脫之道。他乃到了摩揭陀國的菩提伽耶，在尼連禪河畔的苦行林中修苦行，沉思冥想，探究真理。在他出家後的第六年，他有感於探索的理論體系已漸趨成熟，在尼連禪河中沐浴淨身，並接受農家女獻給他的乳糜以調養身體。最後在河畔一株巨大的畢波羅樹下，靜坐思維。在一個明星乍現的早上，他的思想豁然貫通，證悟了真理。在《過去現在因果經》中，記述著佛陀證道的經過。經中說：佛陀在菩提樹下，結跏趺坐：

爾時菩薩，至第三夜，觀眾生性，以何因緣，而有老死？即知老死，以生為本；若離於生，則無老死。又復此生，不從天生，不從自生，非無緣生，從因緣生。

「從因緣生」一語，於此始現。因緣生，簡稱緣生，亦稱緣起，後世稱之為因緣論、或稱緣起論，簡稱緣起。緣起，梵語 Pratityasamut-pady，這是佛陀對世間（有情世間及器世間）生起、存在的基本看法。梵語 Pratityasamutpady，原意是「由彼此關涉而生起」，或是「現象界的生命與世間彼此關涉所由之道」。它的意思是說：現象界中，沒有孤立存在的事物，都是彼此關涉、對待而生起、存在的。所以原始經典（如《雜阿含經‧二九三》及《雜阿含經‧二九七》等）上屢說：

此有故彼有，此生故彼生，此無故彼無，此滅故彼滅。

　　佛陀以為，世間的一切事物，包括精神作用的心識、與物質構成的外境，都是由相對的因素條件（因緣），互相關涉對待而生起的。生起是如此，存在、變異、與壞滅也是如此。由於諸法沒有獨立的自性（自性，可說是固定不變之性），不能決定自己的存，要由相對的因素條件決定，故諸法本性是空，此亦稱空性，故緣起即性空。

　　緣起法關涉、對待的依存關係有兩種，一種是同時的依存關係，一種是異時的依存關係。異時的依存關係，即所謂「此生故彼生」，此為因而彼為果。同時的依存關係，即所謂「此有故彼有」，此為主而彼為從。而此因果主從之間，也不是絕對的，換一個觀點來看，因果主從又可以倒置過來。所以《雜阿含經‧二八八》中說：

　　譬如三蘆，立於空地，展轉相依，而得豎立。若去其一，二亦不立，若去其二，一亦不立，展轉相依，而得豎立。識緣名色，名色緣識，亦復如是。

　　經文中的「識緣名色，名色緣識。」名色又稱五蘊，是構成有情世間和器世間的五種元素。有情又稱眾生，一般以人來代表。有情是五蘊和合而有的生命體，而此生命體的生死流轉，就是佛陀所證悟的十二緣起。佛陀說：「我坐道場，但通達十二因緣法。」（見《大寶積經‧富樓那會》）這十二緣起法，為佛陀所通達──證悟，而不是佛陀所創造或制定，所以《大智度論‧二》，引用佛陀的話：「我不作十二因緣，餘人亦不作，有佛無佛，生因緣老死，是法常定住。」

　　緣起又名緣生，此二者的區別何在呢？《俱舍論‧九》稱：「諸支因分，說名緣起；由此為緣，能起果故。」而《瑜伽師地論‧五十六》則說：

復次，云何名緣生法？謂無主宰，無有作者，無有受者，無自作用，不得自在，從因而生，托眾緣轉，本無而有，有已散滅，唯法所顯，唯法能潤，唯法所潤墮在相續，如是等相，名緣生法。

緣起法，是宇宙間本然的法則，不是佛陀所創造或所制定，而是「法爾如是」的法則，由佛陀之所證悟而已。正如上文所說：「謂無主宰，無有作者，無有受者，無自作用，不得自在，從因而生，托眾緣轉，本無而有，有已散滅，唯法所顯，唯法能潤……」這就是緣起。《雜阿含經·二九九》謂：

佛告比丘：「緣起法者，非我所作，亦非餘人作，然彼如來出世及未出世，法界常住。彼如來自覺此法，成等正覺，為諸眾生分別、演說、開發、顯示。」

三　五蘊聚合說

由佛陀證悟真理、成立僧團起，到滅度後百年左右僧團分裂止，以上一百數十年間，後世稱之為原始佛教。原始佛教的教理，有受印度傳統思想影響的——與外道共通的部分；有不與外道共通，而為佛教本身所特有者。因為一種思想、學說、或宗教理論，都不能自外於歷史傳統或時代背景。偉大聖哲如釋迦牟尼世尊，雖然特立獨行，證悟真理，開創印度思想界的新紀元，但他仍不能與他所處的時代脫節，也不能完全擺脫歷史的文化傳統之外。所以佛教的基本教理，有受印度傳統文化及時代背景所影響，從俗融攝而加以改進者，此即為與外道相通的理論；亦有不與外道相通，而為佛陀所證悟者，此即佛教特有的理論。

　　原始佛教不與外道相通的獨特思想，就是佛陀在菩提樹下證悟的真理、「緣起」，即所謂「因緣論」。此一基本教義，是佛陀於印度傳統文化的「四吠陀」、《梵書》、《奧義書》等婆羅門教的經典，及「沙門集團」——反婆羅門的自由思想家的各種理論學說，深切通達了解後，進一步於苦行林中沉思冥想，作理性的思辨與真理的體悟，歷時數年，而後於菩提樹下所證得的真理。

　　緣起理論，是說明宇宙萬法的生起，是仗因托緣——在各種因素條件具備下，自然而然的生起存在。生起存在是如此，變異壞滅也是如此。在《因緣論》的基礎上，包括著生命流轉的「十二因緣」，緣起的必然理則「三法印」，緣起具體的表達「四聖諦」，以及修行解脫的「八正道」。所有原始佛教的基本教理，都是以緣起為中心而開展出來的。當然，後來大乘佛教中觀學派的「緣起性空」，瑜伽行學派的「萬法唯識」，也都淵源於此。但在原始佛教時代，還有一項重要的理論，那就是五蘊聚合說。

　　五蘊的蘊，梵語 Skandha，是積聚之意，舊譯為五陰（陰者覆蓋之意），新譯為蘊，有近於「範疇」的意思。五蘊，是構成宇宙間精神現象和物質現象的五種元素。但五蘊還有一種「本質的普遍性」，此普遍性即是「法」——法的普遍性。五蘊是五類法的領域，此五類法混然和合為一群，所以叫做五蘊。

　　正如緣起論中所說，宇宙間的一切事物和現象，都不是孤立的存在，而是由許多種因素條件集合而成的。在佛經中稱宇宙為世間，世間有兩種，一種是「有情世間」，一種是「器世間」。有情，是包括人在內的一切有情識的生物，此亦稱為眾生。器世間，是有情賴以寄託生存的物質世界。而五蘊，就是構成有情間和器世間的元素。五蘊是色蘊、受蘊、想蘊、行蘊、識蘊，色蘊是構成物質世界的元素，受、

想、行、識四蘊是構成精神作用的元素。五蘊聚合，表示既不是主觀世界，也不是客觀世界，而是聚合主觀、客觀於一體的「法」的世界，這是佛教與外道所不共的理論。現分釋五蘊的內容如下：

一、色蘊：色蘊的色，梵語 Rupa，照字義說，它有「形成形相」的意思，或者說，它「是被造成的形相」，並且有「變化」、「變壞」的意思。因此，所謂「色」，是指那些被生成的、有形相的、會變化的、會變壞的物質現象而言。而「色蘊」，就是物質現象的結集，物質性的存在。《大乘阿毘達摩雜集論》曰：「色蘊何相，答：變現是色相，此有二種，一、觸對變壞，二、方所示現。」在《五事毘婆沙論》中，說的更仔細一點：「問：依何義故說之為色？答：漸次積集，漸次散壞，種種生長，會遇怨或親，便能壞能成，皆是色義。」因此，色的定義就是質礙、變壞，它相當於物質的概念。

　　色蘊不是獨立的個體，是由四大（地、水、火、風）聚合成，由四大組成了有情的肉體——此中包括著眼、耳、鼻、舌、身五種感覺器官，同時也組成了感覺的對象——色、聲、香、味、觸的外境。可是，如果把色蘊或四大，解釋成肉體或物質，那將是非常膚淺的說法。因為佛法中不以為地、水、火、風是物理學的元素，而是物質或肉體裡面的「普遍者」的本身，四大指的不是地、水、火、風四種實物，而是指堅、濕、煖、動四種物性。堅、濕、煖、動（風）等現象是現象界的事，但其各具之「性」是一種抽象的概念、「普遍者」。四大的「大」字，即是「普遍者」——遍在於一切法中的意思。此普遍者不是現象，而是「法（理體）」的領域。

二、受蘊：受的梵語 Vedana，是有情精神作用的一種，是心理的一種

感受作用——是把感覺和感情合而為一的感受。亦即根、境、識三者和合而生觸，這是認識作用的開始，而領納觸的感覺的，即是受。據《長阿含大緣經》稱，受有三種，稱苦受、樂受、捨受。此種苦、樂、捨受，與現代心理學感情上的受有些不同。現代心理學的感情作用，是主客觀對立的存在，而受蘊的受，以佛教「無我」的教義來說，是泯滅主客觀——或主客二觀尚未出現以前的「法」的領域，此際不唯是感覺的受，而是思想本身的受。因為在五蘊的領域中，知覺、感情、和思維之間，是無以截然劃分的。

三、想蘊：想的梵語是 Sanna，是「知覺」或「表象」的意思，經典中把它解釋成「於境取像為性，施設名言為業」。以現代觀念來說，即相當於攝取表象，形成語言概念的精神活動。不過原始佛教的法義，想蘊的取像，不是心、境對立的像，而是包括著知覺、觀念、思想和表象（包括著知覺表象和記憶表象）等心境融合的像。因為取的不是外界的像而反映於內心，而是萬象形成之「像」，必須依於此「存在的根本依」。《雜阿含經》中稱想有色、聲、香、味、觸、法六種想，這是想的「法」的體系。

四、行蘊：行的梵語 Samkhara，它的意思是「依此而被形成」、或者「此是被形成者」，此中含有潛在勢力的形成力量——使我們存在、成為如此存在的力量。經典中把「行」解釋成「造作」，也解釋成「行為」，特別是指思想中決定和支配人的行為的因素，如目的、籌劃、決斷等心理趨向，一般稱此為意志者。自原始經典中看，行也指生、滅、變異，含有無常遷流的意思，所以「諸行無常」，就成為緣起的基本架構之一。在部派佛教的阿毘達摩哲學中，謂行是現象界除了色、受、想、識四蘊外的一切事物。阿毘達摩哲學建立七十五法，四十六心所有法中，除了受、想二心所外的四

十四心所，和十四不相應行法，都收入行蘊中。

五、識蘊：識的梵語 Vijnana，照梵語的語意解釋，識是透過對象的分析與分類而起的一種識別作用，即是意識。所以識的定義是了別，指一切活動賴以發生的精神主體。早期佛教分識為六種，曰眼、耳、鼻、舌、身、意六識，以了別色、聲、香、味、觸、法六境。到大乘佛教時代，在六識後建立末那識、阿賴耶識，發展為八識。

《阿含經》中稱識為「別知相」，亦即眼識由眼根而了別色，耳識由耳根而了別聲，鼻識由鼻根而了別味，身識由身根而了別觸，而意識則由意根而了別法。前五識各了別自身界內的外境，意識了別萬象的差別相——萬象的「自相」與「共相」，即單獨的形相，和與他物比較的形相。世間萬象，何以有其各不相同差別相？這是由於識的了別而有的，此即是「別知相」。識的本身是「法」，萬象是被覺、被受、被想、被行、被識的存在，離開五蘊，就沒有萬象可言。

五蘊即是世間——包括著有情世間與器世間，此五蘊世間，既不是抽象的意識世界——唯心論，也不是以物質為第一性、精神為第二性的唯物論，而是心物綜合的「五蘊世間」。此世間是時間性和空間性的存在，所以五蘊只是現象，只是因果相續的過程，只是無窮無盡的緣起狀態。而緣起並不是客觀的實有，佛陀認為：「緣起即是實相」——是主客一如的狀態。換句話說，緣起即是認識論上的現象，離開了認識的世界，即無萬象可言。所以離開了主觀，即無客觀。

佛陀住世時代，《奧義書》哲學以「梵我一如」為究竟理想，追求一個恆、一、主宰的神我 (Atman)、而佛教的五蘊聚合說，不承認有一個永遠不滅的神我，否定了婆羅門教的「我論」哲學，在宗教哲學上有著重大的意義。

四　原始經典中的緣起

佛陀在菩提樹下證悟的真理，就是有情世間的生死流轉「不從天生，不從自生，非無緣生，從因緣生」。從眾緣和合而生起的「因緣生」，這是就有情生死流轉的觀點立論。但「從因緣生」這一法則，不僅指有情世間的生死流轉，同時也包括著器世間的生住異滅、成住壞空。從因緣生，總攝了器世間與有情世間──宇宙與人生。

我們如果自原始經典中探索，《阿含經》中一貫的思想的核心，就是緣起。例如《雜阿含經・二八七》：

> 如是我聞，一時，佛在舍衛國祇樹給孤獨園。爾時，世尊告諸比丘：我憶宿命未成正覺時，獨一精處專精禪思，作是念言……生有故老死有，生緣故老死有。如是有、取、愛、受、觸、六入處、名色，何法有故名色有？何法緣故名色有？即正思維如實無間等生，識有故名色有，識緣故名色有。……謂緣識名色。緣名色六入處，緣六入處觸，緣觸受，緣受愛，緣愛取，緣取有，緣有生，緣生老病死憂悲惱苦。如是如是，純大苦聚集。……生無故老死無，生滅故老死滅。如是生、有、取、愛、受、觸、六入處、名色、識、行，廣說。我復作是思維：何法無故行無？何法滅故行滅？即正思維如實無間等，無明無故行無，無明滅故行滅，行滅則識滅，識滅故名色滅，名色滅故六入處滅，六入處滅故觸滅，觸滅故受滅，受滅故愛滅，愛滅故取滅，取滅故有滅，有滅故生滅，生滅故老病死憂悲惱苦滅，如是如是，純大苦聚滅。

以上一段經文，不像《因果經》的經文流暢易解，而意義則是一

樣，說的全是生死流轉和解脫生死的還滅，也就是生命流轉的緣起，解脫還滅的緣起。「緣起」二字作何解釋呢？《雜阿含經》中給緣起下的定義是：「此有故彼有，此生故彼生，此無故彼無，此滅故彼滅。」意思是說：宇宙之間，沒有獨立存在的事物，全是彼此間關係的存在。彼此的關係發生變化，事物的本身亦發生變異。

「從因緣生」，在佛經中略稱為「緣生」，或稱為「緣起」。緣生與緣起，在意義上可有什麼不同？現在我們就對「緣生」與「緣起」這兩個名詞加以探討。良賁大師於《仁王經疏》中詮釋這二者的差別說：「言緣生者，緣為眾緣，生者起也，諸有為法，皆從緣生。」大致說來，緣生就是緣起，具足則稱因緣生或因緣起。因是「造」義，也是「親生」義。《大毗婆沙論》曰：「造是因義。」《大乘義章》曰：「親生義，目之為因」，這是說，以因而能致果，因是能生，果是所生。於此，也把緣生和緣起作了區別。《瑜伽師地論‧五十六》曰：「因名緣起，果明緣生。」印順導師於《佛法概論》一書中，對這兩個名詞作了更明白的解釋：

> 緣起是動詞，緣生是被動詞的過去格，即被生而已生的。所以緣起解說為『為緣能起』；緣生可解說為『緣所已生』，這二者有因果的關係。但不單是事相的因果，佛說緣起時，加了『法性，法住，法界安住』的形容詞。所以緣起是必然理則；緣生是因果中的具體事相。現實所知的一切法，是緣生法；這緣生法中所有必然的因果理則，才是緣起法。緣起與緣生，即理與事，緣生說明了果從因生；對緣生而說緣起，說明了緣生事相所以因果相生，秩序不亂的必然理則，緣生即依於緣起而成。

明白了緣生與緣起的差別，我們再來探討緣起的意義。緣起

(Pratityasamutpady)，梵語的意思是「由彼此關涉而生起」、或是「現象界的生命與世間彼此關涉所由之道」。也就是說：現象界中，沒有孤立存在的事物，都是彼此關涉、對待而生起、存在的。所以原始經典《雜阿含經‧二九三》及《雜阿含經‧二九七》等經上屢說：

此有故彼有，此生故彼生，此無故彼無，此滅故彼滅。

這種關涉、對待之間的依存關係有兩種，一種是同時的依存關係，一種是異時的依存關係。異時的依存關係，即所謂「此生故彼生」，此為因而彼為果。同時的依存關係，即所謂「此有故彼有」，此為主而彼為從。而此因果主從，也不是絕對的，換一個觀點來看，因果主從又可以倒置過來。所以經中說：

譬如三蘆，立於空地，展轉相依，而得豎立。若去其一，二亦不立，若去其二，一亦不立，展轉相依，而得豎立。

束蘆，是印度出產的一種植物，中國似乎沒有。這種關涉、對待、依存的關係，就是緣起。而緣起的緣，就是事物生起存在的各種因素和條件。宇宙萬象，沒有孤立存在的事物，也沒有永恆不變的事物。這些關涉和變化，必須在一定的條件下才能生起、存在、變異、壞滅。因此，所謂「諸法因緣生，法亦因緣滅」，因就是主要的條件，緣則是次要的條件。這就是《雜阿含經‧五十三》所云：

有因有緣集世間，有因有緣世間集。
有因有緣滅世間，有因有緣世間滅。

離開因緣，就沒有所謂宇宙與人生。

五　緣起的規範

　　緣起，代表著佛陀的中心思想，徹底揭示出宇宙存在本來實相，後世的諸大論師，對緣起都有精密的闡述，特別是一代大哲龍樹，據此建立中觀學派「緣起性空」的基本宗義，有名的三是偈：「眾因緣生法，我說即是空，亦是為假名，亦是中道義。」自然是以緣起為基礎的一諦三觀中道理論。瑜伽行學派的創立者世親，在《俱舍論》中對緣起定下了十一條重要的規範，即是：一者無作者義，二者有因生義，三者離有情義，四者依他起義，五者無動作義，六者性無常義，七者剎那滅義，八者因果相緣無間斷義，九者種種因果品類別義，十者因果互相符順義，十一者因果決定無雜亂義。

　　以上十一條界說，如果再加以歸納的話，可以歸納為以下四點：
一、以緣起的觀點，沒有一個創造世界的造物主——大梵天王。
二、以緣起的觀點，沒有一個永恆存在的神我——阿特曼。
三、以緣起的觀點，世間萬法皆無常。
四、以緣起的觀點，有因有緣必然生果，並且是因果相續。

　　由以上觀點得知，佛教反對絕對精神——上帝、神我為宇宙的生因（否定恆常），也反對物質為存在本原實體（也否定斷滅）。宇宙萬有，不論是精神現象或物質現象，都必須遵循緣起法則而存在。緣起否定上帝、神我，否定物質實體，但卻肯定因果，這就是與外道——與所有一切宗教不同之處。

　　印順導師在《佛法概論》一書中，於〈我論因說因〉一章，有下列一段話：

佛法的主要方法，在觀察現象而探求他的因。現象為什麼會如此，必有所以如此的原因。佛法的一切深義、大行，都是由於觀察因緣而發現的。佛世所談的因緣，極其廣泛，但極其簡要。後代的佛學者，根據佛陀的示導，悉心參究，於是因緣的深義，明白的開發出來。這可以類別為三層⋯⋯

這三層深義是什麼呢？自《佛法概論》一書中摘要說明如下：

一、果從因生：現實存在的事物，絕不會自己本來如此，必須從因而生，從因所生的存在就名果。佛法的基本觀念，在一定的條件和合下，才有「法」的生起，也依此而否定無因論或邪因論。如見一果樹，即知此果樹必由種子、土壤、陽光、雨露種種因緣，此樹才能萌芽生長、開花結果，絕不是從空而生，也不是從別的草木金石生。不從無因生，不從邪因生，而是因緣生。因緣很複雜，有主要的，有次要的，必須種種因緣和合，才能產生某一現象。在因緣論的立場，偶然而有的無因論是不能成立的。

二、事待理成：這比上一層的道理深一點，現實的一切事相，固然是有因有果，因果相續。但在因果之中，尚有它普遍的理性。為什麼某因必生某果，此中必有其理則存在。世間一切，都循著這必然的理則而成立，這是屬於哲學的。佛法中不稱此必然理則為理性，而稱之為「法」。《雜阿含經・二九九》稱：「如來出世，若不出世，諸法法性法住，法界安住。」這本然的、必然的、普遍的理則，是為因果現象所不可違反的。
例如「生緣死」，有生必有死，這就是本然的、必然的、普遍的理則。生者必死，並不是說生下來立即就死，而是說不論壽命

多久，即是久到八萬四千大劫，在有生必有死的原則下，誰也逃不了此一原則。這是一切時、一切地、一切人的共同理則。如果沒有這必然的、普遍的理則，如果大家死，有人可以不死；前人死，後人可以不死，無法確定其必然如此，即不能建立必然的因果關係。這種因果事象之所以如此，都有它的必然性，一切事象依之生滅、成壞，這是事象所立的理則，也即是因緣。

三、有依空立：這一層道理就更深刻了。果從因生的事象，事待理成的必然理則，都是存在，存在即是「有」。凡是有，必須依空而立。這就是說，不管是存在的事物也好，理則也好，都必依否定實在的本性而成立。換句話說，如果不是非存在的，就不能成為存在的。現在以一幢房子為喻，房子的存在，是集種種因緣——磚、瓦、木、石等材料而成，這可說是果從因生。房子必有成為房子的基本原則，如果違反此基本原則，即不能成為房子，這是事待理成。

有依空立，自理性上說，是存在依空性而生起；自事相上說，房子必依空間而建立，如此處已經有了房子，那就不能在同一空間再建一所房子。再者，凡是有的，起初必是沒有的；唯其原來沒有，才能從眾緣和合而現起為「有」，有了，也終必歸於無。房子在本無今有、已有還無的過程中，可以見到房子的存在，也只是和合相續的假有，當下即是「存在的否定」——空。如果離卻非存在，房子有它真實的自體，那就不會從因緣生，不會有這「本無今有，已有還無」的現象。從因果現象，事理法則，一步一步的深入觀察，就發現這最徹底、最究竟的因緣論。

　　再者，因緣論中，尚有二大理則，就是上一節說到的：「有因有緣集世間，有因有緣世間集。有因有緣滅世間，有因有緣世間滅。」此中說明世間集的因緣，佛法名之為「緣起支性」；說明世間滅的因緣，佛法名為「聖道支性」。緣起支性即十二有支，在說明世間雜染因果相生的法則；聖道支性即八正道，要達到清淨解脫，必依八正道去力行實踐。有情的現實界，是雜染的，此雜染的因緣理則，即所謂「緣起」，依此理則生起的仍是雜染因果。依於聖道支性的理則，才生起清淨的、出世的、安樂的因果。

六　「法」的探討

　　佛陀說，「緣起法」不是他所制定，也不是任何人所制定，而是他（佛陀）所證悟（自覺）。不論有沒有如來出世，此法「法界常住」。《雜阿含經‧二九六》說：

　　爾時，世尊告諸比丘：我今當說因緣法，及緣生法。云何因緣法？謂此有故彼有，謂緣無明行，緣行識，乃至如是如是純大苦聚。云何緣生法？謂無明、行……。若佛出世，若未出世，此法常住，法住、法界，彼如來自所覺知，成等正覺，為人演說、開示、顯發，謂緣生故有老病死，憂悲惱苦。此等諸法，法住，法定，法爾，法不離如，法不異如，審諦、真、實、不顛倒。

　　佛陀說的「因緣法」，有因有緣必然成果，故緣起即是宇宙間的因果法則，這是本來如此、必然如此、普遍如此而又確實如此的理則，此理則為佛陀如實的證悟，佛陀讚嘆此理則是真、是實、是諦、是如、是不顛倒的真理。

　　佛陀在《中阿含經・象跡喻》中稱「若見緣起便見法，若見法便見緣起」。而在《佛說稻芊經》中更直接的說：「見緣起則見法，見法則見佛。」由此可見，「緣起」就是「法」，「法」就是「如來」。緣起、法、如來，是同體異名，「三位一體」。那麼，我們於此探討，「法」又是什麼呢？熊十力《佛家名相通釋》中解釋法字，有曰：

> 法字義，略當於中文物字之意，中文物字，乃至普遍之公名，一切物質現象，或一切事情，通名為物。即凡心中想像之境，亦得云物，物亦恆與事字連用，而曰物事或事物。物字所指目者，猶不止於現象界而已，乃至現象之體原，即凡云為萬化所資始，如所謂道或誠者，亦得以物字而指目之。如《老子》云：「道之為物」。《中庸》云：「其為物不二」，皆以物字指目實體也。故中文物字，為至大無外之公名。
>
> 佛書中法字，與物字意義相近，亦至大無外之公名。如根塵，曰色法。了別等等作用，曰心法。又萬法之實體，所謂真如者，亦名無為法。……

《成唯識論・一》曰：「法謂軌持。」《成唯識論述記》解釋曰：

> 法謂軌持，軌為軌範，可生物解；持謂任持，不捨自相。

任持自相者，意謂能保持自體的自性——保持其各自的本性而不改變。如松有松之自體，柏有柏之自體，我人的認識作用有時錯誤，如誤認松以為柏，或誤認驢以為馬，但此松此驢並不因我認知錯誤而改變其自體，即所謂「不捨自相」。軌生物解者，謂令人產生對一定事物理解之根據，亦即法乃認識之標準、規範、法則、道理，以至於真理、善行。不過，以上的這些解釋，都是後世的解釋。法之一字，是自印度

翻譯過來的，我們從梵語來探討法字的意義。

按，法之一字，梵語 Dharma，音譯達摩，義譯為法。Dhr 者，其義為「護持」、「維持」，所以 Dharma 一字的原意，為「護持人間行為的規範」之意。循此語意，引申為秩序、法則、次第等義，所以後世部派佛教譯為「任持自相」，譯的可謂恰當。不過這個字之用為宗教術語，並不是來自佛教。早在《梨俱吠陀》時代，於天、空、地三界諸神的作用上、用到此語時，即有秩序、次第的意義。在婆羅門教的梵書時代以後，歷經經書、而至《奧義書》時代，此語又增加了倫理上的意義。如婆羅門教為社會道德法則所編輯的《法經》，它所說的「法」，是一般的規定，同時也賦予倫理上的規範的意思。

佛陀證道後，採用了當時通用的 Dharma 一語，卻賦以了更重要的意義。它不僅是一般規定、也不只是倫理規範，而是賦以「法則」、「規律」的意義。它不是一般的法則或規律，而是世界的法則或規律，它與中國的「道」、西洋的宇宙相當。並且，婆羅門教的法或規律，是以神之人格為本源，而佛陀認定的法，否定有支配法的主宰，而法的自身即是主宰，法是宇宙間「法爾如是」的法則。《雜阿含經》所稱「此法常住，法住、法界」。法界，界者分界，諸法各有自體，分界不同，這是就現象界總舉的諸法。不過，界也有「性」的意思，法性、法界即是真如，故此一概念通於現象與實相兩面。後來的大乘佛教以為宇宙的全體都是法界，都是真如的顯現，現象與實相相即相入。

佛陀說：「若見緣起便見法」，一切現象，皆依此所以然之理則而生起，此所以然的理則，佛陀即名之曰因緣。佛陀又以一切現象，名之曰「一切法」。一切法俗稱之曰「世間萬法」、或「宇宙萬法」，也就是熊十力所稱現象界的一切事物。事實上，法之一字，有多種詮釋，最狹義、最嚴謹的詮釋，法即是緣起，如《中阿含經·象跡喻》謂：

「若見緣起便見法，若見法便見緣起。」不過佛教中一般說到法，多指佛陀的教法，如佛法僧三寶的法，即三藏十二部經典的教法。但後來其意義趨於廣泛，以法為概括宇宙間的一切，舉凡有形的物質，無形的概念，大至星球，小至微塵，舉凡感覺所觸所對的，意識所能思及的，都稱之為法。而感覺、意識本身亦是一種法，這就是「一切法」的意思。

在佛教經典中，基本上把法分為「有為法」和「無為法」兩種。此中有為無為的「為」字，是造作的意思。造作之法，稱曰有為。亦即凡是因緣和合之法，全是有為法。宇宙間的事事物物，全是由因緣和合而生起、存在，全是因果相續的現象。《大乘義章》曰：「為是集起造作之義，法有為作，故名有為。」《俱舍論光記》曰：「因緣造作名為，色心等法，從因緣生，有彼為故，名曰有為。」

與有為法相對的，是「無為法」。「無為法」，是離開因緣造作之法。一切有為法，均具「生、住、異、滅」四相，生滅無常，所以只是現象。而無為法是一切現象的體性，體性不待因緣造作，故名無為。無為法亦即是真如。真者真實，如者如常，萬法體性有真實如常之相，故名真如。

有為法是世俗諦之法，是世俗所見世間的事相；無為法是勝義諦之法，是聖智所見的真實理性。無為法是體、是性、是理；有為法是用、是相、是事。如水與波，水是體、波是用，水是性、波是相，所以此二者是「非一非異」。

第二章　緣起的基本架構
——三法印

一　三法印是印證佛法的標誌

在原始佛教中，「三法印」是佛法的基本教義。這是說明宇宙人生現象的三項定律，也是衡量一切教法的標準，凡是符合三法印尺度的，是了義佛法，若與此三法印相違的，即使是佛陀親說，也是不了義法。

所謂三法印，是「諸行無常印」、「諸法無我印」、「涅槃寂靜印」。也有在「諸行無常印」之後，加上「一切皆苦印」，而成為「四法印」者。但「無常」的本身就是苦，了知無常真相，苦即在其中，似不必另加一法印，所以通常仍說三法印。

法印，梵語 Dharma-Uddana，法者指佛法，印是印記或標誌——印有真實、不變之義，有如官府的印信，能做證明，所以法印就是佛法標誌。三法印，是佛陀自有情的自身說起的。佛陀住世時代，婆羅門教和其他外道，有主張生死五蘊身中有一個真實常住的我，有主張離開五蘊身外有一個真實常住的我；亦有主張有情是物質的組合，人死之後一切斷滅。這在當時以前者是「常」，後者是「斷」。佛陀以為有情是五蘊和合而有，是緣起法。依緣起法則說，宇宙間沒有永恆不變的事物，此即所以無常；宇宙間沒有孤立存在的事物，此即所以無我。所以佛陀的三法印是指藉四大五蘊而有的有情說的。如《雜阿含

經·十五》稱：

> 如是我聞，一時，佛住舍衛國祇樹給孤獨園。爾時，世尊告諸比丘：
> 色無常，無常即苦，苦即非我，非我者即非我所；如是觀者，名真
> 實正觀。如是受、想、行、識無常，無常即苦，苦即非我，非我即
> 非我所；如是觀者，名真實正觀。聖弟子如是觀者，於色解脫，於
> 受、想、行、識解脫，我說是等解脫於生老病死、憂悲苦惱。時諸
> 比丘聞佛所說，歡喜奉行。

經文中說「無常即苦，苦即非我」。何以說苦即非我呢？因為照佛
教法義的解釋，「我謂主宰」——我即是能做得了自己的主，做不了自
己的主，自然不是我。所以佛教指五蘊和合之我為假我。《佛地論》一
曰：「我謂諸蘊世俗假者。」因此才說：「苦即非我。」原始經典中也
說到四法印，如《增一阿含經·二十三》稱：

> 諸比丘，欲得免死者，當思維四法本。云何為四？一切行無常，是
> 謂初法本，當念修行。一切行苦，是為第二法本，當共思維。一切
> 法無我，此第三法本，當共思維。滅盡為涅槃，是第四法本，當共
> 思維。如是比丘，當共思維此四法本。所以然者，便脫生老病死愁
> 憂苦惱，此是苦之原本。是故諸比丘，當求方便，成四法，如是諸
> 比丘，當作是學。

《大智度論·二十二》解釋「三法印」說：

> 問：何等是法印？
> 答曰：佛法印有三種。一者一切有為法，念念生滅皆無常。二者一
> 切法無我。三者寂靜涅槃。行者知三界皆是有為，生滅作法，先有

後無，今有後無，念念生滅，相續相似生故，可得見知；如流水、燈焰、長風、相似相續故，人以為一。眾生於無常法中常顛倒故，謂去者常住，是名一切作法無常印。一切法無我，諸法內無主，無作者、無知、無見、無生者、無造業者、一切法皆屬因緣；屬因緣故不自在，不自在故無我，我相不可得，如破我品中說，是名無我印。

問曰：何以故但作法（作法、謂因緣造作之法）無常，一切法無我？

答曰：不作法（非因緣造作之法，即無為法）因無緣故，不生不滅，不生不滅故，不名為無常。……寂滅者是涅槃，三毒、三衰火滅故，名寂滅印。……

論文中的意思是說：凡是有為法——即因緣和合的造作之法，這種互相關涉對待生起的事物，沒有自性（自性可說是定性，沒有自性，即沒有固定不變之性），沒有自性就是有生滅變異，有生滅變異就是無常。這種關涉對待之法，「屬因緣故不自在，不自在故無我」。涅槃，梵語Nirvana，原意是「火熄滅的樣子」。貪婪、瞋恚、愚痴三種毒火的熄滅，就是涅槃，此留待後面再詳述。

三法印或四法印，是建立在「緣起」的理論基礎上；也可以說，緣起是建立在三法印或四法印的架構上——本來一切法都是互相關涉對待而生起，於緣起理論本身也不例外。諸行無常，是告訴我們世間沒有永恆不變的事物，一切現象都不斷的遷流變化；諸法無我，是說明世間沒有孤立存在的事物，一切都是在時空裡彼此關涉，相互依存；至於諸受皆苦，是告訴我們生命的本質是焦慮不安，同時也是無常的、無我的。

二　諸行無常印

　　三法印（或四法印）中的第一法印，是「諸行無常印」。於此探討，諸行的「行」是什麼，諸行又何以「無常」？

　　諸行無常的「行」，梵語 Samskara，音譯刪迦羅、僧娑伽羅。此詞在梵語中原是「造作」之意，意思是「依此而被形成」(Samkriyate Anena)，或「此是被形成者」Ssamkriyate Etad)，所以 Samskara 一詞，是由「形成力」與「被形成物」二義成立的。以它有潛在的「形成力」，所以譯為「造作」；它又有意志作用——形成意志、意念的力量，此即所謂「心行」。因此，以前一義說，行是造作；以後一義說，行是五蘊之一，是色、受、想三蘊之後的一種精神作用、「行蘊」，而行的後果就是「業」，所以「行」可說是形成「業」的潛在力量，即是使我們存在、成為「所以如此存在」的力量。同時，行又被引申為「遷流變化」之意，整個現象界——宇宙萬法，無始以來就在遷流變化之中。遷流變化之法與恆常不變之法相對，所以稱為「有為法」。

　　原來佛經中把一切法分為「有為法」與「無為法」，為是造作之義，凡是因緣和合之法——即仗因托緣生起之法，都是有為法；非仗因托緣生起之法是無為法。無為法是本體，有為法是現象。《俱舍論光記》曰：「因緣造作名為，色心等法，從因緣生，有彼為故，名曰有為。」所以，現象界的一切事物是遷流變化的有為法，本體界的無為法是永恆不變的無為法。如來法身，如如不動，法身即是「真如」，真者真實，如者如常，本體有真實如常之相，故名真如。

　　有為法亦稱世俗諦，世俗諦是世俗的道理，用以說明世俗間的事相；無為法亦名勝義諦、第一義諦，是聖者所證的真實理性。真實理

性是聖者內證的境界，不是語言所可表達，文字所可詮釋，所以說：
「語言道斷，心行處滅。」因此，無為法是現象界一切法之性、之體；
宇宙間一切遷流變化的有為法，是無為法之相、之用。譬如波浪與水，
水是體，波浪是相。就現象來說，波浪非水；就本體界來說，無水即
無波浪。蓋有相必有性，有用必有體，這體用性相，原來是一體兩面
的東西。

　　站在「緣起」──因緣造作的基礎上來看諸行無常，因為緣起法
是有為法，所以「無常」無寧是必然的理則。宇宙間一切法，既然全
是仗因托緣而生起──即是說，任何一法，全是集合眾多因素條件而
生起。眾多因素條件中，任何一因素條件發生變化，此一法的本身即
發生變化。因為仗因托緣生起之法，皆係對待而有，而不能超越對待，
《阿含經》中的「此有則彼有，此無則彼無。」正是以說明此對待之
理。對待之法，當然不是恆常之法，所以，自然界物質的成住壞空，
生命界色身的生老病死，心識界心念的剎那生滅，一切全在變異，而
變異即是無常。

　　諸行無常，行的本義即是動相，宇宙間的天體運行，有情界的身
行、語行、意行，小至一粒原子之微，電子環繞原子核以光速飛行，
何嘗有剎那靜止？西哲赫拉克里主張直觀辯證法，以為現象界的特性，
即流動、變化、生長、死滅，他以為萬物如河流，新水不斷流過人前，
無有常相。也就是子在川上，曰：「逝者如斯夫，不捨晝夜。」的意思。

　　《雜阿含經・十七》記載著佛陀對眾比丘所說的無常，經文曰：
　　如是我聞，一時，佛在舍衛國祇樹給孤獨園。爾時，世尊告諸比丘：
　　無常，若因、若緣生諸色者，彼亦無常；無常因、無常緣所生諸色，
　　云何有常！如是受……。想……。行……。識無常，若因、若緣生

諸識者，彼亦無常，無常因、無常緣所生諸識，云何有常！如是諸
比丘！色無常，受、想、行、識無常，無常者則是苦，苦者則非我，
非我者則非我所，聖弟子如是觀者，則厭於色，厭於受、想、行、
識，厭者不樂，不樂則解脫，解脫知見：我生已盡，梵行已立，所
作已作，自知不受後有。時諸比丘聞佛所說，歡喜奉行。

　　佛陀說色無常，受、想、行、識無常。色、受、想、行、識五者，
即是五蘊，五蘊是構成世間的基本質料——構成器世間和有情世間的
基本元素，色蘊構成物質世界和我人的色身，受、想、行、識構成我
人的心識活動，如果色、受、想、行、識五種基本質料本身即是無常
的話，宇宙之間，還有什麼事物是有常的呢？所以三法印的第一法印，
是「諸行無常」。

　　佛陀在原始經典中，在在的說到無常。《雜譬喻經》卷下，記載一
則無常的故事：

昔有一老母，惟有一子，得病命終，載著塚間，停屍哀感，不能自
勝。正有一子，當以備老；而捨我死，吾用活為？不能復歸，當併
命一處。不食不飲，已四五日。佛知，將五百比丘，詣彼塚間。老
母遙見佛來，威神光奕，迷悟醉醒，遂前趨佛作禮。
佛告老母：「何以塚間也？」白言「唯有一子，捨我命終，愛之情重，
欲共死一處」。佛告老母：「欲令子共活不也？」母言「善！」曰：
「欲得矣。」佛言：「索香火！吾當咒願更生。」告老母：「求火，
宜得不死家火。」
於是老母，便行取火，見人輒問：「汝家前後，頗有死者不？」答言：
「先祖以來皆死。」過去所問之處，辭皆如是；經數十家，不敢取
火。便還佛所，白言：「世尊！遍行求火，無不死者；是以空還。」

佛告老母：「天地開闢以來，無生不終。人之死亡，後人生活，亦復何喜？母獨何迷，索隨子死也。」

母意便解，識無常理。佛因爾廣說經法，即得須陀洹道。塚間觀者數千人，發無上正真道意也。

以上這則故事，告訴我們人皆有死，世間無不死之人。事實上，在無常法則的支配下，有生必有死，有聚必有散，有成必有壞，有合必有離。法爾如是，這是無可奈何的事。因此，無常是永恆的、實在的真理。不論是物質世間或有情世間，沒有一件事物是永恆不變的，一切事物都是剎那剎那遷流變化，變化即是無常。今日科學上證明，所謂物質，無非是分子的集合體；而分子又是原子的集合體，原子以中子與質子構成的原子核為中心，一定數目的電子，環繞在原子核外作高速而規則的運動。我們肉眼看來是靜止的物質，其實其內部卻是在剎那不停的運動。

小至原子在不停的運動，大至天體也在不停的運行。以我人生存的地球來說，地球有自轉，也有環繞太陽的公轉。而太陽系也在銀河系中不停的運行，變換其位置，這一切全是動相，動相就是遷流變化，遷流變化即是無常。以上是自物質世界說無常。如果自生命世界說無常，在佛經中，謂無常有兩種，一者謂「剎那無常」，另一者謂「一期無常」。

經云：「一念中有九十剎那，一剎那有九百生滅。」凡事物於極短時間內發生變化者，莫如心念，《無量義經》曰：「諸法本來空寂代謝不住，念念生滅。」《維摩詰經》云：「是身如電，念念不住，此身剎那剎那，代謝不住。」所以剎那無常，是謂因緣造作之法，剎那之間，已歷生住異滅四相。禪宗語：「嬰兒垂髮白如絲」，由天真無邪的嬰兒，

到髮白面皺的老翁，那不是突然變老，而是剎那剎那漸變而來的。

一期是剎那剎那的連續相。在時間的劃分上，如六十秒為一分鐘，六十分鐘為一小時，二十四小時為一晝夜，三十晝夜為一月，以至於一年，一世紀，乃至佛經上的一劫。一切事物各有其不同的生住異滅相，也各有其長短不等的一期無常。以有情世間的人來說，上壽百年，中壽八十年、七十年，不論其生命的久暫，亦必經歷生老病死四相。生命界如蜉蝣之朝生暮死，靈龜之壽命千年，但終歸是滅、是死，終歸是無常。

哲學家黑格爾說：「有限事物的諸限制，並非單是來自外界，一事物之自身的本質，就是消滅其自身的原因，憑其自身的活動，它可以轉化為與其自身相反之物。」這就是無常的公律。

三　諸法無我

三法印的第二法印，是「諸法無我印」。要探討諸法無「我」，先要探討什麼是「我」，及諸法為什麼「無我」。

在印度，我之一字，有多種意義，現在只就與本文有關者探討。我字梵語 Atman，意為自我。早在西元前一千五百年的《梨俱吠陀》時代，居住在五河地區的雅利安人就使用這個字。Atman 音譯阿特曼、阿坦曼，它的原意為呼吸，引申為生命、自己、身體、自我、本質、自性等，它泛指一個獨立永恆的主體，此主體潛在於一切物的根源內，而支配統一此個體。這是印度古代思想界的主要理論之一，這個我，具有常、一、主、宰四義。換言之，印度古代的哲學家，以人的中心為自我，而且視此自我，為常住、整一、且有主宰力量的東西。

在印度梵書時代（西元八○○年以前），把人類生命活動要素的氣

息（呼吸），逐漸演變為個體的生命現象，《百道梵書》中即以言語、視力、聽力等生命現象，是以「我」為基礎而呈現，且由「我」來統御。到了早期《奧義書》時代（西元前八〇〇年－前六〇〇年），更主張「梵」是宇宙的原理，「我」是個人的原理，「我」與「梵」為一體——即所謂「梵我一如」。而「梵」，本來是寂靜、清淨、離欲的意思，但後來神格化，取代生主神的地位，而成為宇宙的創造者。後來，又成為印度教的創造神——即造物主。

　　西元前六百年間，釋迦牟尼出世，在菩提樹下證悟真理，以宇宙萬法皆由「因緣」生起的理論，來破斥婆羅門教的「梵我」創造說，以「諸法無我」來破斥具有常、一、主宰的「神我」。後來結集的《阿含經》中，破斥下列四種我：一者以有情的全體為「我」——即以五蘊為我。二者以各個體內的中心生命為「我」，即「我」有五蘊。三者以宇宙原理為「我」，即我中有五蘊。四者以存在的每一要素皆各有其固定的性質（自性），即五蘊中有我。以上四種我，即後世所稱的「身見」，此又分為二種，一為「我見」，即以上四項中的第一項，以五蘊為我，對自我起執著，而生錯誤的見解——以為生命中有常、一、主宰的自我 (Atman)，以為有永遠不變的主體；二為「我所見」，即以上四項中的後三項。我所，指我之所有、所屬，及不離於我之事物。

　　《阿含經》破斥我，在《雜阿含經》的經文中例子極多，例如《雜阿含經‧十七》：

如是我聞：一時，佛在舍衛國祇樹給孤獨園。爾時，有異比丘從坐起，偏袒右肩，為佛作禮，卻住一面，而白佛言：「善哉世尊，為我略說法要。我聞法已，當獨一靜處，專精思惟，不放逸住，乃至自知不受後有。」佛告比丘：「善哉！善哉！汝作如是說：世尊為我略

說法要，我聞法已，當獨一靜處，專精思惟，不放逸住，久乃至自知不受後有耶？」時彼比丘白佛言：「如是，世尊。」佛告比丘：「諦聽、諦聽，善思念之，當為汝說。若非汝所應，亦非餘人所應，此法宜速斷除。斷彼法已，以義饒益，長夜安樂。」時彼比丘白佛言：「知已，世尊！知已，善逝！」佛告比丘：「云何於我略說法中廣解其義？」比丘白佛言，……佛告比丘：「善哉、善哉，汝於我略說法中廣解其義。所以者何？比丘，色非我，非我所應，應非餘人所應，是法宜速除斷；斷彼法已，以義饒益，長夜安樂。如是受、想、行、識非我，非我所應，亦非餘人所應，宜速除斷；斷彼法已，以義饒益，長夜安樂。」時彼比丘聞佛所說，心大歡喜，禮佛而退。獨靜一處，精勤修習，不放逸住，乃至自知不受後有。時彼比丘心得解脫，成阿羅漢。

在印度古代，除了以唯物論為理論基礎的斷滅論者——順世外道外，其他外道都主張有我——與婆羅門教「神我」一致的我。當然，佛教是主張無我的，所以於基本教理三法印中，說：「諸法無我」——即否認有一個作為靈魂的自我。佛陀以為，「我」只不過是五蘊的組合，此即《阿含經》中所說的：「識緣名色，名色緣識，此有故彼有，此生故彼生，此無故彼無，此滅故彼滅。」五蘊無常，五蘊中也沒有一個實體的自我。而眾生無知（以有無明故），卻執著於有常、有我，這就是苦的總根源。

佛陀一方面否定自我，一方面卻又肯定業力的作用。而婆羅門教的業力是與輪迴相結合，佛教自然也接受了業力輪迴之說。佛陀滅度後，這就使後世弟子感到惶恐和困惑。佛陀涅槃了，早期的大弟子們也都證了聖果。後世弟子認為：如果沒有我，是誰在修行，誰去證果

呢？業力寄託於何處，輪迴的主體又是什麼？所以後來到部派佛教時代，各部派向著不同的方向發展，建立各種不同的、變相的「我」，最初公開主張有我的，是自上座部分出犢子部。

犢子部建立的「我」，叫做補特伽羅 (Pudgala)。補特伽羅是音譯，意譯為數取趣，或譯作人，以人在生死中流轉，數數往來於五趣，故稱數取趣。《異部宗輪論》中說：「其犢子部本宗同義，謂補特伽羅非即蘊非離蘊，依蘊處界，假名施設。」又謂：「諸法若離補特伽羅，無從前世轉至後世，依補特伽羅，可說有移轉。」所謂「非即蘊非離蘊」，意思是說補特伽羅不等於五蘊，因為五蘊是生滅無常的，而補特伽羅是常住的；而補特伽羅也不離於五蘊，而是依五蘊、十二處、十八界而建立的。所以補特伽羅和五蘊，是非一非異，非即非離，非常非無常，非有為非無為，而是不可以語言文字表達的。

本來，我與五蘊的關係這個問題，在原始佛教時代就存在著。那時就有身與命是一是異，是相即還是相離，當時沒有結論——事實上是迴避了這個問題（如佛陀不答覆十四無記問題一樣）。如今犢子部重予提出，建立非即蘊非離蘊的補特伽羅，等於是把身與命是一是異的問題作了折衷的調和。犢子部把佛說的法歸為五類，即一過去，二現在，三未來（以上三類是有為法），四無為法，五不可說法（即不可定說之法）。而補特伽羅即歸在不可說法中。當時其他部派表面上是紛紛反對，而有些部派卻暗中接受，建立另一個名稱的「我」。如化地部建立「窮生死蘊」，經量部建立「一味蘊」，有部建立「同隨得」，其實都是補特伽羅的異名。

犢子部建立補特伽羅，也有其實際的意義，而主要與業力輪迴有關。因為佛教既然承認有業力輪迴，有過去、現在、未來三世，就應該有一個輪迴的主體，這個主體就是補特伽羅。所以其建立補特伽羅

的理由，有下列幾點：

一、補特伽羅是輪迴的主體：犢子部認為，色身（人的肉體）是無常，
而補特伽羅是常，它可以附著於身，也可以獨立存在（中有），並
且可以由此一身轉到另一身。此即《異部宗輪論》中說：「諸法若
離補特伽羅，無從前世轉至後世，依補特伽羅，可說有移轉。」
所以說它是輪迴的主體。

二、補特伽羅是業力寄託的主體：有情的行為有善有惡，並且對別人
發生影響，所以每個人應對自己的行為負責。而行為的後果就是
業力，所以應該有個寄託業力的主體。

三、補特伽羅是認識活動的統一體：有情見聞覺知的活動，最後要有
一個統一的作用，這統一作用的主體就是補特伽羅。

四、補特伽羅是記憶的主體：有情見聞覺知所經歷過的事情，可以留
下記憶。而此補特伽羅，就是記憶的主體。《大毘婆沙論·十一》
謂：「犢子部說，我許有我，可能憶念本所作事，先自領納今自憶
故。」

五、補特伽羅是認識的主體：犢子部認為六識認識客觀的外境，而六
識所依的就是補特伽羅。六識有間斷，而補特伽羅是「常」，則不
間斷。

不過，若說補特伽羅是「常」，就和外道所說的「神我」沒有差別
了，難怪其他部派指犢子部是「附佛法外道」。後來《廣百論·二》為
「破我品」，《成實論·三》為「無我品」，《俱舍論·九》為「破我品」，
都是破此補特伽羅之我。

四　諸受皆苦印

　　一般說到三法印，指的是：諸行無常，諸法無我，涅槃寂靜。但是如果照《增一阿含經》中的四法印來說，則為：一切行無常，一切行苦，一切法無我，滅盡為涅槃。諸行無常、諸法無我，是通過緣起的觀察而建立的（其實緣起也就是建立在三法印的基礎。）此二者已見前節所述。現在來探討「一切行苦」法印。

　　一切行苦，通常也稱為「諸受皆苦」，這是泛指逼惱身心的狀態。《佛地經》曰：「逼惱身心謂苦。」所謂諸「受」皆苦，受是五蘊中的「受蘊」，也就是五十一位心所有法中的「受心所」。受是一種「領納」作用，此領納有三，曰苦受、樂受、捨受。《大乘廣五蘊論》中說：「云何受蘊，受有三種，謂苦受、樂受、不苦不樂受。樂受者，謂此滅時，有和合欲；苦受者，謂此生時，有乖離欲；不苦不樂受者，謂無二欲。無二欲者，謂無二和合、及乖離欲。受謂識之領納。」

　　受，古代經典譯為「痛癢」，痛癢只是感覺作用，不能涵蓋受的意義，故新譯為受，並謂受有苦受、樂受、不苦不樂受，不苦不樂受又稱捨受。如果再加上憂、喜二受，就稱為「五受」了。仔細分析，苦樂二受為生理上的感受，與前五識相應；憂喜二受為心理上的感受，與第六識相應。事實上，苦與樂是緣起法，無其自性。同時也是相對性的存在，一切都是比較而來的。既然受有苦樂憂喜不同之受，何以佛經中特別強調「苦受」這一點呢？因為苦是自人生理想之觀點，觀察現實世界所獲得的結論。在現實的凡夫輪迴界中，充滿著苦惱與不安，而無任何絕對的快樂、幸福、完美、圓滿，唯有脫離輪迴、到達涅槃寂靜的境界，才有永恆的常、樂、我、淨。

佛陀住世說法時，常以苦、樂、捨三受來教誨比丘。如《雜阿含經‧四六七》云：

> 如是我聞：一時，佛住王舍城迦蘭陀竹園。爾時，尊者羅睺羅往詣佛所，稽首禮足，退住一面。白佛言：世尊！云何知、云何見，我此識身及外境界一切相，得無有我、我所見，我慢、繫著、使？
> 佛告羅睺羅：有三受：苦受，樂受，不苦不樂受。觀於樂受而作苦想，觀於苦受作劍刺想，觀不苦不樂受作無常想。若彼比丘觀於樂受而作苦想，觀於苦受作劍刺想，觀不苦不樂受作無常滅想者，是名正見。
> 爾時、世尊即說偈言：
> 觀樂作苦想，苦受同劍刺，於不苦不樂，修無常滅想。
> 是則為比丘，正見成就者，寂滅安樂道，住於最後邊，
> 永離諸煩惱，摧伏眾魔軍。
> 佛說此經已，尊者羅睺羅聞佛所說，歡喜奉行。

為什麼要於樂受作「苦想」，於苦受作「劍刺想」，於不苦不樂受作「無常想」呢？因為樂受是「變壞法故，貪依處故」。樂境可以變壞，而貪是未來眾苦的原因，因此應觀樂受為苦。而一切苦受，現在有惱害性，如為劍所刺傷，因此應觀苦受如劍刺想。至於非苦樂受，已滅壞的是無常故，正現前者是滅法故，於此二者更相續隨順故，由此應觀非苦樂受性是無常、是滅法。如此於受所生正見，能隨悟入諸有所受皆悉是苦。

苦是人生的實相，《佛說稻芉經》曰：「五情違害名為身苦，意不和適名為心苦。」由此可見，人生是「身心皆苦」。而此身心之苦，有為我人所覺察的，有為日在苦中而不自覺的，這就是「習焉不察」，習

慣了，也就不覺得了。

　　佛經中說到苦的地方很多，而其性質和分類也各不相同。茲先自苦的種類說起。苦有二苦、三苦、四苦、五苦、八苦、十苦、十八苦等分類。二苦之說，出自《大智度論》，即內苦與外苦。內苦又分為兩種，以「四百四病」為身苦，「憂愁嫉妒」為心苦；外苦亦分為兩種，一者是惡賊虎狼之害的苦，二者是風雨寒熱之災的苦。三苦之說出自《俱舍論》，謂苦苦、壞苦、行苦。四苦之說出自《大乘義章》，謂生苦、老苦、病苦、死苦。五苦之說出自《五苦章句經》，於生、老、病、死四種苦之外，再加上獄苦。八苦之說出自《中阿含經》，謂於生、老、病、死四苦之外，再加上愛別離苦，怨憎會苦，求不得苦，五陰熾盛苦。

　　《釋氏要覽》上謂苦有十種，即生苦、老苦、病苦、死苦、愁苦、怨苦、受苦、憂苦、病惱苦、生死流轉苦。此外，尚有十八苦、十九苦等說，名目繁多，不再列舉。不過，佛教中以老、病、死三者為基本上的身苦，以貪、瞋、痴三者為基本上的心苦，這二者應該是典型的代表。不過，如果從苦的性質來說，非可意的受如苦受；可意的受如樂受；非可意非不可意的受如不苦不樂受。以上三種受，其性質全是苦，即所謂三苦——苦苦、壞苦、行苦。三苦，是依苦的性質而分類的。茲先由苦苦說起。

　　苦苦，意謂有情的身心，本來即苦，更加以飢渴、疾病、風雨、寒熱、勞役、刀杖眾苦之緣所生之苦，可說是苦上加苦，故稱為苦苦。換個方式說，這相當於有情肉體——生理上的苦，也就是我們一般說的痛苦，如飢餓時的痛苦、生病時的痛苦，以至於風雨寒熱的痛苦，刀杖所致肉體創傷的痛苦等。這種生理上的痛苦，由各人感覺的敏銳或遲鈍而有所不同。

　　次說壞苦，這是心理上——即精神上的苦。壞苦又稱變異苦，是

指樂境變壞或消逝的苦。例如親人死亡，名譽受損，錢財損失，感情破裂等，都會使精神上感到痛苦；此外，即在日常生活中，可意的樂境變壞或消逝，也會由樂受變成苦受。例如青年愛侶到風景區遊覽，空氣清新，風景優美，感到可意而快樂；但如果幾個小時一直遊下去，遊到兩腿痠痛，唇燥舌乾，由可意的樂受就變成不可意的苦受了。這時如果找到一家飲料店，坐在店中喝著飲料候汽車，剛坐下休息感到可意而舒適，但坐了三個小時仍等不到車，這時可意的舒適就又變成不耐的痛苦了。

最後一苦是行苦，行是造作義，現象界的生起存在，都是相互依存，彼此關涉而有的，這就是緣起。而緣起是建立在三法印的架構上，含有無常的因素在內，所以行也是遷流義。以因緣和合之法，遷流變異，無常無寧是必然的事實。所以此「行」也就是諸行無常的行，而無常即苦。不過這種苦行相微細，不易為世人所察覺罷了。

宇宙間的一切事物，其生住異滅的過程，於眾緣和合下，在前期是相輔相成，在後期卻是相斥相反。而由相輔相成到相斥相反，其因素不是來自外界，乃是此事物的本身。哲學家黑格爾謂：「有限事物的諸限制，並非單是來自外界。一事物其自身的本質，就是消滅其自身的原因。憑它自己的活動，它可以轉化為與自身相反之物。」

基於以上的理解，任何的幸福與快樂，在諸行無常的定律下，不能常住，終歸是苦，這就是三苦中的行苦。

五　涅槃寂靜印

三法印或四法印的最後一法印，是「涅槃寂靜印」。

涅槃，梵語 Nirvana，漢譯「涅槃」，亦有譯作泥洹、泥畔、涅槃

那等。早期的舊譯有譯為滅、滅度、寂滅、不生、無為、安樂、解脫
等等。名稱雖異，意義則一，蓋涅槃、泥洹等是譯音，滅度、解脫等
是譯義，《大乘義章‧十八》曰：「外國涅槃，此翻為滅，滅煩惱故，
滅生死故，名之為滅；離眾相故，大寂靜故，名之為滅。」《華嚴大疏
鈔‧五十二》曰：「譯名涅槃，正名為滅，取其義類，乃有多方。總以
義翻，稱為圓寂，以義充法界，德備塵沙曰圓，體窮真性，妙絕相累
為寂。」

　　如果照涅槃二字的意義來說，更有許多種解釋，出自《涅槃經》：

涅者言不、槃者言織，不織之義，名為涅槃。槃又言覆、不覆之義，
乃名涅槃。槃言去來、不去不來，乃名涅槃。槃者言取、不取之義，
乃名涅槃。槃言不定、定無不定，乃名涅槃。槃言新故、無新故義，
乃名涅槃。槃言障礙、無障礙義，乃名涅槃。槃者言有、無有之義，
乃名涅槃。槃名和合、無和合義，乃名涅槃。槃者言苦、無苦之義，
乃名涅槃……

　　寂靜又稱為寂，也是涅槃的異名。寂靜合稱，其義為「離煩惱曰
寂，絕苦患曰靜」。寂靜，是涅槃之理體。《釋氏要覽》稱：「寂靜有二，
一身寂靜，捨家棄欲，息眾緣務，閑居靜處，遠離憒鬧，身之惡行，
一切不作，是云身寂靜。二心寂靜，於貪瞋癡等悉皆遠離。修習禪定
而不散亂，意之諸惡行，一切不作，是云心寂靜。」

　　由以上的解釋，使我們知道所謂「涅槃」者，就是滅去貪、瞋、
癡、慢、疑諸煩惱，身無惡行，意無惡念，身、心寂靜，就是涅槃——
身心獲得解脫。

　　在《方等泥洹經‧二》中，稱涅槃為「大滅度」。大滅度者，大即
法身，滅即解脫，度即般若。此乃三德之秘密理藏，在諸佛為不增，

在眾生為不滅。並稱涅槃具有八種法味，稱「涅槃八味」。由此八味中，亦可體會出涅槃的含義：

一、常住：涅槃之理，通徹三世而常在，圓遍十方而常存，故稱常住。

二、寂滅：涅槃之理寂滅無為，生死永滅，故稱寂滅。

三、不老：涅槃之理不遷不變，無增無減，故稱不老。

四、不死：涅槃之理原本不生，然亦不滅，故稱不死。

五、清淨：涅槃之理安住清寂，諸障皆淨，故稱清淨。

六、虛通：涅槃之理虛徹靈通，圓融無礙，故稱虛通。

七、不動：涅槃之理寂然不動，妙絕無為，故稱不動。

八、快樂：涅槃之理無生死逼迫之苦，而具真常寂滅之樂，故稱快樂。

涅槃亦譯為「圓寂」，所謂「義充法界、德備塵沙曰圓，體窮真性、妙絕相累為寂。」因此，高僧逝世，稱為圓寂，這就使一般人誤會涅槃、圓寂，就代表逝世或死亡。事實上，誠如《攝論》所稱：「雜染畢竟止息，名為涅槃。」雜染是煩惱的異名，貪婪、瞋恚、愚癡等煩惱之火的止熄，內心獲得清涼與繫縛的解脫，就是涅槃。而內心繫縛的解脫，不是死後證得，而是生前證得的——佛陀於菩提樹下證道的一剎那間，即是證得涅槃（或稱入於涅槃）。

事實上，涅槃二字，並不是佛教所專用的名詞。釋迦牟尼世尊住世時代，當時的六師外道等就使用此一名詞。那時外道中的一些學派，認為某些禪定的境界，如色界定、無色界定就是涅槃。甚至於某些外道主張，五欲感官的滿足等短暫欲樂為涅槃。世尊在六年修道時期，曾經師事過阿羅邏伽羅摩、郁陀伽羅摩仙人等外道大師，隨他們修習禪定，後來世尊覺悟到，修禪定修到非想非非想境界，仍不能長期維持心靈的寧靜，而證得涅槃。因而離開兩師，放棄苦行，處於中道，最後體悟到人生真理，證得涅槃，成就無上正等正覺。由此可知，涅

槃不是如外道主張的修禪定就能證得，必須透過體悟得宇宙人生真理
──證得菩提，才能證得涅槃。

　　照佛教經論中的解釋，也是說，十地菩薩在修持過程中，漸次斷
除一切煩惱障及所知障，最後，金剛喻定現前，連這二障的微細習氣
也頓時斷除，這時就證得佛果。此佛果有二，一是大涅槃──即是大
解脫；二是大菩提──即是無上正覺。由無上正覺為「能證」，而證得
之大涅槃為「所證」，合此大菩提與大涅槃二果，就是佛果的法身。

　　證得涅槃，即是解脫，在《大涅槃經》中說的很明白：

> 爾時迦葉菩薩復白佛言，世尊，唯願哀愍重垂，廣說大涅槃行解脫
> 之義。佛讚迦葉善哉善哉，善男子，真解脫者，名曰遠離一切繫縛，
> 若真解脫諸繫縛，即無有生亦無和合。譬如父母和合生子。真解脫
> 者則不如是，是故解脫名曰不生。
>
> 迦葉，譬如醍醐其性清淨，如來亦爾，非因父母和合而生其性清淨，
> 所以示現有父母者，為欲化度眾生故，真解脫者即是如來，如來解
> 脫無二無別。譬如春月下諸種子，得煖氣已尋便出生，真解脫者則
> 不如是，又解脫者名曰虛無，虛無即是解脫，解脫即是如來，如來
> 即是虛無非作所作。凡是作者，猶如城郭樓觀卻敵，真解脫者則不
> 如是，是故解脫即是如來。又解脫者即無為法，譬如陶師作已還破，
> 解脫不爾，真解脫者不生不滅，是故解脫即是如來。如來亦爾，不
> 生不滅不老不死不破不壞非有為法，以是義故，名曰如來入大涅槃。

　　以上一段經文，其大意是：所謂真正的解脫，就是遠離一切繫縛
──貪、瞋、癡、慢、疑等一切煩惱，果能如此，即可證得「絕待」
的真理。因為世間的一切法，都是因緣和合所生起的「有為法」。既是
因緣和合之法，則遷流變化，生住異滅，無常恆性。而真理──即解

脫、涅槃，是「無為法」，無為法是「絕待」的，所以不生、不滅、不老、不死、不破、不壞。

契經云：「三界無安，有如火宅。」在聖者的眼中，我們這個娑婆世界，處處像是有火在燃燒，眾生為苦熱所逼灼，片刻不得安逸。而修道之人所努力追求的目標，就是熄滅此苦熱而達於清涼境地——涅槃、解脫。

在《增一阿含經》中，有一段說到解脫的經文：

> 若有弟子得正解脫，其心寂靜，所作已作，更無可作，所辦已辦，更無餘事。猶如巨石，風吹不動，色、聲、香、味，美妙諸觸，乃至一切可意、不可意法，皆難動搖，如斯行者，其心堅固，常生解脫。

關於涅槃，經論中有二種涅槃、四種涅槃、五種涅槃、大乘涅槃與小乘涅槃種種分別。現在只就經論中常說的四種涅槃，介紹如下：

一、本來自性清淨涅槃：釋迦牟尼世尊，往昔在菩提樹下睹明星成道之際，即說：「奇哉！奇哉！一切眾生，皆具如來智慧德相，但因妄想執著，不能證得，若離妄想，一切智、自然智，即得顯現。」眾生本來自具如來智慧德相——佛性，但為客塵煩惱覆蔽，不得顯現。然自性本來空寂，湛如虛空，故名涅槃。惟此是因中本具的涅槃，而不是修證圓成之果上的三德涅槃。

二、有餘涅槃：修十二因緣、四聖諦的小乘行者，對於召感業因的見思惑雖已斷盡，而因召感的生死果報色身未滅——生命體猶存，叫做有餘涅槃。大乘行者，煩惱雖已斷盡，而八識尚有所知障的纏縛，名為有餘涅槃，這大小兩者，皆非究竟涅槃。

三、無餘涅槃：小乘行者，不但召感生死之本的心理上的煩惱惑障已經解脫，即眾苦所聚的生理色身亦同樣解脫，即為無餘涅槃。大

乘行者，變易生死的果盡為無餘涅槃。

四、無住大涅槃：修菩薩行，具十地菩薩位，一切煩惱障、所知障斷盡，真如出纏，淨德圓滿，名曰大般涅槃。大般涅槃，是斷盡煩惱，不住生死；為度眾生，不住涅槃；不住而住，住於中道，故名無住。

換句話說，因不忍坐視沉溺生死的眾生而不救，故不住涅槃，這是大悲；因不為無明所迷，不為業力所轉，故不住生死，這是大智。證得無住大涅槃，同時必證得無上大菩提，事實上就是證得佛果——無上正等正覺。

六　一實相印

小乘佛教以三法印為衡量法義的標準，與此相對的，大乘佛教以一實相印為衡量佛法的標準。法印者，教法之印信，大乘佛教以說諸法實相之義理為本，離此則視同魔說，故名一實相印。什麼是實相呢？《思益梵天所問經・論寂品》稱「一切法平等，無有差別，是諸法實相義」。

一實相印，是大乘不共之教理，是從本以來佛佛傳持的印璽，所以稱為實相印。如《大智度論》曰：「三世諸佛，皆以諸法實相為師。」按實相一語，出自《法華經》，經云：「無量眾所尊，為說實相印。」《三藏法數・四》曰：「一實相者，謂真實之理，無二無別，離諸虛妄之相也。印者信也，蓋如來所說諸大乘經，皆以實相為理，印定其說，外道不能雜，天魔不能破，若有實相印，則是佛說，若無實相印，則是魔說。」

實相，梵語 Dharmata，原意為本體、實體、真相、本性；引申出

來的意思，指一切法真實不虛的體相，或真實的理法，永恆不變的真理，故又稱真如、法性。事實上，實相即是涅槃，涅槃是宇宙第一義諦，是萬有之真實相。此宇宙萬有的真實相，為釋迦世尊自內證之真理；世尊自覺的真理，亦即是宇宙之真理。稱實相者，實則真實不虛，相則無相之相，實則實相只是離言的法性、諸法的體性。此法性離言說相，離文字相，離心念相，為「非安立諦」──諦者真實不虛之理，安立者又名施設，有差別與名義之施設，稱為安立。無差別及名義之施設，稱為非安立。而實相是平等一如之相，無差別及名義之施設，故名非安立諦。

《解深密經・勝義諦相品》詳說萬有實相，概要言之，有下列四義，即一者離言無二，二者超過尋思，三者超過一異，四者遍一切一味，分述如下：

一、離言無二：萬有體性，本離名言。經云：「一切法無二。」一切法略有二種，即所謂有為法、無為法。而所謂有為無為，是中有為非有為非無為，無為亦非無為非有為。言有為者，乃是如來假名施設，既然是假名施設，即是遍計所執、言辭所說，不真實故。所以說它非有為、非無為，因為都是墮於言辭。但也不是無故而有所說，這是聖者以聖智聖見，於一切離言法性現正等正覺。為欲令他人亦悟入正等正覺，如來假立名相，稱曰無為、有為。

二、超越尋思：勝義諦相，超越於一切尋思所行的境界，此與尋思，有五事差別：

　1.勝義諦相，是聖者內自所證的境界；尋思所行，是諸異生（即凡夫）展轉所證。

　2.勝義諦相，無相所行；尋思境界，有相所行。

　3.勝義諦相，不可言說；尋思所行，但行於言說境界。

4.勝義諦相，絕諸表示；尋思所行，但行於表示境界。

5.勝義諦相，絕諸諍論；尋思所行，但行於諍論境界。

三、超越一異：勝義諦相，超越於諸行一異境相。如果勝義諦相與諸
　　行相無有異者，則現在的一切異生（凡夫）應該皆已見諦（悟入
　　真理），證得無上菩提。如果勝義諦相與諸行相一向相異，則已見
　　諦者，於諸行相應不除遣，若不除遣，應於相縛不得解脫，若不
　　得解脫，則粗重亦應不脫。若二縛不得解脫，則已見諦者，應不
　　得無上菩提。

四、遍一切一味：勝義諦相，遍一切一味。若一切法真如勝義法無我
　　性，亦異相者：亦應有因，從因所生。若從因生，應是有為。若
　　是有為，應非勝義。若非勝義，應更尋求餘勝義諦。

　　一實相印所指的諸法實相，它是「體妙離言，迴超眾相」；它是唯
諸聖者的甚深微妙的無分別智──離一切情念分別正體會真如的無相
真智、自內證的真理。它是「語言道斷、心行處滅」的境界。但釋迦
世尊，為開覺一切有情故，隨順世俗假立名相，以文字方便宣說。事
實上，這全是名言施設，如幻師作出種種幻相，畢竟無實事可得。

　　釋迦世尊一代所說的教法，不出空、有二義。所謂如來說法，空
有二輪。說空、示諸法體性；說有，明諸法相用。空者、真空，有者、
妙有。立真空之理的，是一切說空的經典，以《大般若經》集其大成；
說妙有之義的，是一切說有的經典，如《華嚴經》、《解深密經》、《如
來出現功德莊嚴經》、《阿毘達摩經》、《楞伽經》、《厚嚴經》等，而以
《解深密經》最為詳盡。雖然《大般若經》和《解深密經》，都說非空
非有的中道實相，但《般若經》所說的，大部分是空義；《深密經》所
明的，大部分是有義。

　　《大般若經》以諸法皆空為諸法實相，說一切法如夢如幻，如露

如電，自性皆空，都無所有，故以十八空等，明一切法自性皆空義。《解深密經》以圓成實性為諸法實相，以遍計所執為空，依他、圓成為有，以三自性、三無性明妙有之義。

一般的說，小乘佛教以三法印為印證佛經的標準，大乘佛教以一實相印為印證佛經的標準，如《法華玄義》有云：「諸小乘經，若有無常、無我、涅槃三印，即是佛說，修之得道；若無三法印，即是魔說。大乘經但有一法印，謂諸法實相印，謂諸法實相，名了義經，能得大道。若無實相印，是魔所說。」

事實上，佛法本無大小，法的真理應該是一致的，所以，三法印也就是一實相印。三法印說諸行無常、諸法無我、涅槃寂靜，豎觀諸法因果相續，念念生滅，稱為無常；橫觀諸法彼此關涉，相互依存，而沒有自體，稱為無我。從無常、無我的觀察，離一切戲論，深徹法性寂滅，無累自在，即是涅槃。而涅槃寂靜，就是諸法實相。如《大智度論》云：「若觀諸法無常，是為真涅槃道。」又云：「一切法中無我，若知一切法中無我，則不應生我心。若無我，亦無我所心，我、我所離故，無有縛。若無繫縛，則是涅槃。」

由上所述，所謂三法印，究其根源，實貫通於一實相印。《大智度論》中有一段對話，正說明此義：

問曰：「佛說聲聞法有四種實，摩訶衍（大乘）中有一實，今何以故說三實？」答曰：「佛說三種實法印，廣說四種，略說則一種。無常即是苦諦、集諦、道諦說，無我則一切法說，寂滅涅槃即是盡諦。復次，有為法無常，念念生滅故，皆屬因緣，無自在性。無有自在，故無我。無常無我無相，故心不著。無相不著故，即是寂滅涅槃。是故摩訶衍法中，雖說一切法不生不滅一相，所謂無相，無相即寂滅涅槃。」

第三章　四聖諦

一　三轉法輪

　　兩千五百年前，北印度迦毘羅衛國的悉達多太子，為解決人生生老病死的煩惱，捨棄王儲之位，出家修道。經過六年苦行，終於在菩提樹下證悟真理，成為佛陀──覺者。世人尊稱為釋迦牟尼──釋迦族的聖者。佛陀在菩提樹下證悟的真理是什麼呢？認真的說，就是「緣起」。由生命流轉的緣起，以至於萬法生滅的緣起。

　　佛陀證道後，在鹿野苑初轉法輪，度化五比丘。當時佛陀為五比丘所說的法，不是緣起，而是四聖諦──苦、集、滅、道四聖諦。佛陀何以不說緣起，而說四聖諦呢？那是因為「緣起甚深，無信云何解」。緣起法是：「甚深最甚深，微細最微細，難通達極難通達」的妙理，不是鈍根劣智，或未起信心的人所能理解。所以佛陀權巧方便，換一個方式而說四聖諦。

　　事實上，四聖諦仍是緣起。苦、集二諦是生命流轉的緣起，滅、道二諦是生命還滅的緣起。聖諦是什麼意思呢？原來聖者正也，以理正物名聖；諦者真實義，真實之理，不虛不妄，曰諦。此真實之理歸納為苦聖諦、苦集聖諦、苦滅聖諦、苦滅道跡聖諦四種，稱之為「四聖諦」。《佛遺教經》曰：「月可令熱，日可令冷，佛說四諦，不可令異。」

　　佛陀住世時代，四十五年遊行教化，為僧團比丘說法的中心，就

是四聖諦，在《雜阿含經》中，說四聖諦的經典，有一百五十經之多。佛陀一再開示諸比丘，要他們不斷修習四聖諦，如果真正理解四聖諦，實踐八正道，則由四聖諦和八正道，就可建立阿羅漢的解脫知見和一切勝行，而證得聖果。

於此，我們自《雜阿含經》中，摘錄出幾段佛陀的開示。如《雜阿含經‧三八一》：

> 如是我聞，一時，佛住波羅捺仙人住處鹿野苑中，爾時，世尊告諸比丘：有四聖諦，何等為四？謂苦聖諦，苦集聖諦，苦滅聖諦，苦滅道跡聖諦。若比丘於此四聖諦，未無間等者，當修無間等，起增上欲，方便堪能，正念、正知，應當覺！佛說此經已，諸比丘聞佛所說，歡喜奉行。

再如《雜阿含經‧三八二》：

> 如是我聞，一時，佛住波羅捺仙人住處鹿野苑中，爾時，世尊告諸比丘：有四聖諦，何等為四？謂苦聖諦，苦集聖諦，苦滅聖諦，苦滅道跡聖諦。若比丘於苦聖諦當知，當解；於苦集聖諦，當知，當斷；於苦滅聖諦，當知，當證；於苦滅道跡聖諦，當知，當修。佛說此經已，諸比丘聞佛所說，歡喜奉行。

《雜阿含經》中此類經文極多，不再列舉。佛陀在波羅捺國鹿野苑中，說四聖諦度化五比丘，前後說了三次，後世稱作「三轉法輪」。法輪是什麼呢？法輪就是法，佛所說法，即是佛法。佛經上說，輪是轉輪聖王的寶輪，本來是作戰時用的武器，有迴轉及摧破兩種意義。迴轉者，迴轉於四天下；摧破者，碾摧諸怨敵。寶輪有金銀銅鐵四種，如其次第生金輪王乃至鐵輪王之差等。佛陀所說法，能迴轉眾生界，摧破諸

煩惱，故從喻名為法輪。如《大智度論》曰：

> 佛轉法輪，如轉輪聖王轉寶輪。……轉輪聖王，手轉寶輪，空中無
> 礙。佛轉法輪，一切世間天及人中，無遮無礙。其見寶輪者，諸災
> 惡害皆悉消殞。遇佛法輪，一切邪見疑悔災害，皆悉消滅。

在《過去現在因果經》中，記載著佛陀在鹿野苑度化五比丘的經過。
佛陀為五比丘說四聖諦，一說再說，稱為示轉、勸轉、證轉，即所謂
「三轉法輪」。經中說：

> 爾時世尊，觀五人根堪任受道，而語之言：憍陳如，汝等當知五陰
> 盛苦、生苦、老苦、病苦、死苦、愛別離苦、怨憎會苦、所求不得
> 苦，失榮樂苦。
> 憍陳如，有形無形，無足一足，二足四足多足，一切眾生，無不悉
> 有如是苦者。譬如以灰覆於火上，若遇乾草，還復燃燒，如是諸苦，
> 由我為本。若有眾生，起微我想，還復更受如是之苦，貪欲瞋恚，
> 以及愚癡，皆悉緣我根本而生。
> 又此三毒，是諸苦因，猶如種子能生於芽，眾生以是輪迴三有，若
> 滅我想及貪瞋癡，諸苦亦皆從此而斷，莫不悉由彼八正道，如人以
> 水澆於盛火。一切眾生，不知諸苦之根本者，皆悉輪迴，在於生死。
> 憍陳如，苦當知，集當斷，滅當證，道當修。
> 憍陳如，我已知苦，已斷集，已證滅，已修道故，得阿耨多羅三藐
> 三菩提。
> 是故汝今應當知苦、斷集、慕滅、修道。
> 若人不知四聖諦者，當知是人不得解脫。四聖諦者，是真是實，苦
> 實是苦，集實是集，滅實是滅，道實是道。

憍陳如，汝等解未？

憍陳如曰，解已、世尊，知已、世尊。

這一段經文，一層一層敘述下來，使人想像出世尊和顏悅色，諄諄善誘的神態。一遍說完，怕五人不了解，再說第二遍；二遍說完，仍怕五人不了解，再說第三遍。所以佛是天人師、眾生父，信不我欺。

這三轉法輪，第一次稱「示轉」，這是世尊直接開示四諦真像，令聽者知苦、斷集、慕滅、修道。這如在利根上智之人，當下即可開悟。示轉的大意是說：「此是苦、逼迫性，此是集、招感性，此是滅、可證性，此是道、可修性。」

第二次稱「勸轉」，怕根性稍鈍的人，對初次示轉未能全部了然，所以再次解說：「此是苦、汝應知，此是集、汝應斷，此是滅、汝應證，此是道、汝應修。」

第三次稱「證轉」，世尊對鈍根的人一說再說，怕其仍不能理會，所以引己為證，以啟悟他們：「此是苦、我已知，此是集、我已斷，此是滅、我已證，此是道、我已修。」

佛陀初轉法輪，度化五比丘，說的是四聖諦。以後四十五年遊行教化，以各種不同的方式解說四聖諦。如果我們對這四種真理，沒有清楚的概念與深刻的認識，就不知道佛陀住世時代教化的中心是什麼。於此，我們再分別探討如下。

二　苦聖諦

四聖諦的第一聖諦，是苦諦。苦諦，是三界六道的苦報。如《對法論》曰：「苦諦云何，謂有情生及生所依處。」明白的說，指的就是

有情世間和器世間。

　　苦之一字，梵語作 Duhkha，巴利文作 Dukkha，音譯豆佉，它有苦難、痛苦、苦惱、不滿意等意義，也有缺陷、無常、不實的含義。在此處，它代表著佛陀對於世間人生的看法。以此，有人說佛教是專門說苦的宗教，或者說佛教是悲觀的宗教。其實佛教既不悲觀，也不樂觀，如果一定要說有什麼觀的話，佛教應該是「實觀」，佛陀觀察世間人生真相，發覺人生的真相充滿了苦惱和缺陷，他如實的說出來，使世人了知。這好比一個醫生，在診察病人的時候，既不誇張病情，也不隱瞞病情，只是如實的把病情告訴病人，讓病人了解真相。

　　其實佛陀也並不否認人生有樂，譬如世俗間的天倫之樂，五欲之樂；修出世法的厭離之樂，無著之樂等。但這一切樂，都包含在苦內。何以故呢？因為根據緣起法的教義，快樂是因緣所生法，無其本質。快樂隨著因緣的變化而變化，有變化就是無常，而無常就是苦。不過行相明顯的苦易為人察覺，行相微細的苦不易為人察覺罷了。《俱舍論・二十二》云：「諸有漏行，皆是苦諦。」

　　有漏行是什麼意思呢？漏是煩惱的異名，有情由於煩惱所產生的過失、苦果，稱為有漏。而造作此過失、苦果的行為，稱有漏行，這包括著非可意的有漏行法，如苦受；可意的有漏行法，如樂受；餘有漏行法，如不苦不樂受。以上三種受，其性質全是苦，即所謂三苦——苦苦、壞苦、行苦。不過，佛教中說到苦時，一般是以「八苦」為代表。八苦之說，出之於《中阿含》的《大拘絺羅經》、《分別聖諦經》等經中，原文過長不具錄，現依經文原意、語譯並補充說明如下。

　　所謂八苦，是生苦、老苦、病苦、死苦、愛別離苦、怨憎會苦、求不得苦、五陰盛苦。這是眾生輪迴於六道中所受的八種苦果：
一、生苦：生苦有五種，一者受胎，謂納識成胎之時，在母腹中狹隘

不淨。二者種子,謂識托父母遺體,識種子隨母之氣息出入,不得自在。三者增長,謂在母腹中經十月日,內熱煎煮,身形漸成,住在生臟之下,熱臟之上,間夾如獄。四者出胎,謂初生時冷風熱風吹身,衣服等物觸體,肌膚柔嫩,如被物刺。五者種類,謂人品有富貴貧賤,相貌有殘缺妍醜等。

　　生之苦,我人多不復記憶。但看嬰兒出生,離開母體,為寒冷或燠熱的空氣所刺激,被接生者的大手抓來提去,其細嫩肌膚的感覺,便有如皮鞭抽體。嬰兒出生後哇哇大哭,實是肌膚痛苦所致。

二、老苦:老苦有二種,一者增長,謂少至壯,從壯至衰,氣力羸弱,動止不寧。二者滅壞,謂盛去衰來,精神耗減,其命日促,漸至毀壞。

　　在現實生活中,男人由昂藏七尺的健壯之軀,到老態龍鍾而步履維艱;女性由嬌媚動人的明眸皓齒,到雞皮鶴髮而惹人憎厭,真是情何以堪?如果再加上窮與病,這老來的日子就更難過了。

三、病苦:病苦有兩種,一者身病,謂四大不調,疾病交攻,如地大不調,舉身沉重;水大不調,舉身胖腫;火大不調,舉身蒸熱;風大不調,舉身倔強。二者心病,謂心懷苦惱,憂切悲哀。

　　事實上,人的一生都和病結下不解之緣。兒童與成人的疾病且不必講,老年人的病諸如高血壓、心臟病、腦血管疾病、癌症等等,不一而足。醫藥愈發達,疾病愈多,觀大小醫院人滿為患、一床難求可知。古語說:「無藥可延卿相壽」,有錢也未必能買到健康。

四、死苦:死苦有兩種,一者病死,謂因疾病壽盡命終;二者外緣,謂以惡緣,或遭水火等難而死。

　　認真的說，因疾病而壽盡命終，歷經生、老、病、死的過程，都是有福報的人。世間有多少人不得其死，不能終其天年。現代雖說科技進步，但照樣有水、火、風、雨、地震之災。加以文明社會的意外災害，飛機失事、船舶沉沒、汽機車災禍，幾乎無日無之；即使是病死在床上，但在四大分離之時，這一生所作所為，善善惡惡，一一自腦海映過。對於那善行或無愧於心的，心境平安寧怡，對於那惡行或傷天害理的，心感恐怖痛苦，此時地獄相現，直墮三途，苦也、苦也！

五、愛別離苦：謂與常所親愛之人，乖違離散，不得相處。

　　愛別離苦，是任何人都無以避免的。古語：「樂莫樂兮新相知，悲莫悲兮生別離。」如青春喪偶，老年喪子，固然是悲痛萬分；即是不是死別，或夫婦生離，或子女遠行，也是痛苦萬分。無奈「有聚必有散，有合必有離」，法爾如是，誰能逃脫此公例呢？

六、怨憎會苦：謂常與怨仇憎恨之人，本求遠離，反而集聚。

　　俗諺有云：「不是怨家不聚頭」，相親相愛的人要分別，而相憎相怨的人偏又被安排在一起，像永遠分不開似的，造化弄人，豈不使人苦惱萬分？

七、求不得苦：謂世間一切事物，心所愛樂者，求之而不能得。

　　求不得之苦，人人都有這種體會，這個世界上，沒有一無所求的人。有所求未必能樣樣滿足，這樣就有了苦。莫說求不得，縱然求得了，下一個新欲望又出現了，那裡有滿足的時候呢？

八、五陰盛苦：五陰新譯為五蘊，五陰熾盛，始有生、老、病、死等眾苦集聚。

　　五陰又稱五蘊，就是我們的身心。色陰熾盛，四大不調，而有疾病之苦。受陰熾盛，領納分別，使諸苦變本加厲。想陰熾盛，

想像追求，而有愛別離、怨憎會、求不得諸苦。行陰熾盛，起惑造業，又種下苦果之因。識陰熾盛，流轉生死，永無盡期。再者，社會上有許多五陰熾盛，精力過剩的人，他們迷昧顛倒，造作惡業。多少殺人搶劫，強暴婦女的人，不都是五陰熾盛的人做的？

看了上面的種種苦相，真使人觸目驚心，有苦海茫茫，何處是岸之感。事實上，佛陀也並不否定人生有樂，如世人有家庭人倫之樂，五欲享受之樂。只是，在無常法則的支配下，一切樂都不長久，一切樂中都含有苦的因素在內。早年，美國麻省理工學院哲學教授史密斯先生，著有《人類的宗教》一書，後來由舒吉先生譯出其中〈佛學篇〉部分，我們摘錄一段，看看美國人對於佛教中苦的看法：

佛陀並不懷疑人生可以過得愉快，過得愉快就是享受快樂，然而這裡有兩個問題：一、人生含有多少可以享受的成分？二、即使我們能享受快樂，這一種快樂能達到什麼程度？佛陀認為這個程度是很膚淺的。對獸類講，它是豐富的，但留給人的只是缺陷、空虛、徬徨。根據這一了解，甚至於可以說快樂只是飲鴆止渴而已。恰如朱蒙 (Drummond) 所說：「人世最甜蜜的歡樂，只不過是痛苦的粉飾。」而雪萊 (Shelley) 則稱「人類把不安錯認為愉快」，眩目的霓虹燈後面全是黑暗；我們必須記取，人生的核心（非現實的核心），只有不幸。所以人類不斷追取短暫的刺激——為的是想忘掉這藏在心靈深處的「面目」。有的人可能將這種黑暗忘記一段長時間，但是它仍舊在沖淡人們心中的快樂！……

三　苦集聖諦

　　佛陀以苦是世間人生的真相，所以佛經中說苦的地方極多。對於苦的分類，有二苦、三苦、五苦、八苦，以至於十苦、十八苦等，真所謂苦海茫茫，何處是岸。不過，苦是後果，不是原因。苦的原因，是四聖諦的第二聖諦——苦集聖諦。簡單的說，苦是我人招集而來的。在《增一阿含經‧十七》中，有關於集諦的說明：

　　彼云何名為苦集諦，所謂苦集諦者，愛與欲相應，心恆染著，是名為苦集諦。

說苦是個人招集而來的，是沒有任何意義的。在佛陀的教法中，不以為有主宰人類苦樂的創造者，也沒有外力、或超自然的力、以至於自力來影響人的苦樂，這一切都受緣生法的支配，佛陀以第二聖諦的「集諦」，來說明構成苦的原因。苦的原因是「愛與欲相應，心恆染著」，愛是十二有支中的第八支，所謂「受緣愛，愛緣取」。欲是心所名，意謂希求、欲望。欲望通於善、惡、無記三性，善欲使我人生起精進向善之心，而惡欲就是貪，貪、愛、欲這三個字，名稱不同而意義相通。各種欲望都包括在愛欲中，歸納起來說，包括著世間人所追求的財、色、名、食、睡。更廣泛的說，即是六塵境的色、聲、香、味、觸、法。愛和欲相應，就產生了三種愛——欲愛、有愛、無有愛。欲愛是對男女的肉體之愛的渴求，有愛是對於存在——幸福快樂的存在的渴求，無有愛是對於不存在——認為現實是苦，為脫離現實之苦對於虛無境界的渴求。

　　這三種愛，都與古代的印度社會背景有關。佛陀住世時代，印度

社會風氣墮落，視男女肉體之愛為人生之最高的幸福與理想（當時的順世外道即作此主張），以致醉生夢死，追求片刻之歡；有愛是人類普遍的追求，特別是幸福快樂的人。但是亦有認為現實的存在是苦，為脫離此苦，所以對於虛無境界的渴求——無有愛。並不是說只在佛陀住世時代世人才有這種愛欲的渴求，而是恆常的、普遍的存在於有情世間。世間人對於以上三種愛的追求，有如口渴時要飲水似的強烈，所以稱為「渴愛」。

　　基於以上的理解，可知苦只是愛欲的果，愛欲是苦的因。其實愛欲只是苦果較顯著的近因，而不是苦果的唯一原因，也不是苦果的第一原因。愛欲也是眾緣生的，在互相依賴、互相關聯的情況下，它既不是開始，也不是終結，它只是眾緣中的一環。因為愛欲是依受而生起的，受又是依觸而生起的，觸又是依六入而生起的，一直往上追溯，就追溯到無明。無明也不是第一因，也是緣生的，在佛陀的教法中，任何事物沒有第一因，也沒有最後果。由無明而緣行，行緣識，識緣名色，以至於名色緣六入，六入緣觸，觸緣受，受緣愛，愛緣取，取緣有……十二有支的流轉，就是集諦，就是生苦之因。巴利文聖典《增支部》說：

　　諸比丘，何為集諦？無明緣行，行緣識，識緣名色，……所以苦由
　　而生起，此被稱為集諦。

貪愛是世間人類最大的敵人，它給世人帶來一切罪惡和災難，它不僅只是追求感官上的快樂，同時也追求名譽、財富、地位、權勢等等。尤有進者，它還涉及到觀點、理念、思想、信仰上的執著。在顧法嚴居士所譯《佛陀的啟示》一書中，對此有著深入的分析。於此摘錄數段，以助我人對於「苦之生起」的理解：

苦的根源，就是「渴（愛）」。它造成「來世」與「後有」；與強烈的貪欲相纏結，隨時隨處拾取新歡。這「渴（愛）」有三，一、感官享受的渴求（欲愛），二、生與存的渴求（有愛），三、不再存在的渴求（無有愛）。這以各種形式表現的「渴求」、欲望、貪婪、愛著，就是生起一切痛苦、及使得生死相續不斷的根源。但卻不能將它視為最初因，因為按照佛法說，一切都是相對的、相互依存的。這苦之根源的「渴（愛）」，也是依其他條件而生起的。

「渴（愛）」並不是苦之生起最初或唯一的原因，而是最明顯、最直接的原因，也是最主要與最普遍的事實。因此，在巴利文原典的某些地方，集諦的定義中，除了以「渴（愛）」為主要的原因以外，還包括了其他的煩惱不淨法，本文篇幅有限，無法詳論，只請牢記一點，這渴愛的核心，就是從無明生起的虛妄我見。

「渴（愛）」一詞的意義，不僅是對欲樂、財富、權勢的貪求與執著，也包括著對意念、理想、觀點、意見、理論、概念、信仰等的貪求與執著。根據佛的分析，世間一切困擾紛爭，小至家庭個人之間口角，大至國與國間的戰爭，無不是由這自私的「渴（愛）」所引起。從這一點看，一切政治、經濟、與社會問題的根本，都在這自私的渴愛。大政治家們想僅從經濟與政治方面去解決國際糾紛，討論戰爭與和平，只觸及問題的表面，而不能深入到根本癥結之所在。佛就曾告訴羅吒波羅：「世人常感不足，夢寐以求，乃成為『渴（愛）』的奴隸。」

　　苦只是果，而不是因。雖然愛欲是生苦的顯著近因，但愛欲也是緣生法中眾緣的一環，在因果相續的緣生法則中，任何自力或外力都阻礙不了它的進行。除非依著十二緣生的還滅門：「無明滅則行滅，行

滅則識滅，識滅則名色滅，名色滅則六入滅，六入滅則觸滅，觸滅則受滅，受滅則愛滅，……」滅，就是第三聖諦：「滅諦——苦之止息」。

在佛陀的基本教理中，「緣起說」是以流轉緣起為重點。而在「四聖諦」中，說到流轉與還滅兩種緣起，而特別著重於還滅緣起——著重於苦之止息、及導致苦之止息的途徑「道聖諦」——八正道。緣起，是佛陀在菩提樹下內證法門，「緣起甚深」，不是一般人所能了解的。而四聖諦，是為了使人理解緣起的道理，把緣起重予組合，以另一種方式表達出來，使人易於了解、接受。

四聖諦的第一聖諦是「苦」，苦是社會人生的實態。但這並不表示「悲觀」或「厭世」，這只是要人們知道真相，認清這個事實。並且，苦是「結果」，不是「原因」。苦的原因是「集」，是「愛和欲相應，心恆染著」所造成的渴愛。但在佛法上說，一切都是緣起，苦的生起，不能說渴愛是唯一的原因，只不過是最明顯的，較直接的原因罷了。所以《佛陀的啟示》一書中說：「苦的根源，就是渴（愛），它造成來世與後有。」

渴愛即是欲望（愛、欲、貪三者是同義語），人類生存的要件，要依賴「四食」，即是段食、觸食、識食、思食。段食是物質性的食物；觸食是感覺器官與外境接觸的食物——感官上的滿足；識食是知覺——精神上的食糧；而思食，思即意志，就是求生存，求再生，求生生不已的意志。這就是生命延續的原動力，也就是佛法中「業力」、「輪迴」的根據。

由於愛與貪、欲相糾纏，再加上「思」——意志力的推動與貫徹，這就造成了「業」。當然，欲望有相對的善惡，業力也有相對的善惡，但無論其為善為惡，都能產生一種潛在的力量，一種推動繼續向善或向惡的方向前進的力量。或問，什麼又叫做「業」？簡單的說，業是指

身心活動而言。我人的身心活動——即日常的一切行為，可分為身行、語行、意行三種。此行為對未來的影響就是業。我人以過去的行為、習慣，形成現在的性格；而現在的性格，又支配著未來的行為。一切的身心活動，都有「慣性」作用，這俗稱習慣，佛法中稱為「業習」，業習有指導身心活動傾向的勢用，故稱為「業力」。業力是支配我人命運的潛在勢力，社會上眾人共同的行為，其後果即是「共業」，這相當於儒家所言的「數」；個人各別行為的後果即是別業，相當於我們俗稱的「命」。

社會芸芸眾生，皆終生為「業」而努力盡瘁。兒童入學，是為了學業，及長入社會，是為了事業；組織公司為了發展企業，努力致富創造下大片家業。人人終生為業忙碌，而沒有人想到，這些業即是佛法中「業力」的業。而所謂業力，無非是貪愛與欲望造成的後果——即是造成「來世與後有」的潛在力量。

而我們通常所稱的「人」，無非是肉體與精神（五蘊）的組合。物質性的肉體（此在佛法中稱為「粗色」）固然是「能」的產物——物質是分子的組合，分子是原子的組合，而次原子以下，不是「質」而是「能」；而精神作用同樣也是「能」。我們通常所稱的「死亡」，只是肉體機能停止，而精神作用的「能」仍然存在。這種精神「能」，受著對於生存、持續、繁衍的意志力、欲望與貪愛力的推動，繼續形成另外一種生命形態，這即是「來世」，也就是「後有」。造成來世與後有的，就是「業力」。

業力推動生命未來的趨向，這是必然的因果，這是自然律，也是行為上慣性作用的推動。這其間沒有上帝在主宰，也沒有閻羅、判官掌管著人間生死戶籍。同時，業力的作用也與社會上所謂道德、正義等無關。這一切都是遵循著行為力（業力）慣性的推動，這是自然律

中的因果法則。此中沒有神鬼主宰或裁判，而因果歷然，不容假藉。

四聖諦中的「苦集聖諦」，是招苦之因，也造成「來世與後有」的果。這就是佛法中生命流轉（輪迴）的原動力。

四　苦滅聖諦

四聖諦是緣起的另一種表達方式，同樣的，其所表達的緣起，也有流轉和還滅兩種緣起。即前者是生命的流轉，就是六道輪迴；後者是生命的還滅，就是趣向涅槃。而佛陀開顯的教說，重點是在後面的還滅緣起，即是苦滅聖諦與苦滅之道聖諦。滅是什麼呢？《大乘義章·十八》曰：「外國涅槃，此翻為滅，滅煩惱故，滅生死故，名之為滅；離眾相故，大寂靜故，名之為滅。」而《華嚴大疏鈔·五十二》曰：「譯名涅槃，正名為滅，取其義類，乃有多方。總以義翻，稱為圓寂，以義充法界，德備塵沙曰圓，體窮真性，妙絕相累為寂。」

涅槃，是佛教出世修行解脫最高的理想境界，其義譯為「滅」，即是「滅」了一切煩惱，從而超越生死、超越時空、超越於現實世界的一種境界。本來，涅槃是梵語 Nirvana 的音譯。梵語 Nirvana，是從 nir-va 字根衍化而來的，它的原意是「止息」——燃燒中的火逐漸止息的樣子。引申出來的意思，就是貪婪、瞋恚、愚痴等煩惱逐漸的止息。燃燒中的煩惱之火熄滅，達於悟智（菩提）的境界。這是超越生死（迷界）的悟界，也是佛教終極的實踐目標。

事實上，涅槃這個名詞，並不是佛教創造或首先使用。婆羅門教的經典、與古代印度的史詩中就有這個名詞。佛陀住世時代，外道也使用這個名詞。某些外道，認為深入禪定的境界就是涅槃。如佛陀初出家時，首先訪問並師事阿羅邏伽羅摩仙人，這位仙人認為無所有處

定就是最高的境界；後來又訪問郁陀伽羅摩仙人，郁陀伽羅摩以為，非想非非想處定就是涅槃。佛陀依二位仙人習定，並且達到與二位仙人相同的境界，但在入定時想心不起，出定後仍無法獲得心靈的寧靜，所以佛陀認為無論是色界定或無色界定，都不可能達於涅槃境界。所以佛陀離開二位仙人，到尼連禪河畔修行。

涅槃是第一義諦的無為法，佛陀在《阿含經》中說：「……不流轉，離熾燃，離燒燃，流通，清涼，微妙，安隱，無病，無所有，涅槃，亦如是說。」如何達於涅槃境界呢？自然是「修道」。所以《雜阿含經·八九〇》稱：

> 如是我聞，一時，佛住舍衛國祇樹給孤獨園。爾時，世尊告諸比丘：當為汝說無為法及無為道跡。諦聽，善思。云何無為法？謂貪欲永盡，瞋恚、愚痴永盡，一切煩惱永盡，是無為法。云何為無為道跡？謂八聖道分，正見、正志、正語、正業、正命、正方便、正念、正定，是名無為道跡。佛說此經已，諸比丘聞佛所說，歡喜奉行。

涅槃，本來是燃燒的火逐漸止息的樣子。也就是表示我人內心貪婪之火、瞋恚之火、愚痴之火逐漸的止息。我們內心的煩惱繫縛得到解脫，就可由迷界超越生死於悟界。可是，由於中印文化背景的不同，中國的經典中的涅槃，在方正嚴肅的翻譯和解釋之下，就使初讀佛經的人，對於「涅槃」一詞滿頭霧水，不知是怎麼一回事了。我們隨手在經典中找出幾段註解的文字，來看對涅槃的解說。

《涅槃經》曰：

> 涅者言不，槃者言織，不織之義，乃名涅槃。槃又言覆，不覆之義，名為涅槃。……槃言不定，定無不定，乃名涅槃。槃言新故，無新

故義，乃名涅槃……

《大毘婆沙論》曰：

> 槃名為趣涅名為出，永出諸趣名為涅槃。復次槃名為臭涅名為無，永無臭穢諸煩惱故名涅槃。復次槃名稠林涅名永離，永離一切三火三相諸蘊稠林故名涅槃……

以上就是中國經論中對於涅槃的解釋，這在現代工商業社會中，實在不是一般的知識分子所能理解。近代譯經家顧法嚴居士，在他所譯的《佛陀的啟示》一書中，說到四聖諦中的滅諦──涅槃，他解釋的淺明生動，於此摘錄出一部分，以助我們對涅槃的認識。

《佛陀的啟示》一書，在第三聖諦：「滅諦──苦的止息」一章中說：「我們再看看巴利文聖典裡，若干涅槃的定義及說明。」以下的譯文是：

> 涅槃是徹底的斷絕貪愛，放棄它、摒斥它、遠離它，從它得到解脫。

> 一切有為法的止息，放棄一切污染，斷絕貪愛、離欲、寂滅、涅槃。

> 比丘們啊！什麼是絕對（無為）？它就是貪的熄滅、瞋的熄滅、癡的熄滅，這個，比丘們啊，這就叫做絕對。

> 羅陀啊！熄滅貪愛，就是涅槃。

> 比丘們啊！一切有為法中，無貪最上。就是說，遠離憍慢，斷絕渴想，根除執著，續著令斷，熄滅貪愛、離欲、寂滅、涅槃。

> 放棄、消滅愛欲與對此五蘊之身的貪求，就是苦的止息。

生死相續的止息，就是涅槃。

此外，對於涅槃，佛陀又曾這樣說過：

比丘們啊！有不生不長的非緣生法（無為法），如果沒有這不生不長的非緣生法，則一切生的長的因緣和合的，即無從得解脫。因為有這不生不長的非緣生法，生的長的因緣和合的，才能得到解脫。

他這築在真理上的解脫，是不可動搖的，比丘們啊！凡是虛妄不實的都是假法，凡是真實的、涅槃的，才是真理。因此，比丘們啊！有這種賦稟的人，才是賦有絕對真理，因為絕對的聖諦，就是涅槃，也就是實相。

　　什麼是絕對的真理呢？依於佛教的說法，絕對的真理就是：凡所有的法都是相對的、緣起的、無常的、不永恆的。沒有恆常不變、亙古永存的絕對實體，這包括著外道的「自我」、「靈魂」、或「神我」等。雖然通俗言詞裡也有「反面的真理」這句話，但真理絕不是反面的。體證這真理，就是對事物的如實知見、沒有無明妄想；也就是斷絕貪愛、滅苦、涅槃……。

　　該書「滅諦」一章還這麼說：

常有人問，涅槃之後又如何？這問題是不能成立的，因為涅槃是最終的真理，它既是最終，它之後就不能再有別的。如果涅槃之後仍有什麼，那末那東西才是最終的真理，涅槃就不是了。
在幾乎所有的宗教中，至善之境只有在死後方能達到，涅槃卻可以當生成就，不必等死後方能獲得。

書中雖然沒有說出「涅槃之後」的境界，但也透露了一些訊息，大意

是：凡是親證真理、涅槃的人，就是世界上最快樂的人。他不受任何錯綜 (Complex)、迷執、憂、悲、苦惱等苛虐他人的心理狀態所拘縛。他的心理狀態是完美的，他不追悔過去，不冥索未來，只是紮實的活在現在。因此，他能以最純淨的心情欣賞與享受一切，而不摻雜絲毫自我的成分在內。

他以喜悅的心情，享受著純淨的生活。他的感官恬適，無所煩憂，心靈寧靜而安詳。他既無自私之欲求、憎恚、愚痴、憍慢、狂傲及一切染著；就只有清淨、溫和，充滿了博愛、慈祥、和善、同情、了解與寬容。他的服務精神是最純正的，因為他不為自己著想，他不求得、不積儲，甚至於不積貯精神的資糧，因為他沒有「我」的錯覺，而不渴求重生。

涅槃是超越一切兩立與相對的概念，因此它不是一般善惡、是非、存在不存在等觀念所能概括。甚至用以形容涅槃的「快樂」一辭，其意義也迥然不同。舍利弗有一次說：「同修們呀！涅槃真是快樂、涅槃真是快樂。」優陀夷問他：「可是，舍利弗，我的朋友，如果連感覺都沒有了，怎麼會有快樂呢？」舍利弗的答案含有高度的哲學意味，而不是一般人所能了解的。他說：「沒有感覺的本身就是快樂。」

這就是涅槃——就是煩惱之火熄滅以後的境界。

五　苦滅之道聖諦

四聖諦的第四聖諦，是苦滅之道聖諦，此簡稱為道諦。原來苦的止息，是修道而證得的，所以修道是因，證滅是果。修什麼道呢？修的是通往涅槃之路的「八正道」。如《八正道經》上說：

八正道者，一正見、二正思惟、三正語、四正業、五正命、六正精進、七正念、八正定。正見者，謂如信作布施，禮沙門道人，供養佛及孝順父母之一切善法後世得福。正思惟者，謂念道不瞋，守忍辱不相侵。正語者，謂不犯妄語、綺語、惡口、兩舌之口四過。正業者，謂不偷、不盜、不淫。正命者，於飲食、床臥等不貪，離非法。正精進者，謂行精進。正念者，謂念念不妄。正定者，謂守意護意而不令犯也。

所謂八正道，指的是八種正道。八種正道何以用「八正道」一詞而蓋括之？因為在實踐修行上，八正道有其互相資助的關係，必須是齊頭並進，缺一不可，所以把八正道看成「單一名詞」。如《雜阿含經·七八七》謂：

正見者能生起正志、正語、正業、正命、正方便、正念、正定……

《雜阿含經·七四八》曰：

彼正見者，能起正志、正語、正業、正命、正方便、正念、正定，起定正受故，聖弟子心正解脫貪欲、瞋恚、愚癡，如是心善解脫，聖弟子得正知見，我生已盡，梵行已立，自知不受後有。

這是以正見綜貫八正道，以正定心、正解脫心善解脫，離貪瞋痴欲，逐漸由正志、正業、正命、正方便、正念、正定中實踐，得聞、思、修慧，一分正見導引一分道諦，一分道諦上增上一分正見。

以上是說教方式之一，另外，七八五經則分成世間出世間兩種解釋，世間八正道沒有思維修習四聖諦、及無漏思維的道理，出世間八正道則要修習者不斷思維四聖諦、及無漏思維的道理。經文過長，不

再列舉。茲以一般的詮釋，說明八正道如下：

一、正見：正見的意思是正確的見解，正確的人生觀。自世間法來說，
做為一個崇信三寶的佛教信徒，要正確的認識善惡業報，三世因
果。並且孝順父母，和睦親族，守五戒，行十善，這是世間正見；
以出世間正見來說，就是徹見緣起法、四聖諦的智慧，用正覺去
觀察，用正思維去抉擇，向涅槃之路精勤修持。

與正見相反的是邪見，就是一切錯誤的見解。諸如懷疑因果，
否定業報，不知緣起法、四聖諦，執著於身見、邊見、戒禁取見
等等。正是因為當時印度社會邪說充斥，所以佛陀說八正道，首
先以正見總其綱領。

二、正思維：思維是思量分別，正思維是由正見所引起的正確的思量
分別，這是指三行中的意行（心行）而言。自世間法及出世間法
來說，都是指無欲、無瞋、無害心三種想法。即是說在思維上遠
離一切貪、瞋、癡、慢、疑等煩惱，而保持心理上的純正。這種
無貪、無瞋、無害之心的純正意志，表現出的行動就是正語、正
業與正命。

三、正語：是正確的、如法的語言。這是指三業中的語業而說的。佛
經典上說，妄語、綺語、兩舌、惡口，是十惡業中的四種語業。

妄語就是虛偽不實的謊話，綺語就是有挑逗性的輕薄話，兩
舌是挑撥離間、破壞他人感情或從中謀取利益的假話，惡口是粗
暴鄙俗、或尖刻惡毒的罵人話。修道的人，遠離以上四種口業，
以誠實語、質直語、柔軟語、和諍語對待他人，以啟發他人的向
道之心。

四、正業：是正當的、如法的行為，這是指三業中的身業而說的。佛
經上說，殺生、偷盜、邪淫是身體的三種惡業，殺生不僅指殺人，

包括故意殺害一切生命。偷盜是竊取他人財物，雖一針一線之微，不告而取即謂之偷。邪淫，是不正當的性行為。遠離以上三種惡業，進一步愛護生物，布施資財，宣揚正法，保持夫婦的正常關係（出世間法要完全斷絕愛欲），這就是正業。

五、正命：正命是正當的生計，也即是遠離邪命。佛陀住世時代，社會上有「五邪命」──五種以詐欺為手段謀生的職業，是：「詐現異相、自說功德、占相吉凶、高聲現威、說得供養」。這就像現在的江湖術士，看相算命，風水地理，以至於乩童神棍，自稱通靈，或自稱有神通，有鬼神附體等等，來謀取錢財。

正當的資命生計，不但不開賭場、開妓院、販買毒品，同時也不從事屠宰、捕魚、打獵等傷害生命的行業。更進一步說，間接傷害生命如販買獵槍漁具，也是義不當為。

六、正精進：正當的努力不懈，即是依於正見、正思維、正語、正業、正命來修行，相續無間，勇猛策進，是正精進。《大智度論》中以「四正勤」為精進目標，即已生惡為斷除，未生惡使不生，未生善為生起，已生善使增長。不僅修道上努力精進，在世間法上說，或研究學問，或經營事業，或從事任何職業，都應該精進不懈，始能有所成就。如果遊手好閒，懈怠墮落，虛度一生，與草木同朽，實在可憫。

七、正念：正念是正淨的憶念，修道的人以「四念處」為正念，即觀身不淨、觀受是苦、觀心無常、觀法無我。以世間法來說，時時提高警覺，保持冷靜清醒，以免因疏忽而造成重大錯誤。如攀高失足，駕車肇禍，都是不能保持正念所致。

八、正定：正定是正確的、正當的禪定，使自己的心境平靜，精神集中專注，這在出世間法說，是正確的、正統的禪定。禪定不是幾

句話就能說明白，篇幅所限，不能細述。在世間法來說，一個有修養、或擔大任的人，亦必有相當的定力。《大學》一書謂：「知止而後有定，定而後能靜，靜而後能安，安而後能慮，慮而後能得。」由此可見，定力是一種精神修養。如果遇事情驚慌失措，六神無主，如何能擔當大任呢？

六　三十七助道品

在佛陀住世時代，教導僧團的弟子，不僅是要他們「知」，更重要的是要他們「行」——即是道之實踐，循道之實踐而趨向涅槃解脫。所以原始佛教時代，僧團中的比丘三衣一缽，日中一食，樹下一宿，那是減少物累，而專心於修道。而所謂「道」，一般說是「四聖諦」中的八正道，即正見、正思維、正語、正業、正命、正精進、正念、正定。所以在原始佛教聖典中，很多地方都討論到此一問題。後來到了部派佛教時代，後代佛弟子沿襲以往的修行方法，組織成了「三十七助道品」，一套完整的修行體系。

三十七助道品分為七科，即一者四念處，二者四正勤，三者四神足，四者五根，五者五力，六者七菩提分，七者八正道分。其內容細目是：

一、四念處：觀身不淨、觀受是苦、觀心無常、觀法無我。

二、四正勤：已生善令得增長、未生善令得生起、已生惡令得除斷、未生惡令不生起。

三、四神足：欲神足、勤神足、心神足、觀神足。

四、五根：信根、進根、念根、定根、慧根。

五、五力：信力、進力、念力、定力、慧力。

六、七菩提分：擇覺法支、精進覺支、喜覺支、除覺支、捨覺支、定
　　覺支、念覺支。

七、八正道：正見、正思維、正語、正業、正命、正精進、正念、正定。

　　以上七科分，總和起來就是三十七道品，但七科分的每一體系，
即各自包括著不同的修行法門。佛陀依弟子根基的不同，而示以不同
的方法，所以在修持時，並不是必須實踐三十七道品的全部，而只要
實踐其中某一體系，即可通於全部。例如四念處，即三十七道品中的
第一科分。佛陀在《雜阿含經・六〇六》中說四念處：

> 如是我聞：一時，佛在舍衛國祇樹給孤獨園。爾時，世尊告諸比丘：
> 有四念處，何等為四，謂身身觀念處，受心法法觀念處。如是比丘，
> 於此四念處，修習滿足，精勤方便，正念，正知，應當學。佛說此
> 經已，諸比丘聞佛所說，歡喜奉行。

佛陀在《雜阿含經・六三八》中又說：

> 佛告阿難，若比丘身身觀念處，精勤方便，正智正念，調伏世間貪
> 愛，如是外身內外身受心法法觀念處，亦如是說。阿難，是名自洲
> 以自依，法洲以法依，不異洲以不異依。

　　佛陀在《念處經》中，說修四念住可以使煩惱止息。現將經文語
譯一段：「比丘們啊！如修行人欲潔淨眾生，超越憂悲苦惱，行正道而
證涅槃，這是唯一的途徑，也就是四念處。」於此，把四念處的內容
再說明如下：

一、身念處：又作身念住，即觀身之自相為不淨，同時觀身之非常、
　　苦、空、非我等共相，以對治淨顛倒。

二、受念處：又作受念住，即觀於欣求樂受中反生苦之原因，並觀苦、

空等共相，以對治樂顛倒。

三、心念處：又作心念住，即觀能求之心生滅無常，並觀其共相，以對治常顛倒。

四、法念處：又作法念住，即觀一切法皆依因緣而生，無有自性，並觀其共相，以對治我顛倒。

原來我輩凡夫，有四種顛倒知見，即是常顛倒、樂顛倒、我顛倒、淨顛倒。即凡夫不知迷界的真實相，而以世間之無常執為常，於諸苦執為樂，於無我執有我，於不淨執為淨。而修四念處觀，即在於對治以上四種顛倒。修四念處觀，即是集中心意於一點，以防治雜念妄想之生起的一種觀法。要修四念住，先要隨時了解自己的心理狀態，那就是：

一、我的心念是集中專一的，還是散亂紛擾的。

二、我是神清氣爽，還是昏昏欲睡。

三、我是輕鬆安詳的，還是處於緊張狀態。

四、我的心中充滿了各種貪欲之念嗎？

五、我心中有瞋恚之念嗎？包括著輕微的不悅及輕重的慍怒。

六、我的心中有沒有慈悲、關懷，以至於無私心的利他胸襟？

我們隨時觀照我們的內心，這就是修行的初步，佛陀在《念處經》中開示說：

> 諸比丘，一個比丘當如何觀察於心？一個比丘當明了覺知心中是否有欲是否無欲；是否有瞋，是否無瞋；是否有癡，是否無癡；是否內斂，是否外馳；是否純熟於修行，是否未純熟於修行；是否有上，是否無上；是否集中，是否不集中；是否解脫，是否不解脫。

四念處，在三十七道品的七科中，是最重要的一科。佛陀在《雜

阿含經・六〇七》中，稱四念處是一乘道。經云：

> 如是我聞：一時，佛在舍衛國祇樹給孤獨園，爾時世尊告諸比丘：
> 有一乘道淨諸眾生令越憂悲滅惱苦，得如實法，所謂四念處，何等
> 為四，身身觀念處，受心法法觀念處，佛說此經已，諸比丘聞佛所
> 說，歡喜奉行。

所謂一乘道，即是唯有依此修行才能證道。

三十七道品的第二科，是「四正勤」。而四正勤，就是由八正道中
的正精進而開展出來的。四正勤又稱四正斷、四意斷、四正勝。勤者
不懈之義；斷者斷障之義，亦即是以精進心斷除怠慢心。這是精勤於
「斷惡修善」的四種修行德目。如《雜阿含經・三十一》謂四正斷者：

> 一者斷斷，使已生之惡永斷，即於所生之惡斷之又斷。
> 二者律儀斷，努力使未生之惡不生；即堅持戒律，慎守威儀，不令
> 惡起。
> 三者隨護斷，努力使未生之善能生；即於無漏之正道隨緣護念，令
> 其生起。
> 四者修斷，努力使已生之善令生長；即能修行正道，令其生長而自
> 然斷除諸惡。

經中說，以精勤行此四法，能斷懈怠，故稱四正斷。四正勤又稱
四意斷，如《增一阿含經・十八》謂：「於此四正勤具足修行，心意不
忘；即意中決定而斷行，故稱四意斷。」四正勤又稱四正勝，《雜阿含
經・二十六》稱：「於正策勵身、語、意三業之法中，以四正勤為最勝，
故又稱四正勝。」而《法界次第初門》中亦謂：四正勤者，一為除斷
已生之惡，而勤精進。二者為使未生之惡不生，而勤精進。三者為使

未生之善能生，而勤精進。四者為使已生之善能更增長，而勤精進。

修八正道，是八種正法齊頭並進，缺一不可。例如位列第一的正見，必須有以後七正法並修才有成就；而第八的正定，必須以前七正法為基礎才能圓滿。而在三十七道品中的七科中，並不是必須七科全部實踐，而是以各人根基選擇一門修持實踐，由淺入深，即可通於全部。我們仔細分析三十七道品，例如五根與五力，是以信為首，這是說由信仰佛法僧三寶、以信力而悟入菩提，這是適合於根機較低、慧解較淺者的修行法門；而四念處：觀身不淨，觀受是苦，觀心無常，觀法無我，是止觀法門，依此止觀就可止息煩惱。七覺支，是側重於禪定的法門，即是由修習禪定而證得菩提。止觀、禪定，是適合於根機較深者的修行法門。

但不拘選那一種法門，而精進（正勤）都是必不可少的一項德目。四正勤固然是四種精進，而五力中的精進力，五根中的精進根，四如意足中的勤如意足，七覺支中的精進覺支，以至於八正道中的正精進，在三十七道品所分的七品中，有六品中全有精進。雖然四念住中沒有列精進，但在修持實踐過程中也必離不開精進。不然，懈怠散亂，如何能有所成就呢？綜計三十七道品中，有九品都是精進，由此可看出精進（勤）在道之實踐中的重要性。

第四章　十二緣起

一　生命流轉的內緣起

十二緣起，是佛陀以有情生、老、病、死的觀點，在菩提樹下所證悟的真理。這種有情生死流轉的緣起，具足的說，就是「緣無明行、緣行識、緣識名色、緣名色六入、緣六入處觸、緣觸受、緣受愛、緣愛取、緣取有、緣有生、緣生老死，憂悲惱苦，如是純大苦聚集……」的十二有支流轉。十二有支的「有」，指的是「三有」，即欲有、色有、無色有的三有，支者分支，以無明等十二法，是有情流轉三有的分支，故名有支。再者，有情自體，總明為有，自體中的一分說名為支。總十二支為一自體，析一自體為十二支，故說名十二有支。

十二緣起又名十二緣生，緣起指因說，緣生指果說。《俱舍論・九》稱：「諸支因分，說名緣起；由此為緣，能起果故。」在《瑜伽師地論・五十六》中說：「復次，云何名緣生法？謂無主宰，無有作者，無有受者，無自作用，不得自在，從因而生，托眾緣轉，本無而有，有已散滅，唯法所顯，唯法能潤，唯法所潤墮在相續，如是等相，名緣生法。當知此中，因名緣起，果名緣生。」

最初的緣起，指的是有情生死流轉的緣起。後來由有情生死流轉的緣起，擴及於萬法生滅變異的緣起，而把生命流轉的緣起稱「內緣起」；把萬物生滅的緣起稱為「外緣起」。在《佛說稻芉經》中，佛陀

假借稻稈以說明緣起的道理，其中有一段經文曰：

> 此因緣法，以其二種而得生起，云何為二，所謂因相應，緣相應。
> 彼復有二，謂外及內。此中何者是外因緣法因相應？所謂從種生芽，
> 從芽生葉，從葉生莖，從莖生節，從節生穗，從穗生花，從花生實；
> 若無有種，芽即不生，乃至若無有花，實亦不生。有種、芽生，如
> 是有花，實亦得生。
>
> 應云何觀外因緣法緣相應？謂六界和合故。以何六界和合，所謂地、
> 水、火、風、空、時等和合，外因緣法而得生起。應如是觀外因緣
> 法緣相應義。地界者，能持於種；水界者，潤漬於種；火界者，能
> 暖於種；風界者，動搖於種；空界者，不障於種；時則能變種子。
> 若無此眾緣，種則不能而生於芽。若外地界無不具足，如是乃至水、
> 火、風、空、時等無不具足，一切和合，種子滅時而芽得生。

以上一段經文是說：因緣法，不僅是要因相應，同時也要緣相應。
因緣法有二種，所謂外因緣法、內因緣法，外因緣法的因，譬如由種
子生芽，由芽生莖，從莖生節，從節生穗，從穗開花，從花結果；外
因緣法的緣，譬如地、水、火、風、空、時等，因緣具足，自然會種
滅芽生。後來大乘經典的《入楞伽經》也這麼說：

> 佛言：大慧，一切法因緣生有二種，謂內及外。外者謂以泥團、水、
> 杖、輪、繩、人工等緣合成瓶，如泥缽、縷疊、草蓆、種芽、酪蘇、
> 悉亦如是，各外緣前後轉生；內者謂無明、愛、業等生蘊、界、處
> 法，是謂內緣起，此但愚夫之所分別。

經文中的內緣起，是指生命流轉、生老病死的緣起；外緣起，是
指物質變化、生住異滅的緣起。關於內緣起留待後面再說，茲先探討

外緣起。

所謂外緣起，是指世間一切物質現象的生起——當然也包括著變異和壞滅。前面說過，宇宙萬有，沒有永恆不變的事物，也沒有孤立存在的事物。一切都是仗因托緣，互相關涉對待而生起存在。好像我們以泥土與水加以調和，再加以木杖、輪子等工具，就可以做出泥罐、泥缽等陶器來；我們用紗縷織成布，用草編成蓆子，也都要加上工具、人工等相關的條件。更具體的說：我們有了或瓜或豆的種子，但種子只是因緣的條件之一，必須把種子埋在土壤中，再加上陽光、雨露、人工等助緣，種子才能萌芽生長。當然，如果我們再除去雜草，施以肥料，種子萌出的芽會生長的更茁壯。所以種子生出豆苗瓜蔓，絕不是種子單一的因素條件，要依賴其他許多相關的因素條件。這許多相關的因素條件而生起存在的事物，就叫做「因緣生」；而許多因素條件生起事物的必然理則，就是「因緣起」——簡稱緣起。

許多因素條件生起事物，有時間上與空間上兩種相對待的關係。自時間上的先後來說，就有了前因後果的關係；自空間上同時對待來說，就成了互相依存的關係。譬如一株樹，自時間上說，早先的種子為因，而有現在大樹的果；自空間上說，種子長成樹苗以至於大樹，要依賴土地、陽光、雨露等等許多條件。一株樹所佔的土地不過方丈之地，但此方丈之地，要依賴周圍的土地來支持，周圍的土地要依賴更周圍的土地來支持。反過來說，土地固然支持了大樹，大樹的根同時也保護了土地，這就成了關涉對待的依存關係。所以，廣義的緣起，任何事物的生起、存在、變異、壞滅，其依存與因果的關係，可說是橫遍十方，豎貫三世。

釋迦牟尼世尊青年時代，以人生生老病死的煩惱而出家修道，經過六年苦行，在菩提樹下睹明星而證道——證悟真理。他所證悟的真

理，就是世萬法生起存在的法則，「緣起」。不過，佛陀當時所證悟的緣起，是以人生論的觀點，探索生命流轉的緣起，即所謂「內緣起」。所以世尊說：「我坐道場，但通達十二因緣法。」（見《大寶積經·富樓那會》）這十二因緣法，為佛陀所通達——證悟，而不是佛陀所創造或制定，所以《大智度論·二》，引用佛陀的話：「我不作十二因緣，餘人亦不作，有佛無佛，生因緣老死，是法常定住。」

二　五支、九支、十二支緣起

有情生死流轉，是仗因托緣生起。而此因緣流轉，有十二個階段，稱之為「十二因緣」，十二因緣的「因緣」是什麼呢？就是《佛說稻芉經》所稱的：「此中何者是因緣，言因緣者，此有故彼有，此生故彼生。所謂無明緣行，行緣識，識緣名色，名色緣六入，六入緣觸，觸緣受，受緣愛，愛緣取，取緣有，有緣生，生緣老、死、愁、嘆、苦、憂、惱而得生起，如是唯生純大苦聚。」由這十二支因果相生，構成一條生命流轉的連環鎖。

不過這十二支的緣起，是後來發展完成的，在早期經典記載中，有說為五支、九支、十支或十二支，到後來始固定為十二支，北傳的大乘佛教，乃以此為定說。像《雜阿含經·二八三》、《雜阿含經·二八五》、《雜阿含經·二八六》等，就是以愛、取、有、生、老病死五支，來說明生命逐物流轉、與生死輪迴的過程。而《中阿含經·大因經》中，則只列有九支，宋施護譯的《大生義經》則列為十支。事實上，世尊說五支、九支或十支，廣略雖然不同，而其中全包含著十二支的含義。例如《雜阿含經·二八三》就是以愛、取、有、生、老病死五支，來說明有情的生命流轉。經文曰：

如是我聞，一時，佛住舍衛國祇樹給孤獨園。爾時，世尊告諸比丘：
「若於結所繫法，隨生味著，顧念，心縛則愛生；愛緣取，取緣有，
有緣生，生緣老病死、憂悲惱苦，如是如是純大苦集聚。……」

　　人生的老病死憂悲苦惱，是人人所不能倖免的現實。佛陀也是為
解脫這些苦惱而出家修道的。正如《過去現在因果經》中所稱：「觀眾
生性，以何因緣，而有老死，即知老死，以生為本。」人生憂悲苦惱
的來源，正由於我們有生。老子《道德經》中稱：「吾之大患，為吾有
身，吾若無身，何患之有。」也正是這個意思。

　　那麼，這「生」又是從何而來呢？所謂「不從天生，不從自生，
非無緣生，從因緣生；因於欲有色有無色有業生。」經文中明白示知，
生的因緣，是由於欲、色、無色的三有業生。三有，是三種存在的領
域，也就是欲、色、無色三界。三界為三有果報體存在的環境，有此
果報體，就必然有生、老、病、死。但是，此三有──三界的果報體
從何而來呢？原來由「取」──欲取、見取、戒禁取、我語取的四取
而來。

　　取是煩惱的異名，四取，就是四種取著的煩惱。欲取是貪著於色、
聲、香、味、觸五境；見取是於五蘊中妄執我見、邊見等；戒禁取是
修習非理的戒禁；我語取是執著自我，而起我見、我慢。由於種種執
取的動力，而有身、語、意的行──造作。由於身、語、意的造作，
而有三有的果報。但是，取也有它的因緣，取的因緣就是愛。

　　愛之一字，在佛法中的意義很複雜，它有染污義、執著義、也有
企求（欲）義。用在這個地方的愛，是染著的意思──染污性的執著。
此愛有三種，曰欲愛、色愛、無色愛；換言之，就是對於三有而生起
的染著。這種於境染著，即是妄執，由妄執而來的束縛，即《雜阿含

經‧二八三》所稱的「結所繫法」——愛結所繫縛之法。由愛結所繫，而有了取；取緣有，有緣生，生緣老、病、死、憂悲苦惱。在這五支中，一環扣一環，而有了生死流轉。

有些經中，是以九支來解釋有情的生死流轉。如《中阿含》中的〈大因經〉、《長阿含》中的〈大緣方便經〉等皆是。九支，是在愛、取、有、生、老病死五支之前，加上了受、六入觸、名色、識四支。因為在五支說中的愛，也是因緣所生法，愛又如何生起呢，乃知愛是以受為因緣而生。受是心的領納作用，即所謂「領納順違俱非境相為性，起愛為業」。領納順違俱非境相，就有了樂受、苦受、捨受的三受。受又如何生起呢？受是依六入觸（六入、觸，本來是兩支，此處把六入攝入觸中，併為一支），六入是內六根，內六根生起眼觸、耳觸、鼻觸、舌觸、身觸、意觸。觸要有所觸的對象，觸的對象是名色，因此，六入觸以名色為因緣。

名色就是五蘊，色是色蘊，名是受、想、行、識四無色蘊。五蘊——名與色，總攝一切精神的作用、與物質的現象。名色是六入觸所取、為六入認識的對象，由於名色的因緣而生起觸。但是，名色要從識而有，而識也要依名色才能存在，所以經中屢說：「識緣名色、名色緣識。」這樣，就成了識緣名色，名色緣六入觸，六入觸緣受，受緣愛，愛緣取，取緣有，有緣生，生緣老、病、死、憂悲苦惱。

以上探討的，是五支或九支緣起，但更多的經典中，是以十二支來解說生死流轉的，像《雜阿含經‧二九八》，就是具足說十二支緣起——即是在識支前面，加上了無明與行二支，把六入觸一支分為六入、觸二支，這樣就成為十二支，這就是後來成為定說的「十二緣起」。現在我們就以《雜阿含經‧二九八》的經文，來探討十二支的內容。經文曰：

如是我聞，一時，佛住拘留搜調牛聚落。爾時，世尊告諸比丘：「我今當說緣起法，法說、義說，諦聽，善思，當為汝說。云何緣起法法說？謂此有故彼有，此起故彼起，謂緣無明行，乃至純大苦聚集，是名緣起法法說。云何義說？謂緣無明行者，彼云何無明？……

　　什麼是無明呢？茲將經文，簡化並語譯如下：

一、什麼是「無明」呢？就是我們不知過去，不知未來，內而不知心識，外而不知環境，不知業報，不知佛、法、僧；不知苦、集、滅、道，不知善惡罪福，不知學習佛法，不知六根六塵……這就是癡闇，沒有智慧，這就叫做無明。

二、什麼叫做「行」呢？行有三種，身行、語行、意行；有行為才有識之輪迴。

三、什麼叫做「識」呢？識就是六識身——眼、耳、鼻、舌、身、意的六識身。

四、有識才有名色，名就是四無色陰——受、想、行、識四陰，色就是地、水、火、風四大。由四大構成的物質叫做色，色再加上四無色陰叫做名色。

五、有名色才有六入處，什麼叫做「六入處」呢？就是六內入處——眼入處、耳入處、鼻入處、舌入處、身入處、意入處。

六、有六入才有觸，什麼叫做「觸」呢？觸就是六觸身——眼觸身、耳觸身、鼻觸身、舌觸身、身觸身、意觸身。

七、有觸才有受（感受），什麼叫做「受」呢？受就是三受——苦受、樂受、不苦不樂受。

八、有受才有愛，什麼叫做「愛」呢？愛就是三愛——欲愛、色愛、無色愛。

九、有愛才有取，什麼叫做「取」呢？取就是四取——欲取、見取、
　　戒禁取、我語取。

十、有取就有有（存在），什麼叫做「有」呢？有就是三有——欲有、
　　色有、無色有。

十一、有有就有生（生命的生起），什麼叫做「生」呢？生就是在不同
　　　類的眾生中受生，得陰（五陰身），得界（十八界），得入處（十
　　　二處），得命根（輪迴的主體），這就叫做生。

十二、有生就有老死，什麼叫做「老」呢？老就是髮白面皺，頭垂背
　　　傴，呻吟短氣，柱杖而行，這就是老；什麼叫做死呢？死就是
　　　不同類的眾生，由於時光遷移，身壞壽盡，暖（體溫）離色身，
　　　生命消逝，這就是死。

　　以上是《雜阿含經‧二九八》的語譯。在以上經文中，佛陀以十
二支緣起，說明生死流轉的過程。十二因緣，有如一條十二個連環結
成的鎖鍊，它一環扣一環的，使生命之流循著這普遍的、必然的理則
運轉、循環，這就是輪迴。

三　十二有支的意義與業用

　　佛陀在菩提樹下證悟緣起，主要在於顯示有情的流轉生死，沒有
主宰，沒有常一自在的實我，也沒有外道所計較的作者、受者，只不
過是迷惑、造作、苦果的展轉相續而已。這其中前因後果的相續，就
是本章所討論的「十二因緣」。因在這裡是順益義，無明等十二法，展
轉能為順益生果，故名為因；緣者憑藉義，由十二法互相憑藉而生起，
生死相續永無終期。現依據經論，略述十二支的意義、及各支的業用
如下：

一、無明支：無明是迷昧、是不覺、是無所其明的意思。換句話說，明是智慧，無明就是沒有智慧、是愚癡，是根本煩惱。無明以迷闇為性，對於三寶、四諦、善惡業果等不能如實了知，故能覆障真實。此有兩種，一者是迷理無明，即異熟愚。二者是相應無明，即境界愚。這無明支，唯取能發動正感後世善惡的迷理無明，由於迷理故，發業勢力增強，取以立支。而相應無明不爾，所以不立。此無明支，通於現行及種子。

　　《阿毘達摩雜集論》曰，無明支有二種業用：「一者令諸有情於有愚癡，二者與行作緣。」令諸有情於有愚癡者，已得未得的自體均名有，由於無明的覆蔽，於前際、中際、後際不能如實了知，因而生起我於過去世為有為無的疑惑。與行作緣者，由於無明的勢力增上，令後有業得以增長。

二、行：行是造作義，即是由前無明所發動的、招感總報的身語意三業，行的體即第六識相應的思心所。以業而論，在性別上有善、惡、無記的分別，在感果上也有招感總報業和別報業的分別。而此思心所造作之業，唯取招感總報業的善惡業立支，不取招感別報業及無記業立支，因為無記業不感果，別報業不是正感生死的主力故。行亦通於現行及種子為體。

　　《雜集論》曰，行支有二種業用：「一令諸有情於諸趣中有種種差別，二與識作緣。」令諸有情於趣差別者，是說由業行的勢力，令諸有情於三界五趣中，領受種種不同的生死果報。與識作緣者，是說由於業習氣的勢力增上，令第八識現行相續，並能使當來名色等生起種子，且得以增長。

三、識：識指五蘊中的識蘊，就是第八阿賴耶識。若依小乘說，總取眼、耳、鼻、舌、身、意六識為識支。後來的大乘佛教，以此識

是最初入胎的識，指的唯是第八阿賴耶識。以結生相續的唯是第八阿賴耶識，他識無此功能。

《雜集論》曰，識支有二種業用：「一持諸有情所有業縛，二與名色作緣。」持諸有情所有業縛者，由於諸有情造善不善業，流轉生死，不得解脫，此名「業縛」。即是第八識含藏業力種子，不失不壞，故說此識能持業縛。與名色作緣者，以第八識入母胎後，名色得增長故。

四、名色：識入胎後，成為受精卵，在未至六入位，即身體支節未形成前，稱為名色，名色就是五蘊。色蘊是物質（肉體）部分，包括五根及根依處。根依處，即屬於物質所繫的法。受、想、行、識四蘊是精神部分，因為此物質精神的混合體，入胎未久，心的作用昧劣，非如色法的有見有對，由名詮顯才能了解，故稱為名。總攝物質和精神兩方面，合稱名色。

《雜集論》曰，名色支有二種業用：「一攝諸有情自體，二與六處作緣。」攝諸有情自體者，是說有色無名（有物質無精神），不能稱為有情識的人，只算是「非情」，由於有名有色，才稱有情，得預入於有情眾同分的差別之類，故說名色攝有情自體。與六處作緣者，由名色等前支為依止，六處等後支得以生起。

五、六入：六入又名六處，即是十二處中的內六處，亦稱六根，其體即名色。六根是胎內五七日至出胎之間的分位，以在名色支時，六根初起，尚未圓滿，但稱名色，今此位中，身體支節漸已成形，眼根、耳根、鼻根、舌根、身根、意根，圓滿具足，已能生長眼等諸識，故轉立名處。處是生長門的意思，由於根為識之所依，令識得生及長，故名為處。《雜集論》曰，六入支有二種業用：「一攝諸有情自體圓滿，二與觸作緣。」攝諸有情自體圓滿者，由六

處生已諸根具足，無有缺減，故說自體圓滿。與觸作緣者，依根發觸，相顯易知，由根變異生觸近勝故。

六、觸支：胎藏住母胎中三十八個七日，一切支分皆悉具足，復經四日方乃出生。出胎之後，由根、境、識三者和合而生起觸，為遍行心所之一。觸有兩種，一者無明相應觸，二者明慧相應觸，此處所取者為無明相應觸，以明慧觸非流轉生死法故。

　　《雜集論》曰，觸支有二種業用：「一令諸有情於所受用境界流轉，二與受作緣。」令諸有情於所受用境界流轉者，依觸為門，受用順樂受等三種境界，而流轉三界。與受作緣者，由觸為依而引生受。

七、受支：受也是遍行心所之一，以領納為性。由觸為緣，於順樂諸根境界生起適悅受，名曰樂受；於俱苦諸根境界生起逼迫受，名曰苦受；於順不苦不樂諸根境界，生起非苦非樂的捨受。受有無明觸所生受，與明慧觸所生受兩種差別，此處唯依無明支所生受立以為支，明慧所生受非流轉法故。

　　《雜集論》曰，受支有二種業用：「一令諸有情於所受用生果流轉，二與愛作緣。」令諸有情於所受用生果流轉者，指由受為依，諸有情領受種種可愛不可愛等業、所招感之異熟果，此異熟果展轉流轉。二與愛作緣者，由受故引起和合及乖離的希求諸愛生故。

八、愛支：由順違之受為緣而有愛憎，由愛為緣而於三界諸行、生起染著希求，愛之體即是貪。愛有兩種，一者自體愛，即迷內異熟果愚發起的貪愛；二者境界愛，即迷外增上果、緣境界愛發起的貪愛。由此二種愛潤發親生當來生老死位的識等五果種子，轉更增盛，是為愛支。雖然其餘的煩惱也有潤發當來苦果的功能，但

就殊勝而論，煩惱中以貪為重，於種子有特殊的潤生勢力，故立愛為支。

《雜集論》曰，愛支有二種業用：「一引諸有情流轉生死，二與取作緣。」引諸有情流轉生死者，由愛之勢力，如水潤發業種及識、名色、六入、觸、受等五支種，引令有情生死流轉無有斷絕。與取作緣者，由愛求欲為門，於三界四取中貪欲轉起。

九、取支：由愛為緣，於三界貪著，由是貪心增盛，復生起欲取、見取、我語取、戒禁取。由諸欲所有欲貪名為欲取，三界中的見取名見取，三界中的戒禁取名戒禁取，三界中的身見名我語取。事實上，取通於一切煩惱。《十地經》上稱，愛增名取，體即是貪。

《雜集論》曰，取支有二種業用：「為取後有令諸有情發有取識，二與有作緣。」為取後有，令諸有情發有取識者，有取識的有，是有無之有，取是愛緣取的取，有愛為緣取的異熟果識，說名有取識。以有所持的被潤種子，說能持識為有取識即為取五趣後有相續不斷，取令業習氣得決定果故，發起有取識，說名發有取識。與有作緣者，由取的勢力增上，諸行習氣能轉變成熟為有故。

十、有支：有者即積集的善惡業種，及識、名色、六入、觸、受五名言種，由愛、取滋潤攝受，有大勢力，能引生後有苦果，轉名為有；以能有當生，令生有將入現在，故總合由愛取合潤的業種及名言種，立為有支。

《雜集論》曰，有支有二種業用：「一令諸有情後有現前，二與生作緣。」令諸有情後有現前者，由有故能引起後有自體現前，從此趣命終已，無間隔的生餘趣中。與生作緣者，由有勢力，餘眾同分即未來自體得轉起故。

十一、生支：生是二十四種心不相應行法之一，其體即五蘊現行果法。
　　　即依當生愛、取、有三支為因，又引起當來世於四生中結生，
　　　是名為生。也就是從中有初生以後，至本有中未衰變位，皆是
　　　生支所攝，以異熟五蘊為體。

　　　　《雜集論》曰，生支有二種業用：「一令諸有情名色、六處、
　　　觸、受次第生起，二與老死作緣。」令諸有情名色、六處、觸、
　　　受次第生起者，由於生故，能引起名色等後位差別生起。與老死
　　　作緣者，由有此生，彼相續變壞皆得有故。

十二、老死支：心色等衰變位，總名為老。身壞名終，入滅相位，即
　　　名為死。老不是定有，故附於死支中，合老死立支，此亦以異
　　　熟五蘊為體。

　　　　《雜集論》曰，老死支有二種業用：「一數令諸有情時分變異
　　　壞少盛故，二數令有情壽命變異壞壽命故。」前者是由於時間的
　　　變化，由於有老而破壞了少壯的壯盛身體，以致衰朽形腐，諸根
　　　老耄；後者是使有情壽命變異，由有死的緣故，離解支節，破壞
　　　壽命，棄捨諸蘊。

四　十二有支今釋

　　十二有支的意義與業用，已如上述。於此探討，佛說十二緣起，
為何以無明支為首，以老死為終呢？原來有情的流轉生死，主要是對
於所應知的理體和事相愚昧無知，由此無知而發起定招三有的善惡之
業，這種業力與還滅之義相違，令心識顛倒；由心顛倒故，結生相續，
而有名色，諸根漸次圓滿而有六入，由六入而有觸，由觸而引生受，
觸為受所依；由觸受二法之受用境界，於境界耽染愛著，希求追取，

於是煩惱滋長，發生後有的業行；業滋長故，五趣之果由此而生。生已變壞，老死生起，所以十二支以此次第相依相起。《瑜伽師地論·十》說道：

問：何因緣故，無明等諸有支，作如是次第說？

答：諸愚癡者，要先愚於所應知事，次即於彼發起邪行，由邪行故，令心顛倒故，結生相續，生相續故，諸根圓滿，根圓滿故，二受用境，受用境故，若耽著、若希求，由希求故，於方覓時，煩惱滋長，煩惱滋長故，發起後有非愛業，由所起業滋長力故，於五趣生死中苦果生，苦果生已，有老死等苦，謂由身變異所引老死苦，及境界變異所引憂嘆苦。是故世尊如是次第說十二支。

十二有支能令有情生死流轉，而生死之體即是生、老死二支。生前面的十支，能令生等轉起，使有情生死輪轉無窮。這種有情生死流轉，就是十二有支的業用。使有情生死流轉，是十二有支的總業用。而十二支又各有其業用，即個別的業用。個別業用已如上節所述，此處不贅。

再者，對於十二因緣，歷來有著種種不同的詮釋。有以有情的生理過程來詮釋的，有以業力輪迴的觀點來詮釋的。現在我們綜合二說，以現代的觀念對之重新加以解說：

一、無明：明，是覺、是智慧。而無明是明之反，是不覺、無智慧，也就是愚癡、是迷昧不明。換句話說，無明就是迷昧顛倒。也就是我人煩惱不安的根本原因。我人的煩惱，來自貪婪、瞋恚、自私、執著，由於我們愚昧不明，所以終日在煩惱不安中討生活。

　由於無明，使我們內而不了解自己，外而不認識環境。得意時趾高氣揚，不可一世；失意時怨天尤人，全不反省。我們不必

說出世間法的智慧，即以世俗世間來說，立身處世，要有自知之明，也要有知人之明。如對事有先見之明，更可以趨吉避凶，減少煩惱。然而，我們徒以「世智辯聰」為「明」，又有幾個人是以「正覺」為明呢？所以，無明，正是世俗世界基本的本質。

二、行：行是行為，是造作，是身口意三者活動的總和。我人過去的一切活動，各有其經驗痕跡留下來（即所謂熏習），建立我人現在的智能、性格，形成了現在的自我。而現在的活動經驗又影響到將來的自我。這種活動經驗的累積，在宗教意義上即是所謂「業力」。而我們世人的活動，是由無明而來，無明即是迷惑，由迷惑而造作下了業，有了業因就要受果報，所以才在生命連鎖中輪迴；若反乎此，由實踐佛陀指示的正道而入於清淨之行，就成為離苦得樂之行了。

三、識：識是業力寄託的所在，也是輪迴的主體。此在小乘佛教稱六識身，大乘佛教發展為第八阿賴耶識，簡稱業識。業識受業力的牽引而納識投胎，招感根身，即業識為名色之緣，名色藉識而生起。佛陀說：「識緣名色，名色緣識」，指出所謂生命，是「識」與「名色」互相依存而有的。此處所指的識，是「納識成胎」的業識。名色中亦有識，名色中含的是眼耳鼻舌身意的前六識。

四、名色：名色是肉體與精神的統一體，即是有意識活動的生命體。色是有情的肉體，名是四無色陰──受、想、行、識四蘊。但業識成胎，在五七日內，六根未俱，在其中，識是認知的主體，色、受、想、行是識所認知的對象。而主觀的能認識的識，與客觀的所認識的境相對待，始有所謂人生、世界。

五、六入：六入即是內六處。人之認知與判斷，有賴六根──眼根、耳根、鼻根、舌根、身根、意根以完成。所以名色與六根，必須

同時和合始能完成其工作，是以六入藉名色為緣。

六、觸：觸是認識作用的開始。經云：「六入緣觸。」六入是眼、耳、鼻、舌、身、意六根，根、境相對而生識，根、境、識三者和合即名曰觸。所以觸是由感覺、認知的過程中而生起。然而，「觸境繫心」，由於觸而生起苦、樂、憂、喜、捨的「受」，受的下一步就是愛憎取捨、攫取佔有了。而觸是由六入而生起，所以六入是觸之緣。

七、受：受是身心感受，此感受以觸為緣——由六根與六境的接觸而產生。受在經典中有三受、五受之說，謂苦、樂、捨三者為前五識（生理上的）的感受；而憂、喜二者為第六識（心理上的）的感受。事實上，前五識觸外境，仍待五俱意識的了別，所以全是心理上的感受。感受是主觀的判斷，所以是感情的，而非理智的。由受而有愛與取的生起，可見愛與取的基礎是錯誤的。

八、愛：愛是取之緣，有些經典中譯為渴愛。此處所說的愛，不是佛家的慈悲，也不是基督教所說的博愛，而是由錯誤觀念所衍生的貪愛——以生存欲為中心的食色之愛。所以四聖諦中把「苦集聖諦」歸之於渴愛。此渴愛有三種，即欲愛、有愛、無有愛。欲愛特別著重於男女之愛，有愛是對於生存的貪著，無有愛是對存在的滅無、這種滅無狀態的愛執——以人生苦和無常的不安，而急切想脫離此火宅似的世界，而臻於「無有」的世界。(佛陀住世時，印度下階層民眾——如奴隸賤民，對於充滿痛苦的生命感到絕望，而追求一個「無有」的世界。)

九、取：取是以愛為緣——由愛而生起的追求、執著、選擇和捨棄。試看世人對於所喜歡的——財富、權勢、名譽、地位、以至於女人或男人，攫取它、擁有它。而對於憎厭的，則避之唯恐不及。

但愛憎是情緒上的判斷，所以是盲目的，其貪愛追求也是錯誤的。而這種愛憎取捨的行為就形成了業。因此，「愛與取」，與「無明、行」二支，有相似之處。

十、有：自抽象概念言之，有是「存在」的意思，若無存在，亦沒有所謂生。存在又是什麼？存在的就是業。此業是由「取」——對人生和物欲熱切的追求，由此造成必得後報的業力。它有如十二支中的「行」，行是過去善惡行為經驗累積的總和，此經驗累積且有潛伏力。而有則僅具潛伏力而不包括行為經驗——此處的善惡行為是「愛」和「取」，所以取是有的緣。

十一、生：生是人生的開始，但何以會有生呢？誠如經上所說：「非無緣生，從因緣生。」生的因緣雖然不一，但主要的條件是「有」。此處所說的有，是含有宗教概念的特定含義，即所謂業——前生思想行為的總和，即所謂業有。因此，有（業）為生之緣。

十二、老死：老死是人生的終結，老死憂悲苦惱，為人生所不可避免的命運。但何以會有老死呢？這是佛陀在菩提樹下觀察的起點。觀察的結果，認為老死是由生而有，因為有生，所以才有老死。因此老死是以生為緣。

五　四有循環、業果相續

生命的流轉，以無明始，以老死終。老死只是一期生命的終止，並不是生命永久的終止，如果永久終止，豈不就成為斷滅論了？老死只是另一段新生命的開始。生命像是一條連環的鎖鍊，一環扣一環，使有情不得不順著它周而復始的旋轉。《心地觀經》曰：「有情輪迴生六道，猶如車輪無始終」，就是形容生命流轉的情形。

　　或有問曰：生命流轉，已如十二有支所述，那麼有情在死後生前這個階段，又是何等情景呢？在經典中，對有情生命的輪迴轉生，是以「四有」說明。四有，是死有、中有、生有、本有。換句話說，有情一期生命，可分為本有、死有、中有、生有四個階段。本有是現在的生命體，死有就是十二有支中的老死，中有是死後生前的階段，生有就是十二有支中的生，於此分述如下：

一、死有：有情依於前世造作的業力，招感現世一期生命的壽命，此一期生命報盡命終，於臨終的一剎那稱為死有。此在《阿毘達摩雜心論》中稱為「壞有」。

二、中有：指死有與生有中間這段時間，所感受的「中有身」，此又名中陰身，亦稱中陰、中蘊。據《俱舍論‧九》所載，中陰身由極微細的物質構成，身形與其所趣本有的形狀相似。如欲界人的中陰身，有如五、六歲的小兒，但諸根明利；色界中有之形量，一切圓滿如本有。再者，欲界中陰，有的以香為食，故又稱乾闥婆（香陰）。

三、生有：中陰身生緣成熟，投生於母胎之初一剎那，稱為生有。

四、本有：中有投胎，經生有而為本有，在母胎中逐漸成長，出母胎後經嬰兒、兒童、少年、青年、壯年、老年，以至壽命將盡，接近死有的生命過程，全是屬於本有的階段。

　　以上四有，周而復始的循環，永不終止。在四有中，生有與死有，皆是生、死一剎那間的事。本有復有胎內與胎外之別，且長短不一，視業力招感而定，十二有支中立「生」為一支，而「老死」合立一支，意思是「老非定有」，所以附屬在死支中。中有長短也不一定，大善者立即往生或超升，大惡者立即墮地獄，一般者則於四十九日以內轉生。轉生於何界何道，一切視業力而定。

　　業是造作的意思，內心之思維造作，及隨內心之思維造作所發動之行為言語，都稱為業，如《俱舍論》說業體曰：

　　此所由業，其體是何？謂心所思及思所作。

　　業有二種，一者思業，二者思已業。思業是指身口將發行為言語時，先由內心思維造作之心作用。思已業者，既於心中思維造作已，動身體發言語也。如《俱舍論》云：

　　謂前加行，起思維思，我當應為如是如是所應作事，名為思業。既思維已，起作事思，隨前所思，作所作事，動身發語，名思已業。

　　此思業思已業，更分為身語意三種。心所思者，即是意業。思所作業，分為身語二業。如《俱舍頌疏》云：「思是意業，思所作者，是身語業。因思起故，名思所作。」此身語意三業，更開為五業，即身語意三業中身語二業，各有表業無表業，總成五業。表業無表業至為微細，不再細述。

　　身語意三業中，意業以思心所為體。身業即身體之動作，離長短方圓等形色外，更無別體。此中表業以長短方圓等形色為體。無表業雖非極微所成，然由身體之動作所擊發故，以大種所造色為體。語業者，言語之發動，離音聲外，更無別體。此中表業，以聲為體；無表業，以大種所造色為體。

　　思有三種，一審慮思，將發身語，先審慮故。二決定思，起決定心，將欲作故。三動發勝思，正發身語，動作事故。其動發勝思，又有動身思與發語思之別。此中意業以審慮決定二思為體。身語二表業，唯以現行第三動發善不善思為體。就性質上觀察，業有善惡無記三性之別。五業中，意業及身語二表業，皆通善惡無記三性。身語二無表

業,唯善惡二性,不通無記。三性業中,能招感當來果報者,唯善惡二業。於善惡二業中,攝其麤顯易知者,立為十業道。此有二類,一者十惡業道,二者十善業道。十惡業道,是:殺生、不與取、欲邪行(以上是身三惡業);虛誑語、離間語、麤惡語、雜穢語(以上是語四惡業);貪、瞋、邪見(以上是意三惡業)。十善業道者,離殺生、離偷盜、離邪淫;離虛誑語、離離間語、離麤惡語、離雜穢語,及無貪、無瞋、正見。十惡,舊譯作殺生、偷盜、邪淫、妄語、兩舌、惡口、綺語、貪欲、瞋恚、邪見。十善則與此相反,即不殺生乃至不邪見。

更依業報的種類,分業為引業、滿業;報為總報、別報。總報者,例如人趣,彼此同稟人身,彼此受共同的果報,是曰總報。別報者,雖同稟人身,而有男女貴賤美醜賢不肖等之別,是曰別報。引業者,引總報果之業力;滿業者,招別報果之業力。引業引總報果,一業但引一生,不引多生。又一生但一業所引,非多業所引。滿業招別報果,許由多業圓滿。

業力萬殊,故其所招感的結果各不相同。然大要別之,不過有漏果無漏果二種。有漏果者,由有漏業因所招的果報。有漏業因,有善有惡,十善業等是善法,十惡業等是惡法。善法招樂果,即人天等果報;惡法招苦果,即鬼畜等果報。無漏果者,由無漏善業因所招果報,即三乘賢聖之果。此有漏、無漏果,各有依正二報,如前所述。依報是有情眾生所依止的國土世界;正報是有情眾生的生命體。而此依報及正報,皆由有情過去的業力所感生。其中如人、畜等有情的生命體,及其所依止的國土,是有漏善惡業力所感生。而佛身及佛土,則是無漏善業所感生。

六　流轉還滅緣起、三世兩重因果

十二緣起，有流轉緣起和還滅緣起二門。順觀十二緣起，是生命流轉的緣起；逆觀十二緣起，是生命還滅的緣起。有情生死流轉，窮達壽夭；以至於修道解脫，證得涅槃，不是神意所造，不是宿命所定，不是偶然而成，不是無因而生，唯是有因有緣，才有生命的流轉；也唯是有因有緣，才有煩惱的解脫。我人的人生與環境，可以由個人及社會眾生的意志和努力，加以改善及淨化。肯定個人意志，一切以個人的行為，作為超越與墮落的標準，這就是佛陀的緣起說不同於其他外道理論的地方。

十二有支的流轉門，即有情生命流轉的因果，如《緣起經》曰：

> 依此有故彼有，此生故彼生。所謂無明緣行、行緣識、識緣名色、名色緣六入、六入緣觸、觸緣受、受緣愛、愛緣取、取緣有、有緣生、生緣老死，起愁、嘆、苦、憂、惱，是名純大苦蘊集。

十二有支的還滅門，即有情生死還滅的因果，也就是解脫涅槃的因果。如《過去現在因果經》謂：

> 若滅無明則行滅，行滅則識滅，識滅則名色滅，名色滅則六入滅，六入滅則觸滅，觸滅則受滅，受滅則愛滅，愛滅則取滅，取滅則有滅，有滅則生滅，生滅則老死憂悲苦惱滅。

此十二有支的流轉門，即相當於四聖諦中的苦、集二諦；而還滅門則相當於四聖諦中的滅、道二諦。十二有支，在遠因近果、和已潤未潤的因果關係上，諸支前後相望。在《緣起經》及《成唯識論》等經論

中，將十二支略攝為四支，即能引支、所引支、能生支、所生支四支。

在十二支中，能引支是無明和行二支，由於無明於諸諦理的迷闇無知，而由行的造作諸業，熏習第八阿賴耶識中，能引生識、名色、六入、觸、受五果的種子，故名能引支。《成唯識論》曰：「一能引支，謂無明行，能引識等五果種故。」以無明與行二支為能引支，由之生起的識、名色、六入、觸、受五支，此五支即所引支。《成唯識論》曰：二所引支，謂本識內親生當來異熟果攝識等五種，是前二所引故。

在十二有支中，能生支是愛、取、有三支，能近生當來世生老死果，故名能生。《成唯識論》曰：「三能生支，謂愛取有，近生當來生老死故。」以愛、取、有三支為能生支，由之所生的是生、老死二支。從中有到生有、本有，隨其壽命長短的未衰變位，皆是生支所攝。至衰變位，隨其一期壽命色心俱衰總名為老，身壞命終，入滅相位，即名為死。《成唯識論》曰：「四所生支，謂生老死，是愛取有近所生故，謂從中有，至本有中，未衰變來，皆生支攝。諸衰變位，說名為老。身壞命終，乃名為死。」

在部派佛教時代，上座的說一切有部以五取蘊為體，立「三世兩重因果」。即無明、行兩支，是過去世的惑業，為招感現世識、名色、六入、觸、受五支的因，識等五支是現在世的果，這是一重因果。愛、取、有三支，是現在世的因，愛、取是煩惱，有是業，現在世的惑業，為招感未來世苦果的因，未來世的老、死二支，是現在世惑業之因所招感的果。這稱為三世兩重因果。而大乘唯識宗則立「二世一重因果」，即十二支中，前十支是因，後二支是果，這前十支的因，與後二支的果，定不同世，以造因時非即受果時。過去世的十因，感現在世的二果。但若將十因視為現在世，則二果就是未來世了。這就稱為二世一重因果。

第五章　部派佛教空有二派的理論

一　由佛經結集到佛教分裂

　　西元前四八六年，一代聖哲釋迦牟尼佛陀，在拘尸那城外的牛角沙羅林中「大般涅槃」。經典上說，是時：「大地震動，流星晝現，諸方熾然，於是虛空中諸天擊鼓……。」佛陀涅槃，隨行的弟子們，大多數傷感異常；只有少數證果的弟子靜坐冥想，默念佛陀教法：「成者必壞，盛者必衰，生者必死，合者必離。」感嘆著雖佛陀亦不能逾此法則。這時有一個名叫跋難陀的比丘，他是「六群比丘」中的一個，竟當眾宣稱：「諸位同修們呀！不必悲傷了，佛陀在世的時候，時時以戒律約束我們，使我們不得自由，如今佛陀不在了，從現在起，我們可以隨心所欲了。」

　　當時心情悲傷的眾比丘聽了都保持緘默，而上座弟子大迦葉聽到卻十分憂心。他恐僧團戒律廢弛，「如來甚深妙法成灰燼」，他想應把佛陀的遺教，結集制為成典，庶可永久做後世弟子們的指導。於是在為佛陀治喪完畢後，發起遺教結集，此事得到摩揭陀國阿闍世王的支持，僧團中選出了五百位上座比丘，在王舍城郊外的畢波羅窟進行結集。結集大會由大迦葉主持，五百比丘共集一堂，由持律第一的優婆離誦出律藏——即「八十誦律」；由多聞第一的阿難誦出經藏——原始聖典的「四阿含經」（即《長阿含》、《中阿含》、《增一阿含》、《雜阿含》）。

為期三個月結集完成,此稱為五百結集或上座部結集。據說,在畢波羅窟結集進行之際,未與斯選的千餘比丘,亦別為集會,由師婆迦主持,另行結出了經、律、論、雜、禁咒五藏,此稱為窟外結集,或大眾部結集。

佛陀滅度後,僧團由大迦葉領導。大迦葉苦行第一,齒德俱尊,眾無異言。二十年後,大迦葉傳法於阿難,阿難這時已七十多歲,他多聞第一,眾人翕服。這以後,阿難傳法於末田地,末田地傳法於商那和修,商那和修傳法於優婆鞠多。佛經上說:「百年之間,五師相傳,法水一味。」僧團仍然維持著佛陀住世時的教風。但在佛陀滅度後一百一十年的時候,由於「十事非法諍」事件,教團開始了第一次分裂。近代學者稱未分裂前的教團為原始佛教,而分裂後的佛教,後世稱之為部派佛教。

十事非法諍事件,發生在毘舍離城,起因於該城比丘在戒律上的偏差行為。毘舍離城的比丘,於每月的八日、十五日等幾天,持著盛了水的缽,站在街頭向路人募化,聲稱投錢入水者可獲吉祥。路人有投錢者,亦有非議出家人不該向人募化財物者。據說西方的耶舍長老途經該地,獲知此種情形,不以為然,乃加以勸止。該城比丘不服,反而共逐耶舍,耶舍奔走各地,訴諸上座長老,諸長老一致譴責,毘舍離城比丘也遙為聲辯。事實上,毘舍離城比丘違犯戒律的行為不止這一項,共計有十項之多。《五分律》中記載著「十事非法諍」的內容,其名稱是:一,鹽薑合共宿淨。二,兩指抄食淨。三,復坐食淨。四,越聚落食淨。五,酥油蜜石蜜和酪淨。六,飲闍樓伽酒淨。七,作坐具隨意大小淨。八,習先所習淨。九,求聽淨。十,受蓄金銀錢淨。

以上十條,都是不合戒律的,違犯者是不淨。而這些比丘們認為是「淨」,那就是化非法為合法。那時佛滅未久,竟有比丘提出這種主

張，就難怪上座部長老們認為事態嚴重。最後雙方協議重行結集，以論是非。這次結集在毘舍離城召開，與會者七百人，由耶舍長老主持，雙方各舉出四人為審辯，會中重誦戒律，逐事審辯，結果斷定毘舍離城比丘非法，上座長老獲得勝利。據說該城比丘不服，另行集合了上萬人自行結集，自此僧團分裂為上座、大眾兩部，各行其是。

　　在佛教分裂後的一百二十多年，印度孔雀王朝阿育王在位時代，又有第三次結集。原來阿育王崇信佛教，在國都華氏城建了雞園寺，對僧伽的供養十分豐厚，一般外道窮於衣食者，也改換僧裝，混入僧團，一方面獲得衣食供養，同時把外道的邪說混入佛法的經義中。阿育王為辨別真偽，乃有第三次結集之舉。地點在華氏城——即早年的波吒離渡口。結集由長老目犍連子帝須主持，千名精通三藏的比丘參加。據說，這一次結集，會中誦出經、律、論三藏，目犍連子帝須以會中辯論的記錄，編輯為一部《論事》，計有千條之多，記下了正反面辯論的意見。後來有兩百六十多條傳下來，這時上座部、大眾部又各自分裂，《論事》中已有化地部、犢子部的名稱。

　　在佛陀入滅後六百年間，貴霜王朝迦膩色迦王時代，還有一次第四次結集。以世友菩薩為上首，有五百大德比丘及五百菩薩（在家優婆塞）參加，造出註釋經律論三藏的釋文各十萬頌——即《優婆提舍》十萬頌以註釋經藏，《毘奈耶毘婆沙》十萬頌以註釋律藏，《阿毘達摩大毘婆沙論》十萬頌以註釋論藏。後來只有《大毘婆沙論》流傳下來，其他的已失傳了。

　　由佛陀滅度後一百一十年，以「十事非法諍」導致佛教分裂，到西元一世紀中葉，這其間四百年左右，在佛教史上稱為部派佛教時代。本來在大迦葉主持第一次結集時，就有上座部和大眾部名稱的出現。但真正分裂是第二次結集以後的事。所謂「上座」二字，是以比丘出

家僧臘的久暫計算的。由初出家到九年以內名曰下座，出家十至十九年名曰中座，二十年至四十九年名曰上座，五十年以上則稱長老。而上座比丘及長老，多為老成持重，思想較為保守者；至於「大眾」二字，則多為下座年輕比丘，人數眾多，多為思想較開明而進取者。最初分裂，只分為上座、大眾兩部，後來這兩部又各以對法義見解之不同，由大眾部中又分裂出八部，由上座部中又分裂出十部，加上上座、大眾本部，共有二十部之多，一般稱之為小乘二十部。在第二次結集時，分裂為上座、大眾兩部，稱為根本分裂，後來兩部又各自分裂的時代，稱為枝末分裂。此處先述大眾部的分裂如下。

根本分裂之後，兩部各維持了一段平靜的時間。大眾部的比丘人數眾多，思想多趨於進取，代表進步的一派。但其中凡俗者多，學德俱佳者少，與上座部分裂後，未及百年，以學理見解的不同，先後分出了「一說部」、「說出世部」及「雞胤部」。最早分裂出來的一說部，《異部宗輪論述記》稱其理論為：世出世法皆無實體，但有假名，名即是說，意謂諸法唯一假名，故名一說。說出世部則認為世間法但有假名，出世間法則皆真實，故名說出世部。雞胤部又名窟居部，該部教義與大眾部本部相同，首重論典，以經、律為次。

後來自大眾部又分裂出了多聞部、說假部，前者指該部部主「廣學三藏，深悟佛旨，從德立名，名多聞部」。後者說假部又名分別說部，該部認為「世、出世之法皆有假有實」，故名分別說部。最後自大眾部中又分裂出制多山部、西山住部、東山住部，都是以其住地命名的。

後來在薩婆多部出家的訶梨跋摩，造《成實論》。薩婆多部就是上座部的說一切有部，而《成實論》的內容，主要就在批評說一切有部「我空法有」的學說，而闡述「我法皆空」之旨，所以此論可以說是代表小乘空宗的論典。

二　代表小乘空宗的成實論

　　印度的部派佛教，宗派雖多，概要言之，不過空、有二論。印度大乘說空，以龍樹、提婆的中觀學派最為徹底；印度大乘說有，以無著、世親的瑜伽行學派最為究竟。但此空此有，仍是資於小乘之空，鑑於小乘之有，而後始有大乘之空與大乘之有。因此，我們要探討佛教的空與有，仍要自小乘——即部派佛教探討起。而在小乘佛教中，代表「有」的論典，自然是阿毘曇一系的理論、及世親論師的《俱舍論》；而代表「空」的著作，則是訶梨跋摩的《成實論》。

　　《成實論》一書，梵語 Satyasaddhi Sastra。Satya 漢譯為真、實、真諦等；Saddhi 漢譯為成立、成就，Sastra 漢譯為論，合而言之，就是成就真實、或成立真諦的意思。論主以「成實」二字立名，目的是釋成佛陀一代所說的，經律論三藏中的真實義諦。如〈發聚中佛寶論初具足品〉云：

> 知佛法第一，說亦得樂果，欲令法久住，不為名聞故，
> 廣習諸異論，遍知智者意，欲造斯實論，唯一切智知，
> 諸比丘異論，種種佛皆聽，故我欲正論，三藏中實義。

　　「三藏中實義」是什麼呢？論中說，實義者四聖諦也。如《成實論·色相品》云：「問曰：汝先言當說成實論，今當說何者為實。答言：實名四諦，謂苦、苦因、苦滅、苦滅道。五受陰是苦，諸業及煩惱是苦因；苦盡是苦滅；八聖道是苦滅道。為成是法，故造斯論。」由此看來，《成實論》一書的內容，主要是在於闡明四聖諦之理。

　　造《成實論》的論主訶梨跋摩 (Harivarman)，略稱跋摩，漢譯為師

子鎧、或譯為師子冑。在《出三藏記集序‧十一》，玄暢的〈訶梨跋摩傳序〉中，稱訶梨跋摩是佛涅槃後九百年，出生於中天竺的人。他是婆羅門種姓，幼年受婆羅門傳統教育，通達五明之學、吠陀經典。後來入薩婆多部（即說一切有部）出家，為鳩摩羅什的弟子，羅什授以有部根本論典《阿毘達摩發智論》。既而他有感於《發智論》滯於名相，浮繁妨情，支離害志，非佛陀本旨，遂潛心三藏，後來又轉入大眾部，兼學大乘方等經典。傳中說他在以後數載中，「窮三藏之旨，考九流之源……造述明論，厥號成實」。這說明跋摩的學說，並不代表某一宗派，而是含攝大小二乘，包容空有二系，在《成實論》中暢論空有，並申二諦，所以有判之為「權大乘」者。以上是《成實論》問世的經過。

訶梨跋摩住世的年代，約在西元二五〇年至三五〇年之間。因為在《成實論‧八‧三受報業品》中，引述了提婆所造的《四百論》；而本論譯主鳩摩羅什，係於苻秦建元二十年（西元三八四年），為呂光迎至涼州，以此推斷，跋摩當出生於以上這段時間內。西元四〇一年，鳩摩羅什抵達長安，初譯《仁王般若經》、《大品般若經》、《大智度論》等大乘經論。西元四一一年（姚秦弘始十三年），羅什譯出此論十六卷，遂使此論在中國一度盛行，並且有「成實宗」的成立，流傳了兩百數十年之久。

本論梵語原典的結構，凡二百二品，羅什依原典形式加以譯出，未加粉飾。協助羅什譯此論典的曇影，以全書中的問答諍論，回環往復，不夠清晰，乃綜括論文，將之分判為五聚。《高僧傳‧六‧曇影傳》稱：「初出《成實論》，凡諍論問答皆次第往返，影恨其支離，乃結為五番，竟以呈什，什曰『大善，深得吾意。』」這就是現行論本的結構。

曇影所判的五聚，是一者發聚，二者苦諦聚，三者集諦聚，四者滅諦聚，五者道諦聚。現在依曇影所判的論本，介紹此論的內容如下：

一、發聚：發聚是全論的序說，凡三十五品，泛論佛法僧三寶、論門
　　種類、四諦大要，及對教內數十種異說加以批判。此中說到聲聞
　　得解二空、無過未二世、一向無中陰、一時見諦等義，論主在解
　　釋法義上，針對毘曇立說以破之。其內容為：

　　1. 讚禮三寶功德：
　　　　佛寶論：自一至五品。
　　　　法寶論：自六至八品。
　　　　僧寶論：自九至十二品。
　　2. 闡明造論意趣：自十三至十八品。
　　3. 辯決當時異論：自十九至三十五品。

二、苦諦聚：此聚由三十六品到九十四品，凡五十九品，包括色論二
　　十四品，識論十七品，想論一品，受論六品，行論十一品。就中
　　以無作為非色非心，又說多心次第生滅，不立心所相應等，都是
　　和毘曇不同之處。其內容為：

　　1. 色蘊論：自三十六至五十九品。
　　2. 識蘊論：自六十至七十六品。
　　3. 想蘊論：七十七品。
　　4. 受蘊論：自七十八至八十三品。
　　5. 行蘊論：自八十四至九十四品。

三、集諦聚：此聚自九十五到一百四十品，凡四十六品，包括業論二
　　十六品，煩惱論二十品。本論認為業及煩惱，是招致後有的因緣，
　　是為集諦法。業是正集，煩惱生業是緣集。其內容為：

　　1. 業論：自九十五至一百二十品。
　　2. 煩惱論：自一百二十一至一百四十品。

四、滅諦聚：此聚自一百四十一至一百五十四品，有〈立假名〉、〈假

名相〉、〈破一〉、〈破異〉，以至〈滅法心〉、〈滅盡〉等共十四品。分別解說以聞、思因緣智（人空觀）、空智（法空觀）和滅盡定（或無餘涅槃，滅定是緣滅，涅槃為相續斷時的業盡）來滅假名心、法心、空心。

五、道諦聚：此聚自一百五十五至二百零二品，包括定論二十六品，定具論八品，智論十四品，共四十八品。本論所稱的道諦即是八正道，以其能通至滅，故稱為道；遠離邪外，故稱為正。從聞正法，引生智慧，信解五蘊無常無我，稱為正見。其內容為：

1. 定論：自一百五十五至一百八十品。

2. 定具論：自一百八十一至一百八十八品。

3. 智論：自一百八十九至二百零二品。

以上五聚，除發聚為序論外，以下四聚為本論，其主要結構為四聖諦。這是論主欲回歸佛陀住世說法，說四聖諦原始教義的緣故。本論苦諦聚，以世間是苦，乃以五蘊說明世間苦相。集諦聚以業及煩惱為苦因，滅諦聚明滅假名心、法心、空心，即是歷經人空、法空、空亦復空的三個階段，而達成無餘涅槃為究竟解脫。道諦聚論修持八正道，以達到定與慧的境界。

三　成實論的學說

《成實論》的學理，除了闡釋苦、集、滅、道四聖諦外，主要的理論為「真俗二諦」——此又稱為第一義門與世界門，及「我法二空」。關於四聖諦，見本篇第三章，不再贅述，現在分別介紹世界門與第一義門，及我法二空義如下。

甲、世界門與第一義門：成實宗既然稱為小乘空宗的代表，則其

宗義與後來的大乘空宗、三論宗相近，就不足為奇了。成實宗觀察宇宙，亦立有真俗二諦，名稱是世界門、第一義門。如《成實論‧論門品》云：「論有二門，一世界門，二第一義門。以世界門故說有我……第一義門者，皆說空無。」

　　世界門即俗諦，第一義門為真諦。但在《成實論》中，有二種真俗二諦，如〈立假名品〉云：

　佛說二諦，真諦俗諦，真諦，謂色等法及涅槃，俗諦，謂但假名，
　無有自體。如色等因緣成瓶，五陰因緣成人。

以上是第一種二諦。尚有第二種二諦，即〈滅心法品〉云：

　　　當知第一義故，諸行皆無，但以世諦故，有諸行。

在第一種二諦中，俗諦唯一，即四大、五根、及人我等假名。真諦有二，即五陰等法及涅槃。此是順應有部宗之假說，非此宗實義。在第二種二諦中，真諦唯一，即涅槃，俗諦有二，即五陰及極微，這是此宗的實義。

　　依俗諦而言，不唯諸法得說為有，即說一切有部所破的人我，亦可說為實有。如〈論門品〉稱：

　以世界門故說有我，如經中說，我常自防護，為善自得善，為惡自
　得惡，又經中說，心識是常。又言，長言修心，死得上生。又說作
　者起業，作者自受。又說某眾生生某處等，如是皆以世界門說。

但〈論門品〉所說的我，不是外道等所執的「常、一、主宰」的實我，而是假名施設的我。如〈無我品〉云：

論者言，犢子道人說有我，餘者說無，問曰，何者是實。答曰，實無我法，所以者何，如經中佛語比丘，但以名字，但假施設，但以有用，故名為我。以但名字等，故知無真實。

此外，復於〈有我無我品〉中，往復問答，論明我但假名，非真實有。如云：「是故假名為我，非真實也。」又云：「是故當知五陰和合，假名為我，非實有也。」我本來是假名施設，無奈世間凡夫，隨逐假名，以謂有我，執持不捨，以此流轉三界，永無脫離之期。所以論主以為，要入第一義門，必須先破實我。要破實我，莫若立以假我，此乃以楔出楔之方法，此為本論於世界門立假我之原因。

進一步考察，則《成實論》的世界門說有，有假有實有等不同的層面。以假有來說，我輩凡夫所見的世間諸法，萬象森然，各有其體，各異其形。然而此等諸法，無非因緣和合所成，無有實體，非有而有，故名假有。此假有之法有三種：一者因成假：諸法仗因托緣，和合生起，無其自性，此名為因成假。二者相續假：諸法前滅後生，因果相續，假成諸法，此名為相續假。三者相待假：諸法彼此相待，互相依持，假有諸法，此名為相待假。而我人對於種種假法認為實有者，是我人迷妄煩惱的能緣之心。而此能緣之心也是假法，亦非真實。譬如眾木和合成林，五陰和合成人，都是非有其體，唯是假名，凡夫目之為實，其實是假有，這是第一層。

其次，諸法乃因緣所成，故稱假有，然和合而成此諸法的眾緣，與諸法相較，則為實有。從而悟知，諸法為假有，唯和合而成此諸法的眾緣為實有之能緣心，亦可謂之實心，亦即法心。這好比樹林雖假有，而眾木則實有。身雖假有，而五陰實有，這是第二層次。

如以上所述，本論於第一層立假名有，於第二層說實法有，此二

者，都是世界門的觀察。到第三層次，明真實空，才是第一義門的觀察。即再細加觀察，則此和合而成諸法的眾緣，亦只是比較上的實有，不是真有其實體。如以五陰來說，第一色陰，此為五根所成，五根為四大所成。而此四大並非實有，不過是色、香、味、觸所成。本宗立論，以四塵是實，四大五根是假，攬塵成大，大成根故，是故四大為假有，色、香、味、觸為實有。其次受、想、行、識四陰，這全是心的差別，是故唯心王實有，心數皆假有。此不過是眾木與森林、五陰與身體在比較上為實有，事實上眾木、五陰，也是因緣和合的假法。

若更就被視為實有的心王，及色、香、味、觸加以分析，則亦必歸於真空。如林自木而成，木自根而成，根又自四大四塵而成，漸次分析，終歸於空。從而悟知諸法為真空之能緣心，亦可說是空心。如此於萬有上，立假有、實有、真空諸層次，則於心上亦立假心、法心、空心諸層次。

《成實論》於世界門，以假有實有，為引眾生入第一義門之方便。更於第一義門，說假名空非真實有，遂使達於真實空之第一義諦。本論於〈假名品〉說明此二門的關係曰：「問曰，若第一義諦中無此，世諦何用說耶。答曰，世間眾生，受用世諦，何以知之，如說畫火，人亦信受。諸佛賢聖，欲令世間離假名故，以世諦說。如經中佛說，我不與世間諍，世間與我諍，以智者無所諍故。」

乙、我法二空：本宗依第一義門，闡明人、法二空之理，故立空、無我二種觀，以觀二空。如〈聖行品〉云：

有二行，空行、無我行，於五陰中不見眾生，是名空行。見五陰亦無，是無我行。何以知之，經中說見色無體性，見受想行識無體性。又經中說，因無性得解脫，故知色性非真實有，受想行識非真實有。

又經中說，五陰皆空如幻，不可說幻為真實。幻若真實有，不名為幻。亦不可言無，但以無實能為誑惑。又此行者觀一切空，故知五陰非真實有。

再者，〈滅法心品〉亦謂：

又二種觀，空觀、無我觀，空觀者，不見假名眾生。如人見瓶，以無水故空，如是見五陰中無人故空。若不見法，是名無我。又經中說，得無我智，則正解脫，故知色性滅，受想行識性滅，是名無我。

論文的意思是，空觀也就是人空觀，以瓶譬喻五陰，以水喻我。如瓶中無水，名曰空瓶，五陰中無人我，故名為空。無我觀即是法空觀，如瓶體性無實，故而五陰諸法，亦非真實。所以不唯人我空，五陰亦虛幻不實，故法亦空。〈滅法心品〉又云：

五陰實無，以世諦故有，所以者何，佛說諸行儘皆如幻如化，以世諦故有，非實有也。又經中說第一義諦空，此義以第一義諦故空，非世諦故空。第一義者，所謂色空無所有，乃至識空無所有，是故若人觀色等法空，是名見第一義空。

本品又引《水沫經》中的經文云：

佛說若有人見水聚沫，諦觀察之，知非真實。比丘亦爾，若正觀色陰，即知虛誑無牢無堅敗壞之相。觀受如泡，想如野馬，行如芭蕉，識如幻，亦復如是。此中五喻，皆示空義。所以者何，眼見水沫，消時無還，泡等亦爾，故知五陰非真實有。

成實宗的學說，是所謂「我法皆空」——自我、元素皆空的二空。這

與說一切有部的「我空法有」是相對立的。人是由色、受、想、行、識五蘊組成，沒有實體、沒有個體的自我。就像空瓶一樣，瓶中沒有水，即是沒有內在的本質。本宗將宇宙萬有，歸納為四位八十四法，這八十四法是：

一、色法十四：五根、五境、地、水、火、風。

二、心王法一。

三、心數法四十九：貪、瞋、無明、憍、慢等。

四、不相應法十七：得、不得、滅盡定、生、住、異、滅、老等。

五、無為法三：擇滅無為、非擇滅無為、虛空無為。

　　以上八十四法，全是因緣和合之法，變幻無常、虛妄不實，都沒有永久的實體，就像瓶子自身沒有永久的實體一樣。組成有情世間及器世間的四大種或五蘊，任何一法都是無常，都是一時的假名。

　　依照論主訶梨跋摩所說，一切存在最後都趨向滅諦──最後寂滅，也就是涅槃。因此，只有空是最後的真理。但本宗也不否認世間現象暫時的存在，因為它承認五蘊和合，並立有八十四法。並且這八十四法，並不是和有部的七十五法完全不同。八十四法完全是依據世界門──俗諦所施設的，因為在第一義門中，這些法是完全沒有的。五種感官（五根）無常，五種感覺對象的五境也是無常。

　　本宗分析五境──色、聲、香、味、觸五種感覺的對象，是將它們化為分子，進一步析之為更小的元素，如此重複分析，得到更小的元素，進一步得到虛空。所以本宗的空，是虛無的空，或抽象的空，這是否定存在的偏空，不是「緣起性空」的自性空，所以吉藏大師在《三論玄義》中，批判論主曰：「跋摩具辨二空，而照猶不盡。」

　　一切存在的事物，都是因緣和合的形相。有了相就有假名，因為除了用假名施設表示諸法外，沒有其他方法表示它們的變化與存在。

我人要體認到萬事萬物是假名，而五蘊和合的自我也是假名。我們要真正體認空義，必須擺脫三種執著：即對假名的執著，對諸法的執著，及對於「空」自身的執著。要擺脫對諸法的執著，就必須要去體認自我和諸法的空性。當我們如上所述的去體認個體我和諸法的空性時，似乎體會到空義。但實際上這只是空的意識而已，此際我們又執著於空的觀念，而視空為實在物。這種空的概念，要在脫離一切情執的境界才消除掉——比如證得阿羅漢果的境界，由證悟而消除一切心物等生命束縛的境界。

四　小乘有宗的傳承

佛陀滅度後一百一十年左右，毘舍離城第二次結集之後，僧團分裂為上座部與大眾部。佛陀滅度後第三百年初——即毘舍離城結集百年之後，上座部分裂為二，一者名說一切有部，一者即上座部本部。後來上座部本部，因遷入雪山，轉名為雪山部。到第三百年中期，從說一切有部又分出了一個犢子部，後來又從犢子部中分出四部，名稱是法上部、賢胄部、正量部、密山林部。若干年後，從說一切有部中又分出了一個化地部；未久又自化地部中分出一法藏部。到第三百年末，從說一切有部中又分出了一個飲光部，到第四百年初，從說一切有部中又分了經量部，這樣本末就有了十一部。

上座部本來遵循大迦葉遺教，先弘經藏，後弘律、論。有論師迦多衍尼子者出世，為對抗大眾部新說，主張首弘論藏，次弘經、律，因與上座部分裂，自立為說一切有部。迦多衍尼子者，出生於佛陀滅度後二百五十年前後，為婆羅門種姓，智慧利根，通達五明之學，於上座部出家，盡讀三藏內外經書，著《阿毘達摩發智論》二十卷（又

稱為《八犍度論》），與先世所傳的「六足論」，同列為說一切有部的理論基礎。所謂「六足論」，其名稱為：

一、《阿毘達摩集異門足論》：二十卷，舍利弗造，唐代玄奘譯。

二、《阿毘達摩法蘊足論》：十二卷，大目犍連造，唐代玄奘譯。

三、《阿毘達摩施設足論》：大迦多衍那造，東土未譯。

四、《阿毘達摩識身足論》：十六卷，提婆設摩造，唐代玄奘譯。

五、《阿毘達摩品類足論》：十八卷，筏蘇密多羅（世友）造，唐代玄奘譯。

六、《阿毘達摩界身足論》：三卷，筏蘇密多羅（世友）造，唐代玄奘所譯。

以上六論，據傳前三部造於佛世，後三部為佛滅後所造。《大智度論・二》稱之為《六分阿毘曇》。迦多衍尼子的《發智論》出世，後世論師以《發智論》法門最為廣博，乃以六論為足，《發智論》為身，謂此六論為助成發智論者。

　　西元第二世紀，犍陀羅國迦膩色迦王執政時期（西元一四四一一七〇年），迦王護持佛教，鑑於當時的部執紛紜，各異其說，由於脅尊者的建議，在迦濕彌羅城建立伽藍，召集了五百位阿羅漢，以世友尊者為上座，從事於結集三藏。先造《優婆提舍》十萬頌解釋經藏，次造《毘奈耶毘婆沙論》十萬頌註釋律藏，後造《阿毘達摩大毘婆沙論》十萬頌以註釋論藏。三藏結集完畢，迦王命工匠鏤刻於赤銅鍱上，藏之於石函之中。其中十萬頌《阿毘達摩大毘婆沙論》所解釋的，就是迦多衍尼子的《發智論》。而毘婆沙論 (Viblasa Sastra)，意思就是「廣泛的解釋」，其目的即在於正確的註釋阿毘曇學派的理論。

　　《阿毘達摩大毘婆沙論》出世之後，後來有部的法勝論師，以《毘婆沙論》過於廣博，乃錄其要義，輯為專書，名《阿毘曇心論》。法勝

的學生法救，以《阿毘曇心論》過於簡略，復造《雜阿毘曇心論》，對阿毘曇心論加以註釋及增補。這部論典，後來成為阿毘曇學派及中國毘曇宗的基本論典。

佛滅後九百年頃，世親論師出世。世親梵語 Vasubandhu，音譯婆藪槃豆，出身於富婁沙富羅城的婆羅門種姓，他住世年代約在西元三八〇至四八〇年之間。據真諦三藏所譯的〈婆藪槃豆法師傳〉稱：「於薩婆多部（即說一切有部）出家，博學多聞，遍通墳典，師才俊朗，無可為儔，戒行清高，難以相匹。」據說他為了取捨阿毘曇一系的理論，曾匿名化裝，到有部學術中心迦濕彌羅城，學習有部教理四年，回到富婁沙富羅城，用經量部的教義，批判有部。他集眾宣《大毘婆娑論》，並加以批判。他隨講隨寫，著為《阿毘達摩俱舍論》，此論一出，頗有諍論，而無能破之者，當時世人稱此論為《聰明論》。

在有部根據地的迦濕彌羅城，有一位有部的眾賢論師，他為了駁斥《俱舍論》，以十二年的時間，撰寫出了一部兩萬五千頌的論典，取名《俱舍雹論》。意思是此論對於《俱舍論》，有如冰雹似的力量。他攜帶著他的著作去找世親辯論，此時世親遠遊他方，二人未能見面。後來世親知道此事，但他已改小入大，弘揚大乘，已經沒有興趣再來辯論這些問題了。未久眾賢逝世，世親將《俱舍雹論》改名為《順正理論》。《順正理論》這部書，是以有部的立場，破世親的《俱舍論》，同時也進一步發展了有部的觀點。所以這是一部宣揚有部宗義之書，也是研究《俱舍論》不可或缺的著作。

《俱舍論》全書三十卷，分為九品、四大義門，現按四大義門來分述其內容如下：

第一門：明萬有之體用，即是總明有漏無漏諸法，全門七卷、二品，第一界品二卷，明萬法的體，第二根品五卷，明萬法的用。

第二門：明迷界因果，計十四卷、三品，第三世品五卷，明迷界之果，第四業品六卷，明迷界之親因，第五隨眠品三卷，明迷界之疏緣。

第三門：明悟界之因果，計八卷、三品，第六賢聖品四卷，明悟界之果，第七智品二卷，明悟界之親因，第八定品二卷，明悟界的疏緣。

第四門：明無我之理，即是第九破我品一卷，專門論述「諸法無我」妙義，說明「無我」的基本原理。

《俱舍論》之作，和《阿毘曇心論》、及《雜阿毘曇心論》二書有相當關聯，所討論的是此一學派共同的論題，如在前八品中所解釋的，都是心物的元素和特殊事實。唯在《俱舍論》中，最後一品的〈破我品〉，似是世親論師個人的思想，因為在另外兩本論典中並沒有這個主題。再者，有部主張「三世實有，法體恆有」，而《俱舍論》在這一點與有部相異，而是採經量部之說，諸法：「現在有體，過未無體。」

五　我空法有、法體恆有

在印度部派佛教時代，據《異部宗輪論》所載，是本末二十派。後來唐代慈恩大師窺基，判二十部為六宗，其名稱是：

一、我法俱有宗：犢子部、法上部、賢冑部、正量部、密山林部、經量部之根本部屬之。此派的理論是，不唯法是實有，我亦實有。

二、法有我無宗：說一切有部、多聞部、雪山部、飲光部屬之。此派的理論是我是空無的，而法是實有的。

三、法無去來宗：大眾部、雞胤部、化地部、制多山部、西山住部、北山住部、法藏部屬之。此派的理論，是說過去、未來之法皆無

實體，現在法及無為法皆有實體。

四、現通假實宗：說假部及經量部末部屬之，此派的理論是，現在法通於有體無體。

五、俗妄真實宗：說出世部屬之，此派的理論謂世間法虛妄無體，唯出世間法為真實。

六、諸法俱名宗：一說部屬之，謂一切會唯有名而無實體。

以上六宗中的「法有我無宗」，又名「我空法有宗」，這是小乘佛教實在論者的理論，而以說一切有部（即薩婆多部）為代表。有部的理論是「我空法有」，也就是說，「我」是空無的，而「法」是實有的。法指的是「法體」，因此，說一切有部主張法體「三世實有，法體恆有」。

原來「我」之一名，梵語 Atman 音譯阿特曼，原意為「呼吸」，引申為生命、自己、自我、本質、自性。泛指獨立的永遠的主體，此主體潛存於一切物的根源內，而支配統一個體，這是印度古代婆羅門教的主要理論。在印度，自西元前千餘年的《梨俱吠陀》時代，就已經使用 Atman 一語，到了數百年後的梵書時代（西元前一○○○一前八○○年），由人類生命活動的氣息，逐漸演變為個體的生命現象。例如《百道梵書》中，以言語、視力、聽力等生命現象，係以「我」為基礎而顯現，且由「我」來統御。及至到了《奧義書》時代（西元前八○○一前六○○年），更主張「梵」(Brahman) 是宇宙的原理，而「我」(Atman) 是個人原理，梵與我乃為一體，此即所謂「梵我一如」。因此，所謂「我」，具有永遠存續（常）、自主獨立存在（一）、中心之所有主（主）、支配一切（宰）等諸種特性。

而原始佛教的基本教理是緣起，緣起是建立在「諸行無常、諸法無我、涅槃寂靜」三法印的基礎上，根本上就否定有一個常、一、主宰的我。因為吾人所稱之我，乃是五蘊和合的假相。五蘊和合，乃有

我的存在，五蘊分離，我亦離散。世人於五蘊法上強立主宰，此即我執，若進一步推求，所謂色者、受者、行者、想者、識者，亦是因緣和合之法，皆無自性，此中並無一個常、一、主宰之我體，所以稱為「我空」。

但說一切有部認為，「我」是五蘊和合，所以稱「我空」；但對於構成假我的五蘊，則認為法體實有，常恆不滅。也就是說有為無為一切諸法，亙過現未三世，歷然實有。即所謂「三世實有，法體恆有」。法體，是一切法的體性、或存在的本質。三世實有，是「時一切有」，謂過去、現在、未來，諸法皆有實體；法體恆有，是「法一切有」，指五位（色法、心法、心所有法、心不相應行法、無為法）七十五法，分別為兩大類，前四位是有生滅變化的有為法，而最後一位無為法──擇滅無為、非擇滅無為、虛空無為，是超越時空、無生滅變化的無為法，而有為法與無為法均有實體。

《異部宗輪論》曰：「說一切有者，一切有二，一有為，二無為。有為三世，無為離世，其體皆有，謂一切有。」又云：「謂一切有部諸法有者，皆二所攝，一名、二色。過去未來，體亦實有。」在《異部宗輪論述記》中，對此亦加以詮釋：「謂一切有者有二，一法一切，謂五法，即心、心所、色、不相應行、無為。二時一切，謂去來今。各對諸部名色，攝一切法。色相粗重，易知其體，四蘊無為，其體細隱，難知相貌，以名顯之，故稱為名。」

有部說一切諸法，皆二種所攝，一者名、二者色；或說為四種所攝，四種者指三世（開有為法為三世）及無為法；又說或為五種所攝，指一者心法，二者心所法，三者色法，四者不相應行法，五者無為法。這一切法，皆悉實有。並且以二種經證、二種理證來支持其理論。如舉《雜阿含經》為證云：

若過去色非有，不應多聞聖弟子眾，於過去色勤修厭捨。若未來色非有，不應多聞聖弟子眾，於未來色勤斷欣求。以未來色是有故，故多聞聖弟子眾，於未來色勤斷欣求。

同經又云：「識二緣生，其二者何，謂眼及色，廣說乃至意及諸法。若未來世非實有者，能緣彼（未來）識，應闕二緣（根境）。」此段論文意思是說，契經中說生識之緣有兩種，如說眼識，是以眼根及色境為二種緣；說耳識，是以耳根及聲境為二緣。乃至於說意識，是以意根及法境為二種緣，而意識緣境，通於三世。如果過去、未來法不是實有，則能緣過去、未來的意識，就闕了根和境兩種緣。

再者以理為證，理證有二，一者是有境的理證，二者是有果的理證。有境的理證者，我人主觀心識生起時，必有其所緣之境——境即色、聲、香、味、觸五境，此境即四緣中的所緣緣，無境識不能生，此理是無可更改的。而心識思量通於三世，所緣之境亦必有其貫通三世之法體，所以法體應該是恆存不滅的。有果的理證者：以過去之業，必當有所生之果，如果過去未來無體，現在實有則墮於無因有果、有因無果的邪見，故知法體三世實有。其實在《阿含經》中，佛陀亦常說到此點。如《雜阿含經‧七三五》說：「有果報而無作者」，第一二〇二經亦說：「唯是空陰聚，無是眾生者。」經文中的「作者」與「眾生」，就是「我」的異名，佛陀說它是無；而果報、陰聚等是「法」，佛陀說它是有。在第二六二經中還說：「不復見我，唯見正法。」因此，有部的學說，亦自有其根據。

有部的「三世實有」，《大毘婆沙論‧七十七》謂有四種異說：
一、法救的類不同說：法救以為三世諸法，唯有形類的不同，而實質則相同。如銷鎔金器改作他物，長短方圓、形狀雖然不同，但其

體則無異。

二、法音的相不同說：法音主張法體無異，以相不同，而有三世之別。
若住過去世時，過去相顯現，現在未來二相隱沒，住現未世亦然。
但有顯隱，非離二相。

三、世友的位不同說：世友主張諸法經歷三世，由於位（位置、作用）
的差異，非體有異。即有為法，在未作用位，名未來法。在正作
用位，名現在法。在已作用位，名過去法。在三世位中，雖得三
名，而其體無別。

四、覺天的待不同說：覺天主張法體無異，由於諸法前後相對待的不
同，而有三世之名。如一女子，對子名母，對母名女，對夫名妻。
以上四說，論證雖各不同，但皆主張三世實有。其中以世友的位
有異說，為說一切有部的正統觀點。

有為法三世流遷，法體生住異滅，而此滅，有體滅和用滅之別。
體滅者，即是生住異滅之滅，滅的是法體；用滅者，諸法之滅，非其
體滅，唯是用滅。即事物之生滅，只是體上的作用，而不是體有生滅。
有部宗的基本立場，不論一時或永久，不許體滅，只就體上的作用言
生滅，所以稱曰「法體恆有」。

六 四緣、六因、五果

世間萬法的生起，莫不仗因托緣。因緣和合，則有諸法的生起、
存在；因緣散離，則有諸法的變異、壞滅。諸法因緣生起，本無自性，
但有因必有果，有果必有因，雖緣生無性，而因果歷然，所以佛教以
因果為立教之根本。因果是什麼，因者能生、果者所生，招果為因，
剋獲為果。由於因果相續，而有世間萬法的生滅，四生六道的輪迴。

小乘有宗，把緣分為四種，把因分為六種，把果分為五種，此稱為「四緣、六因、五果」。茲依次分述如下：

一、四緣：四緣就是因緣、等無間緣、所緣緣、增上緣。

1.因緣：在因和緣之中，凡是屬於因的一部分都攝在此中。事實上，因即是緣，緣也就是因，此二者之間，原始佛教的經典上，不曾有嚴格的界說。但自相對的差別來說，因是主要的緣，緣是一般的緣。因是諸法生起的主要條件，緣是諸法生起的次要條件。因約特性說，緣約力用說。

2.等無間緣：此又名次第緣。這是就心、心所而說的。心心所法生起，次第無間，相續而起，前念心望後念心，等而開導，而得等無間之名。等者是前念心與後念心的體，是等流的意思；無間是前後不間斷的意思。

3.所緣緣：此舊譯為緣緣，這是唯為心法生起的緣。心心所法生起，必托境而生，此心識是能緣，所托之境是所緣，名「所緣緣」。

4.增上緣：一法能在另一法上發生影響，謂之增上。其影響有順有違，順者促使另一法成長，違者促使另一法壞滅。

二、六因：六因的名稱是能作因、俱有因、相應因、同類因、遍行因、異熟因。其實所謂六因，也只是四緣的另一種說明。六因，是把四緣中的等無間緣、所緣緣、增上緣三種，合併起來作為一個能作因；而把有直接生果功能的親因緣，開展為俱有因、相應因、同類因、遍行因、異熟因五個因，分別說明如下：

1.能作因：廣義的能作因，具有因能生果的功能。此處所稱的能作因，是無間緣、所緣緣、增上緣三者的功能，也就是與生果無直接關係的餘因之總和。能作因的作用，可分為積極的與消

極的兩方面。在積極方面，其對生果雖非直接之因，但給予間接的資助，稱為「與力能作因」；在消極方面，其對生果的功能不生妨礙作用，稱為「不障能作因」。此因的作用，與增上緣的意義相似。

2. 俱有因：這是指同時存生的兩法，彼此之間生果的功能。這亦有兩種情形，一為兩法以上同時互相影響，彼此互為因果而存在，稱為互為果俱有因，例如，三支手杖互相支持而立，彼此互為因果；二為幾種法互相合力，同生一果，稱為「同一果俱有因」。

3. 相應因：這是心法上——心王與心所相應的一種作用。凡心識發生作用，必不孤起，一定是心王、心所相應，密切組合，互相資助，互為因果，而心王與心所之有相應因關係時為「五義平等」——五種相同性所致：

時同：心王與其所相應的諸心所，在一剎那間同時俱起。

所依同：心王與所相應的心所為同根（六根）所生。

所緣同：心王與所相應的心所、所緣的對象相同。

事同：心王與相應心所的體性必同。

行相同：心王與相應心所之活動，必取相同的方向。

由上所說，可知相應因只適用心法，而與色法無涉。

4. 同類因：又名同性因，此因與四緣中的等無間緣相似，所不同者，一、此是因而不是緣；二、因果不同時，因必滅已，果始能現；三、前後二法的相續時間可延長；四、可應用到任何同性法的法群，廣及色、心諸法。在心法上說，如前一善念引生後一善念；在色法上說，如前一粒麥種，生出後一株麥子，都可稱作同類因。

5. 遍行因：此與同類因相似，而範圍遍及於十一遍行心所——貪、
瞋、痴、慢、疑、惡見、身見、邊見、邪見、見取見、戒禁取
見，稱為十一遍行使，此十一遍行使勢力特強，不但為同類不
善法相續之因，也是一切不善法之因。此因僅適用於一部分心
所法。

6. 異熟因：此因為六因中最重要的一種，因為有情眾生生死流轉，
前後兩生是賴此因過渡的。此因的不同之處，是它的果必須在
因滅後才成熟。這種生果的功能，專主惡因生惡果，善因生善
果。但是所生之果的自身，則是無善無惡的無記，佛經稱此為：
「因是善惡，果是無記。」異熟因又稱異性因，此因與其果，
二者成熟的時期和性質都不相同，故異熟有「異類而熟」、「變
異而熟」、「異時而熟」諸種。這是佛法上說明善惡業感的因果
律。異熟因的諸法，或為色法類、或為心法、心所法、不相應
行法諸類，但必須是有漏善法或惡法二種；兩種有覆、無覆的
無記法，因作用微劣，不能作異熟因。無漏善法因不引起再受
生故，亦不能作異熟因。

以上六因，於一切法皆能為因的，為能作因、俱有因、同類因、
異熟因四種；相應因和遍行因，只有心法及心所法能為因。又，
同類、遍行、異熟三因，是因果異時；俱有、相應二因是因果同
時；能作因則二者兼通。

三、五果：由上述六因、四緣所生的果，計有五種，稱為五果。即異
熟果、等流果、士用果、增上果、離繫果。

1. 異熟果：有情眾生，以惡業招致來世畜生道、餓鬼道、地獄道
之苦果；以善業招致來世人、天道之樂。苦樂之果性，皆為
無記，與業因之或善或惡性異，故曰異熟果，此果自六因中之

異熟因而來（而異熟因，也就是業識種子）。

2. 等流果：依前之善心而生後之善心，依前之惡心而生後之惡心；依前之無記而生後之無記，等於果性由因性而流來者，故稱等流果，亦稱相續果。以其因性果性相續而得名，此果自六因中的同類因與遍行因而來。

3. 士用果：士者「士夫」，是人之異名，即「作事者」；用者作用，合稱「士用」。由此所得之果，名士用果，如農夫之耕作於米麥；如修道者之行力於道果。依其造作之力而得用者，此果自六因中之俱有因與相應因而來。

4. 增上果：以一有為法，望其餘一切有為法，為增上果。其餘一切有為法，或與以增上──資助之力，或不與力，亦不障害。以其與資助之力與不障害之增上力，而生此果。雖與前述之士用果相似，但士用果局限於有力之因體，而此則通於有力無力之一切法，而為得來之果。此果自六因中的能作因而來。

5. 離繫果：此果為無漏、斷障所證無為之道果。這是聖者以般若正智，斷煩惱障、所知障，遠離繫縛所顯的擇滅無為──涅槃果。涅槃是聖者所證之境界，離一切繫縛，故曰離繫果。此法常住，非自六因而生，惟以道力而證顯，故雖與以「果」名，而非對六因之因體，只是強加名相，便於解說而已。

以上五果，前四者是世間的有為法，後一者是出世間的無為法。

第六章　大乘空宗哲學

一　大乘空宗的傳承

大乘空宗，在印度是中觀學派，在中國是三論宗。

西元世紀開始前後，繼部派佛教之後，大乘佛教的思想興起。繼之於西元一、二世紀間，大乘經典先後出世。是時，首先倡導大乘思想，拉開大乘佛教序幕的人，是馬鳴菩薩。繼馬鳴之後，完成大乘佛教理論，建立了大乘佛教中的第一學派——中觀學派的人，是龍樹菩薩。龍樹依於佛陀的緣起理論及《大般若經》的空性思想，發揮諸法當體性空、而性空又無礙於緣起的中道之理，以此破邪顯正。這個學派，後來被稱為中觀學派，也就是大乘空宗。

龍樹梵語那伽阿周陀那 (Nagarjuna)，他住世年代，大約在西元一五○年到二五○年之間。他是南印度人，出身於婆羅門種姓，自幼聰明穎悟，博聞強記，幼年誦四吠陀及五明之學，都能通達其義；及長，又遍學天文地理及一切技藝，於世學多所達練。他曾經與三位密友共習隱身術，入王宮淫亂宮女，事情發作，三友皆被國王所殺，唯他一人以機智得免。至此他體認到「欲為苦本、敗德危行污梵行」。他當時即發誓曰：「我若得脫免斯厄難，當詣沙門受出家法。」既而脫難，乃入山至一佛塔，禮沙門為師而出家，於九十日間，盡誦佛教三藏經典。

龍樹是馬鳴的再傳弟子，據《付法藏因緣傳》卷五所載，有迦毗

摩羅者，初為外道師，有三千弟子，以神力擾害馬鳴，後終屈服於馬鳴之論義，皈依為其弟子。後馬鳴臨欲捨命，付法於迦毘摩羅，摩羅赴南天竺大興教化，著有《無我論》一百偈以摧伏外道。他於化緣已盡時，付法於龍樹。龍樹初出家時，南印度已經有大乘經典流行，特別是般若一系的經典出世最早。龍樹於通達小乘三藏後，轉而習誦大乘，他讀之不以為足，為尋求佛經而到達北印度。傳說他在北印度時，在雪山一處塔院的一位老比丘處，得到了一部分大乘經典，後來又在東北印度大龍族聚居之地，得到了許多大乘經典，這樣就更充實了他大乘思想的理論。

龍樹回到南印度，弘揚大乘思想，多次與外道辯論，均獲得勝利，聲譽大著。傳說當時的國王原信婆羅門教，後來經龍樹教化而改信佛教，在黑峰山建伽藍供養龍樹。龍樹奉長壽之藥給國王，國王得以長壽。而王子以不能及早繼承王位，心懷怨懟，設法加害龍樹，要龍樹把頭施捨給自己，龍樹乃自刎身亡。

龍樹是印度佛教史上極為重要的人物，他是大乘佛教中觀學派的創始人，也是中國佛教的「八宗之祖」。他一生著作豐富，號稱「千部論主」。他見到當時外道、小乘邪說充斥，乃反省佛陀中心思想緣起法的真義，他以當時流行的般若思想，造《中論》、《十二門論》、《大智度論》等論典，闡明八不中道、緣起無自性、我法二空之理。他的弟子提婆造《百論》，破斥外道及小乘諸派別之偏執。這種理論體系，到西元四、五世紀間，形成了「中觀學派」。西元五世紀間，中國以鳩摩羅什為首的大乘學者，也是依此三部論典而建立了三論宗。

提婆是梵語 Deva 的音譯，意譯為「天」，而其全名則是梨耶提婆 (Aryadeva)，意譯為聖天。提婆又稱迦那提婆 (Kanadeva)，迦那提婆是「獨眼提婆」的意思，因為他的一隻眼睛施捨給別人了。他也是南印

度的婆羅門種姓，他的知識淵博、辯才無礙，以善於辯論著名當世。
他曾找龍樹辯論，為龍樹折服，乃禮龍樹為師。提婆的著作有《百論》、
《百字論》、《四百論》等，其中《百論》一書，專破外道和小乘的偏
執。他和外道辯論也一再獲勝，有一外道的弟子懷恨在心，持刀找到
提婆，以刀刺入其腹，腸子流出。提婆倒地，勸刺殺他的人趕快逃走，
以免被其弟子趕來殺害。凶手逃後，提婆的弟子們趕到，要去追殺凶
手，提婆勸阻弟子們說：「諸法本空，無我我所，無有能害亦無受者，
誰親誰怨孰為惱害。汝等今者愚痴所覆，橫生妄見種不善業，彼人所
害害吾往報，非殺我也。」這一些臨終遺言，正代表提婆的思想。

　　提婆以後，中觀學者分為兩支，一支是提婆傳之羅睺羅，羅睺羅
曾造《中論》註釋，今已佚傳。羅睺羅傳之青目，青目著有《中觀論
釋》，今日流傳的《中論》，頌文為龍樹菩薩所造，長行（頌後的註解）
即為青目論師所造。青目傳之龜茲莎車王子須利耶蘇摩，須利耶蘇摩
傳之鳩摩羅什。

　　龍樹的另一位弟子龍智，與提婆並肩弘化，後來龍智一系的著名
論師，有佛護、清辯、月稱等。據《華嚴經探玄記》卷一所載，西元
七世紀，中印度那爛陀寺，有戒賢、智光二論師，戒賢承無著、世親
之說，依《解深密經》、《瑜伽師地論》等，立有、空、中三時教判，
以法相大乘為真了義。智光則承龍樹、清辯之空宗，依般若、中觀等，
立心境俱有、境空心有、心境俱無三時教判，以無相大乘為真了義。
智光的中觀思想傳之於師子光，後來由中國的華嚴宗繼承。

　　鳩摩羅什（西元三四四－四一三年），原籍天竺，生於龜茲（今新
疆省庫車縣），幼時隨著母親什婆遊歷各方，曾在天竺從槃頭達多學小
乘佛教，復於疏勒從須利耶蘇摩學大乘方等經典、及《中》、《百》、《十
二門》等論典。回到龜茲後，又從卑摩羅叉學律，以後就在龜茲弘揚

大乘佛教。西元三八四年，前秦主苻堅命大將呂光率兵滅龜茲迎羅什。呂光迎羅什至涼州，苻秦已亡，羅什滯留涼州十餘年，於西元四〇一年抵長安，先後譯出「三論」、《大智度論》、及般若性空的經典，盛弘龍樹、提婆之學，建立了中土的三論宗。

羅什門下弟子眾多，以僧肇、僧叡、道融、道生為最著，號稱「四聖」。特別是僧肇，早治老莊之學，後從羅什受業，助其譯經，在羅什門下解空第一，著〈宗本義〉及〈般若無知論〉等，確立三論宗義。此宗原在北方流行，後來由於僧朗的弘傳，乃流行於南方。僧朗後來住持攝山棲霞寺法席，入蕭梁時代，梁武帝很器重他，遣僧懷、慧令、智寂、僧詮等十人，入攝山從他受三論大義，以僧詮最有成就。僧詮隱居攝山止觀寺，一生只講三論和般若。僧詮門下，有興皇寺法朗、長干寺智辯、禪眾寺慧勇、棲霞寺慧布，時稱詮公四友。四人均宣揚攝山三論之學，其中以法朗尤為傑出，他奉陳武帝之命駐錫金陵興皇寺，大張講席，常隨之眾常千餘，門下弟子二十五人，以嘉祥大師吉藏成就最大。

吉藏（西元五四九一六二三年），俗姓安，本來是安息國（後來的大波斯國）人，祖上因避仇徙居交州、廣州地區，後來又遷居金陵，吉藏是在金陵出生的。他家世代信佛，他父親後來出家，法名道諒。吉藏自幼隨父依法朗聽講，七歲依法朗出家，徹研大小二乘玄旨。三十三歲駐錫嘉祥寺，大闡三論。著《大品經義疏》、《中論疏》、《百論疏》、《十二門論疏》，及《三論玄義》等數十部，大成三論宗，使此宗進入黃金時代。吉藏以後，有智凱、知命、智實、慧遠等，以慧遠尤為傑出。慧遠後移住長安附近藍田縣悟真寺，不時到長安講三論。此宗興起未久，以天台、慈恩二宗盛行，而漸次衰微。

二　破邪顯正

　　中觀學派的宗旨，在於「破邪顯正」——破斥謬誤的見解，顯示正確的理論。以三部論典的內容來說，《中論》通破大小二乘的迷執，顯示大小兩教的實義。《百論》通破大小兩乘的邪執，申明如來的正法。《十二門論》破大乘的迷執，顯示大乘的深義。如《三論玄義》卷上云：「論雖有三，義唯二轍，一曰顯正，二曰破邪。破邪則下拯沉淪，顯正則上弘大法。」而其所破斥的對象又是什麼呢？《玄義》續稱：「但邪謬紛綸，難可備序。三論所斥，略辨四宗：一、摧外道，二、折毘曇，三、排成實，四、呵大執。」這就是說，中觀學派破斥的對象，一為外道，二為阿毘曇——就是說一切有部的理論，三是《成實論》，四是「大執」大乘佛教其他派別的主張。

　　不過，《玄義》此說也有問題，龍樹、提婆之世，當然有外道和毘曇。但《成實論》是龍樹之後出世的論典，龍樹之世也沒有其他的大乘宗派，何以也在破斥之列？《三論玄義》對此有所解釋：「問：『三論破斥外道、毘曇，斯事可爾，而龍樹前興，訶梨（《成實論》的作者訶梨跋摩，活動於西元四世紀）後出，時節遼隔，何由相破？』答：『俱令執著，即便被破，何論前後？若前論不破後迷，亦應古方不治今病，扁鵲之術末世無益矣。』」此說有點牽強，古方當然可以醫治今病。但以前論破後迷，是吉藏借前論來破的，不是龍樹、提婆在世時就要破的後迷。龍樹、提婆所破的，只不過外道和毘曇而已。

　　外道，是佛教對於非佛教派別的通稱。古代印度，有六師外道、或九十六種外道等名稱，各有其邪謬的理論。如《三論玄義》所稱：「外道未達二空，橫存人法；毘曇已得無我，而執法有性……總論西

域（指古代天竺）九十六術，別序宗要，則四執盛行。」四執，指的是以下四種邪謬的執著，即：

一、邪因邪果：認為宇宙人生是大自天所創造。

二、無因有果：認為世間萬物自然而有，沒有產生世間萬物的原因。

三、有因無果：認為只有現世之因，沒有來世之果，此即所謂斷滅論。

四、無因無果：不承認有現世的業因和後世的果報。

　　以上諸說，第一項是婆羅門教的理論，第二、三、四項是六師外道、九十六種外道等不同派別的邪說。而佛陀教法的基本理論「緣起」，則以為世間萬法，皆是因緣——因素條件互相對待的現象。佛教反對絕對精神——上帝、神我為宇宙的生因（否定恆常），也反對物質為存在的本原實體（也否定斷滅）。宇宙萬有，不論是精神現象或物質現象，都必須遵循緣起法則而存在。緣起否定上帝、神我，否定物質實體，但卻肯定因果，這就是與外道——與所有一切宗教不同之處。佛教的緣起，可以下列四點為其界說：

一、以緣起的觀點，沒有一個創造世界的造物主——大梵天王。

二、以緣起的觀點，沒有一個永恆存在的神我——阿特曼。

三、以緣起的觀點，世間萬法皆無常。

四、以緣起的觀點，有因有緣必然生果，並且是因果相續。

　　緣起，代表著佛陀的中心思想，徹底揭示出宇宙存在本來實相，後世的諸大論師，對緣起都有精密的闡述，龍樹也是據此建立其「緣起性空」的基本宗義。

　　至於所破的「毘曇」，毘曇是阿毘曇（Abhidnarma）的略稱，阿毘曇是舊譯，新譯阿毘達摩，意譯為「對法」，就是對佛陀所說的法解釋的論典。或譯為「無比法」，阿譯為無，毘譯為比，達摩譯為法。這是小乘薩婆多（Sarvastivada）——即說一切有部（又名毘曇宗）的論典。該

宗論典種類繁多,最重要者為「一身六足論」,就是《阿毘達摩發智論》、《阿毘達摩異門足論》、《阿毘達摩法蘊足論》、《阿毘達摩施設足論》、《阿毘達摩識身足論》、《阿毘達摩品類足論》、以及《阿毘達摩界身足論》等七種論典。毘曇宗的理論是「我空法有」——「我」是色、受、想、行、識五蘊和合的假有,所以稱為「我空」;但對於構成假我的五蘊是實有的,這就是執於法有實體。主張「法體恆有,三世實有」,肯定諸法的多元存在。這就和「諸法性空」的觀點完全相反,成為中觀學派破斥的對象。也正如《三論玄義》所云:「外道未達二空,橫存人、法。毘曇已得無我,而執法有性。」

至於「排成實、呵大執」二條,《玄義》上說:「跋摩具辨二空,而照猶不盡。大乘乃言究竟,但封執成迷。」論文中所說的「跋摩」,是《成實論》的作者訶梨跋摩。《成實論》否定我、法的存在,主張「我法皆空」。論文說成實「照猶不盡」,照者觀照,即是智慧。在三論宗看來,成實的空是空無,是小智,這種智慧不圓滿,不能徹底消除迷惑,所以是照猶不盡。「呵大執」,其實所呵斥的,是南北朝時代的地論師、攝論師,以及隋代成立的天台宗。因為地論師和攝論師都是繼承印度大乘有宗的觀點,和大乘空宗思想相對立,當然也在所破之列。天台宗立有「五時判教」,三論宗則以三時判教,以佛陀第一時說阿含,第二時說法相大乘,明境空心有,第三時說無相大乘,明心境俱空,所以對五時判教的理論也進行了批判。

其實三論的內容,主要是「破邪」,無所謂「顯正」。但破邪即所以顯正,所謂「戲論滅而根源之一理窮,群異息而至極之中道顯」。以破邪故,亦強言顯正。正是什麼呢?正者正理,正理就是諸法實相。諸法實相,就是「無所得」。此有體正、用正兩重意義,所謂體正,就是非真非俗中道實相的本體。此本體是語言道斷、心行處滅的無言法

性，無以名之，名之曰體。此體絕諸偏邪，離諸情執，不偏不倚，名
之為正；所謂用正，是為使眾生悟入無所得之理，在無名相中強加名
相，說真俗二諦。此真俗二諦，就是詮顯無所得的言教，名之為用。
此用亦絕諸偏邪，離諸情執，也目之為正。如《三論玄義》所稱：

> 但欲出處眾生（意謂使眾生出離），於無名相法，強名相說，令稟學
> 之徒，因而得悟，故開二正，一者體正。非真非俗名為體正，真之
> 與俗目為用正。所以然者，諸法實相言亡慮絕，未曾真俗，故名之
> 為體；絕諸偏邪，目之為正，故言體正。所言用正者，體絕名言，
> 物無由悟，雖非有無，強說中俗，故名為用。此真與俗亦不偏邪，
> 目之為正，故名用正也。

以上所謂二正，簡單的說，意謂龍樹、提婆的理論，沒有任何偏邪的
知見，就是體正；而龍樹、提婆造論的目的，是為了破斥外道、毘曇
謬誤的見解，名為用正。但正有三種，一者對偏執的見解來說，目之
為正，此稱為「對偏正」；二者偏執消除以後，目之為正，稱為「盡偏
正」；三者偏執既已消除，正也不再保留，此時既不是偏，又不是正，
勉強名之曰「絕待正」。正如《三論玄義》所稱：

> 以內外並冥，大小俱寂，始名正理。悟斯正理，則發生正觀。正觀
> 若生，則戲論斯滅。戲論斯滅，則苦輪便壞。三論大宗，其意若此。

由此可知此宗意在內外並冥，大小俱寂，苟有所顯，就無得正觀了。

三　真俗二諦

唐代義淨法師西行求法，返回時曾滯留蘇門答臘，著《南海寄歸

內法傳》，說到印度的大乘佛教時，有云：「所謂大乘，無過兩種，一者中觀，二者瑜伽。中觀則俗有真空，體虛如幻；瑜伽則外無內有，一切唯識。」因此，這「俗有真空」四字，就代表了印度佛教中觀學派的理論。

　　所謂俗有真空，指的是真、俗二諦。中觀學派的理論，說一切法不離二諦。二諦者，一者真諦，二者俗諦。真諦又作勝義諦、第一義諦；俗諦又作世諦、世俗諦。諦者真實不虛之理，中觀學派的理論，若約世俗諦說，世間萬法皆有，乃至許有我有法、有心有境。若約勝義諦說，諸法皆空，此空亦空。如《大智度論》云：

> 佛法中有二諦，一者世諦，二者第一義諦。為世諦故，說有眾生；為第一義諦故，說眾生無所有，依世俗諦，宇宙萬有皆有，若依第一義諦，萬有當體即空。

所以吉藏所著的《三論玄義》中，有云：「中論以二諦為宗。所以用二諦為宗者，二諦是佛法根本，如來自行化他，皆由二諦。」中觀學派，是依於《中論》、《百論》、《十二門論》三部論典而建立的，在此三部論典中，都重視二諦之說。《中論・觀四諦品》有偈曰：

> 諸佛依二諦，為眾生說法；一以世俗諦，一第一義諦。
> 若人不能知，分別於二諦，則於深佛法，不知真實義。
> 不依世俗諦，不得第一義，不得第一義，則不得涅槃。

　　這就是說，三世諸佛，都是依於二諦為眾生說法，一者是依於世俗諦，一者是依於第一義諦（真諦）。如果學佛的人不能分別了解二諦之理，對於深奧的佛法，就不知道它真實的含義。如果不依世間真理，就不能了解第一義的真理。不了解第一義真理，就不能證得涅槃。所

以,《百論‧破空品》稱:

> 諸佛說法,常依俗諦、第一義諦,是二皆實,非妄語也。

此中真、俗二諦,都是真實之說,俗諦對世俗人來說是真實的,第一義諦對於修學出世間法的人來說也是真實的。《十二門論‧觀性門品》亦說:

> 若人不知二諦,則不知自利、他利、共利。

論中說的自利,是使自己覺悟;他利,是使他人覺悟;共利,是使自他都覺悟。修學佛法的人,如果不了解真俗二諦,就不會明白自利、他利、共利。

《中論‧觀四諦品》中,對於二諦的解釋說:「世俗諦者,一切法性空,而世間顛倒故,生虛妄法,於世間是實,諸賢聖知其顛倒性故,知一切法皆空無生,於聖人是第一義諦,名為實。」這意思是說,世間一切的事物,全是因緣和合的生起存在,本來是空無自性,而世俗間人不了解這種緣起性空的道理,對世間事物作虛妄顛倒的認識,認為一切事物都是實有,這就是世俗諦。佛教的修行菩薩,自緣起的立場看事物,認為一切事物都是虛妄不實的,不能長久存在的,這種認識就是勝義諦。

《三論玄義》亦稱:「有二諦故,佛語皆實。以世諦故,說有是實,第一義故,說空是實。」自世俗諦的觀點看,山河大地,人馬牛羊,萬象森羅,豈能說是無?但若自第一義諦的觀點看,這一切差別萬象,宛然羅列,唯是假有的幻相。萬法皆是仗因托緣所生,無有自性——沒有其固定不變之自性。諸法若有自性,則應不待因緣,自然而生。事實上諸法不從無因生,不從一因生,必須眾多因緣和合而生。以眾

緣和合生者，無其自性，畢竟性空，畢竟空無所有。

本來，二諦是「言教之通詮，相待之假稱」。大小諸宗，多明二諦，並非只有三論宗講二諦。但各家對二諦的解釋則各不相同。《中觀論‧觀四諦品》稱「世俗諦者，一切法性空，而世間顛倒故，生虛妄法，於世間是實，諸賢聖知其顛倒性故，知一切法皆空無生，於聖人是第一義諦，名為實。諸佛依二諦而為眾生說法，若人不能分別二諦，則於實深佛法不知實義」。世間一切事物，因緣相待生起，空無自性，世人顛倒，以虛妄為真實；佛教聖賢知其顛倒，了知世間事物的虛妄不實，這種認識就是第一義諦。

吉藏大師在《大乘玄論》中，謂三論宗的二諦，與他家有十種相異之處。即一者理教異，二者相無相異，三者得無得異，四者理內外異，五者開覆異，六者半滿異，七者愚智異，八者體用異，九者本末異，十者了不了異。他在「了不了異」一節中說：

> 他家二諦，住有無故名不了。今明，說有欲顯不有，說無欲顯不無，有無顯不有不無，故名了義。他但以有無為世諦，空為真諦，今明，若有若空皆是世諦，非空非有始名真諦。三者空有為二，二與不二皆是世諦，非二非不二名為真諦。四者此三種二諦皆是教門，說此三門為令悟入不二，無所依得始名為理。

以此，吉藏大師進一步開四重二諦，洗淨一切有所得心。所謂四重者，第一重以有為俗諦，以空為真諦。然俗諦之有，由於真諦之空；真諦之空，由於俗諦之有。既為由空之有，則有非實有，而為不有之有。又為由空之空，則空非實空，而為不空之空。故第二重則以有、空為俗諦，非空、非有始為真諦。亦即若有若空，皆是俗諦。既是不有之有，不空之空，則有、空原不二無別，故非空、非有方是真諦。

第三重空、有為二，非空非有為不二。則二與不二為俗諦，非二非不二為真諦。也就是說二與不二皆是俗諦，非二非不二、即二而不二，不二而二，方是真諦。第四重，則總前三重為俗諦，言亡慮絕始名真諦。這四重二諦。如果換一種方式說，即：

一、當有的理論與空的理論相對立時，則以有為俗諦，空為真諦。

二、當有、空理論與非有、非空理論相對立時，則有、空為俗諦，非有、非空理論為真諦。

三、當有、空，非有、非空四種理論相對立時，此四者成為俗諦，而更高一層的否定──非非有、非非空就是真諦。

為什麼立此四重二諦呢？《中論疏》及《大乘玄論》中說，初第一重，是對毘曇立實有實空二諦，明空有二諦。次第二重，對成實論師以假有假空為真俗二諦，明空有皆俗諦，非空非有始為真諦。次第三重，對大乘師以依他分別二為俗諦，依他無生分別無相不二真實性為真諦，明二不二皆俗諦，非非不二為真諦。次第四重，對大乘師以三性為俗諦，三無性非安立諦為真諦，明安立諦非安立諦皆俗諦，言亡慮絕始為真諦。

至於俗真二諦間的關係是如何呢？本來，真諦說空，俗諦說有，二者形成對立的矛盾。但真諦的空不是空無，而是無自性空；俗諦的有也不是實有，而是因緣和合的假有。俗諦不是由其本身為俗，以有真始為俗；真諦也不是由其本身為真，以有俗始為真，這二者既是相對相斥又是相輔相成。所以真俗二諦的關係，既是相對立的，又是互相依存的。吉藏在《二諦義》卷下曰：「俗不定俗，俗名真俗；真不定真，真名俗真。真俗假俗，俗真假真。假俗則百是不能是，百非不能非；假真亦爾。何者假俗，則是是不能是，百是亦不是，非非不能非，百非亦不非，假真即非。是不能是，百是亦不是，是非不能非，百非

亦不非。是故皆離四句，絕百非也。」四句，指有、無、亦有亦無、非有非無。百非，對有無等一切概念一一加以否定。蓋佛教之真理，不僅不宜以四句分別，同時亦超越於一切有無的概念之上，所以「離四句，絕百非」。

四　八不正觀

《中觀論・破因緣品》之首，有皈敬偈曰：

> 不生亦不滅，不常亦不斷，不一亦不異，不來亦不出。
> 能說是因緣，善滅諸戲論，我稽首禮佛，諸說中第一。

這就是有名的「八不偈」。因為真俗二諦之所顯者，唯在無所得中道，所以《中觀論》以「八不」來說明二諦的意義。此八不，即偈中所顯：「不生不滅，不常不斷，不一不異，不來不出」，八句四對。此八不並不是龍樹所立，而是出自《本業瓔珞經・佛母品》。經云：「二諦義者，不一亦不二，不常亦不斷，不來亦不去，不生亦不滅。」而在《涅槃經》，亦有「十不」之說，經云：「十二因緣，不出不滅，不常不斷，非一非二，不來不去，非因非果。」

八不的反面是八迷，八迷就是主張有生有滅，有常有斷，有一有異，有來有出。所以八不就是八種否定——以一連串的否定，來破斥這八種迷執。本來一切事物，皆是仗因托緣而生起存在，都是一時的現象，沒有永恆的實體。而眾生顛倒，執為真實，在顛倒執著的妄見上，以所謂生者，說諸法實有生；滅者，說諸法實有滅；常者，謂諸法恆常存在；斷者，謂諸法終歸斷滅。一者，指諸法渾然為一；異者，指諸法各各別異；來者，以諸法從自在天、自性、微塵等出；出者，

以諸法還去至本處。以上八者，就是八迷，由此八迷上，更生出無量無邊的虛妄執著。

龍樹以八不正觀破遣八迷，來說二諦正義。因為不悟八不，就不識二諦，不識二諦二諦即無以得其正。在《中論》註釋的長行中，青目論師以一問一答的方式，用穀和芽作比喻，對八不作了一番通俗的解釋。它的原文是：

問曰：「不生不滅，已總破一切法，何故復說六事？」

答曰：「為成不生不滅義故。有人不受不生不滅，而信不常不斷。若探求不常不斷，即是不生不滅，何以故，法若實有，則不應無，先有今無，是即為斷；若先有性，即是為常，是故說不常不斷，即入不生不滅義。……復次，萬物無生，何以故？世間現見故，世間眼見初穀不生。何以故？離劫初（謂成此世界之初）穀今穀不可得。若離劫初穀有今穀者，則應有生，而實不爾，是故不生。」

問曰：「若不生則應滅？」

答曰：「不滅。何以故？世間現見故，世間眼見初穀不滅。若滅，今不應有穀而實有穀，是故不滅。」

問曰：「若不滅則應常？」

答曰：「不常。何以故？世間現見故。世間眼見萬物不常。如穀芽時，種則變壞，是故不常。」

問曰：「若不常則應斷？」

答曰：「不斷。何以故？世間現見故，世間眼見萬物不斷。如從穀有芽，是故不斷，若斷不應相續。」

問曰：「若爾者萬物是一？」

答曰：「不一。何以故？世間現見故。世間眼見萬物不一，如穀不作芽，芽不作穀。若穀作芽，芽作穀者，應是一，而實不爾，是故不一。」

問曰：「若不一，則應異？」

答曰：「不異。何以故？世間現見故。世間眼見萬物不異。若異者，何故分別穀芽、穀莖、穀葉，不說樹芽、樹莖、樹葉？是故不異。」

問曰：「若不異，應有來？」

答曰：「無來，何以故？世間現見故。世間眼見萬物不來。如穀子中芽無從來。若來者，芽應從餘處來，如鳥棲樹，而實不爾，是故不來。」

問曰：「若不來，應有出？」

答曰：「不出。何以故？世間現見故，世間眼見萬物不出。若有出，應見芽從穀出，如蛇從穴出，而實不爾，是故不出。」

　　以上大段文字，是「八不」的事證。如果化繁為簡，扼要的說，穀子由前種生出，但前種之前更有前種，溯之無始，前既已有，非今新生，是名不生。無始以來，初穀不滅，若滅則現今不應有穀，是曰不滅。但先前之穀非現在之穀，是名不常；而穀種相續，代代如此，是名不斷。穀種非芽、莖、花、果，是名不一；而離開穀種即無芽、莖、花、果，是名不異。在穀種中找不出芽、莖、花、果，是名不出；而芽、莖、花、果，穀種所變，非從外來，是名不來。

　　以穀為例，只是事證，《中觀論・破因緣品》有頌文作為理證，此頌曰：

　　　諸法不自生，亦不從他生，不共不無因，是故知無生。

　世間諸法，皆是仗因托緣而生，無其自性。既無自性，當然也沒有對立的他性，所以一切事物不是自己生，也不是由其他事物而生。既然自他皆不生，當然也不是自他共生，但也不是無因而生。以上四種否定，肯定諸法不生。既然無生，當然無滅。在「八不」之中，「不生」是根本，因為有生則有滅，把「生」否定了，不生不滅，則常、斷、一、異、來、出也都不能成立，最後歸之於空。所以在〈破成壞品〉復申前義：

　　　法不從自生，亦不從他生，不從自他生，云何而有生？

《十二門論》亦有偈子曰：

　　　先有則不生，先無亦不生，有無皆不生，誰當是生者？

本來，「本無今有曰生」。先前既然已經有了，當然談不到生；先前沒有的，又如何能生？有、無皆不生，什麼是被生的呢？既然沒有生，當然沒有滅。生滅既無，其餘六相自然亦無——諸行無常故不常，世相流轉相續故不斷；諸法法相萬殊故不一，凡所有相皆是虛妄，無諸相可得故不異。前後不可得，故曰不來不出。在〈觀顛倒品〉中，復有偈子說世間相如幻如化，都空無自性，一切都是假相。偈子曰：

　　　色聲香味觸，及法體六種，皆空如燄夢，如乾闥婆城。
　　　如是六種中，何有淨不淨，猶如幻化人，亦如鏡中像。

色、聲、香、味、觸、法，是眼、耳、鼻、舌、身、意所緣慮的六種塵境，也就是客觀世界的萬事萬物。而客觀世界的萬象，全是陽燄、

夢境、鏡中幻像、海市蜃樓（即乾闥婆城），全是虛幻不實的，全歸之於「空性」。

五　緣起性空

中觀學派的理論，是建立在佛陀證悟的真理「緣起」上。「緣起」二字作何解釋呢？《雜阿含經》中給緣起下的定義是：「此有故彼有，此生故彼生，此無故彼無，此滅故彼滅。」意思是說：宇宙之間，沒有獨立存在的事物，全是彼此間關係的存在。彼此的關係發生變化，事物的本身亦發生變異。

不過，佛陀是以人生的生老病死的煩惱而出家修道，所以最早說的緣起，是指生命流轉而說的。所以，「此有故彼有，此生故彼生」，是生死流轉的緣起；「此無故彼無，此滅故彼滅」，是清淨還滅的緣起。《雜阿含經‧二八八》中說：

> 譬如三蘆，立於空地，展轉相依，而得豎立。若去其一，二亦不立，若去其二，一亦不立，展轉相依，而得豎立。識緣名色，名色緣識，亦復如是。

識緣名色，名色緣識，「此有則彼有，此生則彼生」，而有生命的流轉；名色滅則識滅，識滅則名色滅，「此無故彼無，此滅故彼滅」，而有生命的還滅。生命的存在與流轉，「不從天生，不從自生，非無緣生，從因緣生」，這就是最早緣起的定義。後來，由有情生死流轉的緣起，擴及於萬法生滅變異的緣起，而把前者稱為「內緣起」；後者稱為「外緣起」。後來大乘經典的《入楞伽經》也這麼說：

> 佛言：大慧，一切法因緣生有二種，謂內及外。外者謂以泥團、水、杖、輪、繩、人工等緣合成瓶，如泥缽，縷疊、草蓆、種芽、酪蘇悉亦如是，各外緣前後轉生；內者謂無明、愛、業等生蘊、界、處法，是謂內緣起，此但愚夫之所分別。

經文中的內緣起，是指生命流轉生老病死的緣起；外緣起，是指物質變化生住異滅的緣起。宇宙萬有，沒有孤立存在的事物，也沒有永恆不變的事物，一切都是仗因托緣，互相關涉對待而生起存在。好像我們以泥土與水加以調和，再加以木杖、輪子等工具，就可以做出泥罐、泥缽等陶器來；我們用紗縷織成布，用草編成蓆子，也都要加上工具、人工等相關的條件。

《佛說稻芊經》中，佛陀假借稻梗以說明緣起的道理，其中有一段經文說：

> 此因緣法，以其二種而得生起，云何為二，所謂因相應，緣相應。彼復有二，謂外及內。此中何者是外因緣法因相應？所謂從種生芽，從芽生葉，從葉生莖，從莖生節，從節生穗，從穗生花，從花生實；若無有種，芽即不生，乃至若無有花，實亦不生。有種、芽生，如是有花，實亦得生。
>
> 應云何觀外因緣法緣相應？謂六界和合故。以何六界和合，所謂地、水、火、風、空、時等和合，外因緣法而得生起。應如是觀外因緣法緣相應義。地界者，能持於種；水界者，潤漬於種；火界者，能暖於種；風界者，動搖於種；空界者，不障於種；時則能變種子。若無此眾緣，種則不能而生於芽。若外地界無不具足，如是乃至水、火、風、空、時等無不具足，一切和合，種子滅時而芽得生。

以上一段經文，因緣法，不僅是要因相應，同時也要緣相應。因緣法有二種，所謂外因緣法、內因緣法，外因緣法的因，譬如由種子生芽，由芽生莖，從莖生節，從節生穗，從穗開花，從花結果；外因緣法的緣，譬如地、水、火、風、空、時等，因緣具足，自然會種滅芽生。

　　一切事物既然都是因素條件關涉對待的存在，當然沒有自己的「自性」。自性，可以說是事物中固定不變之性。或者說：「世間事物，本來如此，永恆如此，沒有任何方法使之改變者，謂之自性。」可是世間沒有這種事物，世間全是因緣組合的事物，全沒有自性。沒有自性謂之「性空」，也稱為「空性」，具足說就是「緣起性空」。而中觀理論的「八不正觀」，就是否定以因緣組合的一切現象（事物）。這些現象沒有固定不變之性，即是性空，就是「緣起性空」。

　　《中觀論》有云：「眾緣具足，和合而物生，是物屬眾因緣，故無自性，故空。」又云：「若法有性相，不待眾緣而有。若不待眾緣，則無法。是故無有不空法。」《十二門論》亦有偈曰：

　　　眾緣所生法，是即無自性，若無自性者，云何有是法。

這也是否定因緣生起的虛幻之法，以其無自性故。

　　《般若經》是最早出世的大乘經典，也是對龍樹影響最深的經典，而《般若經》的中心思想，就是「空」。《大般若經》六百卷，唐代玄奘大師譯於西元六六〇年至六六三年（唐高宗顯慶五年至龍朔三年）。其中四百八十一卷是玄奘新譯，其餘的都是重譯。重譯部分的五七七卷第九會，即相當於鳩摩羅什所譯的《金剛般若經》。而此一卷《金剛經》，卻概括了全部《般若經》主要的內容。那就是說，一切法都是因緣和合生起的現象，都是虛幻不實的假有，都是沒有自性的「空」。所以最後結論說：「一切有為法，如夢幻泡影，如露亦如電，應做如是觀。」

　　而六百卷《大般若經》的精華，兩百六十個字的《般若心經》，更是直接了當的說：「五蘊皆空。」進而更指出：「色不異空、空不異色，色即是空、空即是色，受、想、行、識，亦復如是。」五蘊——色、受、想、行、識，是組成有情世間與器世間的基本資料。五蘊何以皆空，因為五蘊全是因緣和合的有為法，所以皆「空」。五蘊空掉了，由五蘊開展出來的十二處、十八界何以附麗呢？五蘊、十二處、十八界都空了，還有什麼生死流轉的十二因緣，苦、集、滅、道的四聖諦呢？說到最後是：「無智、亦無得。」無所得空，才是《大般若經》所說空的究竟。

　　《大般若經》說空，說十八空或二十空，事實上彼此重覆的很多，現在依《大品般若經》卷一序品，介紹十八空如下：

一、內空：指眼、耳、鼻、舌、身、意內六處中，無我、我所及無眼等之法。

二、外空：指色、聲、香、味、觸、法外六處中，無我、我所及無色等之法。

三、內外空：即內六根、外六境之十二處中，無我、我所及無彼之法。

四、空空：不著於前三空。

五、大空：大指十方上下四維，即於十方世界，無本來定方彼此之相。

六、第一義空：又作勝義空、真實空。即離諸法外，別無第一義實相之自性可得，於實相無所著。

七、有為空：有為法即因緣和合生起之事物，就是佛法上所稱的五蘊、十二處、十八界等。有為空即無生無滅。

八、無為空：無為法是非因緣和合生起的事物，是諸法的體性，是永恆不變的真理。即《般若心經》所稱的「諸法空相」，它是：「不生、不滅、不垢、不淨，不增、不減」的法性。

九、畢竟空：以有為空、無為空破一切諸法，畢竟無有遺餘。

十、無始空：又作無際空、無前後空。一般人的觀念認為一切事物都有始有終，此處則以始終的意義是不存的。

十一、散空：又作散無散空，即世間一切事物全是和合假有，畢竟為別離散滅之相。

十二、性空：又作本性空，即是因緣生起之事物，無其不變之自性。

十三、自相空：又作自共相空，即是說諸法總別之相、同異之相不可得。

十四、諸法空：又作一切法空，即是蘊、處、界一切諸法，自相不定，離取著相。

十五、不可得空：又作無所有空，即是於因緣聚集的有為法中，求我、法均不可得。

十六、無法空：又作無性空、非有空，即是諸法若已壞滅，則無自性可得，未來之法（未生起之法）也是如此。

十七、有法空：又作自性空、非有性空。諸法但以因緣和合而有，現在之有即非實有，當下即空。

十八、無法有法空：又作無性自性空。即是總說三世一切法之生滅及無為法，一切皆不可得。

六　中道實相

中道，是遠離事物對立的狀態——離開斷常二見、有無二邊，而臻於不偏不倚的中正之境。中道一詞，來源至遠，佛陀證道後，為度化早先照應他生活的五侍者，由伽耶出發，赤足徒步行了數百里路程，走到波羅捺國的鹿野苑——五侍者修行的地方。在《過去現在因果經》

中，有一段很有趣的描述：

> 時彼五人，遙見佛來，共相謂言，沙門瞿曇，捨棄苦行，而還退受
> 飯食之樂，無復道心。今既來此，我等不須起立迎之，亦勿作禮敬，
> 問所須為敷座處，若欲坐者，自隨其意。作是語竟，而各默然。
> 爾時世尊，來既至已，五人不覺各從座起，禮拜奉迎，互為執事，
> 或復有為持衣缽者，或有取水供盥洗者，或復有為澡洗腳者，各違
> 本誓，猶故稱佛以為瞿曇。
> 爾時世尊語憍陳如言：汝等共約見我不起，今者何故違先所誓，而
> 即驚起為我執事。
> 時彼五人，聞佛此言，深生慚愧，即前白言，瞿曇行道，得無疲倦？
> 爾時世尊，語五人言，汝等云何於無上尊，而以高情稱喚姓耶？我
> 心如空，於諸毀譽無所分別，但汝憍慢，自招惡報。譬如有子稱父
> 姓者，於世儀中猶尚不可，況我今是一切父母？
> 時彼五人，又聞此語，倍生慚愧，而白佛言：我等愚癡，無有慧識，
> 不知今者已成正覺。所以者何，往見如來日食麻米苦行六年，而今
> 還受飲食之樂，我以是故，謂不得道。
> 爾時世尊，語憍陳如言：汝等莫以小智輕量我道成與不成，何以故，
> 形在苦者，心則惱亂，身在樂者，情則樂著，是以苦樂，兩非道因。
> 譬如鑽火，澆之以水，則必無有破暗之照，鑽智慧火，亦復如是。
> 有苦樂水，慧光不生，以不生故，不能滅於生死黑障。今者若能捨
> 棄苦樂，行於中道，心則寂定，堪能修彼八正聖道，離於生老病死
> 之患。我已隨順中道之行，得成阿耨多羅三藐三菩提。
> 時彼五人，既聞如來如此之言，心大歡喜，踊躍無量，瞻仰慈顏，
> 目不暫捨。

以上一段經文，是佛陀最初提出中道二字的經過。佛陀住世之時，印度宗教的各種教派，一方面是修各種匪夷所思的苦行——如自餓、投淵、赴火、禁語，或置身於蟻穴蛇窟、或持牛、狗、雞戒；另一方面，有一種縱情欲樂的順世外道，以為男女間的肉體之樂，就可以證得涅槃。這些邪見，就是所謂非因計因，非果計果。所以佛陀說：「形在苦者，心則惱亂，身在樂者，情則樂著。」是以佛陀主張遠離兩種極端的修行方法，而行於中道，他自己就是「隨順中道之行，得成阿耨多羅三藐三菩提」。

遠離欲樂與苦行兩極端，以不苦不樂、中正穩健的態度修持八正聖道，這是實踐上的中道；而正觀十二緣起之真理，遠離常見——以眾生有一個永恆不滅的主體（神我）、斷見——以有情死後全歸滅無，是謂住於中道的正觀，這是思想上的中道。在後來的發展演變中，部派佛教阿毘達摩一系，仍繼承阿含教之說，以遠離斷常二邊為中道，如《阿毘達摩大毘婆沙論・四十九》稱：「……佛於二論各許一邊，離斷離常，而說中道。」

後來到大乘佛教時代，中觀學派以八不為中道，瑜伽學派以三性為中道。中觀學派以般若為根本立場，遠離一切執著、分別，而以無所得為中道。《中論》有云：「諸有所得皆息，戲論皆滅，戲論滅故，通達諸法實相，得安穩道。」《中論》自〈破因緣品〉以次，分別推求，諸法有亦無、無亦無、有無皆無、非有非無亦無，是名諸法實相，亦名真如、法性、實際、涅槃。

實相又是什麼呢？實相梵語 Dharmata，原義為本體、實體、真相、本性等，引申為一切萬法真實不虛的體相，或常住不變的本性。這是佛陀覺悟的內容，意即本然之真實，舉凡一如、實際、真如、真性、涅槃、無為等，皆是實相的異名。因為以世俗諦認識的一切現象，均

為假相，唯有擺脫世俗的認識，才能顯示諸法常住不變的真實相狀，故稱實相。鳩摩羅什翻譯的空，也是實相的意思。所謂諸法實相，自龍樹強調提倡以來，就成為大乘佛教的標誌，而與小乘佛教的三法印並列，成為「一實相印」。

中觀學派對於實相的表示，是採取否定的方式，而不用肯定的方式。因為「實相」是超越於一切「相對相」之上，也超越於一切語言的效用上，一切語言的效用，都是相對性，而實相是絕對的真理。般若一系的思想，以「實相無相」。實相無相即是如相，無相即是對「相對相」的否定。《中論》偈云：「諸法實相者，心行言語斷，無生亦無滅，寂滅如涅槃。」又曰：「自知不隨他，寂滅無戲論，無異無分別，是則名實相。」

吉藏於《大乘玄論》中詮釋「中道」曰：「中以實為義」，「中以正為義」，以中即是諸法實相。《中論疏》曰：「橫絕百非，豎起四句，名為諸法實相，即是中道。」又曰：「大乘法中明諸法實相畢竟空義，一切取相無非邪見。」

中觀學派的「八不」和「二諦」，最後都歸結於中道，而中道即是實相，中道實相即是本派的中心思想。正如《中論‧觀四諦品》的偈子：「眾因緣生法，我說即是空，亦是為假名，亦是中道義。」眾緣和合生起的事物，此事物屬眾因緣，故無自性。無自性故空，空亦復空。但為引導眾生故，說以假名。在空、假兩端上，不執於假、不執於空，歸之於中道。故《大乘玄論‧五》稱：「通論三論，皆得顯中。」

本派的八不就是中道，在一連串的否定中肯定一個大肯定，即是中道實相。《中論疏》云：「所說八不者，有二種意，一為顯三種中道，二為滅諸戲論。滅諸戲論者，破邪也，顯三種中道，即顯正也。」什麼是三種中道呢？一者世諦中道，二者真諦中道，三者二諦合明中道，

以此三種中道，說明八不中道與真俗二諦的關係，茲分述如下：

　　一者俗諦中道：此又稱世諦中道，自因緣和合而存在的現象方面來說，萬法無自性、是空，但卻以假有之現象而存在。故無生可生，無滅可滅，但以世俗諦故，假名說生滅。但假生之生不是定生，假滅之滅不是定滅。但是滅外無生，生外無滅。雖然生滅宛然，實則不生不滅，是名世諦中道。此為無生滅之生滅，生與不生俱不可說。

　　二者真諦中道：從存在本體的真實面來說，萬法皆是假有現象的存在，本體畢竟是空，故為生滅之無生滅，不生與非不生俱不可說。換言之，對世諦生滅而言，有真諦不生不滅，生滅既假，不生不滅亦假。假生滅既不是生滅，假不生滅也不是不生滅。不生不滅宛然，而非不生非不滅，名真諦中道。以上兩者，稱為二諦各論中道。

　　三者二諦合明中道：又名非俗非真中道，所謂無生滅之生滅、或生滅之無生滅，實則既非生滅，亦非無生滅，而是超越語言思慮的畢竟空。

第七章　大乘有宗哲學

一　大乘有宗的學統

大乘有宗，在印度，是無著世親創立的瑜伽行學派，在中國，是玄奘、窺基創立的唯學宗。而中國的唯識宗，是繼承印度瑜伽行學派的學統而成立的。

印度的大乘佛教，以「中觀學派」與「瑜伽行學派」為二大主流。中觀學派，是西元二、三世紀間，龍樹、提婆二大論師所建立的。佛陀滅度後七百年，南印度龍樹論師出世。當時的宗教思想界，凡夫外道，執著於我法實有，小乘有部，執著於我空法有。執常執斷，計一計異，是一個邪說充斥的時代。龍樹依於佛陀的緣起理論及《大般若經》思想，廣造論典，揭示「諸法性空」之義，破諸邪執，大成佛教空宗。此宗是依龍樹的《中觀論》一書而建立的，後世稱之為「中觀學派」。

此後二百年，中觀學派的學說是印度大乘佛教的主流。但龍樹提倡的空觀，是以「緣起性空」、諸法無自性立論，並非徒持空見，妄計一切皆空。唯傳至後世，則流為「惡取空」，於世俗諦，不施設有；於勝義諦，真理亦無。此謂之惡取空，亦稱為沉空。佛滅後九百年頃，無著、世親二大論師出世，當時的思想界，一方面是中觀學派的空——一切皆空的惡取空；一方面是小乘外道的有——我法實有或我空法有。

沉空或實有，皆是邪執，因此無著、世親二大論師，資於小乘之實有，鑑於大乘之沉空，揭示大乘有義，大成大乘有宗。有宗之有，破斥我法二執，故不同小乘之有；遮遣惡取空見，矯治大乘沉空，亦不同於世俗之空。故此有是真空妙有，唯識中道。

無著，梵語阿僧伽 (Asanga)，是印度笈多王朝（西元三二○一五○○年）中期的人，住世年代約在西元三六○至四六○年之間。他是北印度犍陀羅國富婁沙富羅城人，出身於婆羅門家庭，通達五明之學，初在化地部出家，相傳他因思維空義不能悟入，曾欲自殺，得遇賓頭盧羅漢為講小乘空觀，他初聞悟入，然猶不能滿意。據說兜率天彌勒內院的彌勒菩薩，曾降臨中印度阿瑜陀國，在瑜遮那講堂，為無著說五部大論。即《瑜伽師地論》、《大乘莊嚴論》、《辨中邊論》、《金剛般若論》、《分別瑜伽論》。無著繼承此說，集眾宣之，由此大乘瑜伽法門傳播四方。事實上，彌勒菩薩並不是歷史上實有的人物，也許是世間另有一位名叫彌勒之人。或謂五部大論可能是無著所作，託以彌勒菩薩之名以示矜重。無著以《瑜伽師地論》為本論，又造《顯揚聖教論》、《攝大乘論》、《大乘莊嚴經論》、《大乘阿毘達摩集論》等論典，演說瑜伽教理，故後世稱之為「瑜伽行學派」。

世親是無著的異母弟，約在西元第四世紀末年出生。他初在小乘有部出家，修學小乘。他欲深究有部教理，曾匿名化裝，到有部根據地迦濕彌羅城，精研有部教理四年，後來著造《俱舍論》一書，為中國俱舍宗所依的論典。世親在北印度弘揚小乘，無著憫之，託以疾病，誘其來見，為之具說大乘要義。世親聞兄教誨，自小乘轉入大乘，繼承無著的學說，廣造論典，大成法相唯識宗義。世親在唯識學方面的著作，主要者有《攝大乘論釋》、《百法明門論》、《大乘五蘊論》、《唯識二十論》、《唯識三十論》等。其中尤以《唯識三十論》一書，為唯

識學理論的基礎。世親之後，親勝、火辨、德慧、安慧、護法等十大論師相繼出世，各為《唯識三十論》造釋論，闡揚此派學說。十大論師中，以護法的貢獻最著。

護法的弟子戒賢，在中印度佛學中心那爛陀寺，弘揚唯識。西元七世紀間，玄奘大師於唐太宗貞觀三年（西元六二九年）西行求法，從戒賢學《瑜伽師地論》及十支論等唯識奧義五年，復從杖林山勝軍居士學《唯識抉擇談》、《莊嚴經論》等經典二年，復在印度各國參學，在印度被尊稱為「大乘天」。回國之時，由天竺攜回梵典六百五十七部，於貞觀十九年（西元六四五年）返抵長安。唐太宗對他禮遇優厚，支持他的譯經事業。奘師廣譯有宗經論，譯出經論七十五部，一千三百餘卷，其中關於法相唯識宗的，計有《解深密經》、《瑜伽師地論》、《攝大乘論》、《顯揚聖教論》等經論一百數十卷。其中特別要說明的，奘師回國時，曾攜回十大論師各造的《唯識三十論釋論》。他本欲各別譯出，後以弟子窺基之請，以護法論師的釋論為主依，糅合十家之說，綜合而成《成唯識論》十卷，為中國的唯識宗奠下基礎。

奘師的入室弟子窺基，唐代京兆長安人，稟性聰慧，體貌魁偉，年十七奉敕出家，依奘師學習經論及天竺語文。二十五歲參與譯經，筆受《成唯識論》。後來他繼承奘師之學，造《成唯識論述記》、《成唯識論掌中樞要》、《瑜伽論略纂》、《唯識二十論述記》、《雜集論述記》等著述，大成中國法相唯識一宗。窺基在長安大慈恩寺弘揚法相唯識之學，後世尊之為慈恩大師，唯識宗也有慈恩宗的別名。

窺基之後，代有傳人，窺基的弟子慧沼，淄州淄川人，十五歲出家，曾親炙玄奘法席，後轉依窺基學唯識，深入堂奧。因為他駐錫淄川大雲寺，故人稱淄川大師。窺基逝世後，奘師弟子圓測著《成唯識論疏》，與窺基見解不同，慧沼撰《成唯識論了義燈》破斥圓測之說，

以顯唯識正義。此外他尚著有《能顯中邊慧日論》、《因明入正理論義纂要》等。慧沼的弟子智周，著有《成唯識論演秘》、《因明入正理論疏前記》、《因明入正理論疏後記》，及《大乘入道次第章》等多種。智周的《成唯識論演秘》，與窺基的《成唯識論掌中樞要》，及慧沼的《成唯識論了義燈》，合稱為「唯識三疏」，為研究《成唯識論述記》必讀之書。智周的弟子如理，又作《成唯識論疏義演》、《成唯識論演秘釋》，內容則流於瑣細。

此宗成立之後，百餘年間，學習者甚眾，宗風頗盛。唯後來華嚴及禪宗興起，且如理之後，後繼無人，此宗就逐漸衰微了。到了唐武宗會昌五年（西元八四六年），所謂「三武一宗」的會昌法難興起，此宗一脈相傳的論疏多被焚燬，加以唐季末年，藩鎮割據，兵連禍結。繼以五代十國，烽火不熄，佛教各宗皆衰，此宗就逐漸失傳了。

明季末年，普泰、明昱、德清、智旭諸師，及王肯堂、王菴諸居士，曾從事研究，唯以重要註疏散佚，所得成果有限，未幾清兵入關，研究風氣也就中斷了。到了清季末年，石埭楊仁山居士創設金陵刻經處，自日本請回中國散佚的經典三百餘種，其中不乏唯識論疏，刻版重印，加以提倡。入民國後，學人研究唯識，蔚為一種風氣，南有南京「支那內學院」的歐陽漸，北有北京「三時學會」的韓清淨，以及太虛大師創立「武昌佛學院」的師生，都研究及弘揚唯識，此千年絕學，乃重告復興。

二　五位百法

宇宙萬有，其數無量無邊，佛經上稱之為一切法，或稱為萬法。萬法不能一一為之說明，乃以歸納分類的方法予以歸納。如《俱舍論》

立七十五法,《成實論》立八十四法,而在大乘有宗,約萬法為百法,
復束之以五位,稱為「五位百法」。五位百法是:

一、心法:八種

二、心所有法:五十一種

三、色法:十一種

四、心不相應行法:二十四種

五、無為法:六種

　　以上五位法,前四位是有為法,最後一位是無為法。有為無為的
「為」字,是造作的意思,凡是由因緣和合生起之法,就是因緣造作
之法,所以稱為「有為法」。《大乘義章》曰:「為是集起造作之義,法
有為作,故名有為。」《俱舍論光記》曰:「因緣造作名為,色心等法,
從因緣生,有彼為故,名曰有為。」而離開因緣造作之法,名無為法。
因為一切有為法——即因緣和合生起之法,都具有「生、住、異、滅」
四相,是生滅無常之法,只是現象。而無為法是一切現象的本體,本
體不待因緣造作,不生不滅,故名無為。無為法即是真如,真者真實,
如者如常,本體有真實如常之相,故名真如。

　　有為法是世俗諦之法,也就是世俗所見世間的事相;無為法是勝
義諦之法,是聖智所見的真實理性。無為法是體、是性、是理;有為
法是用、是相、是事。如水與波,水是體、波是用,水是性、波是相。
在五位百法中,除六種無為法外,其餘九十四種全是有為法。茲分述
如下:

一、心法:本宗把心識解析為八,立下八識心王名稱。此八識,即眼
　　識、耳識、鼻識、舌識、身識、意識、末那識、阿賴耶識。前五
　　識是感覺器官,就是眼識、耳識、鼻識、舌識、身識,這五個識,
　　各有其不同的作用。它們的作用是:

1. 眼識：它依於眼根，緣於色境，而生起的了別認識作用，此即我人的視覺。

2. 耳識：它依於耳根，緣於聲境，而生起的了別認識作用，此即我人的聽覺。

3. 鼻識：它依於鼻根，緣於香境，而生起的了別認識作用，此即我人的嗅覺。

4. 舌識：它依於舌根，緣於味境，而生起的了別認識作用，此即我人的味覺。

5. 身識：它依於身根，緣於觸境，而生起的了別認識作用，此即我人的觸覺。

　　第六識就是意識，這是我們心理活動的綜合中心，我人的思考、判斷、記憶、決定，以至於喜怒哀樂的情緒，全是第六識的作用。所以，前五識緣的是色、聲、香、味、觸五境，緣的是色法（物質）之境；第六識緣的境是「法境」，是心法之境。前五識只能了別自己界限以內的東西，而第六識則是前五識任何一識發生作用，第六識即與之同時俱起，以發生其了解分別的作用。

　　第七識又稱末那識，它是意識之根，第六識是依於第七識而生起。末那二字，是梵語的音譯，義譯曰意，但恐怕與第六識混淆，所以保留末那識的原名。第七識唯一的作用，就是「恆審思量」，以為第八識是恆、是一、是遍、是主宰的「自我」。它恆常的審慮思量，執著自我。因此，它是一個自我中心，也是一個自私自利的中心。

　　第八識又名阿賴耶識，也是梵語的音譯，這在印度原是「無沒」的意思，在中國譯為藏識。稱為無沒者，是說此識含藏萬法種子，不令失壞；亦因它歷經生死流轉，永不壞滅。譯為藏識者，

藏是儲藏意思，此識能儲藏萬法種子，生起宇宙萬法。

二、心所有法：心所有法是屬於心王所有之法，簡稱心所。心所與心
　　王間的關係，具以下三義：一者恆依心起，二者與心相應，三者
　　繫屬於心。語云，法不孤起，如一識生起，相應心所隨之俱起，
　　主伴重重，以心所繫屬於心王，故稱心所有法。心所有法有五十
　　一個，分為六類：

1. 遍行心所，是六位心所中的第一位，共有五個，就是觸、作意、
　　受、想、思。此五心所，通於一切識——八識心王；一切性——
　　善、惡、無記；一切時——過去、未來、現在；一切地——三
　　界九地，因為它周遍而行，故有遍行之名。

2. 別境心所：六位心所的第二位，共有五個，即欲、勝解、念、
　　定、慧。所謂別境，以此五心所所緣之境，各別不同，故稱別
　　境。欲所緣者為所樂境，勝解所緣者為決定境，念所緣者為曾
　　所習境，定所緣者為所觀境，慧則於四境揀擇為性。

3. 善心所：六位心所的第三位，計有十一個，即信、慚、愧、無
　　貪、無瞋、無癡、精進、輕安、不放逸、行捨、不害。何謂善，
　　隨順法理，於此世他世順益於自他者，謂之善；反之，於此世
　　他世損害於自他者，名不善。

4. 煩惱心所：六位心所的第四位，計有貪、瞋、癡、慢、疑、惡
　　見六種。此又稱六種根本煩惱，由此能生起隨之而來的隨煩惱。
　　《識論》曰：「煩惱心所，其相云何，頌曰：煩惱謂貪瞋，癡慢
　　疑惡見。論曰：此貪等六，性是根本煩惱攝故，得煩惱名。」

5. 隨煩惱心所：六位心所的第五位，此又名隨惑，是隨根本煩惱
　　所生起的煩惱。隨有三義，一者自類俱起，二者遍不善性，三
　　者遍諸染心。隨煩惱心所二十個，分為小隨、中隨、大隨三種。

小、中、大的分別，以三義俱備者名大隨，兼具二義者稱中隨（自類俱起、遍不善性）。於不善心中各別而起者稱小隨。小隨煩惱十個，曰忿、恨、覆、惱、嫉、慳、誑、諂、害、憍。中隨煩惱二個，是無慚、無愧。大隨煩惱八個，曰昏沉、掉舉、不信、懈怠、放逸、散亂、失念、不正知。

6. 不定心所：六位心所的第六位，有四種，曰悔、眠、尋、伺。

三、色法：色法是五位百法中的第三類法，《百法明門論》曰：「第三色法，略有十一種：一眼、二耳、三鼻、四舌、五身、六色、七聲、八香、九味、十觸、十一法處所攝色。」換言之，色法就是物質之法，包括著眾生色身的眼、耳、鼻、舌、身五根，和外境色、聲、香、味、觸五塵，以及法處所攝色。這十一種色法，蓋括宇宙間一切物質。五根的根，是能生之義，如草木之根，能夠生出幹枝；也是增上之義，能幫助五識，為五識之所依。根有兩種，在外者名扶塵根，在內者名淨色根。佛經上說：「淨色根質淨而細，猶如琉璃，肉眼不可見，唯佛眼天眼可見之。」淨色根為生識之處，以現代知識來看，就是我們身體內的神經纖維和神經細胞。外根是四大粗色所造，其功能在於扶持內根。

五塵是五根緣慮的對象，就是物質世界，這在佛法中稱為「器世間」。至於「法處所攝色」，又名法塵，此非五根所對、及五識所取的境界，而是意根所對，意識所緣的五塵落謝影子，及自識所變，有可緣義之色。此又名法處色，此是假境，計有五種，為極略色、極迴色、受所引色、定所引色、遍計所起色。

四、心不相應行法：這是五位百法中的第四類法，計有二十四種。不相應者，它沒有緣慮的作用，故不與心、心所相應；它沒有質礙的作用，故不與色法相應；它有生滅，故不與無為法相應，以此

名不相應。此二十四法，不似色、心、心所實有體相，而是依三法分位假立。《成唯識論》曰：「非如色心及諸心所體相可得，非異色心及諸心所作用可得，由此故知實非實有，但依色心及諸心所分位假立。」此二十四法為：1. 得，2. 命根，3. 眾同分，4. 異生性，5. 無想定，6. 滅盡定，7. 無想天，8. 名身，9. 句身，10. 文身，11. 生，12. 住，13. 老，14. 無常，15. 流轉，16. 定異，17. 相應，18. 勢速，19. 次第，20. 時，21. 方，22. 數，23. 和合性，24. 不和合性。

五、無為法：無為法是非因緣造作之法。有為法是世間萬有的現象，無為法是世間萬有的體性。萬有體性不生不滅、湛然常住，事實上就是真理的異名。在五位百法中，無為法有六種，曰虛空無為、擇滅無為、非擇滅無為、不動無為、想受滅無為、真如無為。真如無為是聖智所證的真理，此真理亦稱實相、法性、法界、涅槃。

　　按說、真如非一非異，何得說名為六呢？因為前五種，或約其因來說，或約其用來說，都不是真如的本體，唯有第六種真如無為才是本體，前五種是方便言說，顯示真如法性罷了。事實上，連「真如」兩個字也是一種方便施設，因為真如是語言道斷、心行處滅的境界，現在不過是假藉語言文字，詮釋其相而已。

三　萬法唯識

唯識學的基本理論，即所謂「萬法唯識」。正如義淨在《南海寄歸內法傳》所稱：「瑜伽則外無內有，一切唯識。」外無，是沒有真實的外境；內有，是唯有內在的心識。唯識家以為，宇宙間一切法相（現象），全是識所變現，此即所謂「唯識無境」──境，就是宇宙萬有的

一切現象。我人感覺器官所認識的一切現象，並非外在的真實存在，而是第八阿賴耶識的種子所變現出來的。這叫做「識所緣，唯識所變」。

什麼是識呢？《大乘義林章》曰：「識者心之別名」，又曰：「識者心也，由心集起綵畫為主之根本，故經曰唯心；分別了達之根本，故論曰唯識。或經義通因果，總言唯心，論說唯在因，但稱唯識。識了別義，在因位中識用強故，說識為唯，其義無二。二十論曰：心意識了，名之差別。」

由上文可知，識就是心。但此心，並非我人胸中的肉團心。胸腔中的肉團心，只是循環系統中壓唧血液的器官，沒有了別認識的作用。或有人曰，既然不是胸中的肉團心，當然是腦袋殼中的大腦了。這也只對了一半，因為離開大腦固然沒有識，但大腦並不是識。這好比燈管、燈泡會發光，但燈管燈泡並不是電。燈管燈泡只是物質性的工具，通上電流才會發光。以此類推，大腦也只是物質性的工具，如果沒有識，它同樣沒有了解、分別的認識作用。

識究竟是什麼？事實上，識只是一種「功能」──功用和能力。簡單的說，識就是一種「能量」，能夠發生出功用和能力的能量。我們由下列三種界說以說明之：

一、識不是一種有質礙性的物質，而是一種功能。識有四個名稱，曰心、意、識、了，唯識家解釋這四種名稱，謂：「積集義是心，思量義是意，了別義是識。」睡中睜眼看到壁上的計時器，這是明了；繼而分別時間，是名分別。所以心、意、識、了四種名稱，指的都是一種無質礙性的功能。並且八種識均有這四種功能。都可通稱為心、意、識、了，不過以功能殊勝來說，則第八識積集諸法種子，生起諸法，名之為心；第七識恆審思量，執著自我，名之為意；前六識了別各別粗顯之境，名之為識。以上數者，只

是一種能變的法性，而法性是離開名稱言說的境界，唯識之教，是「即用顯體」。說到其體，名為「如如」；說到其用，名為「能變」。「能」則勢力生起，運轉不居；「變」則生滅如幻，非實有性。唯識立論，謂離識之外，無有外境。而所謂識，亦不過為一能變的「功能」而已。

二、識的功能，非局限於肉身，而交遍於法界（指全宇宙）。大腦是有質礙性的物質，而識是無質礙性的功能。大腦的感覺神經、運動神經，作用只限於我人的身體；而我人的識，目之所見，耳之所聞，以至於意之所思（即所謂法境），山河大地，日月星辰，皆在我人心識之中。識量同於虛空而無極，因此識的功用交遍法界（此係就種子而言，至於識的現行，則隨量之大小而有局限）。

三、識為種子起現行，而種子起現行必待眾緣。識本來是一種功能，此功能未起現行時（即未發生作用時），不稱識而稱種子；種子起現行時，不稱種子而稱識。所以種子是潛在的功能，識是潛在功能發生的作用。而種子起現行，必待緣具。此緣有四種，曰因緣、等無間緣、所緣緣、增上緣。

「識」的體用，已如上述。而唯識學上所稱的「唯識」，又作何解釋？原來梵語 Vijnaptimatrata，音譯毘若底摩坦喇多，梵語倒置，稱為識唯，漢土譯為唯識。識者心之別名，所謂「唯識」，即簡去心外諸法，擇取識心。這是遮簡迷情、外界有實我實法的存在，表顯內界識心的真性法相。換句話說，唯識宗立論，以我人心識之外的萬有現象，皆是由我人心識自體所變現而來，亦即由第八阿賴耶識中之種子所變現，故除心識之外，萬有現象皆非實在。因此說「唯識無境」；或自萬有現象自識所變一面來說，稱為「唯識所變」。

在唯識學上，把我人精神作用的主體——心識，分析為八種主要

的作用，稱之為「八識心王」（八種主要作用的八識心王之外，還有五十一種次要的作用，稱為五十一位相應心所）。八識心王，就是眼識、耳識、鼻識、舌識、身識、意識、末那識、阿賴耶識。何以我人一心而有八識？原來我人通常執著於實我實法——把宇宙間一切現象視為實體。說到心識的時候，也隱然有一個整體的東西存在。唯識家以分析的方法，分析此心識為八，以破遣我人的執著。

八識的前五識，如「五位百法」節所述，是五種感覺器官。依於我人肉體中的五根（即眼、耳、鼻、舌、身五根）而生起。但所依之根，又有內根、外根的分別。外根，就是我人視覺可見的眼睛、耳朵、鼻子、舌頭、和身體。這五種根是四大合成的物質，它的作用是扶助內根，為內根所依托處，這在佛經上稱為扶塵根（此亦稱扶根塵，為扶助內根的塵法）。扶塵根不能生識，能生識的是內根，又稱之曰「淨色根」，亦名為勝義根。佛經上說：勝義根質淨而細，猶如琉璃，肉眼不可見，唯佛眼天眼可見之。近代科學發達，使我們知道所謂淨色根，事實上就是人體的神經纖維和神經細胞。淨色根有發識取境的作用，功能殊勝，故名勝義根。

眼、耳、鼻、舌、身五識，緣慮色、聲、香、味、觸五境，五境又稱五塵，塵者虛浮之法，生滅變異，隨著因緣而改變；塵也是染污的意思，以此五者，能染污我人的心識，所以稱為塵。事實上，前五識所緣的五塵或五境，就是我們身外的物質世界。前五識雖然緣慮外境，但它只是感覺器官，必有知覺之心與之俱起，才有了解分別的作用。這知覺之心就是第六識。第六識又名意識，這是我人心理活動的綜合中心，我人的思考、判斷、記憶、決定，以至於喜怒哀樂的情緒作用，全是第六識的功能。

前五識各有其根，第六識也是依根而生起。前五識是依於清淨四

大組成的淨色根，是色法之根；第六識依於第七末那識，是心法之根。前五識緣色、聲、香、味、觸五境，緣的是色法；第六識緣法境，緣的是心法。前五識只能了別自己界限以內的東西，而第六識則是前五識任何一識發生作用，第六識即與之同時俱起，以發生其了解分別的作用，這稱之為「五俱意識」；而第六識單獨發生作用時，稱之為「獨頭意識」。獨頭意識所緣慮的是「法境」，分為四種：

一、散位獨頭意識：此即不與前五識俱起，而單獨發生作用。或追憶過去，或籌計未來，或比較推度種種想像分別，或意念遊走東想西想，此又稱獨散意識。

二、夢中獨頭意識：這是在睡夢之中，緣著夢中境界而生起的意識。

三、定中獨頭意識：這是在禪定中，緣定中境界所生起的意識。

四、狂亂獨頭意識：狂是顛狂，類似精神病患者，他獨言獨語，或輔以肢體動作，別人不知所以，事實上他的意識，也是緣著他自己幻想的境界而活動。

　　第六識是心理活動的綜合中心，我們的見聞覺知，思想判斷，全是以第六識為主；第七、八識是屬於潛意識的範圍。但第七識是意識之根，第八識是宇宙萬法的本源，無疑義的，第六識的活動，一定受到第七、八識的影響。第七識名末那識，末那二字，是梵語的音譯，義譯曰意，但恐與第六識混淆，故保留末那原名。第七識的作用是「恆審思量」，思量些什麼呢？它誤認為第八識是恆、是一、是遍、是主宰的「自我」。它恆常的審慮思量，執著自我。因此，它是一個自我中心──就是自私自利的中心。

　　第八識又名阿賴耶識，這也是梵語的音譯，此在印度義為「無沒」，在中國譯為藏識。稱為無沒者，是說此識含藏萬法種子，不令失壞；亦因它歷經生死流轉，永不壞滅。譯為藏識者，藏是儲藏意思，有能

藏、所藏、執藏三種意義。能藏，是指它能儲藏萬法種子，生起宇宙
萬法。這時，第八識是能藏，種子是所藏；在種子起現行（發生作用）
的時候，受到前七識雜染法的熏習，現行種子受熏成為新種子，仍藏
於第八識中。這時新種子稱為能藏，第八識稱為所藏。至於執藏二字，
又稱為「我愛執藏」，這是因為第七識誤認第八識為自我，對於自我妄
生貪愛，執著不捨，就稱為我愛執藏。這時第七識是能執，第八識是
所執。

四　種子與熏習

　　第八阿賴耶識，漢譯「藏識」，儲藏萬法種子。種子起現行——發
生作用的時候，生起萬法，由此而有宇宙人生。此處再探討，種子又
是什麼呢？

　　種子為唯識學上極為重要的術語，指的是在阿賴耶識中，生起一
切有漏無漏有為法的功能。《成唯識論・二》曰：「此中何法名為種子，
謂本識（阿賴耶識）中，親自生果功能差別。此與本識及所生果，不
一不異。體用因果，理應爾故。」

　　識為一種功能，此功能未發生作用、於潛在狀態時，不稱識而稱
種子；其發生作用——即起現行時，不稱種子而稱識。所謂現行，即
是能生起色心各別不同現象的作用。種種不同的色心現象，都自有他
的親因，此親因即「功能」，此又稱為種子。稱為種子者，以其有生起
諸法的作用，猶如草木種子，能生芽莖也。

　　原來所謂宇宙萬法——即世間種種精神的、物質的現象，皆是阿
賴耶識中種子變現而來。阿賴耶識攝持諸法種子，有生起色心諸法的
力用，此力用即稱為種子。沉隱的種子（潛伏的功能）生起色心諸法

時，稱為現行。所以種子、阿賴耶識、和它所生起的現行果法，這三者是體用因果的關係，三者之間是「不一不異」。因為本識是體，種子是用，體用之間，體是體，用是用，所以非一；但體是此用之體，用是此體之用，體不離用，用不離體，所以非異。再者，種子與現行之間，種子是因，現行是果，因是因，果是果，所以非一；但因是此果之因，果是此因之果，所以非異。這體用因果的道理，「理應故爾」。

種子又稱功能，功能即是種子的異名。《成唯識論》中謂，種子即是阿賴耶識中「親自生果功能差別」，所以種子就是世間一切現象生起之因，而種子即是功能。「功能」的建立，最初見於無著論師的《攝大乘論》，世親、護法諸師繼述之，謂一切功能，潛藏於現象界之後，而為現象作根荄，建立本識以統攝之。功能是什麼？是「非物質而產生物質之力用」者，事實上這就是物理學中之「能」。能為心物活動的潛力，亦為心物之質料，為產生有為法之果的功用勢力。《中論頌》曰：「諸法不自生，亦不從他生，不共不無因。」《阿毘達摩雜集論》釋此頌曰：「自種有故不從他，待眾緣故非自作，無作用故非共生，有功能故非無因。」是以諸法之因即是功能，而阿賴耶識所攝持的萬法種子，種子生現行，現行熏種子，一切變現，皆是功能之力。是以所謂功能，即是種子的異名。

種子自何而來呢？此有二類，一者是本有種子，二者是新熏種子。本有種子，謂阿賴耶識中，本來含藏有有漏無漏一切有為法的種子；新熏種子，謂阿賴耶識中所藏之種子，非為本來所固有，係由現行之前七識，隨所應而色心萬差之種種熏習，而成為有生果功能的新種子。於此，有護月、難陀、護法三師不同的主張。茲分述如下：

一、護月論師主張：他主張本有說，他以為一切種子，是阿賴耶識的
　　功能作用，本來俱有，並不是由新熏發生；熏習不過能增長養成

本來固有的種子，他引以下經論來證明他的理論：《無盡意經》：「一切有情，無始時來，有種種界，如惡叉聚，法爾而有。」（界是因義，就是種子差別的異名）《阿毗達摩經》：「無始時來界，一切法等依。」

二、難陀論師主張：他主張新熏說，他以為一切種子，都是由現行的熏習而發生的。因為能熏與所熏，都是無始以來俱有，所以從無始來就有熏生的種子。他以為，所謂種子者，必藉熏習而發生。再者種子是習氣的異名，所謂習氣，就是現行所熏習的氣分，由之可知種子是由新熏而來。他引以下經論來證明他的理論：《多界經》云：「諸有情心，染淨諸法，所熏習故，無量種子之所積集。」《攝大乘論》：「內種定有熏習，外種或有或無。」

三、護法論師主張：護法論師採取折衷之說，他以為諸法種子，本有兩類，即本有種子和新熏種子。這兩類種子，都是無始以來就有的。阿賴耶識中，具有法爾生起一切諸法的差別功能，這就是本有種子，此又名本性住種；同時在無始以來，由現行的勢力，留貯在阿賴耶識中而有生果的作用，這就是新熏種子，此又名習所成種。此本新二種，相待而能生起諸法的現行。

以上三說，一般以護法之說為正義。在《成唯識論·二》中，以六義顯示種子體性，這六義是剎那滅，果俱有，恆隨轉，性決定，待眾緣，引自果。茲分述如下：

一、剎那滅：所謂種子，只是一種「能力」，即所謂功能。它無質量形色，不能以色聲香味觸而測知，但在發生作用時（即生起現行時），卻有力用。而當其起現行時，才生無間即滅。所謂「無間即滅」，就是它生時即是滅時，中間沒有「住」的階段。如果有生有住，就成為常法，即不是剎那滅了。剎那滅者，簡別對於不生滅、或

不轉變者而執為一切諸法能生的因。

二、果俱有：以種子為因，生起現行，剎那即滅，但並不是滅後始成果，而是剎那生滅之際，「正轉變位，能取與果」。正轉變位，有別位過去或未來的轉變位；與果，是以種子現行為因，所取之果，名曰與果。也就是即因生現果，因果同時，相依俱有。此處所稱的果，事實上就是新熏的種子。果俱有，簡除前後相生、以及相離的他身而生等。因為異時異處，便不能和合，便不是種子了。

三、恆隨轉：種子起現行，剎那即滅，但不是滅已即斷，而是前滅後生，剎那剎那，相似隨轉。即種子、現行與果同時俱有，才生即滅。但在滅了之後，現行成為新熏種子，再起現行，這叫做「種子自類相生」。換句話說，種子、現行、新熏種子，三者一類相續轉起，沒有間斷轉易。古德有偈曰：「種子生現行，現行熏種子，三法（種子、現行、熏習）展轉，因果同時。」即指此恆隨轉而言。恆隨轉，簡除七轉識的有間斷轉易，不能維持生果的功能（雖然第七識也恆時相續，但在十地中法空智未現之前，也是有轉變的）。

四、性決定：此明種子隨它本身能熏的善惡無記之性，生起現行時，也決定其現時的善惡無記之性。亦即是善種生起善的現行，惡種生起惡的現行，此一因果法則不能混亂。這是簡別於有部小乘、如善惡因生無記果，或無記因善因生惡果等，明異性不能為親因。

五、待眾緣：種子生現行，必待眾緣和合。種子的功能雖是任運而轉，但法不孤起，有了種子的因，尚須待增上等諸緣和合，方能起現行生果。這是簡除外道等自然因恆能生果，或小乘有部的緣體恆有（倘緣體恆有，亦應恆時生果，如此於理有背）。同時顯示所待的緣不是恆有，故一切種子之果，不是恆時顯生。

六、引自果：種子不是一因生眾果，而是各各引生自果。即是色法種子仍生色法之果，心法種子仍生心法之果，此一法則不能混亂。

這是簡別於外道的一因可生眾果，及小乘有部主張色心互為因果。

種子六義，與現代物理學上之「能」，其體性實有若干相通之處。如「剎那滅」，滅非實滅，相當於能之散逸，觀恆隨轉義，前後相續，即能之不滅也。性決定者，相似於能之招感性；待眾緣，相似於能之變化性。

種子儲藏在阿賴耶識中，為生走一切色心諸法之功能。此能生之因，謂之種子；自此種子生起的色心諸法，謂之現行。能生的種子是因，所生的現行是果。當種子生起現行之際，現行有強盛的勢用，剎那間熏習起現行的種子，成為新種子，這就稱為「種子起現行，現行熏種子」。在種子起現行時，種子是因，現行是果。而現行熏種子時，現行是因，受熏的新種子是果。這三者是「剎那生滅，與果俱有」。此種生現的因果之同時，也是現生種的因果。有如燭的柱生燄（種生現）之時，同時也正是燄燒柱（現熏種）之時。

熏習又是什麼意思呢？原來我人身體、語言所表現的善惡行為，或心識所生起的善惡思想，其「氣分」留於阿賴耶識中，如香之熏衣，即謂之熏習。而我人身口意三者所表現的行為，就叫做現行。換句話說，第八阿賴耶識，能將經驗的痕跡保留下來，這就是氣分或種子。而經驗（身口意三者的行為）的痕跡，能影響一個人未來的性格及行為，這就是熏習。一個人習於為善，這善行是一種熏習，一個人慣於為惡，這惡行也是一種熏習。熏習不是刻意造成的，而是不知不覺任運進行。如人行霧中，他無意使衣服受濕，也不覺得衣服受濕，而事實上他的衣服已佈滿了濕氣。《大乘起信論》曰：「熏習義者，如世間衣服實無於香，若人以香熏習故，則有香氣。」

　　種子生現行，種子是能生，現行是所生。能生的，是第八識中能生果法作用的種子，所生的是七轉識，所以第八識為因，七轉識是果，這是「種子生現行的因果」。現行熏種子，現行是能熏，種子是所熏，能熏的，是七轉識的現行法，所熏的是第八識種子，於此，七轉識是因，第八識是果，這是「現行熏種子的因果」。阿賴耶識的所藏之義，也於此可見。《阿毘達摩經》曰：「諸法於藏識，識於法亦爾，更互為果性，亦常為因性。」

　　在熏習法中，能熏法和所熏法之間必相和合，能熏法始能熏習「所熏處」，於所熏處中發生種子、長育種子。因此，能熏法和所熏法之間，必須各具四種條件，始能熏習。於此先述能熏的七轉識所具備的四種條件：

一、有生滅：有生滅變化之法，始有熏習作用，無生滅變化──常住的無為法，無熏習作用。七轉識是有生滅變化的有為法，故能熏習。

二、有勝用：勝用是作用力強盛，方有熏習作用。此有二義，一是能緣勢用，二是強盛勢用。能緣勢用，是心及心所的作用，而色法無此作用；強盛勢用，是「作意籌度，不任運起」的作用，這是指善的惡的染污法、作用力強盛者而說。在五位法中，色法無緣慮作用，不能為能熏；異熟無記心有緣慮作用，而勢用劣弱，不能為能熏；心不相應行法二用俱缺，亦不能為能熏，唯有前七識強盛的善惡染污心為能熏。

三、有增減：有了勝用，且在量上高低不定，有增有減，方能熏習。佛果是圓滿的淨法，不增不減，不能熏習；七轉識是雜染的有漏法，所以能熏習。譬如以樟腦丸放置箱櫥中，樟腦丸散發了，衣服上也有了樟腦味；以金丸玉丸放置箱櫥中，金丸玉丸本身不散

發、無增減，但也不能熏衣服。

四、與所熏和合而轉：能熏與所熏要具和合性，即能熏法與所熏法同時同處，不即不離，故能熏的七轉識，唯能熏習現在、自身的第八識，不能熏習過去、未來，及他身的第八識。

在熏習義中，能熏的是七轉識，所熏的是第八阿賴耶識，第八識也要具備四個條件：

一、堅住性：所熏者要始終一類相續，沒有變易，且能攝持種子，始能受熏。七轉識有生滅變易，不能攝持種子，所以不能受熏；唯第八識是堅住的、唯以無記一類相續，故能受熏。

二、無記性：無記性是不分善惡，兼容並蓄。第八識性為無覆無記，法體平等，無所違拒，故能受善惡法之熏習。清淨法的佛果不能受熏，染污法的七轉識不能受熏，唯第八識始可受熏。這好比沉麝不能熏成臭的，蒜韮不能熏成香的，因為它本身的氣味已經固定了，唯中容無味者始可受熏。

三、可熏性：這是指受熏處性非堅密，有隙可乘，而其體自在者，始可受熏。真如堅密常住，不能受熏；心所法、名言施設的假法，依他而起，體不自在，不能受熏。這好比金器玉器體性堅密，不能受熏，棉麻衣服體性虛疏，可以受熏。

四、與能熏共和合性：這與能熏四義的第四義相同，即所熏與能熏者同時同處，和合相應，始能受熏。

五　識變——因能變與果能變

《成唯識論》曰：「識所緣，唯識所變。」意思是說，心識所緣慮的境，仍是心識所變現出來的。它是如何變現的呢？「識變」，在唯識

學中是非常深奧難解的一部分。簡單的說，阿賴耶識中的種子，生起現行（即發生作用），這時以種子為因，生出現行的果。此現行的果，就是第八阿賴耶識。此處有個疑問，種子含藏於阿賴耶識中，種子又如何能生出阿賴耶識呢？原來所謂種子和識，只是一種功能，不是有形的物質。第八阿賴耶識，與它所藏的種子，是一體兩面。種子是生識之因，是能生；阿賴耶識是所生之果，是所生。這能生與所生之間，是「因果同時」，念念相續，「恆轉如瀑流」似的，不停的轉變、變現，因此，種子生出阿賴耶識，阿賴耶識同時也含藏、攝持種子。這種子生出阿賴耶識時，以種子為因，阿賴耶識是果，這叫做「因能變」。在種子生出阿賴耶識的同時，阿賴耶識中的種子又生出前七識，並且包括阿賴耶識及前七識在內的八個識，自識體上各各生出「相分」、「見分」二分。這阿賴耶識生出前七識，同時八個識體各各生出相分、見分的變，是阿賴耶識識體的變。阿賴耶識是種子生出的果，因此這種變叫做「果能變」。

八個識的識體，在果能變時，識體上各各生出相分、見分。什麼叫做相分、見分呢？原來相分的相，就是世間萬法——世間各種事物的形相。相分的分，是一部分的意思，因此所謂相分，就是識體上事物形相的一部分；見分的見，是識體上能認識的作用，見分的分，也是一部分的意思，因此所謂見分，就是識體上認識作用的一部分。見分是「能了別」、相分是「所了別」。有了見相二分，才有所謂宇宙與人生。唯識學的基本理論，就是「萬法唯識，識外無境」。我們六種識所觸對的六種境——色、聲、香、味、觸、法六境，都不是實境，全是我們阿賴耶識的種子變現出來的。我們心識變出相分（世間各種事物的形相），再由心識的見分去認識。這叫做「識所緣，唯識所變」。

《成唯識論・二》上說：「以所緣相說名相分，以能緣相說名見分。」

又解釋說：「相分名行相，見分名事，是心、心所自體相故。」

現在再換一個方式來說，在果能變中，識體上變現出相、見二分，這時識體本身就叫做「自證分」。如以眼識為例，了別（認識）色境的作用，是見分；所了別的色境，是相分。換句話說，見分是主觀的能認識的主體，相分是客觀的所認識的對象。而所謂「客觀」，並不在心識之外，仍是在心識之內。原來我們眼識所見之境，是我們第八識的色法種子（相分色），變成我們眼識的相分，因此，我們所看到之相，是八識種子變出來的相，不是心識外的境相。

當心識上變現出相分、見分的時候，八個識的識體就叫做「自證分」。譬如以眼識為例，眼識了別外境的作用，即是見分；眼識所了別的外境，即是相分。那麼，見分了別外境，會不會發生錯誤呢（此即所謂非量）？這時識體要來驗證一下，因此識體就叫做自證分了。可是，識體的驗證是不是正確呢？這時識體還有一種「再度證知」的作用，這再度證知的作用叫做「證自證分」。這樣一來，每個識體就有了四分，那就是相分，見分，自證分，證自證分。

相分，就是自心體上變現出的為見分所緣慮的境相。此在唯識學上攝盡一切所謂客觀的現象。心識是能緣慮之法，心識生起時，識體變現出相、見二分，見分是能緣慮的作用，相分是所緣慮的境相。唯識宗立論，以為宇宙萬法，皆內識之所變現，故所謂相分，是第八識的色法種子——所謂相分色所變現的境相。

相分之相與像字通用，如相片又稱像片，亦稱肖像，故所謂相，也就是影像。此影像不是外境的「本質色」，而是托第八阿賴耶識的「相分色」，在眼識上再變現一重「相分」（影像），由眼識的見分去緣。所以唯識學上說：「識所緣，唯識所變。」

見分，即心識的緣慮作用，亦即主觀的認識主體。心識生起，自

其自體變現相、見二分，相分是色法，概括世間的一切物質現象；見分是心法，有緣慮作用，是認識的主體。不過此見分與相分，都是識體之所變現，攝物歸心，所以成其唯識。

自證分，此又作自體分，自覺的證知作用。見分有緣慮、了別相分的作用，但不能自知其所見有無謬誤，故必須另有一證知其作用者，即是自證分。自證分即識之自體，故又名自體分。

證自證分，是對自證分再度加以證知的作用，這是識體作用的一部分。自證分有證知見分的作用，但誰來證知自證分有無謬誤呢？於是識體更起能緣作用，以證知自證分的所證是否正確，此再度證知的作用，即是證自證分。但誰來證知證自證分有無謬誤呢？就是原來的自證分，因為自證分和證自證分二者有互緣互證的作用，所以就不必另立一個證證自證分了。

所謂識體四分，就是識體的四種作用。相分是外境的影相（這影相是第八識色法種子變現的），見分是心識的認識作用；自證分是心識的驗證作用，證自證分是心識再度證知的作用。如果以鏡子為喻，相分好比鏡子中的影像，見分好比鏡子見照的作用，自證分好比是鏡體，證自證分好比是活動鏡架，鏡子在活動鏡架上，就可上下左右隨意活動見照了。再以尺量布為比喻，眼前有一塊布，它由第八識的色法種子，在眼識的相分上映出影像，這就像是相分。而見分相當於尺，去量布的寬度與長度；自證分的作用，是根據尺所量的結果，知道這塊布的寬度與長度，證自證分就是再檢查所量的結果是否正確。此處特別加以說明的一點，所謂「識體四分」之說，正確的說，並不僅限於八識心王的識體，而是包括各各相應的心所在內。

六　唯識中道

　　西元七世紀間，印度那爛陀寺的戒賢論師，依《解深密經·無自相品》，將如來一代時教，判為「三時教相」。這三時教相是：

一、第一時有教：如來為使一切起惑造業的眾生，入於佛道，而說業感因緣諸法，即四聖諦、十二因緣法門，令諸凡夫外道趣入小乘教法。

二、第二時空教：如來為一切雖斷我執未斷法執的小乘者，宣說諸法皆空之理，令諸小乘趣入大乘的教法。

三、第三時中道教：如來更為欲斷除小乘人偏有，及大乘人偏空的執著，而說非有非空的中道教。此中道教圓融俱足，是如來究竟了義的大乘教。

　　以上三時教內，前二時為如來的方便教法，是不了義教；第三時為如來的真實教法，是了義教。而法相唯識宗的教義，便是宣說三自性、三無性的唯識中道，故法相唯識宗又稱為中道宗。

　　中道是什麼？經云：「中以不二為義，道以能通為名。」中道是離開二邊對立──離開常、斷二見，有、無兩邊，而臻於不偏不倚的中正之境。而唯識中道，則是建立在三自性和三無性的理論基礎上。唯識家以為，世間萬法──一切存在的事物，都有三自性，也都有三無性。三自性是遍計所執性，依他起性，圓成實性；而三無性是相無性，生無性，勝義無性。

　　原來唯識學立論，以為宇宙萬法，皆是能變的心識所變起之境，這即是「萬法唯識」。而心識所變起的外境，依其原始的性質，可分做三類：

一、妄有性：這類事物本來是我人假立名相而有的，而我人卻普遍的
　　執著計較，計較的對象，不外名稱言說或義理，名稱言說或義理
　　不是實有，只有「妄有」。

二、假有性：這類事物，是因緣和合──眾多因素條件所生起的，如
　　以磚瓦木石築成房屋，以泥土工具做成瓶缽，它沒有本身的實體
　　和自性，不過是條件組合的存在（仗因托緣的存在），這也不是實
　　有，只是「假有」罷了。

三、實有性：這是諸法的實體、自性，它不是虛妄的、暫時的存在，
　　而是絕待的、超越的存在，事實上這是諸法絕待的理體，也即是
　　「實性」──真實的存在。

　　以上三類，在佛學術語上稱為「三自性」。即是遍計所執性，依他
起性，圓成實性。如《解深密經》上說：「云何諸法遍計所執相，謂一
切法，假名安立，自性差別，乃至為令隨起言說；云何諸法依他起相，
謂一切法緣生自相……云何諸法圓成實相，謂一切法平等真如。」經
文中的「相」字，在此處就是性的意思。所以，三自性就是：

一、遍計所執性：這是我人對一切事物，普遍的執著計較。執著於五
　　蘊和合的假我為實我，執著於條件組合的假有為實法。或執於相，
　　或執於名，或執於義理，時時計較，處處計較，這一切執著計較，
　　就是我人煩惱生起的原因。

二、依他起性：依他起的「他」，指的是眾緣──眾多的因素條件。世
　　間萬有，沒有孤獨生起的事物，全是因素條件的組合。既是組合，
　　就會隨著組合條件的改變而變化，所以它沒有「自性」，即是沒有
　　固定不變之性。

三、圓成實性：圓者圓滿，成是成就，實是真實，合而言之，就是圓
　　滿成就的真實體性。這真實體性不是事相，而是「理性」──超

越相對的絕待真理。也就是在我空和法空之後，所體證的理體，這理體也就是真如。

三自性，是以依他起性為中心。仗因托緣生起的事物，只是暫時的現象，不是永恆的實體。我人若在這因緣和合的事物上執著計較，這就是遍計所執性——普遍的計較執著，執我執法、執常執斷。如果徹悟諸法緣生，常一切時，在依他起諸法上、無遍計所執的實我實法，這就是圓成實性。《唯識三十頌》中說：「依他起自性，分別緣所生，圓成實於彼，常遠離前性。」前性，指的是於依他起的諸法上，遠離普遍執著計較的遍計所執性。

一切諸法，各具三自性，同時也各具三無性，那就是相無性，生無性，勝義無性。無性，就是無自性。試想，宇宙萬有，無非全是因緣組合的幻相，依此幻相，而立假名。我人在這一切假名、幻相上執著計較，假名幻相何嘗有其自性？其次說生無性，依他起之法，是仗因托緣而生起的，它是隨著因緣的聚散而生滅，它何嘗有固定不變的自性？最後是勝義無性，所謂勝義，就是真如。《唯識三十頌》曰：「此諸法勝義，亦即是真如，常如其性故，即唯識實性。」唯識實性就是圓成實性。圓成實性是超言絕慮的絕待之法，顯二空之妙理，所以說勝義無性——勝義如果有自性，就不是絕待的勝義了。

三自性三無性，為世間萬有之實相，一切法上，一一皆具三自性、也一一皆具三無性，這就是非空非有的中道。所謂中道，是離開有、無、增、減的意思，如《成唯識論》云：「遠離增減二邊，唯識義成，契會中道。」又曰：「我法非有，空識非無，離有離無，故契中道。」非有非無，是超越於有與無的相對。

中道如果廣說，則分為言詮中道和離言中道。所謂言詮中道，是用語言文字詮釋的中道，此又分為二重，一者是三性對望中道，一者

是三性各具中道。三性對望中道，是建立在遍、依、圓三性上，依三性對望，非空非有，立中道義。遍計所執性，是我人的虛妄分別，顯現於妄情上情有理無的妄法；依他起性，是仗因托緣生起，雖無體性，卻有相用，這是假有實無的假法；圓成實性，是諸法的體性，這是實有相無的實法。所以在三性之中，遍計所執是空，依他圓成是有，空有對望，則非空非有，而真空妙有之中道亦由此建立。此名三性對望中道，亦稱一法中道。

三性各具中道，是依三性法爾各具非空非有之義，立中道義。即第一遍計所執，情有故非空，理有故非無；第二依他起性，如幻故非有，假有故非空；第三圓成實性，真空故非有，妙有故非空。以此，則一一法上，各具三性非空非有中道。此名三性各具中道，亦名一性中道。以上中道雖有二重，但以三性對望中道為本義。如《辨中邊論》有偈云：

虛妄分別有，於此二都無，此中唯有空，於彼亦有此。

故說一切法，非空不不空，有無及有故，是則契中道。

虛妄分別，即是能取、所取的分別。依他起性之法，非全無自性，唯於此分別上，遍計所執的二取永無，此分別中，但有離開能取所取的空性（圓成實性）。也就是，離於二取，但有真如。故《成唯識論》曰：「我法非有，空識非無，離有離無，故契中道。」以上二種中道，皆藉空、有，非空、非有詮釋中道，故稱為言詮中道。至於理智冥合的勝義諦，是無分別智自內所證，那就不是語言文字所能詮釋，那是心言路絕，有無俱非的境界，那稱作離言中道。

第八章 如來藏思想

一 如來藏與佛性

如來藏，又稱如來胎，通常把它看作是佛性的異名。如來藏梵語Tathagata-garbha，指隱藏於一切眾生貪瞋煩惱的身中、自性清淨的如來法身。此又稱自性清淨心，自性清淨藏。如來藏雖覆藏於煩惱中，卻不為煩惱所污，具足本來絕對清淨而永遠不變之本性。如《勝鬘經・法身章》曰：「如來法身不離煩惱藏，名如來藏。」

如來藏與佛性為同一意義，佛性可說是「佛的本質」，或者說是「佛的本性」。一切眾生，皆具有與佛相等的本性，因此眾生皆具有成佛的勢能，未來皆能成佛。佛性即是如來藏，或稱為「如來胎」——藏如來的東西，所藏的是「如來之胎兒」。當然這是一種譬喻，意指為煩惱所纏的眾生，人人皆具有未來成為如來的如來智。

如來藏說，是大乘佛教的產物，是不共法，並不是源自原始佛教的經典。但如果在原始經典中探索的話，在《阿含經》中亦可找到一些端倪。如《增支部》說人心光淨，但為客塵煩惱所染；《雜阿含經》中說：眾生之心被客塵煩惱所污染，心如清淨，眾生就會被淨化。〈七佛通誡偈〉中的「自淨其意」之說，提出了為客塵煩惱污染之心，可以淨化的可能性。部派佛教時代，大眾部、分別說部，都認為有自性清淨性。法藏部所傳的《舍利弗毘曇》中，也有受客塵煩惱覆蔽之心

是假心，清淨心是真心之說。

　　西元世紀開始前後，大乘思想興起，此後大乘經典相繼出世，在《般若》、《法華》、《維摩詰》等經典中，都有自淨心為客塵所染的教說。如《小品般若波羅蜜經》卷一稱：「是心非心，心相本淨故。」《大智度論》卷六十亦說「畢竟空即是畢竟清淨」，當然這是以大乘空宗的立場來詮釋如來藏，而與如來藏的說法有著距離。西元三世紀間，如來藏思想興起，一些重要的經論相繼出世。最早出現的《如來藏經》，明白的宣示：「一切眾生，雖在諸趣煩惱身中，有如來藏常無染污，德相備足，如我無異。」而《不增不減經》進一步把如來藏予以理論化。《勝鬘經》也是如來藏說重要的經典，如該經〈空義隱覆真實章〉載，如來藏可分二種，一者如來藏超越煩惱，或與煩惱不同，亦即如來藏中煩惱為空，稱為空如來藏。二者，如來藏具足一切法，而與煩惱不離、不脫、不異，此即不空如來藏。又，同經〈法身章〉稱，如來藏有在纏與出纏二種，一者在纏如來藏，謂被煩惱纏縛的狀態，此包含空與不空二如來藏；二者出纏如來藏，即脫離煩惱纏縛的狀態。

　　出世較晚的《佛性論》，在〈如來藏品〉中，謂如來藏之藏，有三種意義：一者所攝藏，一切眾生悉攝於如來之智內。二者隱覆藏，如來法身無論因位、果位，俱不改變；然眾生為煩惱所覆，故不得見。三者能攝藏，如來果德，悉攝藏於眾凡夫心中。同卷〈自體相品〉，謂「藏」有自性、因、至得、真實、秘密等五種意義：

一、萬有悉為如來之自性，由自性之義而言，稱為如來藏。

二、此藏乃聖人修行正法而生之對境，由成為境界之因義而言，稱為正法藏，或法界藏。

三、信此藏可得如來法身之果德，由至得之義而言，稱為法身藏。

四、此藏超越世間一切虛偽，由真實之義而言，稱為出世藏，或出世

間上上藏。

五、一切法若順此藏則得清淨，反之則染濁，由秘密義而言，稱為自
　　性清淨藏。

　　印度的大乘佛教興起後，作為大乘佛教主流的，前有中觀，後有
瑜伽。唐代義淨法師撰《南海寄歸內法傳》稱：「所云大乘，無過兩種，
一者中觀，二者瑜伽。中觀則俗有真空，體虛如幻；瑜伽則外無內有，
一切唯識。」義淨是西元七世紀後葉（西元六七一一六九五年）赴印
度求法，當時印度沒有「如來藏學派」，當然以後也沒有。印度佛教如
此，西藏佛教也是如此，西藏也是把大乘佛教限於中觀、瑜伽二派，
並不以如來藏思想為中觀、瑜伽之外的獨立學說。

　　何以如來藏思想未能與中觀、瑜伽鼎足而三，取得主流的地位呢？
原來自古以來，印度的傳統宗教是婆羅門教。婆羅門教以梵 (Brahman)
為宇宙的絕對原理，具有主宰神兼創造神的地位，梵是宇宙的原理，
而我 (Atman) 則是個人的原理。宇宙的原理與個人的原理，本質上同
一不二，因此，Atman 就是常、一、主宰的神我。婆羅門教雖因佛教
創立而一度衰微，但到西元四、五世紀時，婆羅門教又以印度教的名
稱重予復興。佛教為適應潮流，一方面說如來藏，甚而明確的說：「我
者，即是如來藏義；一切眾生悉有佛性，即是我義。」但是另一方面
佛弟子所公認佛陀的教法，是觀一切法因緣所生，故諸行無常，諸法
無我。如果就此接受在蘊處界中，有一個常住的清淨的如來藏我，又
太不平常。於是不得不給予如來藏以合理的解說。於是就有了以如來
藏是約真如空性說的，或說如來藏是約緣起空性說的；或說眾生位的
如來藏，是「無我如來之藏」等諸說。

　　但是，如來藏說或佛性說傳到中國後，卻為中國人欣然信受，並
且成為中國佛教思想的主流，支配中國佛教千餘年之久。此中原因何

在呢？實以中印兩國文化背景不同所使然。這一點留在以後再討論，於此先探討如來藏思想的發展。

二　如來藏經典的發展

在印度，如來藏思想是西元三世紀開始興起的，而於西元四、五世紀間，成為一種非常流行的思想。而最早出現的如來藏思想的經典，是《大方等如來藏經》。此經一卷，據《出三藏記集》所載，西晉惠帝、懷帝年間，沙門法炬曾經譯過一次，但已經失傳。而現在《大藏經》中所存的《如來藏經》，是西晉安帝義熙二年（西元四〇六年），佛陀跋陀羅的譯本。在《大正藏》中，是全經只有四頁的小部經典（《大正藏·十六》，四百五十七至四百六十頁）。

本經是以「一切眾生皆有如來藏」為宣示的主題。經文開示，佛現神通變化，現出無量數的千葉蓮花，大如車輪，同時綻放。各蓮花中皆有化佛，放出無量光，光明燦爛。而在須臾之間，佛以神通力使蓮花枯萎，而花內化佛結跏趺坐，放出無量千百光明。這幅畫面表達了九種譬喻，來說明如來藏的意義。經中的根本譬喻，是以枯萎的蓮花比喻眾生的煩惱，而以化佛比喻眾生的如來藏。經中稱：

> ……佛言善男子，如佛所化無數蓮花忽然萎變，無量化佛在蓮花內，相好莊嚴結跏趺坐，放大光明眾覩希有靡不恭敬。如是善男子，我以佛眼觀一切眾生，貪欲恚癡諸煩惱中，有如來智如來眼如來身，結跏趺坐儼然不動。善男子，一切眾生，雖在諸趣煩惱身中，有如來藏常無染污與我無異。

此上段經文之後，另一段經文稱：

又善男子，譬如天眼之人，觀未敷花見諸花內有如來身結跏趺坐，除去萎花便得顯現，如是善男子，佛見眾生如來藏已，欲令開敷為說經法，除滅煩惱顯現佛性。善男子，諸佛法爾，若佛出世若不出世，一切眾生如來之藏常住不變。但彼眾生煩惱覆故，如來出世廣為說法，除滅塵勞淨一切智。善男子，若有菩薩信樂此法，專心修學便得解脫，成等正覺普為世間施作佛事。

上一段經文，包括了如來藏的基本思想。綜合經文內容，可得以下幾點概念。即一者、在煩惱所纏的眾生裡面，有具足如來智、如來眼的如來。二者、如來觀察其無染污的如來法性，認為雖在諸趣煩惱身中，而與如來無異。三者、煩惱所覆的眾生，在聽了如來說法之後，滅除塵勞，淨化自心，則顯出如來藏之作用。四者、這內藏於一切眾生中的如來，是普遍的、法爾如是的真理。若佛出世，若不出世，這普遍的真理則永恆不變。

全部經文，以象微性的九種譬喻，來表顯如來藏的存在。這九種譬喻，第一種就是上述的萎花中的諸佛喻。以次八種是：

第二、群蜂的淳蜜喻：謂一切眾生有如來藏，人莫能知，像淳蜜在巖樹中，無數群蜂（煩惱）圍繞。如來為「滅除煩惱蜂」才開發出眾生的如來藏。

第三、皮殼中的堅實喻：像粳糧未剝離皮殼，貪愚的人以為輕賤可棄。而此粳糧，外雖似無用，內實不毀壞。如來「為說滅除（煩惱）法，令得一切智」。

第四、糞土中有真金喻：像真金墮於糞土中，真金不壞而人莫能知。正如「煩惱淤泥中，如來性不壞」一樣。

第五、地中寶藏喻：譬如貧家地下有珍寶藏，人皆不知。「有寶而

不知，故常致貧苦」。寶雖埋於地下，而寶性不壞。就如眾生的自性清淨心，雖覆蓋在煩惱中，亦是無始以來自然清淨。

第六、核內種子喻：菴羅果的果核，種子在果核內。而如來藏在無明殼中，就像果核中的種子一樣。

第七、弊衣裹金像喻：有人持真金像，行詣他國，怕真金像途中為人劫奪，乃裹以弊衣。此人道中死了，人不知弊衣中有金，任之棄捐曠野。而真金像雖在弊衣中，而其金性不改。

第八、賤女發輪王喻：一貧賤醜陋女子，眾人所惡，而懷有貴子，當為聖王王四天下。喻眾生懷佛種性，終將證得法王位。如偈稱：「身懷如來藏，而不自覺知。」

第九、鑄模內有金像喻：鑄師鑄得真金像，未除泥模。「愚者自外觀，但見焦黑土」。而眾生的「煩惱淤泥中，皆有如來性」。

《如來藏經》以這些淺顯易解的譬喻，說明一切眾生皆有如來藏，為如來藏思想奠下了基礎。除此經外，其他幾本相關的經典，都是如來藏思想發展上的順增上緣。於此介紹另一部簡短的小經，比《如來藏經》更短，在《大正藏》中佔了不到兩頁的分量，名稱是《不增不減經》。

這部《不增不減經》，是北魏孝明帝孝昌元年（西元五二五年），菩提流支所譯。經名「不增不減」，是表顯眾生的如來藏，在聖不增，在凡不減的意思。並且此經把眾生界與法身等化，經中謂：

不離眾生界有法身，不離法身有眾生界，眾生界即法身，法身即眾生界。舍利弗，此二法者義一名異。

經中進一步說：

> 舍利弗，甚深義者，即是第一義諦。第一義諦者，即是眾生界，即
> 是如來藏，如來藏者，即是法身。

本來，在《如來藏經》中，只表達出「一切眾生皆有如來藏」，但並未
進一步解釋如來藏的意義。而在此經中，則指出如來藏即第一義、即
眾生界、即法身，此四者，實異名而同義。在此經中，為《如來藏經》
通俗的譬喻，建立了理論基礎。同時，此經依於眾生界，自三方面詮
釋如來藏的意義。經云：「復次舍利弗，如我上說，眾生界中，亦三種
法，皆真實如不異不差。何謂三法，一者如來藏本際相應體及清淨法，
二者如來藏本際不相應體及煩惱纏不清淨法，三者如來藏未來際平等
恆及有法。」如來藏的本質，本與真如法界自體的清淨法相應，因此，
如來藏本質也是清淨的。

　　與如來藏思想關係更密切的是《勝鬘經》，《勝鬘經》的全名是《勝
鬘師子吼一乘大方便方廣經》。這也是一部短經，在《大正藏》中佔了
六頁的分量。為劉宋時代求那跋陀羅譯。本經的大意，是由勝鬘夫人
發願攝受正法開始，進而引申到二乘涅槃的不究竟，由闡揚一乘而說
到如來藏。經中說：

> 攝受正法者是摩訶衍。

> 阿羅漢辟支佛有餘過，非第一清淨，言得涅槃者，是佛方便。

> 聲聞緣覺乘皆入大乘，大乘者即是佛乘，是故三乘即一乘。得一乘
> 者，得阿耨多羅三藐三菩提。得阿耨多羅三藐三菩提者，即是涅槃
> 界。涅槃界者，即是如來法身。

《勝鬘經》特別強調「正法」，所謂正法，即是大乘，即是一乘，即是

如來藏。

《勝鬘經》在下一段經文中，說明如來藏的意義：

> 如來藏者，是法界藏、法身藏、出世間上上藏、自性清淨藏。此性清淨如來藏，而客塵煩惱上煩惱所染，不思議如來境界。

此外，與如來藏思想有密切關係的經典，還有一部《大般涅槃經》。《涅槃經》是一部大經，全經四十卷，是曇無讖於北涼玄始十年（西元四二一年）所譯。在本經中明確揭示出如來藏義。經中稱：

> 我者，即是如來藏義；一切眾生悉有佛性，即是我義。

> 一切眾生悉有佛性，以佛性故，眾生身中有十力、三十二相、八十種好。

> 佛性如是不可思議，三十二相、八十種好，亦不可思議。

《涅槃經》在此揭示出「我者，即是如來藏義；一切眾生悉有佛性，即是我義」，就是把我、如來藏、佛性視為同一意義。而此處所說的「我」，並不是婆羅門教所說「神我」（Atman），因為經中說：「佛性者實非我也，為眾生故，說名我為。」真正的佛性是第一義空、是中道。在《涅槃經》中，中道佛性是：為對治斷滅見，說佛性是有；為對治我的常見，亦可說佛性是無。如經言：

> 若有人言，一切眾生定有佛性，常樂我淨，不作不生，煩惱因緣故不可見，當知是人謗佛法僧。若有說言，一切眾生都無佛性，猶如兔角，從方便生，本無今有，已有還無，當知是人謗佛法僧。若有言說，眾生佛性，非有如虛空，非無如兔角，……是故得言亦有亦

無。有故破兔角，無故破虛空，如是說者，不謗三寶。

除了以上的經典外，還有一部《楞伽阿跋多羅寶經》，與如來藏思想也有相當密切的關係，《楞伽經》在中土共有三種譯本，最早的譯本，是宋元嘉年間（約為西元四四〇年頃），中天竺沙門求那跋陀羅所譯的，名為《楞伽阿跋多羅寶經》。《楞伽經》與印度的瑜伽行學派，有著頗為密切的關係。但亦有其差別之處，就是關於如來藏這一部分。瑜伽行學派的學者，約清淨真如無差別來解說如來藏，《楞伽經》雖然也這樣詮釋真如，但卻有其進一步的解釋。如本經卷二謂：

爾時大慧菩薩摩訶薩白佛言：世尊修多羅說，如來藏自性清淨，轉三十二相，入於一切眾生身中。如大價寶，垢衣所纏，如來之藏常住不變，亦復如是。而陰界入垢衣所纏，貪欲恚癡不實妄想塵勞所污。……

經文中繼續說：

云何世尊同外道說我，言有如來藏耶？世尊！外道亦說有常作者，離於求那（求那是梵語 Guna 的音譯，意指功能福德）。周遍不滅。世尊，彼說有我。佛告大慧，我說如來藏，不同外道所說之我。有時說空、無相、無願、如、實際、法性、法身、涅槃……如是等句說如來藏已，如來應供等正覺，為斷愚夫畏無我句故，說離妄想無所有境界如來藏門。……開引計我諸外道故，說如來藏，令離不實我見妄想，入三解脫門境界，希望疾得阿耨多羅三藐三菩提。是故如戒應供等正覺，作如是說如來藏。……為離外道見故，當依無我如來之藏。

此處的「無我如來之藏」，與《大般涅槃經》的「我者，即是如來藏義」之方便是不相同的。另一方面，《楞伽經》把如來藏與瑜伽行學派的阿賴耶識聯合起來。經文卷四中稱：「大慧！善不善者，謂八識。何等為八，謂如來藏名識藏心、意、識、及五識身。」八識，是瑜伽行學派建立的理論，所謂識藏心，就是第八阿賴耶識——漢譯藏識。在唯識學中，第八阿賴耶名心，第七末那名意，前六識名識。現在《大般涅槃經》說「八識」，又說「如來藏名識藏心」，就是把如來藏與第八阿賴耶識合為一了。

三　究竟一乘寶性論

在印度，集如來藏思想之大成的論典，是《寶性論》。

《寶性論》，在《大藏經》中全名是《究竟一乘寶性論》，這是出於以上經典之後的論典，把已出世的經典中，有關如來藏思想的要義，都引用在論典中，所以這是集如來藏思想之大成的一部論典。此論在印度出世的年代，約在西元四、五世紀之間。中國南北朝時代，北魏永平元年（西元五〇八年），中天竺沙門勒那摩提至洛陽，先後譯出《十地經論》等五部二十三卷，其中就有這一部《寶性論》在內。

《寶性論》全文四卷，論中有本頌、有解釋的長行，但沒有造論者的名字。照中國傳統的說法，說此論是天竺慧堅菩薩所造。近代經日本學者的考證，推定此論是慧堅菩薩造本頌，世親菩薩造釋論。此論內容分為十一品，基本上包括兩大部分，即偈頌和釋論。在譯本的前一半是偈頌部分，包括五言四句的偈頌三百偈，在偈頌中揭示本論的中心思想；在全部偈頌之後是釋論部分，釋論是註釋本論偈頌的。但釋論中也有偈頌和長行兩部分。《寶性論》本論部分主要的內涵，在

於論證四法，即佛性、佛菩提、佛法、佛業。也就是諸佛及眾生，依本具的佛性，經過修持實踐，證得菩提，具足一切佛法功德，而從事濟度眾生的行業。

在釋論部分，將全論分成佛寶、法寶、僧寶、性、菩提、功德、業七部分，此稱為「七種金剛句」。因此，全部《寶性論》是建立於四法、十一品中，再以「七金剛句」加以詮釋。這十一品的名稱是：一者教化品，二者佛寶品，三者法寶品，四者僧寶品，五者一切眾生有如來藏品，六者無量煩惱所纏品，七者為何義說品，八者身轉清淨成菩提品，九者如來功德品，十者自然不休息佛業品，十一校量信功德品。分別略述其要義如下：

一、教化品第一：此品的重點，在於說明佛寶、法寶、僧寶、性（指如來藏）、菩提、功德、業七者，是本論的根本論題，此稱為「七金剛句」。金剛句是什麼意思呢？論主以此七義是自內證之境，此所證之境，有如金剛之不能被摧破。至於末尾的字句，是文字章句之句，故稱金剛句。釋論論主為了證明七金剛句符合經說，乃引用《陀羅尼自在王經》做為經證。此經於序分中說明七句的前三句（佛寶、法寶、僧寶部）；後四句在〈菩薩如來法門差別分〉中廣說。釋論以偈頌說明七金剛句的順序：

　　從佛次有法，次法復有僧，僧次無礙性，從性次有智。
　　十力等功德，為一切眾生，而作利益業，有如是次第。

此偈頌在說明，在佛、法、僧三寶之後，次有「無礙性」。無礙性，就是有三寶因的如來藏。由而證得無垢的智慧——菩提。菩提本具恆沙諸功德，以作利益眾事業，以上就是七金剛句的互相關係。

二、佛寶品第二：此品的根本偈文是：

佛體無前際，及無中間際，亦復無後際，寂靜自覺知。
既自覺知已，為欲令他知，是故為彼說，無畏常恆道。
佛能執持彼，智慧慈悲力，及妙金剛杵，割截諸苦芽。
摧碎諸見山，覆藏顛倒意，及一切稠林，故我今敬禮。

偈頌的意思是說，佛體沒有初中後際，於自覺寂靜的佛本體後，為欲令未覺知者覺知，乃為彼說無畏常恆之道。佛以智慧與慈悲的利劍，割斷苦芽，摧毀諸種執見的叢林。另有一頌，說明佛寶所具的八種功德：

無為體自然，不依他而知，智悲及以力，自他利具足。

所謂八種功德，即一者是無為之體，二者自然，三者不依他知，四者智，五者悲，六者力，七者自利益，八者他利益。

三、法寶品第三：此品的根本偈文是：

非有亦非無，亦復非有無，亦非即於彼，亦復不離彼。
不可得思量，非聞慧境界，出離言語道，內心知情源。
彼真妙法日，清淨無塵垢，大智慧光明，普照諸世間。
能破諸瞖障，覺觀貪瞋癡，一切煩惱等，故我今敬禮。

本品偈頌的意思是，對治貪、瞋、癡之「真妙法」，是非有非無，亦非有無，亦非在有無之外，而是離開語言思量，唯自內證的。這種大智慧之光，能破諸瞖障，對治煩惱，故我今敬禮皈命。

四、僧寶品第四：此品的根本偈文是：

正知正見者，見一切眾生，清淨無有我，寂靜真實際。
以能知於彼，自性清淨心，見煩惱無實，故離諸煩惱。

468

　　無障淨智者，如實見眾生，自性清淨性，佛法僧境界。
　　無閡淨智眼，見諸眾生性，遍無量境界，故我今敬禮。

本品偈頌的意思是，具有正知正見者，以自性清淨心，觀諸煩惱無自性，正知一切法無我。以無障礙智慧，觀見正覺佛性，遍在一切眾生。對於眾生心自性清淨，遍無量境界，我今敬禮皈命。

五、一切眾生有如來藏品第五：此品的根本偈文是：

　　真如有離垢，及遠離諸垢，佛無量功德，及佛所作業，
　　如是妙境界，是諸佛所知，依此妙法身，出生於三寶。

以上偈文，表達的是一切眾生有如來藏。依於何義而說眾生有如來藏呢？頌曰：

　　佛法身遍滿，真如無差別，皆實有佛性，是故說常有。

偈文的意思是說，有三種義，如來說一切時、一切眾生有如來藏：一者如來法身遍在一切，二者如來真如無差別，三者一切眾生皆悉實有真如佛性。

六、無量煩惱所纏品第六：此品的根本偈文是：

　　向說如來藏，十種義示現，次說煩惱纏，以九種譬喻。

九種譬喻是什麼呢？也就是《如來藏經》中所列舉的九種譬喻，如偈文稱：

　　萎華中諸佛，眾蜂中美蜜，皮殼等中實，糞穢中真金，
　　地中珍寶藏，諸果子中芽，朽故弊壞衣，纏裹真金像，
　　貧賤醜陋女，懷轉輪聖王，焦黑泥模中，有上妙寶像，

眾生貪瞋癡，妄想煩惱等，塵勞諸垢中，皆有如來藏。

此九種譬喻，在本章第二節已予解釋，此處不贅。

七、為何義說品第七：此品的根本偈文是：

處處經中說，內外一切空，有為法如雲，及如夢幻等，
此中何故說，一切諸眾生，皆有如來性，而不說空寂，
以有怯弱心，輕慢諸眾生，執著虛妄法，謗真如佛性，
計身有神我，為令如是等，遠離五種過，故說有佛性。

偈中初問，有為法如雲、如夢、如幻，一切是空，何以在此佛又
對眾生說有如來藏呢？對此的回答是：為欲使眾生，捨棄五種過
失，即持有怯弱心者，輕視下劣眾生者，執著於虛妄法，誹謗真
如佛法者，計身有神我者。為此說有如來藏。

八、身轉清淨成菩提品第八：以前諸品說的是有垢真如，諸佛如來，
於無漏法界中遠離一切種種諸垢，依八義說清淨身轉依的無垢真
如，這八義是一者自性，二者是因，三者是果，四者是業，五者
是相應，六者是行，七者是常住，八者是不可思議。

九、如來功德品第九：此品是以摩尼寶珠之光、色、形，譬喻如來有
十力、四無畏、十八不共法、三十二相之六十四種無垢功德，其
根本偈文云：

自利亦利他，第一義諦身，依彼真諦身，有此世諦體，
果遠離淳熟，此中具足有，六十四種法，諸功德差別。

十、自然不休息佛業品第十：此品的根本偈文曰：

於可化眾生，以教化方便，起化眾生業，教化眾生界。

偈文意思是說，對於被調伏的「可化眾生」，以調伏的種種方便，起調伏眾生的佛業。而此佛業，是無功用的、自然的、相續不斷而生起。

十一、校量信功德品第十一：此品的根本偈文首二偈曰：

> 佛性佛菩提，佛法及佛業，諸出世淨人，所不能思議，
> 此諸佛境界，若有能信者，得無量功德，勝一切眾生。

> 此品為《寶性論》的結論，偈文大意謂，以上佛界、菩提、佛功德、佛業，都是如來的境界，故應信解。具有智慧者依信解而體會如來境界，即成為如來功德聚之器，此樂求不思議功德，勝於眾生之一切福德。

四　大乘起信論

影響中國佛教特深的，還有一部《大乘起信論》。根據古傳資料，說這部論典是「馬鳴菩薩造、真諦三藏譯」。但這部論典，一方面自古以來就在佛教廣為弘傳，家喻戶曉；另一方面，自古以來，對於本論的造者和譯者也一直諍議不斷。我們把這一方面的問題置而不論，只對其理論加以探討。

《起信論》繼承《楞伽經》的思想，以一心、二門、三大，成立三界唯心義。一心者，即眾生心；二門者，心真如門與心生滅門；三大者，體大、相大、用大。依照《起信論》的理論，一切法皆從一如真心上生起顯現。此即是說，宇宙間萬事萬物，皆是從法性真如海流出，此即稱為真如緣起。《起信論》以眾生本具之心，為大乘教法的主體。主張此心攝有為無為、世出世間一切色心諸法，體性無礙，染淨

同依。此約能持之有情，曰眾生心；約所持的功德，名如來藏。《起信論》曰：

> 所言法者，謂眾生心，是心則攝一切世間法，依於此心，顯示摩訶衍義。何以故，是心真如相，即示摩訶衍體故；是心因緣生滅相，能示摩訶衍自體相用故。

摩訶衍，是摩訶衍那的略稱，為梵語 Mahayana 的音譯，指「大乘教法」的意思。《起信論》以眾生心攝一切世間法，以此顯示大乘教法。本論更以一心之法體，分為心真如門與心生滅門。一者如來藏心，含有約體絕相、與隨緣起滅二義。約體絕相者，即是真如門，真如為宇宙萬有之本體，非染非淨，非生非滅，不動不轉，平等一味。此即如來藏之一心，其體性平等一味，離差別相，真實如常。隨緣起滅者，即是生滅門，也就是萬有生滅的現象。萬有生滅，隨熏轉動，成於染淨；染淨隨成，性恆不動，即是如來藏之一心，隨緣起生滅差別相。論曰：

> 依一心法，有二種門，云何為二，一者心真如門，二者心生滅門。是二種門，皆各總攝一切法，此義云何，以是二門，不相離故。心真如者，即是一法界大總法門體，所謂心性，不生不滅。……心生滅者，依如來藏，故有生滅心。……

論中復顯示此心，含有體、相、用三大義理，體者指其體性，相者指其德相，用者指其作用，此稱為「三大」。大是遍法界的意思，體大者，顯示此心之本體，平等無差別，此指一如真心之體性平等一味，橫遍十方，豎通三世，不生不滅，不增不減。相大者，顯示此心之性德，差別無量。指此心體具恆沙無量性德，真如即德，德即真如，如水八

德，不異於水。用大者，顯示此心之業用，廣大無邊。此心名如來藏，又稱自性清淨心，亦即是真如。

真如，真者不變義；如者隨緣義。《華嚴探玄記》曰：「不變為真，隨緣曰如。」由不變義，與有為法非一；由隨緣義，與有為法非異，此二義同為一法，名曰真如。換言之，自不變一面說，橫遍十方，豎通三界，畢竟平等，無生滅變化；自隨緣一面說，雖善惡之緣，成染淨諸法。如海水因風之緣而起於波浪，真如隨無明之緣而生起色心諸法，此名曰隨緣真如。再者，水面雖波浪生起，而濕性不變。真如隨緣生起色心諸法，而其本體無有變易，此名不變真如。

真如雖然常恆不變，但並不是凝然常住，而是隨緣成諸法而恆不失自性。好比一方明鏡，雖現於物像，而鏡體明淨，不變不動。真如隨緣生諸法，亦如明鏡現諸像，自體清淨，不變不動。《華嚴五教章》有云：「猶如明鏡，現於染淨。雖現染淨，而恆不失鏡之明淨。」所以因鏡體不失明淨故，方能現出染淨之相；因現出染淨之相，始知鏡之明淨。以真如不唯有不變義，且有隨緣義，故云一切諸法，皆從真如緣起。

真如有不變及隨緣二義。而在隨緣中亦有二義，一者「違自順他」，二者「違他順自」。自「違自順他」一面說，真如隱自真體，顯現妄法；自「違他順自」一面說，真如對妄染顯示自德，內熏無明而起淨用。

在「違自順他」一面，真如隱自真體，顯現妄法。心真如是一法界大總相，以不了達一法界故，心不相應，忽然念起，名為無明。《大乘起信論義記》云：

以不了真如平等一義故，心不相應，忽然念動，名為無明。

此處所起的無明，稱為根本無明，極為微細，沒有能、所，心王、心

數的分別，此即心之惑，故《義記》中說為「心不相應」，非同心王心
所的相應也。所謂無明，就是不了達一法界平等之理的妄念。它於不
生不滅平等一如的真如體上，起了生滅差別的妄見，生起生滅心，即
稱無明，又稱不覺，無明與不覺，同體而異名。而此無明，就是染污
法的根源，最極微細，更無染法能為其根本。依不生不滅平等一如的
真如，生起了差別的無明妄念。不生不滅之真，與生滅之妄和合，成
阿黎耶識。《大乘起信論》曰：

> 心生滅者，依如來藏，故有生滅心。所謂不生不滅，與生滅和合，
> 非一非異，名阿黎耶識。此識有二種義，能攝一切法，生一切法。
> 云何為二，一者覺義，二者不覺義。

如來藏者，就是眾生本具的自性清淨心，又稱不生不滅心，亦即是真
如。以其法體不生不滅，故稱為真如；約具無量性功德，稱如來藏。
阿黎耶，亦稱阿賴耶，是梵語 Alaya 的音譯。梁真諦三藏譯為無沒識，
唐玄奘三藏譯為藏識。無沒是不失義，藏是攝藏義，義一名異。此識
行相極為微細，而為生滅差別法的本源。

　　阿黎耶識有二種義，故能攝世出世間染淨一切諸法。此二種義，
如《起信論》所稱，一者覺義，二者不覺義。覺者，是覺照、覺明，
即覺了真如自體的智慧。不覺義者，不覺了真如自體之無明也。此識
是不生滅心，與生滅心和合，如璞玉被塵，明鏡蒙垢，無照見真理之
明，故為不覺。

　　不覺有根本不覺與枝末不覺二種。根本不覺者，無明之體，這是
迷真的無明；枝末不覺者，無明之相，這是妄執的無明。由於根本不
覺，成為阿黎耶識之迷心，由迷心而有主客之別，彼此之見，種種妄
執，從而生起。由妄執而起惑造業，招苦樂果，生死輪迴，無有窮盡，

此為枝末不覺。在《起信論》中，更分枝末不覺為九相，在九相中，前三相微細不可知，故名為三細；後六相麤顯可知，故名為六麤。

　　初由根本無明迷真如之一昧為因，生三種相，名為三細。

【三細者】

一、無明業相：以依不覺故心動，說名為業，業者造作義，是即為動。覺則不動，動則有苦果，以果不離因故。

二、能見相：謂依前業識之動，轉成能見之相。即妄心既起，生能照見萬有之作用。有淨眼動，故有病眼起，能見之相也是如此。

三、境界相：依前轉識之見，起此能見之作用，妄現種種所見之境界。以有能見必有所見，有病眼向外觀故，即有空華妄境界現。

既由根本無明，生業轉現出三細。更以現相之境界為緣，復生出六種相，名為六麤。

【六麤者】

一、智相：智者分別，謂於現前識所現境界，不了是自心所現，執為心外實法，始起慧數（別境中的慧心所），分別染淨善惡、是非愛憎等。

二、相續相：依前智相所起善惡愛憎等分別，對愛境起樂受，對不愛境起苦受，愛憎之念，苦樂之情相應，數數起念，相續現前。

三、執取相：依於前者妄分別之相續，於苦樂之境，不了虛無，固執苦樂之念益堅，深起取著。

四、計名字相：謂於前顛倒之想固執不解時，更於其上，立怨親善惡美醜是非等種種假名言相，生諸妄相分別。

五、起業相：謂依於名字，尋苦樂怨親愛憎名，取著轉深，起貪瞋癡等諸種煩惱，發動身口，造善惡諸業。

六、業繫苦相：謂既造業成因，定招苦果，輪迴六道，生死長縛。

以上六相，前四相是惑因，第五相是業緣，第六相是苦果。合三細六麤九相，統攝一切染法。然此染法，皆由根本無明、不了達平等一味之真心而起，故結末歸本，唯一根本無明，所以無明能生一切染法。《起信論》曰：「當知世間，一切境界，皆依眾生，無明妄心，而得住持。是故一切法，如鏡中像，無體可得，唯心虛妄，以心生，則種種法生。心滅，則種種法滅故。」

無明生一切染法，覺則生一切淨法。覺有本覺、始覺二種，所謂本覺，指眾生之心體，本來是離諸妄想，靈明虛廓，等虛空界，無所不遍，此即是如來平等法身，依此法身，說名本覺。本覺即一切眾生固有的自性清淨心，本來具有照明之性德，在纏名之為本覺，出纏則名之法身。始覺者，眾生本覺之心源，由無明之熏動，而有不覺，多劫在迷。此時外以教法的熏習，內則本覺的熏習，顯見本來的自性清淨心，說明始覺。《起信論》曰：「始覺義者，依本覺故，而有不覺；依不覺故，說有始覺。」

熏習又是什麼呢？《起信論》曰：「熏習義者，如世間衣服，實無於香，若人以香而熏習故，則有香氣。」熏習有二門、四種。二門者，流轉門與還滅門。真如本來無垢清淨，但為無明所熏習，現為染相；而無明染污，但為真如所熏習，故起淨用。《起信論義記》云：「以不覺熏本覺故，生諸染法，流轉生死。以本覺熏不覺故，生諸淨法，反流出纏，成於始覺。」從淨生染，稱為流轉門。從染入淨，稱為還滅門。四種者，一者淨法，名為真如。二者一切染因，名為無明。三者妄心，名為業識，四者妄境界，即是六塵。

染法熏習者，以無明為發端，無明為能熏，真如是所熏。真如是自性清淨法，常恆不變之實體，實無於染，但以無明熏習而起動故，則有業識妄心，是曰無明熏習。淨法熏習者，以真如為發端，真如為

能熏，無明是所熏。眾生本具真如熏習無明，以熏習之因緣力故，令妄心厭生死苦，樂求涅槃，是曰真如熏習。

五　如來藏緣起

　　《大乘起信論》，是對中國佛教影響最為深遠的一部論典，它影響到中國佛學的根本思想，也影響到中國佛教的體系。南北朝時代，北魏地論宗的相州南道派慧光等，立「四宗教」。《大乘義章·一》載，此四宗為：

一、因緣宗：又名立性宗，闡釋六因、四緣之義。

二、假名宗：又作破性宗，主張諸法悉皆虛假而無其實性。

三、誑相宗：又作破相宗，主張諸法如幻即空，假名之相亦了無所有。

四、常宗：又作顯實宗，謂諸法依妄想而有，妄想原無體，必託於真而起；而真即如來藏性，此性緣起而成生死涅槃。亦即於永遠不滅的佛性真如，為迷悟之根源。此屬大乘之深教，為闡明真實之理的《華嚴經》、《涅槃經》所說。

　　隋唐時代華嚴三祖法藏，亦立「四宗判教」。據《起信論義記·一》所載：

一、隨相法執宗：又作有相宗，指小乘諸派之說，以有為無為諸法皆為實有。

二、真空無相宗：指《般若經》、《中論》、《百論》等所說。主張破解諸法之相而悉皆畢竟空。

三、唯識法相宗：以《深密》等經、《瑜伽》等論所說，主張諸法亦有、亦空，闡明生滅之八識，與五姓各別等教法。

四、如來藏緣起宗：指《楞伽經》、《大乘起信論》等所說，主張如來

藏起與性相融會、事理相即之教法。

　　印度的大乘佛教，把佛教分為空、有二宗，蓋如來一代所說教法，不出空、有二義。說空示諸法之體性，說有示諸法相用。所以空宗又稱「法性宗」，有宗又稱「法相宗」。性者諸法之自體，相者諸法之相狀。如《大智度論》云：「性言其體……相言可識。」《唯識論述記》云：「性者體義，一切法體，故名法性。相者，其相貌義理也。」龍樹、提婆、清辨、智光等相承之中觀法門，以真空為法性，破一切差別相，顯法自體，故名法性宗；而無著、世親、護法、戒賢等相承之瑜伽法門，以阿賴耶識為一切法之根本，廣論辨其所生法之相貌義理，故名法相宗。

　　中國大乘佛教，習慣上把佛教也分為性、相兩宗，即法性宗和法相宗。但其內涵並不一樣，如果依照宗派學統，中國承自印度中觀學派的三論宗應該是性宗，承自印度瑜伽行學派的唯識宗自然是相宗。但是在中國佛教中，雖然仍以法相唯識宗稱為法相宗或相宗，而中國的法性宗，不是稱為空宗的三論宗，卻是中國的天台宗、華嚴宗、禪宗，以此三宗為法性宗，簡稱性宗。雖然這種分類方法並不確切，但是千餘年前沿用至今，約定成俗，也就無從辨正了。

　　性相二宗差異之處何在呢？華嚴四祖澄觀，在其《華嚴經綱要》一書中，說到性相二宗在理論上的十種差別，即所謂性相二宗十異。此十異是一者一乘三乘異，二者一性五性異，三者唯心真妄異，四者真如隨緣凝然異，五者三性空有即離異，六者生佛不增不減異，七者二性空有即離異，八者四相一時前後異，九者能所斷證即離異，十者佛身有為無為異。以上差別雖有十種，最主要的只有兩條，一者是「唯心真妄異」，二者是「真如隨緣凝然異」。唯心真妄異者，法相宗謂由阿賴耶識種子而起諸法(此即賴耶緣起)；法性宗謂不生滅與生滅和合，

非一非異，即阿賴耶識，能攝一切法，生一切法（此即真如緣起）。真如隨緣凝然異者，法相宗謂真如凝然不作諸法；法性宗謂真如具有不變、隨緣二義，因隨緣之故，應染淨之緣而作善惡之法。

我們於此探討，真如究竟是什麼？真如，梵語 Bhuta-tathata、或 tathata，是大乘佛教表示最高真理的概念，是遍布於宇宙間真實之本體。依佛教的緣起觀來看真如，一切法待緣而起、彼此關涉對待生起。既然是關涉對待的生起，其本身自然沒有實體，亦無獨立的自性。無實體、無自性即是空性，亦稱性空——緣起性空。空是諸法的本質，是本來如此的，不生不滅的絕待理體。

此絕待的理體是萬法本然之理，與萬法不一不異，而為萬法之實性，在《大般若經‧三六○》內，列出真如的十二個異名，曰：法性、法界、不虛妄性、不變異性、平等性、離生性、法定、法住、實際、虛空界、不思議界等。此外，如涅槃、無為、空性、勝義、一如、如如等，也是指真如而說的。真如是大乘佛教的標誌，並以此立為「一實相印」，與小乘佛教「三法印」相對稱。

自上述意義來看真如，真如基本上是靜態的、客體性的，普遍於一切存有。印度佛教是依此義建立真如，中國的法相宗亦是依此義認識真如。但是中國法性宗，即俗稱性宗者，則以為真如不僅是理、同時亦是心，不僅是靜態的、同時亦是動態的，不僅是客體性的、同時亦是主體性的，不僅是價值標準，同時亦能生出大用。而所謂中國的「性宗」，就是以《大乘起信論》為代表的真常唯心系，這其中包括著天台宗、華嚴宗、和六祖慧能以後的禪宗。

由於中國的性、相兩宗，對於真如認知的不同，而有所謂「唯心真妄異」、和「真如隨緣凝然異」。法相宗說的是八識組成的生滅無常的妄心，法性宗說的是真如——如來藏心。法相宗以真如為凝然不動

之理體，法性宗以真如有不變與隨緣二義。而真如隨緣、有能生的大用，就是「如來藏緣起」，亦稱為「真如緣起」。

如來藏緣起，是華嚴宗在五時判教中建立的理論。華嚴宗把如來一代時教，判為小、始、終、頓、圓五教，其中除頓教是離相無言之宗，不更涉教相之教，不立緣起外，分別各說一緣起。即於小乘教說業感緣起，於大乘始教說賴耶緣起，於大乘教說如來藏緣起，於大乘圓教說法界緣起。業感緣起是小乘佛教的緣起，眾生以惑、業、苦三者展轉因果相續，而有三界六道的生死輪迴，這是依十二緣生觀而建立的。阿賴耶緣起是唯識宗所說的緣起，本宗以阿賴耶識為一切有情之根本所依，一切千差萬別的現象，皆由此識所攝持的種子所生起，種子生起現行，復受現行法強盛的勢用所熏習，此起現行的種子成為新種子，仍儲藏於阿賴耶識中，遇緣再起現行。這種展轉生起萬法的作用，就是賴耶緣起。

如來藏緣起又稱真如緣起，這是真常唯心系所說的緣起，此說以眾生之生死流轉、還滅涅槃，皆依含真如之如來藏佛性。本來真如為一味平等、不生不滅之實體，但以「不生不滅與生滅和合」，為染淨之緣所驅而生起萬法。這在前者稱真如門，後者稱生滅門。由如來藏之淨緣而出四聖，由如來藏之染緣而現六道。而此生滅門之果，即是阿賴耶識。

法界緣起是華嚴宗所說的緣起，又稱法界無盡緣起。此說是以現象界的一切法，都屬法界，法界之一切事法，無論有為無為，色心依正，過去未來等，盡為一大緣起，而無任何單獨存在者，故以一法成一切法，一切法成一法。就諸法之勢力而言，具有一多相入之義；就諸法之體性而言，具有一多相即之義。華嚴宗以此相入相即之義，闡釋法界萬有相融無礙之至理。

以上四種緣起，是華嚴宗所判立。華嚴宗認為，前三種緣起雖然自不同層次上說明了緣起理則，但並沒有說明緣起的終極圓義。只有法界緣起，統一了宇宙萬有之理，成就不可思議境界，這才是緣起圓滿的終極圓義。於此還要說明，業感緣起、賴耶緣起，甚至於大乘空宗的空性緣起，全是「有為緣起」；而如來藏緣起和法界緣起，是「無為緣起」。

六　真常唯心──天地宇宙之心

現代佛學思想家印順導師，判大乘佛教為三系，一者性空唯名系，二者虛妄唯識系，三者真常唯心系。性空唯名者，指的是大乘空宗。虛妄唯識者，指的是大乘有宗。而真常唯心一系，指的是以如來藏緣起為理論基礎的宗派。中國的天台宗、華嚴宗以及禪宗，都是真常唯心系的宗派。

印度的大乘佛教，以中觀學派與瑜伽行學派為正統。雖然也有如來藏一系的經典和論典，但在印度，認為如來藏是佛方便之說，是不了義。如《楞伽經・二》稱：「為斷愚夫畏無我句故，說離妄想無所有境界如來藏門。……開引計我諸外道故，說如來藏，令離不實我見妄想，入三解脫門境界，希望疾得阿耨多羅三藐三菩提。」所以，印度並沒有「如來藏學派」，西藏也是把大乘佛教限於中觀、瑜伽二派，並不以如來藏思想為中觀、瑜伽之外的學派。所以，真常唯心一系，是中國大乘佛教的宗派，是印度佛學與中國文化融攝後衍化的新宗派。

在中國佛學領域中，所謂真常唯心的「心」，與印度佛學中所指的心有所不同。在印度，心不是常住真心或不變之性，而是人的精神主體，即所謂八識之心。瑜伽行學派是如此說心，中觀學派也是如此說

心。如《大智度論》曰：「心有兩種，一是生滅心，一是相續心。」《瑜伽師地論》曰：「心有二義，一是集起義，二是積聚義。」以上所說的心，是生滅變異的「事心」，不是「真如凝然」的理心。而中國佛教真常唯心的心，指的是如來藏心、妙真如心。

妙真如心就是真如。本來，真如是最高真理的概念，是大乘佛教的標誌。印度的大乘佛教，中觀學派以「諸法空相」為真如，瑜伽學派以「圓成實性」為真如，基本上，真如是靜態的、客體性的，永恆不變的理體。就是《般若心經》所稱的：「是諸法空相，不生不滅，不垢不淨，不增不減。」也即《唯識三十頌》頌文：「此諸法勝義，亦即是真如，常如其性故，即唯識實性。」印度空、有二宗，都是自上述的基礎上認知真如。

但在中國真常唯心一系的宗派，在真如的認知上與印度佛教大異其趣。中國佛教性宗，天台宗的「性具」哲學；華嚴宗的「性起」哲學；禪宗的「性覺」哲學，在真如的認知上，真如不僅是靜態的、客體性的，永恆不變的理體。同時亦成為動態的、主體性的，能生起萬法的事用。正如《大乘起信論》所稱：「心真如者，即是一法界大總法門體，所謂心性，不生不滅。……心生滅者，依如來藏，故有生滅心。……」至此，真如成為「不生不滅、離言說相、離名字相、而能生萬法之體」。這個能生萬法之體，是心（生滅心，阿賴耶識）和性（真如、不生不滅的性）的統一體。這個心性統一之心，在中國的觀念中，指的是天地之心、宇宙之心，常住的本體之心。這就不是生滅變異的事心，而是心性融攝的「理心」了。這樣的理心，不是印度佛學的觀念，是中國文化的產物，這是中國哲學上「天人合一」的思想。

哲學在於探討宇宙人生的根本原理，此即所謂本體論。在西方以上帝為宇宙的根源，在印度以梵為宇宙的原理，而在中國，認為天是

宇宙的本體。此處所稱之天，不是神格化的天，是孟子所說的義理之天。《孟子‧離婁》章說：「誠者，天之道也，思誠者，人之道也。」認為天是誠的，人則力求達於誠。漢代董仲舒認為理由天授，故稱「天理」，宋代程頤更明確的說：「天者理也。」天理即是天性，它是宇宙萬物統歸於一元的實體，自其統率萬物的作用上看，即是天命；從其自動自發展示其性能看，就是天道；從天道推行的客觀條件看，就是天理。而中國哲學是以人為本位，以體認為方法，以「道」或「理」為終極尋求的哲學。中國古代的佛學大師們，以中國哲學與印度佛學相結合，建立了天人合一，心性融攝為本體的哲學體系。此哲學體系，首發端於《大乘起信論》，而於天台、華嚴諸宗哲學中趨於嚴密。

在真如緣起論中，心與性是統一的，心的概念不再是一個主體的、有為法的思維之心，而是天人合一的宇宙之心，它是萬有的終極本體，是產生一切事物的根源，是一切萬有本體之理性，也就是佛法中的如來藏、佛性。佛性，也是印度佛學術語與中國文化融攝後的產物。「眾生皆具佛性」，不正是中國的「人人皆可為堯舜」的同義語嗎？中國人對於如來藏、佛性的信受不疑，正是中國文化的表現。

如來藏緣起，攝有為的事心歸於無為的理心；而法界緣起，進一步統一宇宙萬有之理，在如來藏緣起的基礎上，建立性修不二，體用一如的觀念。這種以真如作為本體的絕對理性，是不變的理體，但又可隨緣生起萬有，本體與現象成為體用的關係，全是真如不同形式的表現。這種天人合一、心性統一的哲學理論，由天台宗的「性具」哲學，華嚴宗的「性起」哲學而造其端緒，最後由禪宗的性覺而圓滿其理論。有人說，中國佛教的特質在禪，信然，此處限於篇幅，未能再往下細述。

佛法修持篇

下篇

第一章　正確的認識佛教

一　佛教不同於神教

在我們這個多元化的、自由開放的社會裡，一般人對於已有兩千多年歷史的古老佛教，有著兩種極端不同的認知。一種是不大關心，或者說是不認同佛教的。在他們模糊的印象或觀念裡，好像寺院佛堂、和尚尼姑、泥塑佛像、梵唄鐘聲，就是佛教的全部；另一種是認同佛教的，或者說就是民間的一般信徒。他們見廟燒香、見像叩頭，你問他拜什麼，他說拜佛祖、拜菩薩。不錯，他們是既拜佛、也拜菩薩，但是除了佛菩薩外，他們也拜天公、也拜土地、也拜真君、也拜大帝。甚至於十八王公、哪吒太子，全在他們奉拜之列。

由於以上兩種不同的認知，前者就認定佛教是落伍、迷信、消極、逃世的宗教；而後者所信奉的，根本是神佛不分的民俗宗教，而不是正統的佛教。這兩種人，多數不知道除了寺廟佛像、鐘聲梵唄外，佛教尚有三藏十二部、洋洋萬餘卷的經典；尚有博大高深、精奧微妙的哲理，這兩種人，全是把神佛不分的民俗宗教認作是佛教，他們對正統的佛教根本沒有正確的認識。

中國自古以來就是一個多神崇拜的國家，其實神祇，在世界上各古老民族間都有其悠久的歷史。中國亦不例外，原來古代人類，知識未開，對於自然界種種現象，感到神奇莫測，以為必有一種威力無比

的「神」在操縱控制，因之由驚異神奇進而祈禱膜拜。觀印度、埃及、希臘的古代神話可知，而這種自然崇拜，在中國先民間尤為發達，於是皇天、后土、雷公、電母、山神、土地、水神、河伯，一一成為膜拜的對象。再者由於儒家慎終追遠的祖先崇拜，而擴及於對歷史偉人、名將、烈士、貞女的崇拜；由於道教符籙咒術及鬼怪精靈的影響，再擴及於對花神木怪、狐仙蛇精的崇拜，於是，人間就成了人類與神仙鬼怪共存的世界了。

好在中國先民一向憨厚涵容，對任何神祇都抱著禮多神不怪的態度，一一加以供奉，於是人神相安。原來先民以為，人的生死壽夭、禍福吉凶，莫不由神祇掌管，敬之禱之則得福，逆之觸之則得禍。世人為祈福遠禍，於是對神祇祭以三牲，獻以金箔，以博取神祇的歡心；降及後世，神祇愈來愈多，在農業社會的人家奉祀的：有皇天，有土地，有門神，有灶君，穀場中有穀神，水井旁有龍王；主管錢財的有財神，主管祿秩的有文昌，甚至於狐仙、鼠怪、花神、樹精，以及真人、仙姑、王爺、娘娘，一一都成了奉祀的對象，使人間幾乎成了神祇的天下。

東漢之際，佛教東傳，降及三國、兩晉以及南北朝時代，民間信奉者日益普遍；以至隋唐兩宋，遂有「家家觀世音，戶戶阿彌陀」的俗諺。但認真的說，真正了解佛法真義的，只是一些高僧大德，以及士大夫階層中研究佛經者少數人的事，在民間來說，只不過在眾多神祇中，又增加了一些稱之為「佛」、稱之為「菩薩」的塑像而已，因為民間的農夫農婦，根本分不清佛、菩薩和神祇的區別何在。

民間奉祀神祇的目的，消極的是求免禍，積極的是求賜福；消極的是求神保佑人口平安、五穀豐收；積極的是求神消災去病，降福賜財。等而下之，財迷者求神保佑發財，官迷者求神保佑升官，拜佛、

拜菩薩的目的也是如此。至於說學佛是求智慧、求解脫，那根本不是民間拜求的目的。充其量，也不過想今生拜佛拜菩薩，為來生積福，或者念彌陀、拜觀音，求生西方極樂世界而已。

　　須知世間萬事，各有因果。欲求五穀豐收，必須勤力耕耘；欲求人口平安，必須本份做人；欲求發財，必須盡心經營；欲求升官，必須忠勤治事；絕不是求神就可以達到目的。語云：「聰明正直之謂神」。一個聰明正直的人，尚不肯對詔媚小人假以辭色，豈有聰明正直之神，為貪圖三牲祭品，就顛倒人間是非呢？世人不明因果之理，妄求無因得果，這豈不是緣木求魚？這種愚行，是顛倒，也是迷信。但不幸社會人士卻把這筆帳算到佛教頭上，甚至於把巫卜星相、看風水、擇吉日這些民俗行為，全和佛教扯在一起，這真是解釋不清的誤會。

　　須知佛教不是神道，佛也不是神，佛的本義是「覺者」——證得無上正等正覺的覺者；也是「智者」——證得一切種智的智者。釋迦牟尼佛是由人而成佛，成為覺者、智者；不是由人成神。佛和神之間，絕不能加上一個等號。至於菩薩，那是次於佛的果位的一種稱號。菩薩是略稱，具足應稱菩提薩埵，是梵語 Bodhisattva 的音譯。菩提義譯為覺，薩埵義譯為有情，合稱「覺有情」。是上求佛道以自覺，下化有情以覺他；上求菩提——佛果，下化薩埵——有情。菩薩也不是神，菩薩也是由人修持而成的。菩薩有因位菩薩和果位菩薩，像觀世音菩薩、地藏王菩薩等，都是證得果位的大菩薩。至於因位菩薩，你、我只要皈依三寶，受持五戒，發菩提心，行菩薩道，你我也是菩薩——當然是因位菩薩。

　　我在此特別一再強調的，就是佛教不是神道。佛、菩薩不是神、仙。至於我們日常所見，寺廟中既奉釋迦、觀音，也奉關帝、媽祖，甚至於還供奉大帝、娘娘、王爺、太子等，那是民俗宗教加奉了佛菩

薩，那不是正統的佛教。

正統的佛教是什麼樣子呢？正統佛教的目的，是要人求覺悟，求智慧；以覺悟和智慧去認識宇宙人生的真相，因而轉迷成悟，離苦得樂，求得解脫和自在。正統佛教的要義是要人不要盲目迷信，不得懈怠放逸，規矩做人，認真做事，基本上由做人的成功，進而走到學佛的道路。

佛教有三藏十二部經典，洋洋萬餘卷，這是上自釋迦牟尼佛，下至歷代高僧大德智慧的結晶，是人類最寶貴的文化資產。在這些經典中，告訴我們宇宙人生的真相，萬有生滅的法則，以及我人立身處世的指針，離苦得樂的法門。至於佛教是不是消極、逃世，或者佛教是不是落伍、迷信，在本文下節中加以說明。

二 佛教是以理智起信的宗教

民國初年的大學者梁啟超說：

佛教是智信，不是迷信；是兼善，而非獨善；是入世，乃非厭世。

現在我們來探討智信與迷信的分野。何謂「迷信」？盲目的信奉與崇拜就是迷信；把人生的吉凶禍福、窮達壽夭全託之於神明，靠神明的主宰與操縱就是迷信。古代人拜日月、拜雷電、拜風、拜火是迷信；現代民間的愚夫愚婦拜石頭、拜大樹，符咒解禳、卜卦算命也是迷信。

以宗教的立點來說，把宇宙人生間的一切，全交付給外在的神明，一切在神明的主宰與庇佑下過生活的人也是迷信。

本文前面談到過：上古之民，智識未開，對於宇宙間的自然現象，如天之何以立，地之何以載，日月的光明，雷電的威力，水火的災害

等，都感到困惑與恐懼。在困惑與恐懼中，幻想著必有一種具有無比威力的「神」，在主宰著、操縱著宇宙間的一切。這些神，觸之逆之則降以災害禍殃，媚之拜之則賜以赦宥庇佑，於是祭祀神鬼就成為人類生活間的一件大事，而低級的多神教也就由此產生。這種宗教在各古老民族間曾經有過盛極一時的時期，迄今在許多落後的土著民族間仍有極大的勢力，但在文化水準較高的地區，由於人類智識的進步，科學的發達，大自然界的奧秘已不足再使人感到困惑和恐怖，所以多神教已逐漸沒落，以至於不存在了。

　　較多神教進步的，是一神的宗教。由於人類智識進步、科學發達的結果，使開明之士感到多神宗教的不合理。但宇宙人生間，仍有許多解不透的奧秘——如萬物的生滅，時序的流轉，及人生的生老病死、窮達壽夭等，看來似幻變莫測，實際上又似乎循著一定的法則運行。使人認為，宇宙之間，冥冥之中必有一個萬能的主宰——上帝，在支配、主宰著宇宙間的一切。甚至於，宇宙萬有，包括人類在內，悉皆為上帝所創造，而這一切，也皆由上帝所支配和主宰，這就是由多神轉到一神的由來。印度的婆羅門教——即今之印度教，猶太的耶穌教，及阿拉伯的回教，全是屬於這一類。儘管這些宗教的教義、形態和儀式有所不同，但以一神為崇拜的對象則為一。不過由於人類思想進步，科學昌明，宇宙是否為上帝所創造，萬物是否為上帝所主宰，這在一部分有理智有思想人的心目中，已不復有任何價值可言了。

　　由多神教演變到一神教，是一大進步。但多神也好，一神也好，總是把世界的進化，人生的命運，交付給神來主宰，對於神，崇信者則蒙福，不信者則獲禍。「信者得救」這句話，已說明了一切。這樣說，多神與一神，不過是五十步與百步之別，相差無幾，這一類的宗教，可稱之為「信仰外力的宗教」。

　　世界上可有不盲目迷信，不仰仗神力，把人生命運操縱在自己手中的宗教？有，那就是佛教。佛陀是覺者、是智者，但不是神。佛以悟證所得的宇宙真理來教化眾生，但這真理原本是宇宙的自然法則，只是為佛所悟證，而不是由佛制定或創造。佛可以告訴我們十二緣生，人生生老病死的奧秘，但佛不能延長任何人的壽命；佛可以告訴我們萬法緣起的理則，但佛不能創造宇宙或萬法；佛可以告訴我們諸行無常，諸受皆苦，諸法無我的真相，但佛不能使之變為諸行有常，諸受皆樂，諸法有我。因為「法爾如是」，宇宙間自然的理則本來就是如此，真理是無以變更的。

　　釋迦牟尼世尊對於他說的法——宇宙間的自然法則，他常說：「非佛自作，亦非餘人作」；「如來出世，若不出世，諸法法性法住，法界安住。」佛是真理——宇宙自然法則的悟證者、發現者；但不是宇宙自然法則的制定者或創造者。佛是大醫王，以八萬四千種藥，來醫治眾生的八萬四千種病，但病人如果拒不服藥，大醫王也救不了這個病人。大醫王如果說：「我賜你病癒，我賜你壽命十年。」那就違反了宇宙的自然法則。

　　迷信的宗教，要人崇信，要人祭祀或祈禱，而信神媚神者，獻以三牲，燒以金箔，向神求福、求財或求壽，但以佛教的因果法則來說，種瓜得瓜、種豆得豆，作善事造善因，自然獲得善果；作惡事造惡業，自然獲得惡果。無因求果，有如緣木求魚。所以依佛教萬法緣起的理則來說，人生的命運掌握在自己手中。人惟有行正道，為善止惡，淨化心識，以正覺與智慧，來創造自己幸福安樂的生活，反之，若在行為上惡業不斷，雖祭祀祈禱何益？

　　所以，信佛，是信佛所說的法——真理；學佛，是以佛為模範，學佛的言行；求正覺、求智慧、皈依三寶，是以皈依三寶的因緣，來

激發我人的「自性三寶」。信佛，並不能「因信得救」，而是自佛說的法中增進智慧，而後以自己的力量來自救。

學佛的歷程，要經過信、解、行、證四個階段，那就是說，並不是讓你盲目的崇信，而是要你進一步去了解、去實行、去悟證。研讀佛經，可根據「四依法」去判斷：一、依法不依人；二、依了義經、不依不了義經；三、依義不依語；四、依智不依識。佛陀所說的正法，我們固然要信受奉行；如果有人假託佛名說的邪法，我們卻不能因佛陀之名而盲目接受，我們是以「法」——真理為依據，不是以「人」——佛陀為依據。

反之，佛說的法固是真理，若有人也悟證得真理，若其所悟證的程度與佛相等，且將此真理宣示出來，則此悟證者說的也是佛法。法——真理，是天下之公器，並不是只許釋迦世尊悟證，別人不得悟證。

釋迦世尊在菩提樹下悟道時，曾說：「奇哉、奇哉，一切眾生，皆具如來智慧德相，但因妄想執著，不能證得。若離妄想，一切智、自然智，即得顯現。」如來智慧德相是什麼？就是「佛性」。此佛性，人人皆具，「在聖不增，在凡不滅」，人人依法修持，皆可悟證成佛。成佛之後，與釋迦世尊地位平等，並不是神永遠是神，人永遠是人；也並不是上帝永遠是上帝，信了上帝也永遠是上帝的子民。

不過，悟證成佛，卻全要靠自己實踐力行，不能靠神的賜予。因為人人皆具佛性，但以妄想執著不能證得，好比鏡子蒙上塵垢，失去原有的光明，必須靠自己以修持的力量把塵垢除去，以恢復鏡子光明的本體，這全靠自己實踐力行，不能仰仗外力；可是社會上多少人把仰仗神力拯救的宗教認為是合乎科學，把憑靠自力實踐修持的宗教卻說成落伍迷信，這寧非黑白顛倒，是非不明？

最後，我們再抄錄梁啟超先生的一段話，來作為本節的結束語：

> 吾嘗見迷信者流,叩以微妙最上之理,輒曰:是造化主之所知,非吾儕所能及也!是何異專制君主之法律,不可與民共見也!佛教不然,佛教之最大綱領曰悲智雙修,自初發信以迄成佛,恆以轉迷成悟為一大事業。

何者是智信,何者是迷信,要靠我人理智的抉擇了。

三　佛教是出世而又入世的宗教

本文上一節說到,社會一般人士,對佛教有兩種極端不同的認知,排斥者認為佛教消極逃世、落伍迷信;認同者則遇廟燒香,見像叩頭,既拜佛拜菩薩,也拜天地鬼神。這兩種人,都是對佛教沒有正確的認識。前者人云亦云,是盲從;後者神佛不分,是迷信。

社會上存在的事物——包括宗教信仰和哲學理論,你贊成也好,反對也好,你必須先深切的認識它、了解它,然後才能提出客觀而公正的評斷。所以,佛教是不是消極或逃世,我們要以客觀的事實來認定。首先我們先認清佛教的本旨。

原來佛教本旨,以慈悲為本,以忍辱為行。佛門四眾,以少欲知足,守戒持定為行持。所以出家眾的比丘比丘尼,惟以禮佛誦經、弘法度眾為本務,此外不問世事、不與人爭;而在家的清信士,亦以恪遵世尊遺教故,清心寡欲,守份做人,對於世間名利的追逐、聲色的享受,多抱持趨避遠之的態度,這看在功利之士的眼中,當然認為這種生活態度是消極、是逃世了。

可是,我們反過來看看,世人所稱的積極、入世又是怎麼一回事呢?不外乎是指那些奮發進取、努力追求的人而言。他們進取的是什

麼？追求的是什麼？鼓舞這些人進取追求的原動力又是什麼呢？老實說，他們進取追求的，無非是名、是利、是權位勢力；而鼓舞他們進取追求的原動力，無非是「心無厭足、惟得多求」的貪欲罷了。

俗諺云：「人不為利，誰肯早起。」為了利，雞鳴而起，沐雨櫛風，不可謂不努力；為了名，參加選舉，經營造勢，你死我活，拼鬥到底，不可謂不進取；為了權位，黨同伐異，顛倒黑白，不論是非，不可謂不積極。可是，這一切積極的努力、進取、追求，是不是名利心驅使，權力欲的作祟呢？

再者，「人心苦不足，既得隴、復望蜀。」追求利，多少數字的財富才能使人滿足？追求名，何種程度的名望才能使人滿意？追求權位勢力，歷史上的秦皇漢武可算是權力最高的人了，但他們滿足了嗎？他們最大的遺憾是沒有求到長生不死之藥，使他們長生不死，永遠抓著權力不放手。

對於追逐名利權勢這一點而言，佛門的弟子與世人來比較，的確是比一般社會人士態度消極。但是佛門弟子也有其積極進取的一面，佛門弟子所積極進取的，是對正覺的悟證，是對真理的追求，而非名利權勢、聲色享受。

以佛門弟子的生活而言，出家的比丘比丘尼，在寺院中潛修階段，都是過著積極精進，刻苦自勵的生活。寺院中的「作息時間表」，早誦、晚課、誦經、禮佛，一節接一節，絕少有休息的時間；尤其是行、住、坐、臥四大威儀，絲毫馬虎不得，以至於齋堂（飯廳）裡的規矩，講經法會上的秩序；那種莊嚴肅穆的氣氛，在任何集會場合都難得一見。

在大雄寶殿中禮佛的時候，鐘聲梵唄、肅穆莊嚴，佛門四眾弟子，拈香禮佛，五體投地，那種至誠至敬的懇切態度，也是任何場合所難見的。宋代大儒二程夫子參觀寺院儀規，出而嘆曰：「三代禮樂，盡於

此矣！」

或者有人問：「我常看到出家的和尚、或信佛的居士，只在寺廟裡或佛堂裡誦經念佛，這種生活怎能說是積極入世呢？」這也是只知其一、不知其二的說法。大乘佛法的精神本來是普度眾生。要度眾生，就要先學習度眾生的方法。譬如擔任國民教育的教師，他們本身必須先接受師範教育，然後才有能力去教育學生；又如有人失足溺水，有想救人的人，因自己不會游泳，只好站在岸上呼號；另外雖有人會游泳，但因不願多管閒事，站在一旁袖手旁觀。這時如果有一個既有救人之心，又會游泳技術的人，躍入水中，就可把溺水的人救上來。但這個有救人之心又會游泳的人，他在未學會游泳技術之前，還不是和那位空有救人之心的人一樣？所以佛門弟子——出家比丘或在家居士，那些誦經念佛，努力修持的人，都是發下救人宏願，而正在學習游泳技術的人。

並不是以這些話來為佛教辯護，事實上，大乘佛教的精神本來如此。釋迦世尊說：「我不入地獄，誰入地獄，不惟入地獄，且常住地獄，不惟常住地獄，而且莊嚴地獄。」地藏王菩薩說：「地獄未空，誓不成佛；眾生度盡，方證菩提。」《大乘理趣經》稱：「不怖地獄——不求生天，不為己身而求解脫。」這就是大乘佛教犧牲自我、拯救眾生的積極精神。

佛教不是唾面自乾主義者，大乘六度，雖重忍辱，但捨身為法，也是佛教的教義，倘使暴力侵凌、正法有將滅之憂，在理喻感化都無效果時，佛子也會勇猛奮起，對抗暴力的。如《因緣僧護經》所載：「為護生命，寧捨錢財；為護一家，寧捨一人；為護一村，寧捨一家；為護一國，寧捨一村。」毒蛇嚙手，壯士斷腕。上面這段經文，是何等奮迅果敢？

　　世人所說的積極進取，不外是名利上的爭逐，聲色中的沉醉，誰會想到犧牲自我、普度眾生、追求真理、精進不懈才叫積極呢？釋迦牟尼世尊，感於印度種姓制度的不平，社會風氣的糜爛，邪說橫行，人性墮落。他為追求真理，捨棄太子之位，捨棄嬌妻稚子，六年苦行，成等正覺，四十五年遊方弘化，推行社會改革運動，這能說是消極逃世嗎？

　　世尊在往昔因中修行時，曾經捨身飼虎，割肉餵鷹。唐代玄奘大師，為求正法，西行取經，出玉門關，涉八百里流沙，途中失水，幾至喪命，但他寧願向西方進一步而死，不願向東方退一步而生。禪宗二祖慧可，參拜達摩祖師，立雪斷臂，不退初心。這種勇猛精進，為正法殉身命而不悔的精神，能說是消極逃世嗎？

　　《大智度論‧十六》載一野雉救火的故事：

> 昔野火燒林，林中一雉，勤身奮力，飛入水中，漬其毛羽，來滅大火，火大水少，往來疲乏，不以為苦。
>
> 是時天帝釋來問之言：「汝作何等？」
>
> 答言：「我救此林，愍眾生故，此林蔭育處廣，清涼快樂，我諸種類，及諸宗親，皆依仰此，我身有力，云何懈怠，而不救之？」
>
> 天帝問言：「汝乃精勤，當至幾時？」
>
> 雉言：「以死為期……」

這個故事，也正表現出「知其不可為而為之」的積極精神。

四　佛教與社會的關係

　　誤解佛教的人，說佛教徒消極遁世，不事生產，對國家與社會都

毫無貢獻。這種論調，表面上看來有理，實際上似是實非，有加以澄清的必要。

古代行業分類，有所謂士農工商。古代工商業不發達，真正從事生產的，只不過是農人一行而已，現代行業分類繁雜，工業發達，但除了農夫耕田，工人作工，是直接生產者外，其餘那些行業是直接生產者呢？例如公務員、教員、服務業、以及宗教界──包括牧師、神父、和尚、尼姑等，都是不耕不織的消耗者。這些人雖然不耕不織，但也各有其業，各有其對社會的貢獻，我們不能因其未直接從事生產，而指為社會的消耗者，既然如此，何獨厚責於佛門弟子呢？

按佛門有四眾弟子，在家清信士，男稱優婆塞，女稱優婆夷。在家弟子，從事公教工商，這些人並不因其信仰佛教而妨礙其正常工作；出家的比丘、比丘尼，在總人口的比例中實微乎其微，並且，在目前這種人慾橫流、物質重於精神的社會中，有人能發菩提心，捨親割愛、剃度出家，我人歡喜讚嘆之不暇，何忍再批評他們不事生產？

比丘、比丘尼，並不是飽食終日的消耗者，他們肩負弘揚佛法，教導信眾的責任，與牧師神父相同，也與學校教師相同。須知國家制定的法律，只能制裁犯罪於已然，而宗教道德的感化，卻是預防犯罪於未然。中國自南北朝隋唐以來，佛教之盛衰與國家之治亂，有著密切的關係。在佛教盛行的時候，社會秩序多較安定。換句話說，社會秩序安定、佛教亦多盛行，這可說是互為因果。

釋迦世尊教弟子對國言忠，對親言孝，對子言慈，對友言信；皈依三寶的佛弟子，基本上要守五戒，行十善。在在都是要人做一個服務社會的好公民，進而再修出世之法，學佛。世尊教人要報四重恩，這四重恩是國恩、父母恩、眾生恩、佛恩。

儒家五常，是教人以「仁、義、禮、智、信」為做人的基本原則，

佛門五戒，不殺近於仁，不盜近於義，不邪淫近於禮，不飲酒昏亂近於智，不妄語近於信，在世間法上，佛儒之理原是脈脈相通的。

孔子最重恕道，所謂：「己所不欲，勿施於人。」釋迦世尊在《四不壞淨成就經》中說：

> 若有欲殺我者，我所不喜，我若所不喜，他亦如是，云何殺彼？作是覺己，受不殺生戒，不樂殺生，如上所說。我若不喜盜於我，他亦不喜，我云何盜他？是故持不盜戒，不樂於盜，如上所說。我既不喜人侵我妻，他亦不喜，我今云何侵人妻婦？是故受持不邪淫戒，如上所說，我尚不喜為人所欺，他亦如是，云何欺他？是故受持不妄語戒，如上所說。

以上這段經文，豈不是「己所不欲，勿施於人」最佳的註解？須知釋迦世尊不是因孔子說過「己所不欲，勿施於人」才說這段經，而是東西兩位聖哲之見不謀而合。

宗教家倡言博愛，世人隨聲附和，到處呼應，以為「愛」是天經地義的真理，於是我們社會上有各種以愛為號召的標語口號，似乎是社會有了愛，人間就變得和諧美滿。而佛教惟講慈悲，不講愛，不但不講愛，反而以愛為苦的根源。《大乘義章》曰：「貪染名愛」，因為愛是感情作用，既然稱愛，就有「能愛」與「所愛」的分別。既有「能」、「所」，就有人我，以我為「能愛」，彼為「所愛」，有了人我，此愛就有差別。並且愛是相對的，有愛就有憎，社會上多少糾葛，莫不由愛憎而起。

而佛教的慈悲又作何解呢？慈是予人以樂，悲是拔人以苦，慈悲不是以我為中心而發出，乃是建立在一切眾生平等。一即一切、一切即一的無我基礎上。我是眾生的一分，眾生是全體的大我。所謂無緣

大慈，同體大悲，這才是慈悲的真義。

佛門弟子，在以慈悲為本的基礎上，發之於言行者，是「忍辱」與「布施」。忍辱，是忍受諸侮辱惱害，而無恚恨。《優婆塞戒經》稱：

> 善男子，忍有二種：一者世忍，二者出世忍。能忍飢、渴、寒、熱、苦、樂，是名世忍。能忍信、戒、施、聞、智慧、正見無謬，忍佛、法、僧、罵詈、撾打、惡口、惡事、貪、瞋、痴等，悉能忍之；能忍難忍，能作難作，名出世忍。

忍辱，則不與人諍，以增進社會和諧，而布施，則尤重於社會公益。《諸福德田經》中說：

> 有七法廣施，名曰福田，行者得福，即生梵天。何者為七？一者，興立佛圖、僧房、堂閣。二者，園果浴池，樹木清涼。三者，常施醫藥，療救眾病。四者，作牢固船，濟渡人民。五者，安設橋梁，過度羸弱。六者，近道作井，渴乏得飲。七者，造作圊廁，施便利處。是為七事，得梵天福。

中國農業社會時代，世人皆以修橋鋪路，捨茶施藥為行善、為積福。這是佛教教化的結果，可惜這種行善造福的觀念，已為工業社會的功利主義所破壞無遺了。

釋迦世尊嘗訓誡弟子阿難說：「阿難，受佛禁戒，誠信奉行，順孝畏慎，敬歸三寶，養親盡忠，內外謹善，心口相應。」又云：「為佛弟子，可得商販，營生利業，平斗直尺，不可罔於人。」佛要弟子忠孝誠敬，善信謹慎，佛要弟子應有職業謀生，且應公平無欺，是以佛的教化，實有安定社會的作用。

國家與宗教，原有著密切的互相關係，國家的武力，用以抵禦侵

略，保衛國土；宗教的感化，用以勸善止惡，安定社會，國父孫中山
先生曾說：

政治能治外在，宗教能治人心。宗教能輔助政治，政治能擁護宗教。

由此看來，政治與宗教，是相輔相成，維持社會安定的兩大基石。

五　佛教的人生觀

人生觀，是我人對於人生的意義、價值和個人立身處世的態度的
一種見解或看法。諺云：「人心不同，各如其面」，由於各人的環境感
受不同，所以對人生的見解亦不相同。譬如說，有人認為人生應追求
快樂，有人認為人生卻充滿痛苦；有人積極進取，有人消極墮落。這
些，究竟孰是孰非呢？我們是發憤努力，進取創造呢？還是隨遇而安，
得過且過呢？我們是及時行樂，盡情享受呢？還是認定目標，追求理
想呢？

再進一步說，生命由何而來，往何而去？生命的價值何在，意義
又何在？難道說一個人，竟是無緣無故的生到世間，昏昏昧昧的度過
一生，然三寸氣斷，一切斷滅嗎？生命果真如此，則人生還有什麼意
義？人生如果只為了享受，或只是為了承擔痛苦，則生命還有什麼價
值？關於這些，古今多少思想家、哲學家、宗教家都想找出一個答案，
然而眾說紛紜，莫衷一是，並沒有說出它的究竟來。

進化論者說，人是猿猴進化而來的，高級動物既然是低級動物進
化而來，也就難怪唯物論者高倡「優勝劣敗，適者生存」的口號，因
而導致人類鬥爭殺伐不已的悲劇了。

有些宗教家說，人是上帝創造的。人的生命若是由上帝創造，人

的窮達壽夭也由上帝或神祇掌管，則個人的意志行為還有什麼價值？

　　早在釋迦牟尼佛住世時代，印度思想界的「六師外道」，對此一問題也有種種不同的見解，這其中，有唯心論者，有唯物論者，有心物二元論者，有宿命論者，有懷疑論者，有無因論者，這些見解，各有所偏，皆不是正確而究竟的答案。

　　千古以來，能說出我人的生死由來，生命的價值和意義的，只有釋迦牟尼世尊。他以六年苦行，悟證正覺，以其無漏的正智，洞見三界有情的三世因果，六道輪迴的真相，把宇宙人生之謎，作了個圓滿的解答。

　　釋迦世尊，以十二緣生觀說明了生命的由來與流轉；以業力不滅說明了四生六道的輪迴；以緣起法說明了宇宙萬有的生起與存在；以因果法則說明了萬物的生滅變異、人生的窮達壽夭的奧秘。然後，由苦、集、滅、道四聖諦中，說明了人生的真相，和解脫的法門。再以六度萬行的菩薩道，要我人發菩提心，以出世的精神，做入世的事業，服務社會，度化眾生。如果我們把〈佛學理論篇〉中的緣起論、十二緣生觀、四聖諦和八正道諸文再瀏覽一遍，我們會對人生的價值與意義有更深一層的體會。

　　四聖諦和十二緣生觀，在佛法修持上是「出世間法」。如能修行證果，就是出世的聖者；我輩初學佛的人，還是先自「世間法」——如何做人學起。蓮宗十三祖印光大師，在其與丁福保居士書中稱：「學佛一事，原須克盡人道，方可趣向。良以佛教，賅世出世間一切諸法，故於父言慈，於子言孝，各令盡其人道之分，然後學出世之法。」

　　又云：「念佛之人，必須孝養父母，奉事師長，慈心不殺，修十善業，又須父慈子孝，兄友弟恭，夫和婦順，主仁僕忠，恪盡己份。」

　　印光大師一生，諄諄告誡弟子，學佛應自做人學起。大師嘗云：

欲學佛祖，須先取法聖賢，倘躬行有玷，倫常乖舛，尚為名教罪人，何能為佛弟子？

由此可見，佛門重視倫常，與儒家無異，並不是印光大師以出家比丘故作儒家語，而是昭昭載於佛典，這是釋迦世尊在兩千數百年前，指示弟子做人應具的準則。如《無量壽經》載：「父子兄弟夫婦，家室內外親屬，當相敬愛，無相憎嫉；有無相通，無得貪惜；言色常和，莫相違戾。」

佛門最重孝道，釋迦世尊在《善生經》中，告訴我們為人子者，應如何奉事父母：

一者，能奉養使無乏。二者，凡有所為，先白父母。三者，父母所為，恭順不逆。四者，父母正命，不敢違背。五者，不斷父母所為正業。

釋迦世尊在《大寶積經》中說：「夫父母者，皆願利樂所生子故，難作能作，能忍一切難忍之事，假令種種不淨穢惡，皆能忍之，乳哺養育，無疲厭心。」《四十二章經》中亦說：「凡人事天地鬼神，不如孝其二親，二親最神也。」孝為一切倫理之本，一個人如果事親不孝，其對國也必不忠，對友也必不義，中國古語：「求忠臣於孝子之門」，實有至理。

我人立身處身，首重辨別善惡是非。或有人說：善惡是依時代背景及社會習俗而定，並無固定的標準。不然，在佛教的立場來說，善惡有其基本的原則，順此原則而行的為善，逆此原則而行的是惡，此一原則，是建立在生命界共同欲望的基礎上。

一切有情——一切生命個體，都有強烈的求生欲望，都希望生命

能夠延續下去，不只是人，牛馬豬羊、雞犬蟲蟻莫不有此基本欲望。

以萬物之靈的人來說，不僅只是求生存，進一步還要追求生活的快樂與幸福。這一共同欲望，可說是人同此心，心同此理。既然人人有此共同欲望，人人就應有「推己及人」的觀念。我自己希望生存與幸福，我不願別人傷害我侵犯我；我首先不去傷害及侵犯別人，讓別人也獲得生存與幸福。

如果再進一步，我已經獲得生存與幸福，我並能幫助別人獲得生存與幸福，這就是善行。更進一步說，在我的生存幸福與別人的生存幸福發生衝突時，我甚至犧牲自己的利益，去成全別人的生存幸福；我並將此慈悲心擴及於一切生命個體，這不只是善行，這是行菩薩道。

反之，如果為了我自己的生存與幸福，而去剝奪、危害別人的生存幸福，這就是惡行。「生命的意義在創造人類繼起之生命；生活的目的在增進人類共同的生活。」這兩句話，也可用來註釋佛說的緣起法則：人類必須互助，才能互存，才能互利。擴及於一切有情，莫不如此。宇宙萬有，也是在互相依倚之下生起存在的，「此有故彼有，此生故彼生」，說明了宇宙萬有存在的基本原理。

佛教重報恩，佛說有四種恩要報，就是父母恩、國家恩、眾生恩、佛恩，父母生我育我，恩深似海，我們必須孝敬父母，奉養父母，以報父母之恩。

國家是我們祖先陵墓所在之地，父母親族生長之邦；我們自己也生於斯，長於斯，我們的生命財產，也要靠國家保護，所以我們要愛國家，報國家恩；我們日常吃的米是農夫耕種出來的，穿的衣服是工人製作出來的，住的房子是工人建築出來的；公車司機為我們開車，交通警察為我們指揮交通，服務業的工作者為我們做各種服務，在這個緣起互助的社會裡，人人為我，我為人人，眾生皆於我有恩，所以

我們要報眾生恩。

　　由家庭到國家到社會，生育、保護、幫助了我人的肉體生命，而佛是眾生的導師，教導我們立身處世的原則，宇宙人生的真理，以及離苦得樂，解脫涅槃的方法，佛法滋潤了我人的精神生命，所以我們也要報佛恩——報佛恩，就是信仰佛啟示的真理，學習佛的言行。

　　基於以上種種，使我們對人生的價值與意義有下列的認知：

一、以十二緣生觀的立場來看人生，「無明緣行，行緣識，識緣名色……」，生命之始，即是一種迷昧與盲動，以至於「……觸緣受，受緣愛，愛緣取，取緣有……」。在迷昧盲動中，貪愛執著，攫取佔有，在我們不明白這種道理時，我們認為這一切行為是理所當然。現在我們知道貪愛執著，攫取佔有，皆是生死流轉的根本，我們應如何淨化心識，滅少貪愛，由十二緣生的流轉門轉向還滅門，使生命層次昇華，以追求真理與解脫。

二、自業力不滅的立場來看人生：社會的隆污，人生的苦樂，皆是眾生業力所招致。前者是眾生的共業，後者是個人的別業。如果社會上多數人都努力向善，樂群互助，則我們的社會就步向安樂和諧的坦途；如果多數人腐化墮落，彼此鬥爭，則我們的社會就走向黑暗恐怖的絕境。個人也是如此，如果一個人心無厭足，惟得多求，則他永遠不會滿足與快樂。一個人如果少欲知足，敬業樂群，則他的生活就會平安幸福，心靈也恬適寧靜。

三、自緣起的立場看人生：緣起法告訴了我們，宇宙萬有生滅變異的因果，亦告訴我們「此有故彼有，此生故彼生」，萬有互相依倚的關係。世間眾生，如果能互助合作，彼此關愛，必將兩蒙其利，同獲生存與幸福；如果反此道而行，人與人之間彼此仇恨，互相鬥爭，必將兩蒙其害，同食惡果。

四、自因果的立場看人生：俗諺云：「種瓜得瓜，種豆得豆」，種善因獲善果，種惡因獲惡果，此是因果律上必然的理則。如果你樂於助人，廣結善緣，你有困難，也必將獲得人助；如果你窮凶極惡，廣結惡緣，別人避之惟恐不及，你有困難，誰還對你加以援手？

再者，你對你的工作積極奮發，你的生活必會獲得改善。如果你懶散墮落，怨天尤人，你的生活必將陷入困境。佛家俗語：「若問前世因，今生受者是；若問後世果，今生作者是」我人立身處世，時時想到因果二字，可以無大過矣！

總之，佛教的人生觀，是一種積極的、樂觀的、互助的、創造的人生觀。它要我們鑑因知果，斷惡為善，淨化心識，互助合作，追求精神層次的昇華，發揚人性的光輝，果能人人如此，則我們這個娑婆國土，五濁惡世，也就會轉變成西方極樂世界了。

六　佛法與科學

在有些人的觀念裡，認為科學是新穎的、進步的、切實的；而佛法是陳舊的、保守的、迷信的。這二者背道而馳，不能相提並論，這種說法是否正確，暫且不予討論，我們先看看科學二字的定義是什麼。

科學有廣義狹義之分，自廣義說，凡以一定對象做研究範圍，而探求系統而正確的知識者，就是科學。國父孫中山先生曾謂：「學問之有系統有條理者，謂之科學。」

自狹義的科學而言，則僅指研究自然界物質運動法則，或其發展規律的學科而言。狹義的科學，僅指自然科學中的物理、化學、動物學、植物學等學科；廣義的科學則除自然學科外，社會科學中的政治、經濟、歷史、社會等學科亦包括在內。

　　科學的範圍已如上述，而研究科學的方法，不外邏輯學中的歸納和演繹；當然，自然科學再加上種種實驗，而科學的精神，在於純粹客觀，不滲感情，重分析，重實驗，以求出正確的結論。根據上述原則，我們來分析佛法是否合乎科學。

　　中國佛經，係由梵語翻譯而來，歷史上有幾次大規模的翻譯，如鳩摩羅什大師、玄奘大師所主持的譯場，規模宏大，人員數百。譯場中設有譯主、證義、證文、筆受、綴文、潤文等職別，一經之成，幾經考證，非特義理與梵本相符，即一音之微，亦辯之至切，此種大規模譯場，其分工合作，組織嚴密的方法，確合乎科學精神。

　　其次看佛經的組織，南北朝時，道安法師整理傳譯經卷，將佛經判為序分、正宗分、流通分三大段，每大段下又層次井然的分為若干小段，這種嚴謹的科判，也合乎科學精神，再者，每部佛經，開始均有六種證信序——信、聞、時、主、處、眾六項，來說明佛說此經的時間、地點、聽眾等要點。這與現代新聞學上的「六何」——何人、何事、何時、何地、為何、如何六點相似，也與科學工作者寫實驗報告，政府機關寫會議記錄的程序相同。實驗報告開始要寫主持人、共同實驗者、時間、地點、實驗目的、使用器材；會議記錄開頭要寫會議名稱、時間、地點、出席人、主席、記錄者等。所以要這樣寫，是表示此報告或記錄的正確性，殊不知此種形式，在兩千數百年前，佛經結集時已為佛弟子所使用。

　　更實際一點說，今日科學上的許多發現，兩千多年前的佛經中多已說到。雖然名詞不同，其理則一，例如以「世界」而言，中國古人的觀念，所謂「天則圓，地則方。」世界不過是青天籠罩下的範圍；後來「西學東漸」，才知道了有所謂地球、太陽系，以後天文學更加發達，才知道太陽系之外有銀河系，而銀河系之外更有無數的銀河系。

　　佛經上屢屢說到：「三千大千世界」，三千大千世界，並不是三千個世界。而是集一千個世界為一小千世界，集一千個小千世界為一中千世界，集一千個中千世界成為一大千世界，因其中含有三個千的倍數，故稱三千大千世界，而三千大千世界，只是一佛所攝化之土。佛經中說，虛空無盡、世界無量、國土眾生無量，而三千大千世界亦無量。這種說法，在天文學未證實以前，實難為人接受，然而，現代的天文學告訴我們，我人所賴以生存的地球，只不過是太空間的一粒微塵，只是無量數星球中的一個。

　　自我們這個太陽系而言，地球是此太陽系中的一顆小行星，天王星比地球大十四倍，海王星比地球大十七倍，土星比地球大九十三倍，木星比地球大一二七九倍。而太陽呢？我們抬頭所見的太陽，卻比地球大一百三十萬倍，太陽夠大了吧！但天狼星比太陽還大十二倍。雖然如此，但整個太陽系在太空間仍是滄海一粟，因為天文學上已知的，像太陽系一樣的星雲，至少還有一百多萬個，未發現的當然是未知數，這不正應了佛經上的話：「虛空無盡，世界無量。」

　　一項尚未經科學證實的推測：佛經中說，欲界天中的四天王天，其間一晝夜，相當人間時間五十年，四天王天以上的各天，一晝夜相當於人間的時間更久，那麼，是不是有一些碩大無比的星球，其自轉一次的時間，需要地球時間五十年之久呢？試想太空中肉眼可見的天狼星，其體積較地球大一千五百六十萬倍，其自轉一次到底要多少時間呢！

　　佛經中說到空間，是虛空無盡，世界無量；說到時間，是溯之無始，推之無終；說到數字，是萬、是億、是恆河沙、無量數、百千萬劫，非算術譬喻所能知。元人胡三省註解《資治通鑑》，說到佛教，註言中有一句：「好為誇大之言」，他大約也是以為佛經中對於時空的觀

念，和數字的說法過於「危言聳聽」，使他不能接受，但是今日科學證實，地球距太陽的距離是九億英里，也就是九字之後加十二個「〇」，但更遠的星球，不能以英里或公里計算，只能以「光年」計算，光速每秒鐘走三十萬公里，三十萬公里乘以一年的秒數，稱為一光年，而牛郎星與織女星間的距離是十二光年，北極星距地球為四十光年，距太陽最近的星雲約為一百萬光年，現在科學觀察所能及的最遠的星雲為一億五千萬光年，試問這些數字，是否「非算術譬喻所能知」呢？

自心理學上來說，佛經中把人的心識分析到最細微的程度，心識有八——八識心王法，有五十一種心所有法，有二十四種心不相應行法。這豈是一般的心理學知識與之所能比擬的？

自生理學上來說，佛說人身是個蟲窠，人體內的蟲約有八十種，詳見《治禪病秘要經》及《正法念處經》。現代由於寄生蟲學的發達，發現人體內的寄生蟲，由蛔蟲、蟯蟲、鞭蟲、鉤蟲算起，以至於血絲蟲、條蟲、肺蛭蟲、肝蛭蟲、薑片蟲等，的確是不下數十種之多，佛說一杯水中有八萬四千蟲，現代由於細菌學發達，發現一杯水中的細菌的確是不計其數。

在《修行道地經》中，敘述胎兒在母體中發育的經過，竟與現代醫學中的胚胎學頗相吻合，如該經上說：

胎成七日，初不增減，二七日如薄酪……六七日如瘜肉……九七日變五泡，兩肘，兩髁及項，十七日續生五泡、兩手腕兩足腕及頭……

按胚胎學上胎兒發育的情形，在月餘——六七日時，長約三公分，重約十公克，狀如瘜肉，在第三個月——十七日時，長約六至八公分，重約四十公克，此時四肢已俱，骨骼化骨點出現，已可與其他動物辨別，故稱胎兒。

　　釋迦牟尼佛不是天文學家、生理學家或醫學家，但在兩千多年前談到這些問題時，均與現代科學發現相吻合，誠屬不可思議，使我們不得不佩服，佛所悟證的正覺與智慧，是最高深圓滿的智慧——一切種智。

　　學者李石岑先生為文說：「我以為佛學的提倡，不特對科學毫無牴觸之處，而能使科學的方法上，加一層精密；科學分類上，加一層正確；科學效用上，加一層保證。」可見佛法並不違背科學，甚而是合乎科學、超越科學，科學愈進步，愈能證明佛法的精微高深。

第二章　五乘佛法與學佛層次

一　學佛的目的與歷程

在我們對佛教有了正確認識之後，再來討論佛法實踐，就比較容易接受。所謂佛法實踐，就是「修持」，也就是「學佛」。但是我們要探討的是：我們為什麼要學佛？學佛的目的何在？我們又如何學佛——學佛的方法又是什麼？現在我們就對這個題目——學佛的目的與修持的方法，來加以探討。

其實所謂「佛」，本義是「覺」——覺悟的覺，佛是略稱，具足應稱佛陀，梵語 Buddha，音譯佛陀，也有譯作佛圖、浮圖、浮屠、勃馱等。義譯為「覺者」，或譯為「智者」，覺有覺察、覺悟二義，因覺察、覺悟而獲得最圓滿的智慧——一切種智，故又稱智者。但習慣上對此覺行圓滿，獲一切種智的覺者與智者，稱之為佛陀，略稱曰佛。

在一般人的觀念上，說到佛，以為是專指釋迦牟尼而言。事實不然，佛是通稱，不是專稱，十方三世、無量無數的覺者皆稱曰佛，如經上常說到的阿彌陀佛、盧遮那佛、藥師佛等皆是。釋迦牟尼說：「一切眾生，皆具如來智慧德相。」這智慧德相是什麼？就是「佛性」——成佛的「勢能」。眾生皆具佛性，皆有成佛的可能，但這只是「可能」，不是「必然」。你我如不學佛——不學覺悟求智慧，則永無成佛的可能。你我如果認真學佛，在學習過程中「察悟」宇宙人生真相，證得「無

上正等正覺」，你我也就是佛——覺者、智者。

照「覺者」、「智者」字義來說，也不過有如中國的古聖先賢。惟佛教經典，在釋迦世尊入滅後，經過後世弟子的「聖化」，並糅和了古印度的神話，再加以展轉翻譯，以中國嚴謹方正的文體表達出來，就拉遠了佛和眾生的距離，所以說到「佛」字，使我們有肅然穆然，高不可攀的感覺。說到「學佛」、「成佛」，更使我們感到既自卑又自餒，我輩何人，敢妄想學佛成佛？其實不然。「舜亦人也！禹亦人也！有為者當如是。」釋迦牟尼也是由人成佛的，釋迦世尊就是我人的榜樣。

說學佛成佛，詞句似乎太嚴肅，如果我們說「學覺悟」、「求智慧」，似乎感到自然一點。那麼我來問：我們生在這個世界上，是願過著渾渾噩噩、醉生夢死的糊塗生活呢？還是願意過體悟宇宙人生真相、掌握自己命運、獲得解脫自在的生活呢？如果我們的答覆是後者，那麼我們就應該學佛——學覺悟、求智慧。

我們所說的宇宙、人生，在佛經上叫「器世間」、「有情世間」。器世間，是我們賴以生存的物質世界；有情世間，就是具有情識、情愛和情欲的芸芸眾生。這情識、情愛和欲望，是生命的本源，但也是煩惱的淵藪。所以，在我人生命的領域和過程中，要承受來自兩方面的壓力和困擾——來自物質世界的壓力、和來自心理欲望的困擾。

宇宙、人生的真相，本來如此，在〈佛學理論篇〉中，曾探討過這些事實，由萬法緣起，互依互存形成了我人賴以生存的物質世界；由十二緣生，四大五蘊造成了我人生命個體的色身心識；而物質世界和個體生命的基本法則，卻是三法印中所說的「諸行無常」、「諸法無我」、「諸受皆苦」；四聖諦告訴我們：苦是由集而來，欲無苦須斷集；而斷集的方法是修道——修八正道。修八正道，才能減輕來自物質世界，和心理欲望的壓力和困擾。由修八正道，化解壓力困擾，使我人

身心獲得解脫和自由，那就是「涅槃寂靜」。

修道，是「修」──調伏我人的「心識」，把煩惱和欲望淵藪的心識，調伏成為智慧之源的「心靈」，把物質世界和欲望煩惱轉化為非物質條件。以求精神層次的昇華──由物質世界和情識世界昇華到「清淨世界」──心靈上的清淨。更昇華到「正覺世界」。正覺世界，是「般若」和「菩提」相應的境界，也就是「涅槃」──解脫自在的境界。

修道──也可說是學佛、或學覺者、求智慧，要歷經四個階段。那就是「信、解、行、證」。

信，是相信、是信受、是信心，我人對於社會上存在的事物──包括宗教和哲學，如果先存著懷疑不信的念頭，就根本不會去理解它、研究它，即使勉強去理解研究，但因心理上有著先入為主的懷疑之見，在理解或研究的過程中，就難免斷章取義，批評指摘，而動搖信心。佛學博大精深，浩如煙海，若不先起信心，深入研究，就絕難融會其義，獲得法益。

所以，如果我們深具信心，相信釋迦牟尼，是「真語者、實語者、如語者、不誑語者。」世尊所說的「法」，是他悟證所得的宇宙真理；他所指示的「道」──四聖諦中的「八正道」，以及與八正道同修並進的「三十七道品」，是求覺悟、求智慧的解脫之道。我人依法實踐，必可獲得解脫，具此信心，才能起信入門。所謂：「信是道源功德母，長養一切諸善根。」所以學佛歷程，起信第一。

《大乘起信論》中有一段起信的解說：

> 修行信心分；是中依未入正定聚眾生，故說修行信心，何等信心，云何修行，略說信心有四種。
>
> 云何為四：一者信根本，所謂樂念真如法故。(一切法以真如為根本，

我人雖不能一時解證，但必須以樂念信仰為因。）

二者信佛，有無量功德……（佛為天人師，具無量功德，我人依佛法奉行修持，自能發起正信善根，獲得智慧，證得自性真如。）

三者信法，有大利益，常念修行諸波羅蜜故。（諸波羅蜜，指六度而言，依六波羅蜜修持，必可證得我人自性真如。）

四者信僧，能修正行，自利利他，常樂親近諸菩薩眾，求學如實行故。（僧者，上承如來之教法，下化在家之信眾，正法住世，賴僧住持，是以要信僧。）

由信為根本，而信佛、信法、信僧。佛、法、僧，是佛門三寶。信佛、法、僧，就是三皈依——皈依佛、皈依法、皈依僧。佛是釋迦牟尼，法是三藏十二部經典，僧是代佛傳持教法者。三皈依，是踏入佛門的第一步。

起信之後，其次曰解。解是理解、是了解，佛教是「智信」的宗教，並不要我們盲目的信奉。它要我們認識它、了解它：學佛，何以能使人智慧增長，轉迷成悟；學佛，何以能使人離苦得樂，獲得解脫。在你認識與了解以後，再由你作理智的抉擇，是否依法修學。

民國初年的大學者梁啟超說：

佛教的智信，不是迷信；是兼善，而非獨善；乃入世，而非厭世。

梁氏博古通今，學貫中西，在民初學術界有著崇高的地位，他說的話，自有其學理上的根據，他的根據是什麼？自然是三藏十二部經典，他曾深入三藏，潛心研究，著《佛學研究十八篇》。因此，他的話決非道聽塗說，一知半解者可比。梁氏另有一段話說：

吾嘗見迷信者流，叩以微妙最上之理，輒曰：是造化主之所知，非

吾儕所能及也！是何異專制君主之法律，不可與民共見也！佛教不然，佛教之最大綱領曰悲智雙修，自初發信以迄成佛，恆以轉迷成悟為一大事業。

所以，一個「智信」的宗教，是以理智為基礎，要你去研究、去理解，只有使你正確的了解佛法的內容以後，你所生起的信心才會堅定不移。所以佛經中有「四依法」之說，那就是對於佛法：一、依法不依人；二、依了義經、不依不了義經；三、依義不依語；四、依智不依識。

「依法不依人」是要我們所信奉的，所依的祇法——真理。不是人、神、或偶像。不錯，我們也崇奉釋迦牟尼佛，那是因為這法——真理，是佛所悟證的。我們也皈依僧，那是因為僧伽是代佛傳教法的。如果傳持教法者傳持的不是正法，而是邪法，那我們寧可捨人而依法。至於何者是正法，何者是邪法，對小乘佛法，我們可以「三法印」印證；對大乘佛法，可以「一實相印」印證。所以，信仰佛的教法，是絕對理智的抉擇，不是盲目感情的依賴。

在起信求解之後，再進一步就是力行——實踐。要知道學佛——求正覺、得智慧，必須解行並重，理論與實踐合一，才能證得正覺與菩提。社會上有些人，他也承認佛法的博大精深，但承認歸承認，他並不信受。另有一些人，他也承認，也信受，並且日常也閱經研教，但他只當作學術研究，並不實踐力行。對於這些解而不行的人，佛經上有一個譬喻，叫做「說食不飽」。腹中飢餓時，要吃下食物才能飽，口中儘管說山珍海味的名稱，而沒有東西下肚，腹中依然飢餓。這是譬喻佛經中的道理，博大精深；修持上的方法，也有多種法門。但是我們如果只從知識上去求廣博的理論，不從實踐上去求實在的悟證，那和「說食不飽」不是一樣嗎？

不僅只學佛是如此，天下任何事情都要知識與經驗結合，理論與實踐並重。譬如治病用藥，不明藥性，當然不能拿來給病人吃；反過來說，深悉藥性，知道它效果卓越，但是病人不吃，也是徒然，又如走路，俗諺：「條條大路通羅馬」，你走那一條都能到達。但你不走，就永遠到不了。

學佛——求正覺的方法很多，修四諦可以得證，修六度可以得證，參禪、念佛都可以得證。但你必須去修、去行、去實踐，才可以得證。

行的方法有兩種，一是行為的修養，一是心理的調伏——心理訓練。行為的修養，從八正道做起——不必說學佛。即以做人來說，我人如果立志做一個正人，也要遵循正道，儒家所謂孝悌忠信、禮義廉恥，是做人的基本原則；學佛，求覺悟，求智慧，必須依八正道而行。那就是正見、正思維、正語、正業、正命、正精進、正念、正定。

心理的調伏，在於定力的訓練。我人的心識，意念流轉，剎那不停。俗諺謂「心猿意馬」，差足形容。如何能掃除雜念，集中思想於一點，這要有長時間的訓練與修習。佛教的戒、定、慧三學，戒是外在行為的約束；定是內心雜念的調伏，由戒資定，依定生慧。這種心理的訓練，就是智慧增長的基礎。

學佛的最後一個階段是「證」。以世間法來說，我們認真的從事一件工作，或研究一門學問；以至於彈琴下棋，學書繪畫，只要全心投入，持之以恆，最後必有所成就。學佛亦是如此，學佛的人，如果信心堅定，深解教理，依法實踐，力行不懈。功夫到時，必有所證——悟證。

悟證的終極目標，當然是菩提與般若都達到圓滿的境界、成佛。但我們暫且不必把目標定的那麼遠。「登高必自卑」，我們從基礎做起；循序漸進，天長日久，你漸漸會感到你的雜慮漸少，執著漸輕，物質

世界和心理欲望的壓力和困擾也日漸和緩，你沉浸在佛法大海中，會感到輕安與寧靜。這種境界：「譬如飲水，冷暖自知。」

學佛的目的，是在求正覺、求智慧；學佛的歷程，是要歷經信、解、行、證諸階段。到了你因信求解，因解而行，解行並進，有所悟證的時候，那就是你智慧與正覺增長，般若與菩提相應，煩惱日滅，淨念日增；那時，你解脫自在的目標已遙遙在望了。

學佛，要經過信、解、行、證的歷程，但學佛的方式卻不盡相同。佛門四眾，有出家在家之分。出家學佛與在家學佛有何不同之處，將在下一節敘述。

二　在家學佛與出家學佛

佛門四眾弟子，有在家與出家之分。在家二眾，稱「優婆塞」、「優婆夷」，義為佛門男女清信士，出家二眾，稱「比丘」、「比丘尼」，義為「乞士」，是出家男女眾的總稱。茲先自在家學佛說起：

在家者，是「出家」的相對語。家者，實是煩惱之聚。有父母妻子眷屬之累，有世事操作經營之勞，並不是修道的理想環境。但以世間法來說，在人生的種種負擔與責任限制下，勢不能人人皆可捨親割愛，出家修道。因此，佛訂有在家修行之制，這是世尊的方便法門。《法苑珠林》中有一段話說：

> 力慕善道，可用安身；力慕孝悌，可用榮親。亦有君子，高慕釋教，
> 遵奉修行，貞仁退讓，廉謹信順，皆是宿種，稟性自然，與道何殊。

這就是指在家修道而說的。《優婆塞戒經》云：「菩薩有二種，一者出家，二者在家。」在家菩薩有許多名稱，茲略述如次：

一、優婆塞：梵語 Upasaka，譯作清信士，或云近事男。意謂親近奉事
　　三寶，受持五戒，得清淨信心之男子。

二、優婆夷：梵語 Upasika，譯作清信女，或云近事女，意謂親近奉事
　　三寶，受持五戒，得清淨信心之女子。

　　　〈淨名疏〉云：「優婆塞、優婆夷，此云清信士、清信女，亦
　　名善宿男、善宿女。」清者是離過之名，信者是入道之本，故稱
　　清信。善宿，是清信的異譯。

三、居士：梵語迦羅越 (Kulapati)，中土稱居士，意謂居家之士而志於
　　佛道者。《維摩經・慧遠疏》云：「居士有二，一廣積資財，居財
　　之士，名為居士。二在家修士，居家道士，名為居士。」《法華玄
　　贊》云：「守道自恬，寡欲蘊德，名為居士。」簡略言之，居家修
　　持佛道者，稱為居士。

四、俗人：梵語識羅娑他 (Grhastha)，是指世俗之人，在家之人。因在
　　家人的服裝與出家者不同，《薩婆多律》云：「非法衣服，是俗形
　　儀。」再者，在家之人，不脫塵俗，故名俗人。

五、白衣：白衣是俗人的別稱。古天竺習俗，在家之人，多衣白色之
　　衣，而出家者著雜染衣，故在家者稱白衣，出家者稱緇衣。《維摩
　　經・方便品》云：「雖為白衣，奉持沙門清淨律行。」亦是指在家
　　修行之人而言。

　　事實上，在家修行，固然有其牽累處，但亦有其方便處。如《優
　　婆塞戒經》稱：「在家菩薩，能多度人，出家菩薩，則不如是。」因在
　　家修行，與群眾接觸的機會多，如此就能普攝群機，廣行度化。廣行
　　度化，也是修行方式之一。

　　再者，就在家人與出家人的互相關係而言，在家清信士應對出家
　　人施以供養，而出家者應對在家人施以教化。所以說，出家人是莊嚴

佛道者，在家人是佛道莊嚴者。在家人應禮拜出家人，因出家人是代佛弘揚教化者，而出家人則不禮敬在家人。《梵網經》云：「出家人法不合禮拜國王父母六親，亦不敬事鬼神。」《涅槃經》云：「出家人不禮敬在家人。」

在家學佛，先要進「入道」之門。所謂入道，就是皈依三寶，受持五戒。三寶，是佛、法、僧，五戒，是不殺、不盜、不淫、不妄語、不飲酒。關於三皈五戒，在下一節中詳述，此處從略。

皈依三寶，受持五戒，謂之入道。入道之人，應在佛前懺悔過去罪障，入清淨道。關於懺悔，如《華嚴經・普賢行願品》云：「我昔所造諸惡業，皆由無始貪瞋痴。從身語意之所生，一切我今皆懺悔。」又如《觀普賢行法經》云：「一切業障悔，皆從妄想生；若欲懺悔者，端坐念實相，眾罪如霜露，慧日能消除；是故應至心，懺悔六情根。」

在家修道，並不只是關上房門自己修，要多接近善知識——良師益友，以求進步。《華嚴經・普賢行願品》稱：

爾時文殊師利菩薩，告善財童子言，善哉！善哉！善男子，若有眾生，能發阿耨多羅三藐三菩提心，是事為難，能發心已，復欲勤求行菩薩行，倍更為難，善男子，汝今發心，求菩薩道，為欲成就一切智，應當勤求善知識。善男子，求善知識，勿生疲懈。見善知識，勿生厭足；於善知識所有教誨，當念隨順，不應違逆。

在家修行佛道，要發菩提心，行菩薩道，自利利他。進而修習大乘之學，菩薩之行。如《心地觀經》云：

一切菩薩，復有四願，成熟有情，住持三寶，終大海劫，終不退轉。云何為四？一者、誓度一切眾生。二者、誓斷一切煩惱。三者、誓

學一切法門。四者、誓證一切佛果。善男子，如是四法，大小菩薩，皆應修學；三世菩薩所學處故。

學佛、修行佛道，先自修行人道做起。如《演道俗業經》中列舉：孝順父母、不失時節。恭敬師長，謙遜盡禮。消息奴婢，不令窮匱等。進一步廣行六度——布施、持戒、忍辱、精進、禪定、智慧。修習三學——戒學、定學、慧學。聞法思義，以軌其行；念佛修觀，剋證其果；解行相應，因果相隨。在家學佛之道，大致如是而已。

有幾本佛經，是在家學佛者不可不讀的。如《十善業道經》、《演道俗業經》、《中阿含大品善生經》、《佛說父母恩難報經》、《大寶積經‧郁伽長者會》、《大方便佛報恩經‧孝養品》、《銀色女經》、《玉耶女經》、以及《優婆塞戒經‧受戒品》、《佛說優婆塞五戒相經》等等。

出家，梵語波吠爾野 (Aranyaka)，此譯出家，就是出離在家之生活，而修沙門之淨行。《釋氏要覽》云：

家者，煩惱因緣，夫出家者，為滅垢累，故宜速離。

《法苑珠林》云：

出家造惡極難，如陸地行船；在家起過即易，如海中汎舟。又出家修道易為，如海中汎舟，在家修福甚難，如陸地行船。船雖是同，由處有異；故遲速有不同，修犯有難易，是知生死易染，善法難成。早求自度，勵慕出俗。

以上都是為出家修道者而說的，出家修道者也有種種名稱，略述如下：
一、沙門：梵語 Samara，意為息心、淨志。《阿含經》云：「捨離恩愛，出家修道，攝御諸根，不染外欲；慈心一切，無所傷害，遇樂不

欣，逢苦不戚，能忍如地，故號沙門」，這是古代印度對出家修道
者的稱呼。

二、僧伽：梵語 Sanigha，略稱為僧，譯為和合眾。是眾多比丘，和合
一處的意思。也就是多數的比丘，稱為僧伽。《大智度論》云：「僧
伽，秦言眾，諸多比丘，和合一處，是名僧伽。」

三、和尚：梵語 Upadhyaya，華語和尚或和上。本為印度的俗語，稱
師為烏社，至于闐國則稱和社、和闍，到中國訛音為和尚。也就
是「師」的意思。

四、頭陀：梵語 Dhuta，音頭陀，義譯抖擻，是抖掉貪、瞋、痴三毒的
意思。《大乘義章》稱：「頭陀胡語，此處正翻名為抖擻，此離著
行，從喻之名，如衣抖擻，能去塵垢，修習此行，能去貪著，故
曰抖擻。」

五、比丘：梵語 Bhiksu，舊作比丘，新作苾芻，譯為乞士，為出家佛
弟子受具足戒者之總名。《大智度論》云：「云何比丘，比丘名乞
士，清淨活命，故名為乞士。復次，比名破，丘名煩惱，能破煩
惱，故名比丘。復次，受戒時自言，我是某甲比丘，盡形壽持戒，
故名比丘。復次，比名怖，丘名魔，能怖魔王，及魔人名，當出
家剃頭，著染衣受戒，是時魔怖，何以故怖，魔言，是人必得入
涅槃。」簡單的說，就是凡出家為佛弟子，受具足戒者的總名。

六、比丘尼：梵語 Bhiksuni，就是出家受具足戒的女性，其他意義同
比丘。

七、式叉摩那：梵語 Siksamana，譯為學法女，女性出家，年幼者先為
沙彌尼，至十八歲到二十歲間，再觀察二年，驗其操行是否清淨，
然後可受具足戒為比丘尼。

八、沙彌：梵語 Samanara，義譯息慈、行慈等，是息惡行慈的意思。

是男子出家受十戒，而未受具足戒的通稱。《四分律行事鈔》云：「沙彌是梵語，此云息慈。慈濟群生故。」《南海寄歸傳》云：「授十戒已……最小十歲，至年十三者，皆云驅烏沙彌（會驅烏雀之謂），若年十四至十九，名應法沙彌。若年二十已上，皆號名沙彌。」

九、沙彌尼：梵語 Sramanerika，就是女性的沙彌，是女子受十戒而未受具足戒的通稱。

出家，必須經過一套出家的程序和儀式，在經律中都有詳細的說明。《法苑珠林》中也載有出家儀式，大致說來，若欲出家，須徵得父母的允許，然後依律請二師，受沙彌十戒。二師，一是和尚、一是阿闍梨——規範師。出家首要剃髮，《清信士度人經》云：「若欲剃髮，先於落髮處，香湯灑地，周圓七尺，內四角懸幢，安一高座，擬出家者座；後復施二勝座，擬二師座，著本俗服，拜辭父母尊親等訖，口說偈云：流轉三界中，恩愛不能脫，棄恩入無為，真實報恩者。說此偈已，脫去俗服。」

脫去俗服，由剃度師為著袈裟，然後受三皈、五戒、及沙彌十戒，這時就成了出家沙彌。待受過具足戒後，才能算是比丘。

然而，剃髮離俗，只是形式；要身既離俗，心復清淨，才算是真出家。兩千多年前，佛十大弟子之一的大目犍連造《法蘊足論》，就把菩薩分做四種品類：一者剃髮染衣，離俗入道，於諸俗境，心無顧戀，是名身出家心亦出家。二者身雖處俗，受用妻子，心常清淨，不耽欲樂，是名身在家而心出家。三者身參法侶，背俗離塵，而心繫俗情，顧戀不捨，是名身出家而心不出家。四者耽著五欲，貪戀塵境，不念無常，不知向道，是名身心俱不出家。

以上四種人，第一種身出家心亦出家者，是出家菩薩；第二種身在家而心出家者，名在家菩薩；至於第三種身出家而心不出家，及第

四種身心俱不出家者，都是世俗凡夫。

　　出了家，就要負起出家人的責任——荷擔如來家業、住持三寶。《義林章》舉「住持三寶」之名，謂木像畫像，為住持佛寶；三藏經典，為住持法寶；剃髮染衣，為住持僧寶。是為佛滅度後，久住世間保持佛法之三寶。而出家五眾，就是此三寶中的僧寶。故出家人在佛教中居於教化的地位，所謂「內修外弘」者是。古德有語云：「施主一粒米，大如須彌山，吃了不弘道，披毛戴角還。」可不慎哉。

　　出了家，不僅弘道，同時還要修道，修道與弘道，應行下列三事。一者，真修實證，以求其果；二者，勤學明理，以求其覺；三者，傳教利眾，以弘其道。茲分述如下：

一、真修實證，以求其果：佛法真理，要在認真修持下始能悟證。修道，以修三十七道品為圭臬。所謂道品，就是行人由此以趣證佛果之功德支分也。三十七道品，見〈四聖諦〉章。

二、勤學明理，以求其覺：求成佛道，當解行並重。有行無解，如人之有足而無目，故當勤求慧解，以明法義。斷惑證真，以證大覺。《五苦章句經》云：「作福事易，為道事難；為道復易，解道者難。」此言學道明理的重要。

三、傳教利眾，以弘其道：修菩薩行，上求下化。既自行矣，更應教他，既自明矣！更應覺他。《思益梵天所問經》云：「菩薩能代一切眾生，受諸苦惱；亦復能捨一切福事，與諸眾生，是名菩薩。」菩薩修六度四攝，均以布施為首。而布施之中，法施勝於財施。所謂法施，就是以經典法義，智慧心得，廣施教育，化益眾生。

　　佛、法、僧，是佛教三寶。三寶有化相三寶、自性三寶、住持三寶。佛滅度後，梵語沉寂，聖僧謝世，化相三寶，已不復再見，惟賴遺教聖跡，以延續佛的教化，所以，自住持三寶來說，泥塑木雕紙繪

的佛像，就是佛寶；書寫刻印的經典，就是法寶；而剃髮出家，具足律儀，在寺院修淨行者就是僧寶。而僧寶，上要秉承佛陀教法，下要教導佛門信眾；正法住世，須賴僧寶支持；佛陀功德，須賴僧寶宣揚。由此可見僧寶的重要，也可見出家修行者責任的重大。

三　入道之門——三皈與五戒

學佛的目的，是為了求正覺、求智慧。以期轉迷成悟，離苦得樂——以正覺與智慧，轉化現實人生中物質世界施予我人的壓力，和心理欲念加諸我人的困擾。調伏我人的心識，達到精神層次的昇華，以期求得解脫與自在。

學佛的歷程，要歷經信、解、行、證四個階段。信為入門動機，解為深入了解，行為篤履實踐，證，到了你修持功夫到的時候，你自有所「得」——《般若心經》曾云：「無智，亦無得」。智是能觀之智，得是所證之理，真正悟得諸法空性之理時，到那時境識皆泯，能所雙亡。何來的智，何來的得？不過，那是另一層次的境界。我輩鈍根劣智，初入佛門，還是向有智有得的目標努力吧！

初入佛門，起信第一，如果有善男子、善女人，以這本書的文字因緣，善根增長，發心學佛，且慢，在你踏入佛門的時候，還要經過一些入門的手續，那就是「皈依三寶」、「受持五戒」。

釋迦牟尼世尊住世時，領導僧伽團體，四方行腳遊化，佈道說法。這時，社會各階層的人士紛紛加入佛教，於是世尊制定了「三皈依」的程序。如《演道俗業經》上稱：

給孤獨氏問言：初學道，始以何志？

佛言，先習五戒，自歸於三。何謂五戒？一曰慈心思仁，不殺；二曰清廉節用，不盜；三曰貞良鮮潔，不染；四曰篤信性和，不欺；五曰要達自明，不亂。

何謂三自歸？一曰歸佛，無上正覺。二曰歸法，以御自心。三曰歸眾，聚眾之中，所受廣大，猶如大海，靡所不包。

在南傳佛教巴利文《大藏經・相應部・五十五》上說：

相信佛教的人，如前所述，就是相信三寶：佛、教法、教團。因此，信仰佛教的人，對於佛、教法、教團，抱持顛撲不破的信仰，守持教法中制定信徒應守的戒律。
在家人的戒律，包括：不取物命，不竊盜，不行邪惡的愛慾，不說謊言，不飲酒。

文中又謂：

對三寶深具信仰，守持在家戒律，為求得到覺悟，雖然生活於在家的天倫環境中，亦必須不被情愛所繫縛。

佛住世時，印度本來是個國土分裂、群雄割據、社會階級不平、社會風氣墮落的時代。佛制定三歸五戒，目的在領導僧團，推行一種社會改革運動。皈依佛，是拜師──是以佛為師；皈依法，是接受老師的教法──研究理論；皈依僧，是參加僧伽團體，以僧為友，共同推動這種社會改革運動。

　　三皈依，有一套皈依的儀式，佛住世時由佛主持，佛滅度後，由受過具足戒的比丘，代表佛主持。皈依者在佛前頂禮自誓：「從今日，我皈依佛、皈依法、皈依僧。」釋迦世尊在《涅槃經》中說：「皈依於

佛者,是真優婆塞,終不更皈依其餘諸天神;皈依於法者,則離於殺害,終不更皈依外道諸典籍;皈依於僧者,不求諸外道。」這段經文中的「諸天神」、「諸外道」,是指當時的婆羅門教、梵天、六師外道等而言的。

三皈依中的皈依僧,是皈依「僧伽團體」,不是皈依某一位比丘──雖然我們拜某一位比丘為皈依師,但所有僧伽團體中的比丘都是師友,都是佛門清信士──在家弟子崇敬的對象。再者,三皈依中,法為根本。佛與僧,是佛門弟子希聖希望的榜樣。但佛教是「自力」、「智信」的宗教,不是「信者得救」的宗教。皈依佛和僧,是在佛的教法和僧的指導下力行實踐,以求正覺與解脫。而「力行實踐」,必須靠我人自己。民間俗諺:「師父領進門,修行在個人」,就是指此而說的。

經過皈依的儀式,是踏進佛門的第一步。第二步就要「受持五戒」。受戒的儀式,也要在授戒師主持下舉行,但我人可以考慮各人的環境。受戒有少分、多分、滿分之分。我們可以受一二種,三四種,或者一次受足五種。但受戒之後,必須遵守。如不能徹底遵守,與其受後「破戒」,不如考慮由少分受起,但出家人必須五戒具受的。

現在,我們來探討五戒的內容:

一、不殺生戒:殺生,是指無故殘害眾生的生命而言。在我們現實世界中,「眾生」不僅指人,也包括了飛禽走獸、胎卵濕化各類生命體而言。佛教的基本觀念是眾生平等。眾生皆具佛性,眾生皆可成佛。在六道輪迴中,現在的牛馬蟲蟻,在過去多生多劫中也許是我的親人眷屬,我若無端殺生,豈不也傷害到我的親人眷屬?

　　佛住世時制定此戒,目的是在推行人類和樂共存的理想。由人類而推及牛馬蟲蟻,這是佛教慈悲心的擴展。再推而廣之,不但戒直接殺害生命,並戒殺因與殺緣。如漁獵為直接殺害生命,

而販賣獵具漁具者則為間接的助殺，亦為佛教所排斥。至於以私怨殺人，搶劫殺人，那更在佛教排斥之列了。

由不殺生戒所牽扯的問題，對執干戈以衛社稷的軍人而言，難道祖國受暴敵侵凌時也不殺生嗎？不然。《大法鼓經》上稱：「譬如波斯匿王，與敵國戰，時彼諸戰士，食丈夫祿而不勇猛者，不名丈夫。」衛國殺敵，是丈夫行為，佛戒無礙於保衛國家也！

佛經中有一個故事：說是昔有五百商人，滿載珍寶。其中有一強人，欲殺眾商人，盡奪其寶。事為菩薩獲悉，自念強人殺眾商，當墮地獄，我如何救此強人不墮地獄，救眾商人不失財命？最後菩薩乃自殺強人，免其長受地獄之苦，而眾商人亦因此得保財命。菩薩既犯殺人之罪，自願死後墮入地獄受苦。然而菩薩死後，不但未墮地獄，反而上升天道。以其殺人係為救人而殺也！

佛於《十善業道經》中，說不殺生有十種利益：1.於諸眾生，普施無畏。 2.當於眾生，起大慈心。 3.永斷一切瞋恚習氣。 4.身常無病。 5.壽命長遠。 6.恆為非人所守護。 7.常無惡夢，寢覺快樂。 8.滅除怨結，眾怨自解。 9.無惡道怖。 10.命終生天。

二、不偷盜戒：偷盜，有世俗的看法與戒律的看法兩種。世俗的看法，有偷盜的行為與事實，才認定為偷盜。所謂「捉賊捉贓」、「人贓並獲」，是偷盜認定的標準。但在戒律上說，不與而取，皆謂之盜。沒有經過物主的許可，雖一針一線、一草一木之微，亦不許取；否則即算是盜。

釋迦世尊定此五根本戒的目的，是在維持人類和樂共存。要維持人類和樂共存，必須尊重生命——並推及一切生命個體的生命。所以第一戒：不得殺生。而人類要維持生命，必須要有衣食寢具等資生之物，這些資生物稱之曰「外命」。如果資生之物被偷

盜、被掠奪、被侵佔，必將威脅到物主的生存。所以第二戒：不得偷盜。

有形的偷盜已如前述，而無形的偷盜，小如市井攤販的小秤小斗，悖入悖出；大如國家賦稅隱匿簿籍，以多報少；以至如今日社會的大戶炒作股票，地下公司吸收資金，皆可算是偷盜行為。進而言之，為官者利用職權，貪污枉法；為商者操縱市場，謀取暴利；皆可納入偷盜之列。這在法律上雖有漏洞可鑽，在戒律上雖無一一列出，但學佛、修持，是一種對「良知」負責的行為。不能說律所未定，任由我作。

戒律不但不許盜，亦不許作盜因、盜緣。所謂「謾色誨淫，謾財誨盜」，是以婦女盛裝艷飾，滿身珠玉，富人盛誇財富，肥馬輕裘——現在社會當然是洋房名車、百萬裝潢，這都是誨盜之因，皆在禁止之列。

佛在《十善業道經》中，說不偷盜也有十種利益：1. 資財盈積，王賊水火，及非愛子，不能散滅。2. 多人愛念。3. 人不欺負。4. 十方讚美。5. 不憂損害。6. 善名流布。7. 處眾無畏。8. 財命色力安樂，辯才具足無缺。9. 常懷施意。10. 命終生天。

三、不邪淫戒：佛門四眾，有出家與在家之分。出家者是「捨親割愛，專修梵行」。就是僧伽團體中的比丘和比丘尼；在家者是「皈依三寶、受持五戒」，就是在家修持的清信士——優婆塞和優婆夷。而「不邪淫戒」，是專指在家弟子而言的。

本來「男女居室，人之大倫」。在家學佛的清信士，既有正式配偶，則「敦倫」乃人之常情。再者，人類的生命，由夫婦結合而產生，夫婦閨房生活美滿和樂，才能使種族繁衍，但為了保持正式夫婦的和睦與美滿，所以五戒的第三條，是：不得邪淫。

　　所謂邪淫，指非人、非時、非處、非類。非人，指不得與正式配偶以外之異性交合；非時，指不得白晝宣淫之類；非處，指非男女根處，如雞姦手淫之類；非類，指與動物交，以上皆謂之邪淫。

　　推而廣之，不但不得邪淫，凡可為邪淫因緣者，亦在所禁止。故歌樓舞榭，妓院娼寮，對在家清信士而言，不但不得經營，且亦不得涉足。

　　至於出家僧眾，志在梵行——梵行，意謂斷絕一切淫慾之行——尤重淫戒，即根本的斷淫。甚至於如聞香，聞珮珊聲，皆算犯戒，以其心不淨故也。

　　佛說如離邪行，亦有下諸種利益：1.諸根調順。2.永離諠掉。3.世所稱嘆。4.妻莫能侵。

四、不妄語戒：人類生存於社會上，必須以語言來傳達意見，溝通感情，為了維持個人在社會上的信譽，「不妄語」為個人立身處世的根本。中國儒家講「五常」——仁、義、禮、智、信。這信字，就包括了誠實與不妄語在內。事實上，佛門五戒，與儒家五常意義相通，不殺近於仁，不盜近於義，不邪淫近於禮，不妄語近於信，而不飲酒保持神志清醒，近於智。

　　在戒律中，不聞言聞，聞言不聞，不見言見，見言不見，乃至於未證言證，未得言得，皆屬妄語。進一步說，欺誑不實的「誑語」，柔順諂媚以及誨盜誨淫的「綺語」，挑撥是非的「兩舌」，刻薄謾罵的「惡口」，都在妄語的範圍以內。

　　妄語，小者能使家庭不睦，朋友失和；大者增加社會糾紛，人際關係疏離。《佛說須賴經》中稱：

妄言者，先為自欺，次為欺天，亦為欺法。今身口臭，言不見用，多被誹謗，天所不念。身色變，福德消，善名廢，失德本，而生眾惡。塞善之路，自投邪冥，是為後世招致殃罪。

佛在《十善業道經》中說：若離妄語，有下列諸種利益：1. 口常清淨，優缽花香。2. 為諸世間之所信服。3. 發言成證，人天敬愛。4. 常以愛語，安慰眾生。5. 得勝意樂，三業清淨。6. 言無誤失。7. 發言尊重，人天奉行。8. 智慧殊勝，無能制服。

五、不飲酒戒：酒的原料，惟米與水，若以淨財沽酒而飲，無損於人，為何飲酒也列為五戒之一？殊不知酒能荒廢事業，戕害身體，且能迷亂心性，引發煩惱。造成殺、盜、淫、妄種種惡行。佛法重智慧，所以酒雖沒有嚴重威脅社會秩序，但許多破壞社會秩序的行為多因酒而起，所以不飲酒也列入五根本基中。

或曰：今日社會上，迷人心性的東西如鴉片、嗎啡、大麻煙、迷幻藥到處充斥，何獨惟酒有罪？不然，佛住世時，迷人心性的東西惟獨有酒，所以戒律中列上酒。並且，不飲酒的內在意義，是在於「要達自明、不亂。」不亂，在於保持理智的清醒和內心的定靜。酒尚應戒，何況其他？

佛經中有一個因酒亂性失德的故事。某地某甲，平時為人頗拘謹端正，一日酒醉，因酒失性，見鄰家竄來一雞，遂抓來烹而佐酒，因犯了盜戒與殺戒，鄰婦前來覓雞，諱言未見，又犯了妄語戒。酒後迷亂，見鄰婦姿色撩人，頓起淫心，強暴鄰婦，因一時被酒，遂五戒全犯。

人間許多罪惡，莫不以酒為媒介。是以《四分律》上載，飲酒有十過，三十六失。如壞顏色、無威儀、損名譽、失智慧、致

病、耗財、無恥、不敬、墜車、落水等，由此可知酒之為害了。

佛門五戒，是佛教在家弟子——佛門清信士端正行為，淨化心靈的第一步。如我人不殺、不盜、不邪淫，是身業清淨。不妄語，是口業清淨。再加上一個不飲酒，保持理智清醒，意不昏亂。如果社會上人人如此，各安其業，各樂其生，豈不是社會也被淨化了？這不就是安和樂利的社會，人間淨土？

然而持五戒，只是消極的戒惡，消極的戒惡還不夠，進一步要積極的為善。如何為善？那就是佛經上說的「行十善」。十善是什麼？又如何去行？在下一節中再作介紹。

四　五乘佛法的組織

釋迦牟尼世尊，在菩提樹下睹明星證道，成等正覺。初轉法輪，說四聖諦，以後隨方遊化，說法四十五年，普度眾生。但以眾生根器不一，智愚不等，如果只說一乘法，將使劣根下智之人不能獲得法益，故說種種權巧方便法門，適應種種根器眾生。佛如大醫王，對眾生種種不同之病源，施以種種不同之法藥。這就使佛法中有了「五乘佛法」的組織。

所謂五乘佛法，是人乘、天乘、聲聞乘、辟支佛乘、菩薩乘。

乘是乘載的意思，古時之乘車乘船、乘牛乘象；現代之乘腳踏車、乘機車、乘汽車、乘大巴士以至火車；以喻佛說的五種方法，運載世間眾生，自苦的此岸，度到樂的彼岸；自煩惱的此岸，度到清涼的彼岸。這五乘佛法的組織如下：

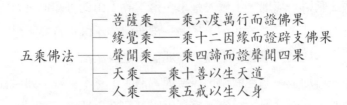

五乘佛法
菩薩乘——乘六度萬行而證佛果
緣覺乘——乘十二因緣而證辟支佛果
聲聞乘——乘四諦而證聲聞四果
天乘——乘十善以生天道
人乘——乘五戒以生人身

現依上表，依次說明如下，茲先述人乘：

本文中篇〈十二緣生觀〉一章中，說到世間眾生的類別，有所謂「四生、六道」，四生是胎、卵、濕、化，六道是天道、人道、修羅道、畜生道、餓鬼道、地獄道。因此，人道中的人，並不是永遠為人，人死之後，其「阿賴耶識」受業力牽引，或上升天道，或仍保人身，或下墮三途——墮入畜生、餓鬼、地獄三道，這叫做「六道輪迴」。

所謂業力，是以其生前行為的善惡為標準。天與修羅二道，樂多苦少，人道苦樂均等，三惡道有苦無樂，以世俗諦來說，人人希望生天受福——世間有些宗教即是以生天為最高目標。萬一不能生入天道，也希望仍保人身，來生投生入富貴之家，享受福報。俗諺有云：「若問前世因，今生受者是；若問來生果，今生作者是。」這足以說明，在世人的觀念中，也以為因果報應決定人的上升或下墮。

但希望保有人身——來生仍生人道，也有一些條件，條件具備，才能保有人身，要具備那些條件呢？就是上表中所說的「人乘：乘五戒以生人身」。

關於五戒，已在本文上一節中詳為敘述。皈依三寶的佛門在家信眾，如果能夠受持五戒、奉行不渝，則來世仍生人身，以前生持戒的福報，來世當有較為優裕的生活環境，倘若善根深厚，在優裕的環境中繼續修行，當然有層次超昇的可能。

受持五戒，只是消極的戒惡。若要層次超昇，則要更進一步的積

極為善，若能力行十善，則可上昇天道，所以釋迦世尊在說了人乘之後，再繼續說「天乘」。

　　佛說人乘，是希望人世眾生，保持人身，不下墮於三惡道——畜生道、餓鬼道、地獄道。說天乘，是希望人世眾生，保持人身之後，更進一步脫離五濁八苦的人道，進一步超昇到天道。

　　天，梵語提婆 (Deva)，又名素羅 (Sura)，含有光明、自然、清淨、妙高，以及自在，最勝諸義。這與中國古時所說的「天」有所不同。《詩經‧國風》篇：「悠悠蒼天」，《列子》：「輕清者上為天」。指的是自然之天，中國民間雖然也奉祀「老天爺」——玉皇大帝，那是自然之天的「神格化」，與佛經上所指之天不同。佛經上所稱之天，是「天道」，又稱「天趣」，是「六道眾生」之一，為有情輪迴之道途，故謂之天道，趣者所趨向也！故又稱天趣。

　　天之名數，諸經所言不同，《長阿含經‧忉利天品》作三十二天，《大寶積》、《大般若經》均作三十一天，《楞嚴經》作二十八天，小乘佛教部派分裂後的上座部立欲界六天，色界十八天，無色界四天，共二十八天，一般多採此說，列表如下：

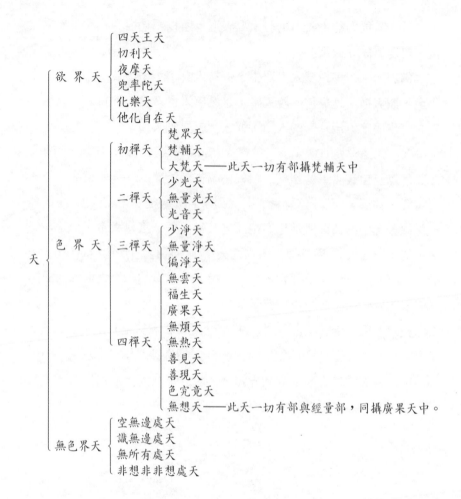

三界二十八天，已如上表所示，茲再略解如下：

一、欲界天：何謂「欲界」？欲界以「欲勝」稱著，也就是對色欲、食欲二欲特強的諸有情所居之處，欲界包括了上自六欲天始，中至人界之四大洲，下至八大地獄，均在欲界以內，而所謂欲界天，就是上表中的欲界六天。

欲界天的特徵，是有男女飲食之欲，宮殿園囿之好，與人世

無異，故稱為欲界天。關於色欲，《起世經・七》稱：

四天王天、三十三天（註：即忉利天的義譯），行欲之時，根到暢適，夜摩諸天，執手成欲；兜率陀天，憶念成欲，化樂諸天，熟視成欲；魔身諸天，相看成欲，並得暢適。

至於諸天的飲食，同上段經文稱：

一切眾生，有四種食：一者，粗段及微細食。二者，觸食。三者，意思食。四者，識食。諸比丘，四天王天，並諸天眾，皆用彼天須陀之味，以為粗段，諸覆蓋等，以為微細。如三十三天乃至夜摩天，兜率天，化樂天，他化自在天等，並用彼天須陀之味，以為粗段，諸覆蓋等，以為微細。

經文中的「諸覆蓋等」，指的是衣服寢具，自然是微細精美，至於宮室苑圍之好，此處不再敘述。

二、色界天：較欲界天更為美好的是「色界天」。色界，是指此界眾生，其身體、國土、宮殿、器物，皆是殊妙精好，故稱「色界」。色界十八天，見上表所示。但色界另一特徵，即除了物質精妙外，復以「禪那」勝，禪那梵語 Dhyana，略稱曰禪，義譯曰定，或曰禪定。又譯為靜慮，靜者止息，也是定的意思，慮者是「觀」，亦稱曰「慧」，譯為靜慮，是止觀兼備，定慧雙修的意思。《楞嚴經・九》稱：

阿難，世間一切所修心人，不假禪，無有智慧。但能執身不行淫慾，若行若坐，想念俱無，愛染不生，無留欲界，是人應念身為梵侶。如是一類，名梵眾天。欲習既除、離欲心現，於諸律儀，愛樂隨順，

是人應時能行梵德，如是一類，名梵輔天。身心妙圓，威儀不缺，清淨禁戒，加以明悟，是人應時能統梵眾，為大梵王，如是一類，名大梵天。阿難，此三勝流，一切苦惱所不能逼，雖非正修真三摩地（註：三摩地又作三昧，義譯正定），清淨心中，諸漏不動，名為初禪。……阿難！是十八天，獨行無交，未盡形累，自此已還，名為色界。

色界天以禪定為勝，在《大集法門經》上有禪定的層次：

謂若苾芻已能離諸欲不善法，有尋有伺，此名第一離生喜樂定（按即初禪）。若復苾芻，止息尋伺，內心清淨、安住一想，無尋無伺，此名第二定生喜樂定（按即二禪）。若復苾芻，不貪於喜住於捨行，身得輕安妙樂，此名第三離喜妙樂定（按即三禪）。若復苾芻，斷除樂想，亦無苦想，無悅意、無惱意、無苦無樂，此名第四捨念清淨定（按即四禪），如是等名為四禪。

經文中的尋、伺，是百法中心所有法的二種。尋者尋求，為「粗想」的思量；伺者伺察，是「細想」的計較。

三、無色界天：此界諸天，無國土宮殿等物質世界，亦無生理性的色身，惟以「心識」住於深妙之禪定，故稱「無色（物質）界」——那只是一個精神世界。

　　無色界四天——空無邊處天，識無邊處天，無所有處天，非想非非想天，是以禪定的勝劣來分別其層次。《楞嚴經‧九》中載的很詳盡，文長不具錄。

這三界諸天最大不同處，是欲界諸天以段食為生，而色界無色界諸天是以禪悅法喜——即定中的境界為食。欲界四天王天，專司人間

善惡，而色界、無色界諸天，則以慈、悲、喜、捨四無量心為懷。

再者，四天王天的一晝夜，當人間五十歲；其天人壽命五百歲，當人間九萬歲，以上無色界、色界諸天依次遞增，至非想非非想天，壽長八萬四千大劫，非人間數字所能計算，故又稱為長壽天。

總之，諸天的殊妙處有下列幾種，一者，欲界諸天有飲食男女之樂，而無飲食男女之累；二者，色界諸天，身體、宮殿、園囿、器物等，妙好殊勝，光明無比；三者，無色界諸天，勝定妙樂，壽長無比；四者，世界末日——即此一小千世界壞滅時，大火可燒盡整個地球，卻燒不到光音以上諸天；大水可沉沒整個地球，卻浸不了徧淨以上諸天，風災可粉碎整個地球，卻吹不到廣果以上諸天。

並且，天人有形無影，身力不疲，無大小便，亦無涕唾，天人齒白方密，髮青齊整，柔軟潤澤，瓔珞自然，衣無垢膩，身無污汗……。

諸天的殊勝處，已如上述，是以人人都想生天，許多宗教家也都鼓勵信徒生天。釋迦世尊住世弘法時，印度傳統的婆羅門教仍然根深蒂固，而婆羅門教也是主張生天的——生往大梵天，即所謂「梵我一體」。依佛教真義來說，生天不是究竟解脫，並且以修道的環境來說，天上反而不如人間。天道有樂無苦，天道眾生耽於逸樂，就不願修道；人間有苦有樂，苦樂參半，世人為了八苦煎迫，反而力求解脫。而佛當時為隨俗方便，也說生天的修行，但佛所說的，完全是以自他和樂的立場——施與戒，以及淨化身識的禪定、與慈悲喜捨的四無量心而說的。

生天，不是無條件就可生天，必須力行十善——乘十善以生天道。這「十善」的內容如下表所示：

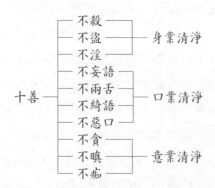

其實所謂「十善」，基本上是由五戒開展而成的。不殺、不盜、不淫、不妄言四則，與五戒同；而不兩舌、不綺語、不惡口三則，是由不妄語戒開展而來的。不飲酒在五戒中本是「遮戒」——遮其為惡因緣之戒，在此開展為不貪、不瞋、不痴三則。試看飲酒之人，酒後易動情慾，即為貪染；飲酒之人，酒後失去控制，易起鬥毆，即為瞋恚；飲酒之人，酒後神智昏迷，是為愚痴，所以五戒與十善，名稱不同，而本質無異。

十善，又稱十善業道。《占察善惡業報經》上說：

言十善者，則為一切眾善根本，能攝一切諸餘善法。

五戒為諸戒之根本，而十善為眾善之根本，稱「十善業道」者，以此道是道路的道，通達的道，循此道，能通到至樂果地。我們不必自宗教觀點來說，即以社會觀點來說，俗諺「為善最樂」，為善何以最樂？因為為善是「施」，不是「獲」，獲得到不該得的東西，心有愧疚，施出自己所有的東西，心地坦然，坦然，就是樂。童子軍守則謂：「助人為快樂之本」，與此義同。

十善有兩種解釋：一者，不犯十惡，則謂之十善，這是消極的一

面；積極的一面，則為力行十善、利樂一切。照五乘佛法的因果來說，行此十善業，則可得生天道，《雜阿含經‧三七》上說：

婆羅門白佛：何因何緣，諸眾生身壞命終，得生天上？

佛告婆羅門長者：行法行，行正行，以是因緣故，身壞命終，得生天上。

復問：世尊，行何等法行，何等正行，身壞命終，得生天上？

佛告婆羅門長者：謂離殺生，乃至正見，十善業迹因緣故，身壞命終，得生天上。婆羅門長者！若有行此法行，行此正行者，欲求剎利（註：即剎帝利種）大姓家，婆羅門大姓家，居士大姓家，悉得往生，所以者何？以法行正行因緣故，行淨戒者，其心所願，悉自然得，若復如是法行正行者，欲求生梵天，亦得往生，所以者何，以行法行正行故。持戒清淨，心離愛欲，所願必得，若復欲求往生光音、徧淨，乃至阿迦尼吒（註：即色界十八天中最上之無想天），亦復如是……

以上這段經文，可為修持十善業道，可得生天之證。但生天亦有層次上的差別，如果生「欲界天」——欲界的四天王天，忉利天等，則力行十善，必可往生，甚至於嚴持五戒亦可往生。所以者何？因為十善是由五戒開展而來的，嚴持五戒，也就等於力行十善。至於要生「色界」十八天，「無色界」四天，那不但要嚴持十善中的「不淫」——不止是「不邪淫」，並且是「斷淫」。如經文中說的：「執身不行淫欲」，並且要加上禪定的修持。

生天不是究竟解脫，但比起八苦煎迫的人間總要好，所以佛住世說法時，也頗重視天乘，不為無因。不過，生天究竟是世間法，不是出世間法，出世間法是什麼？我們看下文的聲聞乘與緣覺乘。

五　世間法與出世間法

佛經中有一個常用的術語,是「世出世間」,這句話中包括了兩個名詞,一個是「世間」,一個是「出世間」,並且還各省略了一個「法」字,具足應說「世間法」、「出世間法」。

世是遷流之義,指時間而言;間是中間之義,指空間而言。《名義集》曰:「間之與界,名異義同,間是間別間差,界是界畔分齊。」所以世間亦稱世界。佛經中稱,世間有二,一為有情世間,即胎卵濕化種種生命個體,一為器世間,即有情賴以生存的物質世界,惟有情生命有生老病死,而物質世界有成住壞空,所以「世間法」,事實上就是生滅法、有為法。

出世間法,是與世間法相對而言,是涅槃寂靜之法。釋迦牟尼世尊初轉法輪,說四聖諦,其中苦、集二諦是世間法,滅、道二諦是出世間法。

佛法中有「二諦」法門,即「真諦」與「俗諦」。真諦又名勝義諦,第一義諦;俗諦又名世俗諦。事實上,真諦就是出世間法,俗諦就是世間法,如來一代時教,不出此二諦法門,故《中觀論》云:

> 諸佛依二諦,為眾生說法;一以世俗諦,二第一義諦。

本文前兩節所說的:「乘五戒以生人身」、「乘十善以生天道」,只是世間法。世間法,是三界六道範圍內的生滅法,尚未進入「解脫涅槃」的出世間法範圍。

照「五乘佛法」的層次來說,人乘、天乘,是世間法的範圍;聲聞乘、緣覺乘、菩薩乘是出世間法的範圍。天台宗依《妙法蓮華經》

立「十法界」，是以地獄道、餓鬼道、畜生道、阿修羅道、人道、天道為六凡界，聲聞、緣覺、菩薩、佛為四聖界，六凡四聖，合稱十法界，六凡是世間有情，四聖是出世聖人。

　　學佛的最終目標，應該是求證解脫，解脫是一切生死煩惱的消盡，也就是涅槃。因此，持五戒、行十善，保持人身，或上升天界，只是學佛的初階，距學佛的最終目標——解脫涅槃，還有一段遙遠的距離。在佛法上說，人天善果，即使達到非想非非想天，壽長八萬四千大劫，但到了報盡命終，仍免不了墮落，受業力牽引，轉生他道。因此，天道雖較人道為樂，但仍在三界之內，所以天界之樂，仍是比較的，而不是究竟的，要求得究竟的解脫，必須進一步修持「出世間法」。

　　說到出世間法，每每引起一般人的誤解，以為出世間就是消極、逃世。其實佛法中說的出世間，乃是永盡煩惱惑障的意思。因為世間有情，生死輪迴，永無休止，都是由煩惱惑業而起的。如果能以修持的方法，將煩惱惑業擺脫淨盡，則就可永斷生死，不受後有，因此名謂出世間。

　　在五乘佛法的層次上，人乘、天乘之上，是「聲聞諦」，即「乘四諦而證聲聞四果」。現在我們來探討，何謂聲聞乘，何以乘四諦就能斷除煩惱惑業，我人有那些煩惱，那些惑業，如何修治，始能斷除，始能證果，現在先由「聲聞」二字說起。

　　聲聞，梵語舍羅迦 (Sravaka)，意謂當佛住世時，佛弟子親聞佛之聲教，悟四諦之理，斷見思二惑，因而得解脫涅槃者，謂之聲聞。是故以聲聞乘證果者，必當有佛之世，如釋迦牟尼世尊，初轉法輪，說四聖諦法，度憍陳如等五比丘，經中稱憍陳如等五人為聲聞僧。世尊住世時，弟子多證阿羅漢果。

　　四諦又稱四聖諦，亦稱四真諦，謂此係聖者所見之真理，簡稱四

諦。這其中，苦集二諦，為順生死之流轉門，是世間法；滅道二諦，是逆生死的還滅門，是出世間法。修四聖諦，煩惱惑業，永斷無餘，證得解脫涅槃——即聲聞四果。

關於四聖諦，詳見〈四聖諦〉章，此處不再贅述。在此就「聲聞四果」加以探討。

聲聞四果，是須陀洹果、斯陀含果、阿那含果、阿羅漢果。而這四果又各有「向」，稱為須陀洹向、斯陀含向、阿那含向、阿羅漢向。向，是「向」此果修行之因位名稱。這四向四果，稱為「四雙」。分之為八，又稱為「四雙八輩」，表示如下：

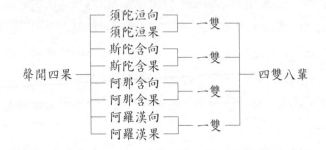

一、須陀洹：是梵語須陀盤那 (Srotapauna) 的簡稱，舊譯為「入流」，是入於聖賢之流的意思。新譯為「預流」，即預入聖賢之流的意思。又譯曰「溝港」，意思是如水之歸溝港，由此可直入大海；或歸帆之入溝港，由此可達彼岸也；其他譯名尚多，不再贅述。

須陀洹分因果二位，因位者稱「須陀洹向」，是說修行者見四聖諦法，努力斷惑，向須陀洹果的目的地邁進，不達不休。由因位向果位的過程中，須斷八十八種「見惑」。

見惑，是昧於真理的身見、邊見、邪見等，以此種種見惑，終不能覺悟真理，必須斷除盡淨，方能入於聖流。

　　佛經上謂須陀洹要斷三結，即身見結、戒禁取結、疑結。結是繫縛的意思，又稱「結使」，即「煩惱」、「惑」的別名，我們一般人不能入道證果，不外有三種障礙，一是由於「身見」，難於發心向道。二是由於「邪見」，誤入邪途，不能入於正道——如佛住世時，印度外道之持「牛戒」、「狗戒」；現代中國民間之崇信扶乩說教等等。三是由於「疑見」，疑心正道，猶豫不決，不能發起正信，須陀洹須排除此三大障礙，才能入道證果。

二、斯陀含：梵語 Sakrbagarii，義譯曰「一來」，以其尚須一度入人道或天道受生，故名一來。《金剛經》云：「斯陀含名一往來」，佛經上稱斯陀含「三結盡、貪、瞋、痴薄。」三結是身見、戒禁取見、疑見，是「見惑」；貪、瞋、痴是修惑。見、修二惑，留待後文銓解，斯陀含三結已盡、貪、瞋、痴薄，惟尚餘欲界後三品煩惱，故須再一往返人天，以斷餘惑，方證涅槃。

三、阿那含：梵語 Angami，舊譯為「不來」，新譯曰「不還」。《金剛經》云：「阿那含名為不來」，以其已斷欲界最後第九品殘餘修惑，自此欲界的惑業斷盡，不再還來人間受生，亦不再還來欲界天受生，故稱為不還。

　　佛經上稱，阿那含「五下分結盡」。所謂五下分結，是貪結、瞋結、身見結、戒取結、疑結。貪是貪欲，瞋即瞋恚。身見、戒取、疑三結，前文已述。此五結，繫縛一切眾生，使之不能脫離欲界生死煩惱，故稱為五分結。又以欲界居於無色界與色界之下，故稱五下分結。五下分結盡，就是欲界的惑業斷盡，不再受生，證得阿那含果——入於涅槃了。

四、阿羅漢：梵語 Aranat，義譯曰「殺賊」。所謂賊，事實上就是眾生的「見」、「思」二惑。以阿羅漢能斷見、思二惑，故名殺賊。阿

羅漢又譯為「應供」，以其已至無學地，應受人天供養，故稱應供，又譯為「不生」，以其永入涅槃，不再來三界受生。

以上斯陀含、阿那含、阿羅漢，亦均有「向」、「果」二位。證得阿羅漢果者，永斷貪、瞋、痴等一切煩惱。如《大般涅槃經‧三十六》稱道：

> 阿羅漢果者，即是無學五分法身，戒、定、慧解脫、解脫知見。因是五分，得到彼岸，是故名為到於彼岸。到彼岸故，而自說言：我生已盡，梵行已立，所作已辦，更不受有。
>
> 善男子，是阿羅漢永斷三世生因緣故，是故自說我生已盡。亦斷三界五陰身故，是故復言我生已盡。所修梵行，已畢竟故，是故唱言梵行已立。又捨學道，亦名已立。如本所求，今日已得，是故唱言所作已辦。修道得果，亦言已辦，獲得盡智，無生智故，唱言我生已盡諸有結。以是義故，名阿羅漢得到彼岸。

證阿羅漢果，即是到彼岸。到得彼岸，不再來三界受生，就是「出世間」。所以，「乘四諦而證聲聞四果」，是出世間法。

現在，再把「見」、「思」二惑加以銓解。在世間法上說，眾生無始以來的生死流轉，輪迴六道，基本上說，是起惑造業，因業受報的後果。而所謂「惑」，其實就是「煩惱」。在「五位百法」的「心所有法」中，謂眾生的根本煩惱有六，即：貪、瞋、痴、慢、疑、惡見。這其中，惡見一則又開為身見、邊見、邪見、見取見、戒禁取見，這就成了「鈍」、「利」十使。貪、瞋、痴、慢、疑是五鈍使，身見、邊見、邪見、見取見、戒禁取見是五利使。茲再分述如下：

【五鈍使】

(一)貪：心無厭足，惟得多求，非義而取，叫做貪。

㈡瞋：逆境當前，惡念頓起，含恨忿怒，無慈悲心，叫做瞋。

㈢痴：無明迷昧，乏正知見，因果迷亂，事理顛倒，叫做痴。

㈣慢：驕傲自大，人不如己，叫做慢。細分有七種曰：慢、過慢、過過慢、我慢、增上慢、卑劣慢、邪慢。不再細述。

㈤疑：疑者信之反，猶豫狐疑之謂。不信三寶功德，不信四諦真理，不信因果業力，都是疑。

【五利使】

㈠身見：身見即我見與我所見。此由於不知此身為五蘊和合之假名，而計度實有我身——我見；又不知我身邊之諸物，本無一定之所有主，而計度實為我之所有物——我所見。合此我見與我所見，則為身見。

㈡邊見：有了身見，就計度著此身死後是常住不滅，或是一切斷滅。此常、斷二見，是起於身見後邊之妄見，故名邊見。又，此妄見偏於或斷或常之一邊，故名邊見。

㈢邪見：是一種撥無因果的邪見。以為世間無可招果之因，亦無因可致之果，故善不足為，惡不足懼。這是佛住世時，六師外道中的一種邪說。

㈣見取見：以劣下之知見，對種種劣事，認為是最勝殊妙之事。見取見之第一個見字，雖指身見邊見等之見，然尚含其他種種之事物，故曰見取見。

㈤戒禁取見：由以上之見取見，遂以非理非過之戒禁為始，即其他種種之行法，以為依此可以生天或入涅槃者。此中又有二說：一為以持牛戒雞戒為生天之因者，稱為非因計因之戒禁取見；一為以修塗灰斷食等種種苦行，為入涅槃之道者，稱為非道計道之戒禁取見。

此五見，是佛住世時，針對當時外道的種種邪說而說的。此五見是迷於四諦之理性而起，為惑性之銳者，故名五利使。五利使稱為「見惑」，即是由身、邊、邪種種妄見而起之惑；五鈍使稱為「思惑」，即是由貪、瞋、痴、慢、疑種種迷情而起之惑。

佛經中稱，證聲聞四果者，須斷八十八使見惑，八十一品使惑，那是指修持至某層次，斷見惑若干使、思惑若干品，最後相加的總數而言。事實上，「惑」仍是十種，簡約言之，只是貪、瞋、痴、慢、疑、惡見六種根本煩惱而已。

六　大乘與小乘

佛法有世間法和出世間法，以世間法為權假，以出世間法為究竟。出世間法有大小二乘，以小乘為權假，以大乘為究竟；世間法又稱世諦或俗諦，為迷情所見之世間事象，如山河大地、房宇器物、男女老幼、色聲香味等。然而這一切都是因緣所生之法，但有假名，而無自性，故又稱為假諦。出世間法又稱勝諦或第一義諦，為聖者所見真實之理性，於假名之中，有不假者存在；不假謂之真，故又名真諦。

在五乘佛法中，人乘、天乘是世間法。聲聞乘、緣覺乘、菩薩乘，是出世間法。在出世間法中，聲聞乘、緣覺乘是小乘，菩薩乘是大乘。

乘是運載的意思，乘了釋迦世尊所說的教法，可以由苦的此岸，到達樂的彼岸；可以由煩惱的此岸，到達清涼的彼岸，故謂之「乘」。所謂大乘小乘者，向來多以乘車為喻。小乘如鹿車羊車——今之腳踏車、機車，用以自載；大乘如牛車象車——今之汽車、火車，自載兼以載人。換言之，小乘行者，為了自度自利——拔一己之苦，得一己之樂；大乘行者，發菩提心，自度兼以度人，自利兼以利他。

　　事實上，小乘是佛教的根本教法，釋迦世尊成正覺後，說四聖諦、三法印、十二緣生，都是小乘教義。所以小乘是大乘的根本，我人欲研究佛教，應先自小乘著手，我人欲學佛修持，也應自小乘入門，再由小向大。

　　大乘，梵語摩訶衍 (Mahayana)，譯言大乘。大乃與小相對而言。佛教中，以期於自身解脫者為小，為謀自他悉皆解脫者為大。《大智度論》稱：「佛法皆一種一味，所謂苦盡解脫味，此解脫味有二種，一者但為自身，二者兼為一切眾生。」在同一解脫法門中，因有自利利人的差異，遂有大乘小乘之分，而大乘的根本意義亦於此可見。

　　關於大乘二字，還有如下的意義：

《寶積經》稱：

　　　　諸佛如來正真正覺之道，彼乘名為大乘。

《法華經》中說：

　　若有眾生，從佛世尊，聞法信受，勤修精進，求一切智，佛智，自然智，無師智，如來知見，力，無所畏，愍念安樂無量眾生，利益天人，度脫一切，是名大乘。

《十二門論》中稱：

　　摩訶衍者，於二乘（即聲聞乘、緣覺乘）為上，故名大乘；諸佛最大，是乘能至，故名為大；諸佛大人乘是乘，故名為大；又能滅除眾生大苦，與大利益事，故名為大……

大乘又稱菩薩乘，上求覺道、下化眾生的人，即名菩薩，又稱大乘人。所以大乘二字，是以自覺覺他，自度度他為本義。茲再將大乘小乘內

容概要分述如下：

【小乘佛教概要】

　　㈠經論：以《四阿含經》——《長阿含》、《中阿含》、《雜阿含》、
　　　　《增一阿含》，及《阿毘達摩》諸論、《俱舍論》、《成實論》等
　　　　為主要經典。

　　㈡修行起因：為自度自利——拔一己之苦，得一己之樂。

　　㈢修觀：觀四念處。

　　㈣修行法門：修四聖諦，十二因緣。

　　㈤破執：但破我執。

　　㈥斷障：但斷煩惱障。

　　㈦明空：但明生空。

　　㈧證果：證清淨果——證聲聞四果，辟支佛果。

【大乘佛教概要】

　　㈠經論：以《華嚴》、《方等》、《般若》、《法華》、《涅槃》諸經，
　　　　及《中觀論》、《瑜伽師地論》、《大乘起信論》等經論為主要經
　　　　典。

　　㈡修行起因：自度兼以度他，自利兼以利人。

　　㈢修觀：究竟觀一切法。

　　㈣修行法門：修六度萬行。

　　㈤破執：破我執法執。

　　㈥斷障：斷煩惱障、所知障。

　　㈦明空：明生空、法空。

　　㈧證果：證大覺果——成佛。

　　看過了大小乘的分別概要，使我們知道在五乘佛法組織中，人乘、
天乘是世間法，聲聞乘、緣覺乘、菩薩乘是出世間法。而出世間法中，

聲聞、緣覺是小乘，菩薩是大乘。現在，我們來探討「緣覺乘」。

　　緣覺，梵語 Pratyekabuddha，舊稱辟支佛，新稱缽剌翳伽佛陀，舊譯曰「緣覺」，新譯為「獨覺」。譯為緣覺者，一為有佛之世，聞十二因緣之理而斷惑證果者，如《法華經・譬喻品》稱：「若有眾生，從佛世尊，聞法信受，殷勤精進，求自然慧，樂獨善寂，深知諸法因緣，是名辟支佛；一為無佛之世，因飛花落葉之外緣，而自覺悟無常，而斷惑證果者。譯為獨覺者，謂於無佛之世，宿因所萌，或觀十二因緣，或觀飛花落葉，而獨自覺悟者。」《大乘義章》曰：

> 言緣覺者，外國正音名辟支佛，此翻辟支名曰因緣，佛名為覺。緣覺名義，解有兩種，一約所觀法門以釋，緣覺是其十二緣法，始從無明，乃至老死，觀斯悟解，從緣得覺，故號緣覺。二就得道因緣而釋，如辟支佛得道因緣經中廣說，如拂迦沙見風動樹，而得悟道，如是等皆藉現事緣，而得覺悟，曰緣覺。

　　釋迦世尊，於出世法門，既說了聲聞乘，為何還要說緣覺乘呢？那是因為聲聞乘必在有佛之世，聞佛聲教，修行證果；而緣覺乘雖不值佛世，亦能自悟。再者，聲聞乘從四諦入道，而緣覺乘從十二因緣悟道，此為二者不同之處，也是佛於聲聞乘之外，別說緣覺乘的原因。

　　緣覺既從十二因緣悟道，必先明十二因緣之法。關於十二因緣，在〈佛學理論篇〉已有專章敘述，此處再略說概要：

　　十二因緣，又名十二緣生，亦稱十二緣起或十二有支。由此十二有支，說明我人生死流轉的前因後果，但在因果法則中，前因為前前因之果；後果又為後後果之因，因果相連，眾生的生死流轉就永無盡期了。

　　無明又作愚痴，愚痴是智慧的反面，就是無智慧。無智慧，則迷

昧顛倒，事理不明，以是為非，以邪為正，盲目衝動，造作惡業。無明也就是惑，就是迷惑真理。《大寶積經》中稱：「若不知不見四聖諦，十二因緣，是名無明。」迷惑真理，不見正法，是迷理無明；而人生過程中，順我則喜，逆我則瞋，得之則喜，失之則惱，貪染執著，是迷事無明。

行者造作之意，眾生之行有三，曰身行、口行、意行。行又名業，故亦稱身業、口業、意業。《大寶積經》中稱：「若有身、口、意業，若福業，若罪業，若欲界繫，色、無色界繫，是名行。」若一心為善，則是善業，若習於為惡，則造作惡業。

識，是「八識心王」，也是死後受業力牽引的業識，由於業識妄生顛倒分別之想，遂有入胎投生之事。

名色即是五蘊，有形體的物質曰色──「四大種及四大種所造色」。指胎兒肉體而言，名指受、想、行、識四蘊，此四者是心法，無形體可見，但以名詮而知，故曰名。在此指受胎後初七日內之受精卵。

六入即是「六處」，有眼耳鼻舌身意內六處；稱為六入者，意謂有此眼耳鼻舌身意的六處大門，色聲香味觸法六賊乃得隨時而入，故稱六入。

觸是根、塵、識三者和合，而生之心的作用。根是眼耳鼻舌身意六根，塵是色聲香味觸法六塵，識是眼耳鼻舌身意六識，三者和合即謂之觸。《大寶積經》曰：「若眼緣色生眼識，三法和合故生觸。」

受是六識對外境接觸的一種感受，以領納為義。《緣起經》曰：「受有三種，謂樂受、苦受、不苦不樂受，是名為受。」

愛以貪染為義，《大寶積經》中稱：「若有貪愛，則有執著，夫執著者，名之為結，結名發起，發起名縛，又亦名為不實戲論。如是，舍利子，一切眾生，皆為不實戲論諸縛所縛，纏縛徧縛，增上徧縛，

不得解脫。舍利子：一切眾生，為誰縛故？名之為縛。所謂色縛所縛故，名之為縛，乃至聲、香、味、觸縛所縛故，名之為縛。」

我人時感心身不得自由，無非為貪愛所縛。若無貪愛，即無執著，身心即獲得解脫自在。

取以攘取執持為義，因為有了貪愛，故進而攘取。《緣起經》云：「云何為取？謂四取：一者欲取，二者見取，三者戒禁取，四者我語取，是名為取。」

有是存在，是行為熏習的結果，也就是「業」，《涅槃經》云：「為內外事，起身、口、意業，是名為有。」

生是萬法之生起，或有情之出生。為世間一切有為法現起之總稱，《大寶積經》曰：「若此有發起，是名生。」

老死：髮白齒落，諸根朽壞曰老，五蘊破壞，壽暖識滅名死，《大寶積經》稱：「若此有衰變是名老，若此有滅壞是名死。」

順觀十二因緣，是「無明緣行，行緣識，識緣名色……」如果逆觀，又成為「又復此生……因於欲有色有無色有業生。又觀三有業業從何而生，即知三有業從四取生……又觀名色從何而生，即知名色從識而生，又復觀識從何而生，即便知識從行而生。又復觀行從何而生，即便知行從無明生。」追根究柢，可知眾生的生死流轉，十二因緣，三世因果，皆起於無明，是以《千佛因緣經》謂：

> 一切諸世間，猶如轉火輪，皆隨無明轉，業力莊嚴生。觀性相無常，
> 無我無有生；智者應諦觀，本末因緣義。

既知生死流轉、十二因緣起於無明，應知無明性空，無常無我；無明本是假名，其性原本空寂，果能破得此一點，則：「若滅無明，則行滅，行滅則識滅，識滅則名色滅，名色滅則六入滅，六入滅則觸滅，觸滅

則受滅，受滅則愛滅，愛滅則取滅，取滅則有滅，有滅則生滅，生滅則老死憂悲苦惱滅。」果然斷了惑業而入涅槃，就證得辟支佛果了。是以《大涅槃經》云：

> 大苦根本，無明所起。以般若慧，示以性淨，諦觀根本，即斷諸有過患。無明根本滅，故無明滅，無明滅，則後滅，乃至老死憂悲苦惱皆滅。

十二因緣，概括了三世二重因果——參閱〈十二緣起〉章——以惑、業、苦來歸納。無明是惑，行是業，此二者是過去世因；而識、名色、六入、觸、受五支是苦，亦為現在世果。愛、取二支是惑，有支是業，是現在世因。而生、老死二支是苦，亦即未來世果。

　　十二支中，無明為生死根本，而「愛」字為煩惱根本，煩惱即是無明，此三者，可說是三位一體。世間法處處言愛，而佛法中把愛看的相當嚴重。《大集經》謂：「一切煩惱，愛為根本。」又謂：「若有愛心，即是無明。」

　　《圓覺經》謂：

> 一切眾生，從無始際，由有種種恩愛貪欲，故有輪迴。

又謂：

> 由於欲境，起諸違順，境背愛心而生憎嫉，造種種業，是故復生地獄餓鬼。

《大涅槃經》稱：

> 因愛生憂，因愛生怖，若離於愛，何憂何怖……愛因緣故，則生憂

苦，以憂苦故，則令眾生生於衰老。

《法蘊足論》稱：

佛告慶喜：愛為緣故求；求為緣故得；得為緣故集；集為緣故著；
著為緣故貪；貪為緣故慳；慳為緣故攝受；攝受為緣故防護；因防
護故，執持刀杖，鬥訟爭競，諂詐虛誑，生無量種惡不善法。

愛之過患，有如上述，此之所以佛法只言慈悲，不言愛也。

第三章　佛法的實踐與修持

一　發菩提心、行菩薩道

在五乘佛法中，守五戒可保持人身，行十善可上升天道。但這種世間法的人天小果，只是世尊說法時的權巧方便法門，不是佛法的究竟意義。佛法的究竟是要人轉迷成悟，離苦得樂，獲得解脫——證得涅槃。

解脫——涅槃是出世間法。修四聖諦可證聲聞四果，觀十二因緣可證辟支佛果，這二者，都可以了脫生死，超出三界。但這種小乘行者，其目的只在自度。所謂「拔一己之苦，得一己之樂」，棄世間芸芸眾生於不顧，這也不是世尊說法的本懷，所以世尊嘗斥之為「焦芽敗種」，為「自了漢」。因此，佛法的究竟意義，是在於行者發四弘誓願，修六度萬行，自利兼以利他，自度兼以度人。

五乘佛法最高的層次是「菩薩乘」，菩薩是梵語的略稱，具足應稱菩提薩埵 (Bodhisattva)。菩提義譯是「覺」，薩埵義譯是「有情」。覺是覺悟，自覺且又覺他；有情是一切有情識有情愛的眾生。是既能自覺，又能覺悟一切有情識情愛的眾生。所以，菩薩是下化有情——度眾；上求大覺——成佛。而成佛，才是佛法的究竟。《妙法蓮華經·方便品》曰：

> 十方世界中，唯有一佛乘，無二亦無三，
>
> 除佛方便說，但以假名字，引導於眾生。

修菩薩道，是要深入世間，接近群眾，隨順眾生，普度眾生。本來佛法就是出世而又入世的──以出世的精神，作入世的事業。出世在以度己，入世在於度人。禪宗六祖慧能大師有偈云：

> 佛法在世間，不離世間覺，離世求菩提，恰似覓兔角。

修菩薩道，先要發菩提心。發菩提心第一要無我。第二要慈悲。那就是說：行慈悲而不執有我，知無我而不斷慈悲。慈是與人以樂，悲是拔人以苦。但慈悲並不是以我為中心而發出的，乃是建立在眾生平等，一即一切，一切即一的無我基礎上，行無緣大慈，同體大悲。因為我是眾生的一分，眾生是全體的大我，度人所以為自度，利人也所以為利我，這是慈悲的真義。

　　發菩提心，是樹立了一個崇高的目標，樹下目標，要勇猛精進，求其到達，要有「虛空可破，日月可墜」，而此志不移的精神，向目標邁進。經云：「假使熱鐵輪，在我頂上旋，終不為此苦，退失菩提心。」

　　娑婆眾生，因無明迷昧，背覺合塵，以致妄想執著，起惑造業，因業受報，沉淪輪迴。眾生沉淪迷界，非大慈大悲無以救度。所以世親論師稱：「菩薩見諸眾生，無名造業，長夜受苦，捨離正法，迷於出路，為是等故，發大慈大悲，志求阿耨多羅三藐三菩提，如救頭然，一切眾生有苦惱者，我當拔濟，令無有餘。」

　　《華嚴經‧普賢行願品》中，對發菩提心有更明白的解說：

> 菩薩若能隨順眾生，則為隨順供養諸佛。若於眾生尊重承事，則為尊重承事如來，若令眾生生歡喜者，則令一切如來歡喜。何以故，

諸佛如來，以悲心而為體故，因於眾生，起大悲，因於大悲，生菩提心。因菩提心，成等正覺。

譬如曠野沙磧之中，有大樹王，若根得水，枝葉華果，悉皆繁茂，生死曠野菩提樹王，亦復如是，一切眾生而為樹根，諸佛菩薩而為華果。以大悲水饒益眾生，則能成就諸佛菩薩智慧華果。何以故，若諸菩薩以大悲水饒益眾生，則能成就阿耨多羅三藐三菩提。

是故菩提屬於眾生，若無眾生，一切菩薩，終不能成無上正覺。善男子，汝於此義，應如是解，以於眾生心平等故，則能成就圓滿大悲。以大悲心隨順眾生故，則能成就供養如來，菩薩如是隨順眾生，虛空界盡，眾生界盡，眾生業盡，眾生煩惱盡。我此隨順無有窮盡，念念相續，無有間斷，身語意業，無有疲厭。

　　上兩段經文中，前者說：「志求阿耨多羅三藐三菩提」，後者說：「則能成就阿耨多羅三藐三菩提」。按，阿耨多羅三藐三菩提是梵語，阿，義譯為無；耨多羅，義譯為上；三，義譯為正；藐，義譯為等；三菩提，義譯為正覺，合稱「無上正等正覺」。無上正等正覺，事實上就是佛果。

　　復有十二種方法，能成就此「無上正等正覺」之心，出於《大薩遮尼乾子受記經》：

善男子，復有十二勝法，菩薩成就，名發阿耨多羅三藐三菩提心，何等十二？一者，安隱心：為與一切眾生樂故，發菩提心。二者，愍心：他惡來加，能忍將護，不生異相故，發菩提心。三者，大悲心：為荷眾生大重擔故，發菩提心。四者，大悲心：為拔一切惡道苦故，發菩提心。五者，清淨心：能於餘眾，不生願樂故，發菩提心。六者，無染心：為離一切煩惱濁故，發菩提心。七者，光明心：

為求無上自性清淨光明照故,發菩提心。八者,幻心:能知諸法究
竟無物故,發菩提心。九者,無物心:能知一切無所有故,發菩提
心。十者,堅固心:於諸法中不可動故,發菩提心。十一者,不退
心:能證諸法究竟盡故,發菩提心。十二者,度諸眾生,不生厭心:
如說修行故,發菩提心。

發下了上求下化的菩提心,同時要發下「四弘誓願」,以示決心,
這四弘願是:

> 眾生無邊誓願度,煩惱無盡誓願斷。
> 法門無量誓願學,佛道無上誓願成。

四弘誓願,古德解釋是依苦、集、滅、道四聖諦而發的。一者緣苦諦,
見眾生八苦煎迫,而發「眾生無邊誓願度」的弘願。二者緣集諦,見
眾生煩惱重重,而發下「煩惱無盡誓願斷」的弘願。三者緣道諦,緣
無上正道而發下「法門無量誓願學」的弘願。四者緣滅諦,因清淨寂
滅而發下「佛道無上誓願成」的弘願。

發菩提心與四弘誓願,還只算是發心,尚未實行。要進一步實際
履踐,才能達到上求下化的目的。所以發願的次一步,就是要行「六
度」與「四攝」。

二 六度與四攝

立志學佛、發菩提心與四弘誓願,只算是發心,尚未實行。要廣
行六度,自度度人,才進入實踐階段。

六度,又稱「六波羅蜜」。波羅蜜,梵語 Paramita,音譯波羅蜜多,

略稱波羅蜜。義譯曰「度」，亦譯為「到彼岸」。河口過渡的人，須乘舟筏橫越中流，以到彼岸。學佛的人，在煩惱迷惑的此岸，乘上六波羅蜜舟筏，渡過生死輪迴的大海，到達涅槃寂靜的彼岸。六波羅蜜的內容如下表：

廣行六度，能到達彼岸——證得菩提。在《摩訶般若波羅蜜多經·累教品》中，佛告阿難云：

> 阿難，若有菩薩摩訶薩，學六波羅蜜，皆得阿耨多羅三藐三菩提，以是故，我以六波羅蜜，倍復囑累汝。阿難，是六波羅蜜，是諸佛盡法藏。阿難！十方諸佛現在說法，皆從六波羅蜜法藏中出；過去諸佛，亦從六波羅蜜中，學得阿耨多羅三藐三菩提。未來諸佛，亦從六波羅蜜中，學得阿耨多羅三藐三菩提。過去、未來、現在諸佛弟子，皆從六波羅蜜中，學得滅度。已得今得當滅度。

六度的名稱與作用，如上所述，茲再分別詮釋如下：

一、布施度：布施梵語檀那 (Dana)，義為施捨。施捨是多方面的，並不專指財物。釋迦世尊在往昔因中修行時，曾經捨身飼虎，割肉餵鷹，這是高度布施的一種，非凡夫所能為。經中言，以頭、目、腦、髓、肢節手足作布施的，稱為內施；以國城妻子、田園財物作布施的，稱為外施。

外施復有財施、法施、無畏施之分。以自己資財隨力施與的，叫做財施。以佛法化導眾生，使其因而得度者，叫做法施。予苦難眾生以精神慰藉，使之遠離恐怖者，叫做無畏施。

布施不難，難於達到「三輪體空」的境界——無施予的我、無受施的人、無所施之物。正如《金剛經》所謂：「菩薩於法，應無所住，行於布施。」亦如《千佛因緣經》所稱：「施為妙善藥，服者常不死，不見身與心，觀財物空寂，受者如虛空，如是行布施，無財及受者，乃應菩薩行。」

二、持戒度：持戒梵語尸羅 (Sila)，義譯持戒，是止惡修善的意思。戒有在家戒與出家戒之分。在家清信士，於三皈後受持五戒；出家沙彌受持十戒；比丘受持二百五十戒；比丘尼受持三百四十八戒。惟行菩薩道者受持十重四十八輕戒，不分出家在家。

持戒，不在消極的止惡，而在積極的為善。以止惡為善淨化言、行，淨化心識，解脫妄想執著的纏縛。在戒、定、慧三無漏學中，依戒資定，依定發慧，慧可破惑證真，依慧成佛。故戒為三無漏學的基礎。持戒貴在能守，《梵網經・菩薩戒品》云：

寧以此身，投熾燃猛火，大阬刀山，終不毀犯三世諸佛經律……

三、忍辱度：忍辱梵語羼提 (Ksantipar)，義譯忍辱。玄奘大師譯為勝忍或安忍。忍辱所以度瞋恨。忍是能忍之心，辱是所忍之境，凡情最難忍受者，莫如侮辱，辱若可忍，則其他諸忍亦較易做到。

忍辱，不但是忍別人所予的辱，更要忍自己所處的境。要在窮困病苦之逆境中，忍令頹喪卑鄙之念不生；而於富貴安適之順境中，忍令驕矜沉迷之念不在。於不順不逆，萬法生滅之常境中，忍令遷隨移易之念不生。

　　忍辱不僅是忍心理上侮辱戕害順逆之境，更要忍生理上飢渴
寒熱創痛之苦。忍辱是理性與內心煩惱賊作戰，煩惱時時在我人
內心伺機蠢動，我人若一念不忍，理性即為煩惱所屈服了。

　　《大般若經‧三七六》稱：

是菩薩摩訶薩從初發心起，乃至安坐妙菩提座，其中假使一切有情，
各以種種瓦石刀杖競來加害，是菩薩摩訶薩不起一念忿恨之心，爾
時菩薩應修二忍：何等為二？一者，應受一切有情辱罵加害，不生
忿恨，伏瞋恚心，二者，應起無生法忍。

四、精進度：精進梵語毘梨耶 (Virya)，義譯精進。精進所以度懈怠，
　　純一無雜曰精，鼓勇直前曰進。精進者，即未生之善心令速生，
　　已生之善心令增長；未生之惡念令不生，已生之惡念令速斷。

　　　　修菩薩道，夙興夜寐，惟自精勤，凡所作事，努力不懈，事
　　若未成，終不中廢，於度化眾生，摧伏邪論，以無比的毅力，力
　　行實踐。精進與忍辱是相輔相成的，忍辱是消極的忍受苦難，精
　　進是積極的勇往直前，二者相輔而行。

五、禪定度：禪定梵語禪那 (Dhyana)，義為靜慮。禪定所以度散亂，
　　禪定可分為事理兩種：事定者，依心攝境；理定者，如《大乘起
　　信論》所稱：

住於靜處，端坐正意，不依氣息，不依形色，不依於空，不依地水
火風，乃至不依見聞覺知，一切諸想，隨念皆除，亦遣除想，以一
切法，本來無相，念念不生，念念不滅，亦不得隨心外念境界。後
以心除心，心若馳散，即當攝來，住於正念。

　　概略言之，禪定在於心力集中，而後於定中產生智慧，修禪定，

須自守護六根下功夫。儒家所謂：「知止而後有定，定而後能靜，靜而後能安，安而後能慮，慮而後能得。」亦是此意。

六、智慧度：智慧度梵語般若 (Prajan)，義譯智慧，玄奘大師譯為勝慧，最為切合。智慧所以度愚痴，是由禪定所證得的，即所謂「由戒資定，由定生慧。」

　　智慧並不是世人博學多聞的有漏智，而是圓融無礙的正智。這種智慧能照破一切客塵煩惱，顯露真如本性。修六度即在於斷煩惱，得般若，證菩提，證得般若菩提，即是成佛，也就是六度萬行功德圓滿的時候。

　　修六度，必須相資相行，齊頭並進。因為慧而不定，未能受用；定而不慧，未免沉迷，定慧雙修，而不持戒，便礙於積習；三學俱足而不佈施，便不能攝化眾生；布施而不修三學，只種下人天福報，持戒而不能忍辱，即難調瞋恚之氣；有精進而無諸度，則徒勞無功，有諸度而無精進，則始勤終懈。是以必須六度兼修，始能圓滿完成大乘菩薩道的二利之行。

　　修菩薩行者，除勤修六度外，尚須行四攝法，才能深入人群，普度眾生。四攝法者，是布施攝、愛語攝、利行攝、同事攝。

一、布施攝：要想普度眾生，必須深入人群，與被度的人接近，才能達到度人的願望，布施攝，就是對貧困者施以錢財，對無知者說以正法，對苦難者施予同情與慰藉，以達到度人的目的。

二、愛語攝：隨眾生的根性，以溫和慈愛的語言相對，使之感到我和藹可親，與我接近。而我則達到隨機度化的目的。

三、利行攝：修菩薩行者，要秉持損己利人之原則，感化眾生，以達到度人的目的。

四、同事攝：修菩薩行者，要深入社會各階層，與各行各業的人相接

近，做其朋友、做其同事，在契機契緣的情況下而度化之。

布施、愛語、利行、同事諸攝，只是行為上的攝化，行四攝的同時，尚須以四無量心為根，才能表裡合一，這四無量心是：

一、慈心無量：慈是以予人以樂之心，普度無量眾生。

二、悲心無量：悲是以脫人於苦之心，普度無量眾生。

三、喜心無量：見人止惡行善，生歡喜心；見人離苦得樂，生歡喜心，以此喜心，普度無量眾生。

四、捨心無量：怨親平等，捨怨捨親；乃至將以上三心——慈、悲、喜之心捨之而心不存著，而普度眾生。

修六度，行四攝，亦應三輪體空，不住於相。《金剛經》云：「滅度無量無數無邊眾生，實無眾生得滅度者。」又云：「若菩薩有我相、人相、眾生相、壽者相，即非菩薩。」前者的意思是，眾生皆具佛性，彼得度者，實係其本具佛性之顯露，我何能存彼係我度化之心？後者的意思是，眾生既非我所度化，則更不應執有能度之我，與所度之人，及被度眾生的智愚之高下了。

上求大覺，下化有情，修六度萬行，自利利他，稱為菩薩。然而，自初發心行菩薩道，自覺覺他，到覺行圓滿，即補位之妙覺菩薩，其間果位，計有五十二階之多。這五十二階，各有名稱，此處以篇幅所限，不能一一盡述，概略言之，五十二位，十信、是十住、十行、十回向、十地，最後是等覺菩薩、妙覺菩薩。

十信者，乃發心住位中修此十種心也！其間由信心至回向心共有十階。十住者，乃安住某處之義。謂以六度萬行為安住之處也。其間由發心住至灌頂住，共有十階。十行者，謂依六度而作利他之行也！其間由歡喜行至真實行共有十位。十回向者，回轉自己所修之功德，而趨向於所期之謂也。其間由救護眾生離眾生相回向，至法界無量回

向共十果位。十地者，地為萬法之所依，又能生長萬物，其義為有為無為與一切功德及所修行，均依此令得生長也！其間由極喜地至法雲地共十果位，最後是因位的等覺菩薩，和果位的妙覺菩薩。

妙覺者，其義為自覺覺他，覺行圓滿，而不可思議者。換言之，亦即佛果之無上正覺，妙覺菩薩，事實上就是補位之佛。

學佛修行的人，守五戒、行十善，不過是世間法，獲人天小果，不出三界，仍在六道輪迴之內。修四聖諦、十二因緣，斷見惑思惑，破我執，斷煩惱障，可證阿羅漢和辟支佛果。但二乘小果，只知自覺自利，不知覺人利人，並且二乘也不是圓滿極果。若由此更進一步，內懷修道成佛之願，外行布施利他之行，修六度，行四攝，最後斷見思塵沙諸惑，破我法二執，及煩惱所知二障，即達到自覺覺他的菩薩地位。當菩薩位滿，再破盡根本無明，此時大覺已圓，即證得佛果了。

三　戒定慧三學

釋迦牟尼世尊，一生行腳弘化，說法四十五年，遺留下的教言，後世弟子結集為三藏十二部經典，在眾多教法中，而世尊的根本教法，就是苦、集、滅、道四聖諦。所以，所謂學佛，就是要知苦、斷集、慕滅、修道，修什麼樣的道？修「八正道」。因此，八正道是學佛修持的根本。

關於「八正道」，在〈佛學理論篇〉已詳為敘述，此處不贅。惟八正道可攝入戒、定、慧三學，因此，修戒、定、慧三學，事實上就是修八正道。

戒、定、慧三學，又稱三無漏學。戒是止惡修善，為修持之首要，依此以資定；定是息緣靜慮，依此以發慧；慧者可破惑證真，以此而

成佛。《翻譯名義集》云：

> 道安法師云：世尊立教，法有三焉，一者戒律，二者禪定，三者智
> 慧。斯之三者，至道之由戶，泥洹之關要。戒乃斷三惡之干將也，
> 禪乃絕分散之利器也！慧乃濟病之妙醫也。羅什法師云，持戒能摧
> 伏煩惱，令其勢微。禪定能遮煩惱，如石山斷流。智慧能滅煩惱，
> 畢竟無餘。

在此三無漏學中，言戒學則有小乘戒、大乘戒之分。言定學則有世間
定、出世間定之分。言慧學，在因則有聞所成慧、思所成慧、修所成
慧；在果則有道慧、道種慧、一切智、一切種慧。若詳言之，世尊一
切經教，皆不出此三學，因限於篇幅，僅略述概要如下：

一、戒學：戒學依戒律而立，我人行為，不外身、口、意三業，身、
　　口、意三者，可以為善，可以為惡。世尊住世時，為防止弟子有
　　為惡的言行，是以先後訂下種種戒法，佛滅度後，大迦葉主持第
　　一次結集，由優婆離誦出戒法，以其分八十次誦出，稱定八十誦
　　律，成為定制，律後來分為五部，就是後來的律藏，為佛門七眾
　　弟子所遵守。

　　　　按戒之一字，梵語尸羅，義譯為戒。戒者防非止惡，防止身、
　　口、意三者之為惡，戒又稱「止得」，因止惡可以得善。因此，自
　　消極一面講，戒的目的是防止為惡；自積極一面講，戒的意義是
　　積功修善。依《華嚴》、《梵網》、《占察》、《瓔珞》等經，及《瑜
　　伽》、《唯識》等論意來說，戒學有三個部門，稱三聚淨戒，這三
　　聚淨戒是：

　　1. 攝律儀戒：側重在自己的戒律威儀，義在消極的防止為惡。

　　2. 攝善法戒：意在積極的積功為善。

3.饒益有情戒：意在捨己為人，饒益有情。

基於上述三點，戒法又分為「止持」與「作持」二門：

1. 止持門：受持戒法，不得違犯，如果作了即有違戒法，就稱「止持作犯」，這是對攝律儀戒消極的防止為惡一面而言。

2. 作持門：受持戒法，發心去做，如果不作就算違犯戒法，就稱「作持止犯」。這是對於攝善戒、饒益有情戒積極的力行為善一面言。

佛門有七種弟子，其所受持的戒品，各不相同。可分為在家戒、出家戒兩大類，出家戒可分沙彌、沙彌尼戒，式叉摩那戒，比丘、比丘尼戒三小類，分別略述如下：

1. 在家戒：在家信眾——優婆塞、優婆夷，在皈依佛門時，首先要受持五戒——不殺、不盜、不淫、不妄語、不飲酒。五戒是入道之因，成佛之基，是一切戒法的根本，也是佛門七眾弟子均必須行持的。關於五戒，在〈入道之門〉節中已有敘述，此處不贅。受持過五戒的在家信眾，可隨分隨力，進一步受持八關齋戒。八關齋戒是五戒之外，加上：六、不著香華鬘、不香油塗身、不觀舞聽歌。七、不坐臥高廣大床。八、不非時食。八關齋戒本是出家人之戒，但在家居士亦可隨分受持，此一日一夜之戒法，一月之中受持六日或十日，稱作八齋日或十齋日。

2. 沙彌沙彌尼戒：五戒八戒是在家信眾的戒品。如果捨親割愛，剃髮出家者，就要稟受出家戒品，出家先要受沙彌或沙彌尼戒，以取得出家眾的資格，之後再受具足戒，沙彌沙彌尼受持十戒，這十戒的前五戒：不殺、不盜、不淫、不妄語、不飲酒，與在家五戒名稱相同，但戒相較為微細嚴密，此外再增加：六、不著香華鬘、不香油塗身。七、不歌舞娼妓、不住觀聽戒。八、不坐高廣

大床戒。九、不非時食戒。十、不捉持生像金銀寶物戒。

3. 式叉摩那戒：式叉摩那，為出家五眾之一，義譯為學法女。佛制、沙彌尼要進一步受具足大戒者，自十八歲至二十歲間，別學六法，和比丘尼的一切戒律威儀，以驗其操行的清淨和道心的真固，此一時期名式叉摩那尼，二年期中，操行清淨，無有毀犯，可進受比丘尼大戒。

4. 比丘比丘尼戒：沙彌受持十戒後，年滿二十歲，十戒清淨，無有毀犯，沙彌尼增受式叉摩那六法，年滿二十，無有毀犯，可進受比丘、比丘尼大戒。依漢譯曇無德律，比丘二百五十戒，比丘尼三百四十八戒，出家眾自出家受沙彌沙彌尼戒，比丘比丘尼戒，依照中國大乘傳統，又要加授大乘菩薩戒。合稱三壇大戒，三壇大戒具足，稱菩薩比丘、菩薩比丘尼。

5. 菩薩戒：菩薩戒有出家與在家之分。在家菩薩戒有六重戒三十八輕戒，六重戒是戒殺、盜、淫、妄、酒、說四眾過。三十八輕戒是不恭敬供養三寶、父母，不精進佛法，不行善利他等。出家菩薩戒有十重四十八輕戒，十重戒是殺、盜、淫、妄、酒、說四眾過，以及自讚毀他、故慳吝、故瞋、謗三寶等，四十八輕戒是不敬三寶，起邪倒見，不精進佛法，不積極行六度以利生等。

　　以上種種戒品，條目儘管繁多，但都是從根本五戒推演而出。根本五戒，是戒殺、戒盜、戒淫、戒妄語、戒飲酒，何以立此五戒，原來我人的根本煩惱，是貪、是瞋、是痴，一切煩惱，皆由此出，故又稱三毒。三毒以心意為動機，以身、口為行為，造作殺、盜、淫、妄四惡業，而酒能亂性，助長三毒，可知佛制五戒，是對症下藥，治此三毒。

　　五戒中，以不殺而戒瞋，因殺念皆由瞋而起；以不盜戒貪，因盜念皆由貪而來；以不淫戒痴，因男女淫皆由痴而起。以不妄語兼戒貪痴，因妄語者，或為詐取名利，或為隱藏過惡。隱藏過惡是痴，詐取名利是貪。這貪、瞋、痴三毒，是與生俱來，本性固有，立此不殺、不盜、不淫、不妄語四戒，是治此本性的病，故稱此為「性戒」。飲酒是後天欲望而起，不是本性所固有。但酒使人神智昏迷，易於犯戒，故亦在禁止之列，故稱為「遮戒」──禁止戒。

　　戒學的目的，在於止惡、行善，修行持戒，貪、瞋、痴諸煩惱日漸減輕。故學佛要從持戒入手。

二、定學：定是息緣靜慮，是治心的切要功夫，學佛由持戒入手，依戒生定，這是在三業清淨的基礎上，修得清淨的禪定──三昧，為內心體驗的修養法門。

　　修禪定，早在古印度婆羅門教《奧義書》時代即有此種法門，當時諸外道亦多以此種方法修行。修此法門，可調身、調息、調心，使精神集中而趨於平靜，在定中引發智慧，惟修習禪定，必以離欲為先，如心戀五欲──財、色、名、食、睡諸現實欲樂，那是不能得定的。

　　我人身心感受的苦果，是業和煩惑聚集而來的，因此，在學佛的修持上，要想解脫苦果，先要斷除苦因，苦因的由來，無非是由我人這一顆妄心上發生，試看我人的心識，前念甫滅，後念已生，念念生滅，剎那不停。這妄念是惑，由妄念而行之於身口者是業。因惑造業，因業受苦，這是多生多世生死流轉的根本，也是此生此世惑業相續的原因，所以學佛、修持，首在治心，果能以禪定法門，治得妄念不起，一心不亂，則自然神志清明，在

定中產生智慧。

　　禪定的種類頗多，方法亦不盡相同，留待本文下一節詳述。

三、慧學：慧學的慧，是智慧之慧，但這種智慧，不是世俗的世智辯
　　聰之慧，而是由定中所證得般若——正智妙慧，無漏智慧，智慧
　　梵語般若，將般若譯為智慧，只是相近之辭，因為智慧並不能包
　　括般若的含義。

　　　　真如佛性，人人本具，但為我人心識上的妄念遮蔽，有如明
　　鏡蒙塵，使鏡體失去光明。明鏡雖蒙塵垢，但其本體的光明仍在，
　　若拭去塵垢，光明仍然顯出來。

　　　　學者修持，持守戒法，依戒資定，依定生慧，做的就是拂拭
　　塵垢的功夫——拂拭去心識上的迷惑、妄想，歸於一個正念。誠
　　如神秀大師的偈語：

　　身似菩提樹，心如明鏡臺，時時勤拂拭，勿使惹塵埃。

時時勤拂拭，就是拂拭去心識上的迷惑妄想。雖然慧能大師偈云：

　　菩提本無樹，明鏡亦非臺，本來無一物，何處惹塵埃。

才是見性語，但我輩生處末法時代，鈍根劣智，心識上的塵垢，
其厚不知幾許，若說能頓悟真心，直見本性，事實上是不可能的
事。還是神秀大師的漸悟法門，時時拂拭，使塵垢漸滅——以息
緣絕慮的定學，逐漸掃除妄想，歸於正念，久而久之，妄念脫落，
真心顯露，也就像明鏡上除去塵垢，鏡體恢復光明。鏡體照物無
遺，也正如正智妙慧發生作用，這就是慧學。

　　戒、定、慧三學，是學佛者入門修持的三種根本功夫。三藏十二
部經典，律藏部份，講的是戒學；經、論部份，講的是定、慧。小乘

學者，從知苦、斷集、慕滅、修道修起，修道修的是八正道。八正道就是戒、定、慧三學。大乘學者修菩薩道，菩薩道修六度，而六度也是戒、定、慧三學。如下表一、二所示：

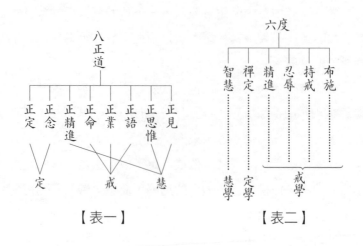

【表一】　　　　　　【表二】

四　禪　觀

禪觀法門者，禪是靜慮，觀是觀心，靜慮觀心，其實就是三無漏學中的定學。長遠以來，各宗都依據定學，成立本宗的禪觀法門。如三論宗之實相觀、天台宗之止觀、華嚴宗之法界觀、法相宗之唯識觀等。惟三論，唯識的觀法，早已失傳，天台、華嚴的觀法，也少有人修習。遺留到現在的禪觀，只有禪宗一門的方法，茲略述禪觀的方法如次：

漢末譯經大師安世高，在其所譯出之經典中，有許多禪經，惟全屬小乘禪，其中禪觀法門，大致不出四念處、五停心的範圍。

四念處者，一者觀身不淨，二者觀受是苦，三者觀心無常，四者

觀法無我。學者修持，在靜慮中返觀自身，內儲糞穢，外多汗垢，遍體不淨，應生厭離想，此謂觀身不淨。再觀人生世間，苦多樂少，我人身心感受，於順適之境則樂，於違逆之境則苦，此樂此苦，悉為外境所轉移，實際上所謂樂者，亦為苦之根源，此謂觀受是苦。再觀我人心識，前念甫滅，後念已生，念念生滅，相續無已，此謂觀心無常。再觀宇宙萬法，生滅變異，了無主宰。而四大五蘊假合之身心，亦不出生滅變異的法則，何處有真實之我存在？此謂觀法無我。

五停心者，為多貪不淨觀、多瞋慈悲觀、多散數息觀、愚痴因緣觀、多障念佛觀。原來我人與生俱來的貪、瞋、痴諸煩惱，各有偏重，因人而異。五停心者，即就各人偏重的煩惱，對症施藥，使之停心作觀。如淫欲勝的人，令其作不淨觀。觀男女色身，充滿涕液垢穢，貪淫之念自然滅少。如瞋恚勝的人，令其作慈悲觀。觀我與眾生，俱是平等。既是平等，何可以瞋怒之心，損害他人？對於心意散亂的人，令其作數息觀，入室靜坐，默數呼吸，使妄念滅少，入於正定。對於執著重的人，不知宇宙萬法，皆是因緣和合而生，愚痴之人，執為實法實我，不肯放捨，故令其作因緣觀。還有一種業障深重的人，入道修行，受種種障礙阻撓，這時須仰仗佛力，持佛名號，以消除業障，此即謂多障念佛觀，以上是小乘修持的禪觀。

東晉時代，佛陀跋陀羅譯出《達摩多羅禪經》，鳩摩羅什譯出《坐禪三昧經》等，大乘禪法就傳入中國。大乘禪以一切諸法，皆是因緣和合所生，無自性實體，畢竟是空，從空觀著力，此又稱為菩薩禪。

南北朝時，南天竺菩提達摩渡海來中土，立此不立文字，直指人心法門的禪觀，從此禪觀自成一宗，稱為禪宗，菩提達摩也就是禪宗初祖，達摩祖師教授弟子，是「以心傳心」。既是以心傳心，不立文字，所以傳心法門，也就難於查考了。

此傳心法門，達摩傳法於二祖慧可，慧可傳法於三祖僧璨，僧璨傳法於四祖道信，道信傳於五祖弘忍，弘忍門下弟子中，有神秀與慧能。神秀為上座弟子，慧能不識字，在碓房舂米，一日五祖令弟子各依己見，做一偈文，神秀作偈云：「身是菩提樹，心如明鏡臺，時時勤拂拭，勿使惹塵埃。」偈文貼出，眾人嘆服。適慧能走過，有人讀偈給他聽，慧能說此偈不好，眾人大笑，慧能口改原偈曰：「菩提本無樹，明鏡亦非臺；本來無一物，何處惹塵埃。」五祖聞之，認為這才合達摩直指人心的本旨，所以五祖就傳法給慧能，是為禪宗六祖。

神秀用功的方法，是以禪觀方法，慢慢拂拭心中妄念，是漸進的；慧能用功的方法，是豁然悟到妄念無體性，直接明心見性，是頓悟的。這以後神秀的漸法行之於北方，慧能的頓法行之於南方，稱為「南頓北漸」。

禪宗的禪觀，以「坐禪」為主。坐禪是盤膝端坐，息緣絕慮，心中不思善，不思惡，脫卻迷悟生死的妄念，達到安住不動的境界。

到了宋朝時代，禪宗門下的臨濟一系盛行，改用「參禪」法門，叫做「參話頭」，就是抱定一句無意義的話頭，不論行、住、坐、臥，總是牢牢咬定這話頭，毫不放鬆，極力參究，參的話頭，如「念佛者是誰？」「父母未生我以前的本來面目？」像這樣全心全意咬定這句話參下去，終究有豁然貫通，心境開明的一天。

這以後，又有「參公案」的方法——由古人的語錄中，選出利於功夫的語句，給修持者作課題，專心參究此公案，令得悟入。宋代永明延壽禪師，倡「禪淨雙修」之說，為禪法開出一條新道路，如元代的中峰明本大師，明季的雲棲蓮池大師，都持同一主張。

修禪定，主要是坐禪。坐禪，要有一番預備，然後才能實行，所謂預備，是指一般在家人而言。出家人居住在名山寺院中，自有其修

持的環境，而在家人身處今日工商業社會，住在都市鴿子籠式的公寓房中，就必須有一番準備工作。準備要件，首先要在家中闢一靜室，大小不拘，以不受外界干擾為準，室中置一方櫈，上敷軟墊，臀坐處再墊高一二寸至二三寸，有此環境，然後作調身調心功夫。

　　所謂調身，首重起居有定時，睡眠普通以八小時為度。飲食不宜過飽，尤忌暴飲暴食及酗酒；平時舉動，心平氣和，使氣血平順，肢體輕安。所謂調心，首先要減少世緣的牽掛，次一步調伏心中的妄念，使妄念入於正念。我人有生以來，一顆妄心，有如「心猿意馬」，片刻不停，要談調伏，談何容易。不過慢慢調伏，時時留意，不使一顆心胡思亂想，天長日久，自然有效。

　　準備完成，進而實行。定一時間，每日或早晨，或晚間，到靜室打坐，即盤膝端坐於木櫈軟墊上，或左腿加於右腿、或右腿加於左腿，雙手交握，置於小腹下方；腎囊懸空，勿使受擠壓，坐好之後，調息使呼吸均勻，然後心中一切放下，把雜念掃除盡淨，心中只存一正念，有如明鏡，不染一塵。

　　初學坐禪，下手最難。愈想掃除妄念，妄念愈是紛擾不斷。這時有兩種方法可以制服，一是數息，一是念佛。數息方法是，我人鼻中氣息，一出一入，叫做一息，坐定以後，把心意集中在鼻息上，注意氣息的出入，一呼一吸數一，再一呼一吸數二，如是由一數到十，再從頭開始。氣息出入是身的作用，默然數息是心的作用，如此則身心合一，妄念就無隙可起了。再則可專心念佛，把一顆心繫在一句南無阿彌陀佛的名號上，念到一心不亂，妄念自然無以生起了。

　　坐禪法門，六祖慧能大師曾云：「何名坐禪，外於一切善惡境界，心念不起，名為坐；內見自性不動，名為禪。何名禪定，外離相為禪，內不亂為定。」大慧和尚亦稱：「妄念不生為禪，坐見本性為定。本性

者，是汝無生心。定者，對境無心……若得如是定者，雖是凡夫，即入佛位。」

坐禪達到「對境無心」地步，就是對一切事物，不起思量分別，不持差異見解。宇宙萬法——一切有為法，都是相對而立，我人心識，是以「了別」為義，以此了別心去對待外境，一切都是相對的存在。事實上，所謂宇宙萬有，本來就是由我人「主觀的能認識的識體」——心識，與「客觀的所認識的對象」——外境，兩者相對而有的。坐禪入定，即是停止心識的作用，入於無心的境界——主觀的能認識的識體既不存在，客觀的所認識的對象自然亦不存在。初祖達摩安心法門云：「己自尚亡，更有何物而不亡也。」心是能見，境是所見，「對境無心」，能所兩亡，正智妙慧，由此而生。這種智慧，是一種「無分別」的智慧。

坐禪，須有明師指導，個人盲目修練，不特難有成就，且恐招致魔境。此處所介紹種種法門，不過略述其意而已。

第四章　修密與念佛

一　密宗的弘傳與修持

修密，是口持真言，手結印契，意作妙觀，所謂「三密相應」，這是密宗修持的法門。

密宗，又名真言宗。真言梵語 Matra，意思是不能以普通文字表達的神秘教義，也就是「咒」。相傳法身佛大日如來，於金剛法界宮自受法樂，恆常演說此真言密教，上首金剛薩埵，結集為《大日經》、《金剛頂經》，納之於南天竺鐵塔中，至佛入滅後七百年，龍樹菩薩出世，入鐵塔親禮金剛薩埵，承受大法。龍樹傳之於弟子龍智，龍智化行於南天竺及師子國，傳說龍智壽七百歲，傳兩部大法於金剛智、善無畏。

唐玄宗開元四年（西元七一六年），善無畏自中天竺攜齎梵篋，經西域來長安弘化，玄宗禮為國師，設置內道場，尊為灌頂大阿闍梨。善無畏於抵達長安的第二年，在菩提院譯出《金剛頂虛空藏求聞持法》一卷，繼之於開元十三年，又在洛陽大福先寺譯出《大毘盧遮那成佛神變加持經》——即《大日經》七卷。並開灌頂曼荼羅，授法於唐沙門一行，此為密教傳來中土之始。一行阿闍梨盡得善無畏之真傳，筆受《大日經》，記其秘義，為《大日經疏》二十卷，又作《義釋》十四卷，此均為密教要典。

善無畏的傳授，以胎藏界的密法為主，他於開元二十三年（西元

七三五年）在洛陽圓寂，年九十六，葬於龍門西山。他的得法弟子，
除一行外，尚有溫古、智儼、義林、新羅玄超等。

在善無畏來唐的四年後，南天竺的金剛智也攜其弟子不空，經由
南海，廣州抵達長安。也被禮為國師。並隨帝往返於東、西二京之間，
奉敕建曼荼羅，開壇灌頂，並譯出《金剛頂瑜伽理趣般若經》、《藥師
如來觀行儀軌法》等二十四種，合三十卷。他盛弘密部，所弘以金剛
界密法為主，唐沙門一行、義福等都從他受法。他於開元二十九年，
在洛陽廣福寺圓寂，年七十一，葬於洛陽龍門。

不空，南天竺師子國人，他是婆羅門種，十四歲在闍婆國遇金剛
智，隨時受學，並隨金剛智來中土，開元十二年，二十四歲在洛陽廣
福寺受具足戒，廣學梵經密法。他通華梵語，常隨師譯經。金剛智入
寂後，他奉師遺命，並齎唐國書，率弟子含光等三十七人，由海路重
返師子國。國王尸羅迷伽禮之甚厚，他依普賢阿闍梨重受五部灌頂，
並廣求密藏經軌五百餘部，於玄宗天寶五年返歸長安，玄宗延至宮中，
請受灌頂，又開壇廣為四眾授法。玄宗賜以「智藏」之號。後經肅宗、
代宗兩朝，受兩帝優遇。他先後譯出《金剛頂經》、《金剛頂五秘密修
行念誦儀軌》、《發菩提心論》等一百五十五種，合二百零五卷，於代
宗大曆九年入寂。

善無畏、金剛智、不空，三者為中土密宗的開創者，世稱為開元
三大士。

不空門下，得法的上足有含光、惠朗、曇貞、覺超、慧果五人。
其中以慧果大師博學深慧，盡其秘蘊。其後慧果傳法於義操、空海等
十六人。空海為日本人，回國後大弘密教，至今傳持不絕，稱為東密。

此宗在唐代頗為盛行，後來經唐末五代十國之亂，經疏銷毀，持
明軌則，流為市井歌唄。至宋世，雖有法賢、施護、法天等譯出密部

經論，然未能發揚光大。到了明代明太祖鎮壓彌勒教、明尊教等民間秘密宗教，連帶著此宗一併禁止，所以就完全失傳了。

西藏的密教——即喇嘛教，是由印度直接傳入的。佛教早在東晉時代就由印度傳入西藏，到西元七世紀初，印度的蓮花生上師入西藏成立喇嘛教，中土稱之為藏密。藏密在元、清兩代，由於政府懷柔藩部政策，頗受兩代政府之尊崇與保護，然藏密之喇嘛，與中土民間素少接觸。直至西元一九五四年後，因達賴喇嘛逃離西藏，而西藏密教乃在西方各國大為流行。今日臺灣地區，學密風氣頗盛行，所學者亦為「藏密」，而非中土唐代的密宗也。

密教對於世出世間一切教法，立二教，十住心以判釋之。所謂「二教」，即顯教與密教。顯教是應身佛釋迦如來，應機顯說的大小乘教法；密教是法身佛大日如來，內證的真言秘密教法。

所謂「十住心」，其名義為：

㈠異生羝羊心：指諸有眾生，殺盜亂淫，造作罪業，有如羝羊，自投於三惡趣者，即屬此心。

㈡愚童持齋心：謂諸有眾生，發心持齋行善，雖可以生於人道，然不能得到出世解脫，即屬此心。

㈢嬰童無畏心：謂外道沙門，求生天道，不畏未來的退墮，不脫生死輪迴，即屬此心。

㈣唯蘊無我心：謂小乘行者，修習四諦，知一切無我，而認法體為有，證我空而未證法空，此為聲聞乘教法。

㈤拔業因種心：謂觀十二因緣，能自斷業、苦種子，而不能濟度眾生，此為緣覺乘教法。

㈥他緣大乘心：謂大乘行者，為自利利他，開示依他圓成法相的至理，此即法相宗的教法。

(七)覺生不生心：謂了知諸法實相本來空寂，無迷無覺，不生不生滅，此即三論宗的教法。

(八)一道無為心：謂宣說三諦圓融，萬法一如，所謂諸法實即一道，清淨無為的實相，此即天台宗的教法。

(九)極無自性心：說示華嚴法界，圓滿融即的事理；但皆就因分而說，至於果分，仍是離言絕慮，故稱極無自性，此即華嚴宗的教法。

(十)秘密莊嚴心：開示實相的果分，所謂唯佛與佛的秘密境界，萬德莊嚴的曼荼羅教，此即真言宗的教法。

如上所述，此宗居二教中的密教，十住心中的秘密莊嚴心，亦即此宗所自居的地位。

此宗的教法，分為教相與事相兩門，教相為理論，事相為修法。其種種實修的法則行軌，屬於事相；而說明此秘密深旨的，謂之教相。教相的理論於經典上說示之，而事相的修法，必須經阿闍黎傳授。茲概述其主要教義如下：

一、阿字本不生：《大日經》云：「云何真言教？謂阿字門，一切諸法本不生故。」

「阿」字，在梵語中又音遏、哀、安、菴、曷、噁等，義譯曰無，或譯曰真空，為眾聲之母，一切字的種子。此音生一切梵語，此字生一切梵字。《大日經·疏》云：「阿字是一切法教之本，凡最初開口之音，皆有阿聲。若離阿聲，則離一切言說。故為眾聲之母。」阿字有七義，即菩提心、法門、無二、法界、法性、法身七義。故密教一切教法，無不從此阿字發生。

密教教義，阿字有本不生之義。本不生者，本來非有，非今始生之義。凡物之元初根本者，必為不生之法。生法必為能生之

因，有能生之因者，即非根本元初。今阿字為字之根元，更無能生之因，故知此為不生之義。今託以阿字，使知一切諸法不生之義也。

二、兩部曼荼羅：曼荼羅梵語 Mandala，義譯曰壇，或道場，即築方圓之土壇，安置諸尊於此以祭供者，是為曼荼羅之本體，而此壇中聚集具足諸尊諸德成一大法門，如轂輞具足而成圓滿之車輪，是曼荼羅之義也。

密教教義，以即事而真，當相即道。故以法界萬有的當體，即是大日如來，此大日如來具足理、智二德，而由金、胎兩部曼荼羅以表顯之。所謂金、胎兩部曼荼羅，即胎藏界曼荼羅，與金剛界曼荼羅。

胎藏界曼荼羅，表性具的理；謂眾生本有性德，攝持含藏一切如來功德，而未顯現，如母胎之攝藏嬰兒，故名胎藏界。金剛界曼荼羅，表修顯的智；謂如來智慧，能破諸惑障，而證實相的理，堅固銳利，有如金剛，故名金剛界。此二者，理示平等，智表差別。理為本有，故配本覺；智為修生，故配始覺。胎藏界為因，於六大中，為地、水、火、風、空之前五大；金剛界為果，於六大中為識大。此兩部曼荼羅，實二而一、一而二。法門雖別，而法體不分。

三、六大：密教將世間萬事萬法，乃至出世間法，謂係六種要素所緣起，此六種要素，即地、水、火、風、空、識，稱之為六大。其名義為：

地大：一切事物有凝固性者，由自然界現象或我人身體可證之。

水大：一切事物之有濕潤性者。

火大：一切事物之有溫暖性者。

風大：一切事物之有流動性者。

空大：無空間則事物不成其運動，有了空間，則事物成立其一切
　　　變化運動。

識大：萬法由上述五大而成立，萬法建立在互相的關係上，而以
　　　識大為其中心。

　　　一切眾生，自頂至踵，由內而外，皆是六大所成，而大日如
來、無量佛身，亦無非此六大，故六大周遍法界，為一切諸法之
體。而大日如來，法身周徧法界，佛身的六大與眾生的六大，乃
至一切諸法的六大，無隔無別，所以當體而論，謂之六大緣起。

四、四曼：四曼為六大本體上所現的差別相狀，一一皆是無量無邊，
　　　謂之四曼相大，其名義為：

　・大曼荼羅：自宇宙全體看，萬法為六大所成，周徧法界，故曰
　　　大。自密教教義看，諸尊相好，故曰大。

　・三昧耶曼荼羅：三昧耶有平等、本誓、除障、驚覺諸義。諸尊
　　　所持的器物如刀、劍、鈴、杵、輪寶、蓮花等，皆象徵諸尊的
　　　本誓，故曰三昧耶。

　・法曼荼羅：種子真言，以代表諸尊的符號，都有無量功德，故
　　　曰法。

　・羯磨曼荼羅：羯磨是作業的意思。諸尊的動作威儀，曰羯磨。

　　　以上四曼荼羅，對於眾生，乃至諸法，皆可類推。蓋自眾生
以至於佛，悉皆具此四曼現相，一一含藏實相的功德。而此四曼，
一一又皆無邊無量，如來亦具眾生四曼，眾生亦具如來四曼。生
佛一如，互相涉入，互相具足，所謂當相而論，謂之四曼不離。

五、三密：三密者，身密、語密、意密。三密作用，遍於法界。如來
　　　因三密，而成為清淨功德。故法界體相，為其身密。一切聲音，

為其語密。周遍的識大，為其意密。修持密法，是藉著觀想本尊的助力，將自己的意業，轉成如來的意密；藉著結手印的功力，將自己的身業，轉成如來的身密；藉著持咒的功力，將自己的口業，轉成如來的口密。藉著這三密加持的作用，一切眾生，皆可成佛；一切國土，皆可成淨土；所以當相而論，謂之三密瑜伽。

六、即身成佛：一切眾生的當體六大，當相四曼，當用三密；各各本具如來的德性，即身即是大日的覺位。但為無明煩惱所掩，不自覺知。若入真言密藏，手作印契，口誦真言，心住三摩地，以三密加持相應之故，不動父母所生的凡體，頓證當體大日的佛位，是為此宗即身成佛的教義。

此即身成佛，有理具、加持、顯得三種，理具成佛者，謂眾生的六大身心，本具如來理智的德性，眾生與佛，同一理性，此謂之理具成佛。加持成佛者，謂由三密加持，成就即身成佛的妙行，開顯眾生本覺的果德，此謂之加持成佛。顯得成佛者，謂三密的妙行成就，證入無上的悉地，本來具足的理智萬德，至此完全開顯，此謂之顯得成佛。

以上六點，為密教的教相——即理論方面的闡述。至於事相——即修持方面，皆有一定之儀式。所有入壇灌頂，諸尊供養，印契真言，四度儀軌，以及種種觀行，念誦儀式，曼荼羅等，皆在事相範圍以內。

密教特重事相——即修持法門，若捨修持，一切皆是空談。此宗事相繁多，必須經阿闍黎傳授，領受口訣，方可修學，故本文從略。

二　念佛法門與西方淨土

念佛是淨土宗的法門，自東晉時代，慧遠大師在廬山白蓮結社，

倡導念佛為始，中經曇鸞、道綽、善導、承遠、法照、少康，以至於延壽、蓮池、德清、智旭諸大祖師的倡導弘揚，遂使此法門遍及民間，至有「家家觀世音，戶戶阿彌陀」之說。

中土大乘各宗，皆具有淨土思想，如天台、華嚴各宗，都注重念佛；禪宗也主張禪淨雙修，佛法東傳以來，至隋唐最為隆盛，大小顯密十宗先後建立，而今顯教九宗，除禪與淨土外，其他各宗，或早已失傳，或不絕如縷，由此可見禪、淨兩宗，最適合中土人士的根性。

按通途教義，一般修行的順序由戒、定、慧三學修起，由戒資定，因定發慧，因慧斷惑，進而證果。惟值此末法時代，眾生或困於衣食，或忙於工作，加以鈍根劣智，心躁氣浮，在這種環境與情況下，所謂由戒生定，因定生慧，進而斷惑證果云云，在一般人來說，不啻緣木求魚。惟有這念佛求生西方淨土的法門，是最簡便易行的法門，所謂「三根普被，利鈍全收」，最契合末法時代眾生的需要。

什麼叫做淨土呢？簡單的說，淨土就是清淨的地方。也就是「眾生清淨」，「國土清淨」。清淨的條件，消極的在於除去垢染。積極的在於修集功德，以莊嚴國土。

眾生清淨，是斷除煩惱——煩惱熄滅的清淨，就是涅槃。當煩惱熄滅時，身心清涼自在，就是生活在涅槃的淨土中。

而照佛經上說，淨土，是與我們這娑婆世界之被稱為穢土者相對而言。娑婆亦稱索訶，義為「堪忍」，《悲華經》稱：「是諸眾生，忍受三毒，及諸煩惱故。」三毒，指的是貪、瞋、痴；煩惱，指的是貪、瞋、痴、慢、疑、惡見，六種根本煩惱。娑婆世界又稱為「五濁惡世」。《攝論》八釋淨土曰：「所居之土無於五濁，如彼玻璃珂等，名清淨土。」

五濁是什麼？是劫濁、見濁、煩惱濁、眾生濁、命濁。這五濁，照經論上的解釋，劫濁，是在時間上的某一時段，由眾生同業所感，

貪、瞋、痴三毒增劇，而世間刀兵災難增多的意思。見濁，是思想上的種種邪見。煩惱濁，是貪、瞋、痴、慢、疑諸煩惱使人心理昏煩、惱亂不安。眾生濁，是眾生執著自我，自私自利，造惡因受惡果，墮落惡道。命濁，是指人生八苦煎迫，災害逼惱，故稱命濁。

然而，若以我們現代人的眼光來看這五濁，有更甚於佛經上的詮解。我們這個時代，天然的災害層出不窮，人為的戰爭常年不斷，空氣污染，生態破壞，這不就是劫濁嗎？社會上思想混亂，價值破產，筮卜星相、靈媒神通之說充斥，多數人迷失自己，仰仗神靈，這不就是見濁嗎？

今日人間，眾生貪婪、瞋恚、愚痴達於極點，人人以損人利己，爭奪攫取為唯一目標，攫取之不足，進而詐騙、勒索、搶劫、殺人，人人不安，人人煩惱，這不就是煩惱濁？人人不安，人人煩惱，而使社會上充滿了暴戾之氣，何處能找到一片淨土，這不就是眾生濁？生而為人，一生受八苦煎迫，災害逼惱，這且不說，為了生存，為了出人頭地，在人海中艱苦奮戰。無奈才比天高，命如紙薄，種種挫折阻礙，使你壯志難伸，縱然一帆風順，呼風喚雨，走向成功的顛峰，無奈大限已到，閻王爺送來了請帖，這種人生恨事，豈不就是命濁？

而淨土世界，是「無於五濁」的世界。那裡沒有災害戰爭，沒有鬥爭煩惱，「無有眾苦，但受諸樂」，故名淨土。

本來，虛空無盡，世界無量，如娑婆世界之穢土無量，而諸佛之淨土亦無量。如藥師如來的淨琉璃淨土。不動如來的妙喜淨土，彌勒菩薩的兜率淨土等。而我們在此所說的淨土，是阿彌陀佛大願力所成的「西方淨土」。

西方淨土的由來，載在《佛說無量壽經》。經中說，往昔世自在王如來住世時，有國王因聞佛法，發無上正真道意，捐棄王位，出家修

道，號曰法藏。法藏比丘在世自在王佛前發下了四十八項弘願，要普
度眾生。這四十八願主要的目的，是建立一個莊嚴清淨的佛國，而其
願力可分為三類，但其中最重要的，也就是與我們娑婆世界眾生有關
的，有下列三願：

第十八願：設我得佛，十方眾生至心信樂，欲生我國，乃至十念
若不生者，不取正覺。唯除五逆，誹謗正法。

第十九願：設我得佛，十方眾生發菩提心，修諸功德，至心發願
欲生我國，臨壽終時，假令不與大眾圍繞現其人前者，不取正覺。

第二十願：設我得佛，十方眾生聞我名號，繫念我國，植眾德本，
至心迴向，欲生我國，不果遂者，不取正覺。

以上是法藏比丘四十八願的重點。其後法藏比丘，請世自在王佛，
為其廣說二百一十億諸佛國土的情狀作為藍本，經過五劫之久，以大
願力創造了此一佛國淨土，號稱極樂世界。法藏比丘成佛後號阿彌陀
佛，就是這極樂世界的教主。

以上是阿彌陀佛以大願力，創造此佛國淨土——西方極樂世界的
起因。西方極樂世界到底是什麼樣子呢？這在《佛說阿彌陀經》中說
的十分詳細，我們在此節錄幾段文，來瀏覽一番淨土風光：

爾時，佛告長老舍利弗：從是西方過十萬億佛土，有世界名曰極樂，
其土有佛，號阿彌陀，今現在說法。

舍利弗！彼土何故名為極樂？其國眾生，無有眾苦，但受諸樂，故
名極樂。

又舍利弗！極樂國土，七重欄楯，七重羅網，七重行樹，皆是四寶，
周匝圍繞，是故彼國，名為極樂。

又舍利弗！極樂國土，有七寶池，八功德水，充滿其中，池底純以

金沙布地。四邊階道,金銀琉璃,玻璨合成。上有樓閣,亦以金、
銀、琉璃、玻璨、硨磲、赤珠、碼碯、而嚴飾之。

池中蓮華大如車輪,青色青光,黃色黃光,赤色赤光,白色白光,
微妙香潔。

又舍利弗!彼佛國土常作天樂,黃金為地,晝夜六時,雨天曼陀羅
華。其土眾生,常以清旦,各以衣裓,盛眾妙華,供養他方,十萬
億佛,即以食時,還到本國,飯食經行。

復次舍利弗!彼國常有,種種奇妙雜色之鳥,白鶴、孔雀、鸚鵡、
舍利、迦陵頻伽、共命之鳥。是諸眾鳥,晝夜六時,出和雅音,其
音演暢,五根五力,七菩提分,八聖道分,如是等法。其土眾生,
聞是音已,皆悉念佛、念法、念僧。

舍利弗!汝勿謂此鳥,實是罪報所生,所以者何?彼佛國土,無三
惡道。舍利弗!其佛國土,尚無惡道之名,何況有實?是諸眾鳥,
皆是阿彌陀佛,欲令法音宣流,變化所作。

舍利弗!彼佛國土,微風吹動諸寶行樹,及寶羅網,出微妙音,譬
如百千種樂同時俱作,聞是音者,自然皆生念佛、念法、念僧之心。

舍利弗!彼佛光明無量,照十方國,無所障礙,是故號為阿彌陀。
又舍利弗!彼佛壽命,及其人民,無量無邊阿僧祇劫,故名阿彌陀。

又舍利弗!極樂國土,眾生生者,皆是阿鞞跋致,其中多有一生補
處,其數甚多。

舍利弗!眾生聞者,應當發願,願生彼國,所以者何?得與如是諸
上善人俱會一處。

西方淨土的風光，大致如經文所述。其實，淨土穢土，雖是外境，實皆一心之所變現。諸佛以淨識妙用，變現淨土，因作用異故，淨土之名亦隨之而異。根據《西方合論》所載，有十種不同的淨土：一為毘盧遮那淨土，二者唯心淨土，三者恆真淨土，四者變現淨土，五者寄報淨土，六者分身淨土，七者依他淨土，八者諸方淨土，九者一心四種淨土，十者攝受十方有情，不可思議淨土。

以上種種淨土中，最後一項的攝受十方有情，不可思議淨土，亦即阿彌陀佛的西方淨土。而第九的一心四種淨土，一者凡聖同居土，為二乘及人天同居的國土，此有淨穢二種，娑婆世間為同居穢土，極樂世界為同居淨土；二者方便有餘土，為斷見思二惑。超出三界的小乘人所生之處。因修方便道，斷見思惑，故名方便，因未斷塵沙無明二惑，故名有餘；三者實報無礙土，因行真實之法，感得勝報，色心不相妨礙，故名無礙土，為菩薩所居之土；四者常寂光淨土，因性體常寂，永住智慧光明之境，故名常寂光淨土，為佛所居之土，亦即是大涅槃境界。其實，一心四種淨土，土依心現，乃是修持功力不同，而所證亦不同。

在十種淨土中，與我人關係密切的，厥為西方淨土。西方淨土的依據，是「三經一論」，一、《無量壽經》，說明阿彌陀佛因位的願行，及果位的功德，二、《觀無量壽經》：說明往生淨土的行業。三、《阿彌陀經》，宣示淨土莊嚴，及執持名號，諸佛護念的利益。一論，即《往生論》，總攝上三部經，而正明往生淨土的義相。

在三經一論之外，宣說淨土教法的經論、註疏、撰述，不下數千卷之多，不及一一備錄，現將本宗正旁所依的經典列舉如下：

【本宗正依經論】

・《佛說無量壽經》：二卷，曹魏康僧鎧譯。

- 《佛說觀無量壽經》：一卷，劉宋畺良耶舍譯。
- 《佛說阿彌陀經》：一卷，姚秦鳩摩羅什譯。
- 《無量壽修多羅優婆提舍願生偈》——略稱《往生論》：一卷，世親菩薩造，菩提流支譯。

【本宗旁依經論】
- 《大乘無量壽莊嚴經》：三卷，劉宋法賢譯。
- 《無量清淨平等覺經》：四卷，後漢支婁迦讖譯。
- 《般舟三昧經》：三卷，後漢支婁迦讖譯。
- 《佛說觀佛三昧海經》：十卷，東晉佛陀跋陀羅譯。
- 《悲華經》：十卷，北涼曇無讖譯。

三　淨土宗弘傳史

釋迦牟尼世尊住世時，於耆闍崛山說《無量壽經》，於王舍城說《觀無量壽經》，於祇樹給孤獨園說《阿彌陀經》，宣示阿彌陀佛以大願力創造此佛國淨土的因果，開闡此眾生念佛往生的方便法門。

世尊滅度六百年頃，馬鳴菩薩造《大乘起信論》，勸生淨土。之後世親菩薩造《淨土往生論》，並為弘揚，此外諸大乘經中，多有讚揚淨土者。故佛教傳入中國，此淨土法門亦隨著佛經的傳譯而在中國流布。

後漢靈帝光和二年（西元一七九年），支婁迦讖與竺佛朔共譯《般舟三昧經》，此經雖未闡述極樂世界的莊嚴，但說明了念佛三昧得見西方阿彌陀佛。而中土最早弘通淨土法門者，實以一代大師道安為始。安公著《淨土論》六卷（今不傳），為中土讚揚淨土最早之撰述。

承道安之教而修持及弘傳此宗者，是在廬山首創結社念佛的慧遠。遠為安公弟子，幼讀儒書，珪璋秀發，年二十一，聞道安講《般若經》，

豁然而悟，乃歎曰：「儒道九流，皆糠粃耳。」即與弟慧持投簪落髮，委命受業。精思諷持，以夜續晝，常欲總攝綱維，以大法為己任。晉哀帝興寧三年，遠公年三十一，因中原戰亂，隨師南投襄陽。居逾十載，至晉武帝太元三年（西元三七七年），因苻丕寇襄陽，道安為朱序所留，不得去，乃分散徒眾，各隨所之。自是慧遠與別，與弟慧持及弟子數十人，南來廬山。

時江州刺史桓伊，久慕遠公德望，在廬山興建東林寺，供遠公弘法，南方佛教事業，乃自此興起。於是四方清信之士，聞風而至，時中原戰亂不絕，南方尚屬平靖。一代高僧在此振興佛教，四方慕道者不期而集，往來者近三千人之多。

道安曾著《淨土論》六卷，遠公承此學，故發弘願，期生淨土。乃自往來信眾中，慎選道德文章皆一時之選的篤信之士，如彭城劉遺民、雁門周續之、南陽宗炳、豫章張野，以及畢穎之、張季碩等，連同出家僧眾慧永、道生、曇順、曇銑等，合一百二十三人，成立白蓮社念佛，同修西方淨業。

慧遠的廬山結社念佛，是中國佛教史上一件大事。這不僅在於對當時佛教的影響，而且在於對後世佛教的影響，由於遠公的弘揚淨土法門，影響到後代淨土宗的開展。至隋唐時代，至有「家家觀世音，戶戶阿彌陀」之風尚。乃至宋、明以後，若禪若教若律，皆以念佛為常課，若探溯本源，實以遠公為濫觴。

遠公圓寂後，廬山東林寺由遠公弟子道昞主持，繼續宣揚遠公遺風。而其他弟子道汪、道溫、曇翼，及組織白蓮社之清信士周續之、宗炳等，則遊化江浙各地，弘揚念佛往方淨土的法門。

遠公之後，在北地弘揚淨土法門的，是北魏的曇鸞大師。鸞師生於雁門，在汾州出家，初研究四諦之佛性，註《大集經》，中途罹疾，

欲修長生之術，曾至建康茅山訪道，得仙經十卷後北返。途經洛陽，遇天竺三藏菩提流支，鸞問流支曰：「佛經中長生不死之法，可有勝過此仙經否？」

流支唾地曰：「此何言也！此方何處有長生法？縱得長生，終輪迴於三有而已。」

即以《觀無量壽經》授之曰：「此大仙方也！」

鸞受而讀之，遂燒仙經，一心修淨業。北魏主知而重之，賜號神鸞，下敕使住并州大寺，鸞晚年移住北山玄中寺，魏興和四年圓寂，著有《往生論註》、《贊阿彌佛偈》。

曇鸞之後，則有道綽，道綽於北魏保定二年生於晉陽，及長，見曇鸞大師碑而有感悟，遂捨俗出家，專念阿彌陀佛名號，日念七萬遍，並廣勸眾人念佛，他念佛時初用豆子記數，後來又穿木槵子作數珠，搯子以計數，這可能就是中土念珠的由來。

道綽教信眾念佛，並不得向西方涕唾便溺。教化所及，并川一帶老幼皆念阿彌陀佛名號，每開講席，念佛之聲響動山谷。他到唐太宗貞觀十九年示寂，著有《安樂集》二卷。

北周及隋代，天台宗開祖智者大師，三論宗開祖吉藏大師等，也都倡導淨土，欣求西方，是以彌陀信仰，日漸普及於道俗之間。

到了唐代，淨土信仰更為普遍，尤以初唐時的善導大師，對弘揚淨土的供獻最大。

善導大師是安徽泗州人，生於隋大業九年，少年時投密州明勝法師出家，精研經律論三藏，受具戒後，到山西并州謁道綽大師，盡承道綽念佛往生法門，後至長安，駐錫光明寺，開始弘揚淨土的教化。

善導對於淨土宗的貢獻，首在建立淨土教義，以《阿彌陀經》、《無量壽經》、《觀無量壽經》、及《往生論》為此宗正依經論，稱為「三經

一論」。又著述《觀經疏》、《法事讚》、《觀念法門》等，以闡述淨土要義，並定教門行儀，專倡稱名念佛。

中唐時代，弘揚淨土之教的是承遠和法照。

承遠和尚是漢州綿竹人，幼年時代在資州德純寺習禪定，二十四歲到荊州玉泉寺，從慧真和尚剃度出家，研習律學。後至南岳衡山受具足戒，並遠赴廣州謁慧日和尚——慧日曾由海路赴印度巡拜聖跡，尋訪梵本，凡十三年始歸國，倡導淨土法門。承遠從慧日受淨土之教，歸衡山建精舍曰彌陀臺，安置經像，遠敝衣粗食，精進念佛。得念佛三昧，常感聖境現前。

是時，法照和尚在廬山念佛，一日入定，至安樂國，見有敝衣僧侍於佛側，問以何人，佛曰南岳承遠，法照出定，乃逕往南岳謁承遠，悲喜流涕，而承其教。而衡山遠近道俗，亦四方來集，四眾集資共建寺院，敕賜彌陀寺額。由此大興法化，衡山鄰近數縣，沐其教化，南無阿彌陀佛之聲偏及閭閻。遠於貞元十八年安詳坐化，壽九十一。

法照和尚曾至南岳師事承遠。勤修念佛三昧，數年後別遠師，往五台山建大聖竹林寺，作為念佛三昧弘法道場。法照精通音律，創制樂譜，倡「五會念佛」法門。此後他在五台、太原、長安等巡迴弘化，所至之處信眾踴躍參加，代宗大曆十二年，被迎入禁中，賜號國師。

法照和尚曾訂定讚偈音調，審定法器，並由朝廷頒行全國寺院。由此佛門「梵唄」與「法器」，天下統一，此實法照對佛門之貢獻。

隋唐以來，為佛教的黃金時代，由於經典大備，各宗亦次第成立，小乘如成實、俱舍；大乘如天台、三論、華嚴、法相、禪、律、密等，亦漸次建設完成。而各宗祖師，加天台之智顗、三論之吉藏、華嚴之杜順、法相之玄奘，以及律宗道宣等，皆稱揚淨土，惟禪宗門下，部分禪師存取捨之念，撥無西方。於是教界高僧，時有駁斥之詞。如《淨

土十疑論》、《念佛鏡》諸書之述作，即係指斥禪宗之偏見，以後雙方成見漸泯，如百丈懷海禪師，制定禪林清規時，定荼毘之時，稱揚彌陀名號；南陽慧忠禪師，倡行解兼修。至宋代初年，延壽禪師出，見當時禪徒執於理而迷於事，教家則執於事而迷於理，乃詮解理事無礙，空有相成之義，力倡「禪淨雙修」之說，為後世佛教開出一條新道路。

延壽禪師，是禪宗法眼支之高德，住杭州永明寺，世稱永明延壽禪師，著有《宗鏡錄》百卷，高麗國王覽其教言，遣僧三十六人從師受法，歸國後各化一方。師曾撰「參禪念佛」四料簡，全文為：

一、有禪有淨土，猶如戴角虎，現世為人師，來生作佛祖。

二、無禪有淨土，萬修萬人去，若得見彌陀，何愁不開悟。

三、有禪無淨土，十人九蹉路；陰境若現前，瞥爾隨他去。

四、無禪無淨土，鐵床併銅柱；萬劫與千生，沒箇人依怙。

有宋三百年，結社念佛之風十分盛行，公卿貴紳亦倡導參加。最早於太宗朝，有省常大師的淨行社，常師慕廬山之遺風，結社念佛，士大夫與會者百二十三人，宰輔王文正公且為之首，比丘及信眾千人與會。次則有遵式的念佛會。真宗大中祥符年，四明知禮發起念佛施戒會，同時有本如和尚與丞相章郇等公卿結白蓮社；及華亭超果寺靈照和尚組淨行社，與會念佛者達二萬人。規模最大的，為文彥博與淨嚴禪師，於京師建淨土會，結僧俗十萬人念佛。

元代承宋世餘緒，禪僧多兼修淨土，如中峰明本禪師、天如性則禪師、楚石梵琦禪師等，皆禪淨雙修之範例。

唐代以後，中國佛教趨向保守時期，尤以北宋以後，因印度佛教已告滅亡，無可譯之經，亦無可求之法。蒙古人入主中國，其崇信者實西藏之喇嘛教，與漢魏以來之佛教迥異，故到了明代，隋唐之世建立的各宗多半佚傳，禪宗亦唯曹洞、臨濟二支尚存。然有明一代，雲

棲袾宏、憨山德清、靈峰智旭諸大師繼出，或倡禪淨一致，或說性相融會，乃使冷落的佛教，有一番復興氣象。

袾宏，古杭仁和人，字佛慧，號蓮池，世稱蓮池大師。十七歲為諸生，見重士林，後以父母相繼永訣，感世事無常，乃投南五台性天和尚落髮出家。之後單瓢一杖，各方參訪，道業有成，孤錫南還，因愛杭州雲棲山水幽勝，乃開林結廬，專志淨土，並教化遠近，道俗雲集，雲棲山遂成為大叢林。

他提倡「禪淨同歸論」，以為禪與淨土，雖殊途而同歸，所謂體究念佛，即於念上體究，即波究水，水波不二。他於山中及城內外造放生池多處，撰戒殺放生文，誡害物命，又興戒壇之制，行自誓受戒之法，由是感化遠近，信眾雲集。他弘化四十餘年，至明神宗萬曆四十三年六月杪示疾，於西向念佛聲中安詳而逝，壽八十一，著有《阿彌陀經疏鈔》等三十二卷，題名《雲棲法彙》行世。

與蓮池大師同時者，有憨山德清大師，大師字澄印，晚號憨山老人，安徽全椒人，嘉靖二十五年出生，十二歲禮報恩寺西林永寧為師，修儒學兼習經教，十九歲剃度出家，參遊諸方。萬曆二十三年，坐私創寺院律謫雷州，二十四年經曹溪，禮六祖肉身乃抵戍所，時雷州饑饉，師為掩骼埋胔者數以萬計，並在戍所建普濟道場，就地弘化。三十四年遇赦還，於廬山五乳峰建法雲寺，弘揚淨土，天啟三年圓寂，壽七十八，著有《觀楞伽經記》、《法華經通義》等。

智旭和尚字蕅益，生於萬曆二十七年，少以聖學自任，嘗作闢佛論數十篇，十七歲偶閱蓮池大師之《自知錄》及《竹窗隨筆》，始知佛學浩瀚博大，乃取先作諸論焚之，並鑽佛典，對當代高僧德清大師深為景仰。二十四歲時，一月之中三夢德清，乃決心出家，以途遠無從面謁德清，乃就德清門人雪嶺禪師剃度，往雲棲聽古德法師講唯識，

更上徑山坐禪，閱讀經藏，二十八歲，決意求生淨土，崇禎四年入杭縣靈峰，建西湖寺，之後專以文字弘揚淨土法門，先後撰有《阿彌陀經要解》、《靈峰寺淨業緣起》、《念佛三昧說》、《念佛即禪觀論》等十餘種，流通於當日社會，對於普及淨土的信念與教理，影響至深。

　　智旭大師示寂於清順治十一年，壽五十七，平生著述，除淨土文獻外，有《閱藏知津》四十四卷、《法華經會義》十六卷，及其他著述四十餘種。

　　清代佛教因受蓮池、智旭大師禪淨雙修之影響，稱名念佛法門廣行於道俗之間。清初康熙年間，截流和尚在江蘇常熟錫虞山普仁寺倡興蓮社，並創七日念法，教化信眾七日持名，結期精進念佛，蔚為社會風氣，亦為以後「打念佛七」之濫觴，其所撰〈七日持名念佛文〉略云：

> 七日持名，貴在一心不亂，無間無雜！非必以快念多念為勝，但不緩不急，密密持名，使心中佛號，歷歷分明；穿衣喫飯，行住坐臥，一句洪名，綿密不斷，猶如呼吸相似，既不散亂，亦不沉沒，如是持名，可謂事上能一心精進者。

截流和尚居普仁十三載，以七日念佛，化導道俗。康熙二十一年七月，預知時至，趺坐唱佛，怡然坐化，年五十五，著有《淨土警語》、《勢至圓通章解》等行世。

　　清康熙末年，弘揚淨土法門者，尚有省庵和尚。省庵，江蘇常熟人，十五歲在普仁寺出家，二十四歲於昭慶寺受具足戒，掩關閱藏，精進念佛，發得念佛三昧，於是註蓮池大師之西方發願文，撰寫勸發菩提心文，激勵道俗弟子，發菩提心，持戒念佛，度化甚眾。雍正十二年，師預知時至，具浴更衣，端然坐化，壽四十九，著有《省庵禪師語錄》二卷行世。

　　乾隆年間，弘淨土者有徹悟和尚。徹悟本京東豐潤人，幼而好學，精通經史。二十三歲發出家之志，投房山縣三聖菴，禮榮池老和尚剃度出家，明年受具戒，深入經藏，博通性相二宗、及天台三觀之旨。越十年，歸心淨土，主張禪淨歸一，領眾同修念佛法門。後遷覺生寺主持，尋退居紅螺山資福寺，專以淨土為依歸，開導說法，分內外二堂，內堂開演經論，以出家四眾為對象，目的在造就佛門弘法人才。外堂以在家信眾為對眾，講五戒十善，領眾念佛，目的在化度眾生。於是內外二堂，法眾常滿，使資福寺成為北方最大淨土道場，度化社會眾生無數。

　　嘉慶十五年十二月，和尚預知時至，集眾付院務，未久示疾，安詳坐化，世壽七十。著有《徹悟禪師語錄》二卷行世。

　　清末至民國年間，印光大師之教化，遍及全國，師陝西郃陽人，生於咸豐十一年，少為儒生，二十一歲在終南山蓮花洞寺出家，禮道純和尚剃度，次年在興安雙溪寺受具足戒，精研律學，篤志淨土。三十三歲應普陀山法雨寺化聞和尚之邀，駐錫普陀法雨寺，住藏經樓，二十年不出山門，此間曾二度掩關閱藏，由此精通經典，深契實相。

　　民國初年，應上海佛學叢刊社之請，發表弘法文字，後由徐蔚如居士彙編成冊，題名《印光法師文鈔》，書成，一時洛陽紙貴，風行天下。民國十一年，應上海社會名流屈映光、范古農等之請，卓錫上海太平寺，與佛教人士創立放生念佛道場、弘化社、監獄感化會等弘法組織。晚年退居蘇州靈巖寺，風化所及，道俗雲集，靈巖寺乃成為一遠近皆知之淨土道場。

　　民國二十九年十一月，自知世緣已盡，召集寺內執事人員，囑咐寺務，初四日在大眾念佛聲中安詳坐化，世壽八十，著有《印光法師文鈔》行世，迄今仍為佛門弟子必讀之要典。

東晉慧遠大師在廬山結社念佛之時，並未標明開宗立派之意，用心在但期同願，無須傳承。故千餘年來，本宗雖弘布日廣，但並無師資授受的系統，至宋代四明曉法師，以異代同修淨業，而以功德高盛的幾位大師：慧遠、善導、承遠、法照、少康、延壽、省常等七位，立為蓮宗七祖。

後人又列入蓮池、省庵、智旭、截流、徹悟五位，合稱蓮宗十二祖，近人更公推已故之印光大師為蓮宗十三祖。然此為景仰先德，後世推尊者，與他宗之師資相承者有所不同。

四　起信發願與持名念佛

淨土法門，以信、願、行三者為修持的條件。蓋信而不願，猶如不信，願而無行，有如畫餅，行而不猛，終歸懈怠。反過來說，行不猛由於願不切，願不切由於信不真。《大智度論》曰：「有信清淨，能入佛法，無信不能入，如牛皮未柔，不可屈折。」

信者，一信釋迦世尊的聖教量，世尊所說的淨土三經，決非虛假；二信在我人所居娑婆穢土之外，確有西方淨土的存在；三信阿彌陀弘願無量，我今發願求生西方，臨終必得蒙佛接引；四信我今起信發願，精進念佛，與佛發生感應，臨終必得往生。

起信之後，繼以發願，印光大師說：「得生與否，全由信願之有無；品位高下，全由持名之深淺。」假如一個學佛的人，也相信佛說的西方淨土，也相信念佛可以往生，但他信佛的目的只是求人天福報，不在往生西方淨土，這與阿彌陀佛的願力不相應，致人與佛間無所感應，他縱然念佛也不能往生，因無願力故，是以要往生西方淨土，起信之後，必須發願，以此願力為往生資糧，彌陀願接，行人願往，兩願具

全，互相感應，自力與佛力兼備，就具足了往生的條件。

發願之後繼之以行，所謂行，就是持名念佛，但行與解不同，解是理解，行是力行。力行念佛，可以斷煩惑、了生死。蓮宗二祖善導大師說：「若欲學解，從凡夫地，乃至佛地，一切諸法，無不當學；若欲學行，當擇其契理契機之一法，專精致力，方能速得實益，否則經劫至劫，尚難出離。」念佛何以能斷煩惑、了生死？蓮池大師在《彌勒疏鈔》中說：

> 今念佛人，初以耳識聞彼佛名，次以意識專注憶念，以專念故，總攝六根。眼鼻舌身，如是六識，皆悉不行，念之不已，念極而忘，所謂恆審思量者，其思寂焉，忘之不已，忘極而化，所謂真妄和合者，其妄消焉。則七識八識亦悉不行。主既不行，從者焉附。當爾之時，巨浪微波咸成止水，濃雲薄霧，盡作澄空。唯是一心，更無餘法也。

這是說，專注念佛，念到物我兩忘的時候，不但眼耳鼻舌身意六根都歸於一念，即末那識與阿賴耶識亦不起作用，而歸一念中，這時「唯是一心，更無餘法」。

蕅益大師在〈示念佛法門〉一文中說：

> ……豈知念得阿彌陀佛熟，三藏十二部極則教理，都在裏許，千七百公案，向上機關，亦在裏許，三千威儀八萬細行，三聚淨戒，亦在裏許。真能念佛，不復起貪瞋痴，即大持戒；真能念佛，不計是非人我，即大忍辱；真能念佛，不稍間斷夾雜，即大精進；真能念佛，不復妄想馳逐，即大禪定；真能念佛，不為他岐所惑，即大智慧……

這是說，「真能念佛」，一句佛號中攝盡三學六度，不必再修其他了。

但是，念佛要斷「生死根株」。什麼是生死根株，憨山大師在〈示念佛切要〉文中說：

> ……古人云，業不重不生娑婆，愛不斷不生淨土，是知愛根乃生死之根株，推此愛根，不是今生有的，也不是一二三四生有的，乃自從無始最初有生死以來，生生世世，捨身受身，皆是愛欲流轉，直至今日……故勸今念佛的人，先要知愛是生死根本，而今念佛，念念要斷這愛根，即日用現前，在家念佛，眼中見得兒女子孫，家緣財產，無一件不是愛的，則無一事無一念不是生死活計，如全身在火坑中一般，不知正念佛時，心中愛根未曾一念放得下，愛是主宰，念佛是皮面，如此，佛只聽念，愛只聽長，且如兒女之情現前時，回光看看者一聲佛，果能抵得者愛麼？果能斷得者愛麼？若斷不得愛，畢竟如何了得生死？……

這是說，念佛要放下牽掛，始克有成。持名念佛，即是持「南無阿彌陀佛」六字洪名，發之於心，出之於口，入之於耳，心口合一，念念相續的念下去。

「南無」二字是梵語，義為敬禮或皈依。「阿彌陀佛」，義譯為無量光覺者、或無量壽覺者，阿彌陀佛是西方淨土的教主——教化師，阿彌陀佛曾發下大願稱：十方國土的眾生，若願往生他的國土，只要虔誠的持念他的名號，此人臨命終時，他即與眾菩薩前來接引，這就是念佛求生西方淨土的根據。

世間眾生，皆具有與如來相等的智慧德相，只因妄想執著，迷昧真性，進而迷惑於花花世界的五欲六塵，致貪婪、瞋恚、愚痴三毒無以遏止，而持名念佛，是將一句阿彌陀佛名號繫在心頭，行住坐臥，

念念不忘。一句佛號繫在心頭，就能夠淨化心頭的雜念，減少妄想執著。念佛念的功夫日深，心識淨化的程度日增，這樣就逐漸的智慧增長，貪婪、瞋恚、愚痴之念日漸消退。

如果心中憶念阿彌陀佛名號，就是意業清淨，口中稱誦阿彌陀佛名號，就是口業清淨，若再加上對佛禮拜，就是身業清淨，身口意三業清淨，善念日增，惡念日減，此外再加上發菩提心，廣行六度，利世濟人，如此便與阿彌陀佛接引眾生的宿願相感應，這樣到命終時，就可以決定往生阿彌陀佛的西方淨土。

持名念佛，在行持上有定課念與散念；在方法上有高聲念、默念、金剛念、記十念等多種，現分別說明如下：

一、定課念：定課念者，是將念佛一事，定為每日功課，定的時間，多在早晚二時，亦有定日誦佛號若干者聲——自數千聲至數萬聲不等。不足不止者，以今日學佛者來說，各有世俗的工作在身。日課佛號數萬聲，事實上無法做到，但如果把日課定為朝暮二時，每次念佛千聲、五百聲，甚至於十念（十念法見後述），只要持之以恆，始終不懈，也自有成就。

二、散念：定課之外，時時刻刻，行住坐臥，只要不是集中精神在做其他工作，皆可將阿彌陀佛四字繫在心頭，默默的念下去。念佛的功用，在於「熏習」我人的心識，熏習有如私塾學童誦書，朗誦千百遍，終生不忘。我人果能把阿彌陀佛四字念念不忘，功夫純熟後，自可妄念不起，正念分明了。

其次，在念佛方法上，可分為高聲念、默念、金剛念、十口氣念多種：

一、高聲念：聲音發之於心，出之於口，入之於耳。聲音洪大，字字分明，這種方法，好處在能全神貫注，可對治昏沉懈怠，缺點在

有耗氣喑啞之弊，不能持久。

二、默念：默念時只有唇動，並不出聲。雖不出聲，而「南無阿彌陀佛」六字，或「阿彌陀佛」四字，在念者的心中仍然字字分明，這樣念念不停，正念相續，便可於日常工作，及行住坐臥間，隨時隨地默念。

三、金剛念：金剛念者，念時聲音不大，但須出聲，一面念，一面聽，念得綿綿密密，聽得字字分明，使雜念沒有萌起的空隙。這種方法，便於定課時行之。

四、十口氣念：初學念者，或工作繁忙者，若把功課訂得過多，往往日久生懈，以致訂的課程做不完，反不如初行之時，訂的簡短，以期持之有恆。所以十口氣念，是初念佛者一種較為簡便且能攝心的方法。所謂十念，並不是只念十聲，而是以一口氣為準，連續下來，氣念盡時，換一口氣再念，這樣念夠十次，叫做十念。這種念法，一口氣大約可念六字洪名七至八聲，不宜一口氣念的過多，多則傷氣，有礙身體。

初學佛者，功課不妨定為早晚二次，每次「十念」，或念若干聲亦可。念的時候，家中若有佛像，可對佛像行禮，然後合掌恭念。沒有佛像的，面向西方合掌恭念亦可，念佛完畢，最好再念一段迴向文，重申自己的願望，迴向文形式亦有多種，較簡便的有下列這八句：

> 願以此功德，莊嚴佛淨土，上報四重恩，下濟三途苦。
> 若有見聞者，悉發菩提心，盡此一報身，同生極樂國。

本書主要參考書目

一、經論部分

1. 《佛本行集經》
2. 《過去現在因果經》
3. 《起世因本經》
4. 《根本說一切有部毘奈耶雜事》
5. 《佛說十二遊經》
6. 《四阿含經》
7. 《法句經》
8. 《金剛般若波羅蜜經》
9. 《般若波羅蜜多心經》
10. 《圓覺經》
11. 《阿彌陀經》
12. 《觀無量壽經》
13. 《大般涅槃經》
14. 《善生子經》
15. 《玉耶女經》
16. 《大乘起信論》
17. 《中論》
18. 《十二門論》
19. 《大乘五蘊論》
20. 《百法明門論》
21. 《唯識三十頌》
22. 《八識規矩頌》

二、私家著述部分

1. 《釋迦牟尼佛傳》　　　　　　星雲法師著
2. 《釋迦牟尼新傳》　　　　　　鈕先銘著
3. 《中國佛教史》　　　　　　　黃懺華著
4. 《中國佛教史》　　　　　　　宇井伯壽著、李世傑譯
5. 《佛學研究十八篇》　　　　　梁啟超著
6. 《印度哲學史綱》　　　　　　黃懺華著
7. 《印度思想史與佛教史述要》　服部正明、長尾雅人著、許明銀譯
8. 《原始佛教》　　　　　　　　水野弘元著、郭忠生譯
9. 《佛教各宗大意》　　　　　　黃懺華著
10. 《中國藏經翻譯刻印史》　　　道安法師著
11. 《空的哲理》　　　　　　　　道安法師著
12. 《佛陀的啟示》　　　　　　　顧法嚴譯
13. 《佛學今詮》　　　　　　　　張澄基著
14. 《原始佛典選譯》　　　　　　顧法嚴譯
15. 《妙雲選集》　　　　　　　　印順法師著
16. 《性空學探源》　　　　　　　印順法師著
17. 《唯識學探源》　　　　　　　印順法師著
18. 《佛法概論》　　　　　　　　印順法師著
19. 《佛經聖典》　　　　　　　　關世謙譯
20. 《佛學講義》　　　　　　　　高觀如著
21. 《佛教哲學要義》　　　　　　高楠順次郎著、藍吉富譯
22. 《佛家名相通釋》　　　　　　熊十力著

國家圖書館出版品預行編目資料

簡明佛學概論／于凌波著.－－三版一刷－－臺北
市：東大，2022
　　面；　　公分.－－（宗教）

　　ISBN 978-957-19-3328-3　（平裝）
　　1. 佛教

220　　　　　　　　　　　　　111009650

宗教

簡明佛學概論

作　　　者	于凌波
發 行 人	劉仲傑
出 版 者	東大圖書股份有限公司
地　　　址	臺北市復興北路 386 號 (復北門市) 臺北市重慶南路一段 61 號 (重南門市)
電　　　話	(02)25006600
網　　　址	三民網路書店 https://www.sanmin.com.tw
出版日期	初版一刷　1991 年 3 月 二版三刷　2012 年 11 月 三版一刷　2022 年 8 月
書籍編號	E220200
I S B N	978-957-19-3328-3

東大圖書公司